망각을 거부하라

拒絶遺忘:1957年學研究筆記 © 2007 by Qin Liqun
All Rights Reserved.
Translation rights arranged by Oxford University Press (China) Ltd.
through Shinwon Agency Co., Korea
Korean Translation Copyright © 2012 by Greenbee Publishing Co.

망각을 거부하라 — 1957년학 연구 기록

초판 1쇄 인쇄 _ 2012년 3월 15일
초판 1쇄 발행 _ 2012년 3월 25일

지은이 · 첸리췬 | 옮긴이 · 길정행, 신동순, 안영은

펴낸이 · 유재건 | 주간 · 김현경
편집팀 · 박순기, 주승일, 태하, 임유진, 강혜진, 김혜미, 김재훈, 김미선, 고태경, 고아영
마케팅팀 · 정승연, 박태하, 이민정, 신지은, 한진용, 김효진
디자인팀 · 서주성, 이민영, 지은미 | 영업관리팀 · 노수준, 이상원, 양수연

펴낸곳 · (주)그린비출판사 | 등록번호 · 제313-1990-32호
주소 · 서울시 마포구 동교동 201-18 달리빌딩 2층 | 전화 · 702-2717 | 팩스 · 703-0272

ISBN 978-89-7682-520-9 03910

이 도서의 국립중앙도서관 출판시도서목록(CIP)은 e-CIP 홈페이지(http://www.nl.go.kr/ecip)와
국가자료공동목록시스템(http://www.nl.go.kr/kolisnet)에서 이용하실 수 있습니다.(CIP제어번호 :
CIP2012000924)

이 책의 한국어판 저작권은 저작권자와 독점계약한 (주)그린비출판사에 있습니다.
저작권법에 의해 한국 내에서 보호를 받는 저작물이므로 무단전재와 복제를 금합니다.
책값은 뒤표지에 있습니다. 잘못 만들어진 책은 서점에서 바꿔 드립니다.

그린비출판사 **나를 바꾸는 책, 세상을 바꾸는 책**
홈페이지 · igreenbee.net | 전자우편 · editor@greenbee.co.kr

망각을 거부하라

1957년학 연구 기록

첸리췬(錢理群) 지음
길정행·신동순·안영은 옮김

그린비

한국의 독자들에게

지난 2008년 중국 홍콩에서 출판된 이 책이 한국에 소개될 수 있게 되어 나는 너무 감격스럽고 기쁘다. 이 책에서 다루고자 했던 역사는 중국에서도 은폐된 부분이긴 하지만, 한국 독자들에게는 더욱더 생소한 것이기에 배경에 대한 약간의 소개가 필요하리라 본다.

1957년은 중화인민공화국 역사상 예사롭지 않은 한 해였다. 중국은 그 이전에, 1949~53년 국민경제 회복기와 1954~56년 사회주의 개조기를 겪었고 또 그 사이 '항미원조'抗美援朝 전쟁[한국전쟁]을 치르면서 이미 '사회주의 사회'의 기본 골격을 갖추었지만, 수많은 모순들이 드러나 중국 사회에 쌓이게 되었다. 게다가 소련공산당 20차 대표대회의 스탈린주의 비판에서 시작된 국제적 규모의 사회주의 개혁운동, 특히 1956년 폴란드·헝가리 사건[반소련 민중운동]은 모두 중국 사회에 커다란 충격을 던져 주었다. 그리하여 "사회주의 중국은 어디로 가고 있는가"란 첨예한 문제가 제기되었고, 정권을 잡고 있던 마오쩌둥과 중국공산당, 민주당파, 지식인, 청년학생들은 모두 이에 대해서 각자의 반응을 내보이게 되었다.

소련공산당 20차 대표대회 개최에 대해서, 마오쩌둥은 이것이 소련의 영향을 벗어나 국제 공산주의의 영도가 될 수 있는 절호의 기회라 생각하였다. 때문에 그는 중국 내에서 자신의 독립적이고 자주적인 경제 발전의 길을 가야 한다는 문제를 제기하였고, 아울러 '백화제방, 백가쟁명'百花齊放百家爭鳴이라는 과학 및 문화 발전 방침[쌍백 방침]을 제기하는 한편, "반反관료주의, 반종파주의, 반주관주의"를 주요 내용으로 하는 정풍운동을 전개시켜, 각 민주당파와 지식인들이 당의 기풍을 정돈하는 것을 돕도록 하였다.

이후의 역사 발전은 마오쩌둥이 정풍운동을 발동시킨 목적이 중국공산당 집정 지위와 자신의 절대적 영도 지위를 공고히 하려는 것이었음을 드러내 주게 된다. 마오쩌둥은 당과 그 자신의 통치를 위협하는 것이 민주당파와 '우파' 지식인, 당내 반대파라고 생각했기 때문에 정풍운동을 빌려 당내 관료와 반대파에게 타격을 입히는 동시에 우파를 폭로함으로써, 그의 웅대한 포부를 실현시키는 데 있어 장애물들을 한꺼번에 제거하는 데 용이하도록 하였다.

그렇지만 마오쩌둥의 진정한 의도를 이해하지 못한 민주당파와 지식인들은 오히려, 마오쩌둥 본인을 포함한 중국공산당의 거듭되는 동원 하에서 '자신의 견해를 맘껏 표명하자는 주장'大鳴大放을 펴기 시작하였다. 이것은 장기간 축적된 사회모순이 폭발한 것으로서, 정당에 대한 감독권과 언론의 자유, 비평 및 건의의 권리를 행사한 군중성을 띤 민주운동이라 할 수 있었다. 제기된 주된 요구사항은 헌법이 부여한 민주권리를 전적으로 이행하여, '헌법에 따른 통치'를 실행해야 한다는 것과 공산당 지도하에서 각 민주당파의 연합집정을 전적으로 실행시켜야 한다는 것이었다.

민주당파와 지식인이 자신의 주장에 소리를 높인 것과 동시에, 베이징대학을 중심으로 한 대학 캠퍼스에서도 학생민주운동이 일어났다. 이 운동은 1957년 5월 19일 베이징대학 학생들이 자발적으로 '민주의 벽'(즉 학교 담장에 의견서를 붙여 민주에 관한 자신의 요구를 제기하였다)을 만들게 된 것을 발단으로 신속하게 전국의 수많은 대학으로 퍼져 나갔다. 당시 이를 칭하여 '5·19민주운동'이라 하였는데, 거기에는 두 가지 의의가 있었다. 하나는 "청년이 모든 속박에서 벗어나 사상해방을 쟁취한" 계몽운동이라는 것과 또 하나는 "아래에서 위로의 사회주의 민주정치운동을 확대시켰다"는 것이다. 이 운동은 사상운동이자 정치운동으로서, 이 두 방면은 모두 40년 전 베이징대학을 발원지로 한 '5·4'신문화운동과 학생운동의 '계몽'과 '민주' 정신의 자각적 발양인 것이었다.

그러나 1957년 중국 대학생들 역시 시대에 대한 고민을 하고 있었다. 그동안 받았던 교육 덕분에 당시 중국 대학생 대부분은 사회주의의 신봉자라고 할 수 있었는데, 당시 스탈린주의를 비판한 소련공산당의 영향으로 인해, 대학생들의 관심과 사고는 온통 사회주의 자체의 개조와 변혁의 문제에 집중되어 있었다. 이 때문에 5·19운동을 '사회주의 민주운동'이라고도 칭한다. 1957년 학생운동의 본질을 가장 잘 보여 주는 것이 바로 이 운동의 대표자인 린시링林希翎이 그 유명한 베이징대학 강연에서 제기했던 "진정한 사회주의를 위해 투쟁해야 한다"라는 구호이다.

강연 중에 린시링은 자신이 이해하는 '진정한 사회주의'를 언급하였다. 첫째는 '사회주의 공유제'를 지켜 내는 것이고 둘째는 '사회주의 민주'를 지켜 내는 것으로 이러한 주장은 캠퍼스 내 '우파'들의 공통된 인식에 다름없었다. 그들은 당시 중국에 생산수단 점유, 분배 및 인간 관계에 있어 특권이 만들어 낸 불평등이 나타났고, 새로운 특권계급이 형성될 가능성이 있거나 혹은 이미 형성되어서 사회주의 공유제에 위협을 가하고 있다고 생각했다. 그리고 광범위하게 존재하고 있던 민주·법제·인권을 위반하는 현상은 중국 사회주의가 "봉건 기초에서 만들어진 사회주의로서, 비전형적인 사회주의"라는 것을 설명해 준다고 보았다. 때문에 「세계는 어디로 가고 있는가, 중국은 어디로 가고 있는가, 베이징대학은 어디로 가고 있는가」라는 대자보에서 그들은 "'사회주의 공업화'가 있어야 할 뿐 아니라, '사회주의 민주화'도 반드시 있어야 한다", "민주광장 자유연단 위에 출현한 것은 바로 지속적으로 형성되어 발전해 온 이러한 민주로서, 끼워 맞추기 식의 소련 형식도 아니고, 서구에서 사들여 온 형식은 더더욱 아닌, 오늘날 중국 사회주의 토양에서 자라난 민주제도이며, 우리는 그것을 공고히 하여 점차적으로 전국 규모로 확대해야 한다. 이것이 바로 우리의 요구이자 우리의 목적이다"라고 분명히 제기하였다.

그렇지만 사회주의 민주를 요구하고 특권계급을 반대하는 일들은 마오쩌둥을 핵심으로 하는 중국공산당 영도집단에게 있어 모두 다 일당전제체제와 통치 지위에 대한 위협이자 도전으로 여겨졌기 때문에, 그들은 소위 "우파가 미쳐 날뛰며 공격한다"라고 하면서 "반당·반사회주의"라는 죄명을 덮어씌웠다. 그러고는 바로 돌변해서 "말하는 자는 죄가 없다"라고 했던 자신들의 약속을 저버리고는 반우파운동을 발동하여 이를 잔혹하게 진압하였다.

앞서 언급한 사회주의 변혁 요구를 제기한 모든 민주인사와 지식인, 학생청년들은 모두 체포되고, 급기야 총살되었으며, 이들의 호소에 응하여 의견을 제기하였던 노동자·농민·중고등학생을 포함한 훨씬 더 많은 보통 사람들도 모두 '우파', '중간 또는 우파분자', '반사회주의분자'가 되어 각기 다른 정도의 박해를 받았다. 1980년대 관방에서 발표한 자료에 따르면, 1957년에 '우파'는 55만 명이었다고 한다. 그러나 일부 학자들의 연구에 따르면, "110만 명에 달하는 각종 우파와 60만 명의 반사회주의분자, '우파언론'이 만들어 낸 10만에 달하는 각종 '분자'"들을 합하여 180만 명의 우파분자들이 있었는데, 여기에는 '모자'를 쓰지 않고서(정식 죄명이 가해지지 않은 채) 처벌을 받은 자들은 포함되지 않았다고 한다(딩수丁抒, 『반우파운동 중에 백팔십만 개의 '딱지'[낙인]가』). 모든 '우파' 또는 '반사회주의자'는 1979년을 전후로 모두 "잘못이 바로잡아졌지만", 덩샤오핑이 여전히 반우파운동의 필요성을 긍정하고 이를 고수하는 바람에 린시링을 포함한 십여 명의 '우파'의 경우 '개정'이 받아들여지지 않음으로써 반우파운동의 정당성을 보여 주었다. 역사적 사실에 대한 이러한 박대와 조롱은 지금까지도 중국 대륙에서 여전히 반우파운동을 연구 및 담론의 금기구역으로 만들어 버렸다. 이 책이 '망각을 거부하라'라는 제목으로 홍콩에서만 출판될 수 있었던 것도 이러한 사정 때문이다.

  1957년, 마오쩌둥은 먼저 정풍운동을 이용해 민주당파와 지식인들을 연합시켜 당내 관료에 타격을 입혔고, 또 반우파운동을 빌려 당내 관료를 연합시킴으로써 민주당파와 지식인, 청년학생 가운데 '우파'를 타도하였다. 1958년 초에 이르러서는, 다시 반우파운동의 여세를 몰아 역으로 소위 '당내 우경보수세력'에 타격을 가하였다. 이렇게 해서 그는 절대적 권력을 획득하게 되었다. 이러한 권력은 국가와 사회에 대해 그 어떠한 제한과 감독을 받지 않는 중국공산당의 절대 권력일 뿐 아니라, 당과 국가에 대해서도 제한과 감독을 전혀 받지 않는 개인으로서의 절대 권력이다. 이로써 그는 고도로 집중된 일당독재의 '사회주의 강권체제'를 건립하게 된다.

  이러한 강권체제의 건립은 물론 하나의 과정으로서, 1957년 이후에 주로 반우파운동을 통해서 결국 완전한 체제를 확립, 형성시키게 되었다고 말할 수 있다. 때문에 우리는 또 이를 '5·7체제'라고 칭하기도 한다.

이러한 체제에는 세 가지 특징이 있다. 첫째는 권력이 고도로 집중된 일원화된 당 영도체제로서 마오쩌둥의 말을 빌리면 바로 "하나의 핵심만 있을 수 있다"는 것이다. 즉 전국은 당을 핵심으로 한다. 구체적으로는 각급, 각 부문의 당 제1서기를 핵심으로서 드러내지만, 결국엔 당 중앙 주석 즉 마오쩌둥 본인을 핵심으로 하는 것으로 집중되는 것이다. 여기에서 군대와 여론에 대한 당의 절대적 통제가 이뤄졌는데, 이것은 강권통치의 양대 기둥이었다. '당지휘창'黨指揮槍[당이 군대를 지휘한다]을 고수하면서 동시에 또 '여론일률'輿論一律의 원칙을 제기하였는데, 이는 군사독재를 고수하면서, 인민의 언론·출판·집회·결사의 자유를 박탈하고, 사상과 문화를 전면적으로 통제하며 독재를 행하는 것이었다. 셋째, 강권체제를 사회 최기층으로까지 구체화시켜 모든 사람을 고정된 '단위' 속에 편입시키고, 농민조차도 인민공사·생산대에 포함시켜 당과 국가를 대표하는 단위조직이 그 구성원에 대해 삶에서부터 사상·행동에 이르기까지 전면적 통제를 가하는 동시에, 또 모든 단위는 가정 출신과 정치적 표현(관건이 되는 것은 당의 절대 영도에 복종하는가 여부)에 따라서 군중들을 '좌파'와 '중간파', '우파'로 구분하여 사실상 새로운 등급제도를 건립하였다. 바로 이러한 등급사회의 구조 속에서 이익집단을 만들었던 것이다. 많은 사람들이 지금도 권력이 고도로 집중되었던 그 시대를 그리워하는 중요 원인이 바로 이것이다.

그러나 이렇게 장기간 체제 안정을 보장하기 위해서, 마오쩌둥은 또 반우파운동을 치국治國의 모델로까지 발전시킨다. 즉 쉼 없이 대규모 군중운동을 발동시키고, 계급투쟁과 국가 건설을 진행시키며, 군중독재를 실행하였다. 그리하여, 바로 1958년 대약진, 인민공사운동, 1959년 반우경기회주의자 운동이 생겨났고, 또 이로 인해 1959년부터 1961년까지 대기근을 초래하였다. 그러나 이에 그치지 않고 1962년에 또다시 "날이면 날마다 달이면 달마다 계급투쟁을 이야기하자"階級鬪爭月月講, 天天講를 시작으로 1964~65년 사청운동[四淸; 정치, 경제, 조직, 이념을 깨끗이 하자]과 문화비판운동으로까지 발전시켜 1966년 시작된 문화혁명에 이르러는 "프롤레타리아계급 독재정치 조건하에서 부단한 혁명을 통해서" "프롤레타리아계급 전면 독재정치"를 실행하려 하였다.

 이상 간략한 역사회고를 보면, 중화인민공화국 역사발전의 고리 속에서 1957년 반우파운동이 중요한 환절이라는 것을 어렵지 않게 알 수 있다. 반우파운동은 앞으로는 1949년 이래 일련의 정치·사상·문화운동을 계승한다. 여기에는 가오라오高饒사건을 비롯하여 반후펑反胡風과 반혁명분자 숙청운동이 포함된다. 뒤로는 1959년부터 1961년까지 3년 동안의 대기근, 1966년부터 1976년까지의 문화대혁명, 1989년 6·4대살육[톈안먼사건]이 모두 역사적으로 관계가 있다. 또한 반우파운동의 영향은 심원하고도 광범위해서 정치·경제·사회·법률·사상·문화·과학·기술 등 거의 모든 영역에 걸쳐 있다. 이러하기 때문에 반우파운동과 3년 대기근, 문화대혁명과 6·4대살육이 중국 대륙에서는 모두 잊기를 강요당하는 역사의 풀리지 않는 매듭이 된 것인지도 모른다. 나는 반우파운동이 바로 매듭을 풀고 단추를 푸는 결정적 지점이기에 역사는 바로 거기에서부터 시작해야 한다고 생각한다. 중화인민공화국의 역사를 이해하려면 1957년이 중심이라고 할 수 있다. 중국에는 "어떤 일을 할 때는 핵심을 틀어쥐어야 한다"綱擧而目張라는 말이 있는데, 1957년이라는 벼리를 틀어쥐면, 중화인민공화국 전 역사가 한꺼번에 들려질 것이다.

현재, 한국의 많은 연구자들이 중국의 1949년 이후 역사에 흥미를 갖고 있다고 들었는데, 그렇다면 1957년 이 시기 역사가 깊이 파고들 가장 좋은 지점이라고 생각한다. 게다가 1957년 역사에 대한 이해는 오늘날 중국 현실에 대한 수많은 문제를 이해하는 데도 도움이 될 것이다. 상술했듯이, 지금 중국 사회체제의 기본 구조는 바로 1957년 이후에 만들어진 것이다. 한국 연구자들은 1957년 베이징대학을 중심으로 한 학생운동에 보다 더 관심을 가질지도 모른다. 솔직히 말하자면, 이는 내가 기대하는 바이기도 하다. 왜냐하면, 1957년 중국 대학생의 사고와 활동은 중국 학생운동사와 현대사상문화사에 있어 중요한 한 페이지일 뿐 아니라, 중국 사회주의 사상사·운동사에 있어서는 더욱더 중요한 한 페이지라고 생각하기 때문이다.

몇몇 나의 한국 친구들은 중국 사회주의 경험에 관심이 있다고 하였다. 그래서 나도 중국은 사회주의 경험과 교훈에 대해 과학적으로 총괄해 봐야 한다고 한 적이 있다. 내가 강조한 것은 중국 사회주의 경험을 이야기하면서 단순히 사회주의 국가이론과 실천에만 국한되어서는 안 되고, 마땅히 1957년 베이징대학 학생들이 일으켰던 '사회주의 민주운동'과 같은 민간 사회주의 사조와 실천까지 포함시켜야 한다는 것이었다.

여기에서 제기하고자 하는 것은 보다 중요한 문제로서, 그것은 바로 중화인민공화국 역사에 대한 역사적 관찰과 연구가 비단 관방적·주류적·정통적 '정사'에만 국한되어, 민간적·비주류적·비정통적 '야사'를 소홀히 해서는 안 된다는 것이다. 이러한 의의에서 이 책의 진정한 의도는 1957년 캠퍼스 민주운동과 그 전후시말에 대한 연구를 통해서, 1956년부터 1966년 사이 중국 민간사조사를 쓰려는 것이라 할 수 있다.

민간사조는 대체로 네 가지 특징이 있다. 첫째는 사조의 이단성이고, 둘째는 그 전파 방식의 민간성이다. 셋째는 그 작가들이 모두 서로 다른 정도로 박해를 받았고, 더구나 생명까지 잃었다는 것이다. 넷째는 그 사상의 성과가 강제로 잊혀졌다는 것이다. 이 또한 그것이 지닌 가치로서, 여기에는 진정한 중국 민족의 심장과 영혼이 담겨져 있다. 루쉰魯迅은 일찍이 "중국인을 논하려면 겉치장에 속지 말고, 그의 근골과 중추를 보아야 한다", "예부터 우리에겐 전심전력을 다하는 사람, 죽기살기로 밀어붙이는 사람, 백성을 위해 탄원하는 사람, 진리를 구하려 목숨을 바치는 사람이 있었다", 다만 그들은 "늘 박해받고 말살되었다. 어둠 속으로 사라졌다"라고 하였다.

그러나 "근골과 중추"는 지금의 중국 사회에도 똑같이 존재한다. 그들도 똑같이 "박해받고 말살된다". 그런데도 아직까지 수많은 중국 관찰자의 시야 속에는 들어오지 못한 듯하다. 때문에, 루쉰의 또 다른 깨우침도 매우 중요해진다. 루쉰은 중국 사회를 관찰하려면, "장원壯元 재상宰相의 문장"만 보아서는 안 되고, "아래를 내려다보아야 한다", 밑바닥층, 민간사회에서 묵묵히 분투하는 자, 희생자를 보아야 한다"고 하였다(「중국인은 자신감을 잃어버렸는가?」). 나는 이러한 깨우침이 중국에 관심을 갖는 한국 친구들에게도 적용되리라 생각한다.

나는 이 책이 한국 친구들이 중국의 역사와 현실, 특히 중국의 민간사상을 이해하고, 그로 인해 한·중 양국 지식계와 사상계, 학술계 더 나아가 일반인들 간의 심적 교류를 촉진시키는 데도 도움이 되길 희망한다. 이 책의 역자들과 이 책을 위한 글을 써준 백승욱 선생과 유세종 선생께 충심으로 감사의 말을 전하고 싶다.

베이징에서, 첸리췬

:: 차례

한국의 독자들에게 5
서언_ 망각해서는 안 되는 사상 유산 22
글쓰기에 들어가며 43

제1부 반우파운동의 전조

1. 1956~57년 중국의 농촌, 공장, 학교 48

1) 농촌 48
"우리나라 농민은 너무너무 힘들다" 48 | 1956년 합작사 전면 실시 이후 허베이의 농촌문제 56 | 마오쩌둥은 중국 농촌문제를 어떻게 보았는가 60

2) 공장 70
"엄밀하게 주의할 조짐은 이미 나타났다" 70 | 1957년의 '노동자 시위' 76 | 류빈옌의 긴급 호소 80

3) 학교 85
마오쩌둥의 우려: "지금 당과 지식인의 관계가 상당히 불안하다" 85 | 사람들의 주목을 끌었던 한 편의 문장과 한 차례의 담화 85 | 역사 회고: 1949년 이후 칭화대학 교정 90 | 지식인들이 제기한 문제에 대한 마오쩌둥의 대답 96

4) '심상치 않은 봄날' 대학 캠퍼스의 풍파 104
대학 관리체제 논쟁 105 | 학생들의 대자보 중 농촌과 공장 문제 107 | 이 모든 것을 마오쩌둥은 세밀하게 주시하고 있었다 112 | 5월 14일: 미묘하고도 중요한 변화 112 | 마오쩌둥이 준비한 '반우' 117 | 5월 19일: 베이징대학 학생들이 민주운동을 일으키고, 마오쩌둥이 격렬하게 반응하다 120 | 마오쩌둥이 보는 '6인 교수회의': 지식인과 청년학생들이 노동자·농민 선동을 준비한다 124 | 마오쩌둥의 전략 부서: 노동자·농민을 동원해서 지식인·청년학생 '우파'를 반격한다 126 | 중국은 '군중전제정치' 시대로 들어가다 131

제2부 베이징의 우파 선구자들

1. 1957년 옌위안의 학생 간행물 134

1) 『홍루』: '폭풍우 몰아치기 직전의 어둔 하늘' 아래에서 부르는 청춘의 노래 134
2) 벽에 붙인 시: 시로 논쟁에 참여하다 152
3) 『광장』: '사회주의 문예부흥'과 '사회주의 민주운동'을 촉진하다 164
4) 『홍루』 제4기: "왼손으로도 오른손으로도 활을 당길 수 있다"는 난처함 176
5) 『낭도사』: 당의 입장, 관점과 방법을 견지하다 187

2. 린시링(林希翎): 영원한 반대파 194
― '5·19민주운동'의 국제적 배경과 주요 주장 및 '우파' 정신과 성격을 함께 논하다

1) 1957년 캠퍼스 민주운동 속의 린시링 195
'흐루시초프 비밀보고서'를 전달하여 화를 입다 195 | 마오쩌둥의 기쁨과 두려움: '내막을 드러내는 것'에서 '수정주의에 대한 경계'로 197 | "천화(天火)를 훔치다": 교내 청년학생들의 반응 208 | 린시링이 받은 사상적 반향 210 | 기억 속의 교내 분위기 213 | 5월 23일: 린시링의 폭발적인 강연 215 | '진정한 사회주의'를 외치다 218 | '봉건 사회주의'를 비판하고, 인민 주권의식을 강조하다 219 | 사회주의 민주 문제 221 | 특권계급 문제 224 | 비통해할 만한 역사의 커다란 오해 226

2) 린시링을 둘러싼 중국 정치투쟁 231
린시링의 고위층 동정자 231 | 린시링과 문예계, 신문계 인사 234 | 연루된 무고한 백성 237 | 린시링의 운명과 당 고위층과의 관련 241

3) 린시링의 우파 정신과 성격 244
"나를 전적으로 우파 대표로 삼아라" 244 | 영원히 현실에 만족하지 않다 246 | 영원히 진실을 말하다 248 | 벗어날 수 없는 유토피아 열망과 돈키호테 기질 249 | '정신계 전사' 계보의 계승 251 | 영원한 반대파 한 사람 252 | 비틀거리며 걷지만 영원히 앞으로 향하던 뒷모습 255

부록: 감격의 역사 257

3. 류치디(劉奇弟): 목숨을 바쳐 법을 수호한 선구자 261
— '5·19민주운동'의 국내적 배경 및 주요 호소를 함께 논하다

1) 후평의 억울한 안건 중 잊지 말아야 할 이름 하나 261
잊을 수 없는 기념 261 | 류치디의 스산한 외침 소리가 옌위안의 밤 하늘가에 떠돌다 269 | 역사에 남은 류치디의 대자보 두 장 270

2) 목숨을 바쳐 법을 수호한 선구자 273
헌법의 존엄을 수호하다 273 | 1954년 헌법 277 | 1955년 가오강·라오수스 사건, 반후펑운동, 반혁명분자 숙청운동 281 | 헌법·법률보다 높은 '계급투쟁 논리' 283 | 두 가지 건국 논리와 노선 투쟁 286

4. 탄톈룽(譚天榮): 영원히 진리를 탐색하다 289
— '5·19민주운동'의 사상적 배경과 사상적 특징을 함께 논하다

1) 20세기 50년대 중국의 '광인' 291
사람들이 보는 탄톈룽 291 | '독초'로 자처하다: 모반의 자세 294 | 거대한 것에 도전하다 297

2) 그들은 무엇에 도전하였는가 300
'당의 신화'에 대해 질의하다 300 | 맑스주의 자체의 위기 303 | "영혼을 구하라": 민족정신의 위기를 구제하다 309 | '사회주의 시대의 5·4신문화운동'을 발동하다 310 | 인간의 독립적 사고의 권리를 수호하다 311 | 정신적 독립 자유의 '새로운 인간'을 외치다 314 | 우파분자―'인류의 강직함' 315 | 개인성의 존재: 오만방자한 외피 속에 숨겨진 깊은 정 317

3) '5·19민주운동'의 몇 가지 사상적 특징 319
맑스주의의 비판 정신, 혁명의 본질로 복귀하다 319 | 사회주의 민주로의 복귀 321 | 사회주의 공유제로의 복귀, 자본주의에 대한 경계 322 | 역사의 오해, 이루어지지 못한 기대 323

4) 반우파운동 이후: 가둘 수 없는 사고 327
특수한 노동 교화범 327 | 1957년 제기한 문제에 대한 1968년의 지속적인 사고 329 | 굳세고 외로운 탄톈룽 334

5. '인간'이 될 것인가, '노예'가 될 것인가 337
— 야오런제 선생의 회고록을 읽고 반우파운동의 핵심 문제를 논하다

역사의 세밀한 묘사: '머리를 들 것인가, 고개를 숙일 것인가'의 반복적인 저울질 337 | 인간의 존엄 340 | 인간의 생각 342 | 인간의 권리 344 |

중국공산당은 심각한 시련에 직면해 있다 345 | 신정권의 정치 천민과 신식 노예 348 | 유형, 무형의 노예 규칙 351 | 잘못을 깨닫지 못하는 노비 354 | 그 해 '학생 운동의 지도자'가 '반우파의 선구자'로 변하다 358 | 다른 사람을 노예로 부리는 사람은 자신도 자유롭지 못하다 359 | 노예가 권력을 잡으면 주인보다 더 잔혹하다 360 | 인성과 인간의 존엄을 수호하기 위한 불굴의 투쟁 361

6. 캠퍼스 통신 363

1) "하룻밤 사이에 홀연히 봄바람이 불어오다" 366
2) "한밤중, 우리는 모두 잠을 이루지 못했다" 373
3) "사람들은 모두 엄중한 현실 앞에서 태도를 표명해야만 했다" 387
4) "사실상 객관주의가 우파에 더 가깝다" 393

제3부 우파의 숙명

1. 지옥에서의 노랫소리 400
　　―허평밍의 『체험』을 읽고 반우파운동 이후 형성되었던 사회질서를 논하다

1) 반드시 직시해야 하는 '혁명 지옥' 400
　　명명 402 | 고립과 격리 405 | 혁명의 금고아 411 | 신체 종속 422 | 기아 처벌 425
2) 지옥 속에도 변함없이 노랫소리는 있다 434
　　일상생활 속의 강인한 힘 435 | 여인에 대한 관심과 사랑의 힘 436 | 남편들은 죽었지만 아내들은 여전히 살아가고 있다 438 | 요행히 살아남은 사람들의 책임 441

2. 한 사람의 운명과 그 배후의 사회체제 444
　　―장셴츠의 『그라쿠스 일화』 읽기

원죄와 별책(別冊) 444 | 조직 448 | 영도자 451 | 지도자 454 |
신분: 우파, 노동개조분자 456 | 단위 증명, 당안(檔案) 465 | 맹류, '부종', 수용소 468 |
함정, 고발, 군중전제정치 471 | 그물 474 | '그물'로는 잡을 수 없는 사상과 인성 475

제4부 우파인사들의 사상 단편

1. '순도자' 린자오(林昭) 482

1) 린자오의 길 485

기묘한 혁명 혈연 485 | 종교의 침윤 486 | 베이징대학 정신의 전통 486 | 젊은 반항자 489 | 영혼의 그림자 490 | 『홍루』속 시가의 청춘격정 492 | 누구도 '진리를 대표'할 수 없다 493 | 조직성과 양심의 모순 499 | "우리는 정말 속았다!" 501 | 결렬은 "바로 그때부터 시작되었다" 503 | 우리가 굴복할 때, 린자오는 반항했다! 505 | 반우파운동은 자기 '무덤을 판 자'와 '심판자'를 양성했다 506

2) 린자오의 사상 507

"내게 인권과 자유를 돌려주시오" 508 | 민족의식과 기독교정신 518 | '또 다른 형식의 노예주인'은 되지 않겠다 520

2. 1956~60년 구준(顧準)의 생각 526

1) 1956년: 모든 문제를 다시 평가해야 한다 526

현대 자본주의를 어떻게 바라볼 것인가 529 | 사회주의 경제발전문제 531 | 제2인터내셔널과 사회민주당의 평가문제 534 | '우상주의'와 '절대주의' 비판 537 | '계급투쟁' 문제에 관하여 540 | '민주사회주의'에 대한 사유 541 | "가야 할 길을 찾아야 한다" 543

2) 1959년: 독자적인 '탐색'을 고수하다 544

사회주의와 자본주의의 대립과 상호 흡수 544 | "나는 맑스의 인본주의-자연주의를 받아들인다" 548

3) 1959~60년: '대기근'에 대한 정치경제학 비판 553

'양이 사람을 잡아먹는' 사회주의 역사 이전 시기 556 | 대기근 배후의 체제문제 561 | "내가 비겁해졌나?" 564 | 구준의 희망, 혹은 환상 568

3. 장중샤오(張中曉)가 제기한 문제 572

1) 1950년대 초: 혁명 성공 이후 혁명 비판정신 상실의 문제 572

"루쉰 선생은 지금 너무도 푸대접을 받고 있다" 574 | '혁명가'에서 '노예총관'으로의 전환, 그리고 "이 어두컴컴한 올가미를 때려 부수자"라는 외침 581 | "나는 그의 삶의 무게로써 나 자신을 채찍질한다" 585

2) 1956~62년: 강권체제하에서의 정신문제 587

첫번째 문제: 강권체제의 정신통치 592 | 두번째 문제: 강권체제하에서의 정신병폐 613 | 세번째 문제: 강권통치하에서의 정신지탱 623

제5부 반우파운동 이후

1. 1960년대 초 베이징 캠퍼스의 지하 신사조 638

1) '태양종대': 예술청년의 반역 638

2) 'X그룹': 1960년대 대학 캠퍼스에서의 독립 사상가의 반항과 전변 642

왜 자유롭게 자기를 표현할 수 없는 것인가: '5·4'에 대한 호응 642 |
1957년 '5·19운동'의 정신계승자 645 | '인성'과 '개성': 사유의 초점 650 |
X그룹: "당신은 무엇을 기다리는가" 654 | 궈스잉의 '변화' 658 | 죄책감과 원죄의식 659 |
'계급'과 '계급투쟁'의 개념 661 | '인민'과 '실천'의 개념 661 |
'절대적 개성자유'를 묻다 663 | 혁명열정과 사명감 664 | 문화대혁명에 대한 이해 665

3) 반동학생: 새로운 세대의 '우파' 666

개별 안건 666 | 잘 알려지지 않은 '반동학생안건' 671

4) '청년 마오쩌둥주의자'의 탄생과 그 운명 678

중소논전 중 '청년 마오쩌둥주의자'의 탄생 678 | '정치두뇌를 가진 실천가', 실천 속에서 맑스주의를 발전시키는 '이론가'가 되기로 뜻을 세우다 681 | 마오쩌둥의 사유와 시각으로서 중국과 세계를 관찰하고 사고하다 684 | '사회주의 민주'를 거듭 천명하다: 기층조직의 절대권위에 의문을 던지다 687 | '방'(放)의 방침: 대중민주로 '강산은 영원히 변하지 않음'을 보증하다 691 |
계승문제: 노간부와 그 자녀들 가운데 '신생 부르주아계급'이 생겨남을 경계하다 694 | 부르주아계급은 여전히 대학을 통치하고 후계자들을 양성한다 696 | 자각적으로 마오쩌둥 사상체계를 흡수하여 하위층의 호응을 얻어 내다 699 | 그러나 그는 기층 당조직 눈에는 가시 같은 '우파'였다 701 | 문화대혁명도 그를 해방시키지 못하여 여전히 '반혁명'의 죄명을 벗기 어려웠다 704 |
지하 신사조와 우파사조, 문혁사조의 관계: 연구할 과제 706

발문을 대신하여_ 나의 '1957년학' 연구 709
후기 736
참고문헌 740

부록

- 해제_ '사회주의적 민주'를 향한 길과 민간 '이단사상'의 역사(백승욱) 746
- 저자 소개의 글_ 루쉰과 첸리췬(유세종) 772
- 찾아보기 790

| 일러두기 |

1 이 책은 첸리췬(錢理群)의 『拒絶遺忘: "1957年學"硏究筆記』(香港: Oxford University Press, 2007)를 완역한 것이다.

2 이 책의 주석은 모두 각주로 되어 있으며, 지은이 주와 옮긴이 주로 구분되어 있다. 옮긴이 주의 경우 내용 끝에 '―옮긴이'라고 표기했다.

3 본문에 옮긴이가 첨가한 말은 대괄호([ ])를 사용해 구분하였다.

4 외국 인명이나 지명, 작품명은 2002년에 〈국립국어원〉에서 펴낸 '외래어 표기법'에 따라 표기했다.

5 신문·잡지 등의 정기간행물, 단행본, 전집 등에는 겹낫표(『 』)를, 기사, 논문, 단편, 대자보, 연극, 영화, 미술 작품 등에는 낫표(「 」)를 사용했다.

망각을 거부하라

서언_망각해서는 안 되는 사상 유산
―『베이징대학 우파분자 반동언론 모음집』,『교내외 우파언론 모음집』을 다시 읽으며

베이징대학 100주년 기념행사가 끝났다. 장황하고 분주했던 시간이 지나고 나는 조용한 일상으로 되돌아왔다. 이제 과거를 돌아볼 시기가 된 것이다. 루쉰魯迅의 영향을 받아서인지, 나는 특히 '~이후'라는 명제를 좋아한다. 지금 시작하려는 것도 '경축 행사 이후' 과거에 대한 성찰이다.

최근 우리는 베이징대학에 관한 많은 이야기들을 하였고, 베이징대학과 관련된 많은 서적들을 출판하였다. 하지만 나는 직감적으로 베이징대학과 관련된 많은 것들이 본의 아니게 누락되거나 의도적으로 망각되었을 거라는 생각이 들었다. 나는 어떤 친구가 얼마 전에 보내 온 편지에서 그가 베이징대학 100주년 기념식 날을 묘사했던 것이 생각났다. 그는 "많이들 지난날을 그리워하지. 하지만 모두가 '반우파운동' 이전을 그리워하는 거야. 당연하지 않은가. 그후의 일들은 사실 말로 하기 어렵잖아"라고 했다. 난 그의 마음을 안다. 베이징대학에 관한 이 친구의 기억 속에는 어떤 난처함 혹은 가슴 아픈 무언가가 깊이 숨겨져 있다. 그러나 "말하기 힘든" 역사이기에 누구도 쉽게 끄집어내지 못한다. "힘든 것은 피하

고, 하기 쉬운 것만 하려는" 것이 인지상정이듯 말이다. 만약 이것이 개인의 기억일 뿐이라면 말하기 힘든 건 안 해도 된다. 우리의 일상생활 속에도 비슷한 일들이 많이 일어나는데, 그것들을 어떻게 다 기억할 수 있겠는가? 그러나, 만약에 이것이 한 학교의, 한 민족의, 한 시대의 기억이라면? 난 베이징대학 100주년을 기념하기 위해 썼던 각종 그럴싸한 서적들을 뒤적이다가, 놀랍게도 1957년에 관한 역사가 베이징대학 역사 서술과 기억에서 소실되어 있다는 것을 발견하였다. 마치 아무 일도 일어나지 않았던 것처럼, 그 어떤 흔적도 남겨져 있지 않았다. 단지 어떤 책에서 이 역사를 아주 극소수의 "우파" 학생이 "모욕"당하고 "공격"받은 것으로 묘사하고 있었다. 이것은 마치 나를 또 그 당시로 되돌아가게 하는 것 같았다.

　　나도 모르게 소름이 돋아 올랐다. 망각하는 것이든 혹은 그 기억을 지켜 내는 것이든 모두가 전율을 일게 한다!

　　그래서인지 난 어떤 책이 생각났다. 바로 대비판 시기 학교가 모든 학생들에게 나누어 주었던 『우파언론 모음집』이었다. 당시 난 자료를 수집하던 습관이 있었는데, 어렴풋하게 이것이 역사적인 문건이 될 것임을 느꼈던 것 같다. 그래서 그것을 아주 조심스럽게 보존해 왔는데(내가 처음부터 '변종'이었음을 알 수 있다), 문혁 시기 그 책은 몰수되었다가, 문혁 후기 몰수했던 자료를 돌려줄 때 기적적으로 내게 되돌아왔다. 그러나 주변 친구들에게 그 책을 자랑하던 중 누군가가 또 그것을 '몰수'해 가 버렸다. 정말 후회스러웠다. 책의 운명조차도 이처럼 복잡한데…….

　　난 그 책의 행적을 사방으로 물어보며 찾아다녔고, 결국 어떤 경로를 통해 되찾아 왔다. 게다가 다른 몇 권의 책도 찾게 되었다. 정말 행운이었다!

나는 일각을 지체할 수 없어 그 자리에서 책을 펼쳤다. 제일 먼저 당시 학교에서 가장 유명했던 '우파'들이 모여서 사람들의 주목을 받았던 『광장』廣場의 「발간사」를 찾아보았다. 이것은 이 사상 단체의 선언서라고 할 수 있다.

"…… 사람과 사람 간의 관계는 새롭게 조정되어야 하고, 과거 당연시되던 것들은 그 옳고 그름을 새롭게 따져봐야 한다. 현대의 여러 가지 논점과 시각에 대해서 새롭게 예측하고, 평가하고, 탐색하여야 한다. 말하자면, 정풍운동을 중심으로 하는 대변혁이 위대한 사회주의 사상의식의 개조운동이거나, 사상의식의 대혁명이라는 것에 대해서 용감하게 다시 생각해 봐야 한다.

자기 견해를 자유롭게 밝힐 수 있는 것이 이 운동의 정신이다. 조금의 망설임 없이 발언하고 진리를 위해 쟁론하는, 여러 가지 새로운 주장과 시각을 증명하기 위한 천재적 창조들이 우후죽순처럼 생겨날 것이다!

중국은 앞으로 춘추제자 백가쟁명과 같은 사회주의 시대가 도래할 것이다. 청년들의 사회 활동이 강건해지고, 문학이 다시 되살아나는 사회주의 시대가 도래할 것이다. 마치 성당盛唐 시기와 같이 시가를 창작하는 사회주의 시대가 도래할 것이다. 사회주의 시대의 '5·4'신문화운동이 도래할 것이다!

위대한 맑스·레닌주의의 불후의 이론은 더 전면적이고 더 정확하게 운용되고 천명되어 발전을 이룰 것이다! 당은 이로 인해 더 강대해지고 더 생명력을 갖게 될 것이다! 사람들도 젊음을 되찾을 것이고, 지극히 선명하고 사랑스런 사회주의적 개성을 갖게 될 것이다!

베이징대학은 5·4의 고향이고, 베이징대학의 아들딸들은 5·4의 후손들이다. 우리의 혈관 속에는 5·4의 피가 흐르고 있고, 사회주의의 5·4 시대에 우리는 5·4 선배들의 대담한 문제제기와 창조 정신을 배워, 진정한 사회주의 민주와 문화를 쟁취해 가야 한다!

우리의 간행물, 『광장』은 이를 위해 탄생하였다. '광장'의 의미가 여기에 있다. 즉 베이징대학 민주광장은 일찍이 5·4의 불을 붙였던 곳으로, 5·4 선배들은 이 민주광장에 모여 점화를 하며 결의를 다지면서 노래를 불렀었다!

선배들의 광장은 이미 황폐해졌다. 우리는 어렵게 그것을 깨끗이 청소했다. 우리는 연설과 노래 부르기를 좋아하는 사람들이 함께 와서 이곳을 청소하고 정리해서 수만 가지의 꽃을 피우기를 희망한다!

어서 오게나, 친구들이여! '광장'으로 오게나! 여기에는 신선한 자유의 공기가 있다. 그것이 너의 성대를 진동시켜 네가 부르고 싶은 개성의 노래를 부르게 할 것이다!

우리의 광장은 20세기 사회주의 문예부흥의 도래를 기다리고 있다!"[1)]

인간 세상의 풍파를 겪은 후, 비록 역사의 먼지 속에 파묻혀서도 의연하게 빛을 발하고 있는 이 글자들을 다시 읽으니 정말 감개무량하다. 20세기 역사를 총결하고 회고하던 우리는 놀랍게도 세기 중엽인 1957년에 발생한 '사회주의 사상의식 개조운동'과 세기 초(1917년에 시작한)의 5·4신문화운동, 그리고 세기 말(1978년에 시작한)의 사상해방운동까지, 이 세 가지 운동이 언어에서 사상까지 아주 유사하다는 것을 발견했다! "새로이 가치를 평가하자"는 기치 아래, '습관화'된 기존 관념과 관습에

---

1) 「〈廣場〉發刊詞」, 『原上草 : 記憶中的反右派運動』, 經濟日報出版社, 1998, 19~20쪽.

대해 대담하게 질의하고 반문한 것, 인간 정신의 자유와 창조력의 발전, 개성 해방을 부르짖고 사회 민주와 민족문화의 부흥 그리고 배후의 민족국가 부흥에 대한 기대를 외친 것 등등이 모두 일맥상통한다. 즉 '독립, 자유, 비판, 창조' 정신이 이들을 관통하고 있었다. 이것은 베이징대학 정신의 핵심으로서, 중국 현대 지식인의 기본적인 패러다임을 제공하였다. 글자 표면에서 드러나고 있는 이상주의와 낭만주의 정신은 20세기 각기 다른 시기의 사상변혁운동 참여자들을 정신적인 형제처럼 보이도록 했다. 당시 '광장'의 용사들이 스스로 '5·4의 후손', 베이징대학 정신의 계승자라 한 것은 당연하며 조금도 과장된 것이 아니었다.

어쩌면 이것은 외재적인 인상일 뿐, 논의로 삼기에는 부족할지도 모른다. 그렇다면, 더 나아가 아래 논술들을 비교·분석해 보도록 하자.

- "우리 제도는 불완전하다. 민주적 권리도 부족하다. 이것은 세 가지 해악(중공 중앙이 당시 발동한 정풍운동은 당내 관료주의, 종파주의, 주관주의를 반대했는데 대중들은 이를 '세 가지 해악'三害이라 불렀다)을 만드는 근원"이고,[2] "지금 세 가지 해악을 제거하는 것은 표면에 머물러 있다. 세 가지 해악의 근원을 지도자의 사상의식으로 돌릴 뿐, 세 가지 해악의 사회적 근원을 추궁하지 않고 있는데, 이는 잘못된 것이라고 본다. 세 가지 해악의 사회적 근원은 사회주의 민주가 억압되고 공산당원과 공산주의 청년단 단원의 맹종이 보편화된 것에 있다. 사회주의 민주가 억압받는 원인은, 첫째 법률제도 문제로, 헌법의 인민권리는 절대적으로 보장받지 못했고, 둘째는 지도자와 대중의 관계 문제로, 첨예한 계급투쟁에

---

2) 徐克學, 「"衛道者"們看」, 『原上草: 記憶中的反右派運動』, 226쪽.

의해 형성된 과도한 권력 집중은 지도자와 대중의 관계를 감독하고 감독받는 관계가 아닌 절대적인 복종 관계로 만들었으며, 셋째는 언론자유문제 때문이다. 반동 낙인이 도처에 널려 있을 때, 정치 압력하에서 가장 무서운 것은 '지도자에 대한 불만은 바로 반당'이라는 여론이었다. 그 아래에서는 어떠한 부정적 의견이라도 파멸적인 공격을 받아 억압되었고, 한두 마디의 간단한 말도 반혁명분자 숙청자료에 넣어져, 장래의 끝없는 후환이 되었다. 이런 상황에서 진정한 민주는 존재하지 않는다."[3]

- "주요하게 사회주의 민주를 확대하고, 사회주의 법률제도를 건전하게 함으로써 세 가지 해악을 제거해야 한다."[4]
- "사회주의 공업화는 이루어졌으니 사회주의 민주화가 있어야 한다."[5]
- "만약에 사람들이 너희들이 표방하는 것이 어떤 민주냐고 묻는다면, 우린 '5·19'(1957년 5월 19일 베이징대학 일부 학생들이 자발적으로 민주를 요구하는 대자보를 붙였는데 당시 이것을 '5·19'민주운동이라고 했다)에서 온 것이라고 답할 것이다. 민주광장의 자유연단에서 나오고, 계속해서 발전하고 있는 이런 민주는 소련의 형식을 억지로 옮겨 온 것도 아니고, 서구나 유럽의 형식을 사 온 것도 아닌 바로 오늘날 중국의 사회주의 토양에서 생겨난 민주제도라고 대답할 것이다. 우린 그것을 공고히 해서 점차 전국적인 범위로 확대해 가기를 원한다. 이것이 바로 우리의 요구이자 목적이다."[6]

---

3) 岑超南,「再論"鏟草要除根"和"黨團員想一想"」,『原上草: 記憶中的反右派運動』, 210~212쪽.
4) 張景中,「在中文系一年級與譚天榮辯論會上的講話」, 北京大學社會主義思想教育委員會 編印,『北京大學右派份子反動言論彙集』, 1957년 10월, 20쪽.
5) 龍英華,「世界向何處去, 中國向何處去, 北大向何處去」,『原上草: 記憶中的反右派運動』, 132쪽.
6) 陳愛文,「關於社會主義制度」,『原上草: 記憶中的反右派運動』, 101쪽.

• "우리가 제일 흥미를 느끼는 문제는 '어떻게 명실상부한 공유제를 담보할 것이냐'이고, '공유제 이후 어떻게 정확한 분배를 진행하느냐'이다. 우린 절대적 평균주의를 반대한다. 그러나 지금의 문제는 여기에 있는 것이 아니라 불합리한 차별에 있다. 이렇게 공유를 실시하더라도 실제로는 분배 과정에서 보이지 않게 일부에 의해 다른 사람의 노동이 장악될 것이다. …… (특권의 존재로 인해) 분배에 있어서 이미 사회지위 등의 문제가 일정한 모순을 드러냈지만 현재까지는 아직 첨예하진 않으니 내부모순이라고 할 수는 없다. 하지만 만약에 관리·분배·사회지위 등의 문제가 더 나은 해결책을 얻어 내지 못한다면 모순은 더 심화될 것이고, 기본적으로 '계급'관계의 정의定義를 만족시킬 것이라는 점을 지적해 내야 한다."[7]

○ "과거에 발생한 각종 착오는 비록 어떤 지도자의 사상·태도와 연관되지만, 조직제도와 노동제도의 문제가 더 중요하다. …… 스탈린은 사회주의 법제法制를 심각하게 훼손했는데, 마오쩌둥 동지는 이런 일이 영국·프랑스·미국 등의 서방국가에서는 발생할 수 없는 일이라고 했다. 그는 이 점을 인식했지만, 실제로 영도領導제도의 문제와 기타 이러한 원인들을 해결하지 못했기 때문에 '문화대혁명'이라는 10년의 대재난을 초래했다. 이 교훈은 아주 중요하다. 만약에 현행제도 중의 폐단을 결연히 개혁하지 않는다면 과거 발생했던 심각한 문제가 오늘 이후에 또다시 나타날지도 모른다."

○ "해방 후 우리 역시 자각적으로, 또 체계적으로 인민의 민주권리를 보

---

7) 周大覺,「再論"階級"的發展」,『原上草:記憶中的反右派運動』, 171~173쪽.

장하는 각종 제도를 만들지 못했고, 법제를 완비하지 못했으며, 또 중시하지도 않았다. 특권현상은 때론 규제와 비판과 타격을 받았고, 때로는 또 새롭게 생겨나기도 했다." "많은 지역과 일터에는 가부장적인 사람들이 있었는데, 그들의 권력은 제한받지 않았으며, 사람들은 시키면 시키는 대로 절대 복종하였고, 심지어는 그들에 대한 종속관계가 형성되었다. …… 또 어떤 간부들은 자신을 인민의 공복公僕으로 보지 않고 인민의 주인으로 여겼다."

○ "당의 일원화 영도를 강화하자는 구호 아래, 모든 권력을 당위원회에 집중시켰고, 당위원회의 권력은 또 몇몇 당서기, 특히 제1당서기에게 집중되었으며, 이로 인해 당의 일원화 영도가 때로는 개인 영도로 변질되었다." "당은 전국적인 집권당이 되었고, 특히 생산수단 사유제에 대한 사회주의 개조가 기본적으로 완성된 이후에 당의 주요 임무는 이미 과거와 달랐다. 사회주의 건설 임무는 아주 많아지고 복잡해졌고, 권력의 과도한 집중으로 갈수록 사회주의 건설사업의 발전을 따라가지 못했다. 이 문제에 대한 장기간의 충분한 인식이 없었기 때문에 '문화대혁명'이 발생하게 되었으며, 우리에게 중대한 대가를 치르게 하였다. 이제는 더 이상 해결하지 않을 수 없게 되어 버렸다."[8]

이상의 '·' 표시된 것은 모두 『우파언론 모음집』에서 인용해 온 것이다. 저자는 쉬커쉐徐克學(수학과 학생), 천차오난岑超南(물리학과 학생), 장징중張景中(수학과 학생), 룽잉화龍英華(철학과 학생), 천아이원陳愛文(중문과 학생), 저우다줴周大覺(베이징항공대학 교사)이고, '○' 표시된 것은 사람들이 다 아는 『덩샤오

---

8) 鄧小平, 「黨和國家領導制度的改革」, 『鄧小平文選』(1975~1982), 人民出版社, 1983, 288~293쪽.

핑 문선』 중 「당과 국가 영도제도의 개혁」黨和國家領導制度的改革이라는 글에서 가져온 것이다.

오늘날 우리는 1957년 학생들의 논의와 1980년 중국공산당 영도자의 역사경험에 대한 총결 사이에 다른 점이 있다는 것을 발견할 수 있다. 그렇지만 몇 가지 중요한 관점들, 예를 들어 사회주의 발전 과정 중에 나타난 문제는 '제도적 폐단'과 연관되어 있어서 반드시 제도개혁을 진행해야 한다는 것, 권력의 과도한 집중을 반대하고 특권을 반대하며 지도자와 대중 간의 불평등한 관계를 반대한다는 것, 사회주의 민주의 확대와 사회주의 법제를 강화해야 한다고 주장하는 것, 이런 인식들은 모두 일치하거나 유사하다. 하지만 이런 기본 관점은 1957년에 '반당·반사회주의' 언론으로 치부되어, 모든 저자들이 엄중한 처벌을 받았다. 그러나 80년대 이후 오히려 이것은 중국 개혁의 지도사상이 되었고, '민주'와 '법제'와 같은 이런 개념들은 사람들의 입버릇이 되어 버렸다. 물론 이 속에는 이를 진지하게 실천하고 있는지의 문제가 존재하지만, 적어도 '반동'이라는 질책은 더 이상 없었다. 이것이 시대의 진보를 반영한 것일 수도 있겠지만, 사실 그 실체는 잘 생각해 봐야 한다.

1957년은 어떤 시기였는가? 바로 덩샤오핑의 글에서 말한 "생산수단의 사회주의 개조가 완성된 후 당의 주요 임무는 과거와 달랐고, 사회주의 건설 임무가 아주 많아지고 복잡했던" 시기였다.[9] 역사전환의 갈림길에서 젊은이들은 권력의 과도한 집중을 반대했고, 특권을 반대하는 등의 문제를 제기했으며, 민주와 법제를 요구했는데, 이것은 아주 시의적절한 것으로 귀한 민감성과 선견지명을 보여 준 것이다. 하지만 앞에서

---

9) 鄧小平, 「黨和國家領導制度的改革」, 『鄧小平文選』(1975~1982年), 289쪽.

인용한 그들의 대자보에서 말한 것처럼, 비록 '제도상의 폐단'이 각종 모순을 끌어냈다고 하더라도, "지금까지는 아직 첨예하지 않고", 발전 과정이었기 때문에 대다수 사람들이 알아차리고 인식하는 것은 쉽지 않았다. 그리고 비록 경고의 소리를 냈다고는 하지만 국민들은 여전히 맹목적이고 맹종적인 무의식 상태에 처해 있었다. 그래서 나라와 국민을 걱정하는 '광장'의 젊은이들이 루쉰이 그렸던 샤위[10]와 같은 운명에 빠지는 것은 피할 수 없다. 그들은 그들의 사상이 앞서 나간 것에 대해 혹독한 피의 대가를 치러야 했다.

선견지명이 있는 선각자들의 거부는 권력의 반격과 진압을 불러왔고 그들은 대가를 치러야 했다. 이것은 바로 덩샤오핑이 그의 글에서 여러 차례 말했던 것으로, 권력의 집중과 특권 등 문제가 존재한다는 것을 인정하지 않고 민주 확대와 법제 실행을 거부한 것이며, 나아가 현행제도 속의 폐단을 극단으로 몰고 감으로써 결국은 "'문화대혁명'의 10년 동란을 초래했다". 이런 의미에서 어떤 연구자들은 1957년의 반우파가 "'문화대혁명'으로 가는 길"[11]을 열었다고 본다. 이것은 사실에 부합하는 의미 있는 말이다. 역사는 확실히 사람을 농락한다. 문화대혁명의 철두철미함은 상당히 많은 우파 비판자들을 피비판자들과 같은 운명에 빠지게 했다. 사람들은 당시 그들이 우파를 비판했던 것과 똑같은(혹은 더 극단적인) 말과 논리로 그들을 비판했다. 그러나 그들은 자신들이 똑같은 곤경에 빠지고 나서야 깨닫게 된다. 물론 여전히 깨닫지 못한 사람들도 있다. 그들은 원래의 지위를 회복한 이후 또다시 권력과 결합한 원래의 의

---

10) 샤위(夏瑜). 루쉰의 단편소설 「약」에 나오는, 혁명가의 실제 모델이다.—옮긴이
11) 朱正, 『反右派鬪爭始末』, 明報出版社, 2004, 725쪽.

식과 논리, 언어를 사용하기 시작했다. 그리고 결국은 선각자의 사상이 어느 단계에서 그의 비판자에게 수용되고, 비판자에 의해 일정 정도 실현되는 역사현상이 나타나게 된다. 물론 이는 비판자가 자신의 이익 여부를 보고 실행한 것으로 선각자와는 무관하다. 또 선각자의 역사적 오명이 이로 인해 씻겨졌다고도 할 수 없다. 그들에게 마땅히 해주어야 할 역사 지위의 회복과 인정認定은 말할 것도 없고, 그들을 계속해서 정풍하지 않는 것만으로도 충분히 인도적인 것이었다. 대다수 사람들의 눈에는, 심지어 후대 사람들의 인상 속에서 그들은 여전히 죄가 있는(적어도 일찍이 죄가 있었던) 사람들이다. 이런 결말은 선각자 자신들, 또 그때의 비판자, 나중의 유언 집행인 모두에게 잔혹하지만 어쩔 수 없는 것이었다.

 이런 잔혹하지만 어쩔 수 없는 것에 대해서 우리가 할 수 있는 것은 사실事實과 역사의 연계성을 밝히는 것뿐이다. 1957년 '광장'의 사유와 외침은 바로 80년대 중국 사상해방운동의 서곡이었고, 세상이 주목한 중국 개혁사상의 주춧돌이었으며, 또 중국 민간의 젊은 선각자들이 비합법적인 형식으로 자신의 생명과 선혈을 바쳐 만든 것이었다. 그들 이후에도 또 새로운 희생이 있었다. 이 세기말의 축제와 공연 속에서, 적어도 몇 사람은 이런 뚜렷한 역사기억을 간직할 수 있기를 희망한다.

 1957년 베이징대학 학생들에 대해 말하고 싶은 것이 너무 많다. 사람들, 심지어 역사학자들은 1957년의 정치풍파를 연구할 때 늘 그 당시 우파 거물이었던 인물, 특히 정치적 풍운아에 주목하는데, 이는 아마도 사유의 타성인 듯하다. 사실 당시의 많은 우파언론을 자세히 연구한다면 그 우파 정치가가 주목한 것이 정치 권리의 분배였다는 것을 어렵지 않게 발견하게 된다. 이는 물론 그들의 정치이상 실현과 연관되어 있었지, 절대 사적 이익을 위한 것은 아니었다. 그렇기 때문에 거기에는 가벼이

다룰 수 없는 의미가 들어 있으며, 별도의 토론을 필요로 한다. 진정 이 정치풍파의 사상·문화적 깊이와 의미를 구체적으로 드러낸 것은 아마도 '우파학생'(우파 교수와 지식인을 포함해)이라고 불렸던 사람들의 사유일 것이다. 이들은 아직 세상 경험이 많지 않은 청년들이었고, 그렇기 때문에 그들의 열정적인 탐구는 순수하게(혹은 기본적으로) 진리에 대한 추구에서 나온 것이었다. 앞에서 인용한 『광장』의 「발간사」는 그들이 "진리를 위해" "조금도 주저하지 않고 발언하였다"고 공언하고 있다. 그들의 사유는 앞에서 간단하게 분석한 현실사회·정치·경제문제 외에도 더 광범위하고 심층적인 사상·문화문제, 즉 정치학적·경제학적·법학적·윤리학적·심리학적·철학적인 것 등을 포괄하였다. 이론적 탐색에 치중한 장편 논문과 『자유주의자 선언』, 『이기주의자 선언』 같은 세계관이나 기본입장 선택과 관련된 선언서들이 나왔다. 지금 보면 이 토론들은 거칠고 조야하다. 하지만 그것들은 분명 그 시대의 사고 수준을 반영한 것이었다. 덧붙여 말하자면, 이 시기 이론연구·이론창조에 전문적으로 종사한 지식인들 몇몇을 제외하고는 대부분 놀랍게도 이론에 있어서 침묵하였다. 설령 독립적인 사고를 가지고 정치현실과 사회문제에 주목했다고 하더라도 이론적인 탐색은 드물었다. 현행 권력정치에 대한 이론적 해석과 변호는 더 말할 나위도 없었다. 준비단계에 있는 학생들의 미성숙한 이론 습작을 이 시대 이론의 대표라고 하였으니, 이는 정말 중국 사상이론계의 비애이자 중국 지식인들의 직무유기였다고 본다. 이 역시 그저 여담일 뿐이다.

다시 돌아와 보자. 5·4 전통의 영향을 받아서인지 베이징대학 학생들은 중국문제를 관찰하고 사유할 때 앞에서 분석한 사회제도의 폐단 이외에, 이 제도의 수동자인 중국 국민의 반응에 더 주목했다. 앞에서 인용한 것처럼 그들은 '사회주의 민주의 억압'과 '공산당 당원과 공산주의 청년단 단원의 맹종'을 '세 가지 해악'의 사회근원으로 보았다. 또 어떤 학생은 자신의 글에서 날카롭게 "어느 시대건 권력의 과도한 집중은 개인에게 집중된 것이든 또 자칭 영예롭고 올바르고 위대하다는 집단에 집중된 것이든 모두 극히 위험하고", "인민대중들이 무감각해지고 우매하게 되는 것은 백배 천배 더 위험하며", "이 집단이 심각한 잘못을 범하고 변질된다면 어떠한 힘도 그것을 이겨 낼 수 없다!"[12]고 지적했다. 대중들의 무의식 상태에 대한 이런 걱정은 5·4 '국민성 개조' 사상을 계승한 것이었다. 이 '광장'의 베이징대학 학생들은 그들이 일으킨 이 사상운동을 계몽운동이라고 했는데, 아마도 5·4신문화운동을 일으킨 선배들과의 혈연관계를 자각적으로 의식한 것일 것이다. 그들은 새로운 역사조건에서의 새로운 국민성의 폐단을 폭로하고 비판했다. 공화국의 민감한 젊은이들은 그 시대 국민의 정신 상태를 고찰할 때 인간의 노예화와 자아의 상실을 마주하고 있었다.

그들은 자신들의 고통스런 발견을 다음과 같이 논술하고 있다. 공화국 초기 중국공산당과 그 지도자의 영도하에서 얻은 휘황찬란한 성과와 "중국의 (발생된) 거대한 변화"는 사람들을 도취하게 했다. 이런 도취로 인해 "미신"[13]이 생겼고, "당, 국가, 영도자"에 대한 "숭배"와 "종교식의 신앙"[14]이 형성되었으며, 각종 "신화"가 만들어졌다. 마치 "당, 국가, 영도자"는 천연적이고 절대적인 정확성과 진리성을 가지고 있어서 "어

---

12) 王書瑤, 「從斯大林的錯誤中應得的教訓」, 『原上草 : 記憶中的反右派運動』, 207쪽.
13) 氣三一群同學, 「現實的社會主義並非世外桃園」, 『北京大學右派分子反動言論彙集』, 101쪽.
14) 王書瑤, 「從斯大林的錯誤中應得的教訓」, 『原上草 : 記憶中的反右派運動』, 205~206쪽. 朱慶圻, 「領尊的藝術」, 『原上草 : 記憶中的反右派運動』, 267쪽.

떤 상황에서도 모두 정확"하고, 이런 "정확성과 진리성"은 유일하고 "독점"적이며, "다른 의견"은 "잘못된 것"으로 "그 존재는 허락할 수 없다"[15]는 것이다. 실제 조작 과정 속에서 이 추상적인 '당, 국가'의 절대적인 진리성과 정확성은 구체적인 상급 영도로 변했기 때문에, 개인의 절대적인 정확성 즉 신화神話는 "상급의 일체 지시를 모두 성경으로 보는" 것[16]이 되었다. 이런 절대 관념의 지배하에서 사람들이 할 수 있는 유일한 선택은 "따라가는 것이 만사대길하다"[17]밖에 없었다.

이런 "무조건적인 절대 복종"은 맹종이었을 뿐 아니라, 사람들의 도구화와 노예화를 가져왔다. 한 청년 시인은 "이 무형의 쇠사슬은 조금의 강력함도 없었다. 그러나 가슴에 손을 얹고 자문해 보자. 과거에 양심에 어긋난 말을 얼마나 해서 그것이 길들이는 노예가 되었는지"[18]라고 자책한다. 특히 각성했던 젊은이들을 상심하게 한 것은 이런 "형이상학적 사유방식"이 하나의 추세가 되면서 "매너리즘에 빠진 세력"[19]을 형성했다는 것이다. "지도자에 대한 불만은 반당이고",[20] "생각하는 것을 좋아하거나" 혹은 "규정에 맞지 않는 방식으로 사유하는" 사람은 '낙후분자'였다. "반동분자들이 시비를 가리지 않고 집단으로 공격하여, 몰지각하고 고지식하게 반사적으로 매번 타인과 자신을 상해하고 있다고 들었다."[21]

---

15) 譚天榮, 「第二株毒草」, 『原上草: 記憶中的反右派運動』, 31~32쪽.
16) 譚天榮, 「我們爲了什麽」, 『原上草: 記憶中的反右派運動』, 61쪽.
17) 王書瑤, 「從斯大林的錯誤中應得的敎訓」, 『原上草: 記憶中的反右派運動』, 205쪽.
18) 杜嘉蓁, 「組織性和良心」, 『北京大學右派份子反動言論彙集』, 155쪽.
19) 譚天榮, 「敎條主義産生的歷史必然性」, 『原上草: 記憶中的反右派運動』, 50쪽. 譚天榮, 「我們爲了什麽」, 『原上草: 記憶中的反右派運動』, 62쪽.
20) 岑超南, 「再論"鏟草要除根"和"黨團員想一想"」, 『原上草: 記憶中的反右派運動』, 212쪽.
21) 譚天榮, 「第二株毒草」, 『原上草: 記憶中的反右派運動』, 36쪽.

"일단 어떤 사람이 새로운 문제를 제시하면 문제를 자세히 보지도 않고 맹목적으로 반대하였기 때문에".²²⁾ "이해하지 못하는 것들에 대해 무조건적으로 원한을 갖게 되었다".²³⁾ 루쉰이 당시 마주했던 "공허한 전쟁"처럼 오늘날 신중국의 의식 있는 젊은이들은 "매너리즘에 빠진 세력"에 포위되었고 몸부림치고자 했지만 할 수가 없었고, 더욱더 빠져나오기 힘든 곤경 속으로 빠져 들어갔다. 바로 이 "매너리즘에 빠진 세력"의 지지와 추대하에서 "입맛에 맞지 않는 사상에는 폭력이 가해졌고", 이것은 공화국 정신생활의 관행이 되었다.²⁴⁾ 이렇게 군중의 환호 속에서 실현된 '군중전제'群衆專制(이는 중화인민공화국의 전유 명사이다)는 정말 공포스러운 것이다. 자신의 의식 있는 형제자매들을 신이 나서 심판대로 보낼 때, 그(그녀)들의 영혼 역시 왜곡되고 손상되어졌다. "견딜 수 없는 지식의 결핍, 사상공허와 의지박약을 가져왔고", "버릇이 되어 버린 언행의 모순과 자타기만이 만들어졌으며, 의심과 냉혹함으로 서로를 상해하는 일들이 벌어졌다".²⁵⁾

이런 새로운 국민성의 약점을 마주하며, 한 우파학생 지도자는 이렇게 썼다. "나는 이 모든 것을 보았다. 이 모든 것 그리고 또 그 성실한 사람들이 반대했던 것들이 바뀌기를 희망한다. 이 사건이 내게 준 고통은 상상할 수가 없다(원문은 "상상하기 어렵다"인 것 같다)."²⁶⁾ 가슴속 깊이 울려 나온 이 비탄은 "불행을 슬퍼하기만 하고 투쟁하지 않음을 분노했

---

22) 劉奇弟,「論當前整風—民主運動」,『原上草：記憶中的反右派運動』, 116쪽.
23) 譚天榮,「救救心靈」,『原上草：記憶中的反右派運動』, 53쪽.
24) 譚天榮,「我們爲了什麽」,『原上草：記憶中的反右派運動』, 61쪽.
25) 譚天榮,「救救心靈」,『原上草：記憶中的反右派運動』, 53쪽.
26) 譚天榮,「救救心靈」,『原上草：記憶中的反右派運動』, 53쪽.

다"는 당시의 루쉰을 생각나게 한다. 그래서, 1918년 "아이들을 구하자"는 외침에 호응해 1957년 중국에서는 다시 "영혼을 구하자"는 외침이 울려 나왔다.

사람들이 먼저 쟁취하려던 것은 사람에게 마땅히 있어야 하고 독자적으로 갖추어야 하는 정신적 자유와 독립적 사유에 대한 권리였다. 그들은 장엄하게 "이 세상에는 회의懷疑해서 안 되는 그 어떤 문제도 없고", "누구든 모든 문제(사회주의 제도도 포함된다)를 토론하고 자신의 견해를 단호히 지킬 권리가 있다."[27] "우리는 사유해야 한다. 우리 자신 외에 그 누가 우리의 사유를 불허할 것인가, 사유하지 못하게 할 것인가? 그럴수록 더욱더 사유해야 하며", "우리의 길을 가야 한다!"고 선언했다.[28] 또 같은 문장에서 맑스주의 경전의 논술을 인용해, 그들은 "그 어떤 종류의 외부세계의 권위·종교·자연관·사회·국가제도도 인정하지 않는다. 모든 것은 가장 냉정한 비판을 요구한다. 모든 것은 이성의 심판대 앞에 서야 하며, 그 존재의 이유를 증명해야 하고, 혹은 그 존재 권리를 포기해야 한다. 사유와 이성은 모든 현존 사물을 측정하는 유일한 척도가 된다"고 선언했다. 물론 이런 인용에는 당연히 책략적 의도가 들어 있으며, 이것은 자신의 주장에 어떤 합법성을 지니게 한다. 하지만 또 확실히 이 자칭 "마음에 악의를 품은 건장한 녀석들은", 그들의 비판자 즉 "수구주의자"라 자처하는 사람들에 비해 맑스주의의 비판정신을 더 철저하게 이해하고 정확히 파악하고 있었다.[29]

---

27) 劉績生, 「我要問, 問, 問???」, 『原上草 : 記憶中的反右派運動』, 255쪽.
28) 譚天榮, 「第二株毒草」, 『原上草 : 記憶中的反右派運動』, 33~34쪽.
29) 譚天榮, 「第二株毒草」, 『原上草 : 記憶中的反右派運動』, 33쪽.

그들은 이로 인하여 5·4신문화운동과 베이징대학 정신에 부끄럽지 않은 진정한 계승자가 되었다. 그들이 5·4를 이은 또 한 차례의 '신문화운동'을 일으켰다고 할 수 있다. 권력이 과도하게 집중된 사회주의 국가에서 사상 자유와 정신 해방을 쟁취했고, 새로운 국민성 개조를 진행하였다. 5·4신문화운동이 승리했고 이것으로 중국 사상문화와 민족 현대화의 역사적 신기원을 열었다고 한다면, 1957년의 이 비장한 노력은 모든 참가자들이 일망타진됨으로 실패로 끝났지만 그들의 사상과 정신은 오히려 80년대 이래 사상해방운동과 개혁운동 속에서 확대되었다고 할 수 있다. 비록 후대들이 이 점을 자각적으로 인식하고 승인한 것은 아니지만 말이다. 더 중요한 것은 당시 그들이 제기한 문제와 임무는 오늘날 중국 개혁자들에게 있어 지속적으로 해결하고 완성시켜 나가야 할 것들로서, 그들의 당시 사유는 오늘도 의연히 신선한 생명력을 유지하고 있다는 것이다. 그들의 사유 결과와 사유 과정에서 있을 수 있었던 부족함과 실수는 후대 사람들에게 모두 귀한 시사점이 되었다. 따라서 이를 망각하고, 시인하지 않고, 경시하고, 이 선혈이 담겨진 사상 유산을 거부하는 것은 어리석을 뿐 아니라 죄가 된다. 사실, '광장'의 희생자가 자신들이 영광스럽게 쓰러진 그때에 "내일은 우리 것"[30]이라고 예언한 적이 있다. 그들은 "'5·19'와 '5·4'(이 둘은 같다)가 우리 후대들의 뇌리 속에 선명하게 남아서 영원히 미래의 젊은이들을 고무시킬 것임을 조금도 의심하지 않았다."[31] 심지어 그들은 "역사학자들이여, 이 위대하고 심각한 사회사상 변혁을 중시하자!"[32]고 외치기까지 하였다.

---

30) 譚天榮, 「給沈澤宜」, 『北京大學右派份子反動言論彙集』, 46쪽.
31) 譚天榮, 「救救心靈」, 『原上草 : 記憶中的反右派運動』, 57쪽.

솔직히 말해, 이 피 섞인 희망의 외침을 읽으면서 내 마음은 무거웠고, 너무 부끄러워서 말하기조차 힘들었다. 왜냐하면 우리가 너무나 긴 시간 동안(지금까지도) 이 선각자, 희생자를 잊고 있었기 때문에! 우리 역사학자들(나를 포함해서)은 직무에 태만했고 책임을 다하지 못했다! 1957년에 대한 역사 서사는 이렇게 창백하고 얄팍해서 또 이렇게 오류투성이여서, (선각자가 희망했던) '미래의 젊은이'들은 이해할 길이 없었고 이해할 수도 없었다. 이것은 양심과 지각이 있는 경험자, 학자들의 부끄러움이다! 빚은 언제든 갚아야 한다. 우리는 용기를 갖고 이 역사의 피비린내를 직시해야 한다. 담력과 식견을 가지고 권세와 관습으로 만들어진 갖가지 장애를 뚫고 과학적인 실사구시實事求是의 정신으로 1차자료를 새로이 수집하고 선각자의 사상 유산을 진지하게 연구 정리하여 역사경험을 총결하고, 현대정치사·사상문화사·지식인 영혼사······의 중요한 부분으로 삼아 '1957년학'을 세우고 지금 진행되고 있는 중국인과 중국사회의 개조를 위해 사상 자원을 제공해야 한다. 이제 "때가 되었다"!

1957년 '광장'의 젊은 탐구자가 일으킨 이 사상운동에 대한 역사 서술을 마치면 역사운동에 참여했던 사람들의 개인 운명을 관조할 것이다. 이것은 사실 내가 『언론 모음집』을 다시 읽을 때 특히 흥미를 가졌던 부분이다. 이러한 관심이 없다면 우리의 역사 서술은 불완전할 것이라고 본다.

『언론 모음집』에는 반우파운동의 타격을 받은 이후, 우파학생들 특히나 그들 중 중심인물들의 반응이 수록되어 있다. 그들이 공개적으로 붙인 '비판을 반대하는' 대자보와 개별적으로 주고받았던 편지들이 당

---

32) 姚仁傑, 「黨啊, 我們批評你, 是眞正愛你, 信任你」, 『原上草: 記憶中的反右派運動』, 272쪽.

시에 "맹렬한 반격"의 죄증이 되었지만, 후대 연구자에게는 오히려 매우 희귀한 자료이자, 역사적 국면의 전환이 개인의 영혼에 미친 충격과 이에 대한 개인들의 반응과 선택을 보여 주는 자료로 남겨졌다.

반응은 사람들마다 각기 달랐다. 앞에서 언급한 장징중은 "난관을 무릅쓰고 용감하게 물러서자"를 선포하는 대자보를 써서, "한 달간 나는 정치가 어떻게 돌아가는지를 더 잘 알게 되었다. 그것은 내가 생각한 것보다 훨씬 더 더러웠다. 나는 반드시 내 영혼이 오염되지 않도록 지켜야 한다"고 했고,[33] 또 다른 우파 첸루핑錢如平(필명은 탄문談論)은 「나의 태도: 머리가 잘려 나가고 피를 흘릴지라도 진리는 절대 잃어버려서는 안 된다」我的態度: 頭可斷, 血可流, 眞理決不能丟라는 글에서 "차라리 첨예한 계급투쟁 속에서 아군의 총탄에 맞아 죽더라도 적군의 칼날 아래 죽고 싶지 않다"라는 태도를 표명했다. 그는 "나의 어머니는 인민이다. 나의 형제는 '혁명가'이다. 생산수단의 공동 사용을 지키기 위해 난 최선을 다할 것이다. 난 현실을 벗어나서 잘 먹고 잘 살고 싶지 않다. 모든 일은 인민을 위해서! 진실로 인민을 위해서! 천만 농민형제동지들에게 겨울이 오면 따뜻한 옷을, 여름에는 시원한 옷을. 중화 옥토에서 기아를 없애고, 노동자·농민·지식인 단결 만세"[34]라는 마지막 고별사를 남겼다.

나는 특히 반혁명분자 숙청 문제와 후펑胡風 문제를 제기한 류치디劉奇弟를 가장 먼저 주목했다. 그는 비판서를 쓴 후 탄톈룽譚天榮에게 보내는 편지에서 "나는 나의 양심과 느낌에 따라 일을 한다", "견강부회한 분석은 모두 교조적이고 부자연스러울 것이다. 왜냐하면 느낌은 영원히 사

---

33) 張景中, 「急流勇退」, 『原上草: 記憶中的反右派運動』, 74쪽.
34) 錢如平, 「我的態度: 頭可斷, 血可流, 眞理決不丟」, 『原上草: 記憶中的反右派運動』, 180~182쪽.

실과 이론으로 대체할 수 없기 때문이다"라고 했다. 그러나 그는 여전히 "나의 느낌에 영향을 미친 사실을 이야기했다", "만약 자아비판을 하지 않는다면 가정은 나와 관계를 끊으려 할 것이고, 물리 공부는 마칠 수 없게 되고, 친구도 나를 버릴 것"이라고 했다. 그는 바로 이런 '외부적인 힘'이 "내가 현실을 직시하는 데 영향을 주었다"고 했고, "부모·형제·친구 거의 모든 사람들이 나를 반대했으며, 내가 했던 이 일 또한 과학연구가 아니라 사회활동이니, 내가 잘못했다는 것을 말하는 것 외에 또 무슨 해명이 있을 수 있겠는가?"라고 했다. 그는 또 탄톈룽의 어떤 신념에 대해서, "너는 대중들이 너를 지지하고 동정한다고 하는데 지금도 그런 사람들이 많은가. 아마 사실과 다를 것이다", "지금과 같은 나라 상황에서", "노동자·농민 모두가 당을 옹호할 뿐 아니라 당의 현행정책을 보위하는데, 무슨 변혁이 오겠는가. 누가 우리의 작은 변혁을 바라겠는가?"[35]라며 의문을 제기했다.

하지만 탄톈룽은 자신의 신념을 지켰고 몇 장의 대자보를 써서 재차 "반동적인 조류를 뚫고 갈 것이고, 조금도 후퇴하지 않을 것"[36]이라는 태도를 표명했다. 그는 "(과거) 무형의 쇠사슬에 묶였었고, 오늘 난 이 사슬에서 벗어났다. 영원히 벗어날 것이다. 이것에 난 만족한다. 불[火]과 검劍의 격렬한 싸움 외에 생활 속에서 난 그 어떤 것도 원하지 않는다", "얻을 수 없는 모든 것에 대해 난 절대 억지 부리지 않을 것이고, 내게 속한 그 모든 것을 결코 놓아주지 않을 것이다"[37]라고 했다. 그는 "난 올해 겨

---

35) 劉奇弟, 「致譚天榮的信」, 『北京大學右派份子反動言論彙集』, 90쪽.
36) 譚天榮, 「救救心靈」, 『原上草 : 記憶中的反右派運動』, 58쪽.
37) 譚天榮, 「叫我怎麼說呢?―致5402186」, 『北京大學右派份子反動言論彙集』, 39쪽.

우 22살로, 아직 두려움을 배우지 못했다. 난 올해 겨우 22살로, 또 공포도 잘 모른다. 난 올해 겨우 22살로, 지친 적이 없다"38)고 자신했으며, 시간과 미래가 자신에게 있다고 굳게 믿었다.

　오늘 이 특정한 역사 상황 속에서 썼던 문장을 다시 읽으며, 나는 탄톈룽이 결연히 지켰던 이상주의와 영웅주의, 또 류치디의 "현실을 직시하고" 평범한 삶으로 돌아가자 라는 것 사이에서 본의 아니게 어떤 가치 판단을 하였지만, 난 이것이 모두 사람들이 가지고 있는 진실의 선택이었다는 것을 믿는다. 또 그들이 살았던(또 우리가 살고 있는) 중국의 현실이 그들이 원하는 것처럼 그들의 선택을 실현하게 할지는 의문스럽다. 그래서 난 그들의 이후 행적에 관심을 갖고 찾아가고자 한다. 그리고 이렇게 소리 높여 외치려 한다. 탄톈룽, 류치디, 장징중, 첸루펑, 왕수야오, 천차오난, 장싱런, 쉬커쉐, 천아이원, 장원, 룽잉화, 야오런제, 팡줘헝, 주칭치, 두자친……. 모든 우파 형제자매들이여, 당신들은 어디에 있는가? 이 몇십 년 동안 당신들은 어떻게 살아왔는가? 베이징대학 100주년 기념식 때 당신들은 왔었는가? 진정한 베이징대학의 아들딸로서 당신들은 무슨 말을 하고 싶은가? 베이징대학, 나아가 전체 중국은 당신들의 소리를 들어야 한다.

1998년 7월 1일~8일

옌베이위안燕北園에서

---

38) 譚天榮, 「第三株毒草」, 『原上草: 記憶中的反右派運動』, 38쪽.

글쓰기에 들어가며

이 책의 서언 「망각해서는 안 되는 사상 유산—『베이징대학 우파분자 반동언론 모음집』, 『교내외 우파언론 모음집』을 다시 읽으며」의 마지막에서 "모든 우파 형제자매들이여, 당신들은 어디에 있는가? 이 몇십 년 동안 당신들은 어떻게 살아왔는가?"라고 외쳤었다. 그러나 난 이 소리가 그렇게 강렬한 반응을 일으킬 줄은 몰랐다. 많은 우파 형제자매들이 직접 방문을 하거나 혹은 편지를 보내와 그들의 고통을 토로하였다. 나는 그들의 이야기를 들으면서 눈물을 흘린 적이 한두 번이 아니었다. 요 몇 년 동안 계속해서 그들은 손으로 쓴 혹은 공개적으로 출판한 회고록들을 보내왔다. 이것들은 산더미처럼 내 서재에 쌓였고, 더 큰 산더미가 되어 나의 마음을 억눌렀으며, 루쉰이 말한 것처럼 "정말 불덩이를 쥔 것처럼, 늘 불안을 느껴야 했다".[1]

---

1) 魯迅, 「白莽作〈孩兒塔〉序」, 『魯迅全集』 6卷, 人民文學出版社, 2005, 511쪽. [루쉰, 「바이망(인푸)의 작품 『아이탑』 서문」, 『차개정잡문 말편』.]

내게 더 큰 정신적 압력으로 다가온 것은 「망각해서는 안 되는 사상유산」에서 "현대 정치사·사상문화사·지식인 영혼사의 중요한 부분으로 삼아 '1957년학'을 세우고 지금 진행되고 있는 중국인과 중국 사회의 개혁을 위해 사상 자원을 제공해야 한다"고 제안했고, "이제 '때가 되었다'!"고 말한 것이다. 이것은 내게 무거운 부담을 주었다. 많은 우파 형제자매들이 내게 "그러면 당신부터 시작하시지요"라고 말했는데, 이는 당연한 요구였다. 중요한 것은 이것이 내 마음속에서 나온 요구이자, 한 자아 생명의 절대 명령이라는 것이다. 요행히 살아남은 자로서 죽어 간 생명에 대한 의무이자 책임이었고, 선혈이 낭자하게 뒤엉켜 있는 생명에 대한 책임이었다. 하지만 연구 임무에 따른 부담은 말할 것도 없고, 실행은 더더욱 어려웠다. 이 생명의 책임에 직면해서, 이성적 사고를 필요로 하는 엄숙한 정신적 분위기도 찾기 어려웠으며, 생활의 시끄러움은 집필을 더 힘들게 했다. 그래서 1998년에 써 놓은 「망각해서는 안 되는 사상유산」부터 지금까지, '1957년학' 연구는 백지 상태였다. 어떤 때는 한밤중에 갑자기 깨어날 정도로 이 일을 생각하면 늘 마음이 무거웠다.

2003년 봄, 돌연히 기회가 찾아왔다. 급성호흡기증후군(SARS)을 피하기 위해 난 스스로를 세상과 격리했고, 그동안 억눌러 놓았던 문장의 빚을 갚기 시작했다. 그 중에는 몇 명의 우파 형제자매와 약속한 더 일찍 써 주어야 했던 서문과 서평도 있었다. 그러나 이 피로 쓰여진 책을 열었을 때 갑자기 하나의 환각이 일었다. 마치 이미 기억 속에서 희미하게 사라졌던 시대가 갑자기 겹겹의 격리와 단절을 깨고 창을 넘어오는 것 같았다. 정치돌림병이 횡행했던 그 시대의 갑작스런 재현은 내게 진정한

---

2) 錢理群, 「"遺忘"背後的歷史觀與倫理觀」, 『六十劫』, 語福建教育出版社, 1999, 56쪽.

공포를 가져다주었다. 그러나 나는 이번에는 물러서지 않았다. 그것을 직시하면서 총총히 생겨났던 많은 생각의 갈피들을 하나씩 쓰기 시작했다. 이것이 나의 '1957년학 연구'의 시작이었다고 할 수 있다. 이 특별한 시기에 이러한 특별한 시작이 있었다는 것은 정말 특별한 일이다.

책의 서문, 서평에도 각기 추구하는 것은 있다. 즉 관심의 시선을 시종 반우파운동 중의 사람들, 특히 보통 사람, 그들의 운명·심리·정신에 두었다. 이것은 우리의 많은 역사 연구에서 소홀했던 것들이다. 나는 "우리 역사에는 늘 사건만 있고 사람은 없다, 혹은 역사의 위대한 인물(대인물)만 있고 보통 사람은 없으며, 집단의 정치는 있으나 개체의 영혼세계는 없다"[2)]고 말한 적이 있다. 그래서 나는 내가 할 일은 바로 이 정사正史 서술에서 누락한 것을 보충하는 것이고, 그것은 각기 그 나름의 의미와 가치가 있어야 하겠다.

이상이 전체적인 설명이고, 이후 계속해서 한 편씩 써 나갈 것이다.

2003년 5월 22일 쓰다

1부 — 반우파운동의 전조

1. 1956~57년 중국의 농촌, 공장, 학교

여기에서 토론하려는 것은 상당히 큰 주제이다. 그러나 1957년 중국에서 일어난 사건을 연구하는 데 토대가 될 것이다. 중국 사회의 기층인 공장·농촌·학교, 그 속에서 생활하는 노동자·농민·청년학생·지식인들의 동향은 모든 중국문제를 관찰·연구하는 데 기초가 된다. 여기서 하려는 토론은 그 의미가 매우 클 뿐 아니라, 그 자체로 방법론적 의미를 지닌다. 이것은 사회학적 과제이다. 문학연구자인 내가 이를 심화 연구하는 데에는 분명 어려움이 있다. 거기에다가 1차 조사 자료도 부족하고, 가지고 있는 제한된 텍스트로 문제를 제기할 수밖에 없다. 하지만 사람들의 관심과 진일보한 연구를 끌어낼 수 있기를 희망한다.

1) 농촌

"우리나라 농민은 너무너무 힘들다"

1956년 하반기와 1957년 초, 중국 기자 두 명이 당시 중국의 농촌마을과

몇 개의 공장에 대해 세밀한 조사를 했다. 그들은 조사 중에 드러났던 문제들을 중국공산당 중앙에 상소했지만, 오히려 이것으로 인해 전국에서 가장 유명한 우파분자가 되었다. 그러나 오늘날 당시의 역사를 논할 때 사람들은 그들이 주목했던 중국 농촌·공장 상황과 그들의 생각에는 거의 주의를 기울이지 않는다. 이런 모습은 시대의 격막隔膜을 드러낸다. 하지만 그들은 그것을 잊지 않았고 신중하게 회고록에 써넣었다.

1956년 7월, 신화사新華社 기자 다이황戴煌이 혹서酷暑를 무릅쓰고 그를 낳고 길러 준 고향 쑤베이蘇北 푸닝현阜寧縣 남쪽 30리 밖의 거우둔진溝墩鎭을 찾았다. 1948년 종군기자로 활동할 때 잠시 지나쳤던 고향을 7년이 지나서야 '해방 전사'의 신분으로 돌아온 것이다. 그는 흥분하였고, 한껏 기대를 했다. 하지만 장거리 버스를 내려, 어린 시절 알았던 거리와 골목들을 돌아보고 나서는 낙담하고 말았다.

"집들은 쇠락해 온전치 않았고, 길들은 울퉁불퉁했다. 1947년 5월, 우리는 국민당 군대가 불법으로 점거했던 그 시기에 보았던 허물어진 돌 보루와 녹슨 철근을 제거했다. 어떤 것은 마치도 '진귀한 역사문물'처럼 아직도 그대로 강가와 다리 위에 놓여 있었다. …… 온갖 고초를 당한 이 작은 마을의 모습은 정월대보름날 집에서 빚은 원소元宵도 먹지 못하고 허둥지둥 떠날 때의 나처럼 이렇다 할 변모가 거의 없었다. 중·고등학교와 사범대학은 부서진 채로 있었고, 쓸 만한 상점이나 음식점도 거의 없었다."

"고향 마을 친지들의 삶을 보면서 마음은 더 떨려 왔다. 손목시계, 자전거, 라디오 등 자신의 피땀이 가득 찬 많은 물건들을 조금도 향유하질 못했다──물론 '능력의 부족함을 개탄'하면서. 닭을 기르는 사람이 계란을 먹지 못하고 돼지를 사육하는 사람이 돼지고기를 못 먹는 것처럼, 면화를 심은 농부가 일 년에 몇 폭도 안 되는 천을 살 표가 없는 것처럼, 또 땅콩과 콩을 심은 사람이 매월 겨우 몇 량의 기름밖에 얻지 못하는 것처럼. 많은 사람들이 배불리 먹지 못했고 몸을 가릴 의복조차 없었으며 불치의 병이 아니면 치료조차 받을 수 없었다.……"

이것은 무엇 때문인가? 많은 고향 사람들이 그 억울함을 호소하면서 문제점들이 드러났다. 해방 후 짧은 몇 년 사이에, 이곳의 일부 공산당원 간부들이 '신 악덕 지주'가 되어 버린 것이다. 이 마을을 통제하는 사람은 바로 다이황의 초등학교 동창이었다. 그는 버스와 항구를 장악하고는 이곳을 지나가는 사람들을 협박해 억지로 타게 했다. 그의 동생과 함께 여러 차례 다른 민간 배를 탄 승객들에게 행패를 부려 기슭에 내리게 하거나 선주를 물속에 처넣었다. 1954년 그는 세 칸의 큰 집을 지었는데, 모든 기와와 벽돌은 다른 집에서 가져왔고 사람들을 무노임으로 부려먹었다. 일을 하던 농민이 점심을 먹고 일을 하자고 요구했다가 사람들 앞에서 두드려 맞아 정신을 잃었다. 그의 장인과 손아래 처남까지 합세해 무고한 사람들에게 폭력을 휘둘렀다. 그는 권력의 힘으로 끊임없이 "여자를 찾아다녔고", 현역 군인의 아내와 여성 간부까지 그의 '탐문' 대상이 되었으며, 어느 누구도 감히 이것을 고발하지 못했다.

다이황이 주변 마을에 이런 '신 악덕 지주'가 얼마나 되냐고 물으니, 사람들은 말할 수 없을 정도라고 하였다. 예를 들어, 이웃 마을 간부들은 이삼 년 전만 해도 늘 이리 빌리고 저리 빌려 생활하던 가난한 사람들이었는데, 농업합작사農業合作社[중국의 지역협동조합] 이후 갑자기 마치 마술을 부린 것처럼 '금산 은산'을 파내어 비단 옷을 두르고 기름진 음식을 먹으면서 크고 화려한 집들을 쌓아 올렸다고 한다. 마을 사람들은 뒤에서 몰래 쥐새끼들! 니들이 매월 받는 돈이 20여 위안인데 이렇게 흥청망청 쓰는 돈이 어디에서 난 것이냐, 우리 백성들에게서 뜯어 가는 게 아니고 뭐냐고 욕했고, 고발하러 오는 사람들도 많아져 갔다. 어떤 사람은 심지어 백리가 넘는 마을에서 왔는데 그 고발 내용은 더욱 놀라웠다. "뿌리가 뒤얽혀, 서로 뒤를 봐주는 이런 악질 간부들은 어디에나 있고, 또 절대로 '개별'적이지 않다"고 했다. 또 이런 악인은 모두 상부의 보호를 받았는데, 어떤 농민은 이것을 콩나물 잔새우 볶음요리, 썰매꼬챙이가 서로 뒤얽혀서 풀 수 없는 형상이라고 하였다. 그리고 사방에서는 "공산당 상층은 민주를 말하고, 중간은 반半민주를 말하고, 아래는 비민주를 말한다", "마오 주석은 위대하지만, 하층은 너무 어둡다!", "중앙정부의 법이 미치지 못하니, 언제나 머리를 들 수 있을까!", "과거 선통宣統 황제, 베이양 군벌北洋軍閥, 국민당, 일제 강도와 매국노의 통제 아래에서 소와 말이 되어 몇십 년을 살았는데, 지금은 그저 공산당이 아직 오지 않았다고 할 수밖에!", "이 개자식들이 어디 공산당이란 말이냐? 그야말로 국민당이 부활한 것이지!!!"……라는 원망의 소리가 일었다.

하층 농민들의 이런 소리들을 들은 다이황의 마음은 매우 복잡했다. 1956년 중국 농민은 마오쩌둥과 공산당을 신임하고 있었고, 또 공산당 영도에 여전히 희망을 걸면서 "국민당이 부활하는" 것을 걱정하고 있음을 느낄 수 있었다. 그러나 한편으로는, 농민과 기층 간부 사이의 모순이 이미 아주 첨예한 지경에 이르렀고, 중국 농민 고유의 억압에 대한 참을성 때문에 잠시 동안은 폭발하지 않겠지만, 그것이 배태하고 있는 위기는 이 충성스런 공산당원을 아주 초조하게 하였다.

특히 그는 한 농민이 막다른 길에서 자살했다는 소식을 듣고 더욱 불안해졌다. 그는 급히 이 상황을 구區위원회 서기와 구장區長에게 알렸다. 하지만 예상과는 달리, 그들은 그 사람이 자살한 것은 부부 싸움 때문이라고 했고, 어떤 사람은 쥐새끼가 그의 새 솜두루마기를 물어뜯어 놓아서 자살했다고 하였다. 그러나 이 말을 하고 얼마 안 되어 또 한 명의 농민이 자살하게 되었다. 다이황은 현縣위원회와 지역위원회에 알릴 수밖에 없었다. 현과 지역에서 공작조工作組가 파견되어 왔다. 대량의 사실 앞에서, 향鄕과 구區 단위가 그 '신 악덕 지주'의 당적을 박탈하기로 결정했지만, 현縣에서는 오히려 기일을 늦추고 비준하지 않았다. 그리고 "지역 부자들과 한패가 되어 지방의 우수한 간부와 당원을 공격한다"면서 다이황을 고발하는 익명의 편지(나중에 이 익명의 편지가 구장의 지시로 그 '신 악덕 지주'가 썼다는 것을 알게 되었다)를 신화사로 보냈다. 신화사 상층간부 또한 의심하지 않고, 역으로 다이황을 조사하였으며, 지역위원회 공작조는 심지어 그의 활동을 조사하려고 하였다. '신 악덕 지주'는 곧바로 자신을 고발한 당원과 열성분자에게 보복을 가했다. 군중을 지지한 구위원회 위원이자 공안특파원이었던 사람 역시 전출되어 갔다. 고향 사람들은 계속해서 다이황에게 편지를 써서, "권세 있는 공산당원이 설마 정말 일반 사람들보다 머리 하나가 더 있단 말인가? 만약에 우리가 이런 범죄를 저질렀다면 바로 체포되었을 거야. 부도덕한 간부들이 죄를 저질렀는데도 구속을 받지 않고 자유롭다니, 저렇게 계속 권세를 부려도 되는 건가"라고 분개하며 되물었다.

　　마을 사람들의 질문에 다이황은 더 깊이 사유하며, 마오쩌둥과 당 중앙에 직접 상소해 앞에서 말한 상황을 알리기로 결정하면서, 죽음을 무릅쓰고 직언을 하게 되었다.

"이 편지에서 제가 중요하게 말하고자 하는 것은 '현재의 관료통치와 특권계급의 유무' 문제에 관한 것입니다. 과거 몇 가지 현상이 이런 의문을 갖게 했고, 올 여름 여러 도시와 농촌을 다니면서 이 문제에 대한 제 생각이 확연하고 명확해졌습니다. 즉 특권계급이 존재한다는 것입니다. 비록 그것이 전국적인 통일계급이 되진 않았지만, 이 계급의 태아가 지금 현재 전국 각지에서 만들어지고 확대되고 있습니다."

다이황은 편지에서 또 이렇게 제기한다.

"국가 간부(특히 중급 이상의 국가 간부)의 생활수준 재고와 함께 반드시 농민들의 생활을 고려해야만 합니다. 왜냐하면 우리나라 농민은 너무너무 힘들고 고통스럽기 때문입니다!"
"농민의 생활수준을 높이는 열쇠는 당연히 생산력의 발전입니다. 농업 생산의 발전의 토대하에서 국가 공무원과 노동자·농민계급의 생활상에서의 이런 차별은 계속되어서는 안 됩니다."
"맑스·레닌주의 정치경제학은 늘 국민 수입의 물질적 분배를 정확하게 분석해 왔습니다. 몇 년 전, 사람들은 인구의 몇 퍼센트가 지주이고 부농이며, 그들이 매년 농업 수확량의 몇십 퍼센트를 강점했다고 했습니다. 농업 인구의 90% 이상이 토지가 없거나 아주 소량의 땅을 가지고 있는 빈농들이며 매년 평균 '몇 알'의 양식을 얻어 왔다고 했습니다. 하지만 지금은 어느 누구도 감히 매년 전국에서 얼마의 쌀과 과일, 어육과 닭오리를 생산하는지, 전국 인구의 5%도 안 되는 공산당원 국가 간부가 그중 얼마를 소비하는지, 또 인구의 80% 이상을 차지하는 수많은 농민들이 또 얼마나 그것을 소비하는지 통계분석하지 못합니다."

"오늘의 현실은 우리가 산해진미를 음미하고 있을 때 수천 수만의 이재민들이 나무껍질과 풀뿌리로 연명하고 있음을 우리에게 알려 줍니다."
"건설사업을 하면서, 어떤 사람은 개인의 명예와 상급기관의 신뢰를 얻기 위해서 인민의 피땀을 먼지처럼 대합니다. 많은 건설 일정이 분명 단기간에 완성될 수 있는 게 아닌데도 그들은 그 모든 것을 감안하지 않고 기간 내에 완성하라고 명령합니다. 사고가 백출하고, 끊임없이 재공사를 하는데도 완공된 후의 품질은 오히려 떨어집니다. 얼마나 많은 노동자들의 생명을 다치게 했는지, 얼마나 많은 국가 재산을 낭비했는지 모릅니다!"

그의 결론은 이러했다.

"과거 전쟁 시기, 우리는 인민의 아름다운 미래를 위해 진심으로 자원했고, 기꺼이 나라를 위해 죽을 때까지 힘을 다했습니다. 그러나 지금은 …… 인민의 불만이 날마다 증가하고 널리 퍼져 가고 있습니다. 이것은 심각한 또 보편성을 가진 결함이 어느 정도 존재하고 있고, 경각심을 갖지 않으면 안 된다는 것을 설명하는 것입니다."[1]

다이황의 이 '만언서'萬言書(실제로는 미완성 원고로, 반우파운동 중 그는 이를 주동적으로 제출했다)는 50여 년이 흐른 지금에 와서 읽어도, 농촌의 초가집에서 자라 공화국 건립을 위해 피투성이가 되어 싸운 노전사의 신념과 자신을 키워 준 인민에 대한 충성스런 마음을 강하게 느낄 수

---

1) 戴煌, 『九死一生―我的'右派'歷程』, 中央編譯出版社, 1998, 25, 28~33, 38~39, 45~49쪽.

있다. 또 그가 했던 당시의, 혹은 이후의 중국문제에 대한 관찰과 우려(쌍백운동[백화제방, 백가쟁명] 시기 그는 이것을 한마디로 "전당과 전국에 가장 엄중하고 가장 위험한 폐해가 바로 '신화화와 특권'"이라고 개괄했었다)는 불행스럽게도 모두 사실이 되어 버렸다. 1957년 중국에서 그는 죄가 너무 커서 용서받을 수 없는 '우파'의 확증이 되어 버렸다.「신화사는 반당분자 다이황의 반당 발언을 고발한다」는 전보에서는 "그가 말하는 '특권계층'은 중국공산당원과 국가기관 간부에 대한 모함"이라고 발표했으며, 그가 부르짖었던 "우리나라 농민은 너무너무 힘들고 고통스럽다"는 말은 "당과 국가에 대한 악독한 공격"이라고 하였다.[2] 얼마 되지 않아, 장쑤江蘇『신화일보』는「'다이칭톈' 환향기」戴青天還鄉記라는 글을 발표해, 거우둔진의 '신 악덕 지주'를 아주 좋은 사람으로 묘사하였다. 다이황이 '적'이 되어 버린 이상, '적'이 반대하는 사람은 당연히 '좋은 사람'이 되는 것이다.[3] 물론 사람들은 그후 이 '아주 좋은 사람'의 폭위 아래에 있는 그 지역 농민들의 운명에는 관심을 기울이지 않았다. 중국 사회의 모든 고난은 마지막에는 모두 농민들이 묵묵히 감당해 내었다.

지금은 아직 구체적인 통계수치가 없어 다이황의 판단을 증명하지 못한다. 다이황이 1957년 10월에 쓴「자아비판」에 따르면, "특권계급의 태아"가 되었던 "농촌의 악덕 간부의 숫자는 대략 10% 내지 20%라고 했다. 대략 30만에서 60만이 넘는 숫자로, 그들은 살인방화 외에도 온갖 못된 짓을 다 저질렀다"고 한다.[4]

---

2) 1957년 8월 7일자 신화사 전보; 戴煌,『九死一生—我的'右派'歷程』, 63~64쪽.
3) 戴煌,『九死一生—我的'右派'歷程』, 74쪽.
4) 新華社國內部內參組黨支部,「關於戴煌同志被劃爲右派份子問題的審改意見」; 戴煌,『九死一生—我的'右派'歷程』, 410쪽.

1956년 합작사 전면 실시 이후 허베이의 농촌문제

여기서 제시하는 자료, 즉 미국학자 에드워드 프리드먼 등이 쓴 『중국 농촌, 사회주의국가』[5]에서는 1956~57년 사이의 허베이河北 농촌을 서술하면서 다음과 같이 언급한다. "1956년 집단화가 전면 실시된 이후, 농촌의 지방 간부에게 권력이 독점된 가장 무서운 결과는 부녀자 능욕과 재해의 범람이었다. 라오양饒陽현의 촌 간부들은 극악무도한 사람들이 되었다. 지방문화의 부정적인 것에는 폭력과 부권제의 만연이 있는데, 그것이 비밀스럽고 무책임한 국가권력제도와 한데 뒤섞여 강간범에 대한 기소를 불가능하게 했다. 성폭력에 관한 소문이 분분해졌고, 상황이 가장 최악이었던 지역 농민들은 만약 내막이 공개된다면 모든 마을 처녀들의 정결과 혼인이 문제가 될 거라고 걱정하였다. 권력이 있는 자와 없는 자 모두 서로의 이해관계로 진상을 은폐하였다."

이 책은 또 "빈곤한 농촌지역의 간부와 군중 사이에서 부와 특권의 큰 격차가 나타났다. 생활이 가장 어려운 부녀자들이 농장의 밭일을 하려 하지 않았다. 왜냐하면 집에서 닭을 기르는 것이 죽어라 밭일을 하는 것보다 수입이 훨씬 많았기 때문이다. 결혼 상대나 남자친구를 찾으려는 미혼 여성들만이 밭일을 하였다. 지방 간부들은 국가의 부를 얻는 특권을 가졌지만, 보통 사람들은 시장이 문을 닫아서 실물 교역으로 돈을 대신했기에 몸에는 동전 한 푼도 없었다. 1957년 허베이성의 부업 수입은 1949년에 비해 25% 하락하였고, 목축업 수입은 거의 반으로 줄었다.

---

5) Edward Friedman, Paul G. Pickowicz, Mark Selden, and Kay Ann Johnson, *Chinese Village, Socialist State*, Yale University Press, 1993; 弗裏曼·畢克偉·賽爾登, 『中國鄉村, 社會主義國家』, 陶鶴山 譯, 社會科學文獻出版社, 2002.

현금은 더 적어졌다", "합작사 사람들은 부를 통제하는 사람들과 아무런 관계도 없었고, 명령 경제에서는 그들이 원하는 것을 얻을 수가 없었다. 불만 속에서 분노가 터져 나왔고, 그 창끝은 부를 통제하면서 자기들끼리 거래하는 사람들에게로 겨누어졌다"고 한다. 당시 허베이 농촌의 도처에서는 "일등 공민은 집으로 배달되고, 이등 공민은 남에게 부탁하지만, 삼등 공민은 가망도 없어"라는 민요가 유행하였다.

이 책이 제공하는 다음 정보도 주목할 만하다. "1955년 공안국은 인구 등록과 통제제도를 만들기 시작했다. 그것은 농촌 인구를 확실하게 출생지로 속박했다. 지금은 그들을 다시 집단 농장에 편입시켰다. 여자는 결혼하면 바로 그 호적을 남편이 있는 마을로 옮겨 갔다. 1956년, 모든 농민은 토지에 구속되었지만 그들 자신은 더 이상 토지를 소유하지 못했고, 일은 당이 임명한 마을 간부가 배분하였다." "우궁五公마을(이곳은 전국 노동의 모범인 경창쒼耿長鎖가 지도한 '모범마을'이다)의 북쪽에 이웃한 왕차오王橋마을은 집단화 전에 300여 명 정도가 베이징, 톈진, 스자좡石家莊에서 일을 하고 있었다. 집단화와 호적 제한으로 대부분의 사람들이 강제로 고향으로 되돌아왔다."6) "이로써 사실상 농촌 노동력이 자유롭게 이동해 외지에서 임시노동[臨時工]을 하거나 부업을 하는 것이 근절되었다. 국가가 대량으로 투자하는 대도시 지역이나 그 근교 지역은 봉쇄되었고 편벽한 농촌지역과의 격차는 더욱 벌어졌다."

마오쩌둥의 「전국 농업발전 강령」全國農業發展綱要에 호응하기 위해,

---

6) 이 책은 주석에서 이런 호적관리와 제한에 과정이 있었다고 설명한다. 처음에는 관리가 엄격하지 않아서, 도시와 농촌 내부의 이민은 계속되었는데, 1960년 이후부터 도시 유입을 엄격하게 통제하였다고 한다. 弗裏曼·畢克偉·賽爾登, 『中國鄕村, 社會主義國家』, 297쪽.

"1955~56년 겨울에서 1956년 5월까지 허베이 인민들이 72만 개의 우물을 팠는데 지난 6년간보다 두 배에 달했다. 이런 엄청난 노동력과 자금 투입의 거대한 모험으로 1,600만 묘의 관개지가 늘어났다. 그러나 얼마 가지 않아 우물을 너무 빨리 파서 어떤 우물은 전혀 쓸모가 없게 되었다는 것을 알게 되었다." 7월에는, 우궁마을에서 국가가 전매한 면화 가격이 너무 낮게 책정되는 바람에 마을 사람들이 분노해 1,500묘의 면화 밭을 뒤집어엎는 사건이 발생했다. 마지막에는 한 '노(老)지주'가 '속죄양'이 되었다. 이것은 민병(평소에는 생업에 종사하다가 전시에 작전에 참가하는 민간무장조직)이 혹독한 고문으로 자백을 강요하는 선례가 되었다.

7월 말과 8월, '기진맥진한' 허베이 농민들은 또 괴멸적인 수재를 만나, 허베이성의 전답 4,500만 묘가 전부 수몰되었고, 한 톨의 곡식도 수확하지 못했다. 지대가 높아 비교적 손실이 적었지만 우궁마을의 1956년 곡식 수확량은 1954년의 절반, 1955년의 70%에도 미치지 못했다(1956년 허베이성의 곡식수확량은 680만 톤으로, 집단화하던 1955년의 생산량보다 훨씬 적었다. 1인 평균 384근으로, 이전 4년 중 어느 해보다도 낮았다). 신문매체가 우궁마을의 '홍수를 이긴 영웅적 사건'을 대대적으로 보도할 때, 마을 사람들은 쌀이 없어 밥을 짓지 못하는 기아상태에 빠져 있었다. 수재 이후, 정부와 집단농장이 구제조치를 취했고, 마을의 10%의 가정은 구제로 살아갔다. 1956년 말이 되자, 마을에 부업투자가 증가하였고, 또 10여 개의 소기업이 창립되었다. 이런 노력에도 불구하고, 1956년 말 결산에서 1인 평균 수입은 1954년보다 30%나 줄어 44위안이었고, 그 중 겨우 2위안만이 현금으로 지불되었다.[7] 기아 속에서 농민들은 어쩔 수 없이 암시장과 반(半)합법적인 곡식시장을 찾았다. 암시장의 옥수수 한 근은 0.15위안으로, 국가 전매 가격보다 두 배가 넘는 가격이었다.

이와 동시에, 명절에 열리는 임시 시장과 농촌의 정기적인 장날도 사라졌다. 상급기관은 라오양 동쪽에 비행장을 만들기로 결정하고는 주변 마을의 토지를 징용해 사용하면서 그 어떤 보상도 하지 않았다. 수재를 예방하기 위한 제방도 농민들의 땅을 무상으로 가져가 만들었다. 이 모든 것을 부담한 농민들은 "어쩔 수 없이 두 사람이 밥 한 그릇을 나누어 먹어야 했다". 1955년부터 57년까지 우궁마을의 인구가 1,912명에서 1,711명으로 줄었는데, 그 중요한 원인은 외지로 나간 사람, 노인과 병자 사망자를 제외하고, "극도의 피로와 영양불량, 자연재해 등의 영향으로, 허약한 부녀자들의 임신율이 낮아지고 유산율은 상승해서", "출생률 저하를 가져온 것"이었다.

상황은 1957년에 이르러 호전되기 시작한다. 허베이에서 일 년 내 몇 개의 마을이 함께 만들었던 집단 농장이 해산되거나 한 마을로 축소되었다. 라오양은 가난한 현으로, 1957년 조세 부담이 상대적으로 가벼워졌고, 또 보조금을 받으면서 1956년의 부분적 손실을 보충하였다. 이 해 설날 우궁마을은 젊은이들이 주축이 된 공연부대[表演隊]를 만들어 저우鄒마을 임시 장[廟會]에 파견했는데, 2만여 명이나 되는 사람들이 시장으로 몰려와서 새로운 활기를 띠었다. 하지만 이 해의 재정적인 어려움은 교육의 발전에 영향을 끼쳐서, 300명의 라오양 중학교 졸업생들 중 4분의 1만이 고등학교에 진학했다. 불만스런 학생들은 칠판에 "라오양 중학생들은 9년의 시간을 허비했다."[8] 고등학교는 합격하지 못하고, 사범학

---

7) 1956년 어떤 사람이 중국의 부자 지역인 저장(浙江) 린하이(臨海)현 농민의 수입을 통계 조사하였는데, "농가의 1인 매월 수입은 부업을 포함해 일반적으로 4위안 정도 되었으며 대다수 농민들의 생활은 빈곤했다. 농민의 이해관계와 관련된 경제조치는 그들에게 아주 민감했다"고 하였다. 毛澤東,『建國以來的毛澤東文稿』6卷, 中央文獻出版社, 1992, 133쪽.

교는 학생들을 뽑지 않으니, 집에 돌아가 농사를 짓는 수밖에 없다. 우리의 웅대한 뜻을 어디에다 하소연할 것이며, 이 분노와 원망을 어떻게 진정시킬 수 있겠는가"라고 써넣었다. 아마도 이러한 일 역시 사회불안 요인이 되었을 것이다.[9]

마오쩌둥은 중국 농촌문제를 어떻게 보았는가

『중국 농촌, 사회주의국가』에서 말한 1956년 전면적인 합작화와 이후 초래된 문제는 사실 전국적인 농업합작화 발전과 그것이 일으킨 사회와 당 내의 반향과 직접적으로 연관된다.

그러므로 여기에서 간단히 역사 회고를 하는 것이 필요하다. 알다시피, 건국 이후 농촌의 토지개혁을 완성한 후, 중국공산당은 1951년부터 농민들이 서로 협동하여 합작의 길로 가도록 유도했다. 1953년에 와서는 '과도시기의 총노선'을 제시함으로 식량의 일괄 수매와 판매를 실행하였으며 농업합작화가 가속화되었다. 1954년에는 발전의 과부하 문제가 나타났다. 거기에다 수재와 전국 식량생산 계획이 이루어지지 않은 상황에서, 원래 계획보다 많은 100억 근의 식량을 징수하게 되면서 농민들 특히 중농들의 불안을 초래했다. 각지에서 연이어 '식량난 소란'이 보고되었다. 많은 지역에서 대량으로 농경 가축을 파는 현상도 나타났다. 또 함부로 농경 가축을 도살하고 나무를 베는 등의 일들이 발생했

---

8) 중국의 학제는 소학(小學) 6년(우리의 초등학교에 해당), 중학(中學)은 초중(初中) 3년(중학교에 해당)과 중고(高中) 3년(고등학교에 해당)이며, 대학 4년, 대학원[研究生院] 3년 혹은 4년이다. 중국의 '중등교육'은 중·고등학교 교육으로, 전문직업학교와 사범학교를 포함하며 중학 학력을 가진 사람이면 응시할 수 있다. '고등교육'은 대학과 대학원 교육을 말한다.—옮긴이
9) 이상의 자료는 다음에서 인용하였다. 弗裏曼·畢克偉·賽爾登, 『中國鄕村, 社會主義國家』, 26, 265, 268, 271, 273, 278~284, 289~290쪽.

다. 이 상황은 자연히 마오쩌둥에게 경각심을 가져왔고, "생산관계는 생산력 발전의 요구에 부응해야 한다. 그렇지 않으면 생산력이 폭동을 일으킬 것이다. 지금 농민들이 돼지와 양을 죽이는 것, 이것이 바로 생산력의 폭동인 것이다"라는 판단을 내리게 했다. 그는 또 경호원이 가지고 온 군중의 편지를 허베이성 위원회에 내려줬는데, 이 편지는 허베이성 안핑安平현의 어떤 마을에서 농업합작화 과정 중 "공산당과 함께 가겠는가 아니면 장제스蔣介石와 가겠는가"라는 말로 군중들을 억압한 것을 보고하고 있었다. 마오쩌둥은 "이런 현상이 안핑현 마을에서만 발생하는 것은 아니니, 주의할 만하다"라고 하였다.[10]

그러나 또 이어서 "농민의 식량 일괄 수매와 판매에 대한 보고가 일치하지 않는다. 좋은 것도 있고 나쁜 것도 있지만, 사실 먹을 것이 없다는 사람들은 소수이다"라는 보고를 들었다. 마오쩌둥은 식량문제에 대해 "힘들다고 하는 절대 다수는 합작에 들지 않고 개인 경영을 하는 중농들이다", "진짜 힘든 집은 없다"[11]고 하였다. 또 "이른바 식량 부족이라는 것은 대부분 거짓이고, 지주와 부농, 부유한 중농의 아우성이며", "부르주아계급이 식량문제를 가지고 우리를 공격하는 것으로", "농촌 공작부가 부분 합작사를 이끌어 가지 못한다고 하는 것은 '헛소문'"이라는 판단을 하였다.[12] 후자에 대해서 바오이보薄一波는 다음과 같은 해석을 한다. "마침 이 시기 당외의 고위 인사 중에서 농민을 대변하는 사람들이 많아졌다. 어떤 이는 1953년 량수밍梁漱溟 선생이 말한 '농민의 고통'과 같은

---

10) 中央文獻硏究室, 『毛澤東傳(1949-1976)』(上), 中央文獻出版社, 2003, 368, 381, 370쪽.
11) 中央文獻硏究室, 『毛澤東傳(1949-1976)』(上), 381, 382쪽.
12) 薄一波, 『若幹重大決策和事件的回顧』(上), 中共黨校出版社, 1991, 372쪽.

말을 했다." 그러나 마오쩌둥은 "'농민의 고통'과 같은 말들을 듣고 싶지 않았다. 당시 그가 받은 인상은 농민의 고통을 말하는 사람들은 자신이 농민을 대표한다고 생각하지만 사실 그들은 농민을 대표하지 않으며, 공업화나 사회주의를 하고 싶지 않을 뿐"[13)]이라는 것이다.

여기서 1953년 량수밍과 마오쩌둥의 충돌을 언급했는데, 사실 량수밍은 농민의 권리를 박탈하여 공업화를 추진하는 것에 대해 이견을 제시했을 뿐이다. 그 때문에 "노동자는 하늘 높은 곳에 있고 농민은 하늘 아래 저 밑바닥에 있다", "노동자는 믿을 만한 노동조합이 있고, 농민회는 믿을 만하지 않다", "공산당은 농민을 버렸다"라는 견해들이 있었고, 마오쩌둥은 크게 화를 내면서 그가 공자 앞에서 문자를 쓰고 있고, "그는 자신이 공산당보다 더 농민을 대표할 수 있다고 하는데, 정말 우습지 않냐"고 했다.[14)] 농민 출신이고 또 농민운동으로 일어난 마오쩌둥은 당연히 자신이 농민을 대표한다고 여겼고, 이런 대표권과 영도권에 타인이 손대는 것을 그는 절대로 허락하지 않았다. 그러나 20세기 50년대 그는 또 농민이 그가 지도하려는 '사회주의 길'에 대해 반항하는, 소위 "자발적인 자본주의 경향"을 직접 대면하지 않을 수 없었다. 게다가 어떤 사람이 그에게 "현, 구, 향 세 단위 간부 중에서 30%는 농민들이 '자유'를 요구하고 있고 사회주의를 하고 싶어 하지 않는다"고 보고하였다.[15)] 마오쩌둥은 이로부터 다음과 같은 결론을 얻는다. "농촌의 사회주의 개조에는 모순이 있다. 농민은 '자유'를 원하고, 우리는 사회주의를 원한다", "현,

---

13) 薄一波, 『若干重大決策和事件的回顧』(上), 370~373쪽.
14) 毛澤東, 「批判梁漱溟的反動思想」, 『毛澤東選集』6卷, 人民出版社, 1997, 108, 111쪽.
15) 中央文獻硏究室, 『毛澤東傳(1949-1976)』(上), 374쪽.

구, 향 간부 중에서 어떤 사람이 농민의 이런 정서를 보고하였다", "사회주의를 원하지 않는" 이런 사람들은 "현, 구, 향 간부 중에만 있는 것이 아니라, 상부에도 존재한다. 성에도 존재하고 중앙기관 간부 중에도 존재한다".[16]

1955년 7월에 개최한 성, 시, 자치구 당위원회 서기회의에서 마오쩌둥은 덩쯔후이鄧子恢가 주최한 중공 중앙 농촌공작부가 대표하는 '우경' 노선에 대해 맹렬한 비판을 발동하였다. 그들은 "전족한 여자들처럼 뒤뚱거리며 걸어가면서, 언제나 옆 사람들을 원망하며 너무 빨리 간다, 너무 빨리 간다"[17] 한다고 질책하였다. 그래서 1955년 하반기 형세에 갑자기 변화가 일어난다. 합작사의 급격한 발전은 정상이 아니었다. 1956년 3월 말 합작사에 들어간 농민 비율이 이미 90%에 달하게 되자, 4월 말 중공 중앙은 "전국적으로 농업합작화가 거의 실현되었다"고 선포하게 된다. 앞에서 말한 1956년 농촌의 상황과 보고된 내용은 대체로 농업합작화를 이룬 이후에 나타난 문제들이다.

1957년 2월, 「허베이성 쥐涿현 샹좡尚莊마을 연맹 농업합작사 1956년 생산 현황 조사와 합작사 정풍에 관한 의견_關於河北省涿縣尚莊鄕聯盟農業合作社1956年生産情況的調查與整社意見 보고서가 마오쩌둥에게 전달되었다. 보고서는 현재 농민의 생산력이 떨어지고 있고, 합작사 사원들은 일하지 않고 있으며, 퇴비를 만드는 일에 적극적이지 않고, 또 1956년 수재 상황이

---

16) 中央文獻硏究室, 『毛澤東傳(1949-1976)』(上), 375쪽.
17) 마오쩌둥은 개인적으로 "덩쯔후이는 자신이 농민을 이해한다고 하지만 아주 완고했다"라는 비판을 한다. 마오쩌둥에게 "누가 농민을 이해하고 대표하는지"는 아주 민감한 문제였고, 이는 그가 떨치지 못했던 콤플렉스가 되었다. 毛澤東, 「關於農業合作社問題」, 『毛澤東選集』5卷, 人民出版社, 1997, 168쪽.

작년과 비슷했음에도 생산량 감소는 심각하고, 농민 수입은 전체적으로 낮아지고 있으며, 어떤 곳은 농경 가축을 도살하고 짐차와 가축을 집으로 강제로 끌고 가는 현상이 나타났다고 했다. 또 1956년 생산량의 대폭 감소는 인위적인 재해로, 주관주의와 강제명령, 조직 관리의 부실로 조성된 것이고, 합작사 책임자가 농민들에게 합작사 입사와 투자를 강요하는 비민주적인 태도를 보였다고 했다. 경제 상황을 공개하지 않았고, 업무도 불공평하게 처리했으며, 합작사 사원에 대한 관심도 적었고, 간부들 간의 종파 싸움, 당지부의 독단적인 일처리 등으로 사원들의 의식은 극도로 혼란스러워졌다고 하면서 이대로 방치하다가는 합작사가 무너질 위기에 처할 것이라고 하였다.

4월, 마오쩌둥은 신화사가 보낸 내부 문건을 보게 된다. 허베이성을 예로 농촌에 존재하는 인민들의 내부 문제를 분석한 것이다. 주요하게는 첫째, 농업합작사 내부 지도의 비민주, 재무의 비공개, 분배의 불합리가 군중의 불만을 야기했다. 둘째, 어떤 간부들이 민간의 미신 활동과 종교 문제를 부당하게 처리함으로써 농민들이 소란을 일으켰다. 셋째, 어장, 목축장, 임업장, 차 농장, 광산과 전답 등의 점유 문제에서 국가와 현지 군중들 사이에 이익 분쟁이 발생했다. 넷째, 지방 간부와 전업군인 사이가 좋지 않으면서 분쟁이 일었다. 다섯째, 도시와 읍의 고등학교는 정치 공기가 취약하고 학풍과 기강이 흐트러져 많은 교사와 학생들 그리고 학부모들이 정부와 학교 책임자에게 불만이 많았으며 어떤 학교에서는 관료주의와 종파주의가 심각해 학생들의 시위가 일어났다. 여섯째, 간부들이 군중을 떠나 있으니 인민군중과 지도자 사이에 모순이 심화되었다는 것이다. 마오쩌둥은 이렇게 올라온 농촌문제를 매우 중요시 여겼다. 그리고 허베이성 보고서에 대해 "이 문건에서 말하는 것이 사실인지 아닌지,

원인이 어디에 있는지 쥐현 샹쟝마을에 사람을 파견해 실상을 조사하고 그 결과를 나에게 보고하기 바란다"는 지시를 내렸다. 그는 또 신화사 소식을 성, 시, 자치구의 지도자들에게 보내서 이를 참고하라고 하였다.[18]

각 지역의 문제가 야기한 합작사에 대한 여러 의견에 그는 오히려 고도의 경계심을 갖고 있었다. 그리고 1957년 상반기 여러 차례의 회의 발언 중에서 '사상 동향' 문제를 강력히 제기하게 된다. 또 1월에 개최한 성, 시, 자치구 당위원회 서기회의에서 농업합작사가 도대체 희망적인지, 또 합작사가 좋은지 아니면 개인경제가 좋은지에 대한 문제를 이야기하였다. 그는 "작년(1956년), 풍작을 거둔 곳이나 재해가 심했던 지역은 아무 문제가 없다. 하지만 재해가 심하지 않은 지역과 수확량이 적은 지역의 합작사가 문제를 일으켰다. 이 합작사들은 작업량과 보수에 관한 보고를 너무 크게 했다가 나중에 그렇게 많지 않음이 밝혀졌고, 합작사 사원의 수입은 증가하지 않고 심지어는 감소하게 되었다. 그래서 합작사가 좋은지 아닌지, 필요한 건지 아닌지에 대한 의견들이 나오게 되었다. 이런 의견들은 또 당내의 간부들에게까지 영향을 주었다. 어떤 간부는 합작사가 그 어떤 우월성도 없다고 하였고, 어떤 부장은 농촌에 갔다가 베이징으로 돌아온 후 농민들이 기운이 없었고 적극적으로 경작을 하고 있지 않았으며 마치 합작사가 붕괴·소멸될 지경에 있다는 심상치 않은 발언을 했다"고 분석해 설명했다. 그래서 그는 "우리 간부들 사이에 부는 이런 바람은 태풍과 같으니 특히 주의해야 한다. 우리의 부장, 부부장, 사司국장과 성의 일급 간부들 중 많은 사람들이 지주, 부농, 부유한 가정 출신들이다. 어떤 이의 아버지는 지주로 지금도 여전히 선거권이 없

---

18) 毛澤東, 『建國以來的毛澤東文稿』 6卷, 306~307, 448쪽.

다. 이런 간부들이 집에 돌아가 집안 사람들에게 합작사는 안 된다 혹은 발전할 수 없다는 부정적인 말들을 한다. 부유한 중농은 동요계층이다. 지금 그들의 개인의식이 고개를 들고 있다. 어떤 이는 합작사를 나가고 싶어 한다. 우리 간부들 사이에 부는 이런 바람은 이들 계급과 계층의 의식을 반영한 것이다"라는 경고를 하게 된다. 그는 또다시 그 해의 논쟁인 "1955년 상반기 당내 많은 사람들이 농민을 대신해 고통을 호소했고, 량수밍 같은 사람들이 이에 호응하였다. 마치 그들 두 부류의 사람들만이 농민을 대표하고, 그들의 고통을 아는 것처럼 말이다", "고통을 호소하는 사람들은 대체 누구를 대표하고 있는가? 그들이 대표하는 것은 소수의 부유한 농민들이지 광범위한 농민 대중들을 대표하지는 않는다"[19]는 것을 제기했다.

이것은 전형적인 마오쩌둥의 사유이다. 그는 늘 사회문제를 당내 문제로 귀결했고, 당내 반대파(실제로는 농업합작사의 속도 문제에서 다른 의견을 가지고 있는 자)에 대해 아주 큰 경계심을 가졌다. 또 그 자신만의 특유한 '계급분석법'을 운용했다. 농업합작사운동 중에 그는 농촌에 대해 새로운 계급 구분을 했는데, '중농'을 '하중농'과 '중중농'(중농), '상중농'('부유중농'이라고도 한다)으로 나누고, '하중농'과 '빈농'을 함께 묶어('빈하중농'이라고 함) 의존대상으로 보았다.[20] 또 "부유중농 뒤에는 지주와 부농이 있고", "합작사 쪽에는 공산당이 서 있다"[21]는 말에 따라, 부유중농은 사실상 '농촌의 두 노선 투쟁'의 주요 대상이 되었다. 마오쩌둥은

---

19) 毛澤東, 「在省市自治區黨委書記會議上的講話」, 『毛澤東選集』 5卷, 331~332, 336~337쪽.
20) 毛澤東, 「農業合作社必須依靠黨團員和貧農下中農」, 『毛澤東選集』 5卷, 192~194쪽.
21) 毛澤東, 「誰說雞毛不能上天」, 『毛澤東選集』 5卷, 231쪽.

농업합작사에 대해 비판하거나 다른 의견을 제기하는 간부가 "부유중농과 그 배후의 지주, 부농이 당내 대표들"이라고 보았다.[22] 이것은 심각한 의미를 지닌 것으로, 이후 중국의 농촌 발전과 정치생활에 심원한 영향을 주었다.

1957년 2월 최고국무회의 제11차 회의에서, 마오쩌둥은 다시 '농업합작사 문제'를 거론한다. 특히 "농민의 고통", "해방 7년 이래 농민 생활은 개선되지 않았고, 노동자 생활만이 개선되었다"는 의견에 반박을 한다. 그는 "해방 이후, 농민은 지주의 탄압에서 벗어났고, 생산은 점차 발전하고 있다. 식량을 예로 들면, 1949년 전국 생산량이 2,100억여 근이었는데 1956년 생산량은 이미 3,600억여 근에 달해, 1,500억여 근이 증가했다. 국가가 징수한 농업세는 그리 중하지 않다. 매년 단지 300억여 근뿐이다. 매년 농민에게 정상가격으로 구입한 것이 500억여 근인데, 두 가지를 합쳐도 800억여 근이다. 이런 식량은 대부분 농촌과 농촌 부근 소도시 지역에 판매되었다. 이렇게 보면 농민 생활이 개선되지 않았다고 말할 수 없다"고 강조했다. 또 "간단하게 농민 한 사람의 매년 평균 소득을 노동자 한 명의 매년 소득과 비교해서 낮다 높다 하는 것은 적당치 않다. 노동자의 노동 생산율은 농민보다 훨씬 높고, 농민의 생활비용은 도시 노동자보다 또 훨씬 적다. 그러므로 노동자가 특히 더 국가의 우대를 받았다고 말해선 안 된다"[23]고 지적했다.

---

22) 마오쩌둥의 이런 '계급에 대한 새로운 분석'에 대해, 바오이보는 나중에 "토지개혁 이후에 억압관계를 떠나, 단순하게 합작사에 대한 태도와 부유한 정도의 차이에 따라 농민을 3, 6, 9 등급으로 구분하고, 가난한 사람들만이 의지할 수 있는 역량이라고 하는데, 그 병폐가 너무 크다. 또 우리 당이 일찍이 선포했던 농촌계급정책에 부합되지 않는다"고 회고하였다. 薄一波, 『若幹重大決策和事件的回顧』(上), 399쪽.

이 말을 할 때 마오쩌둥은 상당히 기세등등했지만 다시 '농민의 고통' 문제를 반박할 때에는 내심 불안함을 드러냈다. 그는 농민의 이익을 보호해야 한다는 중요성을 잘 알고 있었다. 그러나 농민 이익을 희생하는 대가로 공업화의 길을 선택하였고, 이는 그가 건국 이래 직면해 왔던 모순이었다. 1951년과 1952년 항미원조抗美援朝와 중공업 발전을 위해 연 2년 동안 농업세를 더 많이 거두었는데, 이것은 앞에서 말한 량수밍의 '농민의 고통'에 관한 외침을 야기하였다. 마오쩌둥은 이를 위해 '두 가지 인정仁政' 이론을 제기하였는데, "하나는 인민의 당면한 이익을 위한 것", 즉 "소의의 인정"이고, "다른 하나는 인민의 장기적 이익을 위한 것", 즉 이른바 "대의의 인정"으로 "양자 모두 아울러 고려해야 하지만", "대의의 인정에 중점을 두어야 한다"[24]고 했다. 마오쩌둥은 일단 항미원조와 공업화 같은 '대의의 인정'과 농민 이익을 생각하는 '소의의 인정'이 충돌하면 차라리 후자가 희생해야 한다고 여겼다. 이 얼마나 유감스런 일인가. 그래서 그는 사람들이 말하는 '농민의 고통' 문제를 가장 기피했고, 이것을 논의하는 사람들의 결말은 모두 좋지 않았다. 1953년에도 그랬고, 1956, 57년에도 그랬다. 우리는 위에서 말했던 다이황이 1957년 마오쩌둥에게 올린 "우리나라 농민은 너무너무 힘들고 고통스럽다"는 상소의 결과를 쉽게 예측할 수 있을 것이다.

또 1957년 상반기 마오쩌둥의 다음과 같은 판단에 주목해야 한다.

---

23) 毛澤東,「關於正確處理人民內部矛盾的問題」,『毛澤東選集』 5卷, 381쪽. 마오쩌둥의 이 말은 『마오쩌둥전』(毛澤東傳)에 근거해 수정된 것이지만, "대답하려는 문제는 여전히 원래의 그것이다. 합작사는 뛰어난 점이 있는지? 공고히 할 수 있는지? 농민 생활에 개선은 있는지? 그들의 생활이 힘들지는 않은지? 하지만 논술은 한층 심도 있고, 조리 있고, 한층 전면적이었다". 中央文獻研究室,『毛澤東傳(1949-1976)』(上), 678쪽.
24) 毛澤東,「抗美援朝的偉大勝利和今後的任務」,『毛澤東選集』 5卷, 104~106쪽.

"베이징시의 조사에 따르면 우리나라 대학생들 대다수가 지주, 부농, 부르주아계급과 부유한 중농 자제들로, 노동자계급, 빈·하중농 출신은 20%도 안 된다. 전국적으로도 마찬가지일 것이다. …… 일부 대학생들 사이에서는 브와디스와프 고무우카,[25] 브로즈 티토,[26] 에드바르드 카르델[27]이 환영받고 있다. 그러나 시골의 지주와 부농, 도시의 자본가와 민주당파를 비롯한 다수는 여전히 보수적이어서, 폴란드와 헝가리에서 폭동[28]이 일어났을 때에도 시비를 논하지 않았고, 몇천 몇만 명을 죽여야 한다고 나서서 말하지도 않았다. 이들이 이렇게 본분을 지키는 것에 대해서는 분석을 해봐야 한다. 그들에게는 이제 더 이상 아무것도 남지 않았기 때문에, 노동자계급, 빈농과 하층의 중농들은 그들의 말을 듣지 않는다. 그들의 기반이 무너진 것이다. 만약 세상이 변해서, 베이징과 상하이에 원자폭탄이 떨어져 산산조각이 난다면 이들이 변하지 않을까? 그것은 확언하기 힘들다. 그때는 지주, 부농, 부르주아계급, 민주당파들이 분열될 것이다. 그들은 처세에 능하다. 많은 사람들이 지금은 숨어 있다. 그들의 자녀인 이 어린 학생들이 경험도 없으면서, 무슨 '몇천 몇만을 죽

---

25) 브와디스와프 고무우카(Władysław Gomułka, 1905~1982). 반파시즘 운동에 참가하였고, 1956년에 폴란드 노동자당 중앙위원회 제1서기가 되어 자유화 운동을 탄압하였다. 1970년에 일어난 식량 폭동으로 실각하였다.—옮긴이
26) 요시프 브로즈 티토(Josip Broz Tito, 1892~1980). 제2차 세계대전 때 반독(反獨) 해방전쟁을 지휘하여 유고슬라비아를 독일로부터 해방시키고, 1953년에 초대 대통령에 취임하여 독자적인 사회주의 노선을 추진하였다.—옮긴이
27) 에드바르드 카르델(Edvard Kardelj, 1910~1979). 티토의 측근으로 해방전쟁에서 싸웠고 외무장관으로서 자주관리와 비동맹의 사회주의 건설에 이론적·실천적으로 공헌하였다.—옮긴이
28) 스탈린 사망 후 흐루시초프가 스탈린의 독재 정치를 비판하면서, 1956년 동유럽에서는 자유화 물결이 일었다. 이때 헝가리에서는 반정부시위가 일어났고, 폴란드에서는 노동자들의 총파업이 일어났다.—옮긴이

여야 한다',[29] '사회주의는 우월하지 않다'는 것을 들고 나왔다."[30] 이것 역시 마오식의 '계급분석'이었다. 그 안에 내재되어 있는 '출신론' 논리는 이후 중국 정치에도 큰 영향을 주었다. 후에, 베이징대학의 반우파운동 중 『광장』에 모인 이런 '우파'에 대해 '계급분석'을 하였는데, "이들의 출신성분을 보면, 지주, 관료, 자본가 출신 사람들이 15명 중 11명으로 75%를 차지하고", "이들의 직계친족 상황을 보면, 나에게 처형당한 사람들이 40%에 달했다", 이들이 바로 "반당·반사회주의의 사회적 원인이고, 계급의 근본"이라고 하였다.[31] 당연히 이것은 모두 뒷말들이다. 마오쩌둥이 1957년 초에 묻어 놓았던 이 글들은 우리가 나중의 사태를 이해하는 데 매우 중요한 것이다.

2) 공장

"엄밀하게 주의할 조짐은 이미 나타났다"

신화사 기자 다이황이 고향으로 내려간 그때, 즉 1956년 7월에 『중국청년보』中國青年報 기자 류빈옌(劉賓雁)도 고향인 하얼빈哈爾濱으로 갔었다. 그곳은 그의 어린 시절의 소중한 기억이 남아 있던 곳이다. 그는 1946년 건국 초기 청년사업에 적극 참여하다가 1948년 그곳을 떠났었다. 이번에 도

---

29) 마오쩌둥이 동일한 보고에서 말한 것에 의하면, "몇천 몇만을 죽여야 한다"는 이 말은 칭화(清華)대학의 한 학생이 공개적으로 제의한 것이고, 덩샤오핑(鄧小平)은 칭화대학에 가서 연설을 하면서 "네가 몇천 몇만을 죽여야 한다고 하면, 우리는 전제정치를 해야 할 것이다"라고 공언했다고 한다. 毛澤東, 「在省市自治區黨委書記會議上的講話」, 『毛澤東選集』 5卷, 332~333쪽.
30) 毛澤東, 「在省市自治區黨委書記會議上的講話」, 『毛澤東選集』 5卷, 333쪽.
31) 趙光武, 「〈廣場〉群醜」, 『粉碎〈廣場〉反動小集團』(내부간행물), 北京大學浪淘沙社, 1957.

시 공장의 상황을 인터뷰하기 위해 다시 돌아온 것이다. 하지만 뜻밖의 이 여행 중에 창춘長春 장거리버스 정류장 식당에서 한 거지를 만나게 된다. 그는 안후이의 농민으로 작년에 식량 수매가 너무 과도해, 고급 합작사가 농민들의 생산 열정을 떨어뜨렸고, 이것으로 인해 식량난이 초래되어 하는 수 없이 둥베이東北로 난을 피해 왔다고 했다. 건국 7년 후 새로이 출현한 거지를 보고, 류빈옌은 또 이 해 여름부터 베이징의 돼지고기 가격이 오르기 시작하고 국영시장에서 계란이 부족했던 상황을 떠올렸다. 전국 각지의 많은 경공업품과 수공예품들이 상점에서 사라져 갔다. 아마도 이것은 농업, 공상업과 수공업의 사회주의 개조 이후 생겨난 새로운 문제일 것이다.

8년 후의 하얼빈이 그에게 준 인상은, 암담함이었다.

"요 몇 년 하얼빈의 변화는 매우 컸다. 하얼빈의 본래 특색이 더 암담해졌다. 러시아 특징을 가장 많이 띠고 있던 중앙거리의 각양각색의 러시아 간판들에 일률적으로 홍색 페인트가 칠해졌다. 마치 이렇게 해야만 상점들이 사회주의로 변했다는 것을 드러낼 수 있다는 것처럼 말이다. 여름 햇볕 아래에서 페인트의 붉은색은 아주 자극적이었다. 그러나 그 단조로움은 정말 참기 어려웠다."

"거리 행인들의 옷 색깔은 산뜻해졌다. ……8년 전 내가 떠날 때와 비교해 물질적인 생활은 분명 다소 개선되었다. 음식점과 호텔에서는 매일 저녁 많은 젊은이들이 통쾌하게 맥주 마시기 모임을 벌였다."

"하지만 난 이 도시가 뭔가 조금 부족하다고 느꼈다. 아마도 1946년 하얼빈의 계엄 시기, 그때의 공기가 여전히 남아 있는지도 모르겠다. 도시는 지나치게 조용했고 또 과도하게 질서 정연해져 있는 것이다. 중앙거리의 간판의 붉은색은 상징적 의미를 지닌다. 정치·경제·문화·사상·의식이 모두 당의 통제 아래에 있는 것이다. 이곳에는 두 종류의 신문이 있는데, 그 편집자들 자신도 매번 신문이 같은 소리를 반복하고 있는 것을 혐오스러워했다."

"하얼빈은 이미 작은 경공업 상업도시에서 광대한 중공업을 보유한 대도시가 되었다. 인구는 10년 사이에 80만에서 10배 이상 증가했다. 하지만 공업과 인구의 증가보다 더 빠르게 증가한 것이 당위원회와 정부의 공무원들이었다. 16년 전(이것은 잘못된 것 같다. 8년 전이 맞는 듯하다—인용자) 내가 이곳을 떠날 때, 시정부의 모든 기구는 비교적 작은 2층 건물에 있었다. 공무원들도 내가 보기에 200여 명이 넘지 않았다. 지금의 인구는 그때보다 4배 증가했는데, 공무원은 오히려 3,700여 명으로 증가다. 거기에 당, 단, 조합 등의 기구까지 합치면 5,000여 명에 달한다. 만약 기층조직의 전문 간부를 합친다면 그 숫자는 정말 놀라운 것이다."

당연히, 류빈옌이 주목한 것은 중국의 공장 상황이었다. 그의 관찰에 따르면, "전국적으로 모든 힘을 공업, 특히 주요하게 중공업에 쏟았다. 1956년은 고조기였는데, 중앙에서 기층 공장, 광산, 건설현장까지 관례대로 속도에 몰두했고 이것의 기준은 생산액이었다. 노동자들의 사기는 여전히 높았고 아주 순종적이었다. 그들은 계획을 완성하기 위해 수시로 잔업근무를 해야 했다. 어떤 청년 노동자는 심지어 상급 책임자의 허락도 받지 않고 남몰래 잔업근무를 하기도 했다. 동시에 여가시간에는 각종 회의에 참가해야 했고 제도화된 문화 학습도 빠질 수 없었다. 피로, 과도한 피로가 늘 존재했다. 이것은 현장 사고를 증가시켰다"고 한다.

하지만 이런 노동의 긍정성 이면에는 여전히 모순과 위기가 숨겨져 있었다. "항미원조가 끝나고 계급투쟁이 희미해짐에 따라, 전에는 상당히 효과가 있었던 정치선전선동이 노동자들 사이에서 냉랭해지기 시작했다. 동시에, 노동자들의 인간으로서의 각종 요구와 욕망도 중요한 위치로 부상되었다. 그러나 물질적인 생활 개선은 오히려 아주 느렸다." "하얼빈의 물가지수는 그 몇 년간 매년 15%씩이나 높아졌지만, 노동자들의 월급은 몇 년 동안 조금도 오르지 않았다. 2, 3급 노동자 월급으로 4, 5급 노동자 일을 하는 것이 보편화되었다. 몇 년간 수입은 오르지 않았고, 심지어는 임시노동자로 7년간 일했음에도 정식노동자로 바꿔 주지 않았다. 노동자들은 자신들의 음식 수준을 낮출 수밖에 없었다. 어떤 이들은 밥만 먹을 뿐 반찬이나 요리는 먹지 못했다. …… 하얼빈의 젊은 여성 노동자들은 몇 개월 동안 돈을 모아야만 꽃무늬 천 한 폭을 살 수 있었다."

문제는 기업 책임자들이 노동자들의 월급을 낮추는 것이다(여기서 특수 상황은 "기업이 노동자들의 월급을 높이는 권한은 제한되어 있고, 월급을 낮추는 것은 자유롭다"는 것이다). 왜냐하면, "기업의 업무 성과는 국가에 얼마의 이윤을 내느냐로 정해지기 때문에, 노동자들의 월급을 낮추고 상품 원가를 낮추어야 기업 책임자들은 더 많은 이윤을 국가에 낼 수 있고 이것으로 상사들이 호평을 받을 수 있기" 때문이다. 기본적인 물질적 보증을 얻을 수 없다는 모순과 갈등은 청년 노동자들 사이에서 특히 심각해졌고 반응 역시 강렬했다. 새 주택은 7급 이상의 노동자들만이 받을 수 있었으므로 그들에게는 기회가 없었다. 남성 노동자들은 결혼 상대를 구하기 어려웠다. 대부분이 멀고 먼 고향까지 가서 찾아야 했다. 결혼 상대가 있어도 방을 구하지 못할까 걱정을 하였다. 또 혼전 성관계로 임신을 하는 일이 많아지자 나이 든 노동자들은 구도덕을 내세워 그들을 조소하거나 질책하였다. "이런 현상은 아주 쉽게 '부르주아 사상' 범주로 들어갔다. 청년들의 조건이 보다 좋은 공장으로 옮겨 가고자 하는, 심지어 전문학교나 대학교 시험에 응시하고자 하는 합리적인 요구들이 모두 '개인주의'로 치부되어, 교육과 비판의 대상이 되었다. 업무 중 책임자들의 잘못에 대한 정당한 불만과 비평에 대해서도 늘 더 매서운 억압을 받아야 했다."

이런 상황은 노동자와 간부, 당과 국가의 관계에 영향을 미쳤다. 공산당과 공산주의 청년단 시위원회 간부는 류빈옌에게 "우리는 매일 청년 노동자들에게 그들이 국가의 주인이니까 주인 정신을 발휘하라고 말합니다. 하지만 어떤 공장의 노동자들은 공장을 자기 것으로 보지 않습니다. 노동자들이 공장의 물건을 훔치는 상황이 이미 여러 차례 발생했습니다. 이것은 당연히 그들의 생활이 너무 어려워서일 것입니다"라고 했다. 또 한 노동자는 그에게 "과거에는 문제가 생기면 늘 계급의 적이 파괴하려는 것으로 생각했습니다. 지금은 문제가 생겼다는 소리만 들어도 바로 책임간부들이 어떻게 했길래! 라는 책망을 하게 됩니다"라고 했다.

상황을 더 깊이 이해하기 위해, 류빈옌은 하얼빈의 전기 공장에 자신의 주소를 게시판에 공개하며, "청년 노동자가 직접 와서 이야기하는 것을 환영합니다"라고 고시했다. 그는 "며칠 동안 내 숙소로 와서 의견을 들려준 사람들은 겨우 20여 명이 안 됩니다. 이 공장 노동자들은 근 만 명이 넘는데 말입니다. 그들의 불만을 30년 후의 시각으로 본다면 작은 일들입니다. 업무 배당의 부당함, 혹은 고정적 업무가 없어서, 월급 등급을 평하는 데 있어서의 불공정, 주택 분배에 있어서의 불공평…… 등등입니다"라고 했다.

그러나 성이 량粱이라고 하는 노동자가 많은 사람들을 대표해서 말한 상황은 류빈옌을 놀라게 하였다. 그는 아주 천천히, 또 아주 흥분해서 "우리도 사람입니다. 하지만 그들은 우리를 사람으로 보지 않습니다. 기술학교를 졸업한 지 이미 2년이 되었습니다. 이런 사람들이 공장에 200여 명이나 있습니다. 하지만 지금까지도 공장은 저희에게 정식적인 업무를 주지 않습니다. 늘 잡일만 줍니다. 심지어는 청소 일을 하게 합니다. 간부에게 사실 공장에 이렇게 많은 사람이 필요하지 않으니, 우리를 랴오닝遼寧으로 가게 해 달라고 했습니다. 그쪽 공장은 인력이 부족하다고 하니 말입니다. 그러나 공장은 차라리 우리가 한가해 죽는 한이 있어도 안 된다고 합니다. 이유는 우리를 놓아주었다가 만일 내년에 공장 일이 많아지면 어디서 사람들을 찾느냐는 겁니다. 하지만 만일 일이 많아지지 않으면요? 그들은 우리같이 살아 있는 사람들을 물건으로 보는 겁니다. 장기간 창고에 쌓아 둔다는 거지요. 고정적인 일이 없으니 등급을 올리는 일도 없습니다. 모든 것이 늦어지는 거죠. 예를 들면 결혼도요……"라고 했다. '사람을 물건 취급 한다'는 이것은 아마도 계획경제체제를 드러내는 말이자 공업화의 그 어떤 본질을 지적하는 말이었다.

류빈옌은 자신의 조사결과를 대체로 두 가지로 개괄했다. "당시 (노동자)대중과 당의 지도 사이에 모순은 그리 심각하지 않았다", 하지만 "이미 엄밀하게 주의해야 할 조짐이 나타났다"였다. 류빈옌의 1956년 중국 공장 상황에 대한 이 관찰은 일 년 후 발생할 많은 일들을 이해하는 데 아주 중요한 것이다.[32]

---

32) 劉賓雁, 『劉賓雁自傳』, 時報文化出版企業有限公司, 1989, 75~80쪽.

1957년의 '노동자 시위'

1957년 3월 중공 중앙은 「파업과 수업거부 처리문제에 관한 통지」를 내려보냈다. 통지문은 "최근 반년 동안 노동자 파업과 학생들의 수업거부, 대중 시위, 청원과 이와 유사한 사건들이 증가하고 있는데, 이것을 심각하게 주의해야 한다"는 내용이었다. 중공 중앙이 직접 통지를 한 것과 거기서 사용된 언어를 보면 문제의 심각성이 드러난다. 중공 중앙 문헌연구소가 펴낸 『마오쩌둥전(1949-1976)』(상)에 따르면, "1956년 하반기, 국내경제에 생활필수품 생산과 공급의 부족 현상이 출현했다. 사회모순이 비교적 뚜렷하게 나타났다. 어떤 지역에서는 노동자 파업과 학생들의 수업거부 사건이 일어나기도 했다. 반년 동안, 전국 각지에서 크고 작은 대략 만 명 넘는 노동자들의 파업, 만 명 넘는 학생들의 수업거부가 있었다. 1956년 10월부터 광둥廣東, 허난河南, 안후이安徽, 장시江西, 산시山西, 허베이河北, 랴오닝遼寧 등의 성에서 일부 농민들이 합작사 퇴사를 요구하는 일이 벌어졌고, 정부에 대한 비판과 현실에 대한 불만 언론들이 많아지기 시작했다."[33] 왕뤄수이는 『새로이 발견된 마오쩌둥新發現的毛澤東』이라는 책에서 "저장성 농촌에서는 청원, 구타, 소동 등 1,100여 건의 사건이 발생했고, 광둥성 농촌에서는 11~12만 가구가 합작사를 나가는 일들이 벌어졌다", "광둥의 어떤 현의 현정부가 대중들의 반대에도 불구하고 강제로 나병 병원을 지었고, 결국은 분노한 군중들이 이 병원을 허무는 과정에서 현 공안국 경찰들이 시민들에게 총을 쏴 5명의 시민이 죽었고 9명이 다쳤다"[34]고 했다. 파업과 수업거부의 구체적 상황들은 아직까지

---

33) 中央文獻硏究室, 『毛澤東傳(1949-1976)』(上), 611~612쪽.
34) 王若水, 『新發現的毛澤東』(上), 明報出版社, 2002, 260쪽.

여전히 비공개이지만, 중공 중앙의 통지는 어느 정도의 정보를 누설하고 있었다. 그 중에 두 단락이 음미해 볼 만한데, 하나는 "근래 사상정치 사업의 취약과 노동자 대오의 빠른 증가로 인해, 일부 노동자들 사이에서 집단이익과 장기이익을 경시하는 경향이 나타났고, 학교 지식인들은 업무에만 빠져 정치는 논하지 않고 개인생활, 지위, 다른 부정확한 것을 지나치게 따지는 경향이 점점 머리를 들고 있다"는 것이고, 다른 하나는 "지도자들은 반드시 대중들과 동고동락하면서 지난한 투쟁에 있어 모범적 역할을 해야 한다"[35)]는 것이다. 류빈옌이 당시 진행했던 조사와 연결하면 파업, 수업거부가 지키려던 것은 경시되었던 개인의 물질적 이익이었고, 저항하고자 했던 것은 간부들의 관료주의와 특권이었음을 쉽게 알 수 있다.

마오쩌둥은 1957년 1월 연설에서 스자좡 어느 학교의 수업거부 시위를 이렇게 말하고 있다. "일부 졸업생들이 잠시 취업을 할 수 없어 학습 기간을 1년 연장하려고 했는데 이것이 학생들의 불만을 일으켰다. 소수 반동분자들이 이 기회를 이용해 선동하고 시위를 조직하고, 스자좡 방송국을 탈취해 '헝가리'를 선포하자고 부추겼다. 그들은 많은 표어를 붙였는데 그 중 아래 세 가지 구호가 가장 두드러진다——'파시즘 타도!', '평화보다는 전쟁을 원한다!', '사회주의는 우월성이 없다!'" 마오쩌둥의 묘사에 따르면 이런 수업거부는 분명 강한 정치성을 띠고 있었고, 국제적인 헝가리 사건에 대한 중국에서의 반향이었다. 마오쩌둥은 또 "그들 말에 따르면 공산당은 파쇼이고 우리는 타도되어야 할 대상이다. 그들이

---

35) 毛澤東,「對〈中共中央關於處理罷工·罷課問題的指示〉(修正稿)的批語和修改」주석1,『建國以來的毛澤東文稿』6卷, 371, 372쪽.

내건 구호는 반동적이어서, 노동자들이나 농민, 각계 대중들이 공감하지 않는다"[36]고 했다. 이것은 앞으로의 반우파운동을 예시한 것이다.

그러나 1956년 하반기와 1957년 초, 마오쩌둥은 파업과 수업거부가 발생한 것을 당내 관료주의로 귀결시킨다. 1956년 11월 개최한 중공 8차 2중전회의 강화講話에서 그는 "현위원회 이상 간부가 몇십만이나 있다. 국가의 운명은 그들 손에 달려 있다. 잘 하지 못한다면 군중들과 격리될 것이다. 고난의 분투가 아니라면 노동자·농민·학생들은 당연히 그들을 찬성하지 않을 것이다. 우린 경계심을 가져야 한다. 관료주의적인 태도가 만연해서도 안 된다. 인민을 떠난 귀족계층이 형성되어서도 안 된다. 누구든 관료주의를 범하고, 군중의 문제는 해결하지 않고, 군중들을 욕하고 그들을 억압하는 태도를 고치지 않는다면 군중들은 당연히 그를 제거해 버릴 것이다"라고 했다. 또 이 회의에서 마오쩌둥은 정중하게 "우리는 내년(즉 1957년) 정풍운동을 전개하려고 한다. 세 가지 기풍, 첫째 주관주의, 둘째 종파주의, 셋째 관료주의를 정풍하고자 한다"[37]라고 선포한다.

여기에서 1957년에 발생한 사건, 즉 시작하는 정풍운동이든 나중의 반우파운동이든 어떤 의미에서는 마오쩌둥과 중공 중앙의 1956년 하반기 이래 중국 노동자와 농민, 학생들의 '소요'에 대한 반응을 볼 수가 있다. 이런 '소요'는 또 국제 공산주의 운동의 여러 사건들이 배경이 되었고, "중국에서 헝가리 사건이 발생할 수 있을까"라는 그림자를 내내 품고 있었다고 할 수 있다.

---

36) 毛澤東,「在省市自治區黨委書記會議上的講話」,『毛澤東選集』5卷, 332쪽.
37) 中央文獻研究室,『毛澤東傳(1949-1976)』(上), 612~613쪽.

'소요'는 1957년까지도 여전히 계속되었다. 2월 마오쩌둥은 「인민 내부 모순을 어떻게 처리할 것인가(강화 제요)」에서 주목할 만한 숫자, "40%, 400만, 80만, 9만 사람들의 입학 불가와 취업배치 문제"[38]를 제시한다. 1956년 1월 한 문건에 대한 지시에서 마오쩌둥은 당시 중국도시에 여전히 100만이 넘는 실업인구가 있었음을 밝힌 바 있다.[39] 연구자는 "1957년 초 도시 실업문제는 위기에 달했다. 전 해(1956년) 가을 흉작과 합작사로 인한 혼란으로 더 많은 농민들이 도시로 유입되었고, 정부기관의 간소화운동, 평소보다 많은 제대군인의 숫자, 고등학교 졸업생의 대학입학 숫자 감소 조치는 도시 실업문제를 격화시켰다"[40]고 지적한다. 이런 실업과 학업중단 문제는 자연히 아주 쉽게 '소요'를 불러일으켰을 것이다.

1957년 5월 13일(쌍백운동의 고조기, 마오쩌둥이 반격 명령을 내리기 이틀 전) 『런민일보』는 「노동자 소요를 보며」라는 사설을 발표한다. 그 서두에 "최근 어떤 기업에서 노동자 대중의 청원, 파업 같은 사건이 발생했다"라고 했다. 연구자들이 주목했던 것처럼, "사설은 어떤 구체적인 사건도 예로 들지 않았다. 어떤 기업이 어디이고, 최근 시기는 언제인지, 청원과 파업은 무엇 때문인지, 그 경과는 어떤지를 일절 말하고 있지 않다. 사설은 단지 이 사건은 '극히 빈도가 낮고, 범위가 아주 작은' 것이라고만 했다."[41] 우리가 현재 볼 수 있는 것은 신화사의 5월 25일자 충칭重慶에서

---

38) 毛澤東, 「如何處理人民內部矛盾」, 『建國以來的毛澤東文稿』 6卷, 312쪽.
39) 毛澤東, 「對廖魯言關於全國農業發展綱要說明稿的批語和修改」, 『建國以來的毛澤東文稿』 6卷.
40) 參看莫裏斯·梅斯納, 『毛澤東的中國及其發展 — 中華人民共和國史』, 社會科學文獻出版社, 1992, 244쪽.
41) 朱正, 『1957年的夏季: 從百家爭鳴到兩家爭鳴』, 河南人民出版社, 1998, 86쪽.

보내온 전신인데, "연일 제대군인과 시 간부학교에서 해산된 학생들(대다수는 도시민들과 소매상 등)의 청원이 있다. 몇몇 공장의 견습생은 승급과 견습시간 연장 반대 등의 문제로 소요를 일으켰다", "1952년부터 현재까지 미취업으로 등기된 5,000여 명의 시민들이 있는데, 만약에 시 간부학교 학생들의 취업문제가 해결되고 나면, 그들도 곧 뒤따라올 것이다", "배치를 기다리는 300여 제대군인들은 민정국民政局 초대소의 책상과 보온병을 팔고 있다, 다시 한 달을 기다려 만족스런 일을 배치해 주지 않는다면 큰 소요가 발생할 것이다. 맹목적으로 도시에 들어온 3만여 농민과 농촌의 전업군인은 '죽어도 가지 않는다'는 구호를 외쳤고, 그들을 억지로 쫓아낸다면 폭력을 쓰겠다고 했다. 도시의 미진학 학생도 불만이 있어, 결탁을 준비하기 시작했으며, 교육국 등 기관에 청원을 준비했다." 결론은 "충칭 사회는 쌍백운동 물결 속에서 그 진폭이 아주 컸고", "많은 기층 간부들은 불안해했다"고 한다.[42]

류빈옌의 긴급 호소

1957년 4월 『중국청년보』 편집위원회 회의에서 사장 장리췬張黎群은 상하이 융다永大 방직공장의 여공들 파업을 『런민일보』와 『중국청년일보』가 보도하라는 류사오치劉少奇의 지시를 전달했다. 그래서 류빈옌은 긴급히 상하이로 파견되었고 상하이 주재 기자인 천보훙陳伯鴻과 함께 취재를 했다. 전국적인 정세에 순식간 격변이 일어났기 때문에 취재도 자연히 이루어지지 않았다. 하지만 그 남겨진 기억은 혹독한 시련을 겪으면서도 잊기 어려웠다.

---

42) 「重慶社會在'放'的浪潮中震動很大」, 新華社 電訊, 1957년 5월 25일.

"융다 방직공장은 200여 명 직공들로 이루어진 작은 공장이다. 나와 천보훙은 반 달 정도 조사를 진행했다. 많은 노동자들, 정치태도가 각각인 당원과 간부, 대중들, 책임자들과 각기 이야기를 나누었다. 이 공장 당조직의 위기는 전 당이 각성하고 있고, 비통하게 집권당의 위험을 통절히 정시하는 데 큰 의미가 있다고 본다."

"1955년부터 공장의 모든 노동자들은 합작사 공동 경영[공사합영公私合營]을 열렬히 옹호하며, 공산당 간부가 공장에 들어와 정부 측 대표가 되는 것을 환영했다. 그러나 공장의 대다수 노동자들이 파업을 일으켜 당 간부를 연금해 인질로 삼는 데에는 단지 2년의 시간이 걸렸다."

"이는 아주 재미있는 실험이다. 사유제가 사회주의 공유제(공사합영은 사실 공유제이다)로 바뀐 이후 생산성은 하강했고, 이익은 손해로 전환되었다. 노동자들이 공유제 공장에서 얻는 관리의 권리는 오히려 자본가 소유의 시기보다 못했다. 임명된 사람은 직위에 걸맞지 않는 노동자들이 좋아하지 않는 간부였다. 선출된 사람은 그들이 신임하지 않는 노동조합 조합장이었다. 당, 회사, 노동조합은 하나가 되어 생산에만 관심을 두었지 노동자의 삶에는 무관심했다. 노동자들은 당지부黨支部를 두려워하기도 하고 욕을 하기도 했다. 당은 다시는 '영광스럽고, 위대하며, 올바른' 당이 아니었다. '아첨하는 당', '강제징용하는 당'으로 변해 갔다. 이는 당이 두 종류의 사람만을 입당시켰기 때문이다. 하나는 순종하며 말이 없는 사람들이다. 또 하나는 입당 요구도 없기에 역할도 하지 못하지만, 집권당의 이익을 나누어 가지기 위해 간부와 결탁해 당으로 들어간 사람들이다. 전자는 당의 일을 도울 수 없는 사람들로 잇달아 탈당했다. 후자는 당에 해만 입히는 사람들이었다. 당원 중에는 좋은 사람도 있어서, 노동자의 합리적 요구를 위해 말하려고 했지만, 지도자의 질책을 받고 '당성이 좋지 않은' 사람으로 찍혀 버렸다. 노동자들은 또 당원이 각종 불합리한 상황에 책임을 져야 한다고 생각했고, 그들을 '간사하고 교활한 사람'이라고 욕했으며, 노동 배반자라고 하였다. 월급, 대출, 인사 고과, 생활 보조, 수상자 선정에 있어서 불공평한 대우를 받았다. 노동자들의 어려움은 신경도 쓰지 않았다. 더구나 어떤 노동자가 생활상의 어려움으로 자살을 했는데도 노동조합은 아랑곳하지 않았다. 또 목욕 물 사용 문제를 얼마나 외쳤는지도 모른다. 당의 구위원회와 신문사에 여러 차례 편지를 썼음에도 감감 무소식이었다."

"노동자들이 당 간부보다 공장의 도산을 더 걱정했다. 간부들은 옮겨 가면 그만이지만 노동자들은 밥그릇을 잃어야 했다. 당원은 노동자를 대표할 수 없었다. 비당원으로 회계 일을 하던 딩시캉丁喜康이 노동자의 대표가 되었고, 이어서 파업 주동자로 찍혀 버렸다. 자본가가 권력을 잡았을 때, 그는 주동적으로 불법 활동을 감시하고 노동자를 위해 이익을 도모했기 때문에, 자본가들은 그를 '정신병자'라고 불렀다. 지금의 공산당 간부도 같은 이유로 그를 '정신병자'라 욕했다. 딩시캉은 본래 고아로 1949년 처음 노동조합에 들어가 공산당 입당을 요구한 적이 있었다. 그가 자본가들과 싸울 때 협박과 위험을 두려워하지 않았던 것처럼, 지금은 '혼자서 한 조직에 대항하면서', '공청단[중국 청년공산당] 조직과 선전 포고 상태에 처해져 있었다'."

"공장 당총지부는 이 공장 문제가 '국제 정세(!)의 영향으로 공장 내 사상의식 상태가 문란해진 데 있다고 보고, 노동자들에 대한 정치사상 교육을 강화해야 한다'고 했고, '노동자들 중 황당한 논리를 산포하는 자를 골라 공개적으로 반동분자임을 알리고 (딩시캉만 골라내) 대중으로부터 고립시켜야 한다'고 했다. 또 '공청단 조직은 행정에 복종하고 행정을 지지하며, 생산을 높여야 한다'고 보았다."

"이런 상황에서, 고위간부와 사회여론이 이 공장의 위급상황에 관심을 갖게 하는 파업 외에 무슨 다른 방법이 있을까?"

게다가 이런 위급상황에 처한 것이 융다 방직공장만은 아니었다. 류빈옌은 상하이 취재를 하던 기간 "공장의 소요가 계속 확대되었고 파업은 매주 일어났으며, 매일 30~40차례 노동자들이 시위원회에 가서 청원하였다. 공사합영 공장에서는 5명의 정부 측 대표가 맞아 다치는 일이 발생했다. 시위원회는 긴급히 10일 이내에 노동자들을 안정시키라는 지시를 내렸고, 신문은 쌍백운동에 관한 보도를 멈추었다. 시위원회 서기 커칭스柯慶施가 특별히 베이징으로 날아가 마오쩌둥에게 지시를 바라는 보고를 했다고 들었다……"고 한다.

류빈옌은 신문기자의 직감으로, 상황이 역전될 거라는 것을 느꼈고, 5월 25일 상하이 방송국 지하실 숙소에서 마오쩌둥에게 편지를 써서 직접 간언을 했다.

"주의해 주십시오. 첫째, 당내의 고급간부 중 특권계층이 형성되었습니다. 그들은 당조직과 대중들의 감독을 완전히 벗어나, 새로운 귀족이 되었습니다. 둘째, 대다수 공업과 광업 기업 속에서, 당조직은 마비상태에 처해 있습니다. 둥베이東北 공장들 중에서 당원이 좋은 역할을 하는 곳은 4분의 1도 안 됩니다. …… 기관 안에서, 당내 건강한 역량은 신장되지 않고, 교조주의와 종파주의 사상이 우세합니다. 기관의 당원 중 지도급 간부의 정치열정은 쇠약해지고 …… 이런 자들이 3분의 1 이상에 달하며 …… 당과 대중의 관계 악화에 관해서는 쓸 필요가 없겠습니다."[43]

결론은 기본적으로 앞에서 인용한, 다이황이 같은 시기에 썼던 '만언서'와 일치한다. 모두 당내 '특권계층'의 형성과 형성될 가능성에 대해 우려를 표명한 것이다. 앞에서 말한 것처럼 마오쩌둥이 반년 전 "인민을 떠난 귀족계층을 형성해서는 안 된다"는 경고를 한 적이 있었지만, 이런 말은 그만이 할 수 있는 것으로 "그때는 그때이고 지금은 지금"이며, 이 당시(1957년 5, 6월) 다이황이나 류빈옌, 또 청년학생(다음 절에서 설명하려는 것이 바로 1957년 대학교 교정의 유명 화제이다)이 이런 가능성 혹은 현실성을 논하는 것은 당에 대한 '모독'이고, '공격'의 죄를 짓는 것을 의미하였다. 이런 종류의 논제는 이때부터 중국정치·사상·문화에서 금기 구역이 되었다.

류빈옌은 이것을 나중에야 알게 되었다. 이 편지를 쓰기 13일 전, 즉 1957년 5월 12일 그는 『중국청년일보』에 상하이 쌍백운동 상황에 관한 보도 글 「상하이가 심사숙고 중에 있다」를 발표했었다. 이를 본 마오쩌둥은 "보아 하니 어떤 사람은 일을 잘 처리할 생각은 없이 혼란만 가중시키려고 한다"는 서면 지시를 한다(이 시간은 5월 14일 혹은 이후여야 한다). 반우파운동을 전개할 결심을 한 마오쩌둥이 류빈옌을 "중국에서 헝가리식 폭동을 선동하려는" '우파' 대표로 명백하게 간주한 것이다.[44] 이런 사정을 모르고 있던 류빈옌이 애정을 담아 진언하고자 했으니 이건 정말 마오쩌둥이 나중에 조소했던 "스스로 그물에 뛰어든" 꼴이 된 것이다.[45] 앞에서 말한 다이황 역시 이와 같지 않았던가.

---

43) 劉賓雁, 『劉賓雁自傳』, 91~94, 97~98, 99~100쪽.
44) 劉賓雁, 『劉賓雁自傳』, 99쪽.
45) 毛澤東, 「文彙報的資産階級方向應當批判」, 『毛澤東選集』 5卷, 437쪽.

3) 학교

마오쩌둥의 우려 : "지금 당과 지식인의 관계가 상당히 불안하다"

1957년 4월 10일, 마오쩌둥은 천보다陳伯達, 후차오무胡喬木, 저우양周揚, 덩튀鄧拓 등을 소집해『런민일보』일을 논의하면서 당시 중국의 계급관계에 대해 "1953년 일괄 수매와 판매를 할 때, 당과 농민의 관계가 매우 불안했다. 지금은 당과 지식인의 관계가 상당히 불안하다. 지식인은 불안해하고 있고, 당내에서도 긴장하고 있다. 더 바짝 조여야 할까? 난 느슨하게 풀어 줘야 한다고 본다. 그래야 그들이 우리에게 다가오게 되고, 그들의 개조가 유리해진다"[46]고 추측했다.

사람들의 주목을 끌었던 한 편의 문장과 한 차례의 담화

이를 전후해서, 한 편의 문장과 좌담회에서의 담화가 사람들의 중국 지식인 동향과 대학 상황에 대한 광범위한 관심을 불러일으켰다. 이것은 사실 1956~57년 사이 중국문제의 주요 사안이었다.

'한 편의 문장'은『런민일보』3월 24일 발표한 중앙민족대학 교수 페

---

46) 中央文獻硏究室,『毛澤東傳(1949-1976)』(上), 666쪽. 이전에, 1956년 지식인 문제 회의에서, 「베이징대학 전형 조사자료」(北京大學典型調査資料)를 인쇄한 적이 있다. 중국공산당 영도 관계가 기준이 되어 베이징대학 교사들의 순위를 매겼다. 219명의 교수, 부교수 중에서 '적극적인 사람'이 42.4%(대표적인 인물들로는 젠보쟌翦伯贊, 탕용퉁湯用彤, 저우페이위안周培源, 진웨린金嶽霖, 지셴린季羨林 등)이고, '중간 성향'은 40.2%(예치쑨葉企孫, 허린賀麟)이고, '낙후한 사람'은 11.4%(상훙쿠이商鴻逵, 왕야오王瑤, 푸잉傅鷹)를 차지했고, '반동적인 사람'은 1.8%(첸중수錢鍾書)였으며, '반혁명 혹은 중대한 반혁명 혐의자'는 4.2%였다. 강사 177명 중에서 '진보적인 사람'은 49.2%, '중간성향'은 32.2%, '낙후한 사람'은 12.4%, '반동적인 사람'은 0.6%, '반혁명 혹은 중대한 반혁명 혐의자'는 5.6%였다. 총제적으로 '적극적인 사람'과 '중간 성향'은 82%였다(中共中央辦公廳機要室 印發,『關於知識份子問題的會議參考資料』第二輯, 1956).

이샤오퉁費孝通이 쓴 「초봄의 날씨」早春天氣였다. 글의 첫머리에 "작년 1월, 저우 총리의 지식인에 관한 보고서는 마치 봄날의 벼락처럼 경칩 작용을 했다. 이어서 백가쟁명의 산들바람이 불자, 지식인도 적극성을 띠기 시작했다. 하지만 보통의 노장 지식인들이 볼 때 지금은 여전히 초봄의 날씨와 같았다. 생기가 뿜어져 나왔지만, 부자연스러웠고 자신감도 없었으며 걱정도 많았다. 초봄 날씨는 갑자기 추웠다가 갑자기 따뜻해지기도 하는데, 원래 이때가 요양하기에 가장 힘든 시기이다"라고 썼다.

'초봄 날씨'의 느낌은 그 당시 특정한 역사 시기 중국 지식인의 미묘한 심리상태를 아주 정확하게 표현한다. 페이샤오퉁의 분석처럼, 저우언라이周恩來는 지식인에 관한 보고서에서 지식인 절대 다수가 "이미 국가 사업을 진행하며, 사회주의를 위해 일하고 있고, 그들은 이미 노동자계급의 일부가 되었다". '백화제방, 백가쟁명' 방침, '과학을 향한 진군' 구호의 제기로, "지식인의 새로운 사회에서의 지위가 확고해졌고, 마음도 자연스럽게 안정을 찾았다", "심지어 어떤 이는 '재再해방'이라는 말로 자신의 심경을 표현했다". 그러나 다른 한편으로, 지식인들은 외부로부터 압력을 받았다. 즉 "풀빛은 아득했으나 가까이 가니 오히려 아무것도 없었다." 어떤 이는 "어쩌면 덫일 것이다. 사상을 조사해서, 운동을 시작할 때 잘 정리하려는 것"이라고 생각했다. 그래서 "그들은 백가쟁명에 대해 여전히 주저했고, 소리를 낼 수도 논쟁을 할 수도 없었다. 구체적인 정치 관계와 비교적 밀접한 문제에 있어서도 대부분 함구했고, 조그만 일에도 관여하지 않았으며, 의견을 드러내지도 않았다." 페이샤오퉁은 또 아주 곤혹스럽게 느꼈던 현상을 이야기했다. "헝가리 사건이 발발할 때 유럽을 여행하고 있었는데, 그 당시 고위 지식인의 반응을 직접 보지 못했다. 작년 말 도시로 돌아와서 친구들과 이 일을 이야기하면서, 이 사건이

고위 지식인 사이에 일었던 파동이 그리 크지 않았다는 인상을 받았다"고 했다. 그 내재적 원인은 지식인들이 "심각하게 생각하지 않았고, 오래된 우물에 파장이 없듯이, 그다지 관심도 없었다"는 것이다. 페이샤오퉁은 지식인들의 정치에 대한 냉랭함과 무심함을 심히 걱정하면서, "자신이 국사國事에 관심을 갖든 갖지 않든 국가나 자신에게 그 어떤 차이가 있는지, 또 자신들에게 어떤 견해나 주장의 유무가 무슨 상관이 있냐는 지식인들의 생각을 반영하고 있다"[47]고 하였다.

중국공산당 중앙선전부의 '지도자에게만 제공되는 문건'이라는 당내 간행물 『선전과 교육동태』 1957년 51기(5월 12일 출판)에 등재한 베이징대학 화학과 교수 푸잉의 4월 27일 좌담회에서의 발언이 마오쩌둥의 주목을 끌었다. 이 저명한 베이징대학 교수는 그 특유의 솔직함으로 몇 가지 가장 민감한 문제에 대해 다음과 같은 아주 날카로운 의견을 내놓았다.

"난 '사상개조'를 가장 혐오한다. 개조라는 이 두 글자는 노동개조와 관련이 있다. …… 지금 소위 '개조'라는 것은 어떤 곳에서든, 목청을 높여 유행어를 말하고, 맑스·엥겔스·레닌·스탈린의 경전을 말하면 되는 것이다. …… 화학과에서 나만 야간대학에 나가 사상개조 수업을 받지 않았다. 야간대학이 사람들이 문화가 없다고 경시하는 것을 나는 참을 수가 없었다. 마오 주석은 좌도 체험해 보고 우도 체험해 봐야 한다고 분명히 말했다."

---

47) 費孝通, 「知識份子的早春天氣」, 『人民日報』, 1957年 3月 24日; 李慎之·章立凡·戴晴 等, 『六月雪: 記憶中的反右派運動』, 經濟日報出版社, 1998, 321, 322, 329~330쪽.

"요즈음 학교는 학술적 분위기가 없어졌고, 관료적인 모습은 해방 전보다 오히려 더 농후해졌다. 교수들은 교학과 연구부분에서 역량이 가장 잘 발휘되는 사람들이다. 교수들에게 학교에 관한 모든 것에 발언권이 있어야 하고, 그들의 의견은 존중되어야만 한다. 그러나 해방 이후로 교수들은 사회적 지위가 실추되었다. 졸업생을 남겨서 조교로 쓰려고 해도 인사처가 결정을 하고, 모두 정치수준에 의거한다. 조교가 되는 것에도, 당원이 공청단원보다 기회가 많고 공청단원은 일반인들보다 많다. …… 교수 등급을 매기는 것도 마지막에는 역시 인사처가 결정한다. …… 지금은 윗세대들에게 이 방식이 통한다고 하지만 이후의 결과를 어찌 상상할 수 있겠는가?"

"지금의 발언이 비록 죽음의 위험이나 실업의 위험을 가져오지 않는다 할지라도, '삼반'[48]이 다시 오지 않을 거라는 것은 확신하지 못한다. 운동이 시작되면, 당신을 반대하는 사람들은 …… 그 젊은 당원이나 공청단원들일 것이다. 그들은 대회에서 당신을 격렬하게 비판하면서, 당신을 30% 개자식이라고 하면, 당신은 자신을 50% 개자식이라고 인정해야만 박수를 치고 통과가 될 것이다. 그러다가 나중에 그들은 오해였다고 한 마디 던지고는 당신 앞에서만 사과를 할 것이다."

"젊은 당원에 대한 나의 견해는 충칭에서의 국민당 특무에 관한 견해와 같다. 특히 지금 입당하려는 사람과 정식으로 당원이 된 사람에 대해 더 경계심이 생긴다. 그들이 당신을 더 두드려 팰수록 그들에게는 입당과

---

48) '삼반오반'(三反五反)운동은 1951~52년까지 중국 정부가 전개한 정치개혁운동으로, 삼반은 탐관, 낭비, 관료주의에 반대하는 것이고, 오반은 뇌물수수, 탈세, 국영 재산 강탈, 정부계약 사기, 국가 경제정보 누설을 반대하는 것을 말한다.—옮긴이

정식 당원의 기회가 더 많이 온다." "소련을 배우려면 하나씩 하나씩 배워야 한다는 것은, XX의 주장으로, 그는 교조주의를 집대성하였다. 만약 이렇다면 굳이 교사가 무슨 필요가 있겠는가, 녹음기를 틀면 그만이지."

여기서 주목할 것은 푸잉 교수의 지식인과 당의 관계에 대한 견해이다. 그는 "당과 지식인의 관계가 가장 불안하고" "하부 당원이 어떻게 위에다 근거 없는 보고를 하는지도 모른다. (당과) 지식인의 관계가 농민과 자본가의 관계보다 더 불안하다는 것을 믿지 않는다"고 하였다. 그는 자신을 예로 들며, "지식인이 바로 애국자이다", "내 일생의 희망은 바로 어느 날 중국이 해방되는 것이었고, 지금 이 희망은 실현되었다. 그래서 난 이 정부를 지지한다. 공산주의를 난 이해하지 못한다. 책에서 본 이데올로기에 모두 동의하지는 않는다. 하지만 공산당은 국가를 지금의 모습으로 만들어 냈고, 난 그것을 옹호한다"고 하였다. 그가 보기에 지금의 문제는 "당이 지금까지 지식인의 기질에 대해 제대로 파악하지 못했다. 지식인의 요구는 자신들을 자기 사람으로 여겨 달라는 것뿐이지 우대를 바란 것은 아니다", "내 마음은 아직도 불쾌하다. 당은 아직도 나를 외부인으로 여긴다. 난 100%의 역량 중 60%만 사용했는데, 전력투구하고 싶지 않아서가 아니라 그럴 기회가 없었고, 당과도 지기知己가 되지 못했기 때문이다"[49]라고 했다. 이런 푸잉은 그 시대 많은 노장 지식인의 마음을 대변했다고 본다. 지식인과 당의 관계에 대한 그의 견해 역시 대체적으로 사실에 부합한 것이다.

---

49) 1957년 4월 27일 좌담회에서 푸잉이 한 발언들이다. 轉引自龔育之,「毛澤東與傅鷹」,『百年潮』, 1997년 1期; 李慎之·章立凡·戴晴 等,『六月雪: 記憶中的反右派運動』, 457~463쪽.

역사 회고 : 1949년 이후 칭화대학 교정

오늘날의 독자나 연구자가 1957년 3, 4월의 이 문장과 발언을 접한다면 자연히 추궁을 하고 싶어질 것이다. 즉 저우언라이가 지식인은 "노동자 계급의 일부"라고 선포했을 때 왜 많은 지식인들이 '두번째 해방'의 느낌을 가졌는지, 푸잉이 "당은 나를 외부인으로 본다"고 한 그 배후에는 어떤 "당과 지식인의 관계사"가 있는 것인지, 페이샤오퉁이 발견한 지식인의 정치 무관심 증상은 어떻게 생겨난 것인지, 푸잉이 강한 불만을 느낀 여러 문제, 즉 '사상개조'의 문제, '학교에서의 교수 지위' 문제, '학교의 정치운동' 문제, '노교수와 젊은 당원 조교의 관계' 문제, '소련에게서 배우자라는 교조주의' 문제······ 등등은, 어떻게 생겨나고 점차 축적되어 모순을 더 심화시켰는지? 이런 문제들을 정확하게 이해하려면, 반드시 1949년에서 1956, 57년 중국 대학에서 발생한 사건의 근원을 추적하는 역사적 정리를 해야 한다. 당시 어떤 사람은 이미 "고위급 지식인의 발전을 방해하는 원인 중 하나는 과거에 진행된 정책의 착오와 편향, 예를 들면 '삼반', '오반'이며, 이런 사상개조운동은 고위급 지식인들에게 해를 입혔고, 단과대학과 학과의 교학 개혁도 사람들에게 해를 끼쳤다"[50]고 하였다.

당시 칭화대학을 다녔던, 또 거기에서 우파로 낙인 찍혔던 작가는 40년이 지나, 1957년 역사 시기를 회고하면서 "역사 속에 있었던 우리들이 연속적인 곡선을 그려 내서 그 전후 관계를 밝혀내야 한다"고 주장했다. 그리하여 1949년 이후의 칭화대학 교정에 대한 아래와 같은 기억이 있게 된다.

---

50) 陶孟和,「在〈大公報〉召集的小型座談會上的講話」;『北大右派言論選集』(내부 출판물).

"1951년 입학 후 얼마 안 되어, 칭화 교정에서 예상 밖의 커다란 동요가 두 차례 일어났다. 첫번째는 1951년 겨울에 시작된 사상비판운동이었고, 두번째는 1952년 여름에 시작된 교육개혁과 단과대학과 학과의 조정이다."

"(사상비판운동 중) 대강당에서 학교위원회와 당위원회의 보고를 들었고, 이어서 각 학과별로 조직된 동원대회 후, 지금까지는 높은 지위에서 안일하게 지내던 명망 있는 교수들이 처음에는 침묵으로 일관하다가 이어서 한 발 물러났고, 또 관망하다가 결국은 앉아 있을 수 없게 되었다. 그러자 갑자기 태도를 바꾸어서, 타의 모범이 되었던 도학자의 엄숙하고 장중한 면모를 벗어 버리고는, 밤낮을 증오감으로 대중들 앞에서 장편의 자아비판을 하기 시작했다. 중요한 시기라고 말하였고, 어떤 이는 심지어 비통의 눈물과 콧물을 흘리며 흐느끼기도 했다. …… 영미 유학에서 돌아온 사람들은 자신들이 어떻게 친미親美, 숭미崇美, 공미恐美를 했는지, 또 어떻게 부패한 서구 교육방식으로 다음 세대들에게 해를 끼쳤는지를 비판했다. 즉 이론과학을 가르치는 법칙이 천재교육을 숭상해 어떻게 학생들을 도태하게 했고, 명성을 위해 그들을 핍박했으며, 과도한 피로로 폐병에 걸리게 했는지를 고백했다. …… 문과를 가르치는 사람들은 자신들이 완고한 봉건의식과 부르주아계급의 악습을 가지고 있다고 진술했고, 어떻게 알게 모르게 새로운 사물에 반대했으며, 맑스·레닌주의에 반감을 가지고 있고 남의 자식을 망치게 했는지, 그 죄가 막중하다고 했다. …… 그들이 진심인지 아니면 속에 없는 말을 하는 것인지는 잠시 말하진 않겠다. 그러나 분명한 변화는 교사들이 수업을 할 때 갑자기 너무 신중한 나머지 소심해지기 시작했다는 것이다. 가능하면 책에 쓰인 대로 가르쳤고, 자신의 독특한 견해는 입 밖에 내지 않았다. 그들은 저녁 식사 후의 가벼운 산책이나 학생들과의 가벼운 이야기는 더 이상 하지 않았다. 정세가 긴장되면서 그들은 수업 말고는 학교에서 거의 모습을 드러내지 않았다. 전통적인 사제 간의 돈독한 관계는 점점 사라져 갔다. …… (이때부터) 교수라는 두 글자는 자아비판과 구사회를 연상하게 하였다. 어찌되었든 그들은 혁명계층과 한 길을 가는 사람들이 절대 아니었다. 순식간에 양쪽은 명확하게 분리되었다. 이것은 소련의 볼셰비키 승리 후에 나타난 초기 현상과 비슷한 것이었다!"

"더불어 학생들에 대한 통제도 엄격해지기 시작했다. 느슨하게 진행했던 사상개조도 강화되었다. 1952년 초봄부터 시작된 정치학습과 사회활동은 갈수록 가중되었고, 소조小組 동원과 지정발언이 진행되었으며, 각급별로 사상동태를 보고하였다. 얼마 후 모든 반에 정치 지도관들이 배치되었고, '충성스럽고 순종적인 운동'이 시작되었다. 사람들은 출생 후의 역사 시간표와 각 세부 항목, 정확하게 연월일까지도 진술하였다 (조금이라도 부정확하면 조사를 멈추지 않았다). …… 이런 상황의 경험은 대학생들이 처음 맛보는 것이었고, 순종의 효과는 뛰어났다. 말을 안 듣던 아이들도 얌전하게 규율을 지켜 갔고, 세속적인 어른이 되어 갔다."

"1952년 초가을, 결국은 전에 없던 규모의 대개혁을 맞이하게 되었다. 학교체제는 철저히 바뀌었다. 예전의 칭화대학은 다시 존재하지 않게 되었다. 당시 일방적으로 소련에게 배우자는 것과 계획경제에 전문직 간부가 필수적이라는 정책에 따라서 종전의 종합대학은 거의 해체되었다. …… 우리가 여름방학을 마치고 학교로 돌아갔을 때 칭화대학은 몇 개의 전공만 남은 단순한 공업대학으로 변해 있었다. 그 학제는 완전히 소련 것을 본뜬 것이었다. 학과를 해체해서 여러 개 기구로 만들었고, 공학과 아래에 전공을 만들어 전문화시켰고, 또 세미나 연구팀을 만들었다. 기초과목은 학과에서 분리해 나와 단독으로 거대한 공동 연구팀을 결성했다. 이로부터 공업화 생산라인 방식으로 기술직 대학생을 대량 양성하였다. 어느 학교를 졸업하든지 간에 같은 학과, 같은 전공자는 모두가 규격화되었다. 정통 교육학이 말하는 학습자의 능력과 성격에 맞게 교육하는 것, 학술적 자각, 개성을 살리는 것과 창조적인 사유를 발전시키자는 원칙들은 더 이상 생각할 수도 없게 되었다."[51]

"그때의 대개혁이 가지고 온 영향은 단과대학이나 대학교의 조정과 학제뿐만 아니라 좌경화의 단초를 마련하였다. 새로 전문팀이 부임해 와서, 정치 교화를 목표로 삼고는 조직의 등급으로 지도통제 방식을 삼는 시기로 돌입하였다. 이것으로 훗날 발생할 불안한 정세의 복선을 묻어둔 것이다. 이런 지도통제 방식은 법치나 교칙, 학습 성적 심사에 의거해 학생을 관리하는 것이 아니라, 그 이상을 초월한 또 다른 성문화되지 않은 체계로 사람들을 촘촘한 그물망에 넣고, 생활이나 학습에서 의식 형태까지를 책임지고 관리하는 시스템을 만들어 내었다. 한마디로 말해, 혁명시대 비상 시기의 의식화 형태와 아주 비슷한 것이었다. 예를 들면, 난 당시 공청단 소조 조장이었다. 다섯 명의 학생을 한 조로 '묶어라'고

---

51) 인용한 글에서는 1952년의 교육개혁에 대한 또 다른 부분을 지적했다. "공평하게 말해, 새로운 체제는 당시 급히 공업 부문의 업무와 긴밀하게 맞추어 많은 초중급 수준의 기술자들을 제공하였고, 어느 정도 단기간의 효과를 얻었다고 할 수 있다. 모두 무료로 학생들을 키웠고, 업무 분배를 통일하였으며, 가난한 학생들의 입학에는 아주 유리하였다. 게다가 학습 목적과 미래 귀착점이 명확하였다. 4개 대학 칭화대, 베이징대, 사범대, 런민대의 확충과 8개 단과대학의 건립은 교육 규모의 확대와 사람들의 문화에 대한 증대 요구를 선도하였다. 칭화대학 학교 건물의 증축에 투자하여 교학 설비를 갖추고 학제를 정규화하여 수준에 맞는 졸업생을 배양하는 데 도움이 되었다. 질서와 규율을 정돈하여, 구대학의 산만하고 자유롭고 어수선한 악습을 제거하여 새로운 기풍을 가져왔다." 작가는 동시에 "동일한 목적에 도달하기 위해 더 좋은 방법이 없다고는 할 수 없다"라고 한다. 中英傑, 「我和羅蘭在大風潮中」, 『記憶』第3輯, 中國人民出版社, 2002, 44~45쪽.

보내졌는데, 오늘로 보면 전방위적으로 그들의 의식을 책임지는 것으로, 그들의 일상을 관찰하고 그들의 의식 상태를 파악하며, 그들과 마음을 터놓고 이야기하고, 교육시키고, 도와서 진보하게 하는 것이었다. 설령 냉대를 받고 심지어 반감을 살지라도 참을성을 가지고 그들을 '묶'어 가야 했다. 나의 상급자는 또 나와 다른 몇 명의 공청단 간부를 '묶'어, 보고를 듣고 시의적절한 대책을 알려 주고 우리의 동태를 살폈다. 당연히 우리 상급자에게도 또 다른 상급자가 있었다. 이런 방식으로 학문 연구보다 더 강력한 피라미드 모형이 만들어졌다. 만약에 그들을 연결시키는 가운데에 어느 부분에 개인의 좋고 싫은 것을 취사선택해 섞거나 혹은 교조적으로 좌·중·우의 표식으로 분류한다면 원래의 취지가 크게 달라질 것이다. …… 남을 따라 네네 대답만 하거나, 아첨하며 듣기 좋은 말만 하는, 겉으로만 잘하는 교활한 사람과 순종적인 도구만이 샛길로 질러가서 실리와 특권을 얻게 될 것이다. …… 결국은 머리를 굴려 타인을 밟고 올라서는 많은 간신배들과 위선자들이 쌓여 갔다."

"그 해 교육개혁의 잘못된 방법은 소련체제를 무력으로 강행한 것이었다. 칭화대, 베이징대, 푸단復旦대, 저장浙江대, 자오퉁交通대, 중산中山대, 난카이南開대, 우한武漢대, 셰허協和대와 같은 대학들은 여러 해 동안 상당히 안정적이고 체계적인 자신만의 품격과 우수한 학풍을 형성했고, 또 이미 상당히 특색 있는 학파를 세웠다. 많은 교수와 학자들이 국제적으로 명망 있는 권위자들이었다. 그러나 한마디의 명령으로 이런 선생들의 저작과 편역 교재들이 모두 폐기되었고, 조금의 여지도 없이 모두 소련 교재와 교학대강敎學大綱으로 대체되었다. 많은 세계적인 선진 과학기술과 논쟁적인 논문들이 무정하게 삭제되고 인증引證과 강의가 허가되지 않았다. 누군가가 이야기를 하면 바로 외국을 맹목적으로 숭배해 모든 것을 서양화한다는 의심을 샀다. 동시에 교사들도 자신의 장점이나 풍격에 따라 수업을 해서도 안 되었다. 혹시 조금이라도 소련의 교학대강을 벗어나면 대역 죄인이 되었다."

"이렇게 '전면적인 소련화'를 추진한 결과로 애국적인 또 주요하게 서양 교육을 받았던 당시 다수의 우수한 교사들의 반감이 일어났고, 민족적 자존심은 상처를 받았다. 풀이 바람에 흔들려도 의심을 하고, 걸핏하면 정치적 입장에서 비판을 해서, 학술적인 전문 지식이 발전하지 못했으며, 교학의 적극성이 대대적으로 억압되었다. 또 당시 좌우교학방침이라는, 또 정치관문이라고 하는 좌경 비서 혹은 조교가 각 학과와 강의 교실에 배치되었다. 때문에 어떤 학과 주임은 사석에서 자신이 아주 불쌍하다고 했다. 일은 있지만 권한이 없고 일급 교수 늙은이가 젖먹이 아이의 훈화를 들어야 한다고 했다. 지나친 혁명은, 덕망과 명성이 높고 사유가 민감한 선생들에게 아주 견디기 힘든 곤경이었던 것이다. 그들은 중국 100년사의 교훈을 잘 알고 있었다. 그들은 5·4운동을 경험했고, 전제독재에 대항한 적이 있었으며, 민주자유를 지향하고, 진보와 공정함을 희망하였다. 또 일찍이 원이둬와 리궁푸의 비극적인 최후[52]를 목도한 적이 있었다. 그때 그들은 영혼 깊숙한 곳에서 마치도 새로운 억압을 느끼는 것 같았고, 언제나 항상 불안에 떨었었다. 이것은 이후에 '칭화대학 백여 명의 교수들이 모순을 논하다'의 복선이 되었다."[53]

---

52) 고전연구가 원이둬(聞一多, 1899~1946)와 평론가 리궁푸(李公樸, 1901~1946)는 제2차 세계 대전 후 국민당의 독재와 부정부패에 맞서다가 암살당했다.—옮긴이
53) 中英傑,「我和羅蘭在大風潮中」,『記憶』第3輯, 41~49쪽. "칭화대학 백여 명의 교수들이 모순을 논하다"는 쌍백 시기『런민일보』의 보도에서 나온 것이다. 그 중에는 "칭화대학 백여 명의 교수들은 운동의 방법으로 교육을 해서는 안 된다고 허심탄회하게 이야기했다"는 말도 있다.

지식인들이 제기한 문제에 대한 마오쩌둥의 대답

비록 이것이 사후의 회상이고 분석이라고 하지만, 잊을 수 없는 봄날의 중국 캠퍼스에 다가가는 데, 또 대학의 교사와 학생들의 반응을 이해하고 체험하는 데 도움을 줄 것이다. 여기서 한 자료를 더 제공하려고 한다. 아마도 이후에 발생했던 많은 일들을 이해하는 데 도움을 줄 것이다. 이것은 중공 중앙 선전부 판공실辦公室이 1957년 3월 6일 발행한 『사상 업무에 관한 문제 모음집』有關思想工作的一些問題的彙集으로, 전국선전사업 회의와 회의 참가자들에게 참고로 제공된 것이다. 33개의 문제가 들어 있고, 마오쩌둥이 심사할 때 그 중 20개 문제에 22개의 평어評語와 의견을 달아 놓았다. 이 문건은 특수한 의미를 띠고 있고 연구할 가치가 있다. 하나는 당시 지식계가 제기한 문제이고, 또 하나는 마오쩌둥의 대답으로, 제기한 문제를 다음의 몇 가지로 정리하고자 한다.

당의 과학 사업 지도에 관해

"과학자 중에 당이 과학 사업을 지도할 수 없다고 여기는 사람들이 많다. 그들은 당의 지도가 과학 발전에 도움을 주지 않는다고 여긴다. '미국에서는 과학을 간섭하지 않는다. 과학자들은 자유롭다. 그래서 리정다오李政道, 양전닝楊振寧과 같은 성과[둘은 1957년 노벨물리학상을 공동 수상했다]가 있는 것이다. 여기서는 그렇게 할 수가 없다.' 당은 과학자들이 알아서 하게 내버려 두어야 한다. 어떤 과학자들은 쉽게 개인성과를 낼 수 있는 과제만 하려고 하고, 국가를 위해 해야 할 것은 하지 않는다. 당이 어떻게 과학 사업을 지도하는지는 연구해 볼 만한 문제이다."

이것에 대해 마오쩌둥은 "반은 맞다"는 의견지시를 한다. 이 시기 마오쩌둥은 여러 장소에서 그의 이 생각을 이야기했다. 3월 10일 신문출판

좌담회에서 그는 "신문을 발행함에 있어서는 공산당이 당외 인사보다 못하다. 학교 설립, 출판, 과학 연구에서도 그렇다. 공산당이 과학을 지도할 수 없다는 것은 반은 이치에 맞다. 현재 공산당이 전문가를 지도한다는 의미는 행정지도와 정치지도를 말한다. 구체적인 과학기술은 잘 모른다. 이런 행정지도 상황은 앞으로 바뀔 것이다"라고 했다. 3월 12일 전국 선전사업 회의에서 그는 다시 이 점을 재차 강조한다. "공산당이 과학 사업을 지도할 수 있는가? 어떤 사람은 공산당이 계급투쟁은 지도할 수 있고, 정치를 하는 것은 괜찮지만 과학은 지도해서는 안 된다고 말한다. 난 이 말이 반은 맞다고 본다. 그러나 지금 이 시기에는 난 지도할 수 있다고도, 지도할 수 없다고도 본다. 자연과학의 구체적인 내용은 이해하지도 못하고 지도할 방법도 없다. 이 점에 있어서는 그들이 말하는 것이 맞다. 하지만 또 반은 맞지 않다. 공산당이 계급투쟁을 지도할 수 있다면 또 자연계와의 투쟁도 지도할 수 있다. 이런 당이 바로 공산당이다. 사회투쟁만 할 수 있고, 전체 사회의 자연계에 대한 투쟁을 통솔하는 것이 안 된다면 이런 당은 사라져야 한다"고 하였다. 3월 17일 톈진 당 간부회의에서 그는 또 더 명확하게 "구체적인 업무, 구체적인 기술은 지도하지 못한다. 그러나 전체 과학의 발전에 관한 것은 지도할 수 있다. 이는 정치로서 지도하고 국가계획으로서 지도한다는 것을 의미한다. 우리에게는 한 가지 출로만이 있다. 바로 그들에게서 배우는 것이다. 10년에서 15년이면 배울 수 있다. 그러면 정치적으로 그들을 지도할 뿐 아니라 업무와 기술에서도 그들을 지도할 것이다"라고 설명하고 있다. 사실 1956년 중공 8대 제2차 예비회의에서 마오쩌둥은 우리 스스로 지식인을 양성해야 한다는 임무를 제시했고, 거기에 제3차 5개년계획이 완성되면 중앙위원회에는 많은 기술자, 어쩌면 많은 과학자들이 생기게 될 것이라고 예언했다. '정치중앙위원회'뿐 아니라 '과학중앙위원회'를 말하는 것이다.[54] 당이 과학을 지도할 수 있는지 없는지 반복적으로 말하는 것은 마오쩌둥에게 있어 계급투쟁으로 기반을 마련한 공산당이 과학기술이 급격하게 발전하는 시대에 이를 지도하는 것에 대한 합법성 여부와 관계된 것이고 나아가 생사존망의 문제와도 연관된 것이다. 이는 그의 복잡하게 얽혀 있는 콤플렉스를 드러낸 것이기도 하다. 당외 지식인들의 거대한 도전에 직면해서 비록 거듭해서 그들에게 배우겠다고 했지만 이것은 그가 꾹 참고 있는 것에 불과한 것으로, 언제든지 다른 방향으로 폭발할 수 있음을 잠재하고 있었다.

백가쟁명 문제에 대해

"어느 문장은 발표하게 하고 어느 문장은 발표하지 못하게 하는 것에는 각각 다른 의견들이 있다. 어떤 사람은 과학계가 이미 정론한 것은 발표해 논쟁하지 말아야 한다고 하고, 어떤 이는 실사구시의 연구 문제가 아닌 오만방자하게 잘난 체하며 호언장담하는 문장도 쟁론하거나 발표하지 말아야 한다고 한다. 또 문제를 토론하는 태도가 좋지 않은 것도 발표하거나 쟁론하지 말아야 한다고 했다. 어떤 이는 이런 문제를 '백가쟁명'과 '학풍' 문제로 귀결했다." 마오쩌둥은 이 옆에다 "계율이 너무 많음"戒律太多이라는 네 글자를 써 넣었다.

"어떤 이는 당 간부학교는 특수성을 띤다고 지적했다. 즉 학생들이 모두 당원이라는 것이다. 때문에 여기서 '쟁명'爭鳴은 맑스·레닌주의 이해에 관한 논쟁에만 한정된 것이다. 맑스·레닌주의가 아닌 이론과 사상

---

54) 中央文獻研究室, 『毛澤東傳(1949-1976)』(上), 634, 639, 642, 526쪽.

으로서 논쟁하는 것은 허용되지 않았다. 어떤 이는 '당 간부학교에서는 유심주의를 강의하지 못한다'고 했다." 마오쩌둥은 여기에 "반드시 옳지는 않음. 쟁명을 두려워할 필요가 있을까?"라는 말을 써 넣었다.

"백가쟁명 방침을 실행하고 경전을 학습하는 데 모순이 있는가? 어떤 이는 백가쟁명과 독립적 사고를 제창하는 것이 맑스·레닌주의를 학습하는 데 방해가 된다고 한다. 이렇기 때문에 사람들은 먼저 경전 내용을 수용하지 않고 우선 경전을 회의하게 된다. 어떤 이는 '경전은 회의를 허가하지 않는다'고 한다." 마오쩌둥은 "회의하면 안 되는가?"라고 반문하였다.

여기서 열거한 세 가지는 당내 사상문화계 지도자의 마오쩌둥이 제기한 '백가쟁명' 방침에 대한 의구심을 드러낸 것이다. 사실 마오쩌둥은 다른 생각을 품고 있었다. 그가 제시한 백가쟁명 방침에 대한 당내 저항력은 상당히 컸다. 4월 4일에서 4월 6일 항저우에서 열렸던 네 개의 성省과 한 개의 시市 사상동태보고대회에서 그는 태연하게 반대자들의 의견을 인정했다. "아마도 당내 대다수 90%를 대표했을 것이야. 내 이 보고(최고국무회의에서 마오쩌둥이 보고한 「인민 내부 모순 문제를 정확하게 처리하는 문제에 관해」關於正確處理人民內部矛盾的問題를 가리킨다)는 물적 토대가 전혀 없고, 대다수 동지들의 생각에 저촉되지"[55]라고 했다. 후에 이 말은 사회적으로 퍼져 나갔고 아주 큰 반향을 일으켰다. 베이징대학 철학과 학생 예위성葉於洼이 「나의 우려와 호소」我的憂慮與呼籲라는 대자보를 썼는데, 그는 "쌍백방침이 제기되던 초반에는 90%의 간부들이 반대했다", "어떤 이가 마오 주석은 하야해야 한다"는 이런 '조짐'에 근거해서, "당'

---

55) 中央文獻研究室, 『毛澤東傳(1949-1976)』(上), 659쪽.

내에 심각한 분열이 생길 것을 추측하고는, 만약 경계하지 않으면 단결에 영향을 미칠 가능성이 있다"고 하면서, "경계를 높이고, 사태의 발전추이에 주의하자"고 호소했다.[56] 중공선전부장인 루딩이陸定一가 즉시 이것을 보고하였고, 마오쩌둥이 6월 6일 다음과 같은 "양상쿤楊尙昆이 베이징에서 인쇄·발행해서 각 중앙집행위원회가 일독함. 완전히 유언비어. 주의할 만함"[57]이라는 의견을 제시했다. 이는 바로 그가 공개적으로 반우파운동을 하기로 결정한 이틀 전의 일이었다. 이후의 반우파운동에서 마오쩌둥의 상황을 '우려'했던 예위성은 우파로, 게다가 '극우분자'로 비판받았다.[58]

당초 마오쩌둥이 '백가쟁명'을 제기할 때 그에게도 위험이 없었던 것은 아니다. 왜냐하면 정말 백가쟁명을 끝까지 지속시킨다면 학술문제로만 국한되지 않을 것이고, 반드시 정치적으로도 백가쟁명을 할 수 있는지의 문제로까지 파급되었을 것이기 때문이다. 이것은 당의 지도와 맑스주의의 지도 위치라는 극히 민감한 문제까지 건드리게 된다.『모음집』의 많은 부분은 이런 식으로 문제를 제기한 것이고, 이에 대한 마오쩌둥의 회답은 의미가 있었다. "사람들은 늘 '백가쟁명'과 '맑스·레닌주의라는 국가의 지도사상' 이 두 개의 관계는 대체 무엇인가 라는 질문을 한다." 마오쩌둥은 "당연히 이 두 관계를 명확하게 해야 한다"고 서면지시를 하였다.

"신문 잡지에 당과 다른 의견을 발표해도 되는지, 당의 정책과 당 정

---

56) 葉於洼,「"我的憂慮與呼籲"的答辯」,「關於"我的憂慮與呼籲"的說明」,『原上草: 記憶中的反右派運動』, 經濟日報出版社, 1998, 143~146쪽.
57) 中央文獻硏究室,『毛澤東傳(1949-1976)』(上), 703쪽.
58) 예위성(葉於洼)이 1998년 11월 22일 필자에게 준 편지.

부의 사업방침을 신문 잡지에서 '쟁명'할 수 있는지, 작년 8월 중앙은 『런민일보』 개혁 방안에 서면지시를 하면서 '소수의 중앙 책임자 문장과 사설 외에, 일반적으로 당 중앙의 의견을 대표할 수 없고, 또한 『런민일보』에 우리 공산당원의 견해와 상반되는 일부 작가들의 문장을 실어도 된다'는 지시를 내렸다. 백가쟁명 방침을 제기한 후 각 지역의 실제 업무 속에서 이 문제에 대한 이해가 서로 달라 오해가 생겼으며, 해결하기 어려운 문제들에 봉착하였다. 어떤 지역의 당위원회는 당의 정책과 맞지 않는 의견과 주장에 대해 제한적으로 발표하거나 아예 발표하지 않았으며 통제를 했다. 신문 잡지가 독자나 작가의 공격을 많이 받는데, 의견을 많이 발표해라", "상술한 문제와 관련한 다른 문제인 중앙정부 각 부서의 조치가 부당하다는 것에, 중앙과 지방정부의 상의를 거치지 않고 지방 신문이 이를 비평할 수 있을까", "어떤 편집자는 '신문은 권리가 있어야 한다. 당위원회의 꽁무니만 따라다녀서는 안 된다'면서, '마음속에 지도자가 들어 있으면 신문을 잘 못 만들고, 마음속에 독자가 있어야만 신문을 잘 만들 수 있다'고 했다. 또 다른 사람은 반대파의 신문을 만들자고 주장하면서, '재야신문'이나 '민간신문'은 '대담하게 말할 수 있고, 시대적 병폐를 정확히 지적할 수 있으며, 인민들이 말하고 싶은 것을 말할 수 있다'라고 했다. 많은 당내 신문편집자들도 신문의 '당성'과 '인민성'을 어떻게 통일하고 어떻게 이해해야 하는가"라고 했다. 이상의 민감한 문제에 대해 마오쩌둥은 똑같이 "이 문제는 연구할 가치가 있다"라고 대답했다. 또 다른 아주 민감한 문제인 "당 정책을 의심해도 되는가? 당 정책에 대한 회의적인 의견을 논쟁할 수 있는가"에 대해 그는 "왜 논쟁을 허락하지 않겠는가?"라고 반문했다.

3월 1일에 만든 초안 「제11차 최고국무회의를 맺는 말 제요」에서,

그는 또 문제제기 방식으로서 이렇게 썼다. "노동자계급, 공산당, 맑스·레닌주의(지도사상)로 지도하는 것이 타당하지 않은지, 타당한지?"[59] 이런 개방적이면서 신중한, 그러면서도 우유부단한 표현 방식은 아마도 마오쩌둥의 내부적 모순을 반영한 것일 수 있다. 그는 사상가로서 당연히 백가쟁명의 논리가 국가정치, 사상, 문화생활의 전면적 민주화를 가져오고, '일당 독재정치'인 현행체제를 무너뜨릴 것이라는 것을 알았다. 이것이 당내의 많은 사람들이, 심지어는 대다수 사람들이 강력히 반대한 진짜 이유였던 것이고, 마오쩌둥 역시 너무나 잘 알고 있었다. 그러나 그는 더 명확하게 "두 개의 방법(정책)으로 중국을 지도하는데, 그래도 '놓아주는'[放] 방법이 좋다. …… 우리는 백화제방, 백가쟁명 속에서 진리를 발전시킬 것이고, 오류도 적게 범할 것이며, 낙후된 중국을 선진 중국으로 만들어 갈 것"[60]이라고 하였다.

다른 한편으로 정치가로서, 특정한 이익집단의 대표로서 그는 이런 돌파가 장차 무엇을 의미하는지를, 게다가 그가 원하지 않는 것임을 분명히 알았다. 1957년의 마오쩌둥은 어떤 의미에서는 역사가 선택한 십자로를 걷고 있었다. 그가 잠시 주저하며 발언했던 이래도 좋고 저래도 좋다는 그 애매한 말은 중국 현실정치 상황 속에서 진지하고도 순진한 많은 사람들에게 막대한 재난을 가져왔다. 그들이 마오쩌둥의 "연구할 가치가 있다"는 이 한 마디 말을 듣고 진짜 '연구'를 하기 시작한 것이다. '쟁론'이 일어나던 시점에서 마오쩌둥은 결국 기득권 이익과 기존의 체제를 유지해야 한다고 결정하고는, 반대로 우파를 공격하려고 할 때, 그

---

59) 毛澤東,「在第十一次最高國務會議上的講話提綱」,『建國以來的毛澤東文稿』6卷.
60) 毛澤東,「在宣傳會議上的講話(提綱)」,『建國以來的毛澤東文稿』6卷.

들의 이 '연구'와 '쟁론'은 "신문의 당성과 계급성을 부인한", "부르주아 계급의 자유주의를 좇고 당의 지도를 반대하는" 확증이 되었고,[61] 재난을 피해 갈 수 없게 되었다. 물론 이것 역시 모두 사후의 이야기일 뿐이다.

대학의 지도체제 문제에 관해

"당장黨章에 학교 당조직이 행정기구와 대중조직을 지도·감독하는 기능이 있다고 규정한 후, 당 내외의 일부 사람들은 학교의 당 지도간부가 과학과 교학에 대해 그다지 정통하지 않아서 교학과 과학연구를 지도하는데 어려움이 많다고 보았고, 일부 당위원회 서기와 당원인 총장도 이것에 확신이 없었다. 이런 문제를 어떻게 사상의식과 구체적 방법으로 해결할 수 있을까?" 마오쩌둥은 이에 대해 "새로 연구할 가치가 있다"는 서면지시를 한다.[62] 이것 역시 이 시기 마오쩌둥이 늘 언급했던 논제였다.

4월 4일에서 6일까지 진행한 좌담회에서 누군가가 다음과 같은 보고를 한다. "샤먼廈門대학 총장 왕야난王亞南이 세 가지 대학 문제를 비판했는데, 첫째 행정기구가 너무 크니 업무효율이 너무 낮다, 둘째 기관 지도 방법으로 학교를 지도한다, 셋째 당원간부의 수준이 낮고 당원의 우수성을 학교에서 볼 수가 없다"였다. 그러자 마오쩌둥은 즉시 "그래! 대학 안에서 우리가 우수성이 없다고. 그러면 대학을 인수·관리할 사람을 데려와야겠군. …… 필요한 부분만 남기고 새로 대오를 배치해야겠어. 방법은 교수들을 입당시키는 것이오. …… 문외한이 전문가들을 지도할

---

61) 毛澤東, 「事情正在起變化」, 『毛澤東選集』 5卷, 424쪽.
62) 毛澤東, 「在中宣部印發의〈有關思想工作的一些問題的彙集〉上的批注」, 『建國以來的毛澤東文稿』 6卷, 406~411, 413쪽.

수는 없지"[63]라고 회답한다. 4월 30일에 열린 최고국무회의 제12차 (확대)회의에서 마오쩌둥은 더욱더 명확하게 "교수가 학교를 관리하는 것은 맞는 말이오. 두 개 조직으로 나누는 것은 어떻소? 하나는 학교 교무위원회가 학교 행정을 관리하고, 하나는 교수회의에서 교학을 맡는 것이오. 이런 문제들은 연구해야 하오. 덩샤오핑 동지가 당외 인사와 중국민주동맹(민맹民盟),[64] 93학사[65]를 찾아 좌담회를 책임지고, 직권과 학교 당위원회 제도 문제에 대해 의견을 구해 보시오"[66]라고 했다. 마오쩌둥은 여기에서 사실상 불을 지폈고, 나중에 불을 끈 사람도 그 자신이었다.

4) '심상치 않은 봄날' 대학 캠퍼스의 풍파

최고국무회의 둘째 날, 즉 1957년 5월 1일, 『런민일보』 전문에 중공 중앙 「정풍운동에 관한 지시」關於整風運動的指示가 실렸다. 5월 8일, 중공 중앙 통전부統戰部는 중앙의 위탁을 받아 각 민주당파 책임자 좌담회를 소집했고, 이로부터 정풍운동의 서막이 열렸다. 6월 8일에 이르러 『런민일보』는 「이것은 무엇 때문인가」這是爲什麼라는 사설을 발표해 반우파투쟁을 호소한다. 이 한 달이 바로 사람들이 말하는 '쌍백운동 시기'였다. '쌍백운동'은 민주당파와 고위 지식인들 사이에서 시작되었다. 5월 19일부터 베이징대학 학생들이 '민주의 벽'을 열고, '5·19민주운동'을 일으키게 된

---

63) 中央文獻硏究室, 『毛澤東傳(1949-1976)』(上), 661쪽.
64) 중국의 8개 민주당파 가운데 하나로, 1941년 10월에 창립되었다.—옮긴이
65) 중국의 8개 민주당파 가운데 하나로, 과학기술 학계의 중·고급 지식인들로 구성된 정치연맹의 특징을 지닌 정당이며, 1944년 12월에 설립되었다.—옮긴이
66) 中央文獻硏究室, 『毛澤東傳(1949-1976)』(上), 672쪽.

다. 많은 학생들의 광범위한 참여로 '쌍백운동'은 아래로부터 위로, 위로부터 아래라는 상호 호응 구조를 이루어, 더욱더 제어하기 어렵게 변해 갔다. 이 시기의 역사, 특히 베이징대학 학생들이 일으킨 '5·19민주운동'이 바로 나의 '1957년학' 연구의 중심이다. 여기에서는 본문에서 토론하려는 문제 '1957년 중국 공장, 농촌, 학교'와 연관된 부분만을 간단하게 서술하고자 한다.

대학 관리체제 논쟁

쌍백운동 중, 대학 관리체제 문제는 캠퍼스와 사회의 의론과 쟁론의 초점이 되었다. 이것은 건국 이래 처음으로 집중적 토론을 한 중대한 문제라고 할 수 있다. 특히 5월 10일에 출판한『중국민주동맹 중앙사업 브리핑』民盟中央工作簡報 제15기에 장보쥔章伯鈞이 전달한 마오쩌둥의 의견이 실렸는데, 그는 마오쩌둥이 "대학교의 관리는 어떻게 하는가? 당외 인사를 찾아 연구하시오"라고 했고, "우선 학교 당위원제를 철회하는" 것을 제안했으며(이는 앞에서 인용한 마오쩌둥의 최고국무회의에서의 발언과 차이가 있다), 대학교들의 반응은 뜨거웠다고 전했다. 어떤 사람은 학교의 당위원제 철회에 찬성했고, "당위원제와 '세 가지 해악'三害(정풍운동의 3대 주요 대상인 주관주의, 종파주의와 관료주의를 말한다)은 다른 것이 아니라 서로 인과관계가 있으며, 당위원회를 철회하지 않으면 '세 가지 해악'도 영원히 제거되지 않는다"[67]고 보았다. 어떤 사람은 "앞으로 학교의 교학과 과학연구 사업에서 교수에게 결정권이 있을 것"이라고 하면

---

67) 산둥대학 교수 루칸루(陸侃如)의 산둥대학과 칭다오의학원 93학사 지부 연합으로 연 '민주학교 건립 좌담회'에서의 연설. 朱正,『1957年的夏季: 從百家爭鳴到兩家爭鳴』, 281쪽.

서, "대학교에서의 당 지도 역할을 강화하기 위해서는 이 두 종류의 사업은 분리되어야 한다. 행정업무는 행정회의에서 처리하고, 교학과 과학연구는 학술위원회에서 처리하며", "학술위원회가 꼭 당위원회 의견에 따라야 한다는 것은 아니다"라고 하였다.[68] 그러나 또 다른 의견들도 있었다. 베이징대학 총장 마인추馬寅初는 공개적으로 "학교 당위원회 제도에는 나름대로 장점이 있다. 베이징대학을 예로 들면, 베이징대학은 8천 명의 정규 학생들이 있다. 당위원회는 이 정규 학생들의 사상과 가정상황을 모두 다 파악하고 있다. 만약에 당위원회가 물러난다면 난 이들에 대해 파악할 수 없을 것이며, 총장으로서 난 이들을 관리할 수도 없을 것"[69]이라고 했다. 칭화대학 총장인 장난샹蔣南翔은 "노동조합 지도, 정당 연석회의[黨派聯席會] 지도, 교수 학교관리, 총장책임제, 당위원회 지도체제 이 다섯 종류의 지도 제도에서, 당위원회 집단 지도의 토대 위에서 교무위원회를 강화시키는 것이 칭화의 현실에 적합하다"[70]고 하였다.

나중에 중국민주동맹은 전문적으로 임시작업소조를 결성하고, 「대학교 지도 제도에 대한 건의」의 초안을 작성했다. "우리는 당과 민주당파가 학교에서 물러나는 것에 동의하지 않는다. 또 학교 내 당黨, 단團, 민주당파의 활동을 정지한다는 것에 동의하지 않는다. 그리고 민주당파 당원들이 당의 자격으로 학교에서 활동하면 안 된다는 의견에 동의하지 않는다. …… 우리는 또 '교수의 학교 관리' 의견에도 동의하지 않는다.

---

(68) 베이징 사범대학 타오다융(陶大鏞) 교수의 5월 20일 이 학교 민맹(民盟) 지부회의에서의 발언. 朱正, 『1957年的夏季: 從百家爭鳴到兩家爭鳴』, 281쪽.

(69) 마인추(馬寅初)의 5월 15일 '민주당과 당이 없는 인생 좌담회'에서의 연설. 朱正, 『1957年的夏季: 從百家爭鳴到兩家爭鳴』, 69쪽.

70) 「中央統戰部, 淸華大學黨委會, 民盟, 九三學社等召開座談會, 討論改變高等學校黨委負責制問題」, 『光明日報』, 1957年 5月 7日.

…… 왜냐하면 대다수 교수들은 교학과 학술연구에 관심을 갖고 있다. 행정업무에 모두 흥미가 있는 것은 아니다. 관심이 있다고 해도, 그것은 단지 몇몇 교수들에게만 해당될 뿐이지, 전체 교수의 학교 관리는 아니다. …… 교수는 대학 학술의 중심이다. 그러나 학교는 총체적이다. 만약에 교수들의 학교 관리를 강조한다면, 많은 강사·조교·직원과 학생들의 이익이 등한시될 것이다." 초안은 이를 근거로 네 가지 의견을 제기했는데, "총체적 요지는 바로 당의 지도 아래 민주적으로 학교를 만들자"는 것이었다.[71]

대학체제 토론에서도 대학생들의 반응은 뜨거웠다. 5월 19일 저녁 베이징대학에 붙여진 첫번째 대자보에서 "당위원회 책임제를 없애고 교무위원회를 성립하여 민주적인 학교를 만들자"는 주장이 제기되었다. 동시에 "비밀 당안檔案 제도를 없애고, 인사 자료 공개를 실행하자", "정치과목 필수제를 선택제로 바꾸자", "유학생 파견을 선택제에서 시험 선발제로 바꾸자", "자유논단을 열고, 언론·집회·출판·결사·시위의 자유를 확보하자" 등의 주장이 제기되었다. 이것은 1957년 많은 대학생들이 제기한 제도적 요구를 개괄한 것이다.[72]

학생들의 대자보 중 농촌과 공장 문제

중국의 농촌과 농민 문제가 쌍백운동 중에 제기되었다. 사실 학교나 지식인 문제보다 반응이 뜨겁지는 않았지만 사람들의 주목을 끌었다. 그

---

71) 黃樂眠,「我們對於高等學校領導制度的建議」, 李慎之·章立凡·戴晴 等,『六月雪: 記憶中的反右派運動』, 384~385쪽.
72) 陳奉孝,「我所知道的北大整風反右運動」,『沒有情節的故事』, 北京十月文藝出版社, 2001, 496쪽.

중에 '농민고'農民苦 문제가 가장 주요했다. 대학의 대자보에 아래와 같은 발언이 나왔다. "농민들은 배불리 먹지 못한다. 굶주리는 사람이 있고, 진흙을 먹는 사람도 있고, 고사리 만두를 먹는 사람도 있다. 밭을 갈고 모내기를 할 때 땅에 쓰러지는 사람도 많고, 덜 익은 농작물을 베는 사람도 많다. 왜 그런가? 먹을 만한 것은 모두 강제 상납(정부 구매)하였기 때문이다. 왜인가? 간부들은 임무를 초과달성하는 것은 영광 중에 영광이라고 말한다." "돼지 키우는 사람은 먹을 고기가 없어서 못 먹는데 …… 구청 간부 밥그릇에는 고깃덩어리가 가득하다." "소주밀식小株密植 농민에게는 강제로 심지 말라고 하면서 초짜들을 데리고 와서 강제로 심게 하니 생산이 감소되었다. 농민은 낙후되고 보수적이고 모두가 봉건적이라서 과거의 방법은 모두 안 된다고 하면서, 농사짓는 데 농민들과 상의하지 않는다." "농민은 그 어느 해보다 힘들었는데도 그들이 흘리는 땀은 헛된 것이 되었다. 예를 들면 몇십 묘의 밭을 파서 둑을 만들고, 둑을 만들자마자 평지를 만들어 모를 심고, 퇴비를 산처럼 쌓아 올렸다. 품질은 좋지 않아도 수량이 많으면 영예로웠고, 쓰지 않고 모아 두면 더 영예로운 것이 되었다."[73] 베이징대학 서양언어학과 교수 후자타이胡稼胎의 "다시 정풍을 하지 않으면, 중국은 아주 위험할 것이다. 농민들 대부분은 배불리 먹을 수 없다. 만약 그들이 일어나게 된다면, 당원들의 생명이 위험해질 것이다. 그러니 얼른 깨어나야 한다"는 발언은 더욱 놀라웠다.[74]

다이황, 류빈옌과 같이 베이징대학 학생들은 당시 새로운 사회가 불

---

73) 中共中國人民大學委員會社會主義思想教育委員會 編, 『高等學校右派言論選編』, 내부발행, 1958, 649쪽. 羅平漢, 『牆上春秋』, 福建人民出版社, 2001, 26~27쪽.
74) 胡稼胎, 「再不整風中國將非常危險」, 『原上草: 記憶中的反右派運動』, 108쪽.

공평하게 만들어 낸 '특권계층' 형성 문제에 주목했다. 「'계급'의 발전을 논함」이라는 제목의 대자보(작자는 저우다줴周大覺)에서, "나는 빈농 출신으로 계급적 억압을 통감한다. 평등·민주·자유에 대한 열망이 큰 불처럼 타오르고 있다. …… 나는 초등학교 때부터 중학교 때까지 매일 '언젠가는' 나도 민주와 자유의 권리를 갖게 될 것이고, '언젠가는' 멸시와 경시를 당하지 않을 날이 올 것이라고 생각했다. 하지만 7년의 경험은 그렇게 아름답지만은 않음을 증명했다. 새로운 계급의 억압이 만들어지고 있었고, 그 상황은 참혹해서 차마 눈 뜨고 볼 수가 없다"고 했다. 그는 분배의 불평등(보통 노동자·농민과 중앙 간부의 심각한 수입 격차)과 사회적 지위의 불평등(농민에 대한 멸시)으로 '새로운 특권계급'이 생겨날 위험성을 논증하면서, 큰소리로 "새롭게 모습을 바꾼 계급적 억압을 반대한다. 사람들은 자신의 눈으로 현실세계를 관찰해야 하고, 자신의 귀로 인민대중의 슬픔 가득한 울음을 들어야 한다"[75]고 소리 높여 외쳤다.

런민대학 역사학과 학생 리야춘李雅春은 대자보와 연설을 통해 "국가는 전체 인민의 것이다. 어떤 한 당의 당정은 한 계급(노동자계급)의 이익만을 대표할 수밖에 없다. 다른 계급(농민계급)의 이익은 소홀히 하게 된다. 예를 들면 일괄 수매와 판매, 면화와 곡식의 분배처럼"[76]이라고 지적했다. 베이징대학 수학과 학생 첸루펑錢如平도 「계급의 발전을 논함」論階級的發展이라는 글을 써서 토론에 참여하였고, 또 반우파투쟁의 대상이 된 후에, 「나의 태도: 머리가 잘려 나가고 피를 흘릴지라도 진리는 절대 버릴 수 없다」라는 대자보를 써서 "난 빈농의 아들로서 당이 없었

---

75) 周大覺, 「論"階級"的發展」, 『原上草: 記憶中的反右派運動』, 166~170쪽.
76) 「北京各高等院校最近"鳴", "放"情況」, 新華社 北京, 1957년 5월 3일 전신.

다면 대학에 들어갈 수 없었다는 것을 잘 알고 있다. 그러나 나는 노동 인민을 동정하는 마음을 가지고 있다", "나의 모친은 인민이고, 나의 형제는 '혁명가'이다. 생산수단 공유를 지켜 내기 위해 난 목숨을 다할 것이다. 현실을 초월해 잘 먹고 잘 입는 것을 바라진 않는다. 모든 일은 인민을 위한 것이다! 진정으로 인민을 위한 것이다! 수많은 농민 형제동지들에게 겨울에는 솜옷을 입게 하고 여름에는 얇은 평상복을 입게 하며, 중화의 땅에서 기아가 사라지게 할 것이다. 노동자·농민·지식인들의 단결 만세!"[77]라는 의견을 표명했다. 이런 태도와 입장은 1957년 중국 대학 교정에서 대표성을 띠는 것으로서, 마오쩌둥의 '농민고' 진술은 "부유한 중농과 그 배후의 지주 부농의 말"을 대표한다는 단언斷言이 근거가 없음을 설명해 준다.

　1957년 쌍백운동 중 공장과 노동자 문제에 대한 언급은 비교적 적었다. 이는 아마 류빈옌이 말한 "(공장에서의) 대중과 당의 지도 사이의 모순은 심각하지 않다"는 기본 상황과도 연관될 것이다. 또 쌍백 시기의 주요 발언자들인 민주당파와 지식인(청년학생을 포함해)들과 노동자의 연계가 상당히 미약했기 때문에, 자연히 노동자의 외침은 전달될 수 없었다. 그러나 당시 베이징대학 학생들은 유고슬라비아 노동자들의 직접 생산관리 경험에 영향을 받았으며 어떤 학생이 '공장의 관리제도' 문제를 제기했다. 철학과 학생인 룽잉화龍英華는 「세계는 어디로 가고 있는가, 중국은 어디로 가고 있는가, 베이징대학은 어디로 가고 있는가」라는 유명한 대자보에서 "우리는 사회주의 공업화를 이루었으니, 사회주의 민주화도 이루어야 한다"는 임무를 제기하였고, 또 "민주 발전이 생산

---

77) 錢如平, 「我的態度: 頭可斷, 血可流, 眞理絶不能丟!」, 『原上草: 記憶中的反右派運動』, 180~2쪽.

을 높인다"는 구호를 내놓았다. 그는 "공장과 학교에서 민주집중제가 철저하게 실시되지 않았고, 계급투쟁에 유리했던 제도가 지금은 관료제도로 변해 버렸다. 반혁명분자 숙청 전에는, 공장의 공장장 단독책임제가 대단히 좌편향적이었는데, 숙청 후에는 당위원회 지도하의 공장장 책임제로 변해 당이 정부를 대신하고 있다"라고 비판했다. 그는 공장이 노동위원회제를 실행할 것을 주장하면서, "새로운 선거법을 제정해 직접선거를 해"야 하고, "노동위원회에서 당은 다수를 확보해 지도를 보장받게 될 것"이라고 했다. 이 대자보는 급진적인 학생들 사이에서 논쟁의 대상이 되었고, 그들은 '사회주의 민주운동'을 추진하려면 먼저 "이론투쟁을 전개하고, 이론을 장악해, 다시 위로부터 아래로 일어나게 해야 하는지", 아니면 즉시 "서재를 벗어나 전국의 학생·노동자·농민들을 일으켜 아래로부터 위로 진행해야 하는지"를 논의했다고 한다.[78] 나중에 일부 학생들은 톈진으로 가서 다른 학생들과 "경험을 교류하였고", 또 '민주 이어달리기 운동'을 일으켰는데, 이 모두가 "전국 학생들을 움직였던" 노력들이었다. 룽잉화 자신도 베이징대학 인쇄공장에 가서 노동자를 선동하는 활동을 했다고 한다.[79] 또 베이징대학 중문과 학생 왕궈샹王國鄕도 실습 기회를 이용해 농촌조사를 한 적이 있다고 했다.[80] 그러나 이는 모두 개인적인 행위였지, 조직적인 행동을 만들어 내진 못했다.

---

78) 龍英華, 「世界往何處去, 中國往何處去, 北大往何處去」, 『原上草: 記憶中的反右派運動』, 132, 131, 133쪽.
79) 「小資料, 龍英華」, 北京大學浪濤沙社(내부 간행물); 『浪濤沙』 第2期. "그가 베이징대학 인쇄소 노동자들에게 책임자를 바꾸자고 선동한 적이 있다고 어느 노동자에게 고발당했다."
80) 王瑾希·王慶同, 「王國鄕的吉林之行」, 『紅樓』, "反右派鬪爭特刊" 2號, 1958年 1期.

이 모든 것을 마오쩌둥은 세밀하게 주시하고 있었다

이 모든 것을 당의 고위층 지도자들, 특히 마오쩌둥 자신은 세밀하게 주시하고 있었다. 전국적으로 전개된 정풍운동 이후에 마오쩌둥의 반응을 고찰해 보면 매우 흥미롭다. 처음에, 마오쩌둥은 주요하게 「인민 내부 모순을 정확하게 처리하는 문제에 관해」란 보고를 정리하는 데 심혈을 기울였다. 5월 7일 '첫번째 교정원고'에서, '동맹파업과 수업거부 등을 어떻게 처리할까에 관해'라는 절에서 그는 남하南下 강화 내용에 근거해 "군중 소요를 특수 상황하에서 간부와 대중을 교육하는 수단으로 봐야 한다"는 말을 덧붙였다. 그리고 원래 원고에서 소요를 처리하는 네 가지 원칙(첫째 관료주의를 극복해서 소요를 일어나게 하지 않는다, 둘째 소요가 일어나면 일어나게 둔다, 셋째 마음껏 소요를 피우게 놔둔다, 넷째 소요의 주모자를 해고하지 않는다)에 관한 내용은 그대로 남겨 두었다. 5월 8일 '세번째 교정원고'에서 '장기적인 공존, 상호적인 감독' 방침을 서술할 때 그는 또 "공산당의 역량은 거대하다. 무관심이 두렵지 세상이 혼란스러운 것은 두렵지 않다. 중국은 혼란스러울 수가 없다"는 말을 덧붙였다. 이때에도 마오쩌둥은 '놓아주는'[放] 것을 고수하였고, 정치형세의 변화에 대해서도 낙관적인 예측을 하였다. 중국에서는 헝가리 같은 그런 엄중한 사건이 일어날 리 없다고 보았고, 국면을 통제하는 데에도 자신감이 넘쳤다. 그러나 이후 형세에 변화가 일어났고, 그는 마지막 원고에서 이 말들을 전부 삭제해 버리게 된다.[81]

5월 14일 : 미묘하고도 중요한 변화

5월 14일이 되었을 때 미묘하고도 중요한 변화가 나타났다. 그는 먼저 5월 10일 상하이 『해방일보』解放日報의 한 면 옆에 서면지시를 하게 된다.

이 면에는 「대담하게 모순을 폭로하고, 당내 정풍을 돕자」大膽揭露矛盾, 幇助黨內整風라는 제목으로, 전면에 5월 8일 열렸던 상하이 초중고등학교 교사 좌담회에서의 발언을 실었고, 마오쩌둥은 "이 전면은 아주 자세히 읽을 만하다. 당을 정풍하지 않으면 파멸될 것이다"라고 써넣었으며, 류사오치, 저우언라이, 천윈陳雲, 덩샤오핑, 펑전彭眞 등 최고 지도자들에게 전달해 정풍 소식을 주의 깊게 읽기를 요구했으며, "이것이 세상에서 제일 큰 일"이라고 했다.[82]

    그러나 그날 저녁 9시에서 다음 날 새벽 1시까지, 마오쩌둥은 중앙 정치국 상무위원회 확대회의를 주최하였다. 또 5월 16일에도 계속해서 저녁 9시부터 다음 날 1시 20분까지 회의를 열었다. 이 이후부터 형세의 변화에 대해서 새로운 예측을 하게 되었다. 5월 14일 중공 중앙은 「당외 인사들의 당정 각 부문 사업에 대한 비판을 보도하는 것에 관한 지시」關於報道黨外人士對黨政各方面工作的批評的指示를 발표했고, "당외 인사들의 잘못된 비판에 대해, 특히 우경분자의 의견에 대해 지금 당장은 반박해서는 안 된다. 그들이 하고 싶은 말을 속 시원히 하도록 놔두어라. 우리의 각 지역 신문은 꾸밈없이 지속적으로 당외 인사들의 의견을 보도해야 한다. 특히 우경분자와 반공분자들의 언론을 말이다. 반드시 원래대로, 가감 없이 보도해서 대중들에게 그들의 진면목을 알려야 한다. 이는 대중을 교육하고 중간분자中間份子들을 교육하는 데 아주 좋을 것이다"[83]라고 하였다. 여기에서 정풍운동이 일어난 이후, 처음으로 중공 중앙 문건에서 '우경

---

81) 中央文獻硏究室, 『毛澤東傳(1949-1976)』(上), 680, 684쪽.
82) 毛澤東, 「關於注意閱讀整風消息的批語」, 『建國以來的毛澤東文稿』 6卷, 468쪽.
83) 中央文獻硏究室, 『毛澤東傳(1949-1976)』(上), 690~691쪽.

분자', '반공분자'라는 개념이 출현하였다. 그들에게 마음껏 폭로하게 한다는 전략이 제시되었고, 이것은 적어도 투쟁 중심의 전환과 반격을 준비하라는 신호를 드러내었다. 물론 이것은 예삿일이 아니었다.

그러나 이 두 차례의 회의는 기록으로 남겨져 있지 않아서(이는 사실 아주 의미심장하다),[84] 우리는 이 변화가 구체적으로 어떻게 발생했는지는 알 수 없다. 하지만 리웨이한李維漢의 기억이 많은 실마리를 제공하였다. 그는 이렇게 이야기하고 있다. "민주당파나 당에 소속되지 않은 민주 인사들의 좌담회가 열릴 때, 마오쩌둥 동지는 반우파투쟁을 해야 한다고 제기하지 않았다. 나 역시 우파를 반대하기 위해, 우파를 색출하기 위해 이 회의를 연 것은 아니었다. 난 두 차례의 좌담회에서 나온 의견을 바로 중앙상무위원회에 보고하였다. 5월 중순, 제3차, 제4차 보고를 할 때, 이미 좋지 않은 의견들 즉 무슨 '돌아가며 권력을 잡는다', '하이드공원'海德公園, Hyde Park 등의 황당한 논리들이 나오기 시작했다. 마오쩌둥 동지는 경각심이 높았으며, 그들이 이렇게 하다 보면 나중에는 그들 자신까지도 바로잡게 될 것이라고 했다. 회의에서 나오는 의견을 『런민일보』에 발표하기로 결정하면서, 그것을 인내해서 듣고 반박하지 말며 그들을 놓아주라고 지시했다. 이 보고 이후에야, 난 반우反右에 대한 준비를 하기 시작하였다. 그때, 장난샹 동지는 베이징대학·칭화대학의 어떤 사람들이 '하이드공원'을 주장하는 것을 견디지 못했고,[85] 마오쩌둥 동지는 펑전 동지에게 장을 만나보고, 그의 말을 참고로 들어 보라고 했다. 내가 어떤 유명한 고위층 민주인사가 당외 사람들의 공산당에 대한 날카로운 비판이 '시누올케 싸움'이라고 보고할 때, 마오쩌둥 동지는 틀렸어, 이것은

---

84) 中央文獻研究室, 『毛澤東傳(1949-1976)』(上), 691쪽.

시누올케가 아니라 적敵과 아我의 싸움이라고 하였다."[86]

리웨이한은 다만 이 결정적인 보고가 '5월 중순'에 일어났다고 했을 뿐, 구체적인 시간은 말하지 않았다. 그러나 좌담회의 발언을 조사하면, 5월 8일, 9일, 10일, 11일, 이 4일 동안의 발언들은 비교적 온화했고, 대부분은 건설적이었다. 5월 10일 뤄룽지羅隆基만이 "공산당은 노동자·농민 대중 속에서 발전한다. 그러나 민주당파는 노동자·농민 대중 속에서 발전하지 못하고 구지식인들 속에서 발전하는데, 그들 대부분은 3, 40세 이상이다. 이런 모순은 되도록 빨리 해결해야 한다. 그렇지 않으면 공존하기 어려워진다"는 말을 했다. 그래서 공산당과 노동자·농민 대중, 청년들을 쟁탈하고 있다는 의심이 생겨났다. 이는 다음 사태로 발전하는 데 화근이 되었다. 그는 또 이제부터 당내의 중대 정책 토론을 희망한다고 하면서, 동시에 민주당파와 토론하고 싶다고 했다. 이는 이미 후에 장보쥔이 제기해 재앙을 가지고 온 '정치설계원'政治設計院 주장에 가까웠다.[87] 그러나 진짜 강렬한 반응을 일으켰던 것은 바로 5월 13일 좌담회에서의 발언이었다. 하나는 어떤 사람이 "천하는 우리가 만든 것이니까", "하루

---

85) 더 중요한 것은 이런 하이드공원식의 자유토론 제창이 나중에 칭화대학에서 실천되었다는 것이다. 당시 전기학과(?) 학생 자오수판(趙樹範)이 운동장 옆에 있는 기숙사 입구에 의도적으로 '자유논단'이라는 무대를 만들고 음향설비를 갖추어 사람들이 마음대로 이야기할 수 있게 하였다. 이 '자유논단'은 약 한 주 동안 지속되었다. 매일 저녁 식사 후 열려서, 한밤중까지 계속되었으며, 관심 있는 사람들은 그곳을 벗어나지 않으려고 했다. 반혁명분자 숙청이라는 주요 주제 외에도 "정치보도원 취소", "민주학교를 만들자", "형식만 따르는 졸업 설계를 반대한다", "촌뜨기 지도자를 파면하자", "당위원회는 교학관리에서 빠져라" 등등의 화제들이 있었다. 첸웨이장(錢偉長)도 강연대에서 연설한 적이 있다. 中英傑, 「我與羅蘭在大風潮中」, 『記憶』第3輯, 62, 64쪽. 정말 장난상이 불안해했던 것은 이 하이드공원식의 '자유토론'이었다. 그 시각은 5월 27일 전후였다.
86) 李維漢, 『回憶與硏究』(下), 中共黨史資料出版社, 1986, 833~834쪽.
87) 朱正, 『1957年的夏季: 從百家爭鳴到兩家爭鳴』, 65쪽.

아침에 권력을 손에 쥐고 명령만 하면 된다"는 생각을 비판한 것이다.[88] 다른 하나는 누군가 민주당파와 공산당의 "사실상의 진정한 평등"을 요구한 것으로, "현재의 민주당파와 공산당은 단지 정치·법률상에서만 평등할 뿐, 진정한 평등과는 거리가 멀다. 왜냐하면 사실상 평등의 조건이 아직 존재하지 않았고, 또 물질적인 토대도 마련되지 않았기 때문이다. 평등의 권리는 선포되었지만 민주당파는 이러한 권리를 향유할 자격이 없다"고 했다. 어떤 이는 "주인공을 할 수 있다면 그를 주인공이 되게 하라, 그렇지 않으면 잡일을 맡기든지 아니면 아예 무대에 올리지도 말라", "다시는 그 작은 발을 무대에 올려 극 사이에 넣는 공연을 할 필요도 없다"[89]고 하였다. 이런 말들은 당연히 '권력을 돌아가며 잡는' 것을 요구하는 것으로 이해되었고, 공산당에 대한 직접적인 도전으로 보였다. 그러므로 리웨이한이 말한 '5월 중순'의 보고는 5월 14일, 16일 이 두 차례의 정치국 상무위원회 확대회의에서 나온 것으로 추측할 수 있다. 『마오쩌둥전(1949-1976)』(상)에 따르면, 리웨이한은 이 두 차례의 회의에 모두 참가하였다. 다른 참가자로는 류사오치, 저우언라이, 주더朱德, 천윈, 덩샤오핑, 펑전, 캉성康生, 루딩이가 있었다.[90] 앞에서 서술한 5월 14일에 초안을 만든 중공 중앙의 「당외 인사들의 당정 각 부문 사업에 대한 비판을 보도하는 것에 관한 지시」에서의 그 정신은 리웨이한이 회고 중에 말한 마오쩌둥의 지시와 완전히 부합하는 것이다.

2006년 홍콩 『쟁명』爭鳴 제1기에 뤄빙羅冰의 「반우파운동의 기밀해

---

88) 朱正, 『1957年的夏季: 從百家爭鳴到兩家爭鳴』, 68쪽.
89) 中央文獻硏究室, 『毛澤東傳(1949-1976)』(上), 688쪽.
90) 中央文獻硏究室, 『毛澤東傳(1949-1976)』(上), 690~691쪽.

제」反右運動的解密라는 문장이 발표되었다. 이 글에는 새로운 자료들이 제시되어 있었다. "5월 2일에서 5월 12일까지, 전국 각지에서 28,250여 차례가 넘는 회의가 열렸다. 당 중앙 각급 당조직 당원간부들에게 372,345가지 의견과 건의가 제기되었다." "마오쩌둥은 「상황 총 모음」情況彙總에서 다음과 같은 서면지시를 한다. '한 번 놓아주니, 각 계급이 자신의 모습을 드러냈고, 원래의 모습도 완전히 폭로되었다. 공산당 집권은 아직 8년도 안 되었는데, 30만 가지가 넘는 불만과 잘못, 죄상들이 쏟아져 나왔다. 그렇다면 공산당은 하야해야 하는가? 그럼 나 마오는 징강산井崗山으로 돌아가야 하지 않겠는가!라고 했다." "5월 13일부터 14일까지 중앙정치국 토론 상황은 의견이 분분했지만, '올바르게 지도하고 다시 일정 기간 관찰해야 한다'는 것에 동의했다." 여기서 말하는 "5월 13일에서 14일까지, 중앙정치국 상무위원회 확대회의"는 『마오쩌둥전』이 말하는 5월 14일, 16일에 열린 중앙정치국 상무위원회 확대회의와 약간의 차이는 있지만 기본적인 사실은 믿을 만한 것이다.

마오쩌둥이 준비한 '반우'

우리가 주목한 것은 마오쩌둥이 5월 15일에 쓴 「상황에 변화가 일고 있다」와 5월 16일 중공 중앙이 초안을 잡은 「당외 인사의 비판에 대한 대응 지시」關於對待當前黨外人士批評的指示이다. 전자의 원래 제목은 「반면을 향하여」走向反面(미완성 원고)로, 서명자는 '본 신문 평론위원'이었다. 원본을 공개적으로 발표하려다가 나중에 제목을 바꾼 것 같은데, 서명자는 '중앙정책연구실'로, 몇 번의 교정을 거쳐, 6월 12일(반우파운동이 시작되었을 때)에서야 당 내부에 나누어졌던 것이다. "신문에 싣지 말고, 신문기자들이 모르게 하며, 당내에서도 믿을 수 없는 사람에게는 주지 말고, 대략 반년

이나 혹은 일 년 이후에 중국 신문에 발표하기를 바란다"는 주석이 달려 있었다.[91]

이 두 문건은 상세히 읽어 보고 몇 부분은 음미해 봐야 한다.

첫째, 사람들이 주목한 것처럼, 마오쩌둥은 여기에서 처음으로 '우파' 개념을 명확하게 제시했고, 거기에 '우파'가 당외 지식인들 가운데 "대략 1%, 3%, 5%에서 10%를 차지하고 상황에 따라 다르다"는 예측을 하였다. 사실 그는 이미 '우파가 맹렬하게 진공하는 것'에 반격하라는 동원령을 내렸으며, 단지 "지금 우파의 진공이 아직 정점에 이르지 않았으니까", "적을 한꺼번에 섬멸하기 위해서는", "그들이 일정 기간 제멋대로 하도록 내버려 두어야 한다"고 했다.

그러나 주목할 것은 이 두 문건에서 마오쩌둥이 거듭해서 다음과 같은 내용을 강조했다는 것이다. "인민 내부 모순에 대한 당내외 토론을 전개한 후, 각 영역에서의 모순들이 심상치 않게 드러났다. 이런 모순들에 대한 세부적인 상황을 과거에는 잘 몰랐는데, 지금 여실히 드러나고 있다는 것은 아주 좋은 현상이다. 우리에 대한 당외 인사들의 비판이 격하긴 해도, 베이징대학 푸잉 화학과 교수를 포함한 그들의 비판은 기본적으로는 진지하고 정확하다. 그들 비판의 90% 이상은, 당의 정풍에 결점과 오류를 수정해 주니 큰 도움이 된다. 폭로되어 나온 사실들을 보니, 당외 인사들에게 부정확하게 심지어는 아주 불합리하게 불호령을 내렸고,

---

91) 毛澤東,「事情起變化」 주석1,『建國以來的毛澤東文稿』 6卷, 475~476쪽.「반우파운동의 기밀 해제」(反右運動解密,『爭鳴』 1期, 2006)에 따르면, 마오쩌둥의「상황에 변화가 일고 있다」(事情起變化)가 정치국 위원, 후보위원들에게 보내졌을 때, 천윈, 리푸춘(李富春), 류보청(劉伯承), 장원톈(張聞天) 네 사람이 읽은 뒤 마오쩌둥의 평어와 주해 의견 혹은 '이미 읽음'이 없었다고 밝혔다.

아예 그들을 믿지 않고 존중하지 않아서 깊은 골과 높은 벽을 만들었으며, 진심을 말하지 않고 교류도 적어져 관계가 소원해졌다는 것이다. 또 당원에게는 등급과 급료를 평가하고 발탁·등용하는 데 특권이 있고, 그들은 한 등급 높게, 당외 인사들은 한 등급 낮게 평가되었다고 했다. 당원은 아주 오만스러웠고, 비당원은 늘 모욕을 당했으며, 학교의 당 간부 교원이나 조교·강사·교수가 경력도 부족하면서, 경력이 풍부하고 학문이 높은 교원이나 교수들에게 성실히 배우지 않고 오히려 그들에게 거드름을 피운다고 했다. 이러한 상황이 비록 전부는 아니지만 매우 보편적인 것으로, 이런 잘못된 방향은 반드시 되돌려야 하는데, 빠르면 빠를수록 좋은 것이다." 이것은 마오쩌둥이 쌍백운동에서 나타난 당내의 심각한 문제를 인정한 것이고 그 위해를 보았다는 것을 설명한다. 그래서 5월 14일 제시한 "당을 정풍하지 않으면 파괴될 것"이라는 판단이 있었을 것이다. 이것으로 1957년 5월 중순 마오쩌둥은 두 가지 부분에서 싸움을 준비하는데, 즉 정풍을 지속시키면서 동시에 반우파투쟁을 준비하는 것이다. 또 그는 동시에 두 전장을 복잡한 국면으로 몰아갈 힘이 있음을 자신했다. 그는 시국의 추이를 좀 봐야 했고, 그래서 "(우파를) 대대적으로 '바로잡아야' 하지 않을까에 대해서는 우파 선생들의 앞으로의 행동을 보고 결정해야겠다"고 말한다.

둘째, 마오쩌둥은 문건 속에서 사람들의 주목을 끈 '공산당의 우파-수정주의자' 개념을 제기한다. 또 "우리 당은 새로운 지식인 당원이 많은데(청년단원이 더 많았다), 그 중에 일부는 정말 심각한 수정주의 사상을 가졌다", "그들은 사회적으로 우익 지식인들과 서로 호응하고 한통속이 되어, 형제처럼 친하다"고 하였다. 그래서 그는 "몇 개월 동안 사람들은 교조주의를 비판하면서 수정주의는 오히려 방치해 두었는데", "지금부터는 수정주의를 비판해야 한다"고 강조해 말한다.[92] 이것은 마오쩌둥이 사실 당내 문제에 더 민감하게 신경을 썼으며, 그가 '당내외 호응'을 우려했다는 것을 드러낸다.

셋째, 마오쩌둥은 민주당파와 지식인들 사이의 우파 동향을 분석할 때, 특히 "그들은 많은 대학생들이 지주·부농·부르주아의 자녀라는 것을 알고, 이들이 우파에 호응할 군중이라고 여겼고", "신문계의 우파에게는 노동자·농민 군중에게 정부를 반대하자고 호소하는 조짐이 보인다"고 강조했다.[93] 이것은 민주당파·고위층 우파 지식인들과 청년학생·노동자·농민 군중의 '상하 호응'에 대한 마오쩌둥의 또 다른 경각심을 표현한 것이다. 그렇지만 이때까지만 해도 그는 여전히 우파가 영향을 줄 수 있는 것은 그저 "일부 우경사상 학생들"뿐이고, "대다수 학생들에게 우파가 영향을 주는 것은 꿈"에 불과하다는 것을 굳게 믿고 있었다.[94]

5월 19일 : 베이징대학 학생들이 민주운동을 일으키고, 마오쩌둥이 격렬하게 반응하다

이때, 대학생들 사이에서는 민심(民心)이 출렁이기 시작했다. 『70일 밤낮으로: 대학생들이 보는 1957년의 봄』에서 묘사한 것처럼 "대학생들의 관

---

92) 앞에서 인용했던, 3월에 쓴 『사상 업무에 관한 문제 모음집』(有關思想工作的一些問題的彙集)에 대한 마오쩌둥의 주해 중에서, "(누군가) 작금의 문예계는 한편으로 '좌' 편향 교조주의, 종파주의가 여전히 심각하다. 다른 한편으로는 부르주아계급, 소부르주아계급 사상이 다시 대두되고 있다. 어느 부분이 주요한 위험인가"라고 물었을 때, 마오쩌둥의 대답은 여전히 "지금은 주요 위험을 찾지 말고, 구체적인 문제에 따라 처리해야 한다"였다. 毛澤東, 『建國以來的毛澤東文稿』 6卷, 408쪽.

93) 毛澤東, 「事情正在起變化」, 「中共中央對待當前黨外人士批評的指示」, 『建國以來的毛澤東文稿』 6卷, 470, 471, 477, 475, 469쪽.

94) 毛澤東, 「事情正在起變化」, 『建國以來的毛澤東文稿』 6卷, 471쪽.

심은 이미 공부에서 정풍운동으로 옮겨 갔다. (런민대학) 캠퍼스에는 중국공업화문제토론회 참가를 환영한다, 중국농업문제연구회 발언을 환영한다는 각종 게시문들이 나붙기 시작했으며", 정풍 중 제기된 각종 문제들(대학체제 문제를 포함해서)에 관한 모든 신문 보도가 학생들 사이에서 강한 반향을 일으키고 있었다.[95] 5월 19일 밤 베이징대학 학생이 첫 대자보를 붙인 것을 시작으로,[96] 대학생들은 관심에서 직접 참여로 방향을 바꾸었으며, 상황은 더 복잡해져 갔다.

중난하이中南海의 반응은 의외로 강렬했다. 『마오쩌둥전(1949-1976)』에 따르면, "긴장이 가장 고조되었던 이 며칠간, (마오쩌둥은) 거의 매일 베이징대학·칭화대학·베이징 사범대학·런민대학 등의 캠퍼스에 사람을 보내 대자보를 읽게 했다. 또 주변 직원들에게 '중국의 공산당이 안정되어 있다고 보는가?'라고 묻기도 했다. 그 시기 그는 매우 걱정했던 것 같다. 나중에 그는 회상하면서 '난 언제나 걱정을 안고 있는 사람이야. 특히 작년 5월 말 우파가 공격할 때지. 난 침대에서 식사를 하고 사무를 봤어. 하루는 어떤 자료를 봤는데, 온통 우리를 욕한 것이었어'라고 했다. 또 '우파가 맹렬히 공격하는데, 누가 조급하지 않겠어? 모두들 조금 조급해 있더라고. 나도 아주 조급했지. 다급해지니 방법을 생각하더라고' 했다. 몇 개월 후, 그는 또 이렇게 회상했다. '4개 대학의 상황을 파악하기 전에, 난 매일 사람을 보내 대자보를 봤어. 헝가리 사건이 대체 얼마나 큰

---

95) 魯丹, 『七十個日日夜夜: 大學生眼睛裏的1957年春』, 光明日報出版社, 1996, 48쪽 및 이와 연관된 장절.
96) 중잉제(中英傑)의 기억에 따르면, 칭화대학은 5월 24일 새벽 전지학과, 토목학과, 기계학과, 건축학과 등의 학생들이 조직한 서민사(庶民社)가 붙인 「서민보」(庶民報)가 첫 대자보였다. 中英傑, 「我與羅蘭在大風潮中」, 『記憶』 第3輯, 60쪽. 베이징의 각 대학들에 연이어 대자보들이 출현했고, 전국 각지로 퍼져 갔다.

영향을 주었는지, 5월 20일 이후 그 상황을 파악하고 나서 두렵지 않았지'라고 했다."[97] (여기서 말하는 '5월 20일'은 잘못된 시간인 것 같다. 앞에서 말한 것처럼 베이징대학에 첫 대자보가 출현한 것은 5월 19일 저녁이었다. 칭화대학 등의 학교 대자보는 더 늦게 나왔다.)[98] 마오쩌둥은 중국에 헝가리 사건이 터지는 것이 아닌가를 걱정했다고 한다. 나중에 그는 "조직의 힘으로 우파분자의 맹렬한 공격에 반격하기로" 결심했을 때, 비로소 "헝가리 사건이 터질 위험이 있"음을 지적했다.[99] 이는 정세에 대한 그의 낙관적인 추측, 즉 중국에서 헝가리 사건처럼 그런 심각한 사건이 발생할 리 없다는 그 이전 생각과는 아주 다른 것이었다.

5월 25일 류사오치가 인민대회 상무위원회의 담화에서 "만약에 제대로 지도하지 못한다면 문제가 발생할 것이고, 인민들은 거리로 나올 것이다. ······ 대학과 중고등학교가 이미 움직이고 있다. 노동자 군중들의 행동이 조금만 늦추어진다면 좋겠다. 만약 노동자와 초중 교원들, 다른 군중조직이 일어나기 시작한다면 우리는 우리의 진지를 지켜 낼 방법이 없을 것이다. ······ 우리가 사태를 통제하지 못한다면 수백만의 사람들이 들고 일어날 것이고, 우리를 무력한 상황에 처하게 할 것이다. 이것

---

97) 中央文獻硏究室, 『毛澤東傳(1949-1976)』(上), 696쪽.
98) 『마오쩌둥전』에 따르면, "덩샤오핑은 5월 23일 중앙정치국 확대회의에서 다음과 같이 말했다. '지금의 문제는, 이 문제가 두려운 것인가이다. 현재 우리는 조금 걱정스럽기도 하다. 예를 들면 우리 중국공산당 간부학교에는 많은 상층간부들이 있다. 모두가 성위원회, 지방위원회 동지들이다. 그들은 매우 걱정스러워한다. 이 걱정에는 이유가 있다. 공산당이 그 모욕적인 일을 보고 어찌 초조하지 않겠는가. 내가 보기에도 상상하기 힘들다. 나도 조금은 초조했다. 시작되고 나서 이 며칠 동안 사람들은 다들 조급하고 초조해했다. 나중에 반동적인 것들이 많아지는 것을 보고는 마음이 안정되고 편안해졌다. 어떤 이는 무슨 일이 터지지 않을까 걱정했지만, 전체의 예측은 문제가 나올 수 없다는 것이었다.' 이런 예측은 정치국 상임위원회의 일치된 의견이다"라 한다. 中央文獻硏究室, 『毛澤東傳(1949-1976)』(上), 696~697쪽.
99) 毛澤東, 「組織力量反擊右派份子的猖狂進攻」, 『建國以來的毛澤東文稿』 6卷, 497쪽.

은 우리를 불리하게 할 것이다"[100]라고 한 추측은 주의할 만하다.

이 역시 마오쩌둥이 걱정한 것으로, 학생들의 활동은 더 나아가 '당내외 호응'과 '상하 호응'을 형성할 것이고, 상황은 수습하기 어렵게 될 것이었다. 그의 이런 걱정은 6월 6일 초안인 「중앙이 정풍운동에 박차를 가하는 것에 관해」中央關於加緊進行整風의 지시에서 아주 명확하게 표출된다. 그는 "당내 공청단 내의 우경분자를 색출하는 것은 아주 좋은 일이다. 부디 안타까워하지 말라"고 하면서, 동시에 재차 "중고등학교와 공장에 영향을 미치는 것을 막기 위해 기관과 학교에서 나오는 대자보를 신문에 싣지 말아야 한다", "공장과 중고등학교를 대상으로 지금은 정풍을 하지 말라. 그러나 자발적으로 몸을 낮추어 태도를 개선하고, 사람들을 널리 사귀며, 대중 속으로 들어가야 한다. 함부로 약속하고 대답하지 말 것이며, 문제가 발생하는 것은 피해야 한다", 더군다나 "여름방학이 다가오니, 베이징과 상하이 대학생들이 집으로 돌아갈 것이고, 그 중에 어떤 학생들은 도처에서 활동을 할 것이니, 반드시 주동적으로 적절한 대응책을 마련해야 한다"고 당부했다.[101] 일관적인 태도로 지식인과 노동자·농민의 결합을 주장해 온 마오쩌둥이 이 시기 가장 걱정한 것은 대학생들이 공장과 농촌에 가서 '소요'를 일으키는 것이었다. 그는 그곳이야말로 진짜 '큰일'이 일어날 수 있는 곳임을 잘 알고 있었다.

이런 지시는 더 주의해 볼 만하다. 문건은 시작부터 "마오쩌둥 동지의 2월 27일 최고국무위원회 회의와 3월에 있었던 선전회의에서의 두 차례 담화를 6월 15일을 전후해 신문에 발표할 예정이다. 각 성시 1급기

---

100) 胡平, 『禪機: 1957年苦難的祭壇』, 廣東旅遊出版社, 2004, 280쪽.
101) 毛澤東, 「中央關於加緊進行整風的指示」, 『建國以來的毛澤東文稿』 6卷, 491~492쪽.

관 대학교와 지방 시 1급기관은 대대적으로 정풍에 박차를 가하라"고 통지한다. 어떤 연구자는 이를 근거로 "이 지시가 드러내는 의도에 따라 공개적으로 반우파투쟁에 들어간 것은 6월 15일 전후의 어느 날"[102]이라고 제시하였다. 하지만 결국에는 6월 8일로 앞당겨졌는데, 연구자는 6월 6일 민맹民盟의 '6인 교수회의'로 야기된 것이라고 생각한다.[103]

마오쩌둥이 보는 '6인 교수회의' : 지식인과 청년학생들이 노동자·농민 선동을 준비한다

이 회의의 중심 내용은 대학생들의 동향으로 전국적 형세를 토론하는 것이었다. 몇몇 대학교수들은 다음과 같이 이야기했다. "지금 학생들의 문제는 아주 많으며, 일촉즉발의 형세이다. 그들이 거리로 나가 시민들과 결합하면 문제는 더 커지게 될 것이다." "지식인들의 반란이 성공하지 못한다고 보지 말라, 중국 지식인들의 저항에는 전통이 있다. 한漢나라의 태학생太學生부터 5·4운동까지 모두 학생들이 일으킨 것이다." "지금의

---

102) 朱正, 『1957年的夏季: 從百家爭鳴到兩家爭鳴』, 140쪽.
103) 이 '6인 교수회의'의 개최는 오늘날 보기에는 의심스러운 듯하다. 장보췬의 딸 장이허(章詒和)의 기억에 의하면, '666의 회의'(六六六的會議)는 사실 후위즈(胡愈之)가 난허옌(南河沿) 거리 정협(政協) 문화클럽에서 연 긴급회의였다. 6인의 교수들은 청자오룬(曾昭掄), 쳰웨이장(錢偉長), 페이샤오퉁(費孝通), 타오다융(陶大鏞), 우징차오(吳景超), 황러몐(黃樂眠)이다 (『往事並不如煙』, 人民文學出版社, 2003, 54~55쪽). 이날 후위즈가 급히 떠난 것은 상당히 수상쩍은 일이었다. 나중에 비판대회에서 후위즈는 특별히 머리를 끄덕이며 "장뤄연맹(章羅聯盟; 장보췬-뤄룽지 연맹)의 음모와 야심이 지금에서야(6월 6일 회의를 가리킴) 완전히 드러났다"고 하였다(7월 11일 「런민일보」 보도). 후위즈의 특수한 신분, 민맹 중앙 부주석이자 중국공산당 비밀당원(그의 중국공산당 당원 신분은 문혁 후에 비로소 공포되었다)이었던 것과 연관하면, 그가 직접 이번 회의를 계획한 것은 아마도 마오쩌둥의 적을 유인해 폭로하는, 그것을 철저하게 '폭로'하자는 책략의 사전모의 행위였을 것이다. 朱正, 『1957年的夏季: 從百家爭鳴到兩家爭鳴』, 140쪽.

형세는 5·4 이래 없었던 상황으로", "대학생들이 이렇게 나간다면 헝가리 사건 같은 것이 일어날 수도 있다." "이런 상황을 처리하자면, 300만 군대로 쉽게 수습할 수 있다. 하지만 인심을 잃게 될 것이고, 군중 속에서의 당의 위신도 끝나게 될 것이다." "지금 민주당파의 발언에는 힘이 있다. 학생들은 도처에서 자신들의 지도자를 찾으면서, 우리가 일어나 말하기를 바란다." 더 중요한 것은 이날 오후 장보쥔이 농공민주당農工民主黨의 중앙집행국中央執行局 회의에서 "민주당파가 2, 3백만으로 발전했으니, 올해 농공민주당은 2, 3만으로 늘어 날 것이다. 앞으로 현뿐만 아니라 농촌 곳곳으로 그 세력이 확대될 것"이라는 계획을 제시했다.[104]

마오쩌둥은 이것을 확연한 신호로 보았다. 즉 상층의 민주당파 우파들이 학생들을 이용해 사태를 사회로 확대시켜 노동자·농민을 선동해 반란을 일으킬 준비를 하는 것은, 자신에게 3백만 군대를 이용해 무력으로 해결하기를 강제하는 것이고, 그렇다면 정말 정리하기 어렵게 된다. 이는 마오쩌둥의 마지노선으로 1957년 1월 담화에서 이미 "경솔하게 무력을 사용하지 말라, 총을 쏘지 말라. 돤치루이段祺瑞가 일으킨 '3·18' 참사[參案]는 총을 사용해서 그 결과 자기 스스로가 쓰러졌다. 우리는 돤치루이의 방법을 따라가선 안 된다"[105]고 했다. 그는 민주당파의 우파가 그를 이 상황까지 몰아붙이고 있다고 보았고, 이는 절대로 용인할 수 없는 일이었다.

그는 나중에 이 회의를 언급할 때 분노를 참지 못하고, "도처에서 일어난 불이 노동자·농민을 선동할 것이다. 학생들의 대자보는 학교를 인

---

104) 朱正, 『1957年的夏季: 從百家爭鳴到兩家爭鳴』, 141~145쪽.
105) 毛澤東, 「在省市自治區黨委書記會議上的講話」, 『毛澤東選集』 5卷, 354쪽.

수 관리하는 데 편리하게 해줄 것이다. 자유롭게 의견을 발표하는 것은 온 천하를 순식간에 혼란에 빠뜨려 공산당을 끝장낼 것이다. 이것이 6월 6일 장보쥔이 베이징의 6인 교수에게 했던 작금의 상황에 대한 예측이었다. 이것은 사리사욕에 눈이 어두운 것이 아닌가? '사리'라는 것은 권력을 탈취하는 것을 말한다."[106]고 하였다. 이것은 어느 정도 마오쩌둥이 예측한 형세였는데, 사실 모두가 지나치게 과장된 것이었다. 나중에 반우파운동 중 우파학생과 이 우파 지도자들 간의 연결고리를 반복해서 조사해 보았지만 설득력 있는 증거를 찾을 수 없었다.[107]

마오쩌둥의 전략 부서 : 노동자·농민을 동원해서 지식인·청년학생 '우파'를 반격한다

마오쩌둥은 신속히, 6월 8일 『런민일보』에 「이것은 무엇 때문인가」這是爲什麼라는 사설을 발표해 우파를 반격하기 시작하였다.[108] 그리고 6월 8일과 10일 연속해서 지시문을 발표하고 구체적인 부서를 만들었다. 반복해서 통지한 두 가지 조항이 있었는데, 하나는 "한 달 후 학교가 방학을 하고, 많은 학생들이 귀향을 할 것이다. 즉각적으로 각 지방 현과 향 4급에 통지해서 준비를 해야 한다. 그 원칙은 ①호의적으로 환영한다, ②귀향

---

106) 毛澤東, 「文彙報的資產階級方向應該批判」, 『毛澤東選集』 5卷, 354쪽.
107) 『광장』 '반동 소집단' 만인비판대회에서 『광장』 편집위원회와 '상층' 우파분자의 연계를 선포하였다. 세 가지 단서가 있는 것에 따르면, "탄티우(譚惕吾), 황사오훙(黃紹竑; 추이더푸崔德甫-린시링林希翎을 통해)이 있고, 장뭐연맹(황지중黃繼忠-류광화劉光華를 통해)이 있으며, 장나이치(章乃器; 쉬난팅許南亭-쉬한산許漢三을 통해)가 있다"고 하였다(謝自立, 〈廣場〉反動集團的反動本質」, 『粉碎〈廣場〉反動小集團』). 사실 모두가 전혀 근거가 없는 것이다. 예를 들면 쉬난팅의 부친 쉬한산은 장나이치의 '친필 편지'로 인해 장나이치가 베이징대학 운동에 끼어들었다고 단정했는데, 이것은 설득력이 없었다.

학생들에게 합작사의 우수성을 알려 주고, 두번째 세번째 합작사를 만들지 않는 이유와 몇 년 후에 만들 것이라는 것을 알려 준다. 귀향 학생들은 아마도 대부분 지주부농의 자녀들일 것이니, 지주부농들을 잘 교육시켜 그들이 자녀들을 잘 교육하게 한다. 만약 학생들이 농민들을 선동해 정부를 반대하면 그들의 잘못을 비판하고 단호하게 교육시켜야 한다. 사람들을 구타하고 욕해서는 안 된다. 도리를 먼저 따져 도리로 사람들을 설득해야 한다"[109]는 것이었다. 다른 하나는 "반동분자들이 지정된 기관이나 학교 외에 다른 공장과 학교에 가서 활동할 것이니, 먼저 적당히 방문을 사절하도록 한다. 공장의 주요 간부와 장기근로 노동자들을 모아 회의를 열고 나쁜 자본가가 있음을 알려 주고, 나쁜 지식인과 사회의 반동분자들이 노동자계급과 공산당을 맹렬하게 공격해서 노동자계급 지도정권을 쓰러뜨리려고 하니, 절대 그들에게 속지 말라고 설명한다. 어떤 이가 선동하면 거부한다. 거리에다 반동표어를 붙이면 대중들을 동원해 찢어 없앤다. 노동자들은 이 국면을 정확하게 보고 소란을 피워서는 안 된다. 이 기간에는 복리나 봉급 등의 문제를 제기해서는 안 되고, 힘을 모

---

108) 「반우파운동의 기밀해제」에 따르면, 마오쩌둥과 중국공산당이 반우파운동을 일으키기로 한 결정은 당외 인사들의 강한 반대를 가져왔다. "1957년 5월 30일 인민대회 부위원장 쑹칭링(宋慶齡)은 마오쩌둥에게 편지를 써서 전국 범위 당 내부, 민주당파 내부, 지식학술계에 반우파투쟁을 전개하는 것에 대해 강한 우려와 의아심과 놀라움을 표시했고, 움직임 없는 '반당'의 우파, 우파 경향의 인사에게는 논쟁을 할 것을 요구했다." "1957년 6월 10일 인민대회 부위원장 리지선(李濟深), 선쥔루(沈鈞儒), 황옌페이(黃炎培), 천수퉁(陳叔通)은 각각 중공 중앙 정치국, 마오쩌둥, 류사오치, 저우언라이에게 편지를 썼고, 편지 속에 모두 반우파투쟁을 전개하는 것에 대해 매우 이해가 안 된다고 하였다. 리지선은 편지 속에서 정치적으로 이랬다 저랬다 하면서 투쟁 분위기를 만들고 계층의 대립을 조성하는 것은 깊은 상처를 야기할 것이라고 썼다."
109) 毛澤東, 「中央關於反擊右派分子鬪爭的步驟, 策略問題的指示」, 『建國以來的毛澤東文稿』 6卷, 503쪽.

아 반대파에 대응해야 한다"[110]는 것이었다.

마오쩌둥에게는 완전히 다른 속셈이 있었다. 1957년의 중국 농촌과 공장에는 많은 불안정한 요인들이 산재해 있었다. 이것은 그에게 있어서 아주 '민감한 부분'이었고, 그래서 "먼저 준비를 해야" 한다면서, 노동자(농민)에게 "대국을 정확하게 보고 소란을 피워서는 안 된다"고 요구했다. 그는 농촌과 공장이 안정되기만 하면 소수 지식인들이 큰일을 일으킬 수 없다고 보았다.

그는 기층의 노동자·농민이 공산당 통치의 토대이자 토대가 되는 대중이라고 굳게 믿었으며, 그래서 노동자·농민의 역량을 동원해 우파를 반격하고자 했다. 사실이 정말 그랬다. 앞에서 분석한 것처럼, 1957년 농민·노동자와 공산당의 지도指導(특히 기층 지도에 있어서) 사이에는 각종 모순이 존재했고, 어떤 모순은 상당히 첨예해서 많은 불만이 누적되었지만, 노동자든 아니면 농민이든 공산당에 대한 기본적인 신뢰는 전혀 동요되지 않았다. 국민당 암흑통치에 대한 그들의 기억이 너무 생생했기에, 공산당이 여전히 자신들의 이익을 대표한다고 생각했다. 마오쩌둥은 바로 이 점을 보았고, 의도적으로 공산당에게 문제제기하는 '나쁜 자본가', '나쁜 지식인'과 노동자·농민 사이에 대립을 조장하였다(동일한 지시 속에서 그 자신도 "이번 소요 중에 부르주아계급 대다수는 태도가 아주 좋았고, 소란도 피우지 않았다"[111]는 것을 인정했다. 부르주아를 강조하는 까닭은 확실히 노동자의 불만을 불러일으키기 위한 것이었다). 우파가 "노동

---

110) 毛澤東, 「組織力量反擊右派份子的猖狂進攻」, 『建國以來的毛澤東文稿』 6卷, 496쪽.
111) 毛澤東, 「中央關於反擊右派分子鬪爭的步驟, 策略問題的指示」, 『建國以來的毛澤東文稿』 6卷, 503쪽.

자계급과 공산당(이 순서는 확실히 심사숙고한 것이다)을 향해 방자하게 공격하려는" 것이고, "노동계급 영도의 권력"을 무너뜨리려고 한다고 말하는 것은, 자연히 노동자와 농민의 분노를 일으킬 수 있었고, 우파를 완전히 고립시키려는 그의 목적을 달성하도록 해주었다.

마오쩌둥이 채택한 이 투쟁전략은 성공적이었고 효과적이었다. 6월 10일 『런민일보』에는 「노동자가 말한다」工人說話了라는 사설이 실렸고, 베이징·상하이·톈진·선양沈陽·안산鞍山 등에서 연이어 노동자들의 좌담회가 개최된다고 보도되었다(이는 분명 마오쩌둥의 지시를 구체화한 것이다). 사설에서는 "공산당을 반대하고 모독한, 또 사회주의를 반대하고 모독한 의견에 대해서 그들은 확고한 투쟁의 결심을 내비쳤다"라고 썼다. 6월 10일 이날, 베이징대학 학생이자 『광장』의 주편 장위안쉰張元勛과 부주편 선쩌이沈澤宜가 베이징 제1인쇄소에 『광장』 교정본을 찾으러 갔는데, 노동자들이 그들을 둘러싸고 『광장』의 글들은 "공산당을 반대하고 사회주의를 반대하는 반동 의견뿐"이라는 이유로 조판 인쇄를 거절한다고 하면서 "우리 노동자에게는 공산당이 있고, 사회주의가 있어야만 행복하고 자유로울 수 있다. 지금의 사회주의는 과거보다 훨씬 좋다. 공산당과 사회주의는 우리의 생명인데, 누가 반대하고 모독하려고 하는가. 우리 노동자들은 절대 허락할 수 없다!"라고 했다. 12일, 또 4명의 베이징대학 학생들이 다녀와서는, "수십 명에서 수백 명에 이르는 노동자들이 우리를 에워쌌으며" "그 자발적 형태의 대회에서 노동자들은 '우리들과 공산당의 생명은 하나다!', '사회주의를 떠난 황당한 논리를 반대한다'고 외쳤다"고 전했다.[112] 『광장』의 편집위원인 천펑리陳奉李는 몇십 년이 지

---

112)「第一印刷廠工人給北大同學的信(兩封)」,『浪濤沙』2期.

난 이후에도 그때의 노동자와 학생 충돌이 "베이징대학 당위원회와 베이징 시위원회가 조작한 것임에 틀림없다"고 생각했다.[113] 이는 물론 추측일 뿐이지만, 당시의 많은 노동자·농민 대중의 반우파투쟁 장면에서 다소 비슷한 '조직'적인 흔적을 엿볼 수 있다.

예를 들면, 주정朱正의 『1957년 여름: 백가쟁명에서 양가쟁명兩家爭鳴까지』라는 책에서 묘사된 '투쟁 풍경'이 그러하다. 즉 선양 사범대학 학생 장바이성張百生이 농업합작운동 중 발생한 문제에 대해 비판적 의견을 견지하자, 100리 바깥에 있는 그의 고향 농민들을 동원해서 그와 '논쟁'하게 하였다. 상하이시 인민대표대회 노동자 대표는 푸단復旦대학 교수 쑨다위孫大雨를 찾아가 "인민들이 당신을 18층 건물까지 보내 주었는데(쑨다위가 살았던 18층 아파트는 정부가 고급지식인들에게 준 것이다), 당신은 되려 중국 인민들을 18층 지옥으로 밀어 넣고, 반공·반사회주의·자본주 복벽 음모를 꾸미려고 하는군. 당신은 완전히 배은망덕한 인간이오"라고 질책했다.

광둥성은 우파분자 뤄이췬羅翼群을 비판하기 위해 특별히 그를 7개의 현으로 보내서 '시찰'토록 하였는데, 도착하는 곳마다 수많은 노동자·농민들이 '자발'적으로 와서 그와 논쟁을 벌였다. 그 중 싱닝興寧현에서는 5만 명이 시위를 하였다. 위안허源河현에서는 비가 오는데도 5천 명이 모였다. 거의 20여 일 동안, 그가 어디에 거처하든, 문 밖으로 나오기만 하면 수백 명에서 수천 명의 사람들이 그를 둘러쌌지만, 그를 보호해 줄 경찰조차 없어 숙소 바깥으로 나가지도 못했다. 결국 뤄이췬은 자동차 트렁크에 들어가 궁색하게 광저우로 돌아올 수밖에 없었다.[114]

---

113) 陳奉孝, 「我所知道的北大整風反右運動」, 『沒有情節的故事』, 505쪽.

중국은 '군중전제정치' 시대로 들어가다

이것은 바로 "이번 운동을 통해서 반동분자들은 군중 앞에서 망신당해야 한다",[115] 혹은 "우리는 지금 우파분자들을 토벌하고 있다"[116]라는 마오쩌둥의 지시를 집행한 것이다. 나중에 마오쩌둥은 또 더 생동감 넘치는 '시의'詩意로 "과거의 착취계급이 노동대중의 망망한 바닷속으로 빠져버렸으니, 그들은 변하고 싶지 않아도 변해야 할 것이다. 그러나 죽어도 변치 않고 화강암 머리로 옥황상제를 만나고자 하는 사람도 있는데, 이 역시 대세와는 무관한 것이다"[117]라고 표현한다. 중국은 이때부터 '군중전제정치' 시대로 들어갔다.

---

114) 朱正, 『1957年的夏季: 從百家爭鳴到兩家爭鳴』, 430, 431~432, 435~440쪽.
115) 毛澤東, 「中央關於反擊右派份子鬪爭的步驟, 策略問題的指示」, 『建國以來的毛澤東文稿』 6卷, 503쪽.
116) 毛澤東, 「打退資産階級右派的進攻」, 『毛澤東選集』 5卷, 442쪽.
117) 「介紹一個合作社」, 『建國以來的毛澤東文稿』 7卷, 177쪽.[이 표현은 고집불통으로 자기 의견을 고수해 죽음을 자초하는 사람들을 형용한 것이다.—옮긴이]

2부 — 베이징의 우파 선구자들

1. 1957년 옌위안의 학생 간행물

1) 『홍루』: '폭풍우 몰아치기 직전의 어둔 하늘' 아래에서 부르는 청춘의 노래

1957년의 첫 새벽, 베이징대학 대형 식당(지금의 강당 자리) 앞, 커다란 두 개의 식탁 위에 막 출판된 학생 문예 간행물 『홍루』[1] 창간호가 쌓여 있었다. 온밤을 지새우며 기뻐했던 베이징대학 학생들은 전날 복장 그대로였으며, 얼마간 피로를 느끼면서도 담장처럼 둘러서서 구경하고 있었다. 그 가운데 옷차림이 단아하고, 걸음걸이가 가벼운 한 여학생과 몇몇 남학생들이 그곳에서 분주히 움직이며 일하고 있었다. 이 여학생이 바로 얼마 뒤 장렬한 행동으로 온 나라를 떠들썩하게 한, 그래서 베이징대학의 역사책에 실린 린자오林昭였다. 당시 그녀는 이미 옌위안[2] 문단에서

---

1) 홍루(紅樓)는 베이징대학 캠퍼스 안에 있는 건물 이름이다.—옮긴이
2) 옌위안(燕園)은 옌징(燕京)대학 캠퍼스를 가리킨다. 옌징대학은 베이징대학의 옛 이름이다.
—옮긴이

시인으로 자못 이름이 나 있었으며, 친구들은 모두 친밀하게 그녀를 "린 아가씨"라고 부르고 있었다. 그러나 당시의 독자들은 오히려 그녀에게 그렇게 주목하지 않았다. 다만 새로 출판된 간행물의 표지에 관심이 더 많았다. 그 표지는 목각 판화였으며, 양치기가 양떼를 몰며 산등성이를 내려가고 있는 그림이었다. 산에는 초목들이 흔들거리고, 하늘에는 짙은 먹구름이 끼어 있는 이 그림의 제목은 '폭풍우 몰아치기 직전의 어둔 하늘'이었다.[3] 여러 해 뒤에, 사람들은 비로소 이것이 바로 한 마디 '예언'이었음을 알게 된다.[4]

간행물을 펼치자, 두번째 쪽에는 1930년대 저명한 교내 시인이었으며, 베이징대학 중문과 교수였던 린겅林庚 선생의 「홍루」가 실려 있었다.

홍루여, 너는 5·4의 종을 울렸노라
그대는 신시新詩 요람 곁의 마음
오늘은 무엇 때문에 소리 높여 노래하지 않는가
청년들을 갈수록 젊어지게 하라

여기에는 새로 탄생한 교내 간행물이 자신에게 부여한 선율이 울려 퍼지고 있었다. "젊은 청년"들이 "소리 높여 노래하는" 것을 마음껏 즐기는 선율, 그것은 전형적인 시대와 개인의 '청춘의 노래'였다. 「발간사」에는 이에 대한 보다 더 구체적인 기록이 있다.

---

3) 張元勛, 「北大往事與林昭之死」, 『沒有情節的故事』, 北京十月文藝出版社, 2001, 525~526쪽 참조.
4) 謝冕, 「開花和不開花的年代」, 『開花和不開花的年代』, 北京大學出版社, 2001, 17쪽.

"우리의 이 간행물은 홍루라고 명명된 백화원百花園이다. 우리의 백화원은 온갖 꽃이 만발하여 울긋불긋하고 오색찬란하다. 홍루의 빛은 꽃밭을 비추고 있고, 이 빛은 우리에게 5·4 시기 청년의 혁명 정신을 배울 것을 일러 주고 있다. 대담하게 생활에 관여할 것을, 용감하고 능숙하게 건설할 것을 일러 주고 있다. 우리의 시대를, 우리 생활의 모든 것을 보다 더 아름답게 변화시킬 것을 지지하고 있다. 또한 우리의 전진을 가로막는 진부한 모든 것을 용감하고 능숙하게 폭로하고 비판할 것을 지지하고 있다! 우리의 홍루는 청년다워야 한다. 주로 청년이 써야 할 뿐만 아니라, 주요하게 청년에 대해 써야 한다. 학생이 주로 써야 할 뿐만 아니라, 학생을 쓸 것을 요망한다. '백화제방, 백가쟁명'百花齊放百家爭鳴의 방침 아래, 서로 다른 풍격의 창작을 발표할 것이다. 우리의 꽃밭은 어느 곳으로부터 날아온 꽃씨라도 환영하며, 다만 그것이 진짜 꽃이기만 하다면, 생명이 있기만 하다면, 우리의 이곳엔, 꽃씨를 틔울 땅이 있다."

여기서 우리는 이 청춘의 노래 속에 묻어 있는 격정이 시대의 변화에 의해 생겨난 것임을 알 수 있다. 거의 모든 젊은 대학생들은 수많은 선구자들이 피 흘리며 분투했던, 중국 역사상 전례가 없는 진정한 민주·자유의 '백화제방, 백가쟁명'의 신시대가 그들을 향해 걸어오고 있으며, 그들의 임무는 바로 5·4혁명, 비판, 그리고 창조의 정신을 발양하여 이 시대를 맞이하고, 이 시대와 국가의 주인공이라는 자세로 젊은이 자신의 목소리를 내는 것임을 믿어 의심치 않았다.

이것이 당시 베이징대학의 '학내 분위기'였다고 할 수 있다. 만일 이 글이 실린 『홍루』를 읽는다면, 옌위안 학생들은 지금 막 치른 송년회의 정경을 떠올리게 될 것이다. 이것은 연말 송년회에 왔던 거의 모든 사람들에게 평생 잊지 못할 학교생활에 대한 아름다운 기억이 되었다. "대식당의 중심에는 폭이 2미터나 되는 대형 화분이 놓여 있었다. 그 안에는 높이가 5, 6미터쯤 되는 크리스마스트리가 세워져 있었는데, 나뭇잎 사이로 등불이 반짝거리고 있었다. …… '위대한 1957년을 맞이하자'라는 대형 금박 글씨가 강단 위에 걸려 있었다. 모든 스포트라이트는 이 큰 글자들을 비추고 있었는데, 그것은 마치 우리의 앞날, 그 금빛의 날들을 눈앞에 펼쳐 놓은 것 같았다! …… 밤 11시 30분, 우리가 존경하는 마인추馬寅初 총장, 저우페이위안周培源 교무장 등 학교 지도자들이 신년맞이 준비를 끝낸 강당으로 들어왔다. 그들이 무대에 올라 새해 인사를 하자, 음악은 곧 멈췄고, 팔천 명의 총아寵兒들은 조용히 그들을 바라보며 서 있었다. 이어 새해를 알리는 종소리가 열두 번 울리고, 그 여운이 채 가라앉기도 전에 베이징대학은 들썩이기 시작했다. 그 소리는 마치 온 천지를 뒤흔드는 듯했다!……" 마 총장이 그가 자주 쓰던 "형제 여러분!"이라는 말로 입을 열자, 그의 말은 곧 우뢰와 같은 박수 소리에 파묻혔지만, 뜻밖의 큰 목소리로 "새해에는 돈을 많이 버십시오"라고 말했다. 그리고 학생들의 의아스런 눈길을 보고, 다시 당황하지 않고 침착하게 설명해 주었다. "여기서 '돈'이란 '재'財가 아니라, '인재'의 '재'才입니다. 여러분들이 국가 건설의 동량지재棟梁之材가 되기를 기원합니다!" 학생들의 '와아' 하는 큰 웃음소리 뒤에, 다시 오랫동안 박수 소리가 그치지 않고 울려 퍼졌다.[5]

'인재가 되는 것'은 분명 그 무렵 베이징대학 학생들의 공통된 꿈이

---

[5] 張元勳, 「北大往事與林昭之死」, 『沒有情節的故事』, 524~525쪽. "'인재'를 벌다"와 관련된 단락은, 그 자리에 있었던 작가의 회고이다.

었으며, 시대적인 요구인 듯했다. 즉 1956년 1월, 중국공산당 중앙위원회가 소집한 지식인 문제에 관한 회의에서, "과학을 향해 진군하자"라는 구호가 제시되었다. 그리고 그 해 4월, 마오쩌둥은 다시 최고국무회의에서 정식으로 '백화제방, 백가쟁명'의 방침을 밝혔다. 캠퍼스 안의 열일곱, 열여덟, 스무 살 무렵의 젊은이들은 곧 이 "선명하고 생기 충만한 시대적 구호에 빠져들었다". 당시 베이징대학 중문과 2학년 학생이자, 『홍루』의 편집위원이었던 셰몐謝冕은 "이렇게, 우리의 이런 꽃 같은 생명들은 '과학을 향해 진군하자'라는 깃발 아래 모여들었으며, 그로부터 우리의 20세기 50년대 이상주의의 '진군'이 시작되었다"[6]고 말하였다.

　이와 같은 시대적 풍조 속에서, 학내 분위기는 문학에 대한 관심으로 들끓었다. 셰몐의 같은 반 친구이자 『홍루』의 작가이며 교내 시인이기도 했던 쑨위스孫玉石는 이처럼 회고했다. "세상사에 어두운 우리 몇몇 젊은이들은, 온종일 좋아하는 책과 새로운 문학작품 속에 빠져 있었다. 학생(同學)들의 창작 의욕을 충속시키기 위해서, 덩메이쉬안鄧美萱과 리신李鑫은 손으로 베껴 쓴 벽보용 타블로이드 신문 『소화성』小火星을 발행했는데, 오늘날 보기에도 가장 아방가르드적인 작품들이 모두 그 신문을 통해 발표되었다. 어떤 학생들은 유명 연극인들이 만든 「뇌우」雷雨를 보다가 막차를 놓치고는 소리 높여 노래를 부르며 어둠에 싸인 베이징 시내를 걷기도 했는데, 학교에 도착했을 때는 이미 새벽 4시가 넘었다. 기숙사에 머물던 여섯 명의 학생들은 개성과 취미가 각양각색이었다. 그러다 보니 이것저것 잡다한 이야기를 나누게 되었다. 그 뒤 아예 종이에다 붓으로 '육미서옥'六味書屋이라고 써서, 기숙사 문 앞에다 붙여 두었다. 장

---

6) 謝冕, 「開花和不開花的年代」, 『開花和不開花的年代』, 14쪽.

스루張時魯는 특유의 내몽고식 발음으로 우리들에게 자주 미하일 숄로호프, 잭 런던, 어네스트 헤밍웨이에 대한 자신의 생각을 이야기했다. 그가 자주 입에 올리던 찬사들은 이랬다. '정말 대단하지 않은가, 『고요한 돈 강』, 『야성의 부름』, 『노인과 바다』!……' 그는 굶주린 한 마리 늑대처럼, 서양의 근대 문학작품들을 섭렵했으며, 늘 고개를 파묻고 장편소설을 썼다. 재능이 넘쳐흐르는 쑨사오전係紹振은, 우리들 가운데 책을 가장 많이 읽었다. 사상 역시 야생마처럼 자유롭고 거리낌이 없었다. 그는 재능 있는 여성 원샤오줴溫小玨와 함께 자주 아방가르드적인 작품에 관한 소식을 반에 전해 왔다. '숄로호프의 『인간의 운명』,[7] 웨예嶽野의 연극「동고동락」同甘共苦은 정말로 대단했다.' 그러면 우리 반 학생들은 앞다투어 이 작품들을 읽었다. 그리고 우리는 제1차 세계대전이라는 전쟁이 가져온 인간성 학대에 관한 숄로호프의 묘사에 놀라지 않을 수 없었다. 베이징 시내로 들어온 뒤 새것을 좋아하고 옛것을 싫증내는 몇몇 노간부 때문에 마음이 편하지 않았다.[8] 라브레뇨프의 『41번째』[9]는 소설에서 영화까지

---

7) 숄로호프(Mikhail Sholokhov, 1905~1984). 러시아 작가. 종군기자로 활동하면서 많은 수필과 단편소설을 창작했다. 그 가운데 1957년에 발표한 『인간의 운명』(*Sudba Cheloveka*)은 전쟁 중 겪게 된 잔혹한 고통과 굳은 의지를 주로 묘사했다. 또한 인간이 전쟁 중에 겪게 되는 험난한 역정과 전쟁이 인간의 운명에 가져다준 비극을 표현했다.—옮긴이

8) 중국공산당의 많은 간부들(이른바 '노간부')은 농촌 출신이며, 그들의 아내 대부분은 농촌 사람이었다. 1949년 중화인민공화국이 성립된 뒤 이들 노간부들은 도시로 들어와 권력을 장악했는데, 그 가운데 일부 사람들이 농촌의 아내를 버리기 시작했다. 그들은 농촌 아내들이 너무나 '촌스럽고', '오래되었다'고 여기고, 나아가 도시의 '신'여성을 구했다. 이 때문에 농촌의 아내와 이혼하고 새로운 쾌락을 추구했다. 이는 곧 1950년대 초기의 사회문제가 되었으며, 몇몇 여성의 운명에 대해 관심을 가진 지식인과 작가들의 주의를 끌었다. 앞에서 언급한 웨예의「동고동락」에서 묘사한 것은 이러한 "새것을 좋아하고 옛것을 싫증내는" 심리가 가져온 혼인의 비극으로, 마찬가지로 대학생들의 공명을 일으켰다.—옮긴이

9) 라브레뇨프(Boris Lavrenyov, 1891~1959). 러시아의 소설가이자 극작가. 소설 『41번째』(1926)는 대표작으로, 사회 하층민이 잔혹한 혁명 투쟁 속에서 성장하는 과정을 묘사했다.—옮긴이

반에서 본 사람들이 입을 모아 칭찬하였으며, 모두들 감탄해 마지않았다. 푸시킨,[10] 레르몬토프,[11] 네루다,[12] 히크메트,[13] 아이칭[14]의 「보석의 붉은 별」寶石的紅星, 「칠레 해협에서」在智利海峽上 등은 모두 시를 좋아하는 우리들의 주된 이야깃거리가 되었다. …… 기숙사에서, 교실에서, 쑨사오전은 두 팔을 내밀고 소리 높여 큰 목소리로 낭송하고 있었다. '벌목꾼이여, 깨어나라!'……" 이 "깨어나라"는 외침은 그 시대 사람들의 생명 속에 영원히 각인되었다. 쑨위스는 43년이 지난 후 지난 일을 회고하면서, "잊을 수 없는 것은, 또 가슴에 분명히 새겨진 것은, 여전히 이 외침이었다"[15]고 했다.

여기서 우리는 1956~57년 중국 캠퍼스의 젊은이들이 정신적으로 깨어나고 있었으며, 내면적으로는 지식·이성·이상에 대한 갈구와 억누를 수 없는 자유로운 창조의 충동이 용솟음치고 있었음을 발견할 수 있다. 젊은이들의 창작 재능은 용암처럼 분출되었다. 『홍루』에서는 이와

---

10) 푸시킨(Alexander Pushkin, 1799~1837). 러시아 시인, 러시아 근대문학의 창시자. 그의 작품은 대부분 농노제도를 공격하고 귀족 상류사회를 질책하고 있으며 자유와 진보를 칭송하고 있다. 대표작으로 『자유의 노래』(1817), 『차다예프에게』(1818) 등이 있다. ― 옮긴이
11) 레르몬토프(Mikhail Lermontov, 1814~1841). 러시아 시인, 소설가, 극작가. 그의 작품은 농노제도의 어두운 면을 예리하게 공격하고 인민들의 반항투쟁을 동정하고 있다. 작품으로는 서사시 『악마』(1829~1841), 장편소설 『우리 시대의 영웅』(1840) 등이 있다. ― 옮긴이
12) 네루다(Pablo Neruda, 1904~1973). 칠레 시인. 대표 시집 『위대한 노래』(Canto General, 1950)에서 조국을 노래하고, 라틴아메리카의 영웅적 인물과 선원, 구두 수선장이, 어민, 광부 등 노동자를 찬미하고, 반동 통치계급을 폭로했다. ― 옮긴이
13) 히크메트(Nâzım Hikmet, 1902~1963). 터키의 혁명적 서정시인이자 극작가로 마야코프스키(Vladimir Mayakovsky)의 영향을 받았다. 시집 『죽은 계집아이』, 희곡 『다모클레스의 칼』 등의 작품을 남겼으며, 오십년대 중국, 특히 대학생들에게 큰 영향을 미쳤다. ― 옮긴이
14) 아이칭(艾青, 1910~1996). 중국 현대의 대표 시인, 혁명 좌파 시인. 주요 작품으로 『다옌허―나의 보모여』(大堰河―我的保姆, 1932), 『중국의 땅 위에 눈은 내리고』(雪落在中國的土地上, 1937) 등이 있다. ― 옮긴이

같은 '베이징대학 문예 동태'를 읽어 낼 수 있다. "중문과 3학년 학생 왕레이王磊의 시집『과부의 눈물』寡婦淚은 지난 2월경에 통속 문예 출판사에서 출판되었다", "본교 음악 창작 서클의 류지린劉季林(중문과 2학년)이 창작한 음악 작품『소년 피아노곡』少年鋼琴曲은 이미 음악 출판사에 넘겨져 출판되었는데, 이는 그의 처녀곡이었다."[16] 여러 외국어학과에서도 잇달아 번역 학습 간행물이 편집·출판되었는데, 러시아어학과에서는『시월』十月을, 동방어학과에서는『번역 습작』翻譯習作을, 서방어학과에서는『다리』橋 등을 출판하였다. 중문과에서도 역시 우후죽순처럼 손으로 베껴 쓴 간행물들이 쏟아져 나왔다. 예를 들어, 언어 전공 2학년 1반의『피콜로』短笛, piccolo, 2반의『백화 화단』百花壇,『소화성』小火星, 조선족 학생의『창바이산』長白山, 신문 전공 1학년 3반의『해바라기』向日葵 등이 있었다.[17] 교내 문화활동도 아주 활발해서, 소식에 의하면 소련 작가 폴레보이,[18] 카타예프,[19] 인도 작가 쿠마르,[20] 일본 작가 후지모리 세이키치,[21] 아오노 쓰에

---

15) 孫玉石,「"如歌"的歲月裏」,『開花和不開花的年代』, 10~11, 12쪽.
16) 「北大文藝動態一瞥」,『紅樓』, 1957年 4期.
17) 「北大文藝動態一瞥」,『紅樓』, 1957年 2期.
18) 폴레보이(Boris Polevoy, 1908~1981). 소련 러시아 작가. 대표작으로 장편소설『진정한 인간』(1946)이 있다. 그의 작품은 대다수가 소련 인민의 노동, 전투 생활을 제재로 하여 애국주의를 노래했다.―옮긴이
19) 카타예프(Valentin Kataev, 1897~1986). 소련 러시아 작가. 1915년에서 1917년까지 제1차 세계대전에 참가하여 많은 기사를 썼다. 1932년 사회주의 운동과 군중의 적극적인 주동 정신이 제재가 된 장편소설『시간이여, 전진하라』를 썼다.―옮긴이
20) 쿠마르(Jainendra Kumar, 1905~1988). 인도의 힌두어 작가. 간디의 무저항주의 철학을 창작으로 표현하고, 악에 대한 무저항의 논리와 고통의 감수를 과감하게 서술한 그는 20세기 문학에 특징적인 공헌을 했다고 평가받는다.―옮긴이
21) 후지모리 세이키치(藤森成吉, 1892~1977). 소설가, 극작가. 도쿄 제국대학 재학 중에 집필한「물결」(波)로 소설가로서 널리 알려지게 되었고, 사회주의에 대한 관심이 깊어 전일본프롤레타리아예술연맹의 초대위원장을 맡았다.―옮긴이

키치,[22] 오스트로프스키,[23] 소련의 영화 대가 에이젠시타인, 중국 작가이자 학자인 리젠우,[24] 루칸루,[25] 류다제,[26] 캉줘,[27] 우주광,[28] 영화배우 자오단,[29] 바이양,[30] 황쭝잉,[31] 쑨다오린[32] 등이 모두 본교를 방문하여 학생들과 만나고 좌담회를 가졌다고 한다.[33]

『홍루』는 바로 이와 같은 토양 속에서 싹을 틔웠다. 『홍루』 전에 이미 『베이징대학 시간』北大詩刊(1954년 창간, 처음에는 32절판이었으며, 1956년에는 16절판이 되었음)이 있었는데, 거의 모든 옌위안 시인들이 모여들었다. 후에 장위안쉰張元勛은 다음과 같이 서술하였다. "당시의 편집장은 현대파 시인인 자오수광趙曙光이었으며, 회원은 고전파 시인인 추이다오이崔道詒, 철학자 시인인 마쓰馬嘶, 리런李任, 해변을 노래한 시인인 쑨커헝孫克恒, 서사

---

22) 아오노 쓰에키치(靑野季吉, 1890~1961). 문학평론가. 『문예전선』(文藝戰線)의 주요 이론가로서, 그의 문예비평은 신흥 프롤레타리아계급 문예에 적극 작용했다.—옮긴이
23) 오스트로프스키(Nikolai Ostrovsky, 1904~1936). 소련 러시아 작가. 대표 소설 『강철은 어떻게 단련되었는가』(1932~35)는 작가의 체험을 바탕으로 쓴 것으로, 10월혁명 이후 사회주의 공업화 건설 초기 소련 프롤레타리아계급이 볼셰비키 당의 지도 아래 적과의 모든 투쟁에서 승리하고, 청년들이 혁명의 불길 아래 성장하는 것을 묘사했다.—옮긴이
24) 리젠우(李健吾, 1906~1982). 작가, 평론가, 번역가. 중국 현대문학사에 대한 독특한 평론으로 인정을 받았다. 평론집으로 『문장을 음미하며 모은 글』(咀華集, 1936), 『문장을 음미하며 모은 글 두번째 집』(咀華二集, 1942) 등이 있다.—옮긴이
25) 루칸루(陸侃如, 1903~1978). 1957년 우파로 분류되었다가 1979년 명예회복이 된 고전문학 연구자. 『중국시사』(中國詩史), 『중국 고전문학 간략사』(中國古典文學間史)가 있다.—옮긴이
26) 류다제(劉大傑, 1904~1977). 작가이자 학자. 1926년 일본으로 유학하여 유럽 문학을 공부하였고, 1930년 귀국한 이후 푸단(復旦)대학, 안후이(安徽)대학 등에서 교수를 역임했다. 1938년부터 1949년까지 쓴 『중국 문학발전사』(中國文學發展史)가 그의 역작이다.—옮긴이
27) 캉줘(康濯, 1920~1991). 소설가. 1950년에 단편소설집 『봄에 심고 가을에 수확하다』(春種秋收)를 출판하여, 농민 군중의 합작화운동 이후의 사상·정신·생활상의 거대한 변화를 그렸다. 1957년 중편 『물방울이 돌에 구멍을 내다』(水滴石穿)를 발표하였다.—옮긴이
28) 우주광(吳祖光, 1917~2003). 1930년대부터 주로 시나리오 창작에 종사하여 「눈보라 치는 밤에 돌아 온 사람」(風雪夜歸人), 「견우와 직녀」(牛郞織女)를 발표했다. 1949년 이후 영화감독으로 일하다가 1957년 우파로 분류되어 노동개조를 보낸 뒤 1960년에 돌아왔다.—옮긴이

시인인 비쉐辞雪, 서정 시인인 장링張玲, 학자 시인인 셰몐, 사막을 노래한 시인인 런옌팡任彦芳, 유미 시인인 왕커우王克武 등이 있었다."

물론 린자오와 장위안쉰 자신도 있었다. 그 해 그와 린자오가 함께 책임 편집한 『베이징대학 시간』의 '1956년 신년 특별호'는 영원히 잊기 어려운 것이었다. 그 겉표지는 분홍색 용지에, 손에 등을 들고 있는 여자 아이를 인쇄한 것인데, 소박한 아름다움을 지니고 있었으며, 이는 린자오의 장인정신으로부터 나온 것이었다.[34] 이번 기에는 또한 셰몐의 시 한 수 「1956년 준마를 타고 날 듯이 오다」一九五六年騎著駿馬飛奔而來가 실려 있었는데, 그 가운데 한 구절 "비록 얼음과 서리가 대지를 얼어붙게 한다 해도, 나의 마음은 뜨겁게 타오르고 있다"와, 동시에 쓰여진 장위안쉰의 시구, "기쁘다, 얼음은 이미 사라졌고! 봄소식이 전해져 왔다" 모두는 마음의 소리를 전하고 있고, 직감적으로 민감하게 시대의 변화를 파악하고 있었던 것이다. 그래서 『베이징대학 시간』에서 『홍루』까지는 연속이자 발전인 것이다. 시 전문 간행물에서 종합적인 문예 간행물로 발전하면서, 몇몇 캠퍼스 내의 시인들 외에도 많은 작가들을 끌어들였다. 소설가,

---

29) 자오단(趙丹, 1915~1980). 1930년대 유명 남자 배우. 「교차로」(十字街頭, 1937), 「거리의 천사」(馬路天使, 1937)의 주연을 맡았다. 이 두 영화는 중화인민공화국 수립 이전의 좌익 영화 가운데 가장 중요한 작품으로 꼽힌다.─옮긴이
30) 바이양(白楊, 1920~1996). 1930년대 유명 여자 배우. 1931년 영화 「고궁신원」(故宮新怨)에서 중요한 배역을 담당했다. 1936년 영화제작회사인 밍싱영화사(明星公司)에 가입하였고, 「교차로」는 그녀가 주연한 첫번째 작품이다.─옮긴이
31) 황쭝잉(黃宗英, 1925~). 여배우이자 작가. 출연한 작품으로 「추구」(追, 1947), 「행복 광상곡」(幸福狂想曲, 1947), 「여인행」(麗人行, 1949) 등이 있다.─옮긴이
32) 쑨다오린(孫道臨, 1921~2007). 남자 배우. 출연한 작품으로 「까마귀와 참새」(烏鴉與麻雀, 1948), 「대단원」(大團圓, 1948) 등이 있다.─옮긴이
33) 「北大文藝動態一瞥」, 『紅樓』, 1957年 2期, 3期.
34) 張元勛, 「北大往事與林昭之死」, 『沒有情節的故事』, 521~522쪽.

산문가, 평론가, 그리고 화가, 작곡가 모두가 그 안에 들어갔으며, 학생들이 우스갯소리로 이야기했던 '베이징대학 문예계'가 형성되었다.

장위안쉰의 회고에 의하면, 당시『홍루』의 주편집인은 중국 공산주의 청년단 위원회 선전부장인 중문과 조교 웨다이윈樂黛雲이었으며, 부편집인은 캉스자오康式昭·장중張鍾(중문과 4학년 학생들)이었고, 편집위원으로 마쓰·리런·왕커우·린자오·장위안쉰·셰멘·장중張炯 등이 있었다.[35] 편집위원회의 구성으로 볼 때,『홍루』는 학생단체가 이끄는 학생 서클 간행물임을 알 수 있다. 이는 50년대 중국의 캠퍼스 시가와 문학은 5·4 캠퍼스 시가와 문학의 연속일 뿐만 아니라, 동시에 자신의 시대의 특색을 갖추고 있음을 보여 주고 있다. 50년대의 중국문학과 마찬가지로, 그것의 합법성과 출판경비, 공간은 모두가 당과 공산주의 청년단조직, 국가, 정부(학교 행정 지도자)가 부여한 것이며, 이 때문에 당과 단위 조직의 지도에 따르는 것은 그 존재와 발전을 결정하는 절대적인 요구였다. 이와 같은 전제 아래, 학생 역시 얼마간의 자주성과 활동 공간이 있었고, 이후 분석을 하겠지만 이 사이에는 일정한 간극과 모순이 나타나게 된다.『홍루』의 저자는 앞에서 언급한『베이징대학 시간』의 대다수 저자 외에도 선쩌이沈澤宜, 쑨사오전孫紹振, 차이건린蔡根林, 류덩한劉登翰, 장즈화張志華, 왕시청汪浙成, 양루楊路, 한웨췬韓樂群, 장펑江楓, 루푸웨이陸拂爲, 쑨위스孫玉石, 양수안楊書案, 훙쯔청洪子成, 자이쿠이쩡翟奎曾 등이 있었다. 여기서 우리는 이들 작가가 비록 반우파운동 이후에 각기 다른 운명에 처하게 되지만, 이십 년 뒤에 다시 회생해 새로운 활력을 보여 주며, 8, 90년대의 중국 문학계와 학술계에서 활약하는 것을 어렵지 않게 발견할 수 있다. 이와 같은

---

35) 張元勛,「北大往事與林昭之死」,『沒有情節的故事』, 523쪽.

의미에서, 『홍루』는 '무너지지 않는 한 세대'를 길러 낸 인재의 요람이라고 말할 수 있다. 『홍루』는 이처럼 의기양양하고 재능이 흘러넘치며, 창조적 활력이 충만한 한 세대의 자아상인 것이다.

『홍루』제2기 '뒤표지'에 실린 사진 한 장에는 다음과 같은 시가 쓰여 있다. "이렇듯 드넓은 세상 / 이렇듯 진실된 우정 / 이렇듯 아름다운 삶 / 또 이렇듯 젊은 우리들."(저자는 런펑任鋒 즉 린자오) 그래서 이 한 세대 사람들의 단순하고 진심 어린 노래가 만들어지게 되었다. 그들은 무미건조한 대학의 일상 속에서 다음과 같은 시를 발견했다. "이 짧디짧은 45분 동안 / 새로 깐 철로는 또 얼마나 더 놓였을까? // 얼마나 찬란한 작은 생명들이 / 와와 울면서 산방에서 탄생했는가? // '사십오'층 아파트의 얼마만큼이 / 조국의 대지 위에서 솟았겠는가? / 모두가 눈 깜짝할 사이의 45분간이었다 // 또한 이 짧디짧은 45분 동안 / 우리는 다시 견고한 일보를 내딛었으며 / 빛이 사방으로 환하게 비치는 과학의 높은 봉우리를 향하고 있었다."(장즈화, 「대학 서정, 45분간」)[36] 적막하고 아주 비좁은 교실, 도서관은 들끓는 광대한 신세계와 연결되어 있었으며, 이는 그 세대 사람들의 문학적 상상을 응결시키고 있었다. 그들은 보다 낮은 소리로 마음에서 우러나오는 연가를 음미하며 노래하고 있었다. "그대는 즐거운 봄 / 나는 침묵의 겨울 / 그대는 이처럼 내게 가깝게 기대고 / 또 도리어 나에게서 그렇게 멀리 있네."(왕시청, 「연가」)[37] "나는 매번 당신의 뒷모습을 보고 있고 / 우리 사이의 거리는 결코 멀지 않다네! / 산들바람은 얼어붙은 호수를 불어서 녹이고 / 침묵의 전원田園을 어루만져 푸르게

---

36) 張志華, 「大學抒情, 四十五分鍾」, 『紅樓』, 1957年 2期.
37) 汪淅成, 「戀歌」, 『紅樓』, 1957年 2期.

하네. / 만일 당신이 겨울이라면, 나는 봄이오."(바이웨이白薇 즉 장위안쥔, 「만일—「연가」에 답한다면」)³⁸⁾ 시의 이미지, 시의 언어, 그리고 애정 자체는 모두가 이처럼 맑고 청순하며, 꾸밈을 삭제한 본래의 모습 상태로, 이 역시 아마도 이 세대 사람들의 마음이 추구하는 바일 것이다.

마찬가지로『홍루』1957년 제2기에 실린, 차이건린의「동양강」東陽江의 의미도 그다지 단순하지 않다. 그것은 이 세대 사람들의 생명 깊숙한 곳의 보다 더 풍성한 한 면을 보여 주는 것일지도 모른다. 어린 시절의 추억 속에는 '근심 없는 동심'이 있을 뿐 아니라, 군데군데 '우울함'이 흐르고 있다. "나는 우울히 숲속을 헤치고 나아가는 것을 좋아한다 / 뒤섞인 관목을 따라 해진 바짓가랑이를 끌어올린다. / 숲 속을 헤쳐 나가, 강가에서 / 동쪽에서 출현할 흰 돛을 주시하며 기다리고 있다…… / 나는 모래사장에 제멋대로 쳐져 있는 / 광야에서 자라고 있는 민들레와 같은 장막을 / 강 위를 떠돌며 배를 젓는 사람들을 부러워한다." "동양강이여, …… 그대는 나로 하여금 보다 광활한 천지를 탐색하도록 일깨웠으며, / 나는 그대의 물방울로 축축해졌다 / 그대의 모래와 자갈로 가득 채워진 / 짚신을 신고서, 자라지 않은 채 유랑의 여정을 밟았다……" 어린 시절의 기억 속에서, 지울 수 없는 것은 이 어머니 강의 오랜 침묵 후의 '사나운 폭발'과 이 땅의 인민들의 끝없는 고난이었다. "시골 사람들은 나무쟁기를 진흙에 꽂고서 / 입술을 깨물고 억세게 생활한다 / 기진맥진해진 밤 / 노의 비린내가 풍겨 올 때야 고통스런 탄식을 듣게 된다." "동양강, 남방 구릉 가운데 강이여 / 너는 나로 하여금 너처럼 인류를 사랑하고, 햇빛과 구름과 노을을 사랑하라고 하네 / 너는 나로 하여금 인내하고 침

---

38) 白薇,「假如—答"戀歌"」,『紅樓』, 1957年 2期.

묵하라고 하네 / 폭발하고 반항하며, 너는 나로 하여금 너처럼 호방한 울음소리를 내라고 하네." 이 시에서 보여 주고 있는 것은, 자신을 길러 낸 토지와 그 위에 땅을 갈고 김을 매고 있는 어르신들의 혈육적인 연관성, 그리고 부친 대대로 내려 온 '사랑'과 '반항', '침묵'과 '폭발'로, 이는 아마도 이 세대 사람들의 생명 속에서 보다 더 내재적이고 근본적일지도 모른다. 그런데 시에서 무의식적으로 드러내고 있는 우울, 두근거림, 불안은, 마찬가지로 시대에 관한 정보를 어느 정도 전해 주고 있다. 비록 이 시를 발표한 『홍루』 편집인, 독자, 심지어 시인 본인조차 이 점을 의식하지 못했다 할지라도 이 시는 다소 미묘했던 그 특정한 역사적 시기에 중국 청년의 마음의 소리가 되었던 것이다. 20세기 말 모든 것이 일단락된 후, 이미 권위적인 문학사가가 된 셰몐은 이 『홍루』에 실린 젊은 대학생들의 시를 그가 주편한 『백년 중국 문학경전』百年中國文學經典에 싣고 그 시대의 대표작으로 삼았는데, 이것이야말로 역사적 안목이었다.

    사람들은 또 『홍루』 제2기의 「편집후기」를 주목하는데, 그 글은 린자오가 쓴 것이라고 하였다. "우리는 『홍루』에서 보다 맑고 깨끗한 노랫소리를 듣기를 희망한다. 우리들 젊은 가수들이 사랑을, 조국을, 우리 시대 전부의 풍부하고 다채로운 생활을 노래하기를 바라며, 또한 우리들의 노랫소리가 작열하는 화염처럼, 구사회의 남겨진 모든 독을, 사회주의에 이롭지 않은 모든 것들을 불태우기를 희망한다." 제2기는 1957년 3월에 출판되었는데, 앞서 1956년 문예계에서는 이미 "생활에 관여하는" 문학의 물결이 일었으며, 그 대표작인 「교량 공사 현장에서」在橋梁工地上, 「본보 내부 소식」本報內部消息 등이 이미 영향력이 가장 큰 『런민문학』人民文學에 발표되었다. 쑨위스의 앞선 회고에서 언급한, 대학생들에게 대단한 흥미를 일으켰던 「동고동락」 역시 이 사조의 산물이었다. 앞에서 인용한 『홍루』「발간사」에는 이미 "생활에 관여하다"라는 말이 있었다.

여기서 문학의 비판적 기능에 대한 진일보한 강조는, 린자오와 같은 보다 반항적인 젊은 대학생의 내재된 회의 정신과 비판적인 격정을 반영하고 있었다. 그들은 "구사회의 남겨진 독"(후에 "햇빛 아래 어둠"이라고 불림)에 대해 민감하게 반응하였다. 아직 햇빛 아래에 있는 행복한 몇몇 젊은 시인들은 이해하지 못하는 것일 수도 있다. 이것은 사실 이미 이후의 『홍루』의 내부 분열을 예견하고 있는 것이지만 당장 눈앞에선 갈라진 흔적이 보이지 않았다. 찬가와 사랑 노래는 여전히 『홍루』의 주선율이었다. 다만 제2기에 발표한 린자오의 「아가씨가 말하다: '표창시' 저자들을 조롱하다」姑娘說:調侃"獎章詩"的作者們[39]는 다소 다른 면모를 보여 주고 있다. 시의 제목이 보여 주듯이, 이 시는 풍자시이며, 조롱의 대상은 그들 '노동'과 '사랑'을 단순히 연관시킨 '신정시' 新情詩 저자들이다.

> 친애하는 작가 여러분, 당신은 무엇 때문에
> 나의 가슴 위에 각양각색의 표창을 달아 주려 하는가?
> 당신의 그 가련한 서정시여
> 무엇 때문에 늘 표창 위에 달라붙어 있어야 하는가?
> 당신의 시를 보면서, 나는 나도 모르게 슬픔에 잠겨 생각하오

---

39) 여기서 '표창시'라는 말에는 일종의 조롱의 의미가 담겨 있다. 이는 다음 문장에서 언급한 '노동'과 '애정'을 간단히 연관시킨 것으로, 또한 50년대 초 사회와 문학의 풍조이기도 하다. '영광스런 노동'을 절대적이며 용속적인 것으로 이해하고 애인을 선택하는 기준으로 삼아, 상대가 노동의 모범이 되는지, 노동의 표창이 있는지를 보았다. 린자오가 보기에 이러한 관념에서 쓴 애정시에서 노래하고 있는 것은, 애정이 아니라 표창으로, 이 때문에 그녀는 '표창시'라고 조롱했다. 아래에서 말한 '신정시'(新情詩) 역시 이러한 조롱의 의미가 내포되어 있다. 이러한 정치화된 '애정시'를 도리어 '신정시'라고 불렀는데, 린자오가 보기에 사실은 절대로 '애정시'가 아니었다.—옮긴이

당신을 끌어들이는 것이 나인지 아니면 표창인지 누가 알겠는가!
만일 세계에 표창이라는 이것이 없다면
당신은 설마 사랑을 노래할 수 없다고 말하겠는가?

이 배후에는 유행하는 시가(문학), '애정', '노동'(정치)의 관계에 관한 시인의 범속한 이해에 대한 질의가 포함되어 있으며, 또 시대의 주류 관념에 대한 질의와 더불어 역향적인 사유방식[40]을 드러내고 있다. 동시에 또한 다음과 같은 것을 시사하고 있다. 즉 앞에서 말한 바 있는 『홍루』 창작의 '청춘 노래'의 특징은, "다시 깨어나는" 시기에 처해 있는 중국 젊은 세대의 정신적인 현상으로, 거대하고 자유로운 창조적 충동을 내포하고 있을 뿐만 아니라, 모종의 자유롭고 비판적인 격정을 배태하고 있다.

그런데 『홍루』 제3기에 이르면, 보다 더 명확한 외침이 있게 된다. 3기의 「편집후기」에는 다음과 같이 쓰여 있었다. "우리는 베이징대학 전체 선생님들과 학생들이 5·4운동의 혁명 선구자들의 본보기를 학습하고 개척하기를 원한다. 진리에 천착하고 악을 적처럼 미워하며 불과 같은 애정을 조국·인민·혁명에 바치며, 치명적인 투창을 계급의 적에게, 사상 영역의 추악함에 던진다. ...... 현실 속의 모순을 드러내고, 착오를 비판하며, 앞서감을 찬양한다. 우리는 보다 멀리 내다보고, 넓게 보며, 국가·정치·경제생활에, 학술·사상계의 동태에, 문단의 중요 현상과 문제

---

[40] 앞에서 말한 바대로, '노동'과 '애정'을 간단히 연관시킨 것은 '영광스런 노동'을 극단화시킨 결과로, '영광스런 노동' 및 그에 대한 범속화된 해석이자, 50년대 초 '시대의 주류 관념'이었다. 린자오는 이를 조롱한 것이다. 이는 사실상 시대 지배적 지위에 있는 '주류 관념'에 대한 질의로서, 사유 방식으로 보자면 일종의 '반대 방향'의 사유이기 때문에 '역향적인 사유 방식'이라고 불렀다.—옮긴이

에 관심을 갖기를 희망한다." 만일 『홍루』 제1기의 편집인과 작가의 안목이 주로 캠퍼스 내부로 향하고 있었다면, 이제는 명확히 보다 광활한 외부 세계로 전환된 것이다. 젊은이 특유의 민감함으로, 당시의 국가·정치·경제생활·사상·문화·학술계에서 배태한 새로운 변동을 느끼면서, "진리에 천착하고, 악을 적처럼 미워한다"는 정신으로 투신한다는 거대한 열정을 표현하고 있었다. 그래서 다음과 같은 자아 반성이 있게 되다. "많은 독자들이, 본 잡지 제1, 2기에 부드러운 사랑 노래가 많아졌지만, 보다 시대적 특징이 풍부한 웅장한 시편들을 찾아볼 수 없다"고 지적하면서, "설마 오늘날의 청년의 노랫소리 가운데 주류는 정말로 세레나데란 말인가?"라는 질의를 던지며, "앞선 사람의 용감하고 완강한 투쟁정신에서 전진의 역량을 흡수해야 한다", "두 팔을 넓게 벌려 정치적 열정이 앙양된 시편을 환영해야 한다"라고 의견을 표명했다. 그런데 최후의 호소는 보다 더 의미심장한 것이었다. 그것은 바로 "5·4 사업의 후계자로서, 신시대의 청년으로서, '외치며' 일어서라!"였다.

이번 3기에는, '5·4'를 기념하기 위해, "보다 더 시대적 특징이 풍부한 웅장한 시편으로서" 정치 서정시가 쏟아졌다. 장위안쉔의 회고에 의하면, 이번 『홍루』는 편집부 전체가 글을 썼으며, 열세 명의 교내 시인들이 단체로 「5·4의 노래」五四之歌를 창작하였는데, "실로 그 기세가 범상치 않았다고 말할 수 있다!" "그런데 이 시들이 인쇄되기 전에, 베이징대학 시가 낭송단의 짧은 리허설과 예술적인 낭송 작업을 거쳐 감동적인 대형 시 낭송회가 이루어졌다. 1957년 5월 4일 저녁, 베이징대학 동쪽 운동장에서 열린 5·4 캠프파이어에 햇불이 전해지면서, 성대하게 막이 올랐다. 운동장 전체는 금세 햇불의 바다, 광명의 바다, 이글거리는 바다, 외침의 바다로 변했다! 시 낭송은 곧 높은 마이크 소리로 다음과 같이 드높이 울려 퍼졌다."⁴¹⁾ "오월에, 나의 마음은 더 즐거워진다 / 마치 내 머리 위에 있는 하늘처럼 / 불이 있는 삼십일 일 동안 / 나는 더 빨리 자라는 것 같다고 느낀다 / 마치 동화 속의 인물처럼 / 일년 일년 자라는 것이 아니라 / 하루 하루 자란다!" "나는 세계를 뒤흔든 5·4운동을 동경한다 / 또한 피를 흘린 십이구운동⁴²⁾을 흠모한다 / 그러나, 나는 우리들 이 시대를 더욱 사랑한다 / ──공산주의 청년단이 활약하는 시대를 / 몇십 년 뒤, 혹은 백년 뒤 / 우리는 푸른 잔디 위에 앉아 / 21세기의 청년에게 / 우리들 공산주의 청년단의 늠름한 이야기를 들려줄 수 있을 것이다 / 그때 나는 / 아마도 노공산당원이 되어 있겠지 / (공산주의 기운 속에서, 당은 이미 소멸되었을지도 모른다.)" "아, 오월에, 나의 마음은 더 즐거워진다 / 나는 정말로 / 나의 동지 한 사람 한 사람에게 입을 맞추고 / 우리들이 가장 좋아하는 노래를 부르고 싶다 / 해질녘부터 날이 밝아 올 때까지!"(마쓰, 「나의 공산주의 청년단에게」)⁴³⁾ 이것은 또 한 차례 찬가의 형식으로 쓰여진 유토피아적인 정치 격정의 분출이다. 그러나 그 누구도 다른 한 형태의 정치적 격정의 분출이 조용히 접근해 오고 있음을 예측하지 못했다.

이때 『홍루』 편집부는 오히려 이별의 감정이 가득했다. 편집위원회 안팎의 몇몇 저자들의 졸업이 가까워졌기 때문이다. 그래서 그들은 5월 19일, 공원으로 놀러 갔다. 열한 명의 『홍루』 문우文友들은 이화원頤和園을 산책하였으며, 린자오가 단체사진을 찍었는데, 그것은 청춘을 영원히 기

---

41) 張元勛, 「北大往事與林昭之死」, 『沒有情節的故事』, 527쪽.
42) '십이구운동'은 1935년 12월 9일 베이징대학과 칭화대학 등이 주체가 되어 일본 침략에 항의한 유명한 애국구국운동이다. 군경의 진압으로 유혈 사태로 번졌으므로 "피를 흘린 십이구운동"이라 불렀다. 이는 5·4운동 이후 베이징대학 역사상 찬란한 한 페이지였다.
43) 馬嘶, 「給我的共靑團」, 『紅樓』, 1957年 3期.

념하기 위한 유일하고도 마지막인 단체사진이 되었다.[44] 사진에서, 모든 사람들은 미소 짓고 있었다. 그러나 누가 알았겠는가. 그들을 기다리고 있는 것이 진정한 이별, 정치적 이별과 영혼의 이별이었음을. 설사 다시 만난다 할지라도, 그들의 마음은 이미 산산이 부숴져 있었다. 역사는 이 세대의 사람들에게 결국은 잔혹한 일면을 드러내었다.

2) 벽에 붙인 시 : 시로 논쟁에 참여하다

5월 19일 이날 저녁, 베이징대학에 대자보가 처음 출현했다. 먼저 역사학과 학생들이 대자보를 붙여서, 중국 공산주의 청년단 위원회의 전국 제3차 대표회의에서 베이징대학 대표에게 영향을 미친 상황에 대해 질의를 했다. 이어서 철학과 학생인 룽잉화龍英華, 수학과 학생인 천펑샤오陳奉孝, 장징중張景中, 양루楊路 등과, 역사학과 학생인 쉬팅난許亭南이 함께 대자보를 붙여서 다음과 같이 요구했다. "민주의 벽을 열 것", "당위원회 책임제를 취소할 것", "정치 수업을 필수로 하는 것을 폐지할 것", "비밀문서 제도를 취소할 것", "언론·집회·출판·결사·시위의 자유를 확보할 것".[45] 그날 저녁 학교는 술렁이기 시작했고, 캠퍼스의 고요함도 깨어졌다. 다음 날 아침, 학생들은 대형 식당(앞에서 언급한 『홍루』 제1기가 발행된 곳)에서 식사를 하며, 다시 동문 좌측에 붙은 대자보 시 하나를 발견했다. 이

---

44) 張元勛, 「北大往事與林昭之死」, 『沒有情節的故事』, 528쪽.
45) 베이징대학에서 5월 19일 대자보를 붙인 상황에 대해서는 여러 다른 의견이 있다. 여기서 근거하고 있는 것은, 1957년 7월 19, 20일 일만일천 인이 참가한, 베이징대학의 "'광장' 반동집단을 비판하다"라는 대회의 발언 원고들이다. 北大校刊 編, 『粉碎〈廣場〉反動小集團』(내부간행물), 北京大學浪海沙社, 1957.

시는 장시로, 저자는 『홍루』의 저자인 선쩌이와 편집위원인 장위안쉰이었다. 이 시는 중대한 영향을 미쳤으므로, 전문을 여기에 옮겨 본다.

때가 되었다

(一)

때가 되었다
　　젊은이들이여
　　　　목청 높여 노래하라
우리들의 고통과 사랑을
　　모두 종이 위에 쏟아붓자
뒤에서 불평하지 말고
　　　　분개하지도 말며
　　　　우울해하지도 말자
마음속의 온갖 감정을
모두 털어내 버리고
　　하늘을 좀 봐라
비판과 질책을
　　폭풍우처럼 머리 위에 쏟아지게 하라
신생의 초목은
　　눈부시게 빛나는 태양을 두려워한 적이 없다
나의 시는
　　하나의 횃불
모든 것을 불사른다
　　인간 세상의 울타리를

그 빛은 가릴 수가 없다

   왜냐하면 그것의 불씨는

──'5·4'에서 왔기에!!!

(二)

때가 되었다

   우리들의 오늘을 향해

      나는 발언한다!

어제, 나는 감히

     무거운 거문고 줄을 켤 수 없었다

나는 다만 부드러운 가락으로

    산들바람과 꽃잎을 노래한다

오늘, 나는 마음속 노래를 부르려 한다

   거대한 채찍으로

   햇빛 아래 모든 어둠을 채찍질한다!

왜, 어떤 사람은 단체에 따뜻함이 없다고 말하는가?

왜, 무수히 많은 벽이 우리들 사이를 가로막는가?

왜, 너와 나는 감히 솔직하게 이야기를 나누지 못하는가?

왜……

나는 분노의 눈물을 머금고

   우리 세대에게 외친다

      진리를 노래하는 형제들이여

         어서 횃불을 들어 올려

햇빛 아래 모든 어둠을 화장시켜라!!![46]

이 시는 전형적인 '벽보 시'로서, 그 형태는 항일전쟁의 포화 속에서 나타난 적이 있으며, 1940년대 후반 국민당 통치 지역의 학생민주운동 중에도 출현한 적이 있었다. 그것은 모두 큰 선전 역할을 해냈고, 수많은 열혈 청년들의 마음에 불을 붙였었다. 지금 그것이 공산당 지도 아래의 신중국에 처음으로 출현했으니, 자연히 많은 주의와 관심을 불러일으키지 않을 수 없었다. 이것은 억눌린 목소리("뒤에서 불평하고 분개하고 우울해한")가 급히 쏟아내고자 하는 호소이고("우리들의 오늘을 향해, 나는 발언한다"), 5·4를 원천으로 하는 민주와 자유의 함성으로, 또 이것은 분명하고 날카롭게 비판의 칼끝을 "햇빛 아래 어둠"을 겨누고 있었다. 이 시가는 마야코프스키의 '계단식' 형식을 채택하여, 북소리 가락을 만들어 내면서, 여러 차례 "때가 되었다"라는 외침을 반복하며, 더 큰 울림의 효과를 얻었다. 그것은 젊은이들의 내재된 비판의 격정을 끌어낼 수 있었고, 앞에서 분석한 것처럼 이미 가슴속에 쌓여 오랫동안 내려온 것이었다. 이 때문에 「때가 되었다」라는 시가 나오자, 마치 돌멩이 하나가 천지풍파를 일으키듯, 교내 전체에서 폭발적인 반응을 일으켰다.

바로 이어서 「때가 되었다」 옆에 또 한 장의 대자보가 붙었는데, 그 시의 제목은 「우리들의 노래」였다. 이 시는 중문과의 신문방송학 전공 1학년 학생이 쓴 것으로서, 맨 앞에 이름을 올린 장평 역시 『홍루』의 저자였다. 시는 시작부터 다음과 같이 명확하게 말하고 있다. "우리는 / 동의하지 않는다 / 「때가 되었다」의 기조基調 / 그 소리가 / 마치 백모녀[47]가

---

46) 「때가 되었다」(是時候了). 이 시는 현존 자료들마다 자구가 약간 다르다. 여기서 의거한 것은 첫번째로 공개 발표된 『홍루』 제4기이다.
47) '백모녀'(白毛女)는 원래 민간에서 악을 제거하고 선을 널리 알리는 신선이었지만, 이때는 교육의 목적으로, '고통이 크고 원한이 깊은' 피압박계급의 전형으로 형상화되었다.─옮긴이

억울함을 호소하는 것을", "왜 / 소리 높여 외치고 있는가 / '소나기'를 / 왜 / 쓸 수 없는가? / '부드러운 가락'을 / 진리의 힘은 / 결코 / '진리의 수호자'의 자태에 / 그 광분한 자태에 있는 것이 아니다.[48] / 만약 우리들이 당을 사랑한다면 / 가장 먼저 떠오르는 것은 / 아마도 / 효과일 것이지 / 히스테리에 심취한 / 수단이 아닐 것이다", "우리는 또한 / 당신들이 들어 올린 / '횃불'을 받아들이기 어렵다 / 설사 당신들 자신이 / 그 불씨가 / '5·4로부터 왔다'고 공언했다고 해도." 시인은 현존 질서를 수호하는 입장을 조금도 감추려 하지 않고, "우리들의 곡조는 / 그다지 조화롭지 못하다 / 이것 역시 이상할 것이 없다. / 우리들에겐 / 당신들의 그 / '무거운 거문고 줄'이 / 결여되어 있다 / 우리들은 당신들처럼 / 늘 '뒤에서 / 불평하고 / 분개하고 / 근심하는' / 사람들과는 다르다. / 불을 놓으려 하는가 / 우리는 / 그럴 생각이 없다"[49]고 선언한다.

목소리 역시 여전히 진실되고 솔직하다. 그 시대의 사람들은 가식과 가장을 몰랐다. 그래서 그 두 진영은 대치하면서 입장을 분명히 하였다. 사람들은 여전히 현존 체제 속에서 각기 처한 지위에 따라 첨예하게 대립하는 입장을 취하였으며, 아울러 그들은 시의 형식을 빌려 격렬한 싸

---

48) 이는 당시 논쟁 중에서 나온 말이다. 본 글에서 밝힌 바와 같이, 해방 기간 동안 베이징대학 학생들 간에 입장과 관점에 따라 세 파로 나뉘었다. 비교적 격진적인 학생들은, 그들이 추구한 '민주, 자유, 평등'의 '진리'를 수호하기 위해서, 현행 체제에 대해 비판을 하였으며, 후에 대부분 '우파'가 되었다. 또 다른 얼마간의 학생들은, 현행 체제를 수호하고 공산당 지도의 입장을 견지했지만, 그들 역시 스스로 진리를 장악했다고 생각했으며, 후에 그들 대부분은 '좌파'가 되었다. 「우리들의 노래」가 표현하고 있는 것은 곧 '좌파'의 입장이다. 그들이 보기에 이들 '우파' 학생들은, 단지 '진리 수호자의 자태'를 꾸미고 있으며, 또한 이 '자태'는 '실성한' 것이다. 이 때문에 결코 '진리'를 대표할 수 없으며, '진리'는 자신의 손 안에 있음을 내포하고 있다. '좌', '우' 두 파 외에 상당수의 '중간파'가 있었는데, 이들은 어느 한쪽으로 입장을 정하지 않았으며, 이 때문에 비교적 적게 발언했다.—옮긴이
49) 「我們的歌」, 『紅樓』, 1957년 3期 수록.

움을 하였다.

　물리학과 4학년 학생인 류치디劉奇弟가 공개적으로 내건 「백모녀의 호소」白毛女申寃는 「우리들의 노래」 속의 "그 소리는 / 마치 백모녀가 억울함을 호소하는 것임"을 겨눈 질책이었다. 그는 반혁명분자 숙청운동 속에서 무고한 학생에 대한 이유 없는 박해를 고발하려고 했다. "아, 하늘은 알 것이다 / 백모녀 / '반당, 반인민, 반혁명'", "오늘 / 백모녀는 물을 것이다 / 구속 영장은 어디에 있는가? / 무엇 때문에 / 사적으로 법정을 설립하여 / 사인私人이 심문하고 / 무엇 때문에 / 사람들의 몸과 마음을 다치게 하는가? / 헌법이 무슨 소용이 있는가? / 이것은 누구의 발상인가?" 그도 다음과 같은 「때가 되었다」라는 시를 썼다. "어찌 때가 되지 않았다는 말인가? / 설마 누군가가 아직 덜 고민했다는 말인가? / 어찌 때가 아직 되지 않았다는 말인가? / 우리들의 입은 얼마나 더 다물고 있어야 한다는 말인가? / 어찌 아직 때가 되지 않았다는 말인가? / 천만 인의 머리가 더 땅에 떨어져야 한다는 말인가?(스탈린이 살해한 충성 당원) / 어찌 아직 때가 되지 않았다는 말인가? / 헝가리 사건이 다시 일어나기를 더 기다려야 한단 말인가?(라코시[50]가 심은 뿌리)"

　류치디의 외침은 많은 반혁명분자 숙청운동 피해자들의 공감을 불러일으켰다. 덩구이제鄧貴介라는 학생은 「고독한 사람의 노래」孤獨者的歌라는 시를 썼는데, 그가 호소한 것은, "멋대로 체포하고, 멋대로 죄를 결정하며, 멋대로 석방되는" 시련과 고통일 뿐만 아니라, 명예회복이 된 이후

---

[50] 마차시 라코시(Mátyás Rákosi, 1892~1971). 1945~56년 헝가리의 실질적인 통치자로, 1945~48년 공산당 서기장, 1948~56년 노동인민당 서기장을 지냈다. 스스로 '스탈린의 가장 우수한 제자'라 할 만큼 철저한 스탈린주의자이며 공포정치를 펼쳤다.―옮긴이

에도 여전히 고립되고 격리되는 정신적 고통이었다. "올해 / 나는 더 이상 심문자를 만나지 않았다 / 또한 많은 사람들 앞으로 끌려가지도 않았다 / 다만 아주 많은 사람들을 만났을 뿐이다, 그들과 나는 / 고개를 끄덕이며 / 눈길을 주고받을 뿐 / 서로 아는 체하지 않았다 …… 한 사람 또 한 사람 / 지도자 또 한 지도자가 / 내 앞으로 / 지나가고 / 또 지나간다 / 난 너무 견디기 힘들다 / ──그들은 또 무슨 이유로 나를 고독하게 하는가?" 그는 시종 이해할 수 없었다. "그들은 무엇 때문에 내쫓을 수 없는 이 공산주의의 진심을 몰아내려고 하는가?"[51]

린자오는 「우리들의 노래」를 보고서 분노를 참지 못하고, 늦은 밤 「이것은 무슨 노래인가」這是什麼歌라는 시를 써서 솔직하게 마음을 표현하였다. "나는 / (또한 / 나뿐만 아니라) / 이처럼 남을 능멸하는 오만한 기세를 질책한다", "무엇 때문에 / 이처럼 사람을 아주 놀라게 하는 명사名詞를 / 가져오지 않으면 안 되는가 '광분', '히스테리'…… / 한 마디가 빠져 있나 / '반혁명분자'", "만일 우리가 동지를 사랑한다면 / '먼저 떠올리는 것은' / 친절한 도움이지 / 결코 / 함부로 이래라 저래라 시키는 / 온 얼굴에 의분을 담은 / 아주 그럴듯함에 / 빠져 있는 / 우쭐대는 모습은 아닐 것이다". 그녀는 날카롭게, 서로 간의 불일치는 곧 현실에 대한 서로 다른 느낌 때문이며, 이는 또한 서로 다른 생존 상황, 이익 관계에서 비롯된 것임을 지적했다. "그렇다, 아마도 / 너에겐 / 그런 날들이 없었을 것이다 ── / 무거운 경시, 냉담과 회의를 / 짊어지고서 // 얼어붙은 고독 속에서 / 망연히 배회한다 / 어디에 가라앉지 않는 물이 / 불면의 긴 밤이

---

51) 류치디, 덩구이제의 시는 모두 『우파언론 모음집』에 수록되어 있다. 이 책은 현재 베이징대학 도서관에 현존해 있다.

있는지 모른다 / 한 모금 두 모금 / 혼자 쓴 눈물을 삼킨다 // 아마도 너는 / 계속 높은 자리에 있을 것이니 / 불평도 분개도 / 우울함도 / 모두 너와는 상관없을 것이다 / 그래서 네게 / 그 '무거운 거문고 줄'이 없다 해도 / 너를 탓할 수는 없을 것이다." 시의 말미에 그녀는 비판의 칼끝을 '진리'의 독점자와 '대표'에게 겨누었다. "진리의 힘은 결코 / 진리 수호자의 / 오만한 태도에 있지 않다 / 왜냐하면 당신은 / (설사 당신이 의로운 일에 적극 나서고 / 나 아니면 안 된다 여길지라도) / 결국 진리를 대표할 수는 없으니까".52) 린자오가 수호하려는 것은 곧 공민公民이라면 누구나 누려야 하는 진리를 탐구할 권리였다. 후에, 린자오는 또 '런펑'任鋒이라는 필명으로「당이여, 나는 외친다……」黨, 我呼喚……라는 시를 발표했다. 이 시는『베이징대학 민주의 벽 선집』北大民主墻選輯(『광장』)에 수록되었다고 알려졌으나 실전失傳되었고, 다만 비평 글 속에서 몇몇 구절 "군도軍刀로 베는 듯한 괴이한 질책에 / 젊은 내 마음은 상처로 얼룩졌다", "밤낮으로 고통 속에서 배회한다"53)만이 남아 있다.

린자오의 「이것은 무슨 노래인가」가 발표된 후, 「우리들의 노래」의 저자는 곧 성명을 발표하여 '휴전'을 선포했고, 이 시의 논쟁은 일단락되는 듯했다. 그러나 「때가 되었다」가 불러일으킨 마음의 폭풍우는 결코

---

52) 린자오의 이 시는 당시에 큰 영향을 미쳤지만, 오랫동안 찾지 못했다. 나는 전해지지 않는 것으로 여기고 있었는데, 오래전 동학이었던 한웨췬(韓樂群)이 돌연 편지를 보내 와, 자신의 그 해의 일기를 옮겨 적어 주었다. 정말 기대 이상의 성과로 기뻐하지 않을 수 없었다. 한웨췬은 또한 보존하고 있던 『홍루』, 『낭도사』지를 주었는데, 다음과 같은 격려의 글도 쓰여 있었다. "내가 소장한 이 책들은, 이미 사십여 년이 되었소. 내가 보존한 것을 보내니, 반드시 보다 중요한 자료로 쓰일 것이라는 기대를 하고 있소."
53) 王南山·杜北原, 「分行的咀呪, 有韻的誣蔑 —評〈北大民主墻選輯〉(廣場)的反動詩歌」, 『紅樓』, "反右派鬪爭特刊" 4號, 1958年 1期 참조.

멎지 않았다. 그래서 다시 러시아어과 시인 두자친杜嘉秦이 이에 호응하는 시를 썼다. "'때가 되었다!'── / 이것은 우렁찬 외침이다, / 설사 / 그 시를 쓴 사람이 / 원망하며 분노할지라도; / 그러나 / 이 목소리는 / 전투적이다; / 이 목소리는 / 피를 끓게 한다", "사람들은 / 모두 눈살을 찌푸리며 / 사색에 빠진다, / 보라 / 군중의 바다가 / 이미 맨 밑바닥까지 출렁임을, / 우리는 / 다시 한번 / 자신의 삶을 / 씻으려 한다." 여기서 제기한 "맨 밑바닥까지 출렁인다", "다시 한번 자신의 삶을 씻으려 한다"는 명제는 보다 더 심각하고 근본적인 것이겠지만, 긴박한 정치적 화제에 파묻혀, 별다른 반응을 일으키지 못했다.

얼마 지나지 않아, 린자오는 다시 또 다른 논쟁을 일으켰다. 5월 22일의 토론회에서, 린자오는 그녀 특유의 솔직함으로 자기 내면의 모순 즉 "나는 조직성과 양심 사이에 모순이 있음을 느낀다"고 말한다. 이때 베이징대학의 일부 '문예계 인사들'(그 가운데 『홍루』의 편집위원과 저자 상중, 셰몐, 런옌팡, 샹녕江楓, 차오녠밍曹念明, 왕레이王磊, 두원탕杜文堂 등 30여 명)은 이미 '수구주의자 논단'을 열었으며, 선언서에서 다음과 같은 견해를 제시했다. "어떤 이는 결국은 우리가 진리를 대표하지 못한다고 말한다. 우리는 모든 진리를 추구하는 동지와 함께 진리를 추구하고자 한다." "어떤 이는 늑대처럼 구도덕을 옹호하는 사람을 먹어 버리겠다고 말한다. 그렇다면 먹어라, 만일 해낼 수 있다면!"[54] 전자는 분명 린자오의 「이것은 무슨 노래인가」에 대한 반응('수구주의자 논단' 참가자 장펑, 차오녠밍은 모두 「우리들의 노래」의 주요 저자이다)이며, 후자는 장위안쉰張元勛을 겨눈 것이었다. 린자오가 앞에서 한 발언 뒤에, '수구주의자 논단'은 곧이

---

54) 張炯·謝冕, 「遙寄東海」, 『紅樓』, 1957年 4期.

어 「린자오 동지에게」致林昭同志라는 시를 발표하였다. 저자는 연이어 다음과 같이 문책하였다. "중국 공산주의 청년단의 조직성은 곧 양심이다. 중국 공산주의 청년단의 규약은 우리에게 조직성을 위해 양심을 버리라고 하는가?" "어떻게 당신의 양심과 당신의 진리를 이해해야 하는가?" 저자는 또한 자신은 "(조직성과 양심의) 모순을 느끼지 않는다"고 공언하였다. 이는 곧 「우리들의 노래」에 근접한 입장이다. '수구주의자 논단'의 개설과 이 시의 발표는, 『홍루』의 편집부와 저자들의 사상적인 분열을 의미했으며, 아울러 이미 공개된 것이었다.

린자오 본인은 이 시에 대해 별다른 반응을 하지 않았다. 그러나 또 다른 교내 시인인 두자친이 「조직성과 양심 ― 린자오에게」組織性與良心―致林昭라는 시를 써서, 린자오에 대한 깊은 이해를 보여 주었다. "당신은 마음속 깊은 곳에 있는 회의를 토로했소 / 나는 당신이 무엇 때문에 이 말을 했는지 알고 있소, / 이 말에 얼마나 괴로움이 담아 있는지 알고 있소 / 그러나 나는 당신의 마음에 그들보다 더 많은 진리, 더 많은 동정심이 있음을 알고 있소." 아울러 다음과 같이 날카롭게 그들 '수구주의자'들을 비평했다. "그들은 '즐겁게 성장하면서, 조금도 모순을 느끼지 않는다' / 삶과 문장은 모두 그렇게 아무 문제가 없는 것이다! / 그들은 지금까지 조직의 착오를 보지 못했고 / 봤다고 하더라도 인정하지 않는다; / 그들은 이제껏 타인의 고통을 보지 못했으며 / 더욱이 자신이 응당 짊어질 책임을 결코 느끼지 않는다. / 나는 그들이 무엇 때문에 이처럼 무감각한지 가슴이 아프다 / 나는 그들이 무엇 때문에 / 무작정 '조직성을 위해 양심을 버리라고 하는지' 가슴 아프다." 시인은 보다 무정하게 자신의, 또한 린자오의 내면의 고통을 벗기며, 비판의 촉각을 자신의 영혼 깊은 곳으로 내뻗었다. "동지여, 나는 알고 있다네, 당신의 / 말하고자 하나 감히 하지 못하는 고충을, / 많은 사람들이 당신과 마찬가지로 / 이처럼 복잡한 심정을 지니고 있소." "가슴에 손을 얹고 생각해 보면, 지난 세월 / 우리는 얼마나 수차례 본의 아닌 말을 했으며 / (조직에) 순종하는 노예가 되었던가 / 얼마나 수차례 스스로를 억압하고, 다른 사람을 다치게 했던가, / 지금은 이미 오랜 시간이 지난 뒤라 후회해도 소용없소. / 어떤 일은 우리들을 이처럼 부끄럽게 하고, 고통스럽게 하며 / 어떤 일은 우리들에게 일생 동안의 여한으로 남아 있소." 이와 같은 자신의 노예근성에 대한 직시와 깨어 있음은 그야말로 아주 중요한 것임에 틀림없다. 이것이야말로 진정한 의미에서의 반역인 것이다. 그리하여 시인은 세상 사람들을 향해, 또 자신을 향해, 다음과 같이 경고하고 있다. "그 '조직성'으로 / 당신의 맹목, 허위, 부정을 덮지 말라, / 그 권력에 대한 두려움 / 그리고 그 이기심의 목적을 숨기지 말라. / 설사 조직의 결의를 집행할 때라도 / 당신의 말할 권리를 지켜 내야 한다." 여기서 그는 가차 없이 50년대 중국의 시대적 병세病勢, 새로운 국민의 열근성劣根性과 지식인의 고질병을 폭로했다. 그러나 그것이 지나치게 날카로워서, 당시의 대다수 사람들(지식인들을 포함하여)이 받아들이지 않았으며, 시인은 이로 인해 수난을 당했고, 전 민족은 이러한 충고를 거절했기에 대가를 치러야 했다. 이 병세는 지금까지도 우리들을 휘감고 있다. 「때가 되었다」와 「우리들의 노래」 사이의 시로 벌인 논쟁은, 상당히 깊이 있는 논의로 발전되었음을 알 수 있다.

두자친은 또 「용사에게」致勇士라는 시를 썼는데, 이는 「때가 되었다」에서 호소한 "햇빛 아래 모든 어둠을 채찍질한다"에 대해, 보다 깊이 있게 사고를 전개시킨 것으로, "어둠 속에서 / 용사가 되는 것은──쉬운 일이다; / 빛 속에서 / 용사가 되는 것은──어렵다"는 명제를 제기했다. 시인은 다음과 같이 쓰고 있다. "빛 속에서 / 어둠은 / 각양각색의 / 옷을 걸치고 있다; / 어떤 것은 / 당의 권력의 지팡이를 / 쥐고서 / 인성을 / 질식시키고 있고, 어떤 것은 / 반당·반인민의 / 인도주의의 큰 깃발을 / 높이 쳐들고 있다. / 용사여 / 믿음을 / 백배로 견고히 해야 한다. / 용사여 / 눈으로 / 각별히 분명하게 보아야 한다. / 빛을 어둠으로 보아서도 안 되고 / 어둠을 빛으로 보아서도 안 된다." 이것은 또한 아주 중요하고도 시기적절한 일깨움이다. 현실생활 속에서는 "보기에는 빛이나, 실제로는 어둠인" 것과 "보기에는 어둠이지만, 실제로는 빛인" 뒤섞인 현상이 자주 나타난다. 어떻게 "진실과 거짓(빛과 어둠)을 분별할 것인가", 이는 시대가 진정한 '용사'에게 제기한 새로운 과제였다. 시의 말미에, 시인은 이들 신시대의 '용사'의 운명에 대해 다음과 같은 예언을 하고 있다.

나는 믿는다
  어둠이
    영원히 존재할 것임을,
대지 위에
  영원히
    먼지가 있는 것처럼
나는 믿는다
  용사는
    투쟁 중에
쓰러질 수 있음을,
그러나 용사의 정신은
  송백松柏처럼
    늘 푸르다는 것을.

나는 믿는다

    용사가

        역사로 인해

소멸할 수 있음을,

그러나 용사는 아마도

    생명으로

      사회를 채찍질하며

        전진할 것이다.[55]

아마도 이는 곧 1957년 옌위안에서 「때가 되었다」라는 시의 형식을 빌려 벌인 사상 교전交戰의 가장 훌륭한 총괄편일 것이다. 「때가 되었다」와 「용사에게」, 이 두 정치 서정시는 아마도 이로 인해 역사적 의의와 가치를 가지게 되었을 것이다.

3) 『광장』: '사회주의 문예부흥'과 '사회주의 민주운동'을 촉진하다

6월 6일, 교내에 대자보 한 장이 또다시 폭발적인 반응을 일으켰다. 대자보의 제목은 「아이를 구하자, 『광장』이 난산 중에 있다!」였다. 이와 동시에 『광장』 제1기의 요목要目, 「발간사」 및 「베이징대학 민주운동 기사」北大民主運動紀事라는 글들을 공포하고, 주문 예약을 받고 기부금을 모았다. 학교 전체의 이목이 이 자칭 '난산' 중에 있는 간행물에 쏠렸으며, 또 이어

---

55) 여기서 두자친이 언급한 시 몇 수, 즉 「때가 되었다」, 「조직성과 양심 — 린자오에게」, 「용사에게」는 『베이징대학 우파 반동언론 모음집』(北京大學右派反動言論匯集)에 수록되어 있다.

서『광장』및 그것이 보여 준 경향에 대해서 서로 다른 견해와 태도를 보이며 격렬한 논쟁을 벌였다. 찬성이든 동정이든, 아니면 반대이든 거의 모든 베이징대학 사람들에게 피할 수 없는 선택이 되었다. 또 이틀 후 시작된 '반우파투쟁 운동'에서, 그들의 이런 서로 다른 태도 표명은 곧바로 그들 각자의 운명이 되었다. 하나의 학생 간행물이 결국 수많은 베이징대학 사람들의 운명과 밀접한 관계를 맺은 것은 분명 보기 드문 문화현상이었지만, 이는 20세기 50년대 중국 정치·문화의 그 어떤 특징을 진실하게 반영하고 있다.

물론 사람들은 다음과 같이 물을 것이다.『광장』은 어떤 간행물인가? 누가 창간한 것인가? 그 중심 사상은 무엇인가? 무엇 때문에 '난산을 했으며', 이는 어떤 운명을 예시하고 있는가?

『광장』의 발기인은 "전국적인 동인同人 간행물"[56]로서 그 위치와 성격을 규정하였다. 여기서 가장 주목을 끄는 것은, '동인 간행물'의 성격이다. 본래 동인 간행물을 출판하는 것은 신문화운동의 전통이었다. 5·4 시기의 천두슈陳獨秀, 후스胡適, 루쉰魯迅, 저우쭤런周作人 등의『신청년』新靑年으로부터 3, 40년대의 후평이 주편한『칠월』,『희망』[57]이 모두 그러하였

---

56) 「北大民主運動紀事」,『廣場』;『原上草 : 記憶中的反右派運動』, 經濟日報出版社, 1998, 26쪽.
57) 후평(胡風, 1902~1985). 중국 좌익작가연맹 선전부장, 서기. 루쉰과도 친밀했다. 1937년 9월 『칠월』(七月)을 창간, 적지 않은 공산당 점령 지역 작가의 작품을 발표하여 청년 작가와 시인을 도왔다. 1945년에는『희망』(希望)을 창간, 수우(舒蕪)의「주관을 논함」(論主觀)을 발표하여 문예계에서 논쟁을 일으켰다. 후평 본인의 몇 가지 문예 관점도 장기간 비평의 대상이 되었다. 1954년 7월 문예실천 문제에 대해 중공 중앙에 상서하여 자신의 생각을 제기했다. 1955년 1월 중국작가협회는 중공 중앙의 지시에 따라 후평 문예사상에 대한 비판을 전개했다. 5월『런민일보』는 연이어 세 차례『후평 반혁명 집단에 관한 자료』를 발표하고, 전국적 범위 내에서 '후평 반혁명 집단' 조사운동을 전개하였다. 적지 않은 작가들이 연루되었으며, 후평도 수감되어 20년을 옥중에서 보냈다. 1980년 명예회복되었고, 1981년 전국정치협상회의 제5차 위원회 상무위원으로 임명되었으며, 중국작가협회 고문을 역임했다. ― 옮긴이

다. 그러나 중화인민공화국 성립 이후, 특히 사회주의 개조를 거친 이후, 민간의 신문 출판업은 사라졌다. 모든 신문과 간행물들은 당이나 당이 지도하는 군중 단체의 기관지가 되었다. 앞에서 말한 대로, 『홍루』와 같은 교내 학생 문예 간행물일지라도, 모두 공산주의 청년단 위원회와 학생회의 지도하에 있었다. 역사적으로 존재했던 동인 간행물, 예를 들어 『칠월』, 『희망』일지라도 새롭게 평가를 받아야 했다. 반후펑운동 속에서, 동인 간행물을 내는 것은, 후펑의 "반동 소집단小集團을 조직하는 것(그 뒤, '반혁명 소집단'으로 승격)으로 당과 지도권을 쟁탈하는" 확증이 되었다. 민간 동인 간행물에 대한 금지령은 '백화제방, 백가쟁명' 시기에 비판을 받게 된다. 장쑤성의 가오샤오성,[58] 예즈청葉至誠, 팡즈[59] 등의 청년 작가들은 이를 행동으로 옮겨서, 문학 월간지 『탐구자』를 기획·출판하였으며, "우리는 동인 간행물로서, 우리의 주장이 있고, 예술적 경향이 있다", "우리는 잡지에서 선명히 우리의 예술적 풍모를 표현하려고 한다"고 명확한 선언을 했다.[60] 그러나 후펑 '반혁명 소집단'의 기억이 생생해서, 대부분의 사람들은 동인 간행물을 여전히 '이단'으로 여기며, 감히 관심을 갖지 못하고 있었다. 이제 이런 세상 물정을 모르는 어린 청년들 움직임 하나하나가 전국에 영향을 미치는 민감 지대 베이징대학에서 동인 간행물을 펴내자, 자연히 수많은 의구심들이 일어났다. 또한 발기자는

---

58) 가오샤오성(高曉聲, 1928~). 1957년 루원푸(陸文夫) 등과 함께 『탐구자』(探求者) 문학 월간 창간, 문학은 대담하게 생활에 관여해야 함을 주장했다. 반우파운동 중 우파로 분류되어, 1958년 고향으로 돌아가 감독하에 노동을 했으며, 이때부터 20년간 글을 쓰지 못했다.─옮긴이
59) 팡즈(方之, 1930~1979). 1957년 장쑤성 난징(南京)시 문련에서 전업 작가로 일하다 문학사단 『탐구자』를 창간하여 비판을 받았다. 문화대혁명 때 계속해서 공격을 당했으며, 오랜 시간 농촌에서 노동을 했다.─옮긴이
60) 朱正, 『1957年的夏季: 從百家爭鳴到兩家爭鳴』, 河南人民出版社, 1998, 386쪽.

자신들이 공산주의 청년단 위원회가 지도하는 『홍루』와 '정면으로 대항하여 일을 해나갈 것'임을 거리낌 없이 이야기하였다. 『광장』이라고 이름 짓는 것 그 자체는 다음과 같은 의미를 내포하고 있었다. 주편인 장위안쉰(그는 곧 『홍루』의 편집위원 대다수와 사상적으로 분열되었다)은 "5·4 운동 발원지로서 베이징대학은 두 개의 역사적 의의가 있는 건축물이 있다. 하나는 홍루이고, 다른 하나는 민주광장이며, 이곳은 민주 역량의 집결지이다. 베이징대학 공산주의 청년단 위원회, 학생회가 『홍루』를 발간했기에, 우리는 『광장』을 발간한다"[61]고 했다. 그러나 당시의 정치 분위기 속에서, 이렇게 "정면으로 대항하여 일을 하는 것"은 많은 사람들이 보기에 그 목표가 단지 『홍루』에 대항하는 것만이 아니었기에, 그 난산은 처음부터 정해진 것이었다.

먼저 그들이 맞닥뜨린 것은 경비 문제였다. 국가와 집단이 모든 자원을 독점한 이후 원래 동인 간행물의 활로가 모두 끊어졌는데, 동전 한 푼 없는 젊은이들은 말할 필요도 없었다. 천펑샤오의 회고에 의하면, 그는 탄톈룽(譚天榮)과 함께 자신의 책 이외의 모든 것을 다 팔았고 마지막엔 입고 있던 홑옷 한 벌과 담요 하나만이 남았다고 했다.[62] 이는 물 한 잔으로 장작불을 끄는 격이어서, 어쩔 수 없이 스승에게 도움을 구할 수밖에 없었다. 마인추 총장은 본래 비용을 지원하기로 했다가, 그 뒤 '경고'를 듣고 그만두게 된다. 몇몇 교수들(푸잉(傅鷹), 우쭈샹[63] 등)은 학생의 의견에

---

61) 陳奉孝,「我所知道的北大整風反右運動」,『沒有情節的故事』, 北京十月文藝出版社, 2001, 500쪽.
62) 陳奉孝,「我所知道的北大整風反右運動」,『沒有情節的故事』, 504쪽.
63) 우쭈샹(吳組緗, 1908~1994). 소설가, 학자. 1930년대에 쓴 소설집으로『서유집』(西柳集),『반여집』(飯餘集)이 있다. 1952년부터 베이징대학 교수를 역임하고, 고전문학 특히 명청소설 연구에 주력하였다.―옮긴이

회의적인 데다가 경제적으로도 여유가 없어서, 사재를 내어 돕지 못했다. 그들은 결국 별 방법이 없어서, 직접 전교 학생들에게 "아이를 구하자"라는 비장한 외침을 할 수밖에 없었다. 그런데 이 방법은 효력이 있었다. 그 뒤 이를 비판했던 사람들이 공개한 자료에 의하면, 학생들이 1,786부의 잡지를 주문하여, 모두 357원을 지불했고, 개인적으로 기부하거나 빌려 온 돈이 486원, 거기에다가 후에 『광장』(등사본)이 400부가 팔려 나가서 40원을 벌게 되어, 모두 합해서 약 883원을 모금했다고 한다. 이것으로 간신히 종이, 제판製版, 등사 비용을 지불할 수 있었다.[64]

물론, 가장 "의심할 만한" 사람은 『광장』의 조직인과 발기인이었다. 그들은 교내 전체에서 가장 급진적이고 논란이 된 인물들로, 나중에 "우파 우두머리"大右派가 되었다. 처음 이들 교내의 급진적인 인물들은 각기 몇몇 논단에 결집되었는데, 천평샤오·장징중·양루(수학과 학생) 등의 '자유 논단', 류치디(물리학과 학생)·추이더푸崔德甫(중문과 학생)의 '백화단'百花壇이 유명하였다. 그 밖에도 '녹자적으로 움직이는' 탄톈룽(물리학과 학생)·왕궈샹王國鄕(중문과 학생)·룽잉화·예위성葉予勝(철학과 학생) 등이 있었다. 그들은 모두 고립되어 있었으며, 그래서 연합의 필요성을 느꼈다. 그리하여 5월 29일 백화학사百花學社가 성립되었다. 이는 거의 건국 이래 처음으로 지시와 비준을 거치지 않고 자립적으로 성립한 학생결사단체였다. 그들은 자신들만의 간행물을 창간하기로 결정하게 된다. 그 뒤 백화학사는 「때가 되었다」라는 시 한 수로 학교 전체에 영향을 미쳤던 장위안쉰과 선쩌이가 주편집인과 부편집인이 되었다. 이것이 바로 『광장』의 유래이다. 이로 인해 반우파운동 중에 "사실 그것은 우리 학교 우파의 근거지

---

64) 洪成得,「廣大同學與〈廣場〉反動校集團的鬪爭」,「粉碎〈廣場〉反動小集團」.

가 되었다"⁶⁵⁾는 견해가 있었다. 만일 이데올로기적인 평가를 빼버린다면, 이는 대체적으로 실제에 부합한다고 말할 수 있다. 문제는 그들의 창간 취지와 주장이다. 주편집인인 장위안쉰이 초안을 잡은 「발간사」에서, "사회주의 시대의 '5·4' 신문화운동"을 추진하여, "진정한 사회주의 민주와 문화를 쟁취할 것", "우리들의 광장은 20세기의 사회주의 문예부흥의 도래를 기대하고 있다"고 선언했다.⁶⁶⁾ 마찬가지로 『광장』 동인들의 소망을 표현한 「베이징대학 민주운동 기사」에서는 '5·19'가 발단이 된 이 운동이, "청년들이 모든 속박에서 벗어나, 사상해방을 쟁취하는 계몽운동으로, 동방문예부흥의 서막이다"라고 공언했다.⁶⁷⁾ 여기서 "사회주의의 사상해방 계몽운동"을 추진하여, "사회주의의 새로운 문화"를 창조하고, "사회주의 문예부흥"을 촉진한다는 취지는 대단히 명확하고 자각적인 것이었다.

구체적으로 이는 세 가지의 기본적인 주장을 담고 있었다. 첫째, 이것은 "사상의식의 대혁명이며", "5·4 선구자들의 대담한 질의, 대담한 창조 정신"으로 "모든 것을 용감하게 재인식해야 한다", "사람과 사람 간의 관계는 새롭게 조정되어야 하고, 과거 당연시되던 것들은 그 시비를 새롭게 따져봐야 한다. 현대의 여러 가지 논점과 시각에 대해서 새롭게 예측하고, 평가하고, 탐색하여야 한다". 둘째, "지극히 선명하고 사랑스러운 사회주의적인 개성"을 창조해야 한다. 셋째, 충분히 사회주의 민주를 발양하고, 진정한 '백화제방, 백가쟁명'을 실행해야 한다. "우리들의

---

65) 謝自立, 「〈廣場〉反動小集團的反動本質」, 『粉碎〈廣場〉反動小集團』에 수록.
66) 「〈廣場〉發刊詞」, 『原上草: 記憶中的反右派運動』, 19, 20쪽.
67) 「北大民主運動紀事」, 『原上草: 記憶中的反右派運動』, 27쪽.

'광장'은 진정으로 '넓은' '공간'이며, 사회주의를 이탈하지 않는 모든 언론의 강단이다. '진선미'를 위한 것이라면, 어떤 리듬의 노래라도 광장으로 와서 젊은이를 향해 소리 높여 노래할 수 있다. 우리들의 '광장'은 논쟁으로 열려 있으며, 우리들의 '광장'은 백화가 만발한 곳이다."[68] '새롭게 가치를 가늠하자', '개성'과 '민주', 이 모든 것은 5·4신문화운동의 기본 관념이다. 만일 장위안쉰과 선쩌이가 「때가 되었다」에서, "(우리들의) 불씨는 '5·4'로부터 왔다"고 선언했을 때에 별 내용이 없었다고 한다면, 지금은 비교적 구체화되었고, 또 요점을 정확하게 파악하였다. 이 세대 사람들의 '5·4' 계승은 전통에 대한 깊은 인식의 기초 위에 세워진 것으로, 이성적인 선택이었다고 할 수 있다. 문제는 그들이 50년대의 중국이 "사회주의 시대의 '5·4' 신문화운동"을 절실히 필요로 한다고 인식한 것인데, 이는 또한 그들의 중국 현실문제에 대한 깊이 있는 파악과 이해로부터 나온 것이다. 그런데 이와 같은 선구자의 각성된 의식은 도리어 사상적으로 갇혀 있던 사람들에게는 여전히 이해하기 어려운 것이었다. 그들 역시 5·4 선구자들의 운명처럼 외로움과 쓸쓸함을 벗어나지 못했다.

여기서 조금 더 보충해야 할 것은, 교내 시인이자 『광장』의 주편집인인 장위안쉰은 『광장』을 편집할 때 자신의 시가이상詩歌理想을 반드시 관철하려고 했다는 점이다. 그의 시가이상은 '광장시파'廣場詩派를 창립하는 것이었다. 그러나 당시 정치투쟁의 절박함으로 인해, 그는 자신(보다 정확히 말하자면, 그로 대표되는 일부 교내 시인들)의 시가이상을 충분히 드러낼 수 없었다. 그래서 단지 한두 마디의 말에서 그 요점을 살펴볼 수밖에 없다. 예를 들면, 그가 초안을 잡은 『광장』「발간사」에 이런 말이 있

---

[68] 「〈廣場〉發刊詞」, 『原上草 : 記憶中的反右派運動』, 19, 20쪽.

다. "중국은 앞으로 춘추제자 백가쟁명과 같은 사회주의 시대가 도래할 것이다. 청년들의 사회 활동이 강건해지고, 문학이 되살아나는 사회주의 시대가 도래할 것이다. 마치 성당盛唐 시기[69]와 같이 시가를 창조하는 사회주의 시대가 도래할 것이다." 여기서 제기한 문학(시가)이상은 중국 문학(시) 전통을 사회주의 시대에 집대성시킨 것으로, 그 속의 키워드는 '쟁명', '소년의 웅건한 풍격', '건설' 그리고 '창조'이다.

그는 또 「발간사」에서 다음과 같이 두 가지를 이야기한다. "네가 하고 싶은 개성적인 노래를 불러라", "『광장』의 붓끝은 햇빛 아래 어둠을 지향한다." 여기서 '자유로운 개성의 표현'과 문학(시가)의 '비판성'에 대한 강조는, 모두 시가이상의 중요한 내용으로서, 현실을 명확하게 겨냥한 것이다. 『베이징대학 민주의 벽 선집』(『광장』의 등사본)의 「들어가는 말」寫在前面的話에서는 "우리들의 『광장』은 주요하게 폭로적이고 '비정통적'인 작품을 실으려고 한다"고 하였다. 반우파투쟁 중 비판자는 또 "소위 광장시파는 적나라하게 인간의 내면세계를 까발리는 것이 특징"이라고 폭로하였다.[70] 비판자는 『광장』에 수록된 많은 시가(장위안쉰, 선쩌이가 쓴 「묘지명」, 「인간의 노래」, 린자오의 「당이여, 나는 외친다……」 포함)가 '놀라움, 미혹, 회의'의 정서로 가득 차 있다고 지적했는데,[71] 사실 이는 바로 내면세계를 드러내 보인 것이었다. 문학사가文學史家는 아마도 이때문에 1957년 맹아 상태로 충분히 전개되지 못한 시가의 관념과 이상

---

69) 당(唐)나라의 시가 창작은 초당(初唐), 중당(中唐), 성당(盛唐), 만당(晚唐) 넷으로 구분하는데, 그 가운데 성당 시기는 시 창작이 가장 우수한 성과를 올렸던 시기였다.—옮긴이
70) 劉堃, 「斥右派份子所謂"思想解放"的謬論, 爲保衛馬克思列寧主義而鬪爭」, 『粉碎〈廣場〉反動小集團』에 수록.
71) 王南山·杜北原, 「分行的咀呪, 有韻的誣蔑—評〈北大民主牆選輯〉〈廣場〉的反動詩歌」, 『紅樓』, "反右派鬪爭特刊" 4號, 1958년 1期.

이, 20여 년 뒤 중국 시단에서 '궐기한 한 세대'와 모종의 내재적인 연관성이 있음을 주의했는지도 모른다. 흥미로운 것은, '궐기한 한 세대'가 큰 파문을 불러일으킨 적이 있었고, 가장 영향력 있는 대변인이자 이론가였던 셰몐과 쑨사오전은 바로 베이징대학의 교내 시인이었다는 것이다. 단지 시대가 달라, '궐기한 한 세대'는 결국 성과를 거두었지만, '광장시파'는 태어나자마자 곧 요람 속에서 말살되고 말았다.

1957년 또 한 우파학생이 「시인송」詩人頌이라는 시를 써서, 그의 마음속 '시인'을, 곧 그가 "이상적으로 생각하는 사람"이라고 하였다. "마치 하느님에게 도전하는 사탄처럼, 시인은 가장 오만하고 교만한 반역자로, 어떤 습관, 계율, 신성한 권위……, 이 모든 것을 더러운 흙으로 보았다. 그의 사전엔 '사소한 것에 신경 쓰다'와 같은 글자가 없으며, 그의 하프는 노예의 신음 소리를 절대로 연주하지 않았다. …… 각양각색의 가면을 불살라 버리고, 진정한 아름다움을 추구하고 창조하는 것이 시인의 천성이며, 또 시인의 천직이다." 그는 또 "시인은 가장 민감한 사람이요, 가장 솔직한 사람이고, 가장 진실한 사람이며, 가장 열정적이며, 가장 쉽게 충동되는 사람이요, 가장 동정심과 정의감이 있는 사람이다. …… 그러나 시인은 '적자지심'赤子之心을 가진 아이이기도 하다"[72]고 한다. '사탄'과 '신생아'가 한 몸이라는 것은, 아마도 1957년 중국 교내의 '광장시인' 자신의 모습이자, 자각적인 추구였을 것이다.

그렇지만, 당시 사람들은 시인이 되는 것에 그다지 적극적이지 않았던 것 같다. 설사 시인이라 하더라도 모종의 정치가적인 기질이 있어서, 정치 서정시가 주요한 유형이 되었다(다른 또 하나의 주요한 유형은 정치

---

72) 劉績生,「詩人頌(詩人是指我理想的人)」,『北京大學右派反動言論彙集』.

풍자시로 '광장시파' 가운데, 왕궈샹의 「한 '열성분자'의 자백」一個"積極份子"的 自白, 「한 낙후분자의 자백」一個落後份子的自白이 있고, 장원江文의 「신악부 네 수」 新樂府四首[73] 등의 대표작이 있다). 이것은 당시의 정치 성향과는 다소 달랐지만 시단의 전체적인 분위기와는 일치하였다.

『광장』의 대다수 사람들을 끌어당긴 것은 직접적인 정치 참여였다. 『광장』의 발기인은 그들이 추진하려 하는 것은 '사상해방의 계몽운동'일 뿐만 아니라, "군중이 사회주의를 옹호한다는 전제 아래, 아래로부터 위로 사회주의 민주의 정치운동을 쟁취하는" 것이라고 공언하였다.[74] 그는 사적인 담화에서, 더 명확하게 "『광장』을 『성화보』[75]처럼 펴내고 싶다"고 하였다. 이것은 소련공산당의 역사 속에서 직접 얻은 계시였다. 50년대의 중국에서, 『소련공산당사』는 대학의 필수 이수 과목이었다. 이 때문에 대학생들 모두 『성화보』가 당시 러시아 사회민주당(소련공산당의 전신)의 기관 신문으로서, 당의 조직을 건립하고 발전하는 데에 대단히 큰 작용을 했음을 알고 있었다. 『광장』의 젊은이들은 레닌이 말한 신문과 간행물의 '조직인'으로서의 기능을 중시하였다. 그래서 그 뒤 비판자들이 말한 '『광장』 강령'(실제로는 『광장』의 편집위원인 예위성이 제출한 「실제 활동에 대한 건의」)이 있게 된다. "법제적인 건설과 개조를 추진하고, 사회주의 민주화를 추진하는 것"을 『광장』의 총 목표로 삼았다. 그 구체적인 절차는 다음과 같다. "세 가지 해악을 폭로하고", 또 "점차적으로 세 가지 해악의 근원을 연구·토론하는 것으로 그 중심을 전이하여",

---

73) 모두 『베이징대학 우파 반동언론 모음집』에 수록되어 있다.
74) 「北大民主運動紀事」, 『原上草: 記憶中的反右派運動』, 21쪽.
75) 『성화보』(星火報)에는 다음과 같은 설명이 있다. "당시(1917년 10월혁명 전 러시아 황제 통치 시기) 러시아 사회민주당(소련공산당의 전신)의 기관지."

"문제가 단지 태도뿐만 아니라 국가제도에까지 관련이 있음을 명확하게 인식하도록 해야 한다". 동시에 '여론의 자유', '출판검열제도를 없앨 것', '말하는 사람의 무죄를 보장할 것' 등의 요구와 광장 조직이 현재 군중운동의 핵심으로서 영구적인 조직이 되도록 하고, 아울러 "각종 형식을 통해" "학교 밖"까지 거대한 영향을 미치도록 한다는 구상이었다.[76]

앞에서 서술한 『광장』 자신의 위치 짓기에서, "전국적인, 종합적인 동인 간행물"의 "전국적인"이라는 표현은 바로 광장이 추구하는 바를 보여 준다. 비판자의 조사에 의하면, 『광장』은 각종 형식을 통해 다른 대학과 연합을 했는데 그 대학들은 다음과 같다. "(베이징의) 런민人民대학, 지질地質 단과대학, 석유 단과대학, 농업기계화 단과대학, 칭화대학, 베이징 사범대학, 베이징 사범단과대학, 강철 단과대학, 항공 단과대학, 광업 단과학원, 임업 단과대학, 중앙희극 단과대학, 공업 단과대학 및 톈진난카이天津南開대학, 톈진대학, 톈진 사범단과대학, 보다 멀리로는 상하이, 후난湖南, 카이펑開封, 타이위안太原, 칭다오青島, 네이멍內蒙, 신장新疆 등의 지역이 있었다."[77] 이는 건국 이후 청년학생들이 처음으로 일으킨 자각적인 민간 정치참여였다. 물론 당국은 용인하지 않았다. 일반 대중들도 이해하지 못했다. 이 때문에, 6월 9일(『런민일보』 사설 「이것은 무엇 때문인가」가 우파 반격을 호령한 이튿날) 『광장』이 베이징 제1인쇄소에 보내졌을 때, 직공은 "그 안에는 온통 공산당 반대, 사회주의를 반대하는 반동적 언론뿐"이라고 여기며 조판 인쇄를 거부했고, 원고를 교정하러 온 장위안쉰 등의 사람들 면전에서 그들을 힐책하였다.[78] 『광장』의 조직원 가

---

76) 謝自立, 「〈廣場〉反動小集團的反動本質」, 『粉碎〈廣場〉反動小集團』에 수록.
77) 餘光淸, 「〈廣場〉反動小集團在校外的陰謀活動」, 『粉碎〈廣場〉反動小集團』에 수록.

운데 한 사람인 천펑샤오는 40여 년 뒤 이 일을 회고하면서, "이것은 분명히 당시 베이징대학 당위원회와 베이징 시위원회가 꾸민 일이었다"고 하였다.[79] 정식으로 인쇄하는 것을 저지당한 후, 스스로 등사油印하기로 결정하고, 『베이징대학 민주의 벽 선집』이라는 이름으로 500부를 인쇄하여 모두에게 나누어 주었고, 동시에 『광장』을 잠시 동안 정간한다고 선포했다.

그러나 『광장』의 구성원들은, 도리어 조직적이고 지도성을 띤 '반우파운동' 속에서, 예외 없이 모두 냉혹한 심문과 군중들의 비판을 받게 된다. 7월 19, 20일(곧 5·19민주운동이 일어난 두 달 뒤) 연이어 이틀 동안 학교 전체의 교직원과 학생들, 그리고 일부 타교 교사와 학생들 1만 1천여 명이 대규모로 "『광장』 반동 소집단을 폭로·비판하는 대회"를 열었으며, 대회에서 다음과 같이 선포를 한다. "『광장』의 반동적인 성향은 이미 간행물 자체의 범위를 훨씬 넘어섰다." "『광장』의 편집부는 매우 엄밀한 조직과 완전한 강령을 갖춘 철두철미한 반동 집단이다. 그것은 실제로 이미 본교 우파분자의 근거지가 되었으며, 당과 사회주의를 향해 난폭하게 진격하는 본교 우파분자의 사령부가 되었다. 또한 사회적으로는 베이징대학 우파집단의 일개 종대縱隊가 되어, 스스로 수도 및 기타 지방의 몇몇 대학 우파학생들의 총사령부가 되려 했다."[80]

『광장』의 편집위원들은 모두 다 매서운 징벌과 잔혹한 박해를 피할 수 없었다. 장위안쉰(주편집인), 천펑샤오(주편집인), 류치디(편집위원) 등은 체

---

78) "北京市印刷一場全體職工"과 "丁虹遠"이라고 직공들이 서명한 편지, 「第一印刷場工人給北大同學的信(2封)」, 『浪淘沙』 3期.
79) 陳奉孝, 「我所知道的北大整風反右運動」, 『沒有情節的故事』, 505쪽.
80) 謝自立, 〈廣場〉反動小集團的反動本質」, 『粉碎〈廣場〉反動小集團』에 수록.

포·수감되었으며, 선쩌이(부편집인), 왕궈샹(부편집인), 추이더푸(부편집인), 장징중(편집위원), 룽잉화(편집위원), 예위성(편집위원), 리엔성(편집위원), 장즈화(편집위원) 등은 모두 20여 년간이나 노동수용소에 보내졌다.[81] 류치디는 노동개조 농장에서 학대를 받다가 실성했으며, 추위와 배고픔으로 사망했다(노동개조 농장에서 학대를 받다가 죽은 사람으로 서양어과 조교인 런다슝任大熊이 있다). 그 밖에 『광장』의 열성적인 지지자 린자오(중문과 학생)와 장시쿤張錫琨(화학과 학생, 그는 『광장』의 등사 작업에 참여한 일이 있다)은 잇따라 감옥과 노동개조 농장에서 총살을 당했다. 베이징대학 우파학생 가운데 총살당한 사람으로, 황쭝시黃宗羲(철학과 학생), 구원쉬안顧文選(서양어과 학생)이 있다. 또한 전인민 비판대회에서 '『광장』의 배후 지지자'로 지목된 허융쩡賀永增(서양어과 학생)은 옥중에서 시련을 견디다 못해 자살했다.[82] 『광장』은 중국의 '사회주의 문예부흥운동'과 '사회주의 민주운동'을 추진하려 했으나 실패했고, 엄청난 피의 대가를 치러야 했다. 하지만, 그것의 역사적인 공적은 소멸될 수 없는 것이었다.

4) 『홍루』 제4기: "왼손으로도 오른손으로도 활을 당길 수 있다"는 난처함

1957년 7월 1일 『홍루』 제4기가 출판되었다. 제3기를 출판했던 5월 4일로부터 단 두 달, 시간상으로는 길지 않았지만 오히려 역사적 급변을 겪게 된다. 5월 19일의 베이징대학 민주의 벽 개설로부터 6월 8일 『런민일

---

81) 이상 『광장』의 편집위원 명단은 자오광우(趙光武)의 다음 글에 근거한 것이다. 趙光武, 「〈廣場〉群醜」, 「粉碎〈廣場〉反動小集團」(내부간행물), 北京大學浪淘沙社, 1957. 명단에는 편집위원 외에 위안루린(袁櫓林), 판틔샹(樊啓祥), 리야바이(李亞白), 량츠핑(梁次平) 등이 있다.
82) 陳奉孝, 「我所知道的北大整風反右運動」, 『沒有情節的故事』, 511~513쪽.

보』 사설의 발표에 이르기까지, 외부적 형세뿐 아니라 모든 베이징대학 사람들의 사상과 마음에 커다란 동요가 일었다. 교내 시인들은 그들 특유의 민감함과 격정을 가지고 그 속에 뛰어들었으며, 다양한 생각을 가진 사람들과의 만남과 이별을 거듭했다. 『홍루』의 편집위원인 장중과 셰멘이 제4기에 발표한 「멀리 동해에 부침」遙寄東海의 "사람들의 마음은 줄지어 여기를 걸은 적이 있다"처럼. 이번 기의 편집에 이르러서 형세는 더 분명해졌다. 특히 6월 16일 당 위원이자 부총장인 장룽지江隆基는 베이징대학 당위원회를 대표하여 보고하면서, 우파에 대해 경고하고 베이징대학에 "조직적인 반우파투쟁이 시작되었다"라고 명시했다.[83] 그 이후, 『홍루』는 자연스럽게 반우파운동 속으로 들어가야 했다. 그 결과, 제4기에서는 다음과 같은 「편집자의 말」이 나오게 된다.

"우리는 당을 사랑한다. 그러므로 우리는 당이 단점을 개조하도록 도와야 한다!
우리는 당을 사랑한다. 때문에 우리는 당을 지켜 내야 한다!
목전의 몇몇 사람들이 당의 정풍을 돕자는 미명 아래, '여명 전의 어둠을 타파하자', '현존하는 정치제도를 바꾸고', 반혁명 역량을 포함한 '백만대군'을 조직하자. '붉은 것은 화염이고', '백색은 검이다!', '마지막 전투'를 벌여야 한다 등을 외치고 있음을 볼 수 있다.
『홍루』는 이와 같은 현실 앞에서, 평정심을 유지할 수 없었다! 본교의 정풍 상황을 진실되게 반영하기 위해, 당의 정풍을 돕기 위해, 반사회주의 언론을 반박하기 위해, 우파분자를 쳐부수기 위해, 이번 기에는 특별히

---

83) 洪成得, 「廣大同學與〈廣場〉反動校集團的鬪爭」, 『粉碎〈廣場〉反動小集團』에 수록.

'정풍운동 특집'을 개설했다.

우리는 당이 제기한 백화제방 백가쟁명의 방침을 옹호한다! 우리는 '누구나 다 자기 견해를 자유롭게 밝힐 것'을 주장한다. 우리는 당의 정풍을 돕는 모든 선의의 의견과 비평을 지지한다! 우리는 모든 반사회주의적인 사상·언론을 결연히 반대한다! 우리는 이 두 노선의 투쟁 속에서, 『홍루』가 보다 더 발전하고, 보다 더 큰 생명력을 획득할 것을 확신한다."

여기에서 언급한, 반우파운동에 참여해 "반사회주의 언론을 반박함으로", "당을 지켜 내야 한다"는 태도는 분명한 것이었다. 이는 다만 중국 공산주의 청년단 위원회가 지도하는 학생 간행물이 반드시 갖춰야 할 입장일 뿐만 아니라, 또한 『홍루』 편집위원들 대부분의 자각적인 선택이었다. 앞에서 말한 대로, 그들은 이미 이전에 자발적으로 "수구주의자 논단"을 조직하였으니, 여기서의 태도 표명은 진실이라고 말해야 한다. 이것은 이번 기의 '주선율'이 되었으며, 이에 "당의 아들딸"의 노래가 나오게 되었다.

'공산당' 나의 아버지여,

나의 아버지, '공산당이여'

나는 마음속으로 이 이상한 이름[84]을 그리워한다

그러나 나에게 있어서의 이 이름의 무게를 알고 있다.

---

84) 여기서 말한 '이상한 이름'은 '공산당'을 가리킨다. '내가' 어린아이일 때 '공산당'과 접촉하기 시작했는데, 당시 혁명은 아직 승리하지 못하여 아직 지하당이었다. 그래서 나의 마음속에 그 칭호는 약간 이상했으며, 얼마간 신비로운 느낌이 있었다. 그러나 사람들은 이미 '나'에게 '당'은 곧 '부친'이므로, 부친을 사랑하듯 당을 사랑해야 한다고 일러 주었다.―옮긴이

당은 나의 진심을 단련시켰고

나를 이끌어 매 움직임마다 인민의 목소리를 내게 하였다.

왜냐하면 이 마음속에 피의 원한을 품은 적이 있기 때문에

오늘의 삶을 보다 더 깊이 사랑했기 때문에! (런옌팡,「운명」)

나는 어머니 곁에서, 억울함을 당한 적이 있다

그러나 아이에 대한 어머니의 마음을 안다.

무쇠가 강철이 되지 못함을 원망하는 것은, 나를 성장시키기 위함이다

어머니가 나를 잘못 때리고 욕한다 해도, 어찌 적의를 품을 수 있겠는가?

어머니의 병은 곧 우리의 병이다

종기를 도려내자, 부드러운 바람과 보슬비로

우리 함께 어머니의 병균을 제거하자

어머니를 향해 날아든 칼이여

우리는 정말 경계해야 한다! (런옌팡,「절대 허락할 수 없다!」絶不允許!)

오늘의 세기는

인민의 세기이며

오늘의 베이징대학은 육만 인민의 것이다

인민들은 피투성이 투쟁으로

자신을 대표하는 공산당원을 뽑았다

지도자를 찬탈할 꿈을 꾸는 어느 누구도

절대 허락할 수 없다! (우웨이吳畏,「젊은이여, 우리는 노동 인민의 자손이다」年輕人, 我們是勞動人民的子孫)

영광의 조타수──중국공산당이여, 당신이 우리들을 이끌고 모든 암초를 돌아 승리로 이끌었다! 당신을 따라갈 때 비로소 행복이 있다! 당신을 따라갈 때에 공산주의가 있다!! 왼쪽으로! 왼쪽으로!! 왼쪽으로!!! 맑스·레닌주의의 큰 깃발을 풍랑 속에서 휘날리게 하라! 사회주의의 나팔을 전투 속에서 하늘까지 울려 퍼지게 하라! 정직한 중국 공민公民들이여, 왼쪽으로! 왼쪽으로!! 왼쪽으로!!!(「왼쪽으로 진행곡」向左進行曲)

이 "왼쪽으로! 왼쪽으로!! 왼쪽으로!!!"의 외침은 특히 사람들의 주목을 끌었다. 이는 곧 한 시대의 경향과 급진적인 젊은이들의 마음속에서 쏟아져 나오는 생각을 반영한 것이었다. 당의 지도 아래, 모두가 "왼쪽으로 향한다". 어떤 의미에서 이것은 '반우파운동'의 방향이었다. 바로 이 점에 있어서 『홍루』 제4기의 편집자는 "형세를 따라잡지 못했음을" 보여 주었다.

우선, 이번 기의 간행물의 편집 지도 사상은 시의적절하지 못했다. 앞에서 인용한 「편집자의 말」에서 편집자의 착안점은 "우리 학교의 정풍 상황을 진실하게 반영한다"고 했는데, 이는 역사적인 시각과 학자적인 입장에서 나온 말이었다. 편집자는 이 정풍운동과 '백화제방, 백가쟁명' 운동이 베이징대학의 교내 역사 및 중국 역사상에 있어서까지 모두 중요한 사건임을 분명히 의식하고 있었다. 그래서 '진실되게', 그 '상황'을 반영하기 위해, 최초의 자료를 보존하여 후대에까지 전하려고 했다. '긍정적'인 글을 싣는 동시에, 그것에 견줄 '부정적'인 자료를 '부록으로' 실었다. 예를 들어 「우리들의 노래」 앞에 장위안쉰과 선쩌이의 「때가 되었다」를 부록으로 첨부했으며, 「젊은이여, 우리는 노동 인민의 자손이다」 뒤에, 천펑샤오의 「젊은이여, 우리는 베이징대학의 주인이다」年輕人, 我

們是北大的主人를 부록으로 싣고 있었다.[85] 이와 같은 편집 지도 사상과 방법은 그 선례를 찾아볼 수 있다. 루쉰은 일찍이 다음과 같이 말한 바 있다. 논쟁은 늘 쌍방적인 것이기 때문에, 만일 '한쪽의 글'만 취하는 것은 '대비할 가치가 없다'고 한다면, "마치 과녁 없이 혼자서 공중을 향해 활을 마구 쏴 버리는 것과 같은 것이다". 때문에, "갖가지 가치 없는 다른 사람의 글일지라도, 널리 취하여 부록으로 삼아야 한다"[86]고 했다. 그는 스스로 펴낸 사회평론문집(즉 잡문집)에서 자주 논쟁 상대방의 글을 부록으로 실었다(루쉰의『거짓자유서』僞自由書,『풍월이야기』准風月談 등 참조).

또한『홍루』제4기의 편집 방침 역시 베이징대학의 많은 교사와 학생들의 이해와 지지를 얻을 수 있었다. 이번의 발행량은 1만 부에 달했으며, 이는 새로운 기록이었다. 창간호는 최초에 1천 부를 발행했고, 그 뒤 2천 부를 더 인쇄한 일이 있었다. 이처럼 발행량이 많아진 이유는, 많은 교사와 학생들이 그것을 '역사적 자료'로 삼아 별도로 구매하여 보존하려고 했거나, 베이징대학 정풍운동 상황을 반영한 '믿을 만한 간행물'로 자신의 친구들에게 기증했기 때문이다.[87] 그러나 비판자의 눈으로 볼 때, 이는 우파의 영향을 확산시키고, '객관적으로' 우파를 돕는 일이었다. 또한 편집자가 주관적으로 '향기로운 풀'과 '독초'를 구분하고자, 앞에서 말한 '긍정적인' 글과 '부정적인' 글에 대한 서로 다른 처리가 있었지만, 당시에는 반우파운동이 막 시작되어, 무엇이 '향기로운 풀'이고 무엇

---

85)『홍루』4기의 편집자는 '담장에 붙인 시'(貼在墻上的詩)를 선집하는 곳곳에서 일종의 역사의식을 보여 주었다. 예를 들어 대부분의 시는 모두 글을 쓰거나 붙인 날짜를 보존하고 있어서, 오늘날의 연구에 편리함을 제공했다.
86) 魯迅, 「"題未定"草(八)」,『魯迅全集』6卷, 人民文學出版社, 2005, 446쪽.[루쉰, 「'제목 미정' 초고」,『차개정잡문 2집』].
87) 本刊編輯部, 「我們的檢討」,『紅樓』, 1957年 5, 6期.

이 '독초'인지 쉽게 구분할 수 없었다. 이번 기의 『홍루』는 나중에 우파로 분류된 장원의 「신 '악부' 시선」新"樂府"詩選을 '긍정적'인 글로 게재했는데, 아마도 풍자시[諷喩詩]인 데다, 고체古體를 새롭게 쓰고, 예술적 특색이 있어서, 편집자는 각별히 중시하여 글의 테두리에 무늬까지 둘렀는데, 이것이 나중에 큰 화를 자초했다. 왜냐하면 6월 14일 『런민일보』는 마오쩌둥의 지시에 따라, 야오원위안姚文元의 「비고를 적다―신문을 읽은 우연한 느낌」錄以備考―讀報偶感을 발표하여, 『문회보』文匯報와 『해방일보』解放日報가 마오쩌둥이 5월 25일 공산주의 청년단 대표를 접견하여 담화한 것에 대해 서로 달리 편성한 것을 예로 삼아, 신문의 "편성에도 정치성이 있음"을 강조했기 때문이다. 동시에 마오쩌둥이 초안을 잡은 평어評語를 발표하여, 진일보하게 "신문은 또한 늘 계급투쟁의 도구임"을 제기하고, 아울러 『문회보』가 "부르주아계급의 방향"임을 이로부터 단정했기 때문이다. 그래서 『홍루』 제4기의 우파분자인 장원의 신악부시의 편성 게재에 대한 맹렬한 비판은 필연적인 것이었다.

동시에 「한 '당원'의 자아 예찬」一個"黨員"的自我禮讚이라는 시와 그 시의 편성 처리가 날카로운 비판을 받았다. 이 시 역시 풍자시로, 그 시 속에는 다음과 같은 구절이 있었다. "내가 공산당원이기에 / 군중들 앞에 서 있다, / 나의 깃발은 진리의 화신이며 / 영원히 꺼지지 않는 불꽃이다." 이는 '특수 인재人材'로 자처하는 몇몇 당원들의 사상에 대한 조롱이었다. 이것은 당시 자연히 '반당적'인 언론으로 여겨졌다. 나중에 편집부의 설명에 따르면, 그들은 본래 그것을 '부정적'인 글로 처리하려 했으나, 급히 서두르다가 '부록'이라는 두 글자를 써넣는 것을 잊어서, 긍정적인 글로 게재되었다고 한다. 기술적인 오류였지만, 격렬한 계급투쟁 속에서, 이는 자연히 '정치적인 착오'로 간주되었다. 비판자는 이로부터 다음과 같은 결론에 도달했다. 『홍루』 제4기의 편집자는 "우리 학교의 정풍운동 상황을 진실하게 반영"하는 것을 추구했지만, 편집 사상 면에서 볼 때 "부르주아계급의 객관주의"의 착오를 범했다고 했다. 또 그들은 편집자가 "당시 학교 대자보 상의 우파언론과 우파 반박의 글을 전부 받아들여, 마치 그들 자신은 전투의 일원이 아닌 것처럼, 다른 한쪽에 서서 독자들에게 지적하며 '여러분 보십시오, 그들 쌍방은 이렇게 투쟁하고 있는 것입니다!'라고 했다. 편집부는 선명한 입장이 결여되어 있으며, 분명히 전투성이 부족하다"고 했고,[88] 격렬한 계급투쟁 속에서, "'객관주의'는 사실보다 우파에 근접한 것"[89]이라는 결론을 내렸다.

급격하게 "왼쪽으로 향한" 비판자들이 『홍루』 제4기의 편집자가 이 간행물을 '정풍운동 특집'이라고 명명한 것을 용인하지 못한 것은 보다 더 당의 의지를 잘 전달해 주고 있다. 그 뒤 비판자들의 압력 아래, 『홍루』 편집부는 다음과 같은 반성을 하게 된다. "우파의 면모가 여지없이 폭로되어 학생들이 우파와 결연히 투쟁을 할 때, 우파의 진격을 '정풍운동'이라고 말한 것은 엄격하게 적과 나를 구분하지 못한 것이다."[90] 기실 이 배후에는 앞에서 전개된 운동과 앞으로 펼쳐질 운동의 발전 방향에 대한 편집부 동인들의 이해가 포함되어 있었다. 이는 이번 기에서 톱뉴스로

---

88) 翟奎曾, 「評〈紅樓〉」, 『紅樓』, 1957年 5, 6期.
89) 張建, 「什麼傾向―評〈遙寄東海〉」, 『紅樓』, "反右派鬪爭特刊" 4號, 1958年 1期.
90) 「我們的檢討」, 『紅樓』, 1957年 5, 6期. 이 「우리들의 반성」에서 특별히 다음과 같은 설명을 했다. 이번 기는 6월 초에 편집한 것으로, 당시 『런민일보』의 「이것은 무엇 때문인가」(這是爲什麼)라는 사설이 비록 이미 발표되었지만, 반우파운동은 아직 전면적으로 전개되지 않았다. 베이징대학의 반우파운동은 앞에서 말한 대로, 6월 16일 당위원회 서기가 학교 전체 동원령을 발표한 이후에 비로소 시작된 것이다. 이 때문에 당시는 아직 충분히 밝지 않았다. 그러나 인쇄소에서의 제판 지연 등의 이유로 이 기 간행물은 7월 1일에야 출판되었으며, 형세는 이미 크게 변해 있었다.

발표된 장중과 셰멘의 「멀리 동해에 부침」이라는 글에 집중적으로 반영되어 있다. 편집부가 반성한 것처럼, "그 글이 차지하고 있는 위치와 편폭은, 확연히 이 기의 기본 성향을 결정하고 있었다."[91]

이 글에서 가장 주목을 끌었고, 또 비판자들이 붙잡고 놓지 않았던 것으로는 두 가지가 있다. 하나는, 이 글이 '백화제방, 백가쟁명' 시기 베이징대학의 운동을 묘사할 때, 시종 "몇몇 다른 생각을 갖고 있는 사람들이 사회제도의 탓으로 돌리려 하고, 실제로 사회주의를 부정하려고" 했지만, "사회주의 민주의 확대에 대한 의견은 오히려 일치했다"는 것이다. 이 때문에 그들은 "새로운 역사 시기에 있어서, 당은 응당 인민을 지도하고 민주를 확대해야 하고, 민주적 기초 위에서만이 당은 비로소 군중을 이탈하지 않을 수 있다"는 점을 견지했다. 이것은 민주에 대한 이 시대 청년들의 내재적인 갈망을 잘 반영하고 있다. 설사 반우파운동에 투신한 사람일지라도, 이 기본적인, 또한 이 근본적인 요구를 내던지길 원하지 않았다. 이 때문에 그들은 목전의 운동에 대한 이해에 있어서, "왼손으로도 오른손으로도 활을 당길 수 있다"는 태도를 견지했다. 다시 말해서, 이번 기의 「편집자의 말」에서 말한 대로, '두 갈래 노선의 투쟁'을 전개하여, 즉 한편으론 반우파투쟁을 전개하여 "모든 반사회주의적인 사상언론을 반대하고", 다른 한편으론 "선의적으로 당의 정풍운동을 돕는 의견과 비평을 지지하여", "세 가지 해악"(즉 당내의 관료주의, 주관주의, 종파주의)을 반대함을 견지한다고 말했다. 이번 기(5월 20일자에 발표)에 실린 시 「회답」回答은 편집자의 입장을 잘 반영하고 있었다. "맑스·레닌주의는 / 우리의 영혼이요, / 교조주의는 / 우리의 철천지 원수이다. / 우리

---

91) 「我們的檢討」, 『紅樓』, 1957年 5, 6期.

는 / 결연히 / 교주주의를 없애고, / 우리는 / 보다 확고하게 / 맑스·레닌주의를 보위한다. / 이럴 때, / 우리는 비로소 / 진정한 / '5·4' 아버지와 형의 / 아들과 형제로서 부끄럽지 않다."

이와 같은 기본 사상과 입장은, 이번 기의 많은 '반우파 격문'이라고 불릴 만한 사회평론문·산문·시가·소설의 발표 외에『유림내사』,[92]『신박안경기』[93] 같은 부류의 상당한 편폭으로 "세 가지 해악을 반대하는" 문학작품의 게재를 통해서 드러났다. 그리고 '벽보 시' 칼럼의 첫번째 작품「나의 형제, 나의 자매」我的弟兄, 我的姊妹는 더 큰 목소리로 "사상 자유의 꽃은 오월의 햇빛 아래 찬란하며 / 진리의 소리는 봄날 우뢰가 초여름 하늘가에 울리는 것처럼 ─ '세 가지 해악을 토벌하여, 당의 정풍운동을 돕자!'"라고 외쳤다. 반우파운동 중에 나온 이런 목소리는 일종의 방해, 심지어는 지속적으로 해로운 사상을 퍼뜨리는 것으로 여겨졌다. 그 시대의 논리는 당이 이미 '반우파'의 명령을 내린 이상, 당의 의지로 통일해야 한다는 것이었다. 그 결과 결말은 다음과 같을 수밖에 없었다.『홍루』편집부는 결국 자아비판을 하며, 스스로 "방향을 잃었고, 입장에 동요가 있었음"[94]을 인정했다. 아울러 조직을 재정비하였는데, 먼저 편집위원 중 우파 장위안쉰과 리런 등을 해고하고,[95] 그 뒤 또 철저히 교체해서 별도

---

[92]『유림내사』(儒林內史).『유림외사』를 모방하여 쓴 신풍자소설.『유림외사』는 우징즈(吳敬梓, 1701~1754)가 쓴 청대 소설로 봉건 관료들이 신봉하는 봉건 도덕의 허위성을 비판하고 있으며, 사실주의적 성격과 객관성이 두드러지는 것이 특징이다. 풍자하는 인물들을 당시의 사회적 배경과 연계시키면서, 당시 과거제도의 문제점을 지적하고 있다.─옮긴이

[93]『박안경기』(拍案驚奇)는 중국 고전 통속 소설.『신박안경기』(新拍案驚奇)는 1957년 베이징대학 민주운동 속에서, 어떤 학생이『박안경기』를 모방하여 쓴 현실의 어두운 측면을 폭로하는 신소설이다.─옮긴이

[94]「我們的檢討」,『紅樓』, 1957年 5, 6期.

[95]「本刊編輯部開除張元勛, 李任」,『紅樓』, "反右派鬪爭特刊" 2號, 1958年 1期.

의 다른 편집부를 만들었다.

아마도 이보다 중요한 것은 교내의 학생 간행물로서, 이로부터 시작된 편집 지도 사상, 방침 그리고 조직 원칙에서의 근본적인 변화일 것이다. 『홍루』편집부의 자아비판 속에서 "착오를 범한" 이유를 추적 조사할 때 두 가지가 이야기되었다. 첫째는 '편집 방침'에 있어서 『홍루』는 스스로를 "습작 무대", "작품을 발표하는 것에 만족한다"고 자신의 위치를 규정했는데, 이는 곧 완전히 "문예를 계급투쟁의 날카로운 무기로 삼아, 공산주의 사업의 일부로 삼고, 당의 사업의 일부로 삼아서, 반드시 정치를 위해 봉사하며, 사회투쟁을 위해 봉사한다는 것을 소홀히 한 것이었다." "문학의 목적성을 경시하고 문학의 당성黨性 원칙을 경시함으로써 실제로는 문예에 대한 공산주의 사상 무장을 약화시켰으며, 실제로는 부르주아계급의 문예사상·문예노선을 반영"한 것이라고 했다. 둘째, 조직 원칙에 있어서 『홍루』는 「발간사」에서 "당과 학교 행정, 수많은 군중을 함께 언급하면서, 이들을 단지 지지하고 배려하는 관계로 보았으며", "단호하게 당의 지도에 따르지 않은 것이 착오를 범한 근본적 원인"이라고 했다.[96]

이로 인해 조직 개편 이후 『홍루』의 새로운 선언이 있게 된다. 1958년 제1기는, "『홍루』창간 일주년을 기념하여", 『홍루』편집부는 「보다 높이 사회주의의 붉은 깃발을 들어 올리자」更高地舉起社會主義的紅旗라는 글을 발표하여, "우리는 공개적으로, 『홍루』가 당의 선전 도구임을, 당이 공산주의 정신으로 청년을 교육하는 무기 가운데 하나임을 인정한다. 그것은 응당 정치를 위해 봉사하고, 당의 사업을 위해 일하며, 목전의 정치투

---

96) 「我們的檢討」, 『紅樓』, 1957年 5, 6期.

쟁을 이탈할 수 없다"는 명백한 선언을 한다. 이것이 바로 반우파운동의 목적이었다. 정치·사상·조직에 있어서 당의 절대적인 지도를 따라야 하며, 설사 학교 내의 학생 간행물일지라도 예외 없이 당의 절대적인 통제 아래에 두어야 한다는 것이다. 바로 당시 혹은 이후 여러 차례 강조한 '당성'黨性의 원칙이었다.

5) 『낭도사』: 당의 입장, 관점과 방법을 견지하다

비록 『홍루』가 전력을 다해, "잘못을 바로잡고", 이어서 '반우파 특집호'를 편집하여, "학생들의 기대에 회답하려 했으나", 결국엔 원기를 잃고, 학생들 사이의 영향력이 점차 감소되어 갔다.

    반우파운동 속에서 갑자기 새로운 세력으로 나타난 것은 『낭도사』浪淘沙였다. 앞에서 서술한 『홍루』제4기의 주요 문장인 장중과 셰몐의 「멀리 동해에 부침」은 6월 20일에 쓰여진 편지에서 처음으로 『낭도사』가 "어제 오후에 출판되었다"고 언급했다. 또 "이는 『유림내사』 편집부와 추스求實·서후이書會(『청화원기관』淸華園奇觀과 『신박안경기』의 작가들)가 함께 펴낸 동인 간행물"이라고 소개했다. 반우파운동 중, 어떤 사람은 『유림내사』가 중문과 2반 연구생 가운데 "중국 공산주의 청년단 전체 단원"이 편집하여 쓴 것이라고 지적했다.[97]

    등사 간행물이었던 『낭도사』 제1기는 편집후기에서 다음과 같은 입장을 표명했다. "세 가지 해악의 모래를 씻어 내는 것 외에, 우리는 사회주의를 벗어나 가라앉은 그 앙금들을 '씻어 내야' 한다. 그것들이 당을 사

---

97) 譚令仰, 「『儒林內史』是毒草」, 『紅樓』, 1957年 5, 6期.

랑하는 많은 선량한 의견들과 뒤섞여, 시비를 분별치 못하게 하여, 혼란을 야기해서는 안 되기 때문에, 본 간행물의 이름을 『낭도사』라고 지었다." 전체적으로 보면 『낭도사』 역시 "왼손으로도 오른손으로도 활을 쏠 수 있는" 입장을 견지하며, 제1기에 '세 가지 해악'을 폭로하는 『유림내사』와 교내 우파를 폭로하는 『아O외전』阿O外傳을 동시에 발표했다(이 두 편은 역시 『홍루』 제4기에 실었었다).[98] 그러나 그것의 목적은 시작부터 우파를 반격하는 것에 있었다. 그것이 처음으로 학교 전체의 교사와 학생들의 주의를 끌었던 행동은, '호외'號外를 발행하여 『광장』의 주편집인인 장위안쉰과 션쩌이가 인쇄소에서 노동자들에게 둘러싸였던 소식을 공개적으로 발표한 일이었다. 이처럼, 『낭도사』는 스스로를 반우파의 제일선으로 끌어 올렸다.

그 뒤(6월 24일) 출판된 『낭도사』 제2기(이때 이미 활자본으로 바뀌었다)에 발표된 편집부의 글 「현실은 우리에게 무엇을 일러 주는가?」는 더 선명한 태도로, "사상전에 있어서의 계급투쟁은 상당히 긴 시간이 필요하며, 투쟁의 형식 또한 여러가지일 것이다. 우리는 이 투쟁에서 방향을 분명히 해야 한다"고 강조했다. "이것은 사회주의의 수호와 전복 사이의 투쟁이며, 아주 격렬하고 긴장된 것이다. 손님을 초대하여 식사를 하는 것처럼 그렇게 가벼운 것이 아니다"라고 했다. 더더욱 주목을 끄는 것은, 다음과 같은 '입장, 관점, 방법'의 강조였다. "당신이 원하든 원하지 않든, 모든 사람은 제각기 스스로에게 나는 어떤 입장에 서 있으며, 어떤 관점

---

98) 그러나 반우파운동이 깊어지면서, 『낭도사』 및 『홍루』에 발표된 『유림내사』 역시 매서운 비판을 받았으며, "당의 간부 정책과 공산당조직 원칙을 왜곡하고 공격하며, 중국공산당 지도에 반대하거나 불만스러워하고, 중국공산당조직의 지도자 간부를 추악하게 묘사하는" '독초'라고 판정했다. 譚令仰, 「『儒林内史』是毒草」, 『紅樓』, 1957年 5, 6期.

을 견지하고 어떤 방법을 쓰고 있는가를 물어야 한다. 그것은 분명 우리들이 엉킨 실타래 같은 현실 속에서 방향을 변별하고, 시비를 가리며, 적과 나를 분명히 분별하게 하는 법보法寶임에 틀림없다." 『낭도사』의 가장 큰 특색은 자각적으로 당의 입장, 관점 그리고 방법으로 반우파운동에 참여하여, 우파언론을 비판했을 뿐만 아니라, 소위 '중간파'라고 불리는 사람들의 몇몇 '엉터리 관점'을 비판한 것이라고 할 수 있다.

  오늘날 이런 글들을 다시 읽는 것 속에서 당시 운동의 진행 상황에 대한 소식들을 얻을 수 있다. 앞에서 언급한 「현실은 우리에게 무엇을 일러 주는가?」는 "어떤 사람이 '너무 불안하다!' '너무 지나치다!' '너무 극단적이다'라고 말하면서, 시비 사이에서 입장이 확고하지 못하고 흔들리고 있음"을 보여 주었다. 다른 한편, 또 다른 어떤 사람은 '좌파적'인 성향으로, "탄톈룽譚天榮을 단두대로 보낼 것을 요구했고, 또 어떤 사람은 이발소 노동자나 구두 수선 노동자들에게 탄톈룽을 위한 서비스를 하지 말 것을 제기했다. 다른 한편, 중문과 교수 가오밍카이高名凱 선생의 글은 반우파운동 중 지식인의 곤경에 대해 진지하게 이야기하고 있었다. "우리는 자주 이와 같은 사상 상황을 폭로한다. 그러나 우파분자와의 경계를 어떻게 명백히 그어야 하는지는 모른다. 우리는 항상 '자신이 한 말은 진실되고 선량한 동기가 있다'고 한다. 그러나 오히려 우파분자의 언론과 약간의 공통점이 있어서 어떻게 그들의 사상과 명백히 경계를 그어야 할지를 모른다고 느낀다." 그의 결론은 "만일 노동자계급이 나서서 말하지 않는다면, 당이 우리에게 경종을 울려 주지 않는다면, 많은 지식인들은 이른바 '선량'한 동기 아래 인민을 위해危害하는 일을 할 것이며, 이런 일 자체는 바로 우리 지식인들의 사상개조가 철저히 성공하지 못한 것임을 설명한다."99)고 하였다.

『훙루』의 '반우파운동 특집호'와 『낭도사』는 많은 교수의 글과 편지(『낭도사』는 또한 전문적으로 '선생님의 견해'와 같은 칼럼을 개설했다)를 발표했는데, 그 가운데 가장 사람들의 이목을 끈 것은 『훙루』 '반우파운동 특집호' 제4호의 「펑즈 교수가 본 간행물에 보내 온 편지」馮至教授給本刊的信였다. 편지에서 그는 "『훙루』 제1기와 제2기에 대해 나는 그다지 만족하지 않는다", "전체적으로 볼 때, 빈약하고 무력한 느낌을 주어, 우리 신청년에게 응당 있어야 할 늠름한 기개와는 어울리지 않는다. 그 중에 어떤 시가는 심지어 난삽하며 소극적이고 배회하는 정서를 지니고 있다", "오늘날의 『훙루』는 과거의 것과는 달라서, 정력이 넘치고, 정의롭게 용감히 싸워서, 당을 보위하고, 사회주의를 보위하는 한 부대의 첨병이 되었다"고 했다. 편지 마지막에서는, "『훙루』가 보다 많이 당을 노래하고, 사회주의 사업을 노래하는 글을 발표하기를 희망한다. 악의를 품고, 우리가 '공적과 은덕을 찬양하는 것'을 조소하는 시정아치들이여, 물러서라! 인민의 공적을 노래하고, 프롤레타리아계급 선봉대 공산당의 은덕을 찬양하는 것은 우리의 사명이다. 우리는 노래와 찬양의 소리가 멀리 하늘 끝까지 울려 퍼지도록 할 것이다. 그 사악한 악당들이 우리의 맑고 깨끗한 노랫소리 안에서 부끄러워 쥐구멍에라도 들어가고 싶게 만들 것이다"라고 말하고 있다. 모든 사람이 주지하듯이 펑즈는 20년대 베이징대학 교내 시인이자, 40년대 시난연합대학[西南聯大] 교내 시인의 대표였고, '배회하는' 듯한 시의 어조로 인해 세상 사람들의 칭찬을 받아 왔다. 아마도 바로 이러하기 때문에, 그는 『훙루』의 시가에 출현한 '배회하는' 시풍詩風에 특별히 민감했는지도 모른다. 그가 보기에 신시대, 신중국에

---

99) 高名凱, 「反右派鬪爭與知識份子的思想改造」, 『浪淘沙』 4期.

이와 같은 풍격의 시가 출현한 것은 '부정적인 것'으로, 그는 여기에 자신이 '불량한 영향'을 끼쳤을까 봐 걱정하였으며, 그래서 "그다지 만족하지 않는다"는 태도를 표명했던 것이다.

아니나 다를까 『홍루』의 이런 시가는 반우파운동 중에 매서운 비판을 받았다. 우리가 앞에서 인용한 「연가」, 「회답」과 같은 사랑 노래는 "남녀 간에 아주 천박하고 저속한 희롱"이라고 비난받았으며, 「동양강」의 저자를 향해서는 보다 더 날카로운 목소리로 "무엇 때문에 우울히 숲속을 헤치고 나아가는 것을 좋아하는가? 무엇 때문에 있는 힘을 다해 강물의 '반항'과 암초의 '교만함'을 찬송하는가? 무엇 때문에 자신의 무한한 분개와 슬픔의 정조를 나타내는가?"라고 질문했다. 그 어조는 펑즈보다 훨씬 더 높아져 있었다. 교내 학생 간행물은 응당 당을 큰 목소리로 노래하는 찬가여야 한다는, "당을 보위하고, 사회를 보위하는 한 무리의 선봉"이어야 한다는 펑즈의 기대는, 편집부가 바뀐 이후의 『홍루』, 특히 『낭도사』의 편집 과정에서는 오히려 상당히 자각적이고도 철저하게 실현되었다. 『낭도사』는 특별히 「엄마 생일 축하해요」라는 칼럼을 편집했었다. "나의 마음을 / 당신께 바쳐요", "나는 생명을 다해 당신을 위해 노래해요", "우리는 영원히 해바라기 꽃, / 공산당은 영원한 태양. / 누군가 태양을 침범하려고 한다면, / 그에겐 멸망이 있을 뿐!"[100] 온 힘을 다해 우파를 토벌하였고, 시가·소설·통신보도·사회평론문(잡문)·우언·속담·평론…… 각종 문체가 모두 나서서, '첨병'으로서의 역할을 충분히 해내었다.

마지막으로 언급하고 싶은 것은, 『낭도사』와 베이징대학 교내 간행물이 함께 편집한 『광장』 반동소집단을 쳐부수자」粉碎〈廣場〉反動小集團이다.

---

100) 「"七一", 把我的心給你獻上」(대자보에서 고쳐 씀), 荇, 「給黨」; 狄葵, 「太陽頌」, 『浪淘沙』 3期.

그것은 7월 19, 20일 학교 전체 비판대회에서의 모든 발언 원고를 모아 놓은 것으로, 『광장』 중심의 베이징대학 우파에 대한 조직과 사상 이론의 총결산이라고 할 수 있다. 비판자가 제기한 다음의 관점은 특히 주의할 만하다.

> 1. "지식인은 맑스주의를 받아들여, 노동자·농민 대중과 결합하고 프롤레타리아계급 사상으로 자신을 개조하여 사회주의의 길을 걸을 때에야만, 중국 해방이라는 목적에 도달할 수 있다. 이것이 바로 5·4의 정신이자 전통이다."[101]
>
> 2. "공산당의 지도만이 중국을 해방시킬 수 있으며, 공산당만이 중국을 사회주의의 길로 이끌 수 있다. 공산당을 반대하는 것은 곧 매국이자, 망국이며, 민족의 대재난이다." "사회주의의 진실과 거짓 여부를 검증하는 관건은, 프롤레타리아계급 전제정치를 실행할 당이 있는지, 진정한 맑스주의를 실행할 당의 지도가 있는지에 달려 있다."[102]
>
> 3. "'사상해방'이라는 이 계급적이지 않은 구호는, 각각의 계급에 있어서 그 의의가 서로 다르다. 우리에게 사상해방은 모든 반동 계급의 사상 통치 아래로부터의 해방이며, 맑스·레닌주의의 지도 지위의 확립이다. 그런데 부르주아계급의 우파에게는 상반된 것으로, 우리 국가 생활에서의 지도적 위치에 있는 맑스·레닌주의 원칙을 동요시키고 전복시켜 부르주아계급 사상으로서 그것을 대체하려는 것이다." "오늘날 우리에게는 이른바 '사상해방'을 쟁취하고, 이른바 '사상해방운동'을 진행하는 문제

---

101) 汪子松,「誰是眞正五四情神的繼承者?」,『粉碎〈廣場〉反動小集團』.
102) 何鍾秀,「黨的領尊是建設社會主義的根本條件」,『粉碎〈廣場〉反動小集團』.

는 절대로 존재하지 않으며, 다만 지속적으로 사상개조한다는 문제만이 남아 있다."[103]

4. "우리의 사회에는 수많은 인민들이 진정한 자유와 민주를 누리고 있으며, 소수의 반동분자에게만 '민주'가 없는데, 이는 완전히 합리적인 것이다." "이 소수의 무리들이 쟁취하고자 하는 민주는, 이미 사망한 지주계급을 위한 것이며, 소멸해 가는 부르주아계급 반동파를 위한 민주, 반혁명을 위한 민주이며, 제국주의를 위한 민주, 그들의 반동사상과 반동언론을 위한 민주이다."[104]

이상 몇 가지는, 바로 반우파운동 이후 수립된 주류이데올로기의 토대를 구성하였다. 1957년 베이징대학과 중국 대학 캠퍼스 안에서 용솟음친 사조思潮는 결국 이렇게 마무리되었는데, 이는 사람들이 예측하지 못했던 것이다.

---

103) 劉螢, 「斥右派份子所謂'思想解放'的謬論, 爲保衛馬克思主義而鬪爭」, 『粉碎〈廣場〉反動小集團』.
104) 汪子嵩, 「誰是眞正的五四精神的繼承者」, 『粉碎〈廣場〉反動小集團』.

2. 린시링 : 영원한 반대파
— '5·19민주운동'의 국제적 배경과 주요 주장 및 '우파' 정신과 성격을 함께 논하다

린시링林希翎은 1957년의 대표적이고 상징적인 우파 인물이다. 이는 당시 그녀의 영향력이 컸을 뿐만 아니라, 1957년의 활동 및 이후의 여러 경험이 당의 지도층·민주당파·문예계·신문계 및 교내 대학생들과 연관되었기 때문이다. 그녀와 관련된 이 몇몇 분야는 바로 쌍백운동과 반우파운동의 주요 전쟁터였다. 그녀는 지금까지도 복권되지 않은 우파로서, 반우파운동의 정확성과 필요성을 증명하기 위해 특별히 '표본'으로 남겨졌으며, 이렇게 해서 그녀는 '역사적인 인물'이 되었다. 곧 그녀는 1957년 우파 및 그 정신의 한 상징이 되었다. 그러나 그녀는 오히려 여러 차례 이것은 역사의 큰 오해라고 공언했다. "내가 정치적 인물이 되고, 뉴스의 포커스가 될 수 있었던 것은 모두 역사적 착오였다. 나는 정치를 싫어한다. 나는 단지 앞으로 올바른 인간의 삶을 살기를, 문학창작과 학술연구를 하기를 희망한다."[1] 여기에는 역사가 지정한 역할을 맡을 수밖에 없

---

1) 「天下第一冲的林希翎」, 『林希翎自選集』, 香港順景書局, 1985, 292쪽.

었던 한 개인의 비극이 들어 있으며, 그것은 전형성을 띠고 있다. 때문에 우리는 '1957년학'을 연구하면서 린시링을 논하지 않을 수 없다.

1) 1957년 캠퍼스 민주운동 속의 린시링

'흐루시초프 비밀보고서'를 전달하여 화를 입다

중국공산당 중국 런민대학 위원회가 1979년 7월 4일 린시링의 복권을 거부한 이른바 「재조사 결론」(復查結論(이하 「결론」으로 약칭함)으로부터 논의를 시작하고자 한다. 그 「결론」은 린시링에게 세 가지 죄명을 열거했다. 첫번째는, "1957년 5월 23일부터 6월 13일까지, 당의 정풍운동을 돕는다는 명목으로, 베이징대학과 런민대학에 가서 연이어 여섯 차례나 강연하고 답변하였으며, 우리나라의 사회제도를 근본적으로 바꿀 것을 공개적으로 선동했다"는 것이다. 세번째는, "당시 중앙의 정풍 방침과 부서를 반대하고, 동료를 선동했다"는 것이다. 가장 중요한 것은 두번째로, "흐루시초프의 '비밀보고서'를 공포하고 베껴 써서, 스탈린을 전면적으로 반대하고 혼란을 일으켰다"는 것이다. 이 두번째 죄명은 가장 린시링다운 '특색'이 있는 것이었다. 그녀는 당시에 아주 큰 영향력이 있었는데, 첫번째 죄명에서 말한 것처럼 베이징대학과 런민대학 강연에서 공개적으로 흐루시초프의 '비밀보고서'를 언급한 데다가, "사회제도를 바꾸자고 선동하고", "중국의 정풍 방침과 부서를 반대한 것"은 모두가 흐루시초프의 보고서에서 이끌어 낸 중국 현실에 대한 의론에 따른 것이었다. 「결론」은 또한 구체적으로 린시링과 관련된 '죄악'의 사실들을 다음과 같이 열거했다.

"정풍운동 초기, 린시링은 흐루시초프의 보고서를 얻었다. 그녀는 이 '보고서'가 국제 공산주의 운동에 심각하게 나쁜 결과를 가져왔다는 것을 잘 알면서도, 또 밖으로 전달해서는 안 된다는 것을 알면서도, 강연이나 발언에서 그 내용을 대량으로 인용하여 증명했다. 그녀는 공격적으로 '스탈린은 독단적이며 잔학하고, 역대 어떤 황조와도 비할 바 없이 지나치기 짝이 없고', '사회 발전을 저해하고, 한 시대를 도태하게 했다'고 했다. 그녀는 '비밀보고서는 대단히 진실된 것으로', 자신에게 '큰 깨달음을 주었다'고 공언했으며, 당의 업무를 '비밀보고서'에 빗대어 '동지 간의 관계는 인정과 의리가 없으며 냉랭하고 비정상적이다'라고 했다. 그녀는 6월 1일 학교 전체 대회에서 '이제 나는 흐루시초프의 비밀보고서를 공개할 것을 주장한다. …… 나에게 있는 이 한 부를 공개할 수도 있다'고 했다. 6월 2일 그녀는 대자보를 붙이고, 6월 3일 저녁에 공개하겠다고 말했지만, 학교 지도자와 많은 학생들의 반대로 뜻을 이루지 못했다. 하지만 학교 정풍운동을 3일 동안 정지시키게 된다. 린시링은 '보고서'를 교내 학생들에게 돌려 읽게 하고, 또 베껴 써서 베이징대학, 시안西安, 난징南京, 우한武漢 등지로 보내도록 했다. 학교에서 그녀에게 '보고서'를 다 제출하라고 했을 때, 그녀는 다시 한 부를 베껴서 남겨 두었다. 린시링의 이와 같은 의견과 활동은 학교 안팎으로 아주 나쁜 영향을 끼쳤고, 학교 정풍운동을 심각하게 방해하고 파괴하였으며, 외부 단체나 외부 몇몇 청년들이 새로운 잘못을 범하도록 했다."[2]

---

2) 「中共中國人民大學委員會對林希翎右派問題的復查結論」(1979년 7월 4일), 『林希翎自選集』, 84~87쪽.

비록 여기에서의 가치판단은 동의하기 매우 어렵지만, 그러나 이러한 사실들은 오히려 우리로 하여금, 1957년의 쌍백운동 및 그후의 반우파운동의 국제적 배경 — 흐루시초프의 비밀보고서가 이끌어 낸 국제공산주의 운동 내부의 변동과 논쟁 — 을 주목하도록 만들어 준다. 어떤 의미에서 보면, 정풍운동과 반우파운동은 모두가 흐루시초프의 비밀문서에 대한 중국의 반향反響이었다고 말할 수 있다. 그런데 이 반향은, 또한 두 가지 측면을 포함하고 있다. 중국 최고 지도자층의 반향과 중국 지식인 특히 청년 대학생들의 반향이다. 이 양자 간의 상호 분쟁은 정풍운동과 반우파운동의 발동·방향·결말을 결정지었다.

마오쩌둥의 기쁨과 두려움 : '내막을 드러내는 것'에서 '수정주의에 대한 경계'로

그래서 우리는 중국 최고위층의 흐루시초프 비밀보고서에 대한 반응까지 거슬러 올라가고자 한다. 당시 신화사 사장인 우렁시吳冷西의 회고에 의하면, 흐루시초프의 스탈린 문제에 대한 보고서는 1956년 2월 24일 저녁 소련공산당 20차 대표대회 마지막 1차 비밀회의에서 만든 것으로, 중국공산당 대표단은 이 회의에 참가하지 않았고, 다만 회의가 끝난 뒤 한 연락원이 통보문건通報文件을 만들고, 보고서를 대중 앞에서 한 번 낭독한 뒤에 가지고 나갔다고 한다.[3] 그러나 소련공산당 20차 대표대회를 마치자마자 서방 통신사들이 잇달아 이 보고 내용을 보도하였다. 『뉴욕타임스』는 3월 10일 이 보고서의 전문全文을 발표했는데, 이는 소련공산당 20

---

[3] 바오이보(薄一波)의 회고에 의하면, 그 뒤 소련공화국 중앙은 일찍이 미가오양(米高揚)을 비행기에 태워 파견하여 보고서를 보내왔다. 그러나 바오이보는 구체적인 시간을 말하지는 않았다. 薄一波, 『若干重大決策和事件的回顧』(上), 中共黨校出版社, 1991, 472쪽.

차 대표대회가 끝난 지 채 반 개월도 안 되었을 때였다. 『뉴욕타임스』를 받아 본 신화사는 곧바로 많은 번역 요원을 조직하여, 번역을 하였고 번역이 되는 대로 인쇄했으며, 모든 내용을 번역한 뒤에는 다시 책으로 만들어, 중국공산당 중앙사무소가 열거한 명단에 따라 중앙의 책임자에게 각각 부쳤다. 우렁시는 3월 17일 저녁, 갑자기 통지서를 받고 중난하이中南海로 가서 중앙서기처 회의에 참석해 흐루시초프 비밀보고서에 대해 의논했던 일을 똑똑히 기억하고 있었다. 회의 참가자로는 마오쩌둥, 류사오치劉少奇, 저우언라이周恩來, 주더朱德, 덩샤오핑鄧小平, 펑전彭眞 등 최고위층 지도자 및 양상쿤楊尙昆(당시 중앙사무소 주임), 후차오무胡喬木(중앙선전부 부부장), 왕자샹王稼祥(중앙연락부 부장), 장원톈張聞天(외교부 상무부 부장)이 있었다.

그의 회고에 의하면, 마오쩌둥은 당시 보고서 전문을 다 읽지 않았지만, 회의에서 보고서에 대해 두 가지 평가를 내렸다고 한다. "하나는 그가 내막을 드러냈다, 다른 하나는 그가 분란을 초래했다"였다. "그가 내막을 드러냈다는 것은, 그의 비밀보고서가 소련, 소련공산당, 스탈린이 모두 옳은 것은 아님을 표명하고 있음을 말하는 것으로, 이것은 바로 맹신을 타파한 것이었다. 그가 분란을 초래했다고 말하는 것은 그가 만든 이 비밀보고서가 내용이나 방법에 있어서 모두 심각한 잘못이 있음을 말하는 것이다." 우렁시는 비록 마오쩌둥의 이 두 가지 논점이 완전히 전개된 것은 아니지만 흐루시초프의 비밀보고서에 대해 "요점을 드러냈다"고 느꼈다.[4] 우렁시의 이 느낌에는 근거가 있었다. 마오쩌둥의 이후 일련의 사고와 행동이 사실상 이 두 가지 기본 판단에 따랐다는 것이다. 리선즈李愼之의 회고에 의하면, 신화사 부사장인 천스우陳適五가 당시 그

---

4) 吳冷西, 『憶毛主席 — 我親身經歷的若干重大歷史事件偏斷』, 新華出版社, 1995, 1~5쪽.

에게 "마오 주석의 지금 심정은 기쁘기도 하고, 두렵기도 할 것이오"[5]라고 말했다고 한다. 이는 핵심을 찌른 관찰이었다. 이른바 '기쁘다'는 것은 '내막을 드러냄'으로써 오랫동안 마오쩌둥의 머리를 억눌러 왔던 "삼장법사가 손오공의 머리에 씌운 금고아를 조일 때 사용하는 주문"을 풀었기 때문이다.

마오쩌둥은 그 뒤 유고슬라비아 공산주의자 연맹 대표단과의 담화에서, 그 자신은 일생 동안 스탈린을 찬송하는 글 세 편을 쓴 일이 있다고 언급하면서, 사실 "마음에서 우러나온 것은 아니었다"고 했다. 왜냐하면 자신이 반대하고자 했던 "왕밍 노선[6]은, 실제로는 스탈린 노선"이었고, 또 스탈린은 줄곧 그를 "반쪽 티토[7] 혹은 준(準)티토"로 간주했으며, "소련뿐만 아니라, 기타 사회주의 국가와 비사회주의 국가의 많은 사람들이 중국이 진정한 혁명을 했는지 회의했"기 때문이라고 하였다. 이것으로 중국공산당과 마오쩌둥에 대한 압력을 미루어 알 수 있을 것이다. 이런 상황 속에서 흐루시초프가 스탈린의 '내막'을 드러내자, 마오쩌둥은 자연히 '해방감'을 느꼈던 것이다. 심지어 마오쩌둥은 그것을 "한 차례의

---

5) 李愼之,「毛主席是什麼時候引蛇出洞的」,『六月雪:記憶中的反右派運動』, 經濟日報出版社, 1998, 120쪽.
6) 왕밍(王明, 1904~1974). 20세기 삼십년대 중국공산당의 최고지도자를 역임. 그는 극좌 노선을 채택하여 마오쩌둥의 반대를 받았다. 그런데 그의 이러한 극좌 노선의 많은 측면들은 스탈린의 지시를 집행한 것으로서, 이 때문에 마오쩌둥은 자신이 반대한 것은 사실상 '스탈린 노선'이라고 말한 것이다.—옮긴이
7) 티토는 국제 공산주의 운동 속에서 스탈린주의를 반대했으며, 독립적이고 자주적인 사회주의 혁명과 건설 노선을 실행하여, 스탈린에 의해 '배반자', '이단자'로 간주되었다. 마오쩌둥은 독립 자주를 실행하여, 아주 오랜 시간 동안 역시 스탈린에 의해 "반쪽 티토 혹은 준티토"로 간주되었다. 5·19민주운동 속에서, 몇몇 '우파' 학생들 역시 마오쩌둥을 '티토식'의 공산주의 운동 중의 개혁파로 간주했는데, 그 뒤 반우파운동은 마오쩌둥이 비록 스탈린을 비판하긴 했으나, 실제로는 여전히 스탈린주의를 옹호했다고 표명했다.—옮긴이

'해방 전쟁'"이라고 불렀다. "모두가 발언할 수 있게 되었고, 문제를 생각할 수 있게 되었다"[8]는 것이다. 가장 중요한 것은, 이때부터 마오쩌둥은 거리낌 없이 자신의 뜻대로 일을 실행하며, 자신이 여러 해 동안 꿈꾸었던 중국의 길, 세계 혁명의 '성인'聖人의 길로 갈 수 있었다는 것이다.

그러나 흐루시초프가 전면적으로 스탈린을 부정한 것은 또한 마오쩌둥에게 '큰 분란'을 일으킨 것으로 여기게 했다. 마오쩌둥을 잘 아는 후차오무는 "마오 주석이 아주 오랜 시간 동안 그 스스로 중국의 스탈린이라고 생각했고", "국제 범위 내에서의 집권제에다 당내 집권제를 결합한" 스탈린 모식模式은 마오쩌둥에게 큰 영향을 미쳤으며, 이 때문에 "20차 대표대회의 스탈린 비판은, 마오 주석에게 커다란 자극이 되었다"[9]고 하였다. 스탈린에 대해 흐루시초프가 취한 '방법'은, 생전에는 모든 것에 복종하다가 사후에 갑자기 기습하는 방식으로 반란을 일으켜 모든 것을 부정하는 것이었다. 아마도 이것이 마오쩌둥에게 커다란 자극이 되었을 것이며, 이로부터 형성된 소위 '흐루시초프 콤플렉스[情結]'는 이후의 문화대혁명을 미리 예견한 것이었다.

이런 '기쁨'과 '두려움'이 있었기 때문에 마오쩌둥의 일련의 반응들이 있게 된다. 1956년 4월 5일 「프롤레타리아계급 독재정치의 역사적 경험에 관하여」를 발표한 때부터, 1956년 12월 29일 「프롤레타리아계급 독재정치의 역사적 경험을 다시 논함」을 발표할 때까지, 마오쩌둥의 반응에는 미묘하고도 중요한 변화가 있었다. 이 두 문건의 초안을 쓰는 데

---

8) 毛澤東,「吸取歷史敎訓, 反對大國沙文主義」,『毛澤東文集』7卷, 人民出版社, 1999, 126, 120, 122, 127쪽.
9) 胡喬木,「『歷史決議』中對"文化大革命"的幾個論斷」,『胡喬木文集』2卷, 人民出版社, 1993, 147쪽.

참여한 우렁시의 회고에 따르면, 마오쩌둥은 '한 가지 논의'를 네 차례나 수정했다고 한다. "첫번째 단계에서는 스탈린의 주요한 과오를 명확히 지적하고, 아울러 이와 같은 과오는 그의 사상 방법상의 주관주의와 편파성, 현실과 유리되고 군중을 이탈한, 또 군중노선과 집단지도를 위배한 것에서 온 것이라고 지적했다. 두번째 단계에서는 사회주의 사회에 여전히 모순이 존재한다는 한 단락을 강화시켰고, 세번째 단계에서는 중국 당의 역사적 노선의 착오와 관련된 단락에서, 왕밍 노선과 건국 후 가오라오高饒[10] 반당집단을 두 차례나 부각시켰다. 네번째 단계에서는 역사적 관점에서 스탈린을 보아야 한다고 강조했다. 이 네 가지는 비록 흐루시초프의 '분란'을 보완한다는 의미가 있었지만, 그 핵심은 흐루시초프가 '내막을 드러내는' 것을 지지했다는 것이다. 이 때문에 마오쩌둥은 마지막에 문장을 총결하면서, 여러 차례 "우리는 그 속에서 어떤 교훈을 얻을 것인가"를 강조하였다. 그는 "독립적으로 사고하여, 맑스·레닌주의의 기본 원리를 중국 혁명과 건설의 구체적인 현실과 서로 결합시키는 것"을 가장 중요하게 생각했다. 아울러 "지금은 흐루시초프가 내막을 드러낸 것에 감사하며, 각 방면에서 어떻게 중국의 상황에 따라 일할지를 고려해야 하며, 더 이상 과거처럼 그렇게 맹신하지 말아야 한다. …… 이제는 더욱더 중국 사회주의 건설의 구체적인 길을 찾기 위해 노력해야 한다"[11]고 거듭 표명했다.

---

10) '가오'(高)는 '가오강'(高崗)을 말한다. 중공 중앙정치국 위원과 중화인민공화국 부주석을 역임했다. '라오'(饒)는 '라오수스'(饒漱石)를 말한다. 중공 중앙조직부 부장을 역임했으며, 1954년 '반당 연맹'을 조직했다는 지적을 받았는데, 그 죄명은 "우리 당을 분열시키고, 음모적인 방법으로 당과 국가의 최고 권력을 탈취하려 했다"는 것이었다.—옮긴이
11) 吳冷西, 『憶毛主席—我親身經歷的若幹重大歷史事件偏斷』, 8~10쪽.

그 뒤, 4월 25일 「십대관계를 논함」論十大關係이라는 보고서에 따르면, 4월 28일 중앙 정치국 확대회의에서 '백화제방, 백가쟁명'의 방침을 제기할 예정이었는데, 이는 "중국 사회주의 건설의 구체적인 길"을 모색하기 위한 마오쩌둥과 중국공산당원의 자각적인 노력과 실험이라고 볼 수 있다.[12] 앞에서 인용한 유고슬라비아 대표단과의 담화 역시 이러한 배경 아래에서 나온 것이다. 그러나 10월 이후, 연이어 폴란드 사건, 헝가리 사건이 발생했으며, 11월 11일 티토는 프라하(유고슬라비아 서부의 연해 도시)에서의 연설에서, 스탈린의 착오는 "일종의 제도적 산물"이라고 지적했다.[13] "단지 개인숭배의 문제뿐만 아니라, 개인숭배를 탄생시킨 제도의 문제"라고 하여, 공산주의 운동 내부에 격렬한 논쟁을 불러일으켰다. 티토는 스탈린주의에 반대할 것을 제기했는데, 이는 스탈린이라고 자처하던 마오쩌둥에게 커다란 자극이 되었다.

바로 이와 같은 배경 아래, 마오쩌둥의 주관하에 또 「프롤레타리아 계급 녹재정치의 역사적 경험을 다시 논함」을 썼다. 우렁시의 회고에 따르면, 문장을 가다듬고 수정하는 과정에서, 마오쩌둥의 관심은 "분란이 가져온 결과"로 옮겨졌다고 한다. 그는 "전 세계에 반소련 반공산당 분위기가 고조되고, 제국주의가 사회주의의 재앙을 즐기고, 국제 공산주의

---

12) 당시 저우양(周揚)은 한 문학강습소에서의 담화에서, 다음과 같이 명확히 지적했다. '백화제방, 백가쟁명' 방침의 제출은 "소련공산당 20차 대표대회에서 스탈린에게 제기한 비평과 관련이 있다. …… 우리는 스탈린의 비평이 전 세계적으로 대단히 큰 혼란을 일으켰음을 부인하지 않는다. 그러나 이 혼란은 지금 보기에 주요한 것이 아니며, 주요한 것은 수확이다. 우리는 이와 같은 상황 아래에서 '백화제방, 백가쟁명'을 제기한 것이다." 『周揚文集』 2卷, 人民文學出版社, 1985, 405쪽.
13) 1956년 11월 11일 티토의 이 연설은 사회주의 제도 문제를 언급하여, 사회주의 국가들에서 강렬한 반향을 불러일으켰으며, 아울러 다음 글에서 논할 마오쩌둥의 일련의 반응을 일으켰다.—옮긴이

대오에 사상적 혼란이 나타나고 있는 것"에 관심을 가졌으며 "우리는 끝까지 버텨야 한다, 버텨 내야 할 뿐만 아니라, 반격해야 한다"고 했다. 마오쩌둥은 이것으로 두 가지 중요한 판단을 내리게 된다. "현재 반소련 반공산당 분위기는 국제적 계급투쟁이 첨예화되었음을 보여 주는 것"과 "지금의 문제는 교조주의가 아직 청산되지 않고 수정주의 사조가 맹렬한 기세로 몰려온다는 것"이다. 그러므로 투쟁의 "핵심은 수정주의를 반대하는 것"이고, "스탈린이라는 칼을 주워서 제국주의를 한 칼에, 수정주의를 한 칼에 베게 해야 한다"는 것이다. 마오쩌둥은 「프롤레타리아계급 독재정치의 역사적 경험을 다시 논함」이 "특히 스탈린의 착오가 사회주의 제도가 만들어 낸 것이 아니라는 것을 분명히 이야기해야 한다"고 지시하였다.[14] 그래서 이런 서술이 있게 된다.

"소련의 경제가 신속히 발전한 사실은, 소련의 경제제도가 기본적으로 생산력 발전에 적합한 것임을 증명한 것이며, 소련의 정치제도 역시 기본적으로 하부구조의 요구에 적합한 것임을 증명한 것이다. 스탈린의 착오는 결코 사회주의 제도로부터 온 것이 아니므로 이러한 착오들을 바로잡기 위해 사회주의 제도를 '수정'할 필요는 없다."

문장은 국가 계획 관리의 '관료주의 기구'에 대한 비판을 겨냥하여, "소련 경제의 급성장은 곧 노동인민 국가정권의 계획 관리 경제사업의 결과로서, 스탈린이 범한 착오는 계획경제 국가기관의 결함과는 연관성이 아주 적다"고 강조한다. 동시에 문장은 또 "기본 제도가 요구에 적합

---

14) 吳冷西, 『憶毛主席 — 我親身經歷的若幹重大歷史事件偏斷』, 16, 22, 25, 27쪽.

한 상황에서, 생산관계와 생산력 사이에, 상부구조와 하부구조 간에도 여전히 모순은 존재하고 있다. 이런 모순은 경제제도와 정치제도의 어떤 결함을 나타낸다. 이 모순은 근본적인 변혁으로 해결할 필요는 없지만, 적시에 조정할 필요는 있다"고 제기한다. 이것은 모두 티토에 대한 반응으로, "수정주의를 한 칼에 베자"는 것이다. 그래서 "프롤레타리아 독재정치를 벗어나 민주를 외치는 '사회주의자'들은 사실 부르주아 편에 서서 프롤레타리아를 반대하는 것이고, 또 자본주의를 요구하며 사회주의를 반대하는 것"이라고 경고를 한다. 그리고 헝가리 사건 발생의 원인을 두 가지로 분석한다. 하나는 헝가리 지도자의 관료주의가 "과거의 헝가리를 불러와서, 노동 인민의 민주권리와 혁명의 적극성을 파괴하였다"는 것이고, 다른 하나는 "반혁명분자가 응당 받아야 할 타격을 받지 않았기" 때문에 "반혁명분자가 1956년 10월에 군중의 불만을 이용하여 무장반란을 일으켰으며, 이는 과거의 헝가리가 프롤레타리아 독재정치를 수립하지 못했음을 설명한다"[15]는 것이다. 이 배후에는 사람들이 일련의 사변을 겪어야만 크게 깨달을 수 있다는 의미가 함축되어 있다.

「프롤레타리아계급 독재정치의 역사적 경험을 다시 논함」은 국제 문제를 논하고 있지만, 국내 상황도 어렴풋이 엿볼 수 있다. 같은 해 11월 15일, 마오쩌둥은 제8차 중앙위원회 제2차 회의 담화 중 "외국과 내통한다"는 문제를 제기했으며, 또한 이런 사람들이 '고위층 간부, 중간 간부' 속에 있다고 했다. 가오라오사건 또한 다시 언급되었다.[16] ── 사실 마

---

15) 이상의 인용은 「再論無產階級專政的歷史經驗」, 『胡喬木文集』 1卷, 人民出版社, 1992, 509, 520, 520, 519쪽.
16) 毛澤東, 「在中國共産黨全國代表會議上的講話」(1955年3月), 『毛澤東選集』 5卷, 人民出版社, 1997, 321쪽.

오쩌둥이 "현재 반소련 반공산당 물결은 국제적인 계급투쟁이 첨예화된 것을 드러낸 것"이라고 단정했을 때 아마도 가오라오사건을 떠올렸을 것이다. 그는 가오라오 반당연맹의 출현을 "우리나라 현 단계에서 계급투쟁이 첨예화된 것을 드러낸 것"이라고 단정했었다. 국내외 문제는 늘 내재적으로 연결된 것이므로 "(제국주의가 발동하는) 돌발적인 사변에 대처하고, 반혁명의 부활에 대비하고, 가오라오사건의 재발생에 대처해야 한다"[17]는 경고를 하였다. 마오쩌둥의 예측 속에서 이 세 가지 위험은 1956년의 국내외 형세에서 아주 심각한 것이었으므로 진지하게 대처해야 했다. 그는 심지어 "우리 같은 사람들은 아마 착오를 범할지도 모른다. 결과는 이겨 낼 수 없다. 다른 사람에게 밀려서 내려가고, 브와디스와프 고무우카가 정권을 잡게 해, 라오수스를 들어 올린다"[18]는 자아경계를 하였다.[19] 이런 말들은 아무렇게나 한 것 같지만 사실 마오쩌둥의 내면의 긴장, 불안과 염려를 드러낸 것으로, 이후의 여러 조치들에 대한 심리적 동기를 여기에서 찾을 수 있다. 그래서 그는 "중앙 부서의 일급 지식인 간부"가 '대(大)민주' 개념을 제기했다고 들었을 때, 이것이 일종의 '사조'를 대표한 것이라고 민감하게 느꼈으며,[20] "그들이 실행하려는 '대민주'는 서방의 부르주아 국회제도를 채택하고 서방의 '의회 민주', '신

---

17) 毛澤東, 「在中國共產黨全國代表會議上的講話」(1955年 3月), 『毛澤東選集』 5卷, 140, 153쪽.
18) 毛澤東, 「在中國共產黨第八屆中央委員會第二次全體會議上的講話」(1956年 11月 15日), 『毛澤東選集』 5卷, 319쪽.
19) 고무우카는 1956년 6월 폴란드 포츠난 시에서 발생한 군중 소동 사건 뒤에 폴란드 통일 공인당의 지도자로 임명되었다. 마오쩌둥이 보기에, 이는 곧 '진정한 맑스주의자'인 '우리들'이 정권을 잃고, '수정주의자'가 권력을 잡은 것이다. 라오수스(饒漱石)는 고무우카와 같은 수정주의자로 가오라오사건의 당사자이다.─옮긴이
20) 李慎之, 「大民主和小民主」, 『荊棘路: 記憶中的反右派運動』, 經濟日報出版社, 1998, 118쪽.

문 자유', '언론 자유' 등의 제도를 배운 것"이라고 하면서, 대처 방법을 제기하였다. 즉 "프롤레타리아계급이 영도하는 대민주"로 "부르주아 대민주"를 반격하는 것이었다. 바로 대규모의 장렬한 '군중운동'을 전개하여, 대대적인 계급투쟁을 일으켜, "매섭게 싸우는 것이다."[21] 반년 이후에 전개될 반우파운동은 이미 그때 무르익기 시작한 것이다. 단지 사람들이 깨닫지 못했을 뿐이다. 동시에 그는 또 "대민주 역시 관료주의자에 대응할 수 있다"[22]고 하였다. 마오쩌둥은 일생 동안 '관료주의자'를 좋아하지 않았다. 그들은 그가 자신의 목적에 도달하는 데에 장애물이었다. 그의 정풍운동은 군중운동의 힘을 빌려, '관료주의자'들을 '혼내려는' 의도가 내포되어 있었다. 그는 '관료주의자'가 '인민 내부의 모순'임을 명확하게 구분하였다. 그는 자신의 통치가 근본적으로 이들 관료들을 떠날 수 없지만 우파는 '적대적 모순'이고 반드시 제거해야만 한다는 것을 잘 알고 있었다.

1957년 성省과 시市 자치구의 당위원회 서기회의에서의 담화에 이르자 그는 더 명확하게 언급하게 된다. 왜냐하면 이때 국내에서 이미 '작은 헝가리' 사건이 출현했기 때문이다. 마오쩌둥은 담화에서 특별히 스자좡石家莊의 한 학교에서, '소수의 반혁명분자'들이 학생들의 졸업 후 배치에 대한 불만을 이용하여, 시위를 선동하고, 방송국을 점거하여 "파시스트를 쳐부수자!", "평화가 아닌 전쟁을 달라!", "사회주의는 우월성이 없다!"라는 구호를 외쳤다고 하였다. 마오쩌둥은 그래서 "헝가리 사건의

---

21) 毛澤東,「在中國共産黨第八屆中央委員會第二次全體會議上的講話」,『毛澤東選集』5卷, 323~324쪽.
22) 毛澤東,「在中國共産黨第八屆中央委員會第二次全體會議上的講話」,『毛澤東選集』5卷, 324쪽.

좋은 점은 우리 중국의 개미들을 동굴로부터 끌어냈다"고 한다.

'개미'는 어디에 있을까? 마오쩌둥은 "지주, 부농, 그리고 악질 토호와 반혁명분자들과 같은 박탈당한 계급 이외에 몇몇 민주 인사와 교수"는 "우리들과 적대적이며" "학생 가운데 우리들과 대립적인 사람도 적지 않다"고 했다. 학생들의 '사상 동향'에 마오쩌둥은 특히 주의하였다. 그는 "베이징시의 조사에 의하면 고등교육을 받는 학생들 대다수가 지주, 부농, 부르주아계급 그리고 부유한 중농의 자제들이고, 노동자계급, 가난한 중농 출신은 20퍼센트도 안 된다. 전국적으로 아마도 비슷할 것이다. 이런 상황은 바꾸어야 하지만 시간이 필요하다. 일부 대학생들 사이에 고무우카는 아주 큰 환영을 받았고, 티토, 카르델 역시 대단히 환영받고 있다"고 하였다. 마오쩌둥은 이 학생들은 '지주, 부농, 부르주아계급, 민주당파'의 대변인에 불과하고, "처세에 능한 그들은 숨어 지낸다. 그들의 자제들인 어린 학생들이 경험도 없이, 무슨 '수많은 사람들을 죽여야 한다', '사회주의는 우월성이 없다'는 것들을 들고 나왔다"고 보았다. 객관적으로 존재하긴 하지만 "숨어 있고" 또 조만간 폭발할 바에야 차라리 지금 그것들을 유인해 "그들을 서로 경쟁하게 하는 것이 낫다". "그들이 방귀를 뀌려 한다면 뀌게 하고, 뀌어야 유리하다." "그들이 소동을 일으키고 싶어 한다면 소동을 일으키게 해라, 나쁜 짓을 많이 하게 되면 반드시 스스로 자멸할 것이다." 마오쩌둥은 당시 이것을 "드러나게 해서, 나중에 제압한다"는 전술이라고 했다.[23] 사실 이것이 바로 그 유명한 '인사출동'引蛇出洞이라는 '음모'였다.

---

23) 毛澤東,「在省市自治區黨委書記會議上的講話」(1957年 1月),『毛澤東選集』5卷, 332, 338, 351, 333, 355쪽.

"천화(天火)를 훔치다": 교내 청년학생들의 반응

이는 곧 사건의 또 다른 면을 언급하게 한다. 마오쩌둥은 소련공산당 20차 대표대회에서 흐루시초프의 비밀보고서가 일으킨 국제 공산주의 운동의 대변동과 논쟁에 대해 국제적 대응(「프롤레타리아계급 독재정치의 역사적 경험을 다시 논함」)과 국내적인 조치를 말한다. 한편으론 '대민주'로 관료주의에 대응하여 군중의 불만을 완화시키고, 다른 한편으론 언제라도 "반당·반사회주의의 개미"가 구멍에서 나오는 것에 대처하는 것이다. 이 두 가지 방식으로 '헝가리 사건'이 중국에서 발생할 가능성을 차단하였다. 그러나 아직 내막을 잘 모르는 중국 지식인, 특히 대학 내의 열혈청년들은 자신의 이해와 이상 그리고 소망에 따라 독립적인 반응을 하였다. 그리고 그 뒤 오히려 거대한 대가를 치러야 했다.

리선즈 선생이 말한 것처럼, "소련공산당 20차 대표대회에서 흐루시초프의 보고는 비밀보고서로, 중국공산당이 공개적으로 선전할 리는 없었다. 그러나 사실 중국인들이 알 수 있는 경로는 광범위했다. 중공 중앙은 주더로 하여금 모스크바에서 가지고 온 번역문을 작은 30절지의 책자로 인쇄토록 했는데, 표지에는 제목도 없었고, 다만 '내부자료, 보존주의'라는 여덟 글자만 찍혀 있었으며, '참고자료'參考資料로 발행되었다. '참고자료'는 고급 간부들에게만 발행되는 자료였지만 기밀 간행물로 간주되지는 않았다. 다만 간행물 첫머리에 '내부간행물, 보존주의'이라는 두 구절만이 찍혀 있었다. 때문에 이 보고서의 내용은 실제로 대단히 널리 전해졌다. 또한 와이원外文 서점에서는 미국의 『노동자일보』工人日報를 판매했는데, 그곳에 영어 번역문 전문全文이 실려 있었다. 베이징의 각 대학 학생들이 앞을 다투어 구매했으며, 『노동자일보』는 다 팔리게 되었다. 더욱이 마오 주석은 예방 주사를 놓아 면역력을 키우자는 주장을 했고, 『참고 소식』은 그의 취지에 따라, 2천 부에서 40만 부로 확대 발행되었으며, 학생들도 예약 구독할 수 있었다. 이처럼 그는 이 보고서의 내용이 여러 경로를 통해 누설되는 것을 결코 반대하진 않았던 것 같다. 그러므로 이 보고서를 더 이상 비밀이라고 할 수는 없었다. 『참고 소식』은 흐루시초프의 보고 내용을 실을 수 없었지만 각국의 반응은 실을 수 있었다."[24]

그리고 베이징대학의 교내에서는 자유와 다원화多元化의 전통이 보이지 않게 작동되고 있었다. 예를 들어 당시 생물학과 조교였던 야오런제姚仁傑 선생의 회고처럼, "당시 학교 측의 도서에 대한 통제는 이후처럼 그렇게 준엄하고 엄밀하지 않았다". "책 읽기를 좋아하고, 사유의 깊이를 추구하는" 교사와 학생들은 "천화天火를 훔칠 수도 있었다."[25] 쌍백방침 시기 학교 내에서 가장 크게 활약했던 베이징대학 백화학사百花學社의 주요 조직원 가운데 한 사람인 천펑샤오陳奉孝의 회고에 의하면, 당시 베이징대학 수학과의 조교 런다슝任大熊은 베이징대학 도서관으로부터 비밀 보고서가 실린 『노동자일보』를 빌려, 자신과 타오마오치陶懋頎와 함께 보고서를 번역하여, 일부 학생들과 돌려 읽었다고 한다(그 뒤 그들 세 사람은 모두 우파로 공격당했으며, 런다슝은 무기 징역을 선고받아 노동개조 중에 학대를 견디지 못하고 죽었다). 그 밖의 몇몇 학생들은 소련과 동유럽 유학생들을 통해 보고서의 내용을 어느 정도 알게 되었다.[26]

여기서 반드시 언급해야 할 것은, 새로 복간한 『문회보』가 애너 루이스 스트롱[27]의 회고록을 연재하여, 과거 전력을 전면 숨기려 했던 '스탈

---

24) 李愼之,「毛主席是什麽時候決定引蛇出洞的?」,『六月雪:記憶中的反右派運動』, 117쪽.
25) 『做"人"還是爲"奴"—讀姚仁傑先生的會議錄』, 관련된 분석 참고.
26) 陳奉孝,「我所知道的北大整風反右運動」,『沒有情節的故事』, 503쪽.

린 시대' 사회의 부정적 측면을 폭로하였는데, 이 역시 커다란 영향을 미쳤다는 것이다. 『문회보』는 다음과 같이 영국의 [역사학자] 액튼 경Lord Acton, 1st Baron Acton의 명언을 인용했다. "권력은 인간을 타락하게 만들며, 절대 권력은 절대적으로 부패한다." 이 말은 당시에 커다란 반향을 일으켰으며, 이후 끊임없이 사람들에게 인용되어 왔다. 마오쩌둥의 지시에 따라, 티토의 1956년 11월의 연설과 각국 공산당의 평론은 모두 중국 신문에 공개적으로 발표되었다. 「프롤레타리아계급 독재정치의 역사적 경험을 다시 논함」에서 유고슬라비아의 "기업과 기타 사회 조직 가운데 민주 관리를 실행하는 실험"에 대해 논의했으므로, 중국 신문에서도 이와 관련한 소개가 있게 되었다. 이 모든 것은, 중국 내 통일적인 소련 모델을 타파하고, 많은 독립적인 사고를 불러왔다. 새로운 사상해방의 운동이 배양되기 시작한 것이다.

린시링이 받은 사상적 반향

이제 우리는 본고의 주요 토론 대상인 린시링에게로 되돌아올 수 있게 되었다. 린시링은 1955년 일찍이 『문회보』에 장편 문예 논문을 발표하여 커다란 주목을 받았다. 그 뒤 다시 소련의 권위적인 잡지인 『공산당인』共産黨人에 토론 글을 실어 무고한 공격을 받았는데, 「한 청년 공민의 항소서」一個靑年公民的控訴書를 인쇄·배포하여, 당시 런민대학 총장이었던 우위장吳玉章과 중앙 서기였던 후야오방胡耀邦의 지지를 받았고 명예가 회복되

---

27) 애너 루이스 스트롱(Anna Louise Strong), 미국의 좌익 기자이자 작가. 소련에서 장기간 생활했으며, 후에 스탈린에 의해 축출되었다. 『스탈린 시대』라는 책을 써서 스탈린 통치의 몇몇 진상을 폭로했는데, 이 책은 중국의 『문회보』(文匯報)에 연재되어, 강렬한 반향을 불러일으켰다.—옮긴이

었다. 후야오방과 『중국청년보』中國靑年報의 주편은 그녀를 서북지역 특파원으로 파견하여 조사를 진행했다. 이런 조사와 후에 법원에서 실습하면서 보고 들은 것을 통해 중국 사회, 특히 하층사회의 갖가지 폐단을 보게 되었다. 그녀는 놀라지 않을 수 없었다. 이전에 그녀는 거의 '구름 속'에서 생활하며, 사람들이 그녀에게 말해 준 모든 것을 경솔하게 믿었으며, 오랜 시간 동안 몽상에 빠져 있었다. 회의懷疑는 이렇게 생겨나게 되었다. 1980년대에 그녀는 인터뷰에서 당시 자신의 사상적 탈바꿈을 다음과 같이 이야기했다.

"나는 본래 대도시를 떠난 일이 없었는데, 갑자기 농촌으로, 산악 지대, 간쑤성의 위먼玉門 유전으로, 란저우蘭州로 돌아다니게 되면서, 농촌 생활이라는 것이 『런민일보』가 허풍을 떨었던 것처럼, 전등이니 전화니 농민 생활이 어떻게 어떻게 좋고 했던 그런 모습이 아니라는 것을 알았다. 어떤 사람은 고통으로 죽고 싶어 했으며, 먹을 음식이 없었다. 나는 무척 고통스러웠고, 뭔가를 말해야 한다고 생각했다. 그때 우리는 너무 이상주의적이어서, 인민을 위해 봉사하고, 인민 해방을 위해 혁명을 이루고자 했었다. 결과는 어떠한가. 인민의 생활이 이처럼 고통스러운데, 우리는 베이징에서 괜찮은 생활을 하였다. 이런 상황에서, 나는 이 문제들에 대해 깊이 사유하기 시작했다. 도대체 무엇 때문인가?"[28]

바로 이때, 그녀는 자신의 연인(당시 후야오방의 비서)에게서 흐루시초프의 비밀보고서를 보게 된다. 쌍백방침 시기에 그녀는 런민대학의 한

---

28) 『林希翎自選集』, 219쪽.

강연에서 당시 그녀가 받았던 놀라움을 다음과 같이 이야기했다. "스탈린에 대해 과거 나의 인상은 아주 좋았다. 당시에 소련 영화와 소련 소설을 아주 많이 읽었기 때문이다. 스탈린이 세상을 떠났을 때, 나는 부대에서 검은 베일을 쓰고 두 눈이 붓도록 울었다. 맨 처음 흐루시초프가 소련공산당 20차 대표대회에서 스탈린을 비판했다는 말을 들었을 때, 나는 이해가 되지 않았으며, 분노했었다. 그러나 내가 직접 이 '비밀보고서'를 보았을 때, 나는 크게 놀랐고 내가 과거에 흘린 눈물이 모두가 헛된 것이었음을 깨달았다. 그런데 다행히 스탈린은 이미 죽었다. 만일 몇 년 더 살았다면, 얼마나 정직하고 선량한 소련공산당원과 공민들을 다치게 하고 죽였을지 모른다. 나는 그가 군사, 농업, 대외 관계에서 저지른 잘못을 그래도 용서할 수는 있다. 그러나 반혁명분자를 학대하여 숙청하는 문제에 있어서 저지른 엄중한 착오는, 심지어 당과 인민에 대해 저지른 죄행은, 감정적으로 용서할 수 없다."29)

"나는 내가 과거에 흘린 눈물이 모두가 헛된 것이었음을 깨달았다." 이 속임을 당한 굴욕, 가슴 아픔, 회한 후의 깨달음은, 루쉰의 「광인일기」 중 그 유명한 구절, "지난 30여 년 동안 온통 미몽迷夢 속을 헤매었음을 알게 되었다"를 생각나게 했다.30) 아마도 "더 이상 눈물을 믿지 않는다"라는 이 순간, 린시링과 그녀와 일부 동세대들은 유치하고 단순하며 경솔했던 '유년'시대와 고별하기 시작했는지도 모른다. 스탈린의(그리고 중국) 반혁명분자 숙청운동 중 피해자의 피, 모든 미신, 소련, 스탈린, 지

---

29) 『林希翎自選集』, 135~136쪽.
30) 魯迅, 「狂人日記」, 『魯迅全集』 1卷(『吶喊』), 人民文學出版社, 2005, 444쪽.[루쉰, 「광인일기」, 『외침』(루쉰전집 2권), 그린비, 2010, 30쪽.]

도자, 모종의 절대적 이념과 체제를 뒤덮은…… 머리 위의 신성한 홍채虹彩를 모두 전복시키고 쳐부수었다. 마치 야오런제 선생이 그의 회고록에서 말한 것처럼, "서로 다른 사고와 시각이 저절로 일어났는데, 그 기세가 대단했다. 습관이 되어 버린 신앙과 다른 사람에 의해 주입된 일관성이 와르르 흔들렸고, 심지어 자신이 자신조차도 그렇게 덮어 놓고 믿지 않게 되었다".

기억 속의 교내 분위기

여기서, 베이징대학 교내에서의 나의 개인적 체험을 언급할 수 있을 것 같다. 나는 1956년 9월 베이징대학 중문과에 신문 전공으로 입학하였다. 처음 입학했을 때는, 당의 "과학을 향해 진군하라", "백화제방, 백가쟁명"의 호소에 호응하여 열심히 공부해서 장차 작가나 학자가 되겠다는 꿈을 꾸고 있었다. 그러나 연이어 벌어진 폴란드 사건과 헝가리 사건……이 교내의 고요함을 깨뜨렸다. 나는 지금도 똑똑히 기억한다. 한밤중, 우리 몇몇 청년 공산당원들은 갑작스런 호출에 잠에서 깨어나 대강당에 모여 헝가리 사건을 다룬 내부 기록 영화를 보았다. 영화 속 반혁명분자는 공산당원의 머리를 전봇대 위에 내걸었는데, 우리는 이 장면을 보고 무서워서 벌벌 떨었었다. 연이어 신문에서도 티토의 연설 및 관련 글, 그리고 유고슬로비아의 민주 실험에 대한 소개 등이 발표되었다. 우리에게 이 모든 것은 희한한 일이었고, 누구를 믿고 따라야 할지도 몰랐다. 말로 표현할 수 없는 혼란이 일었으며, 어렴풋하게 "학교에 평화로운 책상을 놓을 수 없는" 시대가 가까워지는 것을 느꼈던 것 같다. 갓 입학한 나는 도서관에서 지내는 평화로움과 한적한 즐거움을 누려 보지도 못하고 다가올 모든 것에 기대와 불안을 동시에 가졌었다. 이런 마음은 앞에서 언급한 린시링의 각성된 의식과는 다를 것이다. 그러나 한편 획일적인 사상 체계에 동요가 일고 있음을 반영한 것이었다. 나처럼 이렇게 정치에 별로 관심이 없는, 오로지 공부만 했던 일반 학생 역시 변화의 숨결을 느끼고 있었다.

하지만 당시 정치에 대한 무관심은 허락되지 않았다. 그래서 「프롤레타리아계급 독재정치의 역사적 경험을 다시 논함」이 발표된 뒤, 각 학년과 중국 공산주의 청년단 지부는 무리를 지어 공부하도록 조직되었다. 내 기억에 당시 가장 격렬한 논쟁을 벌인 것은, 스탈린의 착오의 근원이 어디에 있는가, 제도와 관련이 있는가였다. 「프롤레타리아계급 독재정치의 역사적 경험을 다시 논함」이 발표되기 전, 이 문제에 대해 학생들이 비공식적으로 논의한 적이 있었는데, 당시의 지배적인 생각은 이 글의 시각이었다. 그 시각은 착오를 일으킨 원인이 스탈린이 "사상 방법에서 주관주의와 편견에 빠져 있었고, 현실과 군중을 이탈하고 군중 노선과 집단 지도 체제를 위반했다"는 것이었다. 당시의 상황에서는 누구도 이런 당의 관점에 공개적으로 질의할 사람이 있을 리 만무했다. 그러나 이런 관점에 설득력이 부족하다는 것은 분명한 사실이었다. 티토의 연설은 직접적으로 제도 문제를 제기했고, 회의懷疑에 더 근거가 있음을 드러내 주었다. 티토는 일찍이 스탈린의 배척과 박해를 받았기 때문에, 당시의 많은 대학생들은 그에게 호감을 갖고 있었다. 그 글은 분명히 티토의 의견에 반대하면서 동시에 "경제제도와 정치제도의 몇몇 부분에' '결함'이 존재함을 인정했다. 이는 의혹을 풀어 주지 못했을 뿐 아니라, 오히려 사상적 혼란을 초래하였다. 학습할 때는 모두들 반복해서 어떻게 "몇몇 부분의 결함"을 이해할 것인가에 대해 토론했다. 어떤 "부분들인가", 무엇이 "근본적인 제도인가", 이 양자의 관계는 어떠한가? 등등에 대해 모두가 명확히 말할 수 없었다. 내 기억에 저우양周揚이 특별히 와서 연설을 한 일이 있었는데, 제도 문제에 관한 그의 연설을 들은 우리 모두는 안개 속을 헤매는 느낌이었다.

5월 23일 : 린시링의 폭발적인 강연

이로 인해 1957년 5월 19일, 베이징대학 교내에 처음으로 대자보들이 나붙었는데, 이것은 (린시링식의) 덮어놓고 믿는 것을 타파하고 독립적인 사고를 시작한 선각자들의 (오랫동안 쌓여 있던 것의) 필연적인 폭발이었다. 이것은 그들이 고대하고 있었던 5·4신문화운동 이후의 또 한 차례의 사상해방이었다. 그들은 그것을 '5·19민주운동'이라고 불렀다. 나 같은 보통 학생에게는 갑작스럽긴 했지만 예상했던 일이기도 하다. 또 앞에서 말한 제도 문제는 아주 빠르게 교내 쟁론의 초점이 되었다. 갖가지 의견과 교전은 서로 대립되어 양보하지 않았지만, 서로 보충하고 새로운 것을 찾아내는 등 갑자기 이제껏 없었던 자유로운 사고의 사상적 플랫폼이 형성되어, 서로를 진작시켰다.[31] 그런데 각급 당조직은 마오쩌둥의 지시에 따라 수상쩍은 침묵을 유지했다.『런민일보』는 '베이징대학 민주의 벽'에 관한 보도를 거절하였다. 이것은 불안을 가중시켰다.

바로 이와 같은 상황과 분위기 속에서, 5월 23일 린시링은 베이징대학의 강단에 서게 된다. 그녀는 그녀 특유의 명쾌함으로 '후펑胡風이 반혁명인가'라는 가장 민감한 문제를 제기했고, 또 흐루시초프의 비밀보고서

---

31) 여기서는 베이징대학의 '민주의 벽'(5·19운동에서 베이징대학 학생들은 잇따라 캠퍼스 담벽에 표어를 붙이고 전단지를 붙여 '대자보'라고 부르며 자신의 민주적 요구를 표현했으며, 그 결과 곧 '민주의 벽'이라고 불렀다)의 개설이, 학생들에게 자신의 자유로운 사상을 보여 줄 공간을 제공했으며, 그 결과 '사상적 플랫폼'이라고 불렀다.—옮긴이

를 언급하며, "우리나라 역시 반혁명분자 숙청을 확대하자"고 주장하였다. 이처럼 린시링은 흐루시초프 비밀보고서 가운데 언급한 스탈린 문제와 중국의 문제를 연관시켰는데, 이는 금기를 깨는 것이었다. 그녀의 이후의 모든 논술은 아주 당연하게 중국 현실에 대한 비판으로 여겨졌으며, 이는 린시링에게 '용서받을 수 없는 우파'라는 운명의 굴레를 씌우게 되었다. 그녀는 이에 대해서 다음과 같이 이야기했다. "나는 많은 문제에 있어서 유고슬라비아의 시각에 동의한다. 티토의 연설 중 많은 부분은 좋은 것이다. 나는 개인숭배가 사회주의 제도의 산물이라고 생각한다. 맑스주의는 우리에게 모든 사회현상에는 사회·역사적 근원이 있다고 알려 주었다. 스탈린 문제는 결코 스탈린 개인의 문제가 아니며, 스탈린 문제는 소련과 같은 국가에서만 발생할 수 있는 것이다. 왜냐하면 소련은 과거에 봉건적인 제국주의 국가로 ── 중국 역시 마찬가지지만 ── 부르주아계급의 민주 전통이 없기 때문이다. 나는 공유제가 사유제보다 좋다고 생각한다. 그러나 나는 현재의 사회주의는 진정한 사회주의가 아니라고 본다. 만일 그러하다면 그것은 비전형적인 사회주의인 것이다. 진정한 사회주의는 아주 민주적이어야 하는데, 우리는 민주적이지 않다. 나는 이 사회를 봉건의 토대에서 탄생한 사회주의, 비전형적인 사회주의라고 여긴다. 우리는 진정한 사회주의를 위해 투쟁해야 한다." 그녀는 또 이어서 "내가 연구한 바에 따르면, 역사상 모든 통치계급은 모두 한 가지 공통점이 있다. 그들의 민주는 모두 한계성이 있으며, 공산당의 민주 역시 한계성을 가진다. 혁명의 폭풍우 속에서 인민과 함께하지만, 혁명이 승리하게 되면 인민을 진압하고, 우민정책을 채택하는데 이는 가장 바보스런 방법이다. …… 인민대중은 무능하지 않다. 문제를 해결하려면, 역사 창조자인 인민대중에 의지하여 움직여야 한다"고 말했다. 그녀는 그리고 다음과 같은 말 한마디로 자신의 강연을 마쳤다. "우리가 진정한 사회주의를 건설하려면 사람들로 하여금 진정한 인간다운 삶을 살도록 해야 한다."[32] 린시링의 이와 같은 폭발적인 강연이 어떠한 반응을 일으켰는지는 미루어 짐작할 수 있다. 강연을 기록한 원고에 따르면, 그 자리에 있던 어떤 사람은 박수를 치며 사인을 해 달라고 하기도 했고, 또 어떤 사람은 그녀를 내쫓았으며, 심지어 쪽지에 욕설을 퍼부어 그녀에게 전달하기도 했다. 당시에 나 역시 그 자리에 있었는데, 이 모두가 사실임을 증명할 수 있다.

린시링의 연설은 베이징대학 내부에 본래 존재하던 두 파벌(반우파 운동 이후 '좌파'와 '우파'로 구분됨)의 논쟁을 더욱 격렬하게 만들었다. 나는 두 파의 학생들이 강연을 마치고 숙소로 돌아와서도 쉬지 않고 논쟁을 벌인 것을, 심지어 어떤 학생들은 밤새 논쟁했음을 기억하고 있다. 나는 지금도 그 뒤 우파로 몰린 학생이 흥분해서 "만일 중국에 헝가리 사건이 발생한다면, 반드시 거리로 나가 시위할 것이다!"라고 말했던 것을 똑똑히 기억한다. 다른 한 제대 군인이었던 학생이 이에 대응하여 "만일 네가 거리로 나간다면, 나는 너를 총살하겠다!"라고 했었다. 나는 그들의 논쟁에 휘말리지 않았는데, 왜냐하면 당시 나는 아직 어렸기 때문이다. 린시링이 제기한 많은 문제는 당시 생각해 보지 않았던 것들로, 생각을 해봐도 잘 이해가 되지 않았다. 그녀의 몇몇 언사들은 다소 극단적이라고 느꼈다. 그러나 그녀의 독립적인 사고와 대담하게 생각하고 말하는 것은 좋다고 여겼으며, 그녀의 관점이 정확하든 그렇지 않든 간에 그녀가 제기한 문제는 진지하게 생각해 봐야 한다고 생각했다. 그녀의 발언

---

32) 林希翎, 「在北大的第一次發言」, 『原上草 : 記憶中的反右派運動』, 151~154쪽.

은 새로운 사고의 길을 연 것이다. 그러므로 허락되고 격려되어야 하는 것이지, 억압되어서는 안 된다. 그녀를 내몬 그들에 대해서 나는 반감을 가졌었다. 이는 베이징대학의 민주 전통을 위배하는 것이라고 생각했다. 바로 이런 태도로 인해 나중에 나는 '중우파'中右로 분류되어졌다. 이것은 당시 베이징대학 학생 가운데 어느 정도 대표성을 가진 것이었다.

'진정한 사회주의'를 외치다

린시링의 당시 발언을 오늘날 다시 보면 몇 가지 주의할 것이 있다. 우선, 그녀의 연설은 한 가지 기본적인 입장에 근거하고 있는데, 그것은 그녀가 말한 '진정한 사회주의'이다. 이것은 결코 언설적 책략이나 태도가 아니라 매우 엄숙한 자각적 추구이다. 린시링은 80년대까지 "사회주의를 이상理想으로 본다"[33]는 시각을 견지했다. 5·19민주운동의 대표적인 인물인 탄톈룽은 당시에 "사회주의는 우리들 자신의 이상이다. 절대 밖으로부터 들여올 필요가 없다. 그러나 현재의 이러한 현상, 우리가 반대하는 그것들은 사회주의 자체가 아닌 사회주의를 왜곡한 것이다. 고무우카 식으로 말하자면 우리들이 반대하려는 것은, 피와 감옥 그리고 속임수의 기초 위에 위신을 세운 중국판 베리야주의[34]이다"[35]라고 했다.

5·19민주운동은 절대 '반사회주의 운동'으로 볼 수 없다. 사회주의는 그 시대 사람들의 이상이었다. 이 점은 소홀히 할 수 없는 것이다. 그

---

33) 『林希翎自選集』, 230쪽.
34) 라브렌티 베리야(Lavrentiy Beria, 1899~1953). 스탈린 시대 소련 비밀경찰의 두목. 그는 정치적 견해가 다른 인사와 보통의 백성들을 유혈 진압했기 때문에 이와 같은 정책을 견지하는 것을 '베리야주의'라고 불렀다. 근래 소련 학술계는 베리야에 대해 엇갈린 평가를 내리고 있다.—옮긴이
35) 譚天榮,「我們爲了什麼—再致沈澤宜」,『原上草: 記憶中的反右派運動』, 63쪽.

해 린시링을 포함한 '우파'에게 터무니없이 '반사회주의' 죄명을 가한 것은 스탈린식·마오쩌둥식 사회주의 모델을 정통으로 본 것이다. 우리들 또한 우파가 스탈린식·마오쩌둥식 사회주의에 대해 비판적 입장이라고 해서 그것을 '반사회주의'라고 간주해서는 안 된다. 린시링 등의 사회주의에 대한 독립적 이해와 해석을 존중하는 것이 과학적인 태도라고 본다. 린시링의 연설 속에서 그녀가 추구한 '진정한 사회주의'는 두 가지 기본적인 내용, 즉 '사회주의의 공유제'와 '사회주의 민주제'를 내포하고 있음을 알 수 있다. 이것은 당시에 자각적 추구를 했던 절대 다수인 우파의 공통된 입장이었다. 후평의 명예회복을 호소해서 영향력을 가졌던 류치디는 베이징대학 민주운동의 기본 정신에 대한 자신의 이해를 서술한 대자보에서, "사회주의 공유제 만세", "사회주의 민주 만세"로 결말을 지었는데,[36] 이것은 우연한 일이 아닐 것이다. 이와 같은 사회주의관은 농후한 '사회민주주의' 색채를 띠고 있었다. 그러나 마오쩌둥은 이를 전형적인 '수정주의'로 보았다.

'봉건 사회주의'를 비판하고, 인민 주권의식을 강조하다

흥미로운 것은, 린시링 등이 자신들의 '진정한 사회주의' 시각으로 스탈린식·마오쩌둥식 사회주의를 바라보았을 때, 그 안에서 '봉건주의'를 발견했다는 것이다. 그녀는 연설에서, 그것을 "봉건 토대 위에 세워진 사회주의, 비전형적인 사회주의"라고 불렀다. 그 뒤 그녀는 베이징대학의 두 번째 강연과 「나의 사고」我的思考 등의 글에서 보다 더 구체적으로 설명을 하였다. 그녀는 당시 중국 사회에 존재하고 있던 방대한 관료 기구, 특권,

---

36) 劉奇弟, 「論當前整風─民主運動」, 『原上草: 記憶中的反右派運動』, 119쪽.

등급제도, 사상·언론의 자유에 대한 억압, 공민 권리에 대한 박탈, 우민정책, 종파주의, 몇몇 지도자의 '지주 악질 토호의 작태'…… 모두는 농후한 봉건성을 띠고 있으며, 그 원인을 추적하면, 소련과 중국 모두가 봉건사회에서 곧바로 사회주의로 진입하여, "부르주아계급의 민주 전통이 없기 때문"이라고 보았다. 80년대 린시링은 자신의 당시 사상을 다음과 같이 회상하였다. "1957년의 연설에서 말한 적이 있는데, 세계 자본주의 국가와 구별하기 위해 우리가 대외적으로 사회주의 국가라고 자칭하는 것은 가능하다. 그러나 엄격한 과학적 의의에서 보자면 중국은 근본적으로 진정한 사회주의 사회를 이룬 적이 없다. 소련조차도 진정한 사회주의 사회를 이룬 적이 없다. 우리와 소련의 사회제도는 사회주의 사회를 향한 과도기에 놓여 있었다."[37] 이와 같은 개괄은 그녀의 당시 사상에 부합한 것이다.

린시링은 1957년의 연설에서 인민 주권의식을 강렬하게 표현했다. 그녀는 여러 차례 인민은 "역사의 창조자"이며, "인민이 주가 되어야 하며", "인민에게 진실한 상황을 알려 주고, 철저히 개혁하고, 인민을 동원하여 토론하게 한다. 사회주의는 인민의 것이지 당원의 것이 아니므로, 마땅히 인민 전체가 마음껏 의견을 제기하도록 해야 한다"고 강조했다.[38] 그녀는 현존하는 사회주의 모델에 의문을 제기하고, 무엇이 '진정한 사회주의'인가를 탐구하는 것이 인민 주권을 이행하는 것이라고 보았다. 민주운동을 발동시키는 목적도 인민의 역량을 동원하여, '진정한 사회주의'를 건설하는 실험을 추진하고 철저히 개혁하는 것이지, 소수의

---

37) 『林希翎自選集』, 24~25쪽.
38) 林希翎, 「我的思考」, 『原上草: 記憶中的反右派運動』, 165, 163쪽.

사람들이나 상층에 국한해서 미리 정해진 의도에 따라 진행하는 '개량'
이 아니라고 보았다.[39]

린시링의 연설 가운데 위의 몇 가지 기본 사항은 교내의 많은 우파
학생들의 기본적인 입장을 대표하는 것이었다. 심지어 '사회주의 제도'
문제에 관하여 베이징대학 교내에서 벌어진 토론은, 그녀가 제기한 몇
가지 문제를 둘러싸고 전개된 것이다. 젊은 중국 사회주의자, 공산주의
자[40]가 주목한 것은 다음과 같은 것이었다. 무엇이 우리의 이상적인 사
회주의인가? 중국의 사회주의 현실은 '사회주의 민주'와 '사회주의 공유
제'를 실현하는 과정에서 어떤 문제들을 드러냈으며, 또한 어떤 위험들
이 잠복되어 있는가?

사회주의 민주 문제

사회주의 민주는 1957년 중국 교내에서 가장 뜨거운 화제였다. 백화학
사의 핵심 인물이며, 철학과 학생이었던 예위성은 당시 「내가 보는 민
주_我看民主」라는 대자보를 썼는데, 그 관점은 대표성을 띠고 있었다. "민주
는 선진사회의 이상이며", "민주화는 사회발전의 필연적 추세이자", "현
단계에서 민주는 수단이자 목적이다", "사회주의 공유제는 그 본질에 따
르면 그것의 상부구조가 고도의 민주성을 갖도록 요구하는 것이며", "사
람들의 생산수단 점유에 있어서 평등한 권리는 전 국민적인 것이며, 새

---

39) 林希翎, 「在北大的第一次發言」, 『原上草: 記憶中的反右派運動』, 153쪽. 林希翎, 「在北大的第二次發言」, 『原上草: 記憶中的反右派運動』, 155쪽.
40) 백화학사(百花學社)의 핵심 인원 가운데 한 사람인 양루(楊路)는 반우파운동이 시작된 이후 「최후의 선언」(最後的宣言)에서, 자신은 어떤 상황 아래서도 "정직한 한 사람으로, 한 공산주의자를 견지할 것"이라고 말했다. 『原上草: 記憶中的反右派運動』, 223쪽.

로운 형태의 민주의 물질적 기초이다. 사람들은 처음으로 개성을 발전시키고 자유 경쟁의 평등한 기회를 획득할 것이며", "사회주의 민주는 가장 최고 형태의 민주로", 이것으로 사회주의의 본질이 결정된다.[41] 그리고 또 다른 철학과 학생인 룽잉화龍英華는 센세이션을 일으킨 그의 대자보 「세계는 어디로 가고 있는가, 중국은 어디로 가고 있는가, 베이징대학은 어디로 가고 있는가」에서, "사회주의 공업화를 이룬 우리에게는 마땅히 사회주의 민주화도 이루어져야 한다"[42]는 강령성 구호를 제기했다. 또 다른 논자는 '5·19민주운동'은 이러한 목표를 실현한 중대한 의의를 지닌 일차적 실험으로서, 그 목적은 "이와 같은 민주를 형성하고 발전함에 있어서, 소련의 형식을 억지로 옮겨 오는 것은 아니며, 서구의 형식을 사들여 오는 것은 더더욱 아니다. 오늘날 중국의 사회주의 토양 속에서 생겨난 민주제도여야 한다"[43]는 것을 강조하였다.

그런데 이들 젊은 이상주의자들을 가장 곤혹스럽게 하고 불안하게 하는 것은, 바로 그 이상과 본질에 의거할 때, 민주화의 가장 유력한 추동자인 사회주의 국가에서 오히려 민주화의 문제에 있어서 '보수 경향'을 보였다는 것이다. 사회주의 민주의 "거대한 잠재력이 지금까지 충분히 전개되지 못했으며", 게다가 인민의 민주권리를 박탈하는 현상이 출현했다.[44] 그들이 보기에, 1957년 중국의 사회주의 민주제도의 파괴와 위험은 주로 두 가지 측면에서 나타났다. 첫째는 "법제가 불완전하고, 위엄이 없으며, 민주권리에 믿을 만한 담보가 없다"는 것으로, 이것이 "관료

---

41) 葉於泩, 「我看民主」, 『原上草: 記憶中的反右派運動』, 140~142쪽.
42) 龍英華, 「世界向何處去, 中國向何處去, 北大向何處去」, 『原上草: 記憶中的反右派運動』, 132쪽.
43) 陳愛文, 「關於社會主義制度」, 『原上草: 記憶中的反右派運動』, 101쪽.
44) 葉於泩, 「我看民主」, 『原上草: 記憶中的反右派運動』, 142, 141쪽.

주의, 주관주의, 종파주의"라는 "세 가지 해악의 온상"이라는 것이다.[45] 둘째는, "권력이 고도로 집중되었다"는 것이다. 즉 "국가 정권에 대한 공산당의 절대적인 통제"와 "모든 생활에 대한 국가의 절대적인 제어", 그리고 "고도로 집중된 국가권력이다". 비판자는 날카롭게 다음과 같이 지적한다. "어느 시대나 권력의 고도한 집중은 개인이건 혹은 자칭 위대하다는 집단이건 모두가 지극히 위험한 것이다. 만약에 인민대중이 마비되고 우매해진다면 백 배는 더 위험하다! 왜냐하면 이 집단이 심각한 착오를 범하거나 변질된다면 어떤 역량으로도 그것에 대응할 수 없기 때문이다."[46]

사람들은 또 다음과 같은 문제를 제기한다. 사회발전과 국가경제발전을 좌우하는 권력은 완전히 국가에 집중되어 있는데, 이러한 정치경제 체제에 '변화가 필요'할까? "국가 소유제 형식을 생산자 공동체의 직접적인 민주 관리 소유제로 바꾸는 것, 아래로부터 위로 만들어진 인민대중의 각종 조직이 직접 중앙 정권에 영향을 주고, 또 사회주의 사회제도가 그것의 발전 과정 속에서 국가 역량에 의존하지 않고 사회주의 노동인민의 자유 행위에 의존하게 하는 것, 이러한 체제 개혁을 고려할 가치가 있는가?"[47] 여기서 제기하는 것은 민주에 대한 다음과 같은 이해이다. "민주권리는 계급성 말고도 전민성全民性을 갖고 있다. 즉 공민권이 박탈되지 않은 전체 인민 정부에 대한 규제에 있어서, 후자는 일종의 폭력 기구로서, 인민을 쉽게 상해한다. 인민은 반드시 전민 평등의식으로 얻은

---

45) 葉於泩,「我看民主」,『原上草 : 記憶中的反右派運動』, 142쪽.
46) 王書瑤,「高度集權是危險的」,『原上草 : 記憶中的反右派運動』, 204, 207쪽.
47) 應成旺,「爭取社會有九十度轉變 : 三害根源及防止方法」,『原上草 : 記憶中的反右派運動』, 237~248쪽.

민주권리로 자신을 보호하여, 정부가 취하는 폭정을 제압해야 한다.[48]

이와 같은 모든 문제와 사고는 민주 토론의 형식으로 제기된 것이다. 이 때문에 토론 중에, 어떤 사람은 특히 '자본주의 상승 시기'의 '한 마디 말'인 "나는 완전히 당신의 의견에 동의하지는 않습니다. 그러나 나는 목숨을 걸고 당신이 이런 말을 할 권리를 보장하겠습니다"[49]는 태도를 거듭 천명하였다. 이것은 그 시대 젊은이들의 민주에 대한 갈망과 민주 이념, 정신, 제도에 대한 탐색 정신을 표현한 것이다. 이는 40여 년이 지난 지금도 여전히 깊은 감동을 주고 있다.

특권계급 문제

'사회주의 공유제'에 관한 토론은, '특권계급'이 사회주의 체제 내부에서 탄생할 가능성이 있는지, 또 어떻게 이 문제에 대비할 것인지에 집중되어 있었다. 문제는 다음과 같이 제기되어진다. 물리학과 학생인 선디커沈迪克가 '탄탄'談談이라는 이름으로, 「무계급사회 속에서 인간의 등급에 관해 이야기하다」라는 대자보를 썼다. 그는 유학생의 선발 임명, 생산 실습, 졸업 후 배정…… 등의 '일상생활' 속 갖가지 불평등 현상부터, 왜 '새로운 시대'에 '고급 등급', '천민 계급'과 같은 새로운 등급 구분이 출현했는지까지 의문을 제기한다.[50] 이 문제는 대단히 민감한 것이었고, 자연히

---

48) 楊路,「最後的宣言」,『原上草 : 記憶中的反右派運動』, 222쪽.
49) 張景中,「在1957年6月26日報告會上的發言」,『原上草 : 記憶中的反右派運動』, 70쪽. '백화제방, 백가쟁명' 시기 지대한 영향을 미쳤던 샤오첸(蕭乾)의 글 「방심하다, 용인하다, 인사공작하다」(放心, 容忍, 人事工作)에서 역시 이 말을 인용했다. 또한 다음과 같이 말했다. "한 사람이 말한 것이 맞는지 틀리는지가 한 가지 일이며, 그가 말할 수 있는가는 또 다른 한 가지 일이다. 맞지 않는 말을 말하는 것을 허락하는 것은, 어떤 헌법에서도 엄중한 시험이다."『荊棘路 : 記憶中的反右派運動』, 103쪽.

반향과 격렬한 논쟁을 불러일으켰다.

그 뒤 저우다쮜周大覺라고 불리는 베이항北航대학 선생은, 「'계급'의 발전을 논함」이라는 글을 써서, "구계급의 소멸에 따라, 새로운 계급이 다시 일어서고 있다"는 결론을 내렸으며, 생산수단의 점유 관계·분배·사회 지위 등을 가지고 논증하면서, 특히 "관료끼리 서로 눈감아 주는" 현상을 제기했고, "이미 의식적으로 한 사회 집단을 형성하고, 서로 지지하고, 비호하여, 공통의 경제·정치·사회 지위 등에 특수한 이익을 얻었음을"[51] 밝혔다. 저우다쮜는 다시 「'계급'의 발전을 다시 논함」을 써서 역사학과 3학년 학생 황량위안黃良元과의 논쟁을 특별히 언급했다. 저우다쮜는 자신의 논쟁 상대를 "공산당원으로, 어느 정도 교조주의적인 습성이 있지만, 성실하고, 문제를 사고할 수 있는 훌륭한 동지이다"라고 소개하였다. 들은 바에 따르면, 쌍방은 논쟁을 거친 후 다음과 같이 의견 일치에 도달했다고 한다. "공유제는 사유제보다 훨씬 우월하다. 그러나 가장 흥미로운 점은, 어떻게 공유제의 명실상부함을 보증할 것인가, 즉 공유제 이후에 어떻게 정확한 분배를 할 것인가이다. 우리는 절대적인 평균주의를 반대한다. 그러나 지금의 문제는 …… 불합리한 차별이다. 이렇게 설사 공유가 이루어졌다고 하더라도 실제의 분배 과정 속에, 모르는 사이에 일부가 다른 일부 사람의 노동을 점유하게 된다."

이로부터 얻은 결론은 다음과 같다. "사회 발전이 공유제로 발전했다고 해서 모든 것이 잘 되었다고 여겨서는 안 되며", 반드시 "어떻게 보다 더 완전할까"와 나타날 수 있는 새로운 계급을 고려해야 한다", "어떻

---

50) 沈迪克, 「談談無階級社會中人的等級」, 『原上草: 記憶中的反右派運動』, 174~177쪽.
51) 周大覺, 「論"階級"的發展」, 『原上草: 記憶中的反右派運動』, 167, 168쪽.

게 당, 정부 관계자들이 군중 이탈을 방지할 것인가를 고려해야 하며", 아울러 "일정한 제도로 이를 보장해야 한다"는 것이다. 또 다른 한편으로 그들은 또 이런 정치·경제·지위상의 현격한 차이·불평등은 여전히 발전하고 있지만, 모순은 "그다지 첨예하지는 않고", 또 "그것의 발전 요소가 증가하는 것을 제지해야 하며, 위로부터 아래로의 자각적인 해결의 가능성이 있다"고 여겼다. 황량위안은 "인민 내부 모순"이라고 불러야지, "신계급"의 높낮이라고 할 필요는 없다고 하였다. 저우다줴는 "만일 관리·분배·사회 지위 등의 문제가 보다 좋게 개선되지 못한다면, 모순은 앞으로 심화될 것이고, 기본적으로 (이미) '계급' 관계의 정의를 만족시킬 것이다"[52]고 하였다. 당시 이것을 반박하거나 이에 호응하는 사람들이 적지 않았다. 그러나 아주 빨리 반우로 바뀌었기 때문에, 이런 현실의 첨예한 문제에 대한 탐색은 자연스럽게 '반당·반사회주의' 딱지가 붙여져 말살되었으며, 역사는 이번에도 또 한 번의 기회를 놓치게 된다.

비통해할 만한 역사의 커다란 오해

오늘날 우리는 이미 이후의 역사 발전의 결과를 보고 있다. 그 해의 이러한 격분과 우려로 충만한 발언을 생각하니 마음이 무겁지 않을 수 없다. 왜냐하면 이들 민감한 열혈 청년들의 우국우민愛國憂民, 격앙된 언사를 볼 때, 그들은 우리가 앞에서 언급했던 사실들을 결코 알지 못하고 있었기 때문이다. 마오쩌둥은 일찍이 반년 전에, 이들 대학생들 "대다수는 착취계급 출생으로", "우리들과 대립적인 사람도 많고", 또 그들의 배후에는 언제라도 복귀할 준비를 하며 "숨어 있는" 계급 적대자들이 있는데, "이 어린 학생들은 경험도 없이 무엇이든 …… 두 손으로 똑바로 들고 왔다"고 판단하고 있었다.[53]

당시 린시링은 "공산당이 정풍의 방법을 쓴다고 개량주의의 방법을 채택한다고 생각하지 말라, 인민에게 양보하는 것으로 충분하다고 생각해서는 안 된다", "헝가리 인민의 피는 헛되이 흘린 것이 아니다! 오늘날 우리가 쟁취한 이 작고 작은 민주는, 그들과 뗄 수 없는 것이다"라고 말했다.[54] 당시 어떤 우파는 대자보에서 "무조건 한 사람이나 혹은 한 정당을 뒤따르는 것은 대단히 잘못된 것이다. 더 이상 인민을 대표하지 못한다. 인민(의 의지)을 배반한다면, 인정사정 볼 것 없이 버려야 한다"[55]는 태도를 표명했다. 정권을 장악한 자는 당연히 "커다란 적이 눈앞에 있는 것"으로 보였을 것이다. 마오쩌둥에게 있어서는 그가 유인하려는 '뱀'과 '개미'가 드디어 "동굴로부터 나온 것"을 의미하고 있었다. 치명적인 것은, 우파의 이러한 급진적인 관점과 입장이 1957년의 대다수 대학생들에게 받아들여질 수 없거나 혹은 보류되었다는 것이다. 여기에는 당시 대다수 대학생들이 여전히 당과 마오쩌둥이라는 미신 속에서 벗어나지 못한 요인이 있었으며, 또한 우파들이 민감하게 느낀 중국의 사회모순이 당시에는 아직 맹아 단계로, 공화국 전체가 앞으로 발전하고 있었기 때문에, 생활과 사상에서 대단히 단순했던 일반 대학생들에게 이런 많은 문제들은 여전히 이해하기 어려운 것이었다. 사실 나 역시도 당시에 이와 같은 상태에 처해 있었다. 그래서 나는 우파들의 탐색 정신을 칭찬하며 높이 평가했지만 그들의 관점에는 동의할 수 없었다. 다만 그들의 날카로운 비판이 일종의 조기 경보라는 것을, 또 주의하지 않고 발전해 나

---

52) 周大覺, 「再論"階級"的發展」, 『原上草: 記憶中的反右派運動』, 171~173쪽.
53) 毛澤東, 「在省市自治區黨委書記會議上的講話」(1957年 1月), 『毛澤東選集』 5卷, 351, 333쪽.
54) 林希翎, 「在北大的第一次發言」, 『原上草: 記憶中的反右派運動』, 153, 154쪽.
55) 王書瑤, 「高度集權是危險的」, 『原上草: 記憶中的反右派運動』, 206쪽.

간다면 위험은 따르겠지만 현실적 위기는 아니라는 것을 인정할 뿐이었다. 이와 같은 상황에서, 린시링과 그 부류들은 철저한 개혁을 호소했지만, 대다수 대학생의 호응을 얻기란 대단히 어려웠다. 그들의 지나치게 격렬한 언사는 심지어 반감을 일으키기도 하였다. 이 모든 것들은 나중의 반우파운동이 호응을 얻게 되는 내재적 원인이 되었다. 루쉰은 많은 문제에 있어 민감한 문학가나 지식인들은 "일찍 느끼지만, 사회는 여전히 느끼지 못한다"고 한 적이 있다. 이런 "사상적 느낌의 차이"는 보통 "3, 40년"이 걸린다.[56] 이는 거의 모든 선각자의 숙명이었다.

비극적인 것은, 우파 대학생들은 마오쩌둥이 1956년 말과 1957년 초에 내건 그 경고들을 듣지 못했을 뿐만 아니라, 민주를 격려하는 많은 '격렬'한 언론만을 들었다는 것이다. 리선즈 선생은 그의 회고에서, 마오쩌둥이 당시 내부 담화에서 했던 다소 놀라운 논의를 기록하고 있다. 예컨대 "중앙은 체제 소조小組를 만들어, 권력을 어떻게 배분할 것인가를 전문적으로 연구했다", "미국은 빠른 속도로 발전하고 있으며, 그 정치제도는 배울 만한 것이 있다", "소련은 하나의 정당이 있는데, 도대체 일당제가 좋은지, 다당제가 좋은지, 보아 하니 다당제가 좋은 것 같다" 등등이다.[57] 이것은 모두 전형적인 '우파언론'이라고 할 수 있다. 마오쩌둥의 진실된 생각일 수도 있고, 일종의 책략이었을지도 모른다. 그러나 비슷

---

56) 魯迅,「文藝與政治的岐途」,『魯迅全集』7卷, 119쪽.[「문예와 정치의 잘못된 길」,『집외집』.]
57) 李愼之,「毛主席是什麽時候決定引蛇出洞的?」,『六月雪: 記憶中的反右派運動』, 121쪽. 리선즈는 같은 책의 「대민주와 소민주」(大民主和小民主)에서, 우링시가 자신에게 했던 말을 기억하고 있다. "마오 주석은 우리가 현재 실행하고 있는 것은 우민정책이다", "마오 주석은 우리의 문제는 관료주의에 그치는 것이 아니라, 전제주의라는 점이다"라고 말했다(『荊棘路: 記憶中的反右運動』, 117쪽). 이는 자연히 극소한 범위 내에서 말한 것이며, 일반적으로 사회로까지는 전해지지 않을 것이었다.

한 언론이 다른 경로를 통해 린시링 등의 귀에 전해져 그들을 고무시켰다. 심지어는 그들을 선동하여 사건을 일으키는 작용을 했다. 최소한 두 가지의 착각을 일으킨 것이다.

첫째는 마오쩌둥이 정풍운동을 발동시켜, 그들 "신사회주의의 주인"[58]에게 마오쩌둥과 함께 '중국식의 사회주의'와 민주운동을 발동할 권리를 주었다고 생각했다는 것이다. 사실, 세상물정 모르는 이들 대학생뿐만 아니라, 리선즈와 같은 경험 있는 노혁명가들도 비슷한 착각을 일으켰다. 그는 장원톈의 "마오 주석은 맑스주의는 모두가 발전시킬 수 있는 것이며, 그 한 사람에게만 의존할 일이 아니다"라는 말, 그래서 그는 정말로 '분별없이' 자신도 맑스주의에 공헌할 수 있다고 여겼다는 말을 들었다.[59] 이것은 정말 중국 정치의 유희 규칙을 모르는 것이었다. '발전'의 권리, 심지어 '비판'의 권리는 모두 지도자에게만 속해 있으며, 지식인·대학생은 말할 것도 없이 설사 고급 간부라고 해도, 루쉰이 말한 것처럼 "동의와 설명", "선전과 연극"의 의무만이 있었다.[60] 거칠게 말하자면, "주제 넘게 윗사람의 명의를 함부로 사용하면" 죄가 된다는 것이다. 같은 말이라도 지도자가 말하면 위대한 '발전'이지만, 인민이 말하면 '반당·반사회주의'였다. 1957년의 진지하고 천진했던 린시링 등은 이를 이해하지 못했다. 심지어 이 중국의 정치 유희 규칙에 정면으로 맞서려 했었다. 그래서 그녀는 치명적인 재난을 겪게 되었다.

---

58) 이는 베이징대학 우파학생 가운데 활약한 첸루핑(錢如平)이 「계급의 발전을 논함」(論階級的 發展)에서 스스로를 부른 칭호다. 『原上草 : 記憶中的反右派運動』, 183쪽.
59) 李慎之, 「大民主和小民主」, 『荊棘路 : 記憶中的反右運動』, 117쪽.
60) 魯迅, 「同意和解釋」, 『魯迅全集』 5卷, 303쪽.[루쉰, 「동의와 설명」, 『풍월이야기』(루쉰전집 7권), 그린비, 2010, 379쪽.] 魯迅, 「宣傳與做戲」, 『魯迅全集』 4卷, 345쪽.[「선전과 연극」, 『삼한집』.]

또 그들은 마오쩌둥을 동지로 여겼다. 1957년 교내의 우파언론을 자세히 읽어 보면, 거의 모든 사람들이 마오쩌둥에게 호감을 갖고 있었으며, 심지어 숭배하고 있었음을 발견할 수 있다. 설사 예기銳氣와 재능을 두루 갖춘 린시링일지라도, 마오쩌둥에 대해 이야기할 때, 예를 들어 마오쩌둥이 후펑 문제에 대해서 "작은 착오를 범했다"고 하면서 비판적이었지만, 여전히 마오쩌둥과 스탈린을 엄격히 구분했다. "마오 주석은 변증법 사상을 지니고 있으며, 착오를 쉽게 발견하고, 개조하며, 경험을 총결하여, 교훈을 흡수한다는 점은 높이 살 만하다", "개인숭배는 중국에도 있는 것이지만, 마오 주석은 대단히 깨어 있다"라고 말했다.[61] 룽잉화는 "지금은 누구의 길을 걷는가, 스탈린 노선과 유고슬라비아 노선에서 누가 승리하는가의 문제"를 제기한 이후, 심지어는 "티토, 톨리아티,[62] 마오쩌둥, 흐루시초프가 현 단계에서 맑스주의자의 대표들"[63]이라는 판단을 하였다. 이것은 당시 많은 우파학생들의 공통된 인식이었던 것 같다. 탄톈룽 역시 '5·19' 운동을 "전국적 범위의 정풍-민주운동에 대한 베이징대학에서의 표현"으로 보았으며, "중국의 정풍-민주운동은 소련공산당 20차 대표대회 이래 국제 반교조주의 운동의 반영"이라고 보았다. 그는 "(나는) 마오 주석이 영원히 우리를 지지할 것을 의심하지 않는다"고 말하고, 아울러 "우리는 위로부터 아래로의 정풍운동을 힘껏 지원할 책임이 있다. 지금 우리의 친애하는 마오쩌둥 동지가 대단히 곤란한 위치

---

61) 林希翎, 「在北大的第二次講演」, 『原上草: 記憶中的反右派運動』, 157쪽.
62) 톨리아티(Palmiro Togliatti, 1893~1964). 이탈리아 공산당의 총서기. 스탈린주의에 대해 비판적 태도를 견지했기 때문에, 당시 중국 '우파' 학생들은 티토, 흐루시초프와 같은 공산주의 운동의 개혁파로 여겼다. 그들은 마오쩌둥 역시도 이러한 '개혁파'로 여겼다.—옮긴이
63) 龍英華, 「世界向何處去, 中國向何處去, 北大向何處去」, 『原上草: 記憶中的反右派運動』, 132쪽.

에 처해 있으므로, 우리는 이번 아래로부터 위로의 민주운동을 이끌어 나가, 파괴성이 최소인 길로 이끌 책임이 있다"고 말했다.[64] 그와 그의 동지들은 마오쩌둥이 발동한 '위로부터 아래로'의 정풍운동과 베이징대학 학생들이 발동한 '아래로부터 위로'의 민주운동은 서로 호응하는 것이며, 아울러 "국제 반교조주의 운동의" 유기적인 부분이라고 이해하였다. 마오쩌둥 본인과 젊은 대학생들은 서로 마음이 통하는, 서로를 지원하는 전우戰友라고 보았다. 이것은 진실로 비통해할 만한 역사의 커다란 오해였다. 그들 자신의 생각만 하고 객관적인 조건은 고려하지 않은 열혈 청년들이 어떻게 알았겠는가. 마오쩌둥이 일찍이 '유고슬라비아 노선'은 '수정주의 노선'이며, 티토·톨리아티·흐루시초프는 모두가 수정주의자라고 여긴 것을. 그 자신은 결국은 스탈린의 '칼'로 국내외 반교조주의 깃발을 들어 올린 우파를 베어 내어, 스스로가 절대로 '중국의 티토'가 아님을 증명할 준비를 하고 있었다. 이것이 바로 그가 '정풍운동'을 일으킨 목적이었다. 마오식의 정치를 알지 못했던 중국의 젊은이들은 결국 자신의 가벼운 믿음과 천진함으로 피의 대가를 치러야만 했다. 이것이 바로 중화인민공화국 역사의 가장 무거운 한 페이지이다.

2) 린시링을 둘러싼 중국 정치투쟁

린시링의 고위층 동정자

1957년 중국 교내에서 발생한 모든 일들은 중국 최고 지도자층의 세심한 주목을 받았다. 린시링이 베이징대학, 런민대학에서 강연을 한 뒤,

---

64) 譚天榮, 「第四株毒草」, 「救救心靈」, 「第二株毒草」, 『原上草: 記憶中的反右派運動』, 41, 57, 34쪽.

『런민일보』는 곧바로 '내부 참고'의 형식으로 기사를 실었고, 류사오치는 곧바로 "극우 분자. 공안부문에 주의 바람"[65]이라는 의견을 제시했다. 시작부터 '프롤레타리아계급 독재정치'의 칼날이 이미 린시링의 머리 위에 걸려 있었음을 알 수 있다.

사실 이보다 앞서 1956년 말에, 린시링은 중난하이中南海를 방문한 일이 있었는데, 이로 인해 중난하이 내부에 다소의 풍파가 일었었다. 당시 그녀를 접견한 사람은 중국공산당 중앙사무소 비서실 대표였는데, 그 가운데 한 사람인 왕원王文은 그 당시 지하당원이었다. 그는 중화인민공화국 건국 초기 예젠잉葉劍英의 비서를 역임했으며, 당시 비서실의 책임자였다. 그는 전후 세 차례 린시링을 접견하고 그녀의 의견을 정리하여 신문에 실었는데, 이것 때문에 이후 반우파운동 속에서 그의 부하가, 그 뒤 문혁 때에는 좌파 대표인 치번위戚本禹가 모함하여 우파로 몰리면서, 자신의 가정까지 연루되기도 하였다. 아내와 아이는 굴욕을 견디지 못하고 자살했으며, 이로써 집과 가족을 모두 잃었다.

당시 중앙사무소 주임인 양상쿤은, 린시링의 의견을 반영한 의견서에 '열람'이라는 글자를 서명했다가, 반우파운동 중 강제적으로 자아비판을 하였다. 양상쿤은 치번위의 야심이 너무 큰 것을 보고, 운동을 조정하여 그를 혼내주려고 했다. 치번위는 마오쩌둥의 비서인 톈자잉田家英에게 도움을 청했고, 톈자잉은 장칭江青에게, 장칭은 마오쩌둥에게 보고했으며, 마오쩌둥은 이에 직접 회의를 소집하여 "당신들은 좌파를 지지하는가 혹은 우파를 지지하는가, 붉은 깃발을 꽂을 것인가 검은 깃발을 꽂을 것인가?"라고 말했다. 모두가 입을 다물고 말을 하지 않을 때, 옌안延安

---

65) 林希翎,「林希翎寃案内幕」,『林希翎自選集』, 143쪽.

에서 온 여성처장만이 보고된 상황과 사실이 부합하지 않는다고 말했다. 그 뒤 문혁 기간 동안, 이 노간부는 마침내 보복을 당해, 두뇌 부위에 중상을 입었다.[66]

그러나 중국공산당 내 고위층 가운데 린시링을 극찬한 사람도 많았다. 앞에서 말한 것처럼, 당시 공산당 중앙 제1서기인 후야오방은 1956년 말 린시링이 무고하게 공격당한 일을 물어본 적이 있다. 1979년 선전부장 회의에 대한 후야오방의 회고에 따르면, 1957년 그가 린시링과 네 시간 동안 이야기를 나눴으며, 린시링이 체포되었을 때 반대 의견을 제시한 일이 있었다고 한다. 중국공산당 원로이자, 당시 런민대학 총장이었던 우위장은, 린시링의 재능과 독립적인 사고를 중히 여겼고, 그녀가 우파로 몰린 이후 병중인데도 오랜 시간 이야기를 나눴으며, 린시링에 대한 처분에 동의하지 않는다고 분명히 말했다. 결국 개학식에서 학교 내 우파의 이름을 언급할 때, 의도적으로 린시링을 언급하지 않았고 큰 파문을 일으켰다. 또한 원로이자, 당시 내무부 부장이었으며, 후에 최고인민법원 원장이 된 셰줴짜이謝覺哉 역시 집에서 여러 차례 린시링을 만난 일이 있었으며, 그녀와 폭넓은 이야기를 나눈 적이 있었다. 그러나 권한이 없어서 린시링을 체포하는 것을 저지하지 못했으며, 다만 감옥을 시찰한다는 명목으로 그녀를 한 번 보았을 뿐이었다.[67]

반우파운동 중에 린시링에 관심을 가졌던 이런 중국공산당 중앙위

---

66) 林希翎,「我與王文」,「林希翎冤案內幕」,『林希翎自選集』, 90, 93, 155쪽.
67)「린시링의 억울한 안건 내막」(林希翎冤案內幕)에 다음과 같은 자료도 있다. "류사오치의 전 처인 왕첸(王前)이 말한 바에 의하면, 류보청(劉伯承) 원사는 린시링의 강연을 보고 역시 대단히 좋다고 말했다." 다른 방증 자료가 없어서, 잠시 이렇게 기록하여 비고로 삼는다.『林希翎自選集』, 145쪽.

원들도 징벌을 면하기는 어려웠다. 그들의 당내 지위와 영향으로 인해 당시에는 감히 직접적으로 그들을 박해하기 어려웠기 때문에 그들의 부하와 친지들이 속죄양이 되었다. 후야오방의 비서인 차오즈슝曹志雄은 린시링과 연인 관계인 데다가 흐루시초프의 비밀보고서를 그녀에게 누설했다는 '죄행'으로 우파로 몰린 것은 두말할 필요도 없었다. 우위장의 외손자인 란치방蘭其邦과 셰줴짜이의 비서인 지스린吉士林은, 단지 펑우奉吳, 셰즈밍謝之命이 린시링에게 편지를 쓰거나, 전갈을 보낸 일 때문에 우파로 몰렸으며, 마찬가지로 가족들까지 연루되었다. 지스린은 서둘러 고향으로 쫓겨가 농민이 되었으며, 노모는 목을 매어 자살했고, 아내는 이혼을 강요당해 아이를 데리고 떠나 버렸다. 이 또한 재난으로 집과 가족을 잃은 사례이다.[68]

린시링과 문예계, 신문계 인사

린시링 사건으로 또 민주당파와 문예계, 신문계의 많은 사람들이 연루되었다. 1958년 8월 그들을 '반혁명분자'로 규정지은 「베이징시 중급인민법원 형사 판결서」에서는, "피고는 …… 탄티우譚惕吾, 황사오훙黃紹竑 등의 우파분자들과 결탁하여, 반혁명 활동을 진행해 왔다"는 '죄명'을 열거해 놓았다. 탄티우와 황사오훙은 당시 중국국민당혁명위원회 중앙위원과 상임위원이었으며, 1957년에 우파 대표로 활동했다. 탄티우는 법률 전문가로, 그녀는 중국공산당 중앙이 소집한 좌담회에서 격렬한 목소리로 "중국공산당은 반드시 헌법을 준수해야 합니다"라고 외쳤고, 또 제도를 건립하여 인민들이 공산당을 감독하도록 해야 한다고 주장했다. 황사

---

68) 林希翎,「給鄧小平的萬言書」,「林希翎冤案內幕」,『林希翎自選集』, 53, 54, 145, 51쪽.

오훙은 "성적은 중요한 것이고, 편차와 착오는 개별적인 것"이라는 "공식"을 비난하면서, 성적을 강조하는 것으로 착오를 숨겨서는 안 된다고 주장했다. 23%의 잘못된 사건이 전국적으로 얼마나 많은 사람들과 그들의 가족을 죽였는지 모른다고 했다.[69] 당시에 이런 것들은 모두 "악독한 공격"에 속하는 언론이었고, 반우파운동의 주요 표적이 되었다. 그러나 린시링은 도리어 그들의 역사와 현실 태도에 대해 거의 아무것도 몰랐다. 1980년 그녀가 덩샤오핑에게 보낸 서한을 보면, 그녀는 베이징 둥쓰東四에 있는 검찰원에서 실습을 할 때, 안건 처리를 위해 전국인민대표로 이곳에 시찰 나온 탄티우와 인사를 나눈 것 외에는 어떤 연락도 하지 않았다. 그러나 "교내의 우파와 민주당파의 우파가 서로 결탁하고, 아래위로 호응하는 것을 설명하기 위해서" 그녀들을 한곳으로 몰아넣었다. 당시의 '혁명논리'에 의거하자면, 투쟁의 필요를 위해서라면, 사실적 근거의 유무는 결코 중요한 일이 아니었다. 린시링은 1979년에 탄티우의 우파가 '개조'를 거쳐 전국인민대표 법제위원회 위원으로 임명되었지만, 그녀는 우파였기 때문에 그녀의 '개조 결과'에는 늘 꼬리표가 달려 있었고, 탄티우는 시종일관 서명을 하지 않았다고 말했다.[70]

1958년 린시링의 '판결문'에는 "피고와 신사회에서의 일부 반동분자는, 특히 문예계의 일부 반동분자는 홍위핑洪禹平 등과 밀접한 관련을 맺고서, 서로 결탁하여 당과 국가의 지도자 및 우리 당의 문예 방침 등에 악랄한 모독을 가해 왔다"[71]는 내용이 달려 있었다. 이것 역시 억울한 사

---

69) 朱正, 『1957年的夏季: 從百家爭鳴到兩家爭鳴』, 125, 75쪽.
70) 林希翎, 「給鄧小平的萬言書」, 『林希翎自選集』, 47쪽. 린시링은 「덩샤오핑에게 보내는 서한」에서, 그녀와 황사오훙이 어떤 관계인지를 언급하지 않았다.
71) 『林希翎自選集』, 130쪽.

안이었다. 홍위핑은 베이징시 환등幻燈 제조 공장의 편집부 주임으로, 같은 고향 사람 린시링과 알게 된 지 반년이 채 못 되어, 정풍 기간 중에 이미 저장성浙江省으로 옮겨 갔기 때문에, 린시링이 베이징대학과 런민대학에서 무엇을 말했는지 그는 전혀 몰랐음에도 린시링 사건의 '주범'이 되었으며, 심지어 그의 형과 누나, 일가친척까지 모두 우파로 몰리게 되었다.[72]

그러나 린시링은 문예계와 신문계의 일부 유명 인사들과는 오히려 친분이 있었다. 린시링의 회고에 의하면, 당시 문단에서 최고 권위자인 궈모뤄郭沫若는 그녀가 쓴 「한 청년 공민의 항소서」를 읽고서, 바로 그 자리에서 칭찬하고 지지하면서 그녀를 '재능 있는 여성'이라고 불렀다. 당시 『런민일보』 주편인 덩퉈鄧拓, 『중국청년보』 주편인 장리췬張黎群은 모두 그녀를 매우 아꼈다. 덩퉈는 그녀에게 반혁명분자 숙청운동의 내부 상황까지도 말해 주었다고 한다. 문혁 초기에, 덩퉈는 '삼가촌'[73]의 수장이 되었는데, 치번위가 그에게 나열한 죄목은 "극우분자 린시링의 가장 친밀한 친구"였다. 이는 역으로 린시링을 연루시켰다. 그녀를 족쇄와 수갑을 채워 감옥 밀폐실에 감금시키고 반년 동안 가두어 놓았을 뿐 아니라, 그녀의 노모를 잡아다가 군중대회를 열어 비판하고 폭행을 가하였다.[74]

---

72) 王文, 「林希翎寃案呼籲」, 『林希翎自選集』, 152쪽. 본래 1979년 6월 1일자 『런민일보』(人民日報) 내부 참고 「상황보고」(情況匯報)에 게재.
73) '삼가촌'(三家村)은 덩퉈(鄧拓), 우한(吳晗), 랴오모사(廖沫沙)를 가리킨다. 덩퉈는 『베이징일보』(北京日報)에 마난춘(馬南邨)이라는 이름으로 『연산야화』(燕山夜話, 1961~2)를, 세 사람이 함께 『전선』(前線)지에 우난싱(吳南星)이라는 이름으로 『삼가촌찰기』(三家村札記, 1961~4)라는 수상문(隨想文)을 연재하였다. 이 비판적인 글들로 인해 문화대혁명 때 공개비판을 받았고, 덩퉈는 1966년 사망하였다. 문혁 종결 이후 1979년 9월에 명예회복되었다.―옮긴이
74) 『林希翎自選集』, 49, 155, 18쪽.

연루된 무고한 백성

수많은 보통 사람들이 연루되어 간 것은 린시링을 보다 더 고통스럽게 했고, 우리를 더욱더 놀라게 한다. 린시링은「덩샤오핑에게 보내는 서한」에서 눈물 젖은 편지를 썼다.

"베이징에서만 나와의 관계 때문에 '우파'로 몰린 사람이 170명이었으며, 전국 각지로 볼 때는 부지기수입니다. 이들 연루자들 가운데에는 나와 알고 지내는 사람, 직접 접촉했던 지도자, 동지, 전우, 작가, 선생, 학생 그리고 친구가 있으며, 심지어 대학 직원까지 있습니다. 그러나 더 많은 사람들은 내가 전혀 모르는, 만난 적도 없는 베이징과 전국 각지에서 나를 지지하고 동정하는 사람들입니다." "이런 연루자들 앞에서 나는 죄가 있다고 생각했고, 심히 가책을 느껴 고통스러웠습니다. 나는 반우파 운동 초기에 소설 『등에』牛虻 속에 나오는 아서亞瑟와 같은 잘못을 범한 일이 있습니다.[75] 교내 당위원회가 나의 사회적 관계, 교내외 친구 관계를 심사할 때, 나는 조직에 편안한 마음으로 내가 갖고 있었던 모든 원고, 일기, 편지를 제출했습니다. 왜냐하면 당시 나는 나와 나의 친구들은 모두 정치적으로 문제가 없으며, 나와 그들의 우정은 떳떳하여 다른 사람에게 알릴 수 없는 비밀이 없다고 확신했기 때문입니다. 나는 완전히 당이 나와 나의 동지의 문제를 제대로 조사할 것이라고 믿었습니다. 그러나 어찌 알았겠습니까. 나의 이러한 천진한 생각과 당에 대한 한결같은 믿음으로 인해 비판받고 속임을 당하는 것은 대수롭지 않은 일입니다. 가장

---

[75] 「등에」(The Gadfly)는 영국 작가 보이니치(Ethel Lilian Voynich)의 소설이며, 린시링 세대에게 깊은 영향을 미쳤다. 아서는 소설 주인공으로, 신부를 경신했다가 비밀을 누설하여, 많은 이탈리아 당원들을 체포당하게 했다.

가슴 아픈 것은 이것으로 수많은 무고자들이 연루되었다는 것입니다. 내게 편지를 쓴 모든 사람들이 반우파운동에서 우파딱지를 면하지 못했습니다(그 가운데 많은 편지는 모두가 나의 글을 읽은 사람들이 신문사 편집부에 보낸 독자 편지였으며, 그리고 나의 강연을 들었던 청중들의 편지였는데, 이들은 모두가 전혀 안면이 없는 사람들이었습니다). 반우파운동 중에 고비를 넘긴 개별적인 행운아일지라도, 그 뒤의 정치운동 속에서는 '법망을 피한 우파'가 되어, 다른 '죄명'을 쓰게 되었습니다."[76]

왕원은 그의 「린시링의 억울한 사건에 대해 호소하다」爲林希翎冤案呼籲에서 다음과 같은 예를 들었다. 그녀의 같은 반 친구인 웨이스자오魏式昭(역시 지원군에서 제대함)는, 지부에서 그녀의 생활을 돕도록 파견되어, 린시링의 '보모'라고 불렸는데, 그녀 자신만 우파로 분류되지 않고, 그녀의 남편과 쓰촨四川에서 일하고 있는 남동생, 그리고 남편의 10여 명의 전우들까지 모두 우파로 잘못 분류되었다.[77] 이와 같은 연루법은 무서운 것이었다. 린시링과 접촉한 모든 사람들, 그녀를 동정했던 사람들은 말할 것도 없이 의심스런 적으로서, 모두 전제정치의 그물망에 걸려들었다.

1965년 린시링이 중병으로 베이징시 감옥에 입원해 있는 동안, 장펑윈張鳳雲이라는 어린 간호사가, 그녀를 동정하여 모험을 무릅쓰고 그녀를 위해 궈모뤄에게 편지를 보낸 일이 있었다. 편지에서 그녀는 마오쩌둥에게 전해 달라는 내용을 써서 보냈는데, 뜻하지 않게 당시 린시링을 '재능 있는 여인'이라고 불렀던 궈모뤄가 그 편지를 베이징시 공안국에 보내 이 어린 간호사는 수감, 구류되었다. 당시 그녀는 두 아이의 엄마였

---

76) 林希翎,「給鄧小平的萬言書」,『林希翎自選集』, 47, 50~51쪽.
77) 『林希翎自選集』, 151~152쪽.

는데, 일 년 뒤 공산주의 청년 당적과 공직에서 제명되었으며, 아울러 그 어떠한 삶의 출로도 마련할 수 없었다. 10여 년 동안 도처를 다니며 억울함을 호소하였지만 아무런 소용이 없었다. 문혁이 끝난 뒤에도 베이징시 노동개조국은 여전히 '복직 불허'라는 입장을 견지했다. 그 이유는 린시링이 여전히 우파였기 때문에, 그녀를 동정한 사람도 자연히 "문제가 있다"는 것이었다.[78]

보다 심각한 것은, 앞에서 인용한 중국공산당 런민대학 위원회가 린시링에게 내린 '명예회복 불허'라는 '결론'은, 여전히 "린시링의 말과 행동이 교내외에서 나쁜 영향을 미치고 있으며, …… 몇몇 외부 단위, 외지 청년들이 이를 따라 착오를 범했다"는 것을 그녀의 '죄명'으로 나열하면서, 명예회복을 시켜 주지 않는 이유로 삼았다. 연루된 '외부 단위, 외지 청년들'은 '잘못'이 있으며, 그 우두머리는 여전히 린시링이라는 것이다. 이는 곧 '연루'가 합리적이며, 심지어 공로가 있다는 것을 의미했다. 이와 같은 혁명논리는 사람을 공포스럽게 하는 것이었다.

가장 '치명적'인 것은, 가족과 자녀가 연루되는 일이었다. 남편은 무고하게 따돌림을 당해 정신적으로 큰 충격을 받았고, 아이들 역시 '좌파' 이웃 아이들에게 구타당하고 욕을 먹고 집에 돌아왔다. 아이들은 모친에게 "엄마, 무엇 때문에 엄마를 '대우파', '나쁜 년'이라고 부르고, 또 나를 '소우파'라고 부르지? '우파'는 뭐야?"라고 물었다고 한다. 린시링은 다음과 같은 말을 한다. "갖가지 공개 비판과 가혹한 형벌에도 눈물을 흘린 적이 없던 전사인 나는, 나의 사랑하는 아들이 나에게 이런 문제를 물어 왔을 때, 눈물을 참지 못하고 아이를 끌어안고 대성통곡하였다." "비

---

78) 林希翎, 「給鄧小平的萬言書」, 『林希翎自選集』, 49쪽.

록 나는 정치적으로는 이제껏 후회한 적이 없었고, 내가 걸어온 길이 옳든 그르든 간에 이제껏 유감스럽다거나 여한이 없었는데, 내가 유일하게 후회하고 유감스럽게 생각한 것(용서할 수 없는 과실)은, 내가 결혼해서 아이를 낳아 길렀다는 것이다. 나처럼 이렇게 '대우파', '반혁명'적인 사람은, 곧 이 사회에서 정치적 '문둥병자'이자, 접촉해서는 안 될 '천민'인데, 무슨 자격으로 가업을 일으키겠는가? 무슨 권리로 현모양처가 되겠는가! 이것은 정말 죄를 짓는 일이다!"[79] 문제는 이와 같은 연루가 린시링과 같은 불굴의 반항자를 굴복시켰으며, '전제정치'를 수호할 유효한 필요 수단이 되었다는 것이다.[80] 이는 윤리의 잔혹성을 드러내는 것이며, 체제의 잔혹성을 더욱더 드러내는 일이다. 말 나온 김에 하나 더 말해 보자. 린시링은 "나는 대륙에서 반혁명 죄명으로 수감되었고, 나의 부친 역시 타이완에서 국민당에게 '공산당과 내통했다'는 죄명으로 수감되었는데, 그 이유는 나의 부친이 나와 편지를 주고받았기 때문이다"[81]라고 회고하였다.

---

79) 林希翎, 「給鄧小平的萬言書」, 『林希翎自選集』, 62~63쪽.
80) 린시링은 「덩샤오핑에게 보내는 서한」에서, 다음과 같이 극히 무거운 발언을 했다. "솔직히 말씀드려서, 대단히 부끄럽습니다. 나의 용감한 정신은 출옥 이래로 이미 대적으로 약화되었습니다. 무엇 때문일까요? 유일한 근심은 연루법입니다. 부모가 연루되는 것은 그래도 참을 수 있습니다. 왜냐하면 부모는 연로하셔서 언젠가는 돌아가시기 때문입니다. 남편이 연루되면, 역시 해결 방법이 있습니다. 즉 이혼하는 것이죠. 가장 참기 어려운 것은, 나의 두 사랑하는 어린 자식이 연루되는 것입니다. 저와 같은 사람에게 있어서, 자유롭게 진실을 말할 수 없고, 백성을 위해 지시해 줄 것을 청할 수 없으며, 계속 진리를 탐구할 수 없음은 인생의 최대 고통입니다. 그러나 나의 엉덩이에 늘어뜨린 두 가닥 변발은, 나로 하여금 전투 의지와 용기를 잃게 합니다. 매번 제가 진리를 추구하는 길 위에서 가시덤불을 헤치고 나아가, 금지 구역을 돌파하고 앞으로 돌진할 때, 내 귓가에는 두 어린아이의 외침과 울부짖는 소리가 들려옵니다. '엄마! 엄마! 우린 엄마 없인 안 돼요!'……" 『林希翎自選集』, 78쪽.
81) 『林希翎自選集』, 202쪽.

린시링의 운명과 당 고위층과의 관련

린시링의 특수성은, 그녀의 운명이 늘 중국 고위층의 정치와 밀접한 연관 관계에 있었다는 점이다. 여기서, 린시링에 대한 '처분'을 말해 보자. 린시링이 「덩샤오핑에게 보내는 서한」에서 언급한 것에 의하면, 그녀와 베이징대학 탄톈룽에 대한 처분인 "학적을 제명하고, 학교에 남아 감독 아래 노동을 하는 반면교사(反面教員)에 임명하라"[82]는 결정은 마오쩌둥의 다음과 같은 비준에 의한 것이었다. 마오쩌둥은 1957년 7월에 쓴 「1957년 하계 형세」(1957年夏季的形勢)에서 다음과 같이 명확히 지시한다. "우파학생의 대표는 철저히 비판받아야 한다. 그러나 일반적으로 본래 있던 곳에 남겨 단속하고 교육시켜, '반면교사'로 삼아라."[83] 아마도 이와 같은 마오쩌둥의 지시가 있어서, 저우언라이는 1957년 대학 졸업식을 주최하면서, 특별히 린시링을 참가하도록 하였고, 연설 중에 그녀를 정풍운동 중 "잘못을 범한" 청년이라고 하였다. 그러나 베이징시 공안국이 1957년 11월 그녀를 체포한 자료를 베이징시 위원회에 보내 심사하도록 했는데 바로 비준되지는 않았다고 한다.

왕원은 「린시링의 억울한 사건에 대해 호소하다」에서 다음과 같이 폭로했다. 1958년 중산(中山)공원에서 열린 친목회에서, 류사오치는 린시링의 상황을 물었는데, 런민대학 학생들은 그녀가 자신이 '반당·반사회주의'임을 인정하지 않고, "고개를 숙여 죄를 인정하지 않았다"고 말했다. 류사오치는 "그렇다면 자네들이 그녀에 대해 감독을 강화해야 하지 않는가?"라고 말했다고 한다. 얼마 지나지 않아, 공안부장인 뤄루이칭(羅

---

82) 林希翎,「給鄧小平的萬言書」,『林希翎自選集』, 76쪽.
83) 毛澤東,「1957年夏季的形勢」,『建國以來毛澤東文稿』 6冊, 546쪽.

瑞卿이 몸소 런민대학에 오자, 당위원회는 비밀회의를 열었고 뤄루이칭은 "린시링과 같은 대우파는 런민대학에서 잘 개조할 수 없으니, 나에게 넘겨주면 내가 방법을 강구해 강제로 그녀를 개조시킬 것이다"라고 말했다. 그래서 1958년 7월 21일 한밤중에 린시링은 비밀리에 납치되어 감옥에 수감되었다. 뤄루이칭은 처음에는 완전히 날조된 "그녀를 감독한 쑹진성宋津生 학생을 구타했다"는 구실을 만들어 그녀에게 구류 5일을 선포했다가, 다시 "태도가 좋지 않다"는 이유로 15일로 바꾸었으며, 마지막에는 "반혁명죄"로 이어서 징역 15년의 판결을 내렸다.[84] 그가 말한 "방법"은, 한밤중 린시링을 심문하는 늙은 정보원이 린시링의 태도가 좋지 않다고 하면서 격노한 가운데 한마디로 '천기'를 밝히겠다고 하게 하는 것이다. "두고 보자! 공산당이 너 같은 계집아이를 상대할 수 없나! 나는 네가 젊어서 이 감옥에 들어오게 하여, 백발이 성성할 때까지 감금할 것이다. 네 한평생을 감금하고, 네 자손이 끊어지게 할 것이다!"[85]

그런데 린시링조차도 "감옥에서 한평생 지낼 것"을 생각하고 있을 때, 마오쩌둥은 갑자기 1973년 당시 베이징시 위원회 서기인 우더吳德에게 "그녀가 어디서 일하고 있나, 잘 지내는가"를 물어 왔다. 그래서 린시링은 영문도 모른 채 '사전 석방'되었다.[86] 그러나 린시링은 여전히 그물

---

84) 『林希翎自選集』, 143~144쪽.
85) 林希翎, 「給鄧小平的萬言書」, 『林希翎自選集』, 61쪽.
86) 「린시링의 억울한 안건 내막」에 따르면, "1973년 마오쩌둥이 명령을 내려 린시링을 석방한 이유와 진상은 지금까지도 잘 알려지지 않고 있는데, 두 가지 설이 전해지고 있다. 하나는 마오쩌둥이 모 외국 대표단을 접견할 때, 손님이 린시링의 상황을 물어 와서, 마오쩌둥은 아랫사람의 말을 듣고 비로소 린시링이 이미 체포된 것을 알았으며, 아울러 명령을 내려 석방한 것이다. 다른 하나는, 무슨 이유에서인지 그는 우더에게 린시링의 상황을 묻고, 린시링이 체포되어 판결을 받은 뒤 대단히 분노한 것을 알고, 린시링이 아직 젊고 일을 잘하며 유능한 재목으로 생각하여 즉시 석방을 지시하고, 일을 안배했다는 것이다." 『林希翎自選集』, 156쪽.

망을 벗어날 수 없었다. 특히 1975년 그녀는 베이징에 와서 상급기관에 진정하려 했다가, 또다시 "대우파가 덩샤오핑을 찾아가 판결을 뒤집으려 한다"는 새로운 죄명을 얻고, 저장浙江으로 압송되어 더욱더 잔혹한 비판을 받았다.

문혁이 끝나고, 거의 모든 우파들의 "잘못이 시정"되었을 때, 린시링의 명예회복은 도리어 거듭 방해를 받았다. 그 원인은 그녀가 자신도 모르는 사이에 또다시 중국공산당 상층의 정치투쟁에 말려들었기 때문이다. 줄곧 린시링에게 관심을 가져온 후야오방은 연이어 세 차례 지시를 내려 "잘못을 시정하는 것이 유리하다"고 말했다. 또한 린시링이 보낸 편지에 격려의 글을 써서는 "안부를 전합니다. 유쾌하게 과거와 고별하고, 용감히 새로운 생활을 창조하세요"라고 했다. 여기서 표현된 인간미는 오히려 중국의 정치 원칙에 부합되지 않았기에, 뜻하지 않은 결과를 가져왔다. 이 점에 있어서는 후야오방도 린시링과 마찬가지로 단순했다. 런민대학 부총장이 린시링에게 "그의 지시는 당신에게 해가 된다", "후야오방을 찾지 않으면 문제가 해결될 수 있지만, 그를 찾는다면 말썽이 일 것이다"라고 말한 것처럼 말이다. 당시 당 고위층 가운데 이른바 '개혁파'와 '대세파' 간의 투쟁은 이미 더할 나위 없이 열띤 정도에 이르렀고, 후야오방은 주목받는 인물이었다. 이러한 배경에서, 린시링의 사건은 민감한 안건으로 변했으며, 이런저런 낭설이 퍼뜨려졌다.[87] 후야오

---

87) 「린시링의 억울한 안건 내막」에서는 다음과 같이 폭로하고 있다. "후야오방은 전국선전부장 회의에서, 1957년 린시링과 네 시간 동안 이야기를 나눈 일이 있다고 말했는데, 이는 지금 '후야오방이 대우파인 린시링을 접견하여, 네 시간 동안 담화를 나눴다'로 전해졌다. 1957년 린시링과 후야오방의 비서는 연인 관계에 있었는데, 이는 곧 다시 후야오방과 그녀가 특수한 관계라는 소문으로 번졌다. 그렇지 않다면 무엇 때문에 대우파의 안부를 묻고, 그녀에게 이처럼 관심을 갖는가 등등이 있었다."『林希翎自選集』, 163~164쪽.

방은 마침내 더 이상 린시링 안건을 물을 수 없게 되었다. 게다가 덩샤오핑이 여전히 반우파운동의 '정확성'과 '필요성'을 견지하고 있어서, 이는 필연적으로 '모범'으로 남겨져야 했다. 그래서 중국의 정치투쟁의 '필요'에 의하여, 다시 한 차례 린시링이 선택되었고, 그녀를 우파의 전형으로 충당하였다.

3) 린시링의 우파 정신과 성격

"나를 전적으로 우파 대표로 삼아라"

린시링이 덩샤오핑에게 보낸 서한에서 말한 대로, 그녀를 중국의 1957년 우파의 대표이자 상징으로 선택한 것은 그녀의 사상, 신념 그리고 성격과도 관련이 있다. 그녀 자신은 이 '개조되지 않는 우파' 딱지에 대해 적극적인 태도를 보였다. 이 서한에서, 그녀는 다음과 같이 말한다.

> "오늘에 이르러 지난날의 '우파'를 두 부류로 나누고, 또한 내가 개조되지 않고 '우파 딱지를 뗐다'고 한다면, 나는 엄숙하게 선언하지 않을 수 없다. 정부 당국이 내가 우파로 분류된 것이 잘못된 것이 아니라고 여긴다면, 내게 그 어떤 딱지를 떼야 할 필요도 없이, 차라리 우파 딱지를 내게 다시 씌우는 것이 나을 것이다. 왜냐하면 중앙의 문건에 의하면 우파가 딱지를 뗄 수 있는 이유는 우파들이 20여 년의 사상개조와 교육으로 개조를 마쳤기 때문이라고 밝힌 적이 있어서이다. '우파 딱지를 뗀' 사람들이 개조되고 교육받아 모두 좌파로 변할 수 있는지는 나는 잘 모른다. 그러나 나는 정중하게 내가 전혀 개조되지 않았음을 선언한다. 23년간, 나는 극좌파 관료들이 나에게 강제로 씌운 '우파', '반혁명'의 죄명에 대

해, 나는 지금까지 고개를 숙여 '죄'를 인정하고 회개한 일이 없다. ……
1957년 내가 공개적으로 발표한 그 관점들은 지금까지도 기본적으로 변함이 없을 뿐만 아니라, 오히려 새로운 발전이 있었다. 때문에 나는 전혀 개조되지 않고 교육되지 않는 고집불통 '대우파'인 것이다. 내가 체포되기 며칠 전인 1958년 7월, 그 해의 중앙 공안부장인 뤄루이칭이 …… 이렇게 크게 허풍을 떨었다. '린시링과 같은 대우파를 당신들 학교에 남겨 두어도 개조되지 않을 것이므로, 차라리 나에게 넘겨 달라! 내겐 그녀를 강제로 개조할 방법이 있다.……' 그 뒤 나는 나의 23년 동안의 모든 말과 행동으로, 뤄루이칭의 진압 만능론과 폭력 미신론에 대항했으며, 확증을 가지고 뤄루이칭 부장의 예언이 철저하게 실패했음을 증명하고 선고했다.……
1957년 내가 '우파'가 된 것은 자각적인 것이 아니며, 또한 스스로도 '우파'인 것을 인정하지 않았다. 그러나 이 20여 년의 잔혹한 현실 교육과 개조를 거쳐, 오히려 농담이 진담이 되었다. 나는 마침내 국가와 백성에게 재앙을 가져온 관료, 간신, 국적國賊들이 원래는 모두가 '가장 혁명적인' 좌파와 극좌파의 월계관을 쓰고 있음을 발견했다. 그렇다면 나는 국가와 민족을 구하기 위해서 자각적으로 기꺼이 '우파'가 되어야 했다. 1957년 마오쩌둥이 당 중앙을 대표하여 친히 나랑 베이징대학의 탄톈룽 두 사람의 처분 결정을 지시하는 가운데 '학적을 제명하고, 학교에 남아 노동하며, 반면교사로 삼는다'라는 조항이 있었다. '반면교사'가 된 이상, 그렇다면 나는 그들 좌파, 극좌파 관료를 초대해 나의 '정면正面학생'으로 맞아 그들에게 귀를 씻고 공손히 나의 수업을 경청하게 해야겠다. '극우분자', '대우파', '우파의 대표 인물'이 된 바에야, 나는 당연히 우파를 대표하고 우파를 대신해서 말을 해야겠다. 그렇지 않다면, 실제와 부합되지 않는 헛된 명성이지 않은가?……

내가 한 가지 건의하겠다. 정치협상회의나 전국인민대표대회의 대표 가운데 나에게 한 자리 주어서, 아예 우파 대표로 삼아 주길 바란다! 왜냐하면 이 20여 년 동안 전국적으로 당 전체에서 배양한 '좌파', '극좌파' 및 그 대표 인물이 쇠털같이 많아졌으며, 또한 대다수가 여전히 높은 지위와 많은 녹봉을 누리고 있다. 그렇다면 '우파'를 남겨 대표로 삼는 일이 무슨 두려운 일이겠는가? 하물며 현재 국제적으로 우파 정당과 우파 인물들이 별 대단한 환영도 받지 못하고 있고, 흥미도 끌지 못하고 있으며, 별 교류도 없지 않은가? 그렇다면 우리 국내의 '우파'는 무엇 때문에 최소한의 존중을 받지 못하고 있는가? 내게 명예회복을 주지 않는 이상, 나는 '우파', '극우분자', '대우파', '반면교사'의 역할을 계속 이어 나가는 수밖에 없다.……"[88]

영원히 현실에 만족하지 않다

기꺼이 '우파'를 자처하고, 끝까지 이런 역할을 하겠다는 린시링의 고백은, 우리에게 토론의 흥미를 불러일으킨다. 무엇이 '우파'인가? 중국적 현실 조건에서, 린시링이 고수했던 정치 관점 말고도, 보다 더 내재적인 '우파' 정신, '우파' 입장, '우파' 기질과 성격이 있는가?

우리는 다시 1957년 린시링이 베이징대학과 런민대학에서 했던 그 유명한 강연으로 되돌아가 보자. 그것은 그녀의 사상의 기점이자 원점이었다. 그녀는 강연에서 다음과 같은 말을 한다.

---

[88] 林希翎, 「給鄧小平的萬言書」, 『林希翎自選集』, 75~77쪽.

"현재 대학의 강연에서 사회주의와 공산주의를 언급할 때, 늘 그것은 가장 좋은 사회라고 말한다. 이 '가장'이라는 말은 그 자체로 형이상학적이다. 사회주의, 공산주의는 내가 보기에 다만 사회 단계일 따름이다. 이 때문에 그들의 '가장'이란 말은 형이상학을 변증법으로 대체한 것이다."
"나는 현실생활에 만족하지 않는다. 설사 오백 년 뒤에 태어난다고 해도, 나는 역시 만족하지 않을 것이다. 만일 현실에 만족한다면, 어떻게 사회의 발전을 이끌어 갈 것인가? 사람들이 현실에 만족하지 않는 것은 정상이므로, 현실에 만족하지 않도록 격려해야 한다."[89]

그녀의 이 발언은 당시에 큰 파문을 불러일으켰다. 이에 그녀는 「나의 사고」我的思考에서, 이 관점을 거듭 천명하며 아울러 널리 전해지는 이런 말을 한다. "원숭이가 현실에 만족했다면, 우리는 지금 사람이 되지 않았을 것이다."[90]

1985년, 모진 고초를 겪은 린시링은, 기자가 그녀에게 "지식인이 사회에서 어떤 역할을 해야 한다고 생각하십니까?"라고 묻자, 그녀는 의연히 자신의 '불만'론을 거듭 천명했다. "어느 나라든, 진정한 지식인은 반드시 정부를 비판하고, 현실에 반대하는 불만분자이어야 합니다. 이와 같은 불만은 정상적인 현상입니다. 지식인의 사명은 사회 진보를 이끄는 것, 즉 현실을 비판하는 것입니다. 아침부터 저녁까지 공덕만을 노래하고 찬송하며, 어둡고 혼란한 상황을 감추고 태평한 것처럼 꾸민다면, 어떻게 진보할 수 있겠습니까? 1957년 강연에서, 저는 이 점을 언급했습니

---

89) 林希翎, 「在北大的第二次發言」, 『原上草 : 記憶中的反右派運動』, 156쪽.
90) 林希翎, 「我的思考」, 『原上草 : 記憶中的反右派運動』, 162쪽.

다. 그러나 공산당은 제가 현실에 만족하지 않는다는 말을 듣자, 곧 제 생각에 문제가 있고, 반혁명 혐의가 있다고 여겨 죄를 뒤집어씌웠습니다. 합리적인 불만은 진보적인 것으로, 사회 발전의 동력입니다." 이에 기자는 곧 그녀의 그 '원숭이'에 관한 명언을 떠올렸다.[91]

영원히 진실을 말하다

1957년 린시링의 담화에는 또 하나의 일관된 관점이 있었는데, 그것은 곧 절대로 다른 사람의 언론·통신의 자유를 간섭할 수 없으며, "그래서 진실을 말하지 못하게 해서는 안 된다"는 것이다. 그녀는 청년들에게, '세상 물정'을 배우지 말며, "남에게 끌려다녀서는 안 되며", "우리는 진실된 말을 해야 하며", "진실된 상황을 인민에게 알려 줘야 한다"는 것을 호소했다.[92] 이것은 1957년 및 그 이후의 중국에서 모두 '반동 언론'이 되었다. 그러나 린시링은 시종일관 이 시각을 고수했으며 그녀는 이것을 자신의 인생 가치라고 여겼다. 80년대 덩샤오핑에게 보낸 서한에서, 그녀는 자신의 반우파운동 이후 힘들었던 인생을 총결하면서, 긍지를 가지고 이렇게 말했다.

> "나의 양심, 도덕 그리고 인성은, 모두 20여 년간 특히 이 10년 동란 이래로, 우리 사회생활에서 보편적으로 자라고 있는 서로 속이기, 거짓말의 습관화, 타인에게 손해 끼치고 자기 이익 도모하기, 남을 괴롭히는 것을 즐거워하는 정치 미생물, 권세 있는 자에게 빌붙기, 정세의 눈치를 보아

---

91) 「天下第一沖的林希翎」, 『林希翎自選集』, 297~298쪽.
92) 林希翎, 「在北大的第一次發言」, 「我的思考」, 『原上草: 記憶中的反右派運動』, 152, 154, 163쪽.

가며 행동하기, 의기투합하여 아첨하기, 적에게 빌붙어 살기 등등 좋지 않은 풍조에 침식되거나 오염되지 않았으며, 그래서 나의 영혼 깊은 곳에는 한 평의 정토淨土를 보유할 수 있었습니다. 아울러 이 정토 위에 독립적으로 사고하고 자신을 고결한 인격자라고 여기며 스스로 만족하는 독립 왕국을 세웠습니다. 때문에 나는 평생 거짓말을 하지 않는다는 일관된 기록을 지켜 낼 수 있었습니다. 나는 나의 피눈물과 언행으로 나의 은사恩師의 당부를 실천했습니다. 우위장 총장은 생전에 내게 간곡하게 타이르며 유일한 유훈遺訓을 남겼습니다. 그는 내가 그처럼 거짓말을 하지 않기를, 대담하게 진실을 말할 수 있는 성실한 사람이 되길 희망했습니다."[93]

벗어날 수 없는 유토피아 열망과 돈키호테 기질

린시링은 자신의 성격과 품성을 다음과 같이 이야기한다. "나란 사람은 소년 홍색낭자군 출신으로, 펑彭 대장과 천陳 대장이 데리고 나온 군인이다.[94] 나의 성격은 시원시원하고 솔직하다. 용감하게 생각하고 말하고 일하고 주어진 역할을 담당하며, 악인을 적처럼 미워한다. 의분을 잘 느끼며, 강직하여 아첨하지 않으며, 차라리 꺾일망정 굽히지 않는다. 천진하고, 용기는 있으나 지모智謀는 없다." 린시링은 또 자신에 대해 이야기하면서, 설사 몸은 감옥에 있었지만, "자신이 동경하는 공민들이 진정한 사상의 자유와 언론의 자유를 향유하는 꿈속에서 생활하고 있었다"

---

93) 林希翎, 「給鄧小平的萬言書」, 『林希翎自選集』, 38쪽.
94) 펑 대장은 펑더화이(彭德懷) 장군, 천 대장은 천이(陳毅) 장군을 가리킨다. 이들은 모두 해방군 부대의 총지휘관(사령관)이었는데, 보통 군병들은 그들을 친밀하게 '대장'이라고 불렀다. ―옮긴이

고 하였으며, 그래서 많은 문제들이 초래되었다. 그녀는 자신이 "완전히 사회생활 경험이 결핍되어 세상사를 잘 알지 못했고", "자신의 방식대로 사람들을 진심으로 대했으며", "자신을 신임하는 것처럼 모든 사람들을 신임하였으며", 설사 이 때문에 무수히 많은 '장애물'에 부딪혔지만, 그녀는 후회하지도 않았고 생각을 바꾸지도 않았다.[95] 린시링은 1957년 반우파운동 이후 한 독자가 보내 온 편지에, 그녀가 정풍운동 중에 안데르센의 동화 「황제의 새 옷」 속의 세 살짜리 어린아이 역할을 연기했었다고 말한 것을 영원히 기억했다. 린시링은 거리낌 없이 다음과 같이 인정했다. "정치적으로 나는 영원히 세 살짜리 어린아이일 것이다. 한평생 자랄 수 없을지도 모른다." "나는 그 정치 폭풍우에 말려들어, 정치 인물로서 역사 무대에 밀려 올려졌다. 그것은 내가 당시에 정치를 몰랐기 때문에, 특히 중국정치를 몰랐기 때문이다. 나는 『자치통감』資治通鑒과 같은 고서를 읽은 적이 없다. 그래서 이것을 '역사적 오해'라고 말할 수 있다. 나란 사람의 기질과 성격은 근본적으로 정치를 하는 데 부적합하다."[96]

    그러나 일단 정치 폭풍우가 밀려오면, 그녀는 어쩔 수 없이 투신해 들어갔다. 이 모두가 그녀 내심의 '유토피아 열망' 때문이었다. 그녀가 갖고 태어난 '돈키호테 기질'은 '주화입마'走火入魔에 빠지는 것을 결정지었는데, 이것은 그녀의 숙명이었다. 그러나 역사의 진보에는 이렇게 영원히 "자라지 않는 세 살짜리 어린아이"가 필요했다. 이런 '역사적 오해'로 비록 개인이 엄청난 대가를 치르게 되었지만 말이다. 이것은 역사의 잔혹함을 뚜렷하게 드러냈다.

---

95) 林希翎, 「給鄧小平的萬言書」, 『林希翎自選集』, 38, 39~40쪽.
96) 林希翎, 「我只有三歲」, 『林希翎自選集』, 191~192쪽.

'정신계 전사' 계보의 계승

내가 이해한 바로는, 린시링에게는 매우 분명하고도 충분한 다음과 같은 특징들이 있다. 그녀는 영원히 현실에 만족하지 않았으며, 진실한 말을 하였고, 유토피아 열망과 돈키호테 기질을 벗어날 수 없었다. 이것이 우리가 토론하고자 하는 '우파' 정신과 성격인 것이다.[97]

나는 다시 루쉰을 떠올렸다. 5·4 시기, 루쉰은 『신청년』新靑年에, 한 편의 수필을 게재한 일이 있었는데, 그 제목은 「불만」不滿이었으며, "불만은 향상을 위한 수레바퀴"라고 강조했다.[98] 루쉰은 또한 「지식계급에 관하여」關於知識階級란 제목으로 강연을 하면서, '진정한 지식계급'의 개념을 제기하고, 아울러 다음과 같은 정의를 하였다.

"만일 의견을 발표하려면, 생각나는 대로 말해야 한다. 진정한 지식계급은 이해利害를 고려하지 않는다. 만일 갖가지 이해를 생각한다면, 곧 거짓이며, 지식계급을 사칭하는 것이다. …… 그들은 사회에 대해 영원히 만족할 수 없다. 영원히 고통을 느끼고, 영원히 결점을 보게 된다. 그들은 장래에 대한 희생을 준비하고 있으며, 사회도 그들이 있기에 활기차다. 그렇지만 그들 자신은──심신이 늘 고통스럽다.……"[99]

---

97) 1957년 영향이 지대했던 또 한 사람의 우파인 류빈옌(劉賓雁)은 역시 다음과 같이 자신에 대해 말했다. "무엇 때문인지, 나는 한평생 동안 거의 한 시간도 나의 환경에 대해 혹은 나 스스로에 대해 완전히 만족한 일이 없으며, 늘 내가 필요한 것이 얼마간 부족하다고 느꼈다." 그는 또한 다음처럼 자신이 영원히 고치지 못하는 '결점'을 이야기했다. "나는 내가 만난 모든 사람을 모두 좋은 사람으로 여기고 쉽게 믿으며 속마음을 털어놓으며 어떤 경계도 하지 않는 결점이 있는데, 그 뒤에도 고치지 않았다." 劉賓雁, 『劉賓雁自傳』, 時報文化出版企業有限公司, 1989, 21, 32쪽.

98) 魯迅, 「隨感錄─不滿」, 『魯迅全集』 1卷, 376쪽.[루쉰, 「61. 불만」, 『열풍』(루쉰전집 1권), 그린비, 2010, 507쪽.]

우리가 여기서 토론하고자 하는 '우파' 정신과 루쉰이 말한 '진성한 지식계급'의 정신은, 확실히 내재적으로 일치하는 것으로 일종의 정신적 계승관계라고 말할 수 있다. 린시링과 같은 우파는, 루쉰이 창립한 20세기 중국 '정신계 전사'의 계보에 들어가도 부끄럼 없는 성원이라고 말할 수 있다.[100] 린시링 본인도 루쉰에 대해 매우 높은 평가를 내렸다. "나는 지금까지, 중국 역사상 봉건주의의 본질과 그것의 중화민족과 중국 국민에 대한 위해성과 열근성을 가장 투철하게 인식하고, 가장 깊이 있게 분석하며, 가장 첨예하게 공격하고, 가장 단호하게 투쟁한 사람은…… 혁명가, 사상가, 그리고 문학가로서의 루쉰이라고 생각한다."[101]

영원한 반대파 한 사람

내가 보기에, 린시링이 우파 정신의 상징이 된 것은, 그녀가 이러한 우파 정신을 끝까지 견지했던 한 사람이었기 때문이다. 그녀는 '개조'되지 않은 한 사람이었기 때문에, 역사가 그녀를 육성하여, 80년대 초 절대 다수의 우파가 모두 명예회복이 되어 역사가 일단락된 뒤에도, 그녀에게 거의 홀로 외로이 우파의 정신 고난사를 써 내려가도록 했다. 그녀는 20세기 마지막 20년간 중국과 국제 세계의 복잡한 형세 아래에서도 1957년 열었던 우파 정신을 계속해서 지켜 나갔다.

내가 이렇게 말하는 데에는 충분한 근거가 있다. 이 장에서 여러 차

---

99) 魯迅,「關於知識階級」,『魯迅全集』8卷, 227쪽.[「지식계급에 관하여」,『집외집습유보편』.]
100) 루쉰은 20세기 초에 쓴「마라시력설」(摩羅詩力說)에서 우선 '정신계 전사' 개념을 제기했다. 나는「'정신계 전사' 계보의 자각적 이어짐」("精神界戰士"譜系的自覺承接)이라는 글에서, 이를 구체적으로 분석한 일이 있다. 錢理群,『拒絶遺忘 : 錢理群文選』, 汕頭大學, 1999.
101) 林希翎,「給鄧小平的萬言書」,『林希翎自選集』, 31쪽.

레 인용한 「덩샤오핑에게 보내는 서한」을 가지고 말하자면, 비록 린시링이 이러한 편지를 쓰게 된 이유가 그의 우파 '개조' 문제를 덩샤오핑이 관여해서 해결해 주기를 희망하였기 때문이기는 하지만, 그 글은 공덕을 칭송한 글이 아니었다. 그녀는 덩샤오핑의 반우파 '필요론'에 대해 단도직입적으로 비판을 가했을 뿐만 아니라, 또한 덩샤오핑이 지도하는 중국 현실에 대해 여전히 불만을 표현했으며, 날카롭게 비판하고 경고하였다. 예컨대 그녀는 다음과 같이 말한다. "최근 몇 년간 점차적으로 신관료주의가 탄생했다. 생산수단의 '전민 소유제'와 '집단 소유제'라는 두 형식 아래에서, 관료들이 정치권력을 이용하여 생산수단의 실제 지배권과 분배 속에서 갖가지 특권(예를 들어 높은 봉급에 철밥통, 횡령, 뇌물 수수, 갖가지 형식의 면세와 저비용 특권 제공 등등)을 누리며 노동 인민의 잉여 가치를 최대한 착취하고 있었다." 그녀는 또 다음과 같이 일깨워 주었다. "중국과 소련의 관계가 악화된 이후, 우리는 미국 등 서방 자본주의 국가들과 관계를 개선하게 되었다. 이는 매우 필요하고 옳은 것이다. 그러나 또한 미국 '일변도'가 되는 것은 막아야 한다. 고난을 겪은 중국 인민들은 어떤 제국주의라도 '일변도'로 인한 극단화 정책의 고난을 충분히 맛보았다. '일변도'는 중국이 부지불식간에 독립과 주권을 상실하게 만들 것이다.[102] 이와 같은 말들은, 당시(1980년)나 그 뒤 중국에서 아무도 감히 말하지 못한 것이었다.

1983년 린시링은 홍콩에 갔으며, 1985년은 다시 타이완으로 가서 수십 년간 이별해 있던 부친을 만났다. 사람들은 그녀가 타이완을 크게 찬양할 것이라고 생각했지만, 뜻밖에도 그녀는 입을 열자마자 정면으로

---

[102] 林希翎, 「給鄧小平的萬言書」, 『林希翎自選集』, 27, 26쪽.

타이완 당국이 그녀에게 강제로 부여한 '반공 열사'의 직함을 거절하였다. 그리고 결연히 "만일 나더러 반공 성명을 조건으로 발언하라고 한다면, 나는 차라리 대륙으로 가서 감옥살이를 하겠다"고 했다. 아울러 그녀 특유의 솔직함으로, 타이완에 대한 불만을 직언하였다. "타이완의 생활 수준은 대륙보다 높지만, 많은 곳에 결함이 있다는 것에는 별 차이가 없다." "여기서는 여러분이 하나같이 하는 소리가 들린다. '반공反攻 대륙' 등등 반공反共 팔고는 사실 나를 짜증나게 한다! 이곳의 정보통제도 내 머리를 숨 막히게 한다!" 그녀는 바로 타이완의 민주 쟁취 운동에 참가하였으며, 아울러 폭발적인 영향을 일으켰다. 그녀 자신이 말한 대로, "나의 이번 타이완에서의 '민주 휴가' 중에 백화제방 백가쟁명이 타이완 동포의 마음 가운데 이처럼 열렬한 반향을 불러일으키고 이처럼 빠르게 전파된 것은, 1957년 대륙의 백화제방 백가쟁명의 상황과 완전히 같은 것이다. 이것은 결코 내가 무슨 새로운 발견이나 시도를 해서가 아니라, 그들이 감히 말하지 못하는 진실을 이야기하였기 때문이다. 대륙과 타이완의 국공國共정치 생활 속에서, 나는 늘 안데르센의 동화 「황제의 새 옷」 속의 그 세 살짜리 어린아이 역할을 연기했다." 그 뒤 린시링은 잠시 홍콩에 갔었는데, 국민당 당국은 그 기회를 틈타 그녀가 타이완에 입국하는 것을 금지시켰으며, 그래서 린시링은 양안兩岸에서 모두 "환영받지 못하는" 인물이 되었다.[103]

여기에, 또 하나의 이야기가 있다. 린시링에 의하면, 그녀가 타이완에 도착한 이후, "많은 사람들이 내게 일깨워 주며 말하기를, 해외에 많은 학자들은 양쪽을 오가며 양쪽과 잘 지내서 양쪽에서 모두 귀빈이 되

---

103) 『林希翎自選集』, 293, 205, 216, 288쪽.

어 오고 가는 것이 자유롭다"라고 말했다고 한다. 어떤 사람은 곧 "린시링, 당신은 어떻게 양쪽에 모두 밉보였나. 그렇게 무더서야"라고 말했다고 한다. 린시링은 "나는 본래 (양쪽과) 잘 지내는 그런 관료가 되고 싶지 않아요"[104]라고 대답했다. 이는 천성은 바꾸기 어려움을 말해 주는 것이라 할 수 있겠다.

그 뒤 그녀는 프랑스에 정착했는데, 편안히 몇 년을 지내지 못하고 유럽연합이 코소보[105]에 군대를 출동시키자, 그녀는 다시 반전反戰운동에 참가하여 수많은 격렬한 언론을 발표하였다. 이 때문에, 프랑스 당국과 당시의 주류 여론과 마찰을 빚어 또다시 환영받지 못하는 인물이 되었다. 또 그 이후 타이완 민진당民進黨이 집권하자, 린시링은 당시 그들의 국민당 독재를 반대하는 투쟁을 지지한 바 있어서 천수이볜陳水扁의 총통 취임식에 초청을 받았지만, 그녀는 여전히 직언을 서슴지 않았다. 그녀는 공개 발언에서 '타이완 독립'[臺獨]을 반대하여 또다시 신임 타이완 당국과도 좋지 않게 헤어졌다. 그녀는 아마도 어떤 집권자와도 함께 일할 수 없을 것이다. 그녀는 영원한 반대파였다.

비틀거리며 걷지만 영원히 앞으로 향하던 뒷모습

2000년 8월 4일, 그녀가 숨을 가쁘게 몰아쉬며 3층에 있는 나의 집으로 올라와 내 앞에 나타났을 때, 나는 정말 알아보지 못할 뻔했다. 이 사람

---

104) 『林希翎自選集』, 210쪽.
105) 주민 대부분이 알바니아계로 이루어져 있으며, 유고슬라비아 연방에 속해 있던 코소보는 세르비아로부터의 독립을 요구하다가 1998~99년 세르비아군의 대대적인 반격과 인종청소를 겪었다. 이에 미국과 유럽연합이 군대를 파견하여 관여했는데, 국제적으로 무력 간섭을 지지하는 파와 무력 간섭을 반대하는 파로 나뉘었으며, 린시링은 반대의 태도를 견지했다.—옮긴이

이 바로 1957년 5월 23일 그 잊지 못할 밤에, 의기양양하게 먼 곳에 서 있었던 런민대학 법률학과 4학년 학생 청하이궈程海果(린시링의 본명)란 말인가? 그때, 그녀가 얼마나 지치고 늙어 보였던지. 그러나 그녀는 입을 열고, 여전히 크고 낭랑한 목소리로 쉼 없이 말했으며, 양미간엔 여전히 고고함과 고집스러움이 들어 있었다. 린시링은 역시 린시링이었다! 그러나 1957년 그날 밤에 대해 이야기할 때, 그녀는 이렇게 말했다. "그때 토론회에 참석했을 때, 나는 단지 듣기만 하려고 했어요. 그러나 뜻하지 않게 주최자가 갑자기 내게 이야기할 것을 요구하자, 나는 아무런 준비도 없이 무대에 올라 이야기하기 시작했어요. 그렇게 한 번 무대에 오른 뒤, 평생 동안 내려올 수 없었지요." 이어서 그녀는 내게 요 몇 년간의 경험을 이야기해 주었다. 그녀가 사회운동에 헌신하여, 자기 아이를 돌볼 시간이 없었을 때 아이가 우울증을 앓아, 결국 건물에서 뛰어내려 자살했다는 이야기를 하면서 그녀는 눈물을 흘렸다. 그리곤 자신은 '자격이 없는 엄마'라고만 말했다. …… 마지막에, 길게 한숨을 내쉬며 말했다. "저는 지금 정말로 집도 없고 절도 없는 갈 곳 없는 사람이에요. 모든 것이 사라졌어요."

나는 아무 말 하지 않고 묵묵히 그녀가 가지고 온 노트에 '상유이말' 相濡以沫[106]이라는 네 글자를 써넣었다. 그녀는 『린시링 자선집』한 권을 내게 주고는 갑자기 일어서서 가야 한다고 말했지만 몇 걸음 내딛고는 더 이상 걷지를 못하였다. 이에 우리 집 긴 소파에 누워 한참 동안을 쉬고 나서야 회복이 되었다. 나는 그녀에게 가지 말고 저녁 식사를 하자고 했

---

[106] 샘물이 마르자 물고기들이 서로 모여 침으로 촉촉하게 적셔 준다는 성어. 곤경에 처하여 미력하나마 서로 도와준다는 의미이다.

다. 고향 음식이(우리는 저장 사람이다) 좀 있었는데 그녀는 아주 맛있게 먹었다. 내 마음속에서는 말로 표현할 수 없는 느낌이 일었다. 그녀는 결국 떠났고, 그 비틀거리던 뒷모습이 영원히 내 마음속에 남아 있다.……

바로 이 영원한 순간의 기억이 내게 이런 글을 쓰도록 한다. 나는 지금 이 순간도 그 비틀거리며 영원히 앞을 향해 나아가던 뒷모습을 보는 것 같다. 또 이 글을 준비하면서 보았던 마오쩌둥의 "바뀌지 않는 완고한 우파는, 백 년이 지난 다음에라도 혼나야 한다"[107]는 한 마디 말이 떠오른다. 이것은 바로 린시링의 불행이자, 그녀의 영광이었다. 당대 중국에서 린시링과 같은 사람은 이미 '희귀한 품종'으로, 매우 만나기 힘든 사람이 되었다.

부록 : 감격의 역사

우리가 마주하고 있는 것은, 린시링이라는 이름의 한 인간의 역사이다. 반세기 이래로 쉼 없는 사고와 탐색, 끊임없는 항쟁, 이 때문에 겪은 끊이지 않은 수난,…… 이 모든 것은 영원히 쉼 없는 생명을 형성하였으며, 나아가 역사 정신의 상징적 의미를 획득했다.

우리가 마주하고 있는 또 다른 하나는, 린시링의 우파 문제를 둘러싸고 진행된 거의 50년 동안을 이어 온 분투의 역사이다. 많은 사람들이 그것을 위해 힘쓰고, 통곡했다. 많은 사람들이 그녀에게 도움의 손길을 내밀었다. 또한 많은 사람들이 이 때문에 피의 대가를 치렀다! 이것 자체가 '역사적 사건'을 구성했으며, 그것은 하나의 전형적인 개별 안건으로

---

107) 毛澤東,「打退資産階級右派的進攻」,『毛澤東選集』 5卷, 155쪽.

서 중국 현대 정치·사상사에 영원히 기록되어야 한다.

나방이 불에 뛰어드는 것처럼 주동적으로 그 안에 투신한 사람들(저층 백성으로부터 고위층 간부까지)을 마주 대하며, 우리는 경건한 마음으로 옷깃을 여미지 않을 수 없다. 특히 런민대학 당위원회 상임위원회 조직부장이자 통일전선 부장을 역임했으며, 1927년 입당한 노혁명가인 리이싼李逸三은, 1983년부터 1996년까지 전후 14년 동안 세 차례나 정식으로 중앙과 관련 부서에 상서하여, 린시링의 억울한 사정을 호소하고 명예회복을 건의했다. 어떤 작가가 말한 것처럼, 이것은 노인의 말년에 지워지지 않는 열망이 되었다. 마지막으로 상서한 일이 무시되자, 당시 90세였던 그는 긴 한숨을 내쉬고 입술을 떨며 집으로 돌아왔다. 그러고는 얼마 후 실어증에 걸려, 아무 말도 없이 마지막 세월을 보냈다. 그리고 올 연초에 이르기까지 줄곧 한을 품고서 그는 98세의 고령으로 이 세상을 떠났다. 이 노인의 집착, 고통과 실망은 우리들 한 사람 한 사람의 영혼을 뒤흔들며, 우리의 양심을 고문한다. 우리는 묻지 않을 수 없다. "이 모든 것은 도대체 무엇을 의미하는가?"

리이싼 노인은 생전에 여러 차례 주위의 동지에게 말한 바 있었다. 이는 "자신의 말년에 반드시 당을 도와 바로잡아야 할 중대한 일이다", "이 일이 중대한 것은, 그것이 중국공산당의 신용과 명예 문제, 인민에 대한 책임 문제와 관련이 있기 때문이며, 또한 중국 런민대학이 진정으로 '실사구시' 교훈을 실천할 수 있는가의 문제와 관련이 있기 때문이다." 그는 다음과 같이 말했다. "중국공산당원은 단지 입으로만 실사구시를 말하고, 다른 사람을 실사구시로 교육하려고 하면서, 정작 자신은 실사구시를 위반하고 있다. 이는 당 사업에 지극히 큰 위해를 초래하고 있다. 런민대학 교문에는 커다란 돌덩어리 하나가 놓여 있는데, 그 위에 교훈인 '실사구시' 네 글자가 크게 조각되어 있다. 그러나 반우파투쟁 중 전국적으로 '공헌'을 했던, 또 전국적으로 많은 유명한 대우파가 있었던 런민대학이 자신의 정치행위에 대해 책임질 수 없다는 것은, 런민대학의 명예에 손실을 가져올 것이다." 몇몇 런민대학 노간부들은 당위원회에 공동 서명한 편지를 보내, 리이싼을 지지하면서 "당에 책임지고, 역사에 책임지며, 린시링에게 책임지자"고 외쳤으며, 아울러 다음과 같이 썼다.

"우리는 과거에 학교 당위원회의 린시링 안건의 처리에 동의한 일이 있다. 그러나 40년 역사의 검증을 거쳐, 린시링에 대한 우리의 처분에 잘못이 있음이 증명되었을 때에는 마땅히 당의 '반혁명분자는 숙청해야 하며, 과오가 있으면 시정해야 한다'는 원칙에 의거해, 과감히 린시링의 명예를 깨끗이 회복시키고, 그 본래의 역사적 면모를 돌려주어야 한다."

여기서 들을 수 있는 것은 진정한 공산당원의 목소리이다. 그것은 당심黨心의 소재를 보여 주며, 더욱이 민심이 있는 곳, 인심이 있는 곳을 보여 준다. 아마도 이러한 이유로 인해, 이 노공산당원들의 외침이 냉대를 받자 사람들은 마음을 졸이며 우려했다. 리이싼 노인의 그 긴 한숨, 그 흐릿한 실망의 눈빛은, 심지어 사람들 마음을 아프게 했다. 사실은 이 노공산당원들이 말한 그대로였다. "지금 우리들이 당면한 린시링의 억울한 안건에 대해 실사구시를 할 수 있는지는 우리들 모든 공산당원의 당성에 대한 시험인데, 당원 지도자 간부에 대해서는 더더욱 그러하다." 시험받는 것이 어찌 당원 개인의 당성뿐이겠는가!

이것은 정말 눈물겨운 역사였다. 린시링의 명예회복 문제를 둘러싸고 전개된 것은, 중국의 민주와 법제를 수호하는 투쟁이었으며, 이 투쟁은 이미 반세기 동안 지속되었다. 이 자체는 바로 민주와 법제가 중국 역사 발전의 객관적 요구임을, 어떤 역량으로도 가로막을 수 없는 것임을 강력하게 증명하고 있다. 수많은 사람들이 자원하여 분투하면서, 대가를 치르기를 주저하지 않았는데, 이는 더더욱 인간의 양심이 소멸되지 않았음을 확실히 증명해 주는 것이다. 바로 여기에서 우리는 희망을 보았다. 그러나 린시링의 억울한 안건은 지금까지도 바로잡아지지 않았는데, 이는 또 중국이 민주 법제로 나아가는 길에 있어서의 공전의 어려움과 복잡함을 냉정하게 보여 주고 있는 것이다. 이와 같은 사실에 직면하게 될 때, 사람들은 역사의 무거움을 충분하게 느끼게 된다. 사람들은 묻지 않을 수 없다. 중국에서는 언제야 비로소 진정한 법률의 독립이 실현되어, 더 이상 개인과 집단의 의지가 침해받지 않으며, 더 이상 정치투쟁 논리의 지배를 받지 않을 것인가? 언제가 되어야 비로소 진정으로 법률의 잘못된 기제를 바로잡고, 제도상으로 보장을 받을 수 있을까?…… 린시링의 억울한 안건은 중국 민주와 법제 건설의 근본적인 문제에 대해 지속적으로 사고하고 추궁하도록 이끌고 있다.

리이쌴 노인을 대표로 한 런민대학의 노공산당원들은 그들이 올린 글에서 "이 잘못된 안건을 21세기까지 가지고 가지 말라"는 바람을 이야기했다. 지금은 이미 2004년이며, 우리는 "중국공산당원, 퇴역 군인"인 홍루洪爐와 우이만武一曼이 다시 또 글을 올리는 것을 보았다. 이 세기에 억울한 안건의 명예회복을 위한 투쟁은 결코 끝나지 않을 것처럼 보인다. 우리는 더더욱 지속적으로 노력해야 할 것이며, 이는 후대인들이 회피할 수 없는 역사적 책임인 것이다.

3. 류치디 : 목숨을 바쳐 법을 수호한 선구자
— '5·19민주운동'의 국내적 배경 및 주요 호소를 함께 논하다

1) 후펑의 억울한 안건 중 잊지 말아야 할 이름 하나

잊을 수 없는 기념

"우파 형제자매들이여, 당신들은 어디에 있는가"라는 나의 외침 속에서, 두번째로 이름이 올려진 그는 응답이 없었다. 나중에 나는 그가 이미 참혹한 시련으로 죽었다는 것을 알았다. 소식을 들었을 때, 나는 멍해져서, 잠시 동안 꼼짝할 수가 없었다. 그리고 나는 다시는 그를 잊을 수가 없었다. 류치디劉奇弟와 그 운동 속에서 희생되었던 많은 사람들은, 나의 삶 속에서 절대 회피할 수 없는 존재들이며, 언제나 요행히 살아남은 한 사람으로서 책임을 져야 한다는 생각이 떠나질 않았다. 특히, 내가 최근 몇 년 동안 사상계와 학술계가 공화국 역사에 절대적 영향을 미친 후펑의 억울한 안건을 회고 연구할 때, 정의를 수호하며 목숨을 바친 류치디와 같은 선구자를 잊는다는 것은, 양심의 가책을 더 느끼게 하는 것이다. 왜냐하면 이것은 역사의 중요한 한 부분으로서, 그것을 홀시하거나 은폐하

는 것은, 이 시기의 역사를 연구하는 사람으로서 빚을 지는 일이었다. 그래서 나는 사방팔방으로 류치디와 관련된 자료를 찾았으며, 모종의 역사의 진실된 면모를 회복하기를 희망했다. 그러나 이로부터 얻게 된 것은 역사의 파편일 뿐이었다. 그러나 나는 여전히 자료를 제공한 친구들에게 감사한다. 특히 천펑샤오陣奉孝 선배가 부쳐 온「잊을 수 없는 기념」無法忘卻的紀念이라는 글에 감사한다. 그 당시 '백화학사'百花學社의 주요 책임자 중 하나였던 천펑샤오의 류치디에 대한 회고는 가장 권위적이고, 가장 상세한 것이었다.

천펑샤오의 글 첫머리는, 내게 강렬한 공명을 불러일으켰다. "(비록) 나 본인은, 요행히 살아남은 다른 '우파'와 마찬가지로, 명예회복과 개정改正이 이루어지면서 따뜻한 가정을 일구어 지금까지 이미 20여 년의 정상인 생활을 해왔다. 하지만 가슴속에서는 늘 무거운 돌덩어리가 짓누르고 있었고, 마음에서 지울 수가 없었다. 때로는 심지어 억눌려 숨을 쉴 수도 없을 지경이었다. 이는 바로 노동개조대와 노동교양소에서 살해되었거나 시련을 겪다가 참혹하게 죽어간 학생들 때문이다. 이렇게 세상을 떠난 학생들 중에서 어떤 친구는 이미 명예회복과 개정이 되었는데, 예를 들어 황쭝시黃宗熙와 린자오林昭가 그들이다. 그러나 류치디, 장시쿤張錫錕, 구원쉬안顧文選, 허융쩡賀永增, 아오나이쑹敖乃松 등의 학생과 런다슝任大熊 선생의 죽음은, 지금까지도 어느 누구도 언급하지 않아서, 그들이 명예회복과 개정이 되었는지 알 수가 없다. 사람들은 아마도 그들을 잊었을지도 모른다. 또 몇몇 사람들은 마음으로만 묵묵히 그들을 그리워하고 있을 것이다. 그러나 내게는 알 수 없는 비애가 20여 년 동안 줄곧 나를 고통스럽게 하고 있다." 마침내 기억의 깊은 곳에 있었던 피눈물 섞인 회상들이 흘러 나왔다.

"류치디, 후난湖南 사람이며, 철도 노동자의 자제였다. 그는 물리학과 4학년 학생이었고, 탄톈룽과 같은 반이었으며, 나보다 한 학년 위로, 나의 선배였다. 55년 '후펑 반혁명 집단'을 반대하여 일어난 반혁명분자를 숙청하는 운동 가운데, 후펑을 대신해 잘못된 점을 지적하자 '반혁명'으로 몰렸으며, 베이징대학에서 공개 비판을 받고 수감되어 창문 모퉁이에 포박되었다. …… 57년 정풍 반우파운동 기간 동안, 런민대학의 린시링은 베이징대학에 와서 강연을 하면서 당시 공포한 '후펑 반혁명 집단'의 자료에 의거하면 법률적으로 후펑은 반혁명이 될 수 없다고 공개적으로 말한 적이 있다. 류치디가 후펑이 반혁명분자가 아니라고 제기한 것은 린시링보다 2년 이른 일이었다."

"(그 뒤) 류치디는 '반혁명분자'의 딱지를 떼었으며, 학교에 남아 계속 공부했다. 학교가 그를 학생 기숙사에 배치하게 되면서, 류치디는 나와 함께 28동 3층에서 살았다. 나는 중간에 묵었으며, 그는 북쪽 모퉁이에 묵었다. 그때 나는 매일 저녁 누군가가 바이올린을 켜는 소리를 들었는데, 대부분이 내몽고 민가인 '변경지대 노래'[塞外組曲]와 이탈리아의 몇몇 세레나데였다. 곡조는 한이 섞여 있었고 우수에 젖어 있었다. 나는 소리 나는 곳으로 찾아갔는데, 비로소 류치디가 켜는 것임을 알게 되었고, 이때부터 류치디를 알게 되었다. 그는 다재다능한 사람이었다. 바이올린을 켤 줄 알았을 뿐만 아니라, 작곡·지휘를 할 줄 알았고, 중국 장기도 곧잘 두었으며, 외국 문학 명작도 많이 읽었다. 나 역시 외국 소설을 좋아해서, 러시아의 톨스토이, 투르게네프, 프랑스의 발자크, 위고, 졸라, 알렉상드르 뒤마(페르 뒤마와 피스 뒤마), 영국의 디킨스 등 대문호들의 저작들을 모두 읽었기 때문에, 우리는 의기가 잘 투합되었다. 그러나 내가 그가 무엇 때문에 늘 한 서린 곡조를 켜기 좋아하는지를 물었을 때,

그는 아무 말도 하지 않았으며, 55년 '반혁명분자'로 몰린 일을 이야기하고 싶어 하지 않았다. 뜻밖에도 57년 정풍 반우파운동 초기에, 그는 갑자기 대자보 한 장을 내다 붙였다. 「후평은 절대 반혁명분자가 아니다」胡風絶不是反革命라는 글이었으며, '이는 후평을 위해 조등을 거는 행위였다'(왜냐하면 그 당시 후평이 이미 톈진 감옥에서 죽었다는 소문이 돌았기 때문이다). 이는 폭탄이, 학교 전체를 폭파한 것에 다름 아니었다.

나는 그에게 곧장 찾아가 물었다. '어떻게 이런 대자보를 부칠 수 있는가? 후평 반혁명 집단의 죄명은 마오쩌둥이 흠정欽定한 것인데, 이는 마오쩌둥에게 도전하려는 것이 아닌가? 반혁명분자로 몰리는 것이 두렵지도 않은가?'

그는 다음과 같이 말했다. '무엇이 두렵단 말인가? 나는 이미 반혁명분자로 몰렸어. 신문에 공포한 자료를 보면, 후평은 절대 반혁명분자가 아니야. 1949년 건국할 당시, 후평은 첫번째 장편시「시간은 시작되었다」時間開始了를 써서, 공산당이 중국 혁명에 성공한 것을 열렬히 칭송했지. 이 시를 나는 지금도 외울 수 있어. 이런 사람이 어떻게 반혁명분자일 수 있단 말인가? 절대로 그럴 리 없어! 후평은 이미 죽었어. 그는 원통하게 죽은 거야. 양심을 가진 사람으로서. 도대체 그를 위해 억울함을 호소해서는 안 된단 말인가?' 이어서 그는 내게 그가 1955년 후평을 위해 억울함을 호소했다가 반혁명분자로 몰린 경과를 자세히 이야기해 주었다."

"나는 그의 용기에 탄복했지만 나 역시 그가 이번에는 재난을 면하기 어려울 거라고 생각했다.

그때, 나는 이미 탄톈룽, 왕궈샹, 룽잉화, 양루, 장장중 등 여섯 사람과 함께 '백화학사'를 발기하여 조직했다. 류치디가 참가하겠다고 했지만, 많은 사람들이 동의하지 않았다. 그 이유는 그가 후평의 명예회복을 요구한 일이 있는데, 이 문제는 당국에 지나치게 자극을 주었고, 분명 당국의 강력한 반발을 초래할 것이고, 또 그는 이 문제로 반혁명분자로 몰려 있기 때문에, 만일 그를 끌어들인다면, '백화학사'는 틀림없이 다른 사람에게 빌미를 주게 되고, '수구주의자'들의 공격을 받을 것이며, 결국 '백화학사'에 번거로움을 가져다줄 것이기 때문이었다. 모두의 분석이 맞았다. 나는 그가 가입하는 것에 동의했지만, 모두가 반대하고 있어서, 내 마음대로 그를 끌어들일 권한이 없었다. 그렇지만, 그때부터 나는 그와 좋은 친구가 되었다.

그가 이 대자보를 붙인 후에, 전 학교의 '수구주의자'들의 맹렬한 포위 공격을 받았다. 그에 대한 포위 공격과 다른 '우파분자'에 대한 포위 공격은 달랐다. 다른 '우파분자'에 대한 포위 공격은, 처음 단계에선 비교적 '부드러운 바람과 보슬비' 같아서 '변론회'라고 불렀고, 비판받는 사람이 말하고 대답하는 것을 허락했지만, 그에 대한 포위 공격은 처음부터 대단히 맹렬했으며, 무슨 '부드러운 바람과 보슬비' 같은 따뜻하고 양심적이며 공손하고 양보하는 것은 생각할 수도 없었다. 목덜미를 쥐고 지분거리며, 강제로 고개를 숙이게 하고 허리를 굽히도록 했으며 그를 '반혁명분자'라고 외쳤다. 류치디 또한 매우 신념이 강하고 굴복하지 않는 성격이어서, 보다 호된 징벌을 초래하기도 했다. 그가 말을 하기 시작하자, 누군가가 올라가 그의 뺨을 때렸다. 마오 주석의 말은 하나하나가 다 천금인데, 설사 잘못 말했다 하더라도 그 자신이 먼저 인정하지 않는 한 당내 고위 지도층이라고 할지라도 감히 한마디도 할 수 없는데, 하물며 일개 조무래기 류치디 너 따위가 어떡하겠느냐! 참으로 세상 물정을 모르는 것이 아니겠느냐? 라고 했다."

"류치디는 일찍이 폐결핵을 앓다가 폐가 굳어졌는데, 그 당시 끊이지 않던 공개 비판으로 인해 폐결핵이 재발하여, 끊임없이 각혈을 해댔다."

"'백화학사'는 비록 류치디와 같은 '반혁명분자'를 가입하도록 허락하지는 않았지만, 결국은 '반동 소집단', '반혁명 소집단'이라는 딱지를 피할 수 없었다. 이는 당시로서는 엄청난 죄명이었다. 나 또한 '백화학사'의 주요 조직원 가운데 한 사람으로, 조만간에 체포될 것으로 예측해서(내가 체포되기 전, 수학과의 첸루핑錢如平과 지질지리학과의 정루이차오鄭瑞超는 이미 '반혁명' 죄로 체포되었으며, 화학과의 리옌성李燕生 역시 다른 죄명으로 체포되었다), 외지로 도망가려 했다. 9월 중순, 베이징의 날씨는 서늘했다. 『광장』廣場 출판을 돕기 위해, 나는 옷가지를 모두 팔았고, 몸엔 단지 홑옷 한 벌만이 남아 있었다. 류치디는 자기가 입고 있던 스웨터를 내게 벗어 주었고, 나는 그 스웨터를 입고 탕구塘沽항으로 도망가서, 외국배를 몰래 타고 외국으로 달아나려 했다. 그러나 손오공이 마침내 여래불의 손바닥을 벗어날 수 없듯이 나는 체포되고 말았고, 그때부터 류치디와 연락이 끊어져 더 이상 그를 볼 수 없었다."

류치디의 그 스웨터는 천펑샤오와 15년간의 수감, 노동개조 생활을 함께했다. 천펑샤오는 형기가 만료되어 노동개조대를 나온 뒤, 강제로 현지에 억류되어, '두번째 노동개조'를 하게 되었을 때에도 이 수없이 기우고 또 기운 헝겊조각 옷은 류치디의 체온을 느끼게 해주었다. 천펑샤오가 벌목대 회계가 도적을 관리하다 보복을 당한 일을 들추어내는 바람에 산골 울창한 숲의 천막으로 보내진 일이 있었다. 이때 두 달가량 방치된 스웨터는 노동개조대 친구에게 쓸모없는 것으로 여겨져 난로 속으로 던져졌다. 이 유일한 기념물마저 잃게 되자, 천펑샤오는 매우 가슴 아파했다. 그러나 그는 여전히 포기하지 않고, 류치디와 다른 학생들의 소식을 캐물었다. 그리하여 마침내 멍푸우五福武라는 이름의 '역사 반혁명분자'로부터 류치디의 최후 소식을 듣게 되었다.

"류치디는 체포된 뒤 15년 판결을 받았다네. 먼저 베이징의 퇀허團和 농장에서 노동개조를 받았고, 1961년 나와 함께 싱카이후우펀창興凱湖五分場으로 옮겨졌지. 류치디는 병이 악화되어 하루 종일 각혈을 했다네. 그는 죄를 인정하지 않았다는 이유로 여러 차례 매달려 두드려 맞았고, 그 뒤 정신 이상이 생겨 개집과 같은 누추한 집에 넣어진 뒤, 결국 배고픔과 추위로 죽고 말았지.' 나는 이 말을 듣고 울었다. 죄를 인정하지 않고 간부에게 대들었다는 이유로, 나 역시 쓰펀창四分場에 두 차례나 밀어 넣어진 경험이 있었다. 거긴 너비가 80센티미터밖에 안 되고, 높이 1미터, 길이 1미터 50센티이니, 나 같은 163의 단신도 누우면 다리를 펼 수 없었고, 앉아서는 가까스로 허리를 펼 수 있을 정도였다. 바닥에는 20센티의 볏짚이 깔려 있었고, 몸에는 족쇄와 수갑을 차고 있었다. 머리에 요강 하나를 베고서, 매일 겨우 두서너 개의 옥수수 빵과 죽만을 먹었다. 영하 30도를 밑도는 겨울에 나는 가장 길 때는 5개월 동안 갇혀 있었다. 그곳에서 살아남은 것만으로도 '명이 길다'고 할 수 있었다. 내가 석방되어 나왔을 때, 족쇄와 수갑을 풀었지만, 10센티미터밖에 되지 않는 문지방도 넘질 못했다. 막 걷기를 배운 어린아이처럼 문틀을 짚고서야 넘어갈 수 있었다. '자주 맞아서라고 말하지 말게. 흠씬 두드려 맞지 않고 누추한 집에 넣어지지 않았다 하더라도, 류치디와 같은 병자가 싱카이후와 같은 냉혹한 환경에서 살아남긴 어려운 것이었다네.' …… 그후부터 지금까지, 나는 자주 꿈속에서 류치디를 만난다. 한번은 대략 80년 말의 어느 날 밤 꿈에서, 나는 맞아서 얼굴 전체가 피투성이가 된 그를 두 죄수가 끌이다가 누추한 집에 치넣고, 그 뒤 다시 나를 끌어당기는 것을 보았다. 나는 소리를 지르며, 안간힘을 쓰고 있었다.……"

천펑샤오의 글에서는 또 다른 한 사람 화학과 4학년 학생인 장시쿤을 언급하고 있다. 그는 「수구주의자 논리 대강」違道者邏輯大綱과 「인성의 외침」人性的呼喚의 저자로서 우파로 몰렸다. 반우파투쟁이 시작된 뒤, 그는 천펑샤오에게 다음과 같이 말했다. "우리들에게 마지막 결말은 아마도 비극적인 것일 게야. 그렇지만 어떤 정치운동이라도 늘 누군가가 희생을 당하기 마련이고, 우리들 마음에 부끄럼이 없다면 그것으로 되는 거지." 사람들은 무술정변 실패 뒤 탄쓰퉁譚嗣同이 말한, 천지를 놀라게 하고, 귀신조차도 울리게 했던 그 말을 자연스럽게 연상할 것이다. 천펑샤오의 회고에 의하면, 당시 장시쿤은 바이런의 시 한 수를 낭송했다고 한다. "나를 사랑하는 이여, 나는 탄식을 보내네 / 나를 미워하는 이여, 미소로 보답하네 / 머리 위에 어떤 하늘이 있든지 / 나는 어떤 폭풍도 감당할 준비가 되어 있다네!" 장시쿤은 그 뒤 노동교양소[1)]로 보내졌으며, 문혁 기간에는 촨베이川北의 한 노동개조대로 보내져 계속해서 노동개조를 받았다. 사인방이 분쇄된 후인 76년 말, 그는 오히려 "조직으로부터 도망을 기도했다"라는 죄명으로 총살당했다. 지금까지도 그의 명예회복은 이루어지지 않고 있다. 80년대 초 우파에 대한 개정이 진행될 때, 후펑의 명예회복이 이루어지지 않았기 때문에, 류치디 문제도 결말이 나지 않았다. 그 뒤 더 이상 아무도 관심을 갖지 않았다. 천펑샤오는 울분을 터뜨렸다.

---

1) 18세부터 25세까지의 문제 청소년을 수용하여 생산 노동과 정치 교육을 통해 갱생시키는 제도.―옮긴이

"우리나라에서는 개인의 운명을 스스로 결정할 수 없다. 사람이 죽어야 끝이 난다. 시장 경제의 충격을 받는 오늘날, 사람들은 모두 '돈'을 위해 목숨을 내걸고 있다. 류치디가 무슨 저명한 '대인물'도 아닌데, 누가 그의 명예회복을 위해 호소할 것인가? 슬프도다, 중국인이여!······"

류치디의 스산한 외침 소리가 옌위안의 밤 하늘가에 떠돌다

그러나 베이징대학 역사에서, 중국 인민들이 희생을 두려워하지 않고 용감히 전진하여 쟁취한 민주·자유·평등·인권·법제의 투쟁사에서, 류치디·장시쿤이 남긴 기록은 말살될 수 없는 것이다. 천펑샤오의 이러한 회고 말고도, 우리는 또 당시 비판 자료에서 이와 같은 기록을 찾아보아야 한다. 예컨대, 「『광장』의 추악한 무리들」이라는 글에서는 다음과 같이 류치디를 '폭로했다'.[2)]

"고급 간부 가정 출신으로, 부모는 모두 국민당에 참가한 일이 있다."(이 점은 천펑샤오의 회고와는 다른 것 같다) "1950년 구이저우貴州 두윈都勻고등학교에 다닐 때, 학교 반동 소집단에 참가한 일이 있다." "1955년 8월 말 신화먼新華門과 중앙민족학원中央民族學院 교문 앞에서 소란을 피운 일이 있다." "마오 주석을 만나려 했으며", "후펑의 석방'을 요구했다." "이 때문에 1955년 9월 30일 베이징시 공안국에 체포되었다." "1956년 5월, 검찰의 결정으로 기소를 면하였다." "정풍운동이 시작된 뒤, ······ 그는 우선 반혁명분자 숙청에 대해 반기를 들었다. 5월 20일 「백모녀의 호소」白毛女申冤라는 대자보를 써서, 반혁명 숙청 대상을 백모녀에 견주었다." "5월 21일 「후펑은 반혁명분자가 아니다, 나는 정부가 그를 석방하

---

2) 趙光武, 「〈廣場〉群醜」, 『粉碎〈廣場〉反動小集團』(내부간행물), 北京大學浪淘沙社, 1957.

길 요구한다.」胡風不是反革命, 我要求政府釋放他라는 대자보를 붙이고, 반혁명분자 후펑을 위해 '억울함을 하소연했다.'" "반우파투쟁이 시작된 뒤, ……그는 스스로 자백하길 거부했을 뿐만 아니라, 학습에 참가하는 것도 종종 거절했으며, 도처에서 풍파를 일으켜서 회의장 질서를 파괴했다." 그 "풍파를 일으켜서 회의장 질서를 파괴한" '확증'으로, 『훙루』 '반우파 특집' 제2호는 특별히 「류치디도 시인이 되었다」劉奇弟也成了詩人라는 '기사'를 발표하여, "(1957년) 7월 7일 심야에", "수백 명의 학생들이 류치디를 범인으로 잡아 송치하여 법대로 처리하다"라는 소식을 보도했다. 그리고 특별히 류치디가 비판대회에서, "크게 바이런과 푸시킨의 시구를 암송하여, 다른 사람의 발언을 방해했다"라고 말했다. "사람들은 옌위안의 밤하늘을 가르는 스산한 목소리를 들었으며, 류치디는 울부짖고 있었다. '안녕! 자유여……'"

역사에 남은 류치디의 대자보 두 장

또 '반면反面 교재'인 『우파언론 모음집』에도 류치디가 쓴 몇 장의 대자보가 남겨져 있다. 「후펑은 절대 반혁명분자가 아니다」, 「때가 되었다」(1. 때가 되었다是時候了; 2. 선과 장 두 사람에게 바침獻給沈; 3. 백모녀의 호소白毛女申冤), 「작금의 정풍을 논하다」論當前的整風, 「탄톈룽에게 주는 편지 한 통」給譚天榮的一封信. 그 가운데 가장 중요한 것은 「후펑은 절대 반혁명분자가 아니다」였다. 문장은 길지 않으며, 아래에 그대로 옮겨 적는다.

"반후펑운동이 있은 지 이미 3년이 되었다. 후펑 및 그 '집단'이 반혁명분자로 여겨져 진압되었다. 오늘 오래된 현안을 다시 뒤적이는 것은 후펑을 위해 할 말이 있기 때문이다. 다시 정확히 말하면, 나는 진리를 위해 말하고자 한다. 후펑은 절대 반혁명분자가 아니다. 나는 정부가 후펑을 석방하기를 요구한다."

"한 사람의 공민으로서, 나는 법에도 알아보았는데, 이는 정상적인 것이다. 나의 행동은 헌법이 지지하는 것이다."

"사실을 직시하는 사람들은 모두가, 건국 이전 후펑은 한 진보 작가이자 민주 전사였다는 것을 잘 알고 있다. 그는 부지런히 루쉰을 뒤따랐으며, 그 극악무도한 사회에서 그는 사람들에게 어둠을 폭로하고 광명을 밝혀 청년들에게 추대받고 존경받았다. 그렇기 때문에, 바로 이 점에 의거하여, 그는 건국 이후 비로소 인민 대표로 선출되었다. 건국 이후에도, 그는 고령임에도 더욱더 부지런히 솔선수범하여 이곳저곳을 뛰어다녔으며, 시골로 내려가 토지 개혁에도 참여했다. 조선의 항미원조 기간 동안 근면 성실하게 생활하였으며, 창작에도 종사했다. 그들(후펑 분자)이 쓴 작품은 묘사가 생동적이고 내용이 충실하여, 가장 많은 독자들의 사랑을 받았다. 그들이 인민을 위해서가 아니라면, 무엇을 위해서였겠는가? 세상에는 이런 논리로 그들을 반혁명분자로 몰아세우는 사람들이 있지 않은가.

보라! 이와 같은 고소와 판결이 도대체 이치에 합당한가?

후펑을 고소한 내용은, 세 차례에 걸친 반후펑 문건으로 모두가 잘 아는 것이다. 오늘 우리가 다시 보았을 때 그것이 도대체 이치에 합당하단 말인가? 그 대답은 다음과 같다. 『후펑 반혁명 집단에 관한 자료』關於胡風反革命集團的材料는 완전히 단장취의한, 견강부회한, 조금의 법률적 근거도 없는 책이다. 일없이 노는 사람들의 수다와 허우바오린侯寶林의 상성相聲의 논리와 추리를 법정에 옮겨 놓은 것이다. 그가 했던 말이나 쓴 글들을 모두 단장취의와 견강부회를 통해 상성을 말하는 논리, 이런 방법으로 반혁명이라고 추론할 수 있다.

한번 물어보자. 이것이 고소가 될 수 있단 말인가?

때문에 진리를 수호하기 위해 애쓰는 나로서는, 큰소리로 외치지 않을 수 없다!

후펑은 결코 반혁명분자가 아니다. 나는 후펑을 (정부가 석방하기를) 요구한다!

학우들이여, 여러분은 어떠십니까? 철저하게 명확히 합시다. 만일 여러분도 후펑이 억울하다고 생각한다면, 우리 모두 후펑 석방을 요구합시다! 인명을 구하는 것은 칠층석탑을 짓는 일일 뿐 아니라, 정의를 지지하고 진리를 수호하는 일임을 알아야 합니다."[3]

「작금의 정풍을 논하다―민주운동」이라는 글에서 류치디는 분명하게 의견을 제기한다.

"민주운동은 당이 은혜를 베푸는 것인가? ― 절대 그렇지 않다. 사실 당은 전 중국 인민들을 지도하여 민주를 쟁취하는 데 적극적인 역할을 했다. 그렇기 때문에 인민들은 당을 옹호하고, 당을 추대한다. 만일 당이 전심전력으로 민주를 위해 투쟁하지 않는다면, 이 모든 것이 없어져 버릴 것이다. 만일 당이 민주를 위해 투쟁하는 것을 멈춘다면, 이 모든 것을 잃게 될 것이다. 민주운동을 위해 투쟁하는 것은, 당 지도의 필요조건이자 당의 책임이다. 그 누구도 인민에게 민주를 은혜로 베풀 수 없다. 민주는 인민 자신의 것이다. 민주가 당이 베푼 것이라고 말하는 것은, 생

---

[3] 『原上草: 記憶中的反右派運動』, 經濟日報出版社, 1998, 113~114쪽.

명이 하느님이 베푼 것이라고 말하는 것과 마찬가지로 어리석은 것이다. 그래서 민주는 얼마만큼 주고 얼마만큼 계산할 수 있는 것이 아니라, 반드시 충분하고 완정된 것이어야 한다.

학생들이여, 동지들이여, 정풍은——민주운동은 우리들과 혈육의 관계로, 우리들 자신의 일이다. 우리는 운동의 주인이며, 절대로 누군가의 눈치를 보고, 누구의 입맛에 맞추려 해서는 안 된다.……

사회주의 공유제 만세!

사회주의 민주 만세!"[4]

류치디는 신념을 갖고, 자각적으로 이 민주운동에 투신했고, 그래서 생명의 대가를 치르게 되었다.

2) 목숨을 바쳐 법을 수호한 선구자

우리가 한 걸음 더 나아가 토론하려는 것은 다음과 같은 것이다. 류치디가 후펑의 명예회복을 호소한 것의 배후에는 어떤 이념과 신념이 자리 잡고 있는가? 그것은 20세기 후반 50년의 중국 역사에서 어떤 의의가 있는가?

헌법의 존엄을 수호하다

이를 위해 우리는 다음과 같은 두 가지 중요한 사실에 주목하게 된다. 먼저 1957년 백화제방 백가쟁명 시기, '후펑 반혁명 집단' 안건에 대해 질

---

4) 『原上草 : 記憶中的反右派運動』, 118~119쪽.

의를 제기한 것은 류치디 한 사람만이 아니었다. 예컨대 천펑샤오의 글을 보면, 린시링도 큰 파문을 일으켰던 베이징대학 강연에서 다음과 같이 예리하게 제기한 적이 있다. "후펑은 중앙에 의견서를 넘겨주었는데, 어찌 이 의견서가 반혁명의 강령이라고 말하는가? 왜 당에 의견을 제기하면 반혁명분자인가? 이는 스탈린주의이다." 그녀는 또 이렇게 말했다. "그들이 비밀리에 편지를 주고받았다고 말하는데, 그렇다면 어느 누구의 편지가 비밀이 아니겠는가? 그들 사이의 사적인 우정을 소집단이라고 하면서 사람들 사이에 서로 진실을 말하지 못하도록 했다. 그래서인지 어떤 사람은 공산당이 육친六親도 몰라보게 한다고 말한다. 법률에 근거하면, 정권을 전복시키려고 기도할 때만이 비로소 반혁명이라고 할 수 있는데, 후펑은 확실히 그렇지는 않았다."5)

베이징대학 근처에 있는 칭화대학 캠퍼스 안에서 후펑 안건 문제로 대토론회가 열렸는데, 이른바 "뤄란羅蘭과 S·C 문자 대안大案"6)이다. 랴오닝 사범대학의 두 학생 장바이성張百生과 황전뤼黃振旅는 거의 동시에 『선양일보』沈陽日報에 글을 발표하여, 후펑은 "단지 이데올로기 범위 내에서의 문학예술 문제에 대해 다른 의견과 시각을 제기한 것으로", "린모한林默涵과 허치팡何其芳 동지에 대한 교조주의 비판은 공민으로서의 최소한의 권리였다", "언론이 자유롭지 않은 상황에서, 교조주의자에 대해 내뱉은 암어暗語를 어떻게 반당·반혁명이라 할 수 있으며, 어떻게 함부로 질책하고, 무작위적으로 토벌하여, 사람을 감금하는 그런 일을 할 수 있는

---

5) 林希翎, 「在北大的第一次發言」, 『原上草:記憶中的反右派運動』, 151~152쪽.
6) 이 '대안'에 관한 상세한 자료는 중잉제(中英傑)의 「나와 뤄란은 대폭풍우 가운데 있었다」(我與羅蘭在大風潮中)에서 보인다. 『기억』(記憶) 제3기에 수록. 이후 이 '대안'과 관련된 글은 모두 이 글에서 인용한 것이다.

가? '불평하면 죽여 버리겠다'니 어질고 뜻있는 사람이라 한들 누가 감히 입을 열겠는가"[7]라고 했다. 그런데 반후평이 일으킨 반혁명분자 숙청운동의 확대는 백가쟁명 백화제방 시기에 광범위한 비판을 받았으며, 중요한 문제가 되었다. 그 뒤 중국공산당 8차 2중전회에서 통과된 「우파분자를 구분하는 기준」劃分右派份子的標準에서는, "반혁명분자에 대한 숙청투쟁을 공격하는 것"을 '우파'의 중요한 죄명[8]으로 보았다.

이상 인용한 자료를 통해, 백화제방 백가쟁명 시기 후평 반혁명안건 및 숙청운동에 대한 질의가 한 가지에 집중되어 있음을 어렵지 않게 알 수 있다. 즉 법률적 근거가 부족하고, 공민의 권리를 침범했으며, 헌법을 위반했다는 것이다. 이는 더욱 주의할 만하다. 류치디는 대자보에서 처음부터 일일이 지적하며 다음과 같이 밝혔다. "오래된 현안을 다시 뒤적이고", "정부에게 후평을 석방하도록" 요구하는 것은, 헌법이 자신에게 부여한 공민의 권리라는 것이다. "공민으로서, 나는 법을 알아보았는데, 이는 정상적인 것이다. 나의 행동은 헌법이 지지하는 것이다." 여기에는 매우 강렬한 '헌법 수호'의 자각적 의식이 들어 있었다.

칭화대학의 토론에서, 변론의 한 측이었던 뤼란은 그의 「후평의 공개재판」公審胡風이라는 제목의 대자보에서, 특히 『후평 반혁명 집단에 관한 자료』의 '평어'가 모호한 '죄명'에 대해, 헌법과 법률에 의거한 것인지 상세한 반박과 토론을 진행했다. 예를 들면, 「후평의 공개재판」에서는 공포한 자료를 보면, 후평 "그들이 반대한 것은 당시 문예계 지도자와 주류

---

[7] 張百生·黃振旅, 「社會主義建設的新課題」, 『沈陽日報』, 1957年 6月 10日 ; 朱正, 『1957年的夏季 : 從百家爭鳴到兩家爭鳴』, 162쪽 재인용.
[8] 朱正, 『1957年的夏季 : 從百家爭鳴到兩家爭鳴』, 500쪽.

문예 이론"인데, '평어'는 오히려 "그들이 공격한 것이 혁명과 인민정권"이라고 하면서 "반혁명이 제위에 오르려면 5년의 시간이 필요하다"고 하였다. 그리고 "이러한 판단은 직접적인 근거가 부족하다"고 했다. 자료는 후펑을 "역사 반혁명분자"라고 하는 근거가 "후펑이 일찍이 이미 해임된 베이징 경찰국장이자, 국민당에 의해 체포된 자즈팡賈植芳 석방운동을 했다"는 것인데, "이 근거는 충분하지 못하다. 과거에는 혁명가 중에 체포된 뒤에 당권자와 사적 관계가 있는 사람이 보석 운동을 하는 일이 없었단 말인가? 후펑분자 간의 집단행동으로 인해 그를 '반혁명 소집단'으로 판정하는 것은, 더더욱 헌법을 위반하는 것이다. "인민에겐 결사의 자유가 있으며, 반혁명이 아니면 무엇이든지 가능하다고 헌법은 규정하고 있다."

뤄란은 또 다른 글 「인권을 수호하다」維護人權에서 더 명확하게 지적하고 있다. "문제의 심각함은 억울한 사람들이 많다는 것뿐 아니라, 그 성질이 나쁘다는 데 있다. 인권은 유린되었다! 헌법은 짓밟혔다! 법제가 완전히 부패했다! 정의는 존재하지 않는다." 그는 다음과 같이 질문했다. "'인권은 침해되지 않는다'고 헌법은 규정하고 있다. 반혁명분자 숙청운동 기간에 그 어떤 법률적 수속도 없이, 불법적으로 감금당하고, 죄인처럼 감시받던 사람들에게 무슨 보장이 있단 말인가? 통신의 비밀은 보호되어야 한다고 헌법은 규정하고 있다. 수천 수백만의 편지가 불법적으로 검사받고 있고, 많은 사람들이 통신의 자유를 잃었는데, 누가 보호한단 말인가? 헌법은 우리가 중상모략당하지 않도록 보호하고 있는데, 반혁명분자 숙청 기간 동안 사람들을 조사하는 과정에서, 고향의 친지와 친구들을 반혁명분자라고 모함한 이들은 또 얼마나 많은가? 체포된 자는 24시간 이내에 법원으로 보내져 48시간 이내에 기소를 할 것인지의 여부를 결정해야 한다고 법률은 규정하고 있다. 그러나 반혁명분자 숙청 기간 동안 감금된 사람들이 자신들의 구속 영장을 본 적이 있는가? 48시간을 감금했는가 아니면 4,800시간을 감금했는가?" 대자보의 저자는 이로부터 다음과 같은 결론을 얻었다. 문제의 핵심은 "공민의 권리는 확실히 보장받지 못하고 있다"는 데 있으며, "헌법의 존엄을, 인권의 존엄을 수호해야 한다"는 것이다. 이는 "절대로 몇 퍼센트의 피해자의 일이 아니라, 공민 한 사람마다의 권리를 보장받아야 하는 일이며, 우리의 삶 속에서 해결해야 하는 근본적인 문제 중 하나이다." 헌법, 인권, 민주의 존엄을 수호하는 것은 곧 류치디, 뤄란 및 당시의 많은 후펑과 반혁명분자 숙청 때 피해를 입었던 사람들을 위해, 숙청 피해의 억울함을 호소하는 배후의 기본 이념이다.

1954년 헌법

그런데 류치디 등의 입론 근거가 된 '헌법'이라는 것은 곧 1954년 9월의 제1차 전국인민대표대회 1차회의에서 통과된 「중화인민공화국 헌법」을 가리킨다. 앞의 글에서 말한 장시쿤과 다른 우파 중 하나인 천아이원陳愛文의 대자보에서는 특별히 1954년 헌법을 언급했다. 이 헌법은 중국 사회주의 민주제도 건설에 있어서 관건적인 것이다. 문제는 사람들이 "찬양가를 부르기에 바빠서, 극소수 사람들만이 이를 어떻게 실행에 옮길 것인가의 문제를 고려했다"는 것이다. 그 결과 1955년 반혁명분자 숙청 운동 중 여러 곳에서 법제를 파괴하는 현상이 출현하였다.[9] 더 진일보한

---

9) 陳愛文, 「關於社會主義制度」, 『原上草 : 記憶中的反右派運動』, 100쪽, 張錫錕, 「三害根源」, 『原上草 : 記憶中的反右派運動』, 121쪽.

토론을 위해, 여기서 간략하게 역사를 회고할 필요가 있겠다.

우리는 곧 류사오치劉少奇가 중화인민공화국 헌법초안위원회를 대표하여 만든 「중화인민공화국 헌법 초안에 관한 보고」關於中華人民共和國憲法草案的報告부터 이야기를 시작하겠다. 보고서에서 류사오치는 중화인민공화국 건국 이래의 첫번째 헌법을 '인민민주주의와 사회주의 헌법'이라고 불렀으며, 이는 헌법의 기본 성격이기도 하다. 류사오치는 이 헌법이 "우리나라 인민 이익과 인민 의지의 산물이며, 우리나라에 거대한 변화를 가져온 산물"이라고 강조했다. 구체적으로 말하자면, 국가의 '독립', '평화'와 '통일'을 실현했으며, '봉건주의 착취제도'를 소멸시키고, "광범위한 범위에서 인민에게 권력이 없는 상황을 종결시키고, 고도의 인민민주주의를 발양하였다". 아울러 경제발전에 있어서 성과를 거두어, "1953년부터 우리나라는 이미 사회주의 목표에 의거하여, 계획적인 경제건설 시기로 진입했다"는 것이다. 국가 형세에 관한 이와 같은 기본적인 분석 아래에서, 류사오치는 다음과 같이 제기한다. "한편으로는, 우리는 보다 더 인민의 민주를 발양시켜야 하며, 우리나라 민주제도의 규모를 확대해야 한다. 다른 한편으로는, 반드시 고도로 통일된 국가 지도 제도를 건립하여야 한다." 헌법은 바로 이러한 목적을 실현하기 위해 제정된 것이다. 그래서 헌법은 "중화인민공화국의 모든 권력은 인민에게 속한다"고 명확하게 규정하고 있다. 류사오치는 보고서에서 "최대 다수의 인민이야말로 진정한 국가의 주인이다"라고 재차 확인했다.

예를 들어 그가 말한 대로, 헌법의 "많은 조항에서는 우리 공민이 광범위한 자유와 권리를 누릴 것을 규정하고 있다. 헌법 초안은 공민이 언론·출판·집회·결사·데모·시위의 자유가 있음을 규정하고, 아울러 국가는 필히 물질적 편리를 제공하여, 공민이 이러한 자유를 향유하도록 보장한다. 헌법은 다음을 규정하고 있다. '공민의 신체 자유는 침해받지 말아야 한다. 어떠한 공민이라도, 인민 법원의 결정과 인민 검찰의 비준을 거치지 않고서는 체포될 수 없다.' '공민의 주거는 침해받아서는 안 되며, 통신의 비밀은 법률적 보호를 받는다.' '공민에게는 거주와 이사의 자유가 있다.' 헌법 초안은 또 공민에게 노동의 권리와 교육받을 권리가 있음을, 노동자에게는 휴식의 권리가 있고, 노동 능력을 상실한 연로자인 경우 물질적 도움을 받을 권리가 있음을, 아울러 국가는 현재 불충분한 물질적 조건을 점차 확대하여, 공민이 이러한 권리를 누리도록 보장한다. 이외에, 헌법은 또 공민에게 종교의 자유가 있음을 규정했다."

또 다른 한편에서는 헌법은 "인민에게 권력을 행사하는 기관은 전국인민대표대회와 지방 각급의 인민대표대회"라고 규정하고 있다. 류사오치 역시 보고서에서 다음을 강조하고 있다. "우리나라의 전국인민대표대회는 최고국가권력을 행사한다." "국가 행정기관은 절대 인민대표대회나 혹은 인민대표대회의 뜻을 벗어나 활동할 수 없다." 아울러 반드시 인민 군중과 인민 대표의 감독을 받아야 한다. "비판을 억압하는 것은 범법적 행위이다." 이래야 "고도로 통일된 국가 지도 제도"를 보장할 수 있다. 류사오치는 보고서에서 당과 국가의 지도적인 지위에 대해 다음과 같이 언급했다. "당원이 국가 생활에서 어떤 특수한 권리를 누려서는 안 된다", "중국공산당 당원은 반드시 헌법을 준수하고, 일체의 기타 법률에서 모범을 보여야 한다." 최근의 헌법 연구자들은, 1954년의 헌법이 "비교적 훌륭하게 인민 주권을 반영하고, 현대 헌법의 일반적인 특징을 체현했다"고 지적했는데, 이는 사실에 부합하는 것이며,[10] 적어도 한 발

---

10) 夏勇, 「憲法改革的幾個理論問題」, 『文匯報·每周講演』, 2003. 7. 29.

을 내민은 격이었다. 우리는 앞에서 류치디가 그 해에 썼던 「작금의 정풍을 논하다—민주운동」에서, 인민은 '주인'이며, "어느 누구도 인민에게 은혜를 베푸는 것을 민주라고 할 수 없다. 민주는 인민 자신의 것"이라고 강조하면서, "사회주의 공유제 만세, 사회주의 민주 만세"라고 소리 높여 외쳤던 것은 모두 1954년 헌법의 요점과 정신을 파악한 것이라는 점에 주목했다.

1954년 헌법에는 또한 '혁명 헌법'의 흔적이 분명히 존재한다.[11] "법률로 혁명의 성과를 인정하고 이를 공고히 한다"는 취지 외에도, "사회적으로 착취계급과 피착취계급이 존재할 때, 계급투쟁은 늘 존재한다"는 것을 여전히 강조하고 있다. 아울러 "반동파의 복벽은 실제적인 위험으로", "전국 인민들은 극도로 경계해야 한다"라고 분명히 경고하고 있다. 류사오치의 보고서에서는 프롤레타리아계급과 부르주아계급 간의 계급투쟁을 강조하면서, 토지개혁과 같은 '광범위한 군중운동'을 발동시키는 방식을 취할 필요는 없다고 한다. 헌법과 법률을 무기로, '일부 자본가'의 '위법활동'을 처벌하고, "국가 행정 기관의 관리, 국영 경제의 지도자와 노동대중의 감독을 통해, 평화로운 방식으로 목적에 도달해야 한다"는 조항은 주의할 만하다.

류사오치는 보고서의 마지막에서 다음과 같이 호소했다. "우리 전국 각 인민들은, 반드시 헌법이 규정한 대로 중국공산당의 지도 아래 단결을 강화하고, 계속적으로 노력하며, 겸허하고 신중하게 교만함과 성급

---

11) 이것은 또한 샤용(夏勇) 교수의 관점을 계속해서 사용한 것이다. 그는 「헌법 개혁의 몇 가지 이론적 문제」(憲法改革的幾個理論問題)에서, "전 세계 헌법 역사를 보면, 대체적으로 세 가지 유형의 헌법이 있다, 하나는 '혁명 헌법'이고, 또 하나는 '개혁 헌법'이며, 마지막 하나는 '헌정 헌법'이다"라고 말했다.

함을 경계하며, 헌법의 완전한 실현을 보장하기 위해, 우리나라를 위대한 사회주의 국가로 건설하기 위해 분투해야 한다." 이는 중국이 장차 헌정 건국의 길을 걸어갈 것임을 예시하는 것으로 받아들여질 수 있다.

1955년 가오강·라오수스 사건, 반후펑운동, 반혁명분자 숙청운동

그러나 1954년 9월 헌법이 통과된 이후 발생한 일련의 사건은, 오히려 중국의 역사에 새로운 전환을 가져왔다. 우선 당내에는 "가오강·라오수스 반당 연맹"이 출현하였고, 1955년 3월에 소집한 중국공산당 전국대표회의에서, 마오쩌둥은 가오강·라오수스 사건을, "우리나라의 현 단계에서 격렬하고 첨예한 계급투쟁의 모습"으로 간주하였다. 그래서 "돌발적인 사변에 대비해야 하고, 반혁명분자가 제위에 오르는 것에 준비·대처해야 하며, 가오강·라오수스 사건이 반복 발생하는 것에 대처해야 한다"고 경고하였다. 마오쩌둥은 또 다음과 같이 강조했다. "제국주의 세력이 여전히 우리를 포위하고 있으며", "지금 제국주의가 만일 전쟁을 발동시킨다면, 아마도 제2차 세계대전과 마찬가지로 갑작스런 공격을 실시할 것이다. 때문에 우리는 정신적·물질적으로 준비를 해야 한다." "다른 한편으로는, 국내에 반혁명 잔여 세력의 활동이 여전히 대단히 창궐하고 있으니, 우리는 계획적이고 분석적이며 실사구시적으로 그들을 공격하여, 숨어 있는 반혁명 세력을 약화시켜, 이로써 우리나라 사회주의 건설사업의 안전을 보장해야 한다."[12]

두 달 뒤, 즉 1955년 5월, 마오쩌둥은 '후펑 반혁명 집단'을 공격하는 투쟁을 발동시켰다. 많은 사람들은 마오쩌둥이 후펑 및 그 친구들 간

---

12) 毛澤東, 「在中國共産黨全國代表會議上的講話」, 『毛澤東選集』 5卷, 140, 153, 141쪽.

의 사적인 편지를 편집해 놓은 세 편의 '자료'를 정치적 관점에서 검토·비판하는 것은 잘못된 것이라고 여겼다. 그들은 '반당 집단'(첫번째 자료)으로부터 '반혁명 집단'(두번째 자료, 세번째 자료)을 유추하는 것이 이해하기 어려웠다. 사실 앞에서 인용한 가오강·라오수스 사건 이후 국내외 계급투쟁 형세에 대한 마오쩌둥의 분석을 연결시켜 본다면, 후펑의 세 편의 자료는 마오쩌둥이 이미 사전에 모의한 "숨겨진 반혁명 세력에 대한 몇 차례의 타격" 계획에 기회를 제공한 것임을 알 수 있다. 이 때문에, 그가 가오강·라오수스 사건의 성격을 "음모하여 당과 국가의 최고 권력을 탈취하고, 반혁명분자가 제위에 오르는 길을 열었다"[13]고 규정한 것처럼, 이른바 후펑 집단의 성격을 "혁명 진영에 숨겨진 반혁명 파벌이자, 지하 독립 왕국"이라고 규정하였다. 또한 "중화인민공화국을 전복시키고 제국주의 국민당의 통치를 회복하는 것을 임무로 삼는다"[14]고 보았다. '가오강·라오수스 반당 집단'을 공격하고 '후펑 반혁명 집단'을 공격하는 것은, 마오쩌둥이 "반혁명분자가 제위에 오르는 것에 준비·대처한다"는 대전략과 유기적인 관계를 갖는다. 마오쩌둥이 후펑 사건에서 얻은 가장 큰 교훈은 "많은 반혁명분자가 우리 대오로 뚫고 들어온다"는 것이었다. 그는 이렇게 보았다. "우리는 과거에 혁명의 대폭풍우 시기에 승리자였다. 여러 부류의 사람들이 우리에게 접근하였는데, 진흙과 모래가 뒤섞여 내려오고 물고기와 용이 뒤섞여 있듯 좋은 것과 나쁜 것이 뒤섞여 있다. 우리는 철저하게 정리할 시간이 없었다."[15] 때문에 마오쩌둥

---

13) 毛澤東, 「在中國共産黨全國代表會議上的講話」, 『毛澤東選集』 5卷, 140쪽.
14) 毛澤東, 〈關於胡風反革命集團的材料〉的序言和按語」, 『毛澤東選集』 5卷, 163쪽.
15) 毛澤東, 〈關於胡風反革命集團的材料〉的序言和按語」, 『毛澤東選集』 5卷, 161, 162쪽.

은 다시 전국 범위의 반혁명분자 숙청운동을 발동시켰다. 그가 내부 지시에서 말한 대로, "주요하게 이 투쟁을 계기로 광대한 군중(주로 지식인과 간부)의 각성을 높이고, 숨겨진 여러 부류의 반혁명분자(국민당 스파이, 제국주의 스파이, 트로츠키파와 기타 반동분자)를 잡아내어, 혁명 대오를 한층 더 정화하는 것이다."[16]

이처럼 역사를 재정리하면서, 우리는 반가오강·반라오수스로부터, 반후펑·반혁명분자 숙청에 이르기까지, 이 모든 것들이 내재적으로 연결되어 있음을 알 수 있다. 사실 반우파운동 역시 마오쩌둥의 동일한 전략·계획의 연속이었다. '백화제방, 백화쟁명' 시기, 앞에서 언술한 선양 사범대학의 두 학생은, 후펑에 대해 공개재판과 석방을 요구하는 동시에 가오강·라오수스 사건의 진상을 밝히기를 요구했는데, 사실상 이는 이러한 내재적인 연결을 민감하게 느꼈던 것이다.[17]

헌법·법률보다 높은 '계급투쟁 논리'

우리는 이런 일련의 전략 배치가 국내 형세에 대한 인식과 평가, 판단의 기초 위에 건립된 것임을 주목할 수 있다. 1955년 6월 마오쩌둥은 『런민일보』 사설 「후펑사건에서 교훈을 얻어야 한다」에서 특별히 "국가의 공업화와 사회주의 건설의 위대한 운동 속에서, 계급투쟁은 점점 더 첨예해지며, 반혁명분자는 보다 더 파괴적인 활동을 전개하려 한다"[18]라는

---

16) 毛澤東, 「對中央關於揭露胡風反革命集團的指示稿的批語和修改」, 『建國以來毛澤東文稿』 5冊, 148쪽.
17) 朱正, 『1957年的夏季: 從百家爭鳴到兩家爭鳴』, 162쪽.
18) 毛澤東, 「在〈人民日報〉社論〈必須從胡風事件吸取敎訓〉稿中加寫的文字」, 『建國以來毛澤東文稿』 5冊, 165쪽.

말을 넣었다. 그 뒤 공안부장인 뤄루이칭은 반혁명분자 숙청운동과 관련된 보고에서, "사회주의 혁명이 심화될수록 계급투쟁이 점점 더 첨예해진다"고 단정 지었다. 그것은 마오쩌둥의 이런 판단에 근거한 것이다. 백화제방 백가쟁명 시기, 앞에서 인용한 칭화대학의 학생 뤄란의 대자보는, 반혁명분자 숙청운동에서 발생한 대량의 위헌 행위의 '이론적 근거'가 이 "계급투쟁이 점점 더 첨예해진다"는 논리라고 지적했다.[19] 국내 형세에 대한 이런 분석과 논단은, 앞에서 말한 입헌에 의거한 국가가 "대규모의 경제발전" 시대로 진입했다는 논리와는 분명히 다른 것이다. 적어도 그 중심이 전이되었다고 할 수 있겠다. 류사오치가 보고서에서 말한 바 있는 '반혁명분자의 복벽'은 이미 주요한 위험이 되었다. 그래서 국가가 직면한 임무 또한 헌법 규정에 의거한 "인민의 민주를 발양하고, 우리 나라 민주제도의 규모를 확대하고", 인민대표대회 제도를 중심으로 "고도로 통일된 국가 지도 제도"를 건립하는 것이 아니라, 오히려 대규모의 군중운동 방식으로 계급투쟁을 벌여야 한다는 것이다. 그런데 군중들의 계급투쟁을 발동하려면, 몇 가지 의의와 그 정도에 있어서 헌법과 법률의 한계를 돌파해야 하거나, 후에 마오쩌둥 자신이 말한 것처럼 '무법천지'를 만들어 헌법과 법률보다 높은 '계급투쟁 논리'를 건립해야 한다.

이 '계급투쟁 논리'의 핵심은 '적과 나'(반우파운동에 이르면 '좌·중·우'로 구분되었다)를 분명히 구분했다는 것이다. 그런데 '적'에 대한 확정은, 헌법과 법률에 의거한 것도 아니었고, 더군다나 사실적 근거를 갖출 필요도 없었다. 그리고 계급투쟁 발동자의 주관적 의지와 필요에 따라 '적'의 숫자마저도 미리 규정할 수 있었다. 반혁명분자 숙청운동이 시작

---

19) 羅蘭, 「維護人權」; 中英傑, 「我與羅蘭在大風潮中」에서 인용, 『記憶』 3期, 76쪽.

되자, 마오쩌둥이 공격할 대상을 5%로 확정한 것처럼, 반우파투쟁 때에는 보다 더 세밀하게 '우파'의 수치를 할당했다. 그리고 일단 '적'으로 선포되면, 헌법과 법률에 제약을 받지 않는 군중전제정치가 그들에게 실시되었다.

마오쩌둥의 「『후펑 반혁명 집단에 관한 자료』 평어」에서의 발언에서 보면, "그들에게 규칙을 지키게 하고, 함부로 말하고 행동하는 것을 불허하며", 또 "일률적인 여론을" 실행하여, 그들로 하여금 "젊은 아낙처럼, 매 맞을 것을 걱정하고", "한 번의 기침도 누군가 녹음하고 있음을" 느끼게 했다. 마오쩌둥의 이론은 "인민대중의 즐거운 날은 반혁명분자에게는 괴로운 날이 된다"는 것이었다.[20] 마오쩌둥은 「평어」에서, 또 '후펑분자'의 "오늘날 중국에서는 사람이 사람을 존중하지 않는다"는 비판에 대해 다음과 같이 반박했다. "윗사람은 혁명적인 사람을 가르치고, 아랫사람은 반혁명적인 사람을 가르친다."[21] '혁명적인 사람'이 반혁명적인 사람을 압박·모욕하고 존경하지 않는 것은 불변의 진리라는 것이다. 이것은 사실 그 해 마오쩌둥이 「후난 농민운동 고찰 보고」湖南農民運動考察報告에서 제기한, '혁명논리'의 의미를 확대 발전시킨 것이다. 그는 "혁명은 손님을 초대해서 식사를 하는 것이 아니며, 글을 짓는 것도 아니고, 그림이나 수를 놓는 것도 아니다. 혁명은 그처럼 우아하고, 그처럼 태연자약할 수 없으며, 그처럼 온화·선량·공경·검약·양보의 다섯 가지 미덕을 지닐 수도 없다", "반드시 …… 절대 권력을 건립해야 한다. 사람들이

---

20) 毛澤東, 「駁"輿論一律"」, 『毛澤東選集』 5卷, 158, 159쪽.
21) 毛澤東, 「爲〈人民日報〉發表〈關於胡風反革命集團第三批材料〉寫的按語」, 『建國以來毛澤東文稿』 5冊, 160~161쪽.

악의로 비판하게 해서는 안 된다. …… 반드시 …… 모든 것을 타도하고, …… 심지어 발로 밟아야 한다", "반드시 단기간에 공포를 조성해야 한다"고 했다.[22] 반후펑으로부터 반혁명분자 숙청, 반우파운동에서부터 문화대혁명에 이르기까지, 앞에서 언급한 마오쩌둥 어록은 절대적인 명령이 되었으며 무법천지 군중들의 전제정치는 아무런 장애도 없이 순조롭게 진행되었다. 1954년의 헌법은 철저히 '역사의 쓰레기 더미' 속으로 내던져 버려졌다.

두 가지 건국 논리와 노선 투쟁

그러나 최소한 1950년대에는 여전히 두 가지 건국 논리, 노선(지도 사상, 방침)이 존재했는데, 즉 헌법(민주, 법제)의 논리와 계급투쟁(혁명, 군중의 독재정치)의 논리였다. 마오쩌둥 본인 역시 헌법 논리의 주요 제정자였다. 그는 앞에서 인용한 류사오치의 「중화인민공화국 헌법 초안에 대한 보고」에 대한 수정에서 특별히 "우리나라가 공민 한 사람마다의 자유와 권리에 관심 가질 수 있게 된 것은, 물론 우리나라의 국가 제도와 사회 제도가 결정한 것이다"[23]라는 말을 했다. 헌법의 건국 논리가 계급투쟁의 건국 논리로 전향하게 된 전환점은 바로 1955년의 '반후펑' 운동이었다(이보다 앞선 '반가오강·반라오수스' 운동은 여전히 당내에서는 제한되어 있었으며, 전국적인 규모를 갖추지 못했다). 후펑사건이 20세기 후반 50년 동안 중국 역사에 있어서 특별한 중요성을 띠게 된 것은 여기에 있다.

---

22) 毛澤東, 「湖南農民運動考察報告」, 『毛澤東選集』, 人民出版社, 17쪽.
23) 毛澤東, 「對劉少奇〈關於中華人民共和國憲法草案的報告(草案)〉的批語和修改」, 『建國以來毛澤東文稿』 4冊, 549쪽.

그래서 1957년 '백화제방, 백가쟁명' 시기 류치디, 린시링, 뭐란, 장바이성, 황전뤼 같은 사람들이 '후펑 반혁명 사건'에 대해 제시한 질문은, 헌법의 논리가 심각하게 파괴되고, 계급투쟁 논리가 그것을 대체한 상황 속에서 헌법의 논리를 수호하기 위한 비장한 노력이었다고 봐야 한다.

당시 중국에 있어서, 그들은 '돈키호테'의 역할을 하였다. 그래서 중국 현실에 대한 보다 냉철한 관찰과 이해를 갖게 된 사람들이 있었고, 그들에 대한 경고도 있게 되었다. 이것이 앞에서 언급한 칭화대학의 그 '뭐란과 S·C'의 논쟁이다. S·C는 후펑 문제의 시각에 있어서, 세 부류의 사람들이 서로 다른 논리, 입장과 태도가 있다고 지적한다. 뭐란이 꿋꿋이 지키고자 했던 것은 '시인'으로서의 이상과 인도주의, 법제 원칙이었다. "비록 진상을 말했다 하지만", "사회발전 과정에서 잔혹하고 어두운 다른 일면을 뚜렷이 볼 수는 없었다." 그러나 집정자는 '정치가'였다. 그들이 명령을 받들어 "당파와 계급투쟁의 초법률적인" 논리를 시행하였다. 또 "법률 조항(심지어 헌법)의 제약을 받지 않았다." "그들은 인권의 신성함과 인도주의 등등의 공론을 배척했다." 그들은 "순식간에 반대파(문학의 반대파 포함)를 진압하여, 자신의 천하통일을 유지하도록" 해야 했다. 후펑은 바로 그들이 확신한 '정적'이자 '반대파'였다. 그래서 반드시 '반혁명'으로 몰아세워야 할 필요가 있었다. S·C는 다음과 같이 뭐란 등을 일깨웠다. "혁명 노동자·농민의 심장은, 왼쪽 가슴에 치우쳐 있어, 공산당에 대해 더 많이 신임하고, 거의 회의하지 않는다." "민주는 밥을 먹여주지는 않는다." "그런데 지식인은 팔을 휘두르며 이러한 추상적 민주를 외치고 있다. 이것이 바로 지식인과 노동자·농민의 차이이며, 학교에서 정풍운동이 격렬해도 밖에서는 비교적 태평한 원인인 것이다." S·C 자신은 그가 "역사를 기록하는 사관"의 입장에서, "칼처럼 날카로운 붓"으로 "객관적 사실"을 기록할 것이라고 공언했다. '객관적 사실'이란 사실 일종의 환상이었다. 또 계급투쟁의 논리로는 용납되지 않는 것이었다. 당시 어떤 사람은 "뤄란과 S·C가 한 사람은 나쁜 역을 맡고 또 한 사람은 좋은 역을 맡아 서로 손을 맞잡고 반동을 하였다. 그들의 방법은 달라도 목적은 같았다"고 말했다. 결국 뤄란과 S·C는 함께 '우파' 그물망으로 떨어졌다.[24]

이처럼 류치디와 그의 동지는 1957년 '백화제방, 백가쟁명' 시기, 후펑의 억울한 안건을 변호하고(뤄란은 그의 대자보에서 그 해 드레퓌스를 변호한 에밀 졸라를 언급하면서, 이것이 일종의 "진리를 추구하고, 정의를 위해 앞사람이 넘어지면 뒷사람이 계속 그 뒤를 이어 앞으로 나아가는, 희생을 아까워하지 않는 정신"[25]이라고 했다), 헌법의 존엄을 수호하며, 민주·법제 원칙과 인권을 수호함으로써 자신의 청춘 전부와 생명을 대가로 바치지 않을 수 없었다. 그러나 역사는 이들 "목숨을 바쳐 법을 수호한" 선구자들을 마음속 깊이 영원히 새길 것이다.

---

24) S·C, 「爲歷史辯護」, 「再爲歷史辯護」; 中英傑, 「我與羅蘭在大風潮中」에서 인용, 『記憶』 3期, 81, 83쪽.
25) 羅蘭, 「公審胡風」; 中英傑, 「我與羅蘭在大風潮中」에서 인용, 『記憶』 3期, 78~79쪽.

4. 탄톈룽: 영원히 진리를 탐색하다
— '5·19민주운동'의 사상적 배경과 사상적 특징을 함께 논하다

탄톈룽이라는 이름은, 1957년 베이징대학의 '5·19'민주운동 및 그후의 '반우파'운동과 긴밀히 연관되어 있다. 그러나 그는 43년 뒤 「줄거리가 없는 이야기」一個沒有情節的故事에서 오히려 다음과 같이 자신에 대해 이야기했다. "역사의 오해로 인해 나는 1957년 대大우파가 되었다. 마오 주석은 나를 '학생 우두머리'로 규정하였으며, 당시의 신문들은 나를 정치적 요괴와 악마로 묘사했다. 그리고 나에 대해 내가 비바람을 부를 수 있다는 듯 많은 신화 같은 이야기를 꾸며 냈다. 실제로 나는 일생 동안, 단지 두 달 정도(1957년 5월 중순부터 7월 중순까지) 정치에 관심을 가졌었다. 바로 이 두 달 동안 발생한 일로, 다른 사람의 눈에 나는 별종이 되었다." 탄톈룽은 글에서 또 다음과 같은 일을 언급했다. 그가 고향에서 노동개조를 하고 있을 때, "한 농민이 억울한 일을 당하고 다음과 같이 항의하였다. '이런 식으로 하지 마시오. 당신은 나를 탄톈룽으로 보는 거요? 당신께 일러 주지, 난 성이 '우右'가가 아니거든!'" 탄톈룽은 최고 통치자의 눈에는 '우파학생 우두머리'였으며, 보통 민중의 마음속에서는 성이 '우

가인 즉 이른바 '우파'의 상징이었고, 역사 '기호'로 인식되었다.

그러나 베이징대학 물리학과 4학년 학생인 탄톈룽, 그의 진실된 개체 생명은 이것 때문에 엄청난 시련을 겪었고, 온갖 고초를 맛보게 되었다. 이는 그에게 평생 잊지 못할 다음과 같은 기억을 남겼다. 노동교양 농장에서, "나를 가장 고통스럽게 했던 것은, 굶주림도, 과로도 아닌, 이런 이름이 주는 중압감이었다. '학생들과' 함께 일을 하고 있었음에도, 간부는 늘 나에게만 '탄톈룽, 어서 일해! 꾸물거리지 말고!'라는 고함을 쳐댔다. 곁에 있던 '학생'은 조용히 '우리와 함께 일하지 말자. 네가 있으니까, 대장이 늘 주시하거든. 우린 숨도 못 쉬겠어'라고 말했다." "내[탄톈룽] 앞에선, 겁쟁이 망나니 같은 놈들도 용사가 되었다. 한번은 나도 모르게 어린 '나치'에게 무례를 범했는데, 그는 내게 주먹을 휘두르며, '이 대우파분자야, 때려도 때려 죽여도 시원치 않을 거야!'라고 말했다." 이로써 나에게 다음과 같은 인생의 감개무량함을 느끼게 한다. "대우파분자라는 명성은 내게 있어 사람을 옭아매는 밧줄과 같은 것이었다. 시간이 흘러감에 따라, '탄톈룽'이라는 이름은 점차 사람들에게 잊혀졌으며, 사람을 옭아매는 밧줄도 서서히 헐거워졌다. 그리하여 나는 이름이 세상 깊숙이 알려지지 않음에 행복을 느꼈다."[1] 이렇게 '역사 속의 사람'과 '현실 속 구체적인 사람'에서 오는 모순의 정신적 고난은, 몸소 체험해 본 사람이 아니라면 이해하기 어려울 것이다.

그러나 우리는 지금 '1957년학'의 역사 서술 속에서 탄톈룽을 하나의 '전형'이자 하나의 '대표'로 삼지 않을 수 없다. 이는 잔혹한 일일지도 모르지만, 그렇게 할 수밖에 없다.

---

1) 譚天榮, 「一個沒有情節的故事」, 『歲月文叢·沒有情節的故事』, 564~565쪽.

1) 20세기 50년대 중국의 '광인'

사람들이 보는 탄톈룽

우리는 또 무엇 때문에 그가 '우파학생의 우두머리'로 여겨졌는가, 어떤 의미에서 "성이 '우'가인" 대표와 상징이 되었는지를 캐물어야 한다.

그렇다면 세부적인 일부터 이야기해 보자. 탄톈룽이 베이징 싼위좡 三餘莊 노동교양 농장에 있을 때 만난 친구는 다음과 같이 그 해 그에 대한 인상을 회고하였다. "공안국에 들어가기 전에 나는 그를 알지 못했다. 단지 신문지상의 비판 글에서 그의 '우파언론'을 읽은 적이 있었다. 그때 내게 준 느낌은 교만하고 세상 물정 모르는 '광인'이란 것이었다. 싼위좡에 온 뒤에야, 난 그가 점잖고 겸손하며, 말도 차분히 하며, 생각이 분명하다는 것을 발견했다. 그가 비록 논쟁을 좋아하긴 했지만, 그를 논리로 설득시켰을 때는 매우 겸허한 태도를 취했었다. 그를 설득하지 못할 경우 까다로웠으며, 절대로 쉽게 물러나지 않았다. 그는 신문에서 비판한 것같이 그렇게 '무지하지도', 또 그렇게 '미치지도' 않았다."[2]

'광인'. 이것이 바로 탄톈룽이 사람들에게 준 첫인상이었다.

그 해 『광장』에 발표된 「베이징대학 민주운동 기사」에서는 베이징대학 '5·19'운동에 참가했던 탄톈룽에 대해 다음과 같이 기술한다.

"(5월 20일) 오후, '악의를 품은 건장한 젊은이 ─ 탄톈룽'으로 서명된 「독초 한 포기」一株毒草라는 글이 출현했다. 여기에서 그는 반교조주의 나팔을 불며 놀라운 관점들을 제기했고, 아울러 베이징대학 학생들이 스스

---

[2] 夢波, 「勞改紀實」, 『我親歷過的政治運動』, 中央編譯出版社, 1998, 80쪽.

로 종합적인 학생 간행물을 펴낼 것을 건의하였다. 논리와 겸손한 태도가 결여된 그에 대해 많은 학생들의 불만과 공격이 일어났다.「독초 한 포기」의 논쟁은 다시 사람들의 주목을 받았다."[3]

보존되어 내려온 몇몇 자료에서, 우리는 탄톈룽과 관련된 두 가지 흥미로운 자료를 발견했다. 당시 사적인 편지 한 통에서는 탄톈룽을 다음과 같이 이야기하고 있다.

"저녁이 되자, 자신을 독초라고 칭한 학생이 대식당 앞 광장으로 탁자를 옮기고서, 그 위에 서서 연설을 하기 시작했다. 많은 사람들이 그를 둘러싸고 있었다. 그가 이야기를 마치자, 한 사람이 그 위로 올라가 그에게 반박했고, 그 역시 답변을 했다. 사람이 점차 많아져서, 뒤쪽까지 말이 잘 들리지 않자, '목소리를 크게 해주시오'라고 크게 소리쳤다. 몇몇 참견하기 좋아하는 사람들이 마이크를 두 개 구해다가 그들에게 주었다. 그래서 마이크를 들고, 큰소리로 논쟁했다. 구체적인 문제에서 시작된 이야기는 점차 논리적인 문제로 바뀌었으며, 다시 철학적인 자유와 필연에 관한 문제로 옮겨 갔다. 나도 본래는 비집고 들어가 변론하고자 했지만, 사람들이 너무 많아서 들어가려고 해도 들어갈 수 없었고, 옷은 온통 땀범벅이 되었다. 사람들은 모두 손수건으로 땀을 닦고 있었고, 나는 미안해서 더 이상은 비집고 들어가지 못해 그만두었다."[4]

---

3)「北大民主運動紀事」,『原上草: 記憶中的反右派運動』, 22쪽.
4) 1957년 5월 20일 위둔캉(餘敦康; 당시 베이징대학 철학과 조교)이 장서우정(張守正; 우한대학 교사)에게 준 편지.「베이징대학 위둔캉이 장서우정에게 보낸 네 통의 편지」(北大餘敦康給張守正的四封信. 프린트물). 자세한 사항은 다른 글에서 분석함.

이 사적인 서술에서 우리는 탄톈룽의 당시 영향력을 어렵지 않게 볼 수 있다. 그는 베이징대학 '5·19' 운동 속에서 풍운아였음이 분명하다. 그러나 또 다른 공개된 편지에서는, 탄톈룽에 대해 다른 인상과 평가를 보여 준다.

"4월 중순 병원 주사실의 병상에서 탄(톈룽)은 자신의 철학을 소리 높여 이야기했다. 장중화張仲華은 놀란 나머지, 사실 그대로를 특필하기로 결정했다. 그는 탄톈룽이 자신이 가장 변증법을 잘 이해하며, 레닌주의는 맑스주의의 부정이란 것 등을 선언한 것을 서술하며, 다음과 같이 썼다. '나는 정말 놀라웠다. 이 앞에 있는 사람은 아마도 평범하지 않은 사람일 것이다. 그는 독립적인 사고를 할 수 있으며, 낡은 규범을 고수하지 않으며, 용감히 자신의 참신한 견해를 제기하고, 권위에 용감히 맞선다. 이 사람은 대단히 창조적인 사람이다. 만일 세계에 천재가 있다면, 이것이 아마도 천재의 기점일 것이다. 그렇다, 우리 조국은 이와 같은 사람이, 이와 같은 학자와 과학자가 필요하다. 이와 같은 사람만이 비로소 과학을 한 걸음 더, 내지는 일백 보를 더 나아가게 할 것이다. 교조주의자는 말소리를 흉내 내는 앵무새에 지나지 않는다. 언제인지를 묻지도 않고, 여덟시, 여덟시, 라고 중복하는 것 외에, 사람들에게 무엇을 줄 수 있는가? 나는 기쁜 마음으로 이 학생을 주시했다. 그는 다소 검은 얼굴에 안경을 쓰고 있었으며, 눈빛은 빛나고 고집스러워 보였다.……'"

"그러나 지금 열기구처럼 큰 비눗방울 같았던 그가 우리들 앞에서 사라졌다. 그는 스스로를 철학자, 헤겔-엥겔스 학파의 시조라고 자부했는데, 우리는 그가 말한 것이 철학이 아니며, 개념어로 가득한 엉망이 된 장부였음을 발견했다. 그의 철학은, 심지어 30년 철학을 연구한 노교수조차도 이해하지 못했다. 그는 스스로 맑스·엥겔스의 저작을 읽은 적이 있다고 뽐냈지만, 사실은 산산조각 난 몇 마디 토막말을 암기하는 것에 지나지 않았다. 그는 '부정의 부정'을 붙잡아 아무 데나 갖다 붙였다. 자칭 이론의 전제를 '모든 현실적인 것은 합리적이며, 모든 합리적인 것은 현실적'이라고 했다. 그의 해석에 의하면 합리=이성=객관규율=현실이라는 것이다. 보라! 심지어 삼단논법의 기본적인 논리도 모른다. 그러면서 오히려 요상하게 개념어 수작을 부리고 있는 것이다. 그는 모든 것을 상대화시켰다. 한번은 연설에서 '맞는 것은 곧 맞지 않는 것이며, 맞지 않는 것은 곧 맞는 것이다'라고 했다. 마침 누군가가 그를 사진 찍자, 그는 '나는 이제껏 사진 찍는 것을 반대합니다'라고 했다. 그러자 무대 아래 누군가가 '그의 이론에 의거하면, 그가 반대하는 것은 곧 그가 찬성하는 것이다'라고 하였고, 회의장 전체가 웃음바다가 되었다. 어쨌든, 이 사람은 '끝까지 자기 생각만을 이야기하는' 오만방자한 사람이었다."[5]

이렇게 탄톈룽에 대해 두 가지 평가가 존재한다. 하나는 "독립적으로 사고할 줄 알고, 낡은 규범을 고수하지 않으며, 권위에 용감히 맞서는", '창조적인 사람'이라는 것이다. 다른 하나는 '오만방자한 사람', 이른바 '광인'으로 본 것이다. 이것은 당시 대표적인 평가였다.

'독초'로 자처하다 : 모반의 자세

이제 그 해 센세이션을 불러일으켰던 그의 대자보를 보도록 하겠다. 우선 사람들의 이목을 끌고 논쟁을 야기한 것은 대자보의 제목이었다. 「첫

---

5) 張炯·謝冕, 「遙寄東海, 寫在黎明―澎湃的思潮和狂妄家」, 『紅樓』, 1957年 4期.

번째 독초」第一株毒草(이후 그는 또한 연이어서 제2, 제3, 제4의 '독초'를 썼다). 이른바 '독초' 문제는, 마오쩌둥이 1956년 4월 제기한 '백화제방, 백가쟁명'의 방침이 일으킨 화제였다. 마오쩌둥 자신의 말에 의하면, 당시 당내 누군가가 "향기로운 꽃만 피우도록 하고, 독초는 자라게 해서는 안 된다"고 제기했다고 한다. 마오쩌둥은 "이와 같은 시각이, 백화제방, 백가쟁명의 방침에 대해 그들이 제대로 이해하지 못했다는 것을 보여 주는 것"이라고 하고는 다음과 같은 해석을 하였다. "일반적으로, 반혁명적인 언론은 당연히 풀어 줘서는 안 된다. 그러나 그것은 반혁명의 면모로 출현하지 않고 혁명의 모습으로 출현했으므로, 풀어 줄 수밖에 없다. 그래야 그것을 감별하고 투쟁하는 데 유리하다." 또 "당신의 풀이 자라면 내가 베어 낼 것이다", "잡초는 일만 년이 되어도 있을 것이니, 우리들도 일만 년의 투쟁을 준비해야 한다"고 했다. 마오쩌둥의 뜻은 아주 명확했다. 다만 '독초'가 자라도록 해서, '풀을 제거하기에' 편하도록 한 것이다. 이는 동일한 연설에서 말한 바 있는 "중국의 개미들을 구멍에서 유인해 낸다"와 같은 의미였다.[6] 그래서 그는 반우파운동을 발동할 것을 호소한 「상황에 변화가 일고 있다」事情正在起變化에서, 자족해하며 다음과 같은 말을 한다. "독초와 향기로운 풀은 함께 자라며, 온갖 추악한 자들과 위인들은 함께 자란다. 이는 우리가 예측한 일이자, 바랬던 일이다. …… 사람들은 대어를 낚는다고 말하는데, 우리는 독초를 제거한다고 말한다. 이는 같은 것으로, 표현하는 방법만 다른 것이다."[7]

    그러나 당시 마오쩌둥의 이러한 연설과 글은 공개적으로 발표되지

---

6) 毛澤東,「在省市自治區黨委書記會議上的講話」(1957年 1月 18日), 『毛澤東選集』 5, 338~339쪽.
7) 毛澤東,「事情正在起變化」(1957年 5月 15日), 『毛澤東選集』 5卷, 427쪽.

않았다. 그래서 사람들은 마오쩌둥의 의도를 몰랐으며, 그리고 '독초' 문제를 둘러싼 열렬한 토론을 전개하였다. 예를 들어, 누군가는 "향기로운 꽃은 격려하고, 독초를 피한다"는 말에 대해, "그 결과 교조주의적인, 공식화된, 개념화된 것은 격려되었고, 사람들에 의해 간과된 진짜 좋은 것이 배척되었다고 지적했다."[8] 심지어 '매국노'의 신분으로 근신했던 저우쭤런周作人도 글을 써서, "독초는 꽃 피울 수 없다"는 논리를 반박하고, "모든 꽃은 응당 펴야 하며, 독초이든 아니든, 이런 것으로 그것의 권리를 박탈할 수 없다"고 주장했다.[9] 사람들이 걱정한 것은, '진짜 좋은 것'을 '독초'로 여겨 제멋대로 뽑아 버리는 것이었다. 마오쩌둥 자신도 다음과 같이 말한다. "사람들도 처음에는 옳은 것, 좋은 것을 향기로운 꽃으로 인정하지 않고, 오히려 그것들을 독초로 여겼다. 코페르니쿠스의 태양계 학설, 다윈의 진화론은 모두 잘못된 것으로 여겨져 고난의 투쟁을 겪어 왔다." "맑스주의 역시 투쟁 속에서 발전하였다. 맑스주의는 처음에 갖가지 공격을 받았으며, 독초라고 하였다."[10]

탄톈룽의 대자보를 이와 같은 상황에 놓고 보면, 그가 스스로를 '독초 한 포기'로 자처하며 일으켰던 놀라움을 이해할 수 있다. 탄톈룽이 이렇게 한 것은 그 스스로가 나중에 말한 대로 "사람들의 이목을 끌기 위해, 일부러 극단적인 말을 많이 한"[11] 것이다. 그러나 보다 주요한 것은, 그가 일종의 자신감을 표현했다는 것이다. 그는 자신의 관점이 '옳은 것,

---

8) 若望,「步步設防」,『文匯報』, 1957年 4月 26日 ; 『烏書啼: "鳴放"期間雜文, 小品文選』, 中國電影出版社, 1998, 396쪽.
9) 周作人,「談毒草」,『人民日報』, 1957年 4月 25日.
10) 毛澤東,「關於正確處理人民內部矛盾問題」(1957年 2月 27日),『毛澤東選集』5卷, 388~389쪽.
11) 譚天榮,「救救心靈」,『原上草: 記憶中的反右派運動』, 56쪽.

좋은 것'이자, 진짜 '향기로운 꽃'임을 굳게 믿었다. 그러나 그는 동시에 또 자신의 관점이 이질적인 것이어서, 향기로운 꽃으로 여겨지지 않고, '독초'로 여겨지는 것은 일종의 필연이라고 인식했다. 그가 '독초'로 자처한 것은 일종의 도전적인 자세를 표현한 것이다. "한 '악의를 품은 건장한 젊은이'"로 서명하며, 사람들에게 보여 주려고 했던 것은 일종의 자신, 자만 그리고 도전이었다.

거대한 것에 도전하다

「첫번째 독초」에서, 그는 사회 여론을 주도하는 신문잡지와 지도 역할을 하는 '모범학생'을 향해 이렇게 도전했다. "모든 신문(예를 들어 『런민일보』, 『중국청년보』, 『물리학보』物理學報)의 편집인들", 그들의 "맑스주의와 변증법에 대한 절대적인 무지, 그들의 형이상학적 두뇌에 있는 무한한 어리석음은 진리를 봉쇄시키는 만리장성이다. '모범학생'은, "백치 혹은 우수생, '작은 나사못'으로 불리는데, 어쨌든 같은 것이다". 그들의 가장 큰 특징은 자각적으로 "자신의 사유를 금지하는 것이다". 이것은 기존 가치 기준을 확실히 전복한 것이었다. '이성적'인 탄텐룽에게 있어, "진리의 전파자"는 "진리를 봉쇄하는 만리장성"이며, 당의 "나사못"은 사상이 없는 "백치"에 불과한 것이었다.

　　탄텐룽은 동시에 그가 말했던 맑스주의의 위기에 직면하게 된다. 그가 보기에 "1895년 이후, 맑스주의는 철의 필연성[12]에 따라 자신의 부정

---

12) 이는 헤겔의 관점이다. 어떤 사물이라도 극단까지 발전하게 되면, 모두 자신의 반면으로 전환하게 되는데, 이를 '첫번째 부정'이라고 부른다. 이후 다시 '두번째 부정'이 발생하고, 이를 '부정의 부정'이라고 부른다. 헤겔은 이러한 '부정—부정의 부정'은 일종의 '철의 필연성'이라고 생각했다. 다시 말하자면, 이러한 '부정—부정의 부정'은 인간의 의지로 전이되지 않

(제1차 부정)으로 바꾼다. 이와 서로 부응한 것은 국제 공산주의 운동 속에서 형성되고 상호 영향을 끼친 수정주의와 교조주의, 62년 동안의 절대 통치였다". 또한 물리학의 위기도 있었다. 그가 보기에, "극단적으로 미신을 맹종하는 궤변, 오류, 견강부회, 미봉책(혹은 참신한 관점으로 불림)으로 충만한 물리학, 이미 파멸에 직면해 있었다". 당시의 중국에서 이런 판단은 사람들에게는 금시초문으로, 감히 생각조차 할 수 없는 (생각할 리 없는) 것이라, 자연히 "광인의 잠꼬대"로 여겨졌다. 그러나 탄톈룽은 이 모든 것을 무시하며 다음과 같이 공언했다. "중국 청년 가운데 '재자가인'은 수천수만에 달한다. 그들은 강인하고 과단성이 있으며 재기와 기백이 넘친다. 그들은 장차 국제 부르주아계급이 식사를 할 때, (고기 썰던) 칼을 떨어뜨리게 할 것이다." 그는 희랍의 철학자 헤라클레이토스의 말을 인용했다. "에페소스 사람 가운데 모든 성년은 모두 죽어야 한다. 도시[城]는 미성년들이 관리하게 해야 한다"라는 말을 서언序言으로 삼아(그는 또한 자신이 중국의 젊은 세대를 대표해 발언한 것이라고 믿었다), '기성' 질서에 대해 전면적으로 자신의 도전적 입장을 표명했다. 심지어 그는 먼저 자신의 독자에게 선전포고를 한다. "모든 것이 다 좋다. 제발 정신병만 일으키지 말라. 귀에 거슬리는 말도 듣도록 좀 고치고, 본능적으로 조건 반사(혹은 무조건 반사)를 반대해야 한다. 그렇지 않다면, 나는 시자오西郊 공원이 베이징대학보다 당신에게 더 어울릴 것이라고

는 것이자 바뀌지 않고 동요되지 않는, 반드시 발생하는 '철'처럼 견고한 것으로, 이 때문에 '철의 필연성'이라고 부르고, 이는 '철처럼 견고한 필연성'이다. 여기서 탄톈룽은 이러한 '부정—부정의 부정'의 발전 규율로 맑스주의자의 역사적 운명을 분석하면서, 그것이 극단으로까지 발전하면 반드시 자신의 반면으로 전환될 것이며, 이것 역시 '철의 필연성'이라고 생각했다.—옮긴이

말할 것이다. 좋소, 잘 가시오!" 이것은 "인민의 공공의 적"으로 자처한 것으로, 고의로 상대를 격노시키려는 것이다.[13]

"세상에 홀로 솟았던" 그, "인민의 공공의 적" 신분이었던 그, 전면적으로 도전하는 자각 의식, 절대적인 자신감, '광언'狂言과 '망상', 고의적인 극단에 이르기까지 그의 이 모든 것은 '5·4' 세대 사람들을 생각나게 한다. 또 사람들은 바로 루쉰의 「광인일기」를 연상하게 될 것이다. 어떤 의미에서 보면, 탄톈룽은 20세기 50년대 중국의 '광인'이라고 할 수 있다. 또 아마도 탄톈룽 혼자만은 아니었을 것이다. 당시 베이징대학 교내에는 「자유주의자 선언」自由主義者宣言으로 이름이 알려진 '극우분자' 옌중창嚴仲强(역시 물리학과 학생)이 있었다. 그 역시 자신의 대자보를 「'미친 자'의 말」"瘋子"的話로 명명하였다. 반우파운동이 고조되는 가운데, 그는 또 「억누를 수 없는 외침」壓制不了的呼聲이라는 대자보를 쓰면서 서언에 "부르노Giordano Bruno는 화형당하기 전에, 진리를 위해 투쟁하는 것은 인생의 가장 큰 행복이라고 말했다"라고 썼다. 또 "모멸·경멸·위협은 단지 내게 경시의 미소만을 짓게 할 뿐이며, 설사 가장 비인도적인 군중으로부터 고립된다 할지라도, 나는 조금도 개의치 않을 것이다. 진리·인도·민주·자유를 위해, 나는 모든 것을 희생할 수 있다"[14]는 공언을 한다. 이는 곧 '5·4'를 계승한 것이다. 또 진리를 위해 거대한 것에 도전하여, 목숨을 바쳐 순직한 또 한 세대의 '광인'인 것이다.

---

13) 譚天榮, 「第一株毒草」, 『原上草:記憶中的反右派運動』, 28, 29쪽.
14) 嚴仲强, 「"瘋子"的話」, 「壓制不了的呼聲」, 『原上草:記憶中的反右派運動』, 76, 82쪽.

2) 그들은 무엇에 도전하였는가

'당의 신화'에 대해 질의하다

1957년 중국의 탄톈룽들이 도전하려는 것이 도대체 무엇이었는지 좀더 심도 있는 토론을 해야 한다.

탄톈룽은 「두번째 독초」 서두부터 다음을 지적한다. "변증법에서는 '삶의 실제 상황에서 삶을 고찰해 봐야 한다'고 말한다. 우리는 삶이 운동 중에 있음을 보았다. 그러므로 삶이라는 것을 고찰하고 삶이 어디로 가고 있는지를 물어야 한다. 우리는 삶이 끊임없이 파괴되고 제조되는 그림임을 보았다. 그러니까 우리는 삶이 파괴되기도 하고 만들어지기도 하는 과정을 고찰하며, 삶 속에서 파괴된 것이 무엇인지, 만들어진 것은 무엇인지를 물어야 한다." 이것은 삶의 문제를 직시한 것으로, 끊임없이 삶에 대해 질의하는 "진정한 용사"(루쉰의 말)의 태도였다. 그렇다면, 그들은 중국의 20세기 50년대의 삶에 대해 무엇을 발견했는가?

탄톈룽의 고찰은 자신의 삶의 경험, 생명의 체험에서 온 것이다. 그는 먼저 다음과 같이 말한다. "반혁명분자를 숙청할 때, 나는 반에서 '반혁명'으로 몰렸다. 처음에는 의문을 품은 사람도 있었다. 그러나 반 간부는 그들이 당을 믿지 않는 것이라고 했다. 나의 한 친구가 나를 보증하며, 내가 절대로 현행 반혁명분자가 아니라고 했지만, 그들은 내가 그를 미혹하고 그를 속인 것이며, 내가 나 자신을 위해 여러 죄행을 날조하도록 압박했다. 그래서 내가 평상시 했던 말들이 모두 반동언론이 되었고, 그 어떤 행동도 모두 반동행위가 되었다. 어쨌든 나의 말 한 마디, 행동 하나하나가 모두 내가 진정한 반혁명분자임을 보여 준다고 했다." 이것은 1955년 반혁명분자 숙청운동을 겪고, 또 공산당이 발동한 운동에 참여한 사람이라면, 누구나 있었던 경험이었고 느낌이었을 것이다. 사람들에게는 이미 습관화되어 당연한 것이 된 것에 대해 탄톈룽은 "무엇 때문에 이런 상황이 발생하는가?"라고 추문推問하였다.

그는 이에 대해, 다음과 같은 매우 중요한 분석을 한다. "왜냐하면 군중들은 당이 하는 모든 것을 옳다고 믿기 때문이다. 당은 어떤 상황에서도 정확하고, 오직 당만이 옳다, 당이 아닌 군중이 다른 의견을 제기하는 것은 잘못이다, 그의 존재는 허락되어서는 안 된다, 억압과 공격을 당해야 한다, 사람들이 만족할 만한 반성을 할 때까지 억압해야 한다." "공산당과 공산주의 청년단은 이런 방법으로 모든 '좋은' 것, '옳은' 것, '정확한' 것이란 것을 독점했으며, 당원들과 청년단원들은 공적을 기리고 찬양하는 것이 습관화되었다. 그러나 사실상, 얼마나 많은 공산당과 청년단원들이 당의 모든 것은 좋다는 신화에 익숙해졌으며, 얼마나 많은 사람들이 아첨에 익숙해졌는지, 또 얼마나 많은 사람들이 공산당 청년단원에게 의문을 제기했다가 낙후분자라는 딱지가 붙여져 반혁명분자로 몰렸는지, 얼마나 많은 직원들이 책임자들에게 의견을 제시했다가 각종 비난을 받았는지, 얼마나 많은 아첨꾼들이 출세를 하였는지, 이 모든 것이 8년 동안의 성과가 아니겠는가?"[15]

여기서 말한 "당은 언제나 옳다"는 '신화'는 당의 진리에 대한 '독단'이 극단으로 발전하여, 공산당원·청년단원은 "영원히 옳다"라는 '신화'가 되었다. 또 이로부터 만들어진 "당과 단원에 대한 의견=낙후=반당=반혁명이라는 전제정치 논리가, 당시 중국 정치생활의 핵심이 되었다. 이는 사실 민감하거나 사고에 능숙한 사람이라면 누구나 느낄 수 있

---

15) 譚天榮, 「第一株毒草」, 『原上草: 記憶中的反右派運動』, 30쪽.

는 것이었다. 노공산당원으로, 나중에 우파로 몰린 류빈옌(劉賓雁)은 사신의 관찰과 느낌을 다음과 같이 이야기한다. 신중국이 막 성립되었을 때, "중국공산당은 자신감으로 충만하였다. 100년 이래 처음으로 외국 침략자를 쫓아 버린 당으로서, 20세기 이래 처음으로 방대하고 복잡한 중국을 통일한 승리자의 자태로 인민들 앞에 나타났다. 이런 자신감은 중국 각계각층 수억의 인민들이 그들에게 보내 준 절대적인 신뢰와 옹호를 기초로 한 것이다. 수많은 완강한 적이라도 혼비백산하여 도망하거나, 또 충심으로 탄복해서" "중국 토지 위의 모든 더러움과 상처는 모두가 국민당이 조성한 것이고, 중국공산당은 조금도 때 묻지 않고 청렴결백한 정의이자 진리이며 광명의 화신"이라는 보편적 관념이 형성되었다. 실제의 삶 속에서는 다음과 같은 국면이 만들어졌다. "당은 지도자이자 교육자이다. 인민은 이 교육과 지도를 기꺼이 받아들이는 자이다. 결의에 대해 이의를 제기하는 목소리는 들을 수 없고, 다만 행동에 있어서 적극성의 정도의 차이만 있을 뿐이다. 정책에 참여하겠다고 요구하는 목소리는 들을 수 없었다. 당이 옳다는 것과 당 간부의 인민에 대한 충성에 대해서 절대적으로 신뢰하였다."

소위 "당은 영원히 옳다"는 신화는 이렇게 만들어졌다. 류빈옌이 말한 것처럼, 당시 당의 각종 호소를 토론하는 회의에서, "중국공산당과 다른 의견을 말하는 사람은 극소수였으며, 대다수는 두려움에서가 아니라 (이는 반우파운동 이후와는 크게 다른 것이다) 당이 옳지 않을 리가 없다고 판단하면서 다른 의견을 자발적으로 포기한 것이다". "이로써, 당과 인민 사이에는 일방향의 통로가 형성되었다. 당은 정책을 하나하나 만들었고, 호소를 거듭했으며, 연이어 운동을 일으켰고, 인민은 그것을 청취하고, 복종하며, 행동함으로……", "자신을 당에게 맡기고", "모든 것을 당에게 헌납하며", "모든 것은 당의 안배를 듣고 따르자"는 구호가 "몇십 년 간 유행했으며", "그 어떤 방해도 없이" 사람들의 "도덕적 규칙"이 되었다. "당의 권위는 그처럼 지고지상했다. 그러나 이러한 절대적인 권위는 당을 대표하는 개인을 통해서 실현될 수밖에 없다." 그래서 당의 신화는 개인의 신화로 현실화되었고, 당에 대한 절대적인 충성과 복종은 개인에 대한 절대적인 충성과 복종으로 구체화되었다. 중앙부터 지방까지 모두가 그러했다.[16] 위로부터 아래로의 세밀한 사상 통제와 인신人身의 종속관계 구조가 이렇게 형성되어 왔다. 당의 입장에서 보면, 이는 사실 점점 지도의 자원과 기초를 상실하는 과정으로, 위기라고 아니 할 수 없었다. 그러나 대다수 사람들은 오히려 습관이 되어 무슨 문제가 있는지도 살피지 않았고, 심지어는 멍청해서 깨닫지도 못했다. 이제 탄텐룽들이 '천기'天機를 설파해도, 그것은 '허튼소리'이자 "그 죄를 용서할 수 없는 것"이 되어 버렸다.

맑스주의 자체의 위기

앞에서 말한 것처럼, 탄텐룽은 맑스주의 자체의 위기를 발견했다. 이것은 그의 절실한 체험에서 나온 것이다. 탄텐룽의 회고에 따르면, 그의 최초 생각은 흐루시초프의 비밀보고서에서 출발했다. 그는 개인숭배가 탄생한 원인에 주목하였다. 『런민일보』에 발표된 「프롤레타리아계급 독재정치의 역사적 경험을 다시 논함」에서는 다음과 같은 해석을 한 적이 있다. "결정적인 원인은 사람들의 사상 상황인데, 스탈린 후기 연이은 승리와 칭송으로 머리가 어지러워지자, 심각하게도 그의 사상은 변증법적 유

---

16) 劉賓雁, 『劉賓雁自傳』, 37, 38, 39, 43~44쪽.

물주의를 떠나 주관수의로 빠져들어 갔다." 탄톈룽은 그 자신이 "역사 유물주의에 대해 아는 바는 거의 없지만, '사회 존재가 사회의식을 결정한다'는 것은 억지 이론이라고 확신했다." 그래서 그는 개인의 미신 문제를 개인의 사상적 태도로 귀납시켰으며, "사상 방법은 형이상학적이기 때문에 관점에 있어서는 유심주의가 아닐 수 없으며, 이는 우리 당이 자각적으로 유물 변증법을 파악하지 못했음을 말해 주는 것"이라고 하였다. 그래서 그는 『교조주의 탄생의 역사적 필연성』教條主義産生的歷史必然性이라는 글을 써서, 당 중앙과 다른 분석을 제기했다. 또 이 글을 베이징대학 당위원회에 전달했다. 이는 정풍운동, '백화제방, 백가쟁명'이 시작되기 이전의 일이었다.[17]

이 글의 중요한 점은, 그가 맑스주의의 역사적 운명에 대해 고찰했다는 것에 있다. 글은 서두에서 곧바로 다음과 같은 헤겔의 말을 인용하여 주목을 끌었다. "모든 현실적인 것은 합리적인 것이며, 모든 합리적인 것은 현실적인 것이다." 그리곤 "존재하는 모든 것은 모두가 응당 멸망한다"라는 괴테의 말도 인용했다. 또 다음과 같은 엥겔스의 말도 인용했다. "변증법에도 보수적인 면이 있다. 그것은 인식과 사회관계의 모든 발전 단계가 적당한 시간과 조건에서 보면, 모두가 정당하고 합리적인 것이라고 여긴다는 점이다. 이 이해 방법에서의 보수적인 측면은 상대적인 것이지만, 그것의 혁명적 성격은 절대적인 것이다." 이것이 바로 맑스주의의 역사적 운명에 대한 탄톈룽의 이론적 출발점이다. 그가 보기에, 맑스주의는 인류 인식의 특정한 '발전 단계'로서, "적당한 시간과 적당한

---

17) 譚天榮, 『一個沒有情節的故事』, 567~568쪽. 譚天榮, 「教條主義産生的歷史必然性」, 『原上草：記憶中的反右派運動』, 47쪽.

조건에서 보면, 모두가 정당하고 합리적인 것이다". 그러나 "발전 과정에서, 이전에는 현실적이었던 모든 것이 비현실적인 것이 될 것이며, 자신의 필연성을 잃어버리고 자신의 존재 권리와 합리성을 상실한다. 그리하여 생활력이 있는 새로운 현실이 쇠락하는 현실을 대체하게 된다."(엥겔스가 같은 글인 「루트비히 포이어바흐와 독일 고전철학의 종말」에서 한 말로, 탄톈룽이 「두번째 독초」에서 인용하였다) 이는 탄톈룽이 고수하려던 것이 엥겔스가 개괄한 '변증법'이었다는 것을 말해 준다. 그것은 "모든 최종의 절대적 진리와 그에 상응하는 인류의 절대 상태에 관한 생각을 전복시킨다. 변증법 앞에서는 최종적인, 절대적인, 신성한 어떤 것이 존재하지 않는다. 그것은 모든 사물의 일시성을 가리킨다. 그것 앞에서는, 발생과 소멸, 저급에서 고급으로 상승하는 끊임없는 과정 외에는 아무것도 존재하지 않는다."[18]

현재의 문제는 이와 같은 변증법이 맑스 자신에게 실제로 사용되었는지의 여부이다. 당시의 중국, 그리고 전체 사회주의 국가와 국제 공산주의 운동은, 모두 맑스주의를 지배적인 이데올로기로 삼았다. 그리고 그것을 절대화·신성화·극단화하였기 때문에 탄톈룽이 맑스의 변증법으로 맑스주의를 다루자고 주장하자 오히려 '이단'이 되어 버렸다. 재미있는 것은, 마오쩌둥 또한 탄톈룽과 마찬가지로 이러한 '이단적' 입장을 고수하였다는 것이다. 왕뤄수이王若水의 회고에 따르면, 1954년 덩퉈鄧拓가 마오쩌둥의 생각을 전해 주었는데, "마오쩌둥은 맑스주의가 영원할 것이라는 것을 믿지 않았으며, 맑스주의가 언젠가는 멸망할 날이 올

---

18) 恩格斯, 「路德維希·費爾巴哈和德國古典哲學的終結」, 『馬克思恩格斯選集』 4卷, 人民出版社, 1972, 213쪽.

서라고 믿었다"는 것이다. 맑스주의 선전가인 덩퉈는 "이 점에 곤혹스러움을 느꼈으며", 잘 "납득이 되지 않았다"고 전해진다.[19] 10년 뒤, 1964년 마오쩌둥은 「인간의 인식 문제에 관하여」關於人的認識問題라는 담화에서, 또다시 이 점을 언급한다. "맑스주의도 그것의 발생, 발전 그리고 멸망의 과정을 거친다. 이것이 괴상하게 들릴 것이다. 하지만 맑스주의에서 모든 발생한 것은 모두 그 멸망이 있다고 말한 이상, 설마 이 말이 맑스주의 자신에게는 해당되지 않는다고 하겠는가? 그것이 멸망할 리 없다고 하는 것은 형이상학적이다. 맑스주의가 멸망하면 당연히 맑스주의보다 한 단계 더 높은 것이 그것을 대체할 것이다."[20]

이것은 탄톈룽이 1957년에 했던 분석과 놀랍게도 일치한다. 그러나 당시 탄톈룽은 마오쩌둥에 의해 대우파로 지명되었다. 이것이 바로 이단이 될 권리마저도 지도자에게 있다는 중국의 정치인 것이다. 설사 진리라고 할지라도, 언제 그것을 말하고, 어떻게 말하며, 누가 말하는가는 모두 정치적 필요에 근거해야 한다. 즉 마오쩌둥이 1964년 맑스주의의 "발생, 발전 그리고 멸망"에 대해서 대대적으로 논의를 벌인 것은 바로 그의 "맑스주의를 발전시키고자 하는" 필요에서 나온 것이다. 하지만 탄톈룽은 그가 확신했던 진리를 8년 일찍 말했던 것뿐이었는데, 그의 이런 선비적 기질로 그는 대가를 치러야 했다.

그러나 1957년의 '광인' 탄톈룽은 또 맑스주의의 발전 과정 중의 현실적 위기에 대해 이야기한다. 그는 거리낌 없이 엥겔스가 자신의 '절대적 권위자'라고 말했고, 심지어 "역사상 엥겔스가 있었다는 것은 내가 살

---

19) 王若水, 『新發現的毛澤東』, 明報出版社, 2002, 520~521쪽.
20) 毛澤東, 「關於人的認識問題」, 『毛澤東文集』 8卷, 391쪽.

아갈 수 있는 유일한 이유였다"고 말하였다.[21] 그는 엥겔스가 맑스주의의 변증법을 최고의 경지로 발전시켰으며, 1895년 엥겔스가 서거한 뒤, "맑스주의는 철의 필연성에서 자기 부정으로 전환되었다"[22]고 보았다. 국제 공산주의 운동 내부에 먼저 카우츠키Karl Kautsky의 '수정주의'가 출현했고, 이후 플레하노프Georgi Plekhanov와 레닌이 부분적으로 변증법을 회복시켰으며, 또한 "부분적으로 맑스주의를 '수정했다'". 스탈린은 교조주의를 극단으로까지 발전시켰는데, "스탈린보다 맑스주의 기본 원칙을 더 많이 수정한 사람은 아무도 없었다". 탄톈룽은 이 모든 것이 개인적 책임은 아니라고 하였다. 그는 "제2인터내셔널의 지도자로서 카우츠키는 변함없이 충성스런 사병일 수 있었고, 플레하노프와 레닌은 모두가 탁월한 맑스주의자였으며", 엥겔스 이후에 수정주의와 교조주의가 서로 영향을 미친 "62년간의 절대 통치"는 모두가 사회 역사적 조건의 산물이라고 보았다.[23]

오늘날 우리가 보기에, 이 모든 것은 탄톈룽 개인의 학술적 관점이다. 당시 학술계에는 이와 유사한 시각을 가진 사람도 있었다. 저명한 역사학자이자, 당시 난카이南開대학 교수였던 레이하이쫑雷海宗 선생이 톈진 교수좌담회에서, '1895년 이후' 맑스주의는 "발전을 멈추었다"[24]고 지적한 적이 있다. 탄톈룽은 나중에 난카이대학 등의 학교에서 강연을 할 때 일부러 레이하이쫑 교수를 방문했었는데, 당시 레이하이쫑 선생은 그에

---

21) 譚天榮, 「救救心靈」, 『原上草: 記憶中的反右派運動』, 55~56쪽.
22) 譚天榮, 「第一株毒草」, 『原上草: 記憶中的反右派運動』, 28쪽.
23) 譚天榮, 「教條主義産生的歷史必然性」, 『原上草: 記憶中的反右派運動』, 49~50쪽. 譚天榮, 「第四株毒草」, 『原上草: 記憶中的反右派運動』, 41쪽.
24) 『人民日報』, 1957年 4月 22日.

게 "이처럼 철학계가 끊임없이 혼란을 겪고 있는 시기에, (엥겔스의)『자연변증법』自然辨證法과 (레닌의)『유물론과 경험비판론』唯物論與經驗批判論, 이 두 권이 보여 주는 사상 방법의 차이에 주의하는 것이 필요하다"고 하였다. 탄톈룽은 크게 감동을 받고, "레이하이쭝 교수는 진정한 학자이며, 나에게 있어서는 그야말로 기적과 같다"고 하였다. 왜냐하면 탄톈룽이 보기에 "교수들은 늘 박학다식하고 겸손한 사람들인데, 박학다식이라 함은 아무것도 모르는 것이며, 겸손하다는 것은 아무것도 알고 싶어 하지 않는 것으로, 이것은 거의 법칙이었"기 때문이다.[25] 그는 이런 맑스주의의 '수정주의화'와 '교조주의화'에 도전하고자 했고, 근본적으로 맑스주의 교수와 정치가들을 '부정'하였다.

탄톈룽은 또 "맑스주의는 어디까지나 객관적 진리이지 종교는 아니다. 스스로 맑스주의자라고 한 후에 다른 사람이 말하는 것을 금지하는 이런 수법 그 자체가 바로 반맑스주의"[26]라고 지적했다. 탄톈룽은, "스스로를 맑스주의자라고 자처하는 것은" 사실 "반맑스주의"로, 그들은 맑스주의를 "종교화"하고 "논리에 폭력을 가하며",[27] 심지어는 "종교재판소를 세우려고"[28] 한다고 보았다. 이는 맑스주의의 기본 정신을 위반하는 것일 뿐만 아니라 맑스주의의 근본을 위협하는 것이었다. 그들이야말로 맑스주의의 진정한 적인 것이다.

탄톈룽은 바로 이러한 맑스주의의 절대화·극단화·수정주의화·교조주의화, 그리고 종교화의 경향 속에서 맑스주의 발전 과정 중의 위기

---

25) 譚天榮,「第二株毒草」,『原上草: 記憶中的反右派運動』, 31쪽.
26) 譚天榮,「再談人性與階級性」,『原上草: 記憶中的反右派運動』, 45쪽.
27) 譚天榮,「第二株毒草」,『原上草: 記憶中的反右派運動』, 33쪽.
28) 譚天榮,「救救心靈」,『原上草: 記憶中的反右派運動』, 57쪽.

를 느꼈다. 맑스주의 사상의 자양분을 흠뻑 받은 젊은이로서, 그는 근심 걱정에 휩싸이게 되었다.

"영혼을 구하라": 민족정신의 위기를 구제하다

탄톈룽은 중국의 젊은 세대의 성장에 미친 영향에 주목하였다. 그래서 그는 「영혼을 구하라」라는 글에서, 아주 간절하게 다음과 같이 쓴다.

"먼저 지난 일을 회고해 보도록 하자. 건국 이전 우리는 '산 저편은 좋은 곳이다'라고 노래했고, 건국 후에는 '해방구의 하늘은 맑으며, 우리의 마음은 해방의 기쁨을 느꼈다'고 노래했다. 경제 건설이 시작된 후, 청년들의 업무 조직 방식과 활동 내용은 삶의 욕구보다 점점 뒤떨어져 갔다. 설득과 교육보다 강제명령이 늘어났으며, 청년들의 활동보다는 행정조치가 많아졌다. 많은 간부들이 경직되어 버렸다. 그들 머리로는 복잡한 현실생활에 대처할 수 없었기에, 모든 사유 활동을 금지하는 조치를 취하고 딱지를 붙이는 것 외에는 다른 방법이 없었다. 현재 '입장'이라는 이 단어는 어이없이 아무 데나 끼워 맞춰 사용하는 만능 주석註釋이 되었다. 소위 '개인주의', '집단주의', '영웅주의' 등은 이해하지 못하면서 제멋대로 갖다 쓰는 텅 빈 단어가 되었다. 그래서 설명할 수 없는 현재에 대해 다른 주의主義들이 있게 되었다. 삶 속의 모든 변화, 모든 운동, 모든 파괴와 창조, 모든 신생과 훼멸은 모두 함의가 모호한 각종 술어로 번역되었다. 이렇게 만들어진 참을 수 없는 지식의 결핍과 사상의 공허함, 의지의 박약함으로 이해할 수 없는 것은 무조건 증오하게 되었으며, 언행의 불일치가 습관화되었고, 자기를 기만하고 타인을 속였으며, 냉혹한 의심과 서로를 상해하는 일들이 벌어졌다. 나는 이 모든 것을 보면서 그것들이 바뀌기를 희망했다. 하지만, 성실한 그 사람들에 의해 반대되었다. 이 일이 내게 얼마나 큰 고통을 주었는지는 상상할 수 없을 것이다. 지금 가장 무서운 선입견은, 많은 사람들이 익숙하지 않은 이 말에 정신병을 일으키고는 입장을 굳건히 했다고 여기는 것이고, 누가 영예롭지 못한 계급 출신이라고 여기면 그가 바로 낙후분자이고 반동분자라고 하는 것을 계급분석으로 간주하는 것이다.……"[29]

이것은 상당히 예리한 관찰이자 체험이다. "삶 속의 모든 변화, 모든 운동, 모든 파괴와 창조, 모든 신생과 훼멸"이 "술어"화·"공동"화된 사상적 경직성, 모든 "이해하지 못하는 것에 대한 무조건적인 증오"의 우매함, "관습화된 언행의 불일치와 자기기만"에서 나타난 인격, 인간과 인간 관계 가운데 "냉혹한 의심과 서로 간의 상해"는 이미 어느 정도 새로운 '국민성'이 되어 버렸다. 탄톈룽은 젊은 세대의 정신적 위기뿐만 아니라 민족의 정신적 위기, 인간 영혼의 위기에 직면하였다. 그래서 그의 "영혼을 구하라"는 외침은 감동의 힘을 가지고 있었다.

'사회주의 시대의 5·4신문화운동'을 발동하다

사람들은 5·4 시기의 "아이를 구하라"는 외침을 쉽게 연상할 것이다. 이것은 확실히 5·4신문화운동에 대한 직접적인 호응이었다. 또 탄톈룽과 같은 1957년의 중국 '광인들'의 자각적인 선택이었다. 「영혼을 구하라」라는 글에서, 탄톈룽은 바로 "모든 것을 (다시) 토론해야 한다"는 사상적인 명제를 제기했다. 후스(胡適)와 저우쯔런의 말에 따르면 "다시 가치를

---

[29] 譚天榮, 「救救心靈」, 『原上草: 記憶中的反右派運動』, 53쪽.

추정하자"는 5·4신문화운동의 기본 정신이었다. "모든 것을 다시 토론하자"는 이 기본 생각이 40년(1917~1957)이나 떨어진 베이징대학 학생들을 하나로 연결하였다. 교내에서 일었던 정신적 파장은 상당히 감동적이었다고 할 수 있다. 그래서 1957년의 학생 간행물인 『광장』의 「발간사」에서 5·4의 목소리가 다시 울려 퍼지게 된다.

> "…… 사람과 사람 간의 관계는 새롭게 조정되어야 하고, 과거 당연시되던 것들은 그 옳고 그름을 새롭게 따져봐야 한다. 현대의 여러 가지 논점과 시각에 대해서 새롭게 예측하고, 평가하고, 탐색하여야 한다. 말하자면, 정풍운동을 중심으로 하는 대변혁이 위대한 사회주의 사상의식의 개조운동이거나, 사상의식의 대혁명이라는 것에 대해서 용감하게 다시 다시 생각해 봐야 한다.……
> 중국은 …… 사회주의 시대의 '5·4'신문화운동이 도래할 것이다!"[30]

인간의 독립적 사고의 권리를 수호하다

'사회주의 시대의 5·4신문화운동'은, 확실히 역사적 계승을 중시하고, 또 새로운 시대의 특징을 강조한 것이라고 한다. 탄톈룽에게 있어서 5·4의 정신 전통과 맑스주의의 정신 전통은 하나로 연결되어 있었다. 「영혼을 구하라」라는 글에서 탄톈룽은 특별히 맑스에 대해 레닌이 쓴 한 단락을 인용했다. "그는 인류사회가 창조한 모든 것을 비판적인 태도로 심의한 적이 있는데, 어떠한 사물이라도 과거를 소홀히 하지 않았다. 또 인류사상이 수립한 모든 것을 다시 검토·토론하고 비판한 적이 있었다. 노동

---

30) 「〈廣場〉發刊詞」, 『原上草: 記憶中的反右派運動』, 19쪽.

운동의 실천에 근거해 하나씩 검토했기에, 그들 부르주아계급의 협의적인 한계나 편견에 속박된 사람들이 얻을 수 없는 결론을 내왔다."[31]

5·4, 그리고 맑스주의의 비판 정신을 다시 발양하는 것은, 새로운 사상해방운동에 새로운 사상 활력을 불어넣고자 한 것이다. 여기서 가장 중요한 것은 인간의 독립적인 사고에 대한 권리를 수호하고 자신의 길과 운명을 결정할 권리를 스스로 지켜 가는 것이다. 탄톈룽은 그의 「두번째 독초」에서 이런 역사를 두 마디로 개괄한다.

"우리는 사고해야 한다. 우리 자신 외에, 어느 누가 우리의 사고를 금할 수 있는가? 우리는 생각해야 한다. 생각하지 못하게 하더라도 기필코 생각해야 한다!"
"우리는 우리의 길을 가야 한다. …… 우리는 대답을 원한다, 이 모든 것이 무엇을 위함인가? 우리는 대답을 원한다, 삶은 어디를 향해 가고, 역사는 어느 곳으로 가는가?"[32]

이는 1957년 각성한 중국 청년의 선언으로 볼 수 있다. 이것은 대학 교정의 대다수 대자보들의 공통적인 주제였다.

"사물의 이치로 보자면, 의심 속에서 믿음을 구하는 것, 그 믿음이 진리이다', '실제적인 것을 구하는 것은 인간의 도리 중 하나로 중요한 것이

---

31) 譚天榮, 「救救心靈」, 『原上草:記憶中的反右派運動』, 54쪽. 인용문은 직접 인용한 방식을 취하지 않아서 출처가 밝혀지지 않았으며, 글도 약간 변화가 있다. 레닌의 이 말은 「青年團的任務」, 『列寧文集』 4卷, 人民出版社, 1965, 386~387, 53쪽 수록.
32) 譚天榮, 「第二株毒草」, 『原上草:記憶中的反右派運動』, 33, 32쪽.

다', '실제적인 것을 구하는 방법은 회의懷疑에 있다. 한 사물을 회의하면, 한 사물을 알게 된다(데카르트), 회의-믿음-회의, 인류의 사유는 바로 이런 과정의 부단한 반복을 통해 확정되고, 의지할 만한 지식을 얻게 되는 것이다. 회의와 이성적인 분석을 금지하고, 단지 감정·편견·우매의 기초 위에 미신과 망종으로 지식을 대한다면, 이는 황당무계한 말일 뿐이며, 자기를 기만하고 타인을 속이는 일인 것이다. 우리나라에서는 정치적 음모를 지닌 소수의 계급의 적 외에, 누구나 문제(사회주의 제도 문제도 포함)를 탐구할 수 있고, 또 자신의 견해를 고수할 권리가 있다. 단 현재 상황이 그렇지 않은 것이 유감스럽다. 설사 정직한 공민일지라도 어떤 문제에 대해 다른 시각을 발표했다면, 동기가 악의적이라는 의심을 받아야 하고, 명예와 존엄에 있어서도 여론의 잔혹한 상해를 받는다! 이것이 '사상 속박'이지 않은가? 문제를 탐구·토론하는 데 왜 일정한 경계선 안에 있어야 하는가?……

사상 대해방 만세!!

민주, 자유 그리고 인도주의 만세!!!

진리와 정의 만세!!

인민 간의 사랑, 신임, 그리고 상호 존중 만세!!!"

(류지성劉繼生,「나는 묻고 또 묻고 또 묻고자 한다」我要問, 問, 問???)[33]

"중국은 수천 년 이래로, 봉건 통치 아래에서, 개성은 발양될 수 없었고, 경제의 낙후를 가져왔다. 해방 후, 정치·경제·문화 각 영역에서는 해방을 얻었지만, 민주 전통이 결여되고 사상 통제가 엄했기 때문에, 누구든

---

33) 『原上草 : 記憶中的反右派運動』, 255, 257쪽.

정치를 따지지 않고 자신이 좋아하는 것에 따라 개성을 발전시키는 것은 불가능했다. 중고등학교에서는 늘 집단주의와 모든 집단 활동을 강조했고, 그 틀은 너무 작아서 개성의 발전을 제한했다.……

청년은 독립적으로 사고하고, 대담하게 회의하며, 용감히 상상하고, 심지어 당의 정책과 방침에 대해서도 회의할 수 있다. 청년의 '원시 사상'을 충분히 발전시켜야 한다."

(선이광沈以光, 「청년을 독립적으로 사고하게 하다」讓靑年去獨立思考)[34]

"생각이 있는 사람이라면, 지금 민주가 당신에게 베푼 은혜라고 여기지 말라. 아니다! 아닌 것이다. 이 민주는 우리 스스로가 쟁취한 것이다. 사회주의의 영혼은 평등·민주·자유이다. 이것이 없다면, 사회주의는 곧 시들 것이며, 사회주의를 보위하기 위해서는, 인민에게 권력을 주어야 한다. 우리는 정신적으로 경제와 마찬가지로 평등과 자유를 획득해야 한다. 만일 인민의 의무가 단지 '지도에 복종하는 것'이라면, 또 지도의 의도를 아는 것이라면, '세 가지 주의(즉 종파주의, 관료주의, 주관주의)는 운동 중 정리될 것이고 다시 일어설 것이다.…… (왕궈샹, 「생각이 있는 사람이여! 그렇게 생각하지 말라」有頭腦的人! 不要那樣想)[35]

정신적 독립 자유의 '새로운 인간'을 외치다

반우파운동이 시작된 이후, 탄톈룽은 한 편지 속에서 자신에게 "우리는 도대체 무엇을 바라는가?"라고 반문을 한다. 그는 "우리가 요구하는 것

---

34) 『原上草: 記憶中的反右派運動』, 197~198쪽.
35) 『原上草: 記憶中的反右派運動』, 149, 150쪽.

은 주로 정신생활에 속한 것"이고, 정치와 사회의 발전을 요구하고 희망하는 것 외에도 "깨끗하고 사심이 없는 마음"을 지켜 가는 것이 가장 중요하다는 말을 한다.[36] 그는 모든 해방은 결국 인간의 해방으로 귀결되어야 한다고 보았다. 모든 자유의 요구는 결국 인간의 마음, 정신적 자유로 귀결되어야 한다. 이 때문에 우리는 탄톈룽의 글에서 끊임없이 참신한 인간에 대한 외침이 울려 퍼지고 있음을 발견한다. 이 역시 5·4 시기 꿈꿔 왔던 '새로운 인간'에 대한 또 하나의 호응인 것이다.

"우리는 개성이 강하고 성향이 분명한 사람이 필요하다. 우리는 희생정신이 있는 사람, 열심히 몰두하며 일하는 사람이 필요하다. 우리는 열정적이면서도 냉정한 사람, 마음이 솔직한 사람이 필요하다. …… 우리에겐 1분이라도 전투를 늦출 권리가 없다. 동요하지 말고, 겁먹지 말고, 회의하지 말며, 이를 악물고, 우리가 선택한 길에서 용감히 앞으로 나아가야 한다.

왜곡된 영혼들을 위해, 다친 마음들을 위해, 나뭇잎처럼 밟힌 사람들을 위해, 우리의 사회주의 조국을 위해, 인류를 위해 공산주의로 걸어가야 한다.……"[37]

우파분자 — '인류의 강직함'

탄톈룽이 보기에, '5·19'민주운동의 가장 중요한 의미는 이런 '새로운 인간'이 자신을 드러낼 무대를 제공했다는 데 있다. 이 때문에 '반우파운

---

36) 譚天榮, 「我們爲了什麽―再致沈澤宜」, 『原上草: 記憶中的反右派運動』, 60, 64쪽.
37) 譚天榮, 「第二株毒草」, 『原上草: 記憶中的反右派運動』, 34쪽.

동'이 시작될 때, "'5·19'운동이 끝났음을" 의미할 때, 그는 오히려 이렇게 '우파'의 찬가를 소리 높여 부른다.

"'5·19'는 빛나는 날이다. 국제 반교조주의 투쟁 속에서, 중국 청년들은 처음으로 자신의 역량을 보여 주었다. 그 과정에서 관습에 젖어 있던 막강한 세력들이 그들 앞에서 얼마나 끔찍한 빈약함과 비열함을 보여 주었는가. 진리와 정의를 외치는 그들 앞에서 보수 세력들은 고양이 앞에 선 쥐보다 더 비겁하다. 이성과 법제의 외침 속에서 그들은 물 밖의 물고기보다 더 생명력이 없으며, 민주와 자유의 외침 속에서 그들은 눈부신 태양 아래의 눈과 얼음보다도 더 쉽게 녹아 버린다. 그렇지만 우리의 '우파분자'를 봐라! 사람들의 마음을 격동시키는 대자보의 말과, 변론대회에서의 강철 같은 논리적 힘, 실제 일을 함에 있어서 애써 노고를 견뎌 내는 모습, 투쟁대회에서 모욕에 직면할 때 그것을 용인하는 풍모, 그들이 혼자 있을 때의 평정한 마음, 이 모두 어디에서 이런 왕성한 활기가 생겨났단 말인가! 이렇게 어디에서 영원히 소멸하지 않을 정력이 생겨났단 말인가! 게다가 또 견줄 데 없는 영혼의 천진스러움, 언제 어느 곳에서든 기적을 창조한다는 믿음, 그 어디에 모든 사물에 대한──설사 그것이 고된 것일지라도──이와 같은 애호보다 더 미묘한 것이 있단 말인가?……

아! '우파분자여'──인류의 강직함이여."[38]

이처럼 탄톈룽은 1957년 중국의 '우파'를 위해 기념비를 세웠다. 그는 다른 글들에서, 그들을 "역사적 필연성을 인식하고, 진리를 위해 투쟁한 전사"[39]이자, "민주 자유의 용맹한 전사"[40]라고 명명했다. 만일 20세기의 사상사 속에서 고찰해 본다면, 그들은 루쉰이 20세기 초에 외쳤던 '정신계 전사'의 계보에 속한다.[41] 탄톈룽은 그 중에서도 대표라 할 수 있다. 린시링이 언제나 현재 상황에 만족하지 않고, 진실을 말함으로써 비판자 정신을 보여 주었다면, 탄톈룽은 꾸준하게 탐색하고, 용감히 진리와 정의를 수호하며, 언제나 사상의 독립·자유·비판과 창조의 정신을 고수하였던 것으로 대표되었다. 이 모든 것이 우리가 말하는 '우파'의 정신적 전통을 만들었다.

개인성의 존재 : 오만방자한 외피 속에 숨겨진 깊은 정

탄톈룽은 또 자신의 초상을 그리고 있었다. 그의 대자보를 읽어 보면, 확고함과 자신감에 찬 그의 '개인성'을 강렬하게 느낄 수 있다. "나는 올해 22살인데, 아직 두려움을 배우지 못했다. 나는 올해 22살인데, 아직 공포를 모른다. 나는 올해 22살인데, 지친 적이 없다."[42] "나에게 삶과 죽음은 이미 관심 밖이다. 죽든 살든 나는 공산주의자이다. 그러나 삶은 우리의 사업이 누구도 교살할 수 없다는 것을 증명할 것이다. …… '5·19'와 '5·4'는 우리 후대의 뇌리 속에 선명하게 남아서 언제나 미래의 젊은이들을 고무시키고 있다. 이 모든 것 때문에 나는 그 어떤 공포도 없다."[43]

    탄톈룽은 깊은 고통으로 가득 차 있었다. "자기편이 반대하는 것이, 총살당하는 것을 보는 것보다 더 괴롭다."[44] "사람들은 우리가 자존자중

---

38) 譚天榮, 「第四株毒草」, 『原上草 : 記憶中的反右派運動』, 39~40쪽.
39) 譚天榮, 「第二株毒草」, 『原上草 : 記憶中的反右派運動』, 33쪽.
40) 譚天榮, 「我們爲了什麼―再致沈澤宜」, 『原上草 : 記憶中的反右派運動』, 63쪽.
41) 錢理群, 「精神界戰士譜系的自覺承續」, 『拒絶遺忘 : 錢理群文選』.
42) 譚天榮, 「第三株毒草」, 『原上草 : 記憶中的反右派運動』, 38쪽.
43) 譚天榮, 「救救心靈」, 『原上草 : 記憶中的反右派運動』, 57쪽.

하고 혈기 왕성한 청년임을 잊은 것 같다. 지금 누구든 언제 어디서나, 어떤 상황에서든 우리를 잡아 어떤 문제라도 질문할 수 있고, 어떤 욕설이라도 우리의 누구에게나 쓸 수 있다. 이 모든 것을 견뎌 내는 데 얼마나 많은 인내심과 끈기가 필요한지는 생각할 수 있을 것이다."[45]

또 이처럼 모든 사람을 이해하면서(자신의 상대도 포함하여), 아울러 다른 사람들도 자신을 이해하기를 갈망하였다. "만일 군중을 위해서가 아니라면, 우리의 모든 작업은 도의의 기본을 상실할 것이다. 우리를 반대하는 사람들은 사유가 결핍되어 있기 때문에 모든 문제는 그들의 사상을 깨우는 데 있으며, 그들을 지나치게 책망하지 말아야 한다." "설마 우리가 이러한 사상에 통제된 군중들을 원망할 수 있단 말인가?" "설마 우리가 군중들에게 보복을 할 거라고 보는가?" "어찌하여 당시 당신들처럼 그렇게 '수구주의자'를 원망하지 못했단 말인가? 이것이 바로 그 원인이다."[46] "진정한 공산당원들이여! 진정한 공산주의 청년단원들이여! 선량한 학생들이여! 나의 과거의 모든 무례함을 용서하여 주길 바란다. 나는 역으로 전진할 것이며, 한 발자국도 물러서지 않을 것이다. 나는 여러분들에게 뭔가를 해명하고 싶지는 않다. 당신들의 마음은 중국식이다. 당신들의 마음으로 나를 이해해 주길 바란다!"[47]

그는 또 다음과 같이 생활에 연연해하며, '인정'人情[48]에 호소하고 있다. "다만 사람들이 우리를 너무 지나치게 가로막지만 않는다면, 우리 같

---

44) 譚天榮,「救救心靈」,『原上草: 記憶中的反右派運動』, 57쪽.
45) 譚天榮,「我們爲了什麼—再致沈澤宜」,『原上草: 記憶中的反右派運動』, 59쪽.
46) 譚天榮,「我們爲了什麼—再致沈澤宜」,『原上草: 記憶中的反右派運動』, 62쪽.
47) 譚天榮,「救救心靈」,『原上草: 記憶中的反右派運動』, 58쪽.
48) 탄톈룽의 대자보 하나가 있는데, 제목이「機句人情話」이다.

은 낙후분자들도 삶을 이해하고 있음을 증명할 수 있다. 우리 같은 우파 분자들도 싸울 수 있고 즐길 수도 있다는 것을 증명할 수 있다."[49] "'5· 19' 이래로, 나는 가슴 깊이 베이징대학을 사랑하게 되었다. 이제 베이징대학의 모든 것이 나를 향해 손짓하고 있으며, 나를 향해 미소 짓고 있다. 나뭇잎은 눈썹을 펴고, 창문은 눈동자를 응시하며, 대로는 나를 반기고, 친근하게 나를 향해 안부를 묻는다. …… 작은 산등성 위의 잔디, 웨이밍未名 호숫가, 이 모든 것들이 얼마나 좋았던가. 그러나 내가 더 사랑하는 것은 행동하는 사람들, 다정한 대화, 그리고 침묵의 지지였다. 나는 베이징대학을 사랑한다. 이곳에는 나의 친구가 있고, 나의 동지가 있다. 이곳에서 나는 엥겔스의 저작을 읽었고, 이곳에서 나는 삶을 배웠다. 내가 얼마나 베이징대학에 남기를 바랐던가!"[50] "무모하고 오만방자한" 외피 속에 이처럼 부드러운 정이 깊이 숨겨져 있었다니, 정말 감동적이다.

3) '5·19민주운동'의 몇 가지 사상적 특징

맑스주의의 비판 정신, 혁명의 본질로 복귀하다

우리는 1957년 5·4 전통에 대한 탄톈룽들의 자각적 계승에 대해 논의했다. 그것은 단순하게 되풀이한 것이 아니라, 그 시대적 특색을 갖춘 것이었다. 이 가운데 중요한 것은 대상에 대해 질의하고 도전하는 태도였다. 우리는 5·4신문화운동의 주요 도전 대상이 경직화된 유가儒家 이데올로기였고, 이질 문화 즉 서방의 '과학', '민주' 관념, 이른바 '민주 선생'과

---

49) 譚天榮, 「第三株毒草」, 『原上草: 記憶中的反右派運動』, 37쪽.
50) 譚天榮, 「救救心靈」, 『原上草: 記憶中的反右派運動』, 57쪽.

'과학 선생'을 끌어들여 그것에 대항하고, 심지어는 이를 대체하였음을 알고 있다. 그런데 이 '5·19'민주운동은, 절대화·교조주의화·수정주의화된 맑스주의 이데올로기에 도전하는 것이었다. 그러나 그 기본 입장은 맑스주의 자체를 부정하려는 것이 아닌, 맑스주의의 혁명적 본질을 회복하고 분발시켜 본래 갖추고 있던 비판성을 발양하고, 사상과 체제의 경직된 정신적 자원을 타파하는 것이었다. 탄톈룽은 다음과 같이 엥겔스의 말을 정중하게 인용하면서 모든 비판에서 이론적 근거와 출발점으로 삼았다. 우리는 "어떤 종류의 외부 권위·종교·자연관·사회국가 제도를 인정하지 않는다. 모든 것은 가장 무정하게 비판받아야 하며, 이성의 심판대 앞에 서서 그 모든 존재 이유를 증명하거나, 그 존재 권리를 버려야 한다. 사유와 이성은 모든 현존하는 사물을 측정하는 유일한 척도이다."[51] 탄톈룽은 '5·19'운동을 모종의 '복귀'운동이라고 보았다. 즉 "사유제에서 공유제로의 복귀, 교조주의에서 맑스주의로의 복귀, '세 가지 해악'에서 민주로의 복귀라는 것이다."[52] 탄톈룽 본인은, 말년에 이르기까지, 그를 찾아온 사람에게 스스로를 '근본주의적인 맑스주의자'라고 장난스럽게 칭했는데, 이는 어느 정도 진실성을 담고 있었다. 그는 맑스와 엥겔스가 창건한 맑스주의를 신봉하였다. 앞에서 본 것처럼, 그는 1895년 엥겔스가 서거한 뒤, 맑스주의는 '부정'의 단계에 처해 있었다고 보았다(즉 그가 말한 "상호 영향을 미친 수정주의와 교조주의, 62년 동안의 절대 통치"). 지금은 바로 맑스와 엥겔스로의 '복귀'가 필요하다는 것이다. 즉 소위 말하는 '부정의 부정'인 것이다.

---

51) 譚天榮, 「第二株毒草」, 『原上草: 記憶中的反右派運動』, 33쪽.
52) 譚天榮, 「第二株毒草」, 『原上草: 記憶中的反右派運動』, 33쪽.

사회주의 민주로의 복귀

여기에는 또 민주로의 복귀 문제가 있다. 앞에서 말한 대로, 이는 5·4 전통에 대한 자각적인 계승임에 틀림없다. 그렇지만 1957년 탄톈룽은 '사회주의'와 '민주'의 관계에 대한 새로운 문제에 맞닥뜨리게 된다. 그는 대자보에서 다음과 같이 말한 바 있다. "많은 사람들의 머릿속에는 이미 이러한 기묘한 공식이 형성되었다. 즉 민주+자유+인도주의······ =부르주아계급(민주+자유+인도주의)이라는 것이다. 이러한 어휘는 말 그대로 부르주아의 색채를 띠고 있다. 다른 사람들이 그것을 언급할 때는 늘 습관적으로 동일한 말만을 반복한다. 우리는 묻고자 한다. '인성'은 존재하는가? '민주' 등은 '계급성'을 제거하는 것 외에 전민성全民性은 있는가? 이러한 구호는 이미 시대에 뒤떨어진 것인가? '부르주아계급 민주' 등등의 구체적인 내용은 무엇인가?"[53]

논자가 논증하고 주장하는 것은, '민주', '자유', '인도주의'와 같은 관념의 보편적 적용이지, '서방 부르주아계급'의 특허가 아니었다. 「내가 보는 민주」我看民主라는 대자보에서는 "민주화는 사회 발전의 필연적 추세이다", "민주는 선진적인 사회의 이상이다", "사회주의 민주는 가장 높은 유형의 민주이다", "현 단계에서 민주는 수단이자 목적이다" 등등을 강조했다.[54] 이 때문에, "당신들이 표방하는 민주는 어떤 민주인가?"라는 질문에 당면했을 때, 그의 대답은 아주 당당하게 우리가 원하는 것은, "'5·19'로부터 시작된, 민주광장 자유연단에서도 보여 준, 지금도 계속 형성·발전되고 있는 그러한 민주이다. 소련의 형식을 억지로 옮겨 온

---

53) 劉績生,「我要問, 問, 問???」,『原上草: 記憶中的反右派運動』, 257쪽.
54) 葉於泩,「我看民主」,『原上草: 記憶中的反右派運動』, 140~141쪽.

것도 아니며, 서구의 형식을 사온 것은 더더욱 아니다. 오히려 중국의 사회주의 토양 속에서 나고 자란 민주제도이다",[55] "사회주의는 우리의 이상"으로 "수입해 올 필요가 전혀 없는 것"[56]이라고 했다. 그들이 이해하고 추구하는 '사회주의'는 '고도의 민주'와 연결되어 있었다.

사회주의 공유제로의 복귀, 자본주의에 대한 경계

다른 한편에서 보면, 1957년 중국 대학 교정에서의 우파는, 고도의 민주적 사회주의를 자신들이 추구하는 목표로 삼고, 부르주아계급 민주 전통을 계승하는 것과 동시에 또 반자본주의 경향을 가지고 있었다. 탄톈룽은 자신의 「첫번째 독초」에서 "이제 더 이상 참을 수 없는" 사상의 전제성에 도전함과 동시에, 또 "강인하고 과단성 있는, 재기발랄한" "중국 청년"들이 똑같이 "국제 부르주아계급이 식사할 때 놀라서 칼을 떨어뜨리게 할 것"임을 선포했다. 탄톈룽의 '세 가지 복귀'에는, "교조주의의 맑스주의로의 복귀", "세 가지 해악의 민주로의 복귀" 이외에, "사유제의 공유제로의 복귀"가 있었다. 중국의 현실 정치에서, 그들은 "부르주아계급을 대표하는" 것으로 여겨진 '민주당파'에 대해 줄곧 모종의 경계심을 가지고 있었다.

린시링은 베이징대학의 두번째 강연에서, 다음과 같이 분명히 말한다. "나는 공유제가 사유제보다 발전된 것이라고 생각한다. 문제는 공유제를 더 한 걸음 나아가게 하기 위해서, 누군가 고정 이자제[57]를 20년

---

55) 陳愛文, 「關於社會主義制度」, 『原上草: 記憶中的反右派運動』, 101쪽.
56) 譚天榮, 「我們爲了什麼—再致沈澤宜」, 『原上草: 記憶中的反右派運動』, 63쪽.
57) 중화인민공화국의 1956년 업종별 공사 합영화(合營化) 후에 취해진, 개인 출자의 자본에 대한 고정 이자 제도.—옮긴이

간 실행할 것을 제안했다(이는 상하이 훙싱鴻興제조공장의 이사장이자, 중국 시계 공장의 사장인 왕캉녠王康年이 건의한 것이다. 당시 민주건국회 부주임 위원이자 전국공상연합 부주임 위원인 장나이치章乃器는 '고정 이자는 착취가 아니다'라고 주장했다). 나는 이에 절대 동의하지 않으며, 즉시 고정 이자를 취소할 것에 찬성한다."[58] 1957년 학생들이 교내에서 발동한 '5·19'민주운동은 동 시기 민주당파의 백화제방 백가쟁명과는 아무 관계가 없는 것으로 학생들이 완전히 자주적이며 독립적으로 민주운동을 추진해 나간 것이라고 할 수 있다. 주의할 만한 것은, '백화제방, 백가쟁명' 시기 민주당파의 거물이자, 후에 대우파가 된 장보쥔章伯鈞, 뤄룽지羅隆基 그리고 추안핑儲安平 등의 언론이 대학 내에서 모두 별다른 반응을 불러오지 못했다는 사실이다. 이는 아마도 우연이 아닐 것이다.

역사의 오해, 이루어지지 못한 기대

탄톈룽의 분석에 의하면, 그가 기대한 '세 가지 복귀'를 실현하는 역량은, 당시 마오쩌둥이 발동한 '위로부터 아래로의 정풍운동'과 청년학생들이 발동한 '아래로부터 위로의 민주운동'이었다. 이 두 가지는 "상호 영향을 주며", 서로를 지원해야 했다. 탄톈룽은 심지어 "우리의 친애하는 마오쩌둥 동지가 매우 곤란한 처지에 있는 것 같다", "우리가 힘을 모아 그를 지원해야 한다"고 했다. 탄톈룽은 동시에 "이 위대한 전변轉變의 시기에 세 가지 역량이 만들어 낸 백만 대군"을 제시했다. 즉 "역사적 필연성을 인식하고, 진리를 위해 싸우는 전사", "그 무고한 피해자들", 그리고 "사회주의를 반대하는 적대 역량"들이다. 탄톈룽은 "우리 청년학생들은 첫번

---

58) 林希翎, 「在北大的第二次發言」, 『原上草: 記憶中的反右派運動』, 156~157쪽.

째 부류에 속해야 한다"고 주장했다. 그러나 무엇이 "사회주의를 반대하는 적대 역량"인지 분석하지는 않았다. "지금 이 세 부류를 명확히 분석하는 것은, 사실 불가능하다. 하지만 어느 시기에 이르면, 그들은 스스로 제각기 갈 길을 갈 것"[59]이라고 했다.

때문에, 마오쩌둥이 반우파운동을 발동할 때, 신문에는 사이비 '반당·반사회주의' 언론들, 특히 거페이치葛佩琦의 이른바 "공산당원을 죽여야 한다"와 같은 사람을 놀라게 하는 왜곡된 언론이 발표되었고, 공화국이 마치 진짜 반당·반사회주의 세력의 심각한 위협에 처해 있는 것같이 보였다. 이는 곧 이러한 사회주의·맑스주의에 대해 진실된 믿음을 가지고 있는, 또 중국공산당에 대해 기본적으로 신뢰하고 있는 젊은이들의 사상에 극대한 혼란을 초래했다. 어떤 사람은 우파의 공격이 진짜 확실히 존재한다는 전제 아래 반우의 필연성을 인정했으며, "우파가 사회주의를 반대하고, 자본주의를 주장한다. 그들은 부르주아계급의 이익을 대표하기 때문에, 인민들은 그들을 반대해야 한다"고 했다. 동시에 "나는 당과 다른 의견을 견지할 것이다. 소수의 반사회주의자들 때문에, 사회주의 민주 역량을 공격해선 안 된다. 계급투쟁을 이유로 사회주의 발전을 위해 적극적으로 장애물을 제거하는 사람들을 공격해서는 안 된다. 또 그다지 좋지 않은 그리고 공정하지 않은 방법으로 민주를 억압하는 것에 대해 강력히 항의한다"는 입장을 고수했다.

또한 이러한 판단에 근거하여 다음과 같은 전략적 후퇴가 제안되기도 했다. "당과 민주 급진파는 자신들의 편파성으로 인해 대립 상태에 빠졌다. 이것은 당이 책임져야 한다. 우리가 더 대치해 간다면, 당과 현실에

---

59) 譚天榮, 「第二株毒草」, 『原上草: 記憶中的反右派運動』, 33, 34쪽.

대해 주관이 부족한 군중과 우리에게는 백해무익할 것이다. 이러한 국면은 세 가지 해악 분자와 반사회주의 분자에게만 유익하다", "민주 역량은 뒤로 물러서야 한다. 이는 세 가지 해악 분자와 보수세력에게서 물러선다는 것이 아니다. 즉 당내 진보세력과의 타협이다. 이런 타협은 현재 불가피하다."[60] 또 어떤 사람은, "당과 국가를 위해 충성심이 충만했던 청년들을 공격하는 비극에" 대해 불평하였고, 자신의 기본 입장을 고수하면서 자신의 "과격한 행동", "당을 믿지 않는 지나친 정서", "무정부주의 경향", "사회적으로 우파의 정치 자본이 되는" 것을 반성하였다. 아울러 "각국의 공산당 진보 세력과 단결하며, 마오쩌둥과 흐루시초프가 단결하여, 앞으로 나아가는 데 있어 모든 장애를 극복하고, 공산주의를 향해 나아가야 한다"[61]고 주장하기도 했다.

그런데 탄톈룽 자신은 처음부터 반우파운동에 대해 근본적으로 부정적인 태도를 유지했다. 그는 『런민일보』가 조직한 십자군은, 몰락 계급의 정서를 충분히 표현했고, 내적 권리를 가진 사람들이 자신의 역량을 드러낼 필요는 없다. 그는 자신의 비전을 믿는 사람이 익명의 편지 한 통과 같은 작은 일로 죄를 그렇게 크게 물을 수 있는지 생각해 보라"고 했다.[62] 그는 "정풍-민주운동과 '반우파'투쟁은 본질적으로는 서로 대립되는데, 후자는 전자에서 파생된 것으로, 전자의 부정적 표현이며, 전체 과정에는 두 가지 역량인 보수와 혁명의 상호 투쟁이 관통하고 있다"고 하면서, "이 두 가지 역량은 보통 서로 상대방을 반당·반사회주의적

---

60) 嚴仲強, 「壓制不了的呼聲」, 『原上草 : 記憶中的反右派運動』, 79, 80쪽. 楊路, 「最後的宣言」, 『原上草 : 記憶中的反右派運動』, 221~222쪽.
61) 黃友劍, 「告全校'右派同學'書」, 『原上草 : 記憶中的反右派運動』, 261, 262쪽.
62) 譚天榮, 「這是爲了反三害」, 『原上草 : 記憶中的反右派運動』, 67쪽.

이라고 한다"[63]고 하였다. 때문에, 그는 시종일관 자기비판을 거절했으며, 그 결과 '강경 분자'라고 규정되었다.[64] 그는 「네번째 독초」에서, "5·19운동이 끝났다"고 선포하고, 셸리Percy Bysshe Shelley의 시구 "겨울이 도래하였다면, 봄도 멀지만은 않았으리"[65]를 인용하며 결론을 지었다. 그 역시 반우파운동으로부터 시작된 '겨울'이 이렇게 길 거라고는 예측하지 못했던 것이다. 이 세대 사람들은 언제나 낭만주의자이자 이상주의자였다.[66]

---

63) 譚天榮, 「第四株毒草」, 『原上草 : 記憶中的反右派運動』, 42, 43쪽.
64) '5·19'의 주요 조직자 가운데 한 사람인 천펑샤오는 다음과 같이 회고했다. "당시 자기비판을 거절한 사람으로는 다만 류치디, 탄톈룽, 옌중창, 그리고 내가 있었다. 그 뒤 들리는 말로는 량스후이(梁世輝)가 있었는데, 우리는 '강경 분자'로 불렸다." 陳奉孝, 「我所知道的北大整風反右運動」, 「沒有情節的故事」, 507쪽. 천펑샤오 본인은 반우파운동이 시작된 지 얼마 되지 않아, 대자보를 붙이고 성명을 발표했다. "나는 이번 운동의 조직자이다. …… 나를 찾아오길 바란다! 나는 당신들이 날조와 무수히 많은 추론의 방법으로 내게 죄명을 만들고 있다는 것을 알고 있다. 이것들을 나는 받아들이길 원한다. 나는 다만 당신들이 더 이상 그토록 많은 무고한 사람들을 시달리게 하지 않기를 희망한다. 동시에 나는 공개적으로 나와 접촉한 일이 있는 사람들이, 더 이상 무슨 관계를 고려하지 않기를 바란다. 당신들이 나에 대해 알고 있는 모든 것을 다 말해도 좋다! 나는 절대로 누구도 탓하지 않겠다. 나의 태도는 곧 이러하다. …… 만일 누군가가 내게 솔직히 자기비판을 하라고 한다면, 그것은 절대로 할 수 없다! …… 당신들은 권력 기관을 장악하고 있지 않은가? 그렇다면 지금 사용하라! 더 이상 이른바 비판대회 수단으로 군중을 속일 필요가 없다." 陳奉孝, 「如此伎倆」, 『原上草 : 記憶中的反右派運動』, 218쪽.
65) 譚天榮, 「第四株毒草」, 『原上草 : 記憶中的反右派運動』, 39, 43쪽.
66) 유럽 낭만주의 시인의 이 세대 우파에 대한 영향은 대단히 흥미로운 연구 과제이다. 양루는 앞에서 인용한 「최후의 선언」(最後的宣言)에서 바이런의 시구를 자신의 '고별사'로 삼았다. "나는 이 인간 세상을 사랑한 일이 없으며, 인간 세상도 나를 사랑하지 않는다 / 그것의 추악한 냄새를, 나는 종래로 찬미한 일이 없으며 / 또한 우상숭배의 교조 아래 무릎을 꿇은 일이 없다 / 웃는 얼굴로 아첨하고, 치켜세우며 대답한 일이 없다 / 이 때문에 세인들은 나를 동류로 여길 수 없었으며 / 나는 그들 가운데 한 사람이다, 비록 그 가운데 있어도 / 나의 사상은 그들과 전혀 다르다 / 만일 내 자신의 마음을 때 묻게 하지 않고, 스스로 굴욕을 당하지 않게 한다면 / 아마도 나는 지금도 여전히 그 인해(人海) 속에서 부침할 것이다." 『原上草 : 記憶中的反右派運動』, 223쪽.

4) 반우파운동 이후: 가둘 수 없는 사고

특수한 노동 교화범

탄톈룽과 그의 1957년 교내 전우는 노동개조대에서 함께 고난을 당하는 친구가 되었다. 그러나 사상을 가둬 둘 수 없었고, 사유는 계속되었다. 고난을 함께했던 친구 눈에 비친 탄톈룽은 "이상하게도 그의 전공인 물리학을 연구하지 않고, 날마다 『레닌 문선文選』 두 권을 받쳐 들고는 자세히 음미했다". 하지만 얼마 가지 않아 문제가 되었다. "그 해 마침 인도네시아 공산당 주석인 아이디트Dipa Nusantara Aidit가 소련을 거쳐 중국을 방문했는데, 그때 베이징의 채소시장을 참관하고는 중국의 토마토가 싸다고 극찬했다. 중국에서는 4푼分이면 한 근을 살 수 있지만, 소련에서는 4루블을 줘야만 한 근을 살 수 있다고 했다. 당시 화폐를 비교해 보면, 1루블은 인민폐人民幣 2위안이고, 4달러였다. 신문을 읽은 뒤, 탄톈룽은 중국인이 가난한 이유는 토마토가 너무 싼 것에 있다고 했다. 만일 중국의 토마토를 4위안에 한 근을 산다면, 중국의 농민은 부유해질 것이라고 했다." 이 말은 보고가 되었고, 노동교도 간부는 탄톈룽이 "중국의 토마토가 싼 것에 화를 냈다"고 하였다. 또 "우파 본질이 고쳐지지 않았다"는 억지 죄명을 씌웠으며, 조직에서는 비판을 했다. 탄톈룽은 자연히 불복했고, 경전을 인용하며 자신 있게 변명하였다. 그리고 마지막엔 "반동 입장을 견지하는" "개조를 거절한" 전형이 되어, 교양 기간을 1년 더 연장한다는 처벌을 받았다.[67] 이 사건은 그 뒤 작가 유펑웨이尤鳳偉에 의해 장편소설 『나의 1957년』我的1957年 속에 삽입되어, 문학의 전형적 사건이 되었다.

---

67) 夢波, 「勞改紀實」, 『我親歷過的政治運動』, 80~82쪽.

그런데 탄톈룽 본인의 회고에 의하면, 그는 11년의 긴 노동교도 기간 중에 열성적으로 노동하고 모범적으로 기율을 준수했지만, 자신은 결국에는 '반反개조분자'에 머물렀다고 했다. 그 주요 원인은 "보지 말았어야 할 것을 보고, 쓰지 말았어야 할 것을 썼기 때문"이라고 했다. 이른바 "보지 말았어야 할 것"은 그가 『맑스·엥겔스 선집』을 숙독하고, 그 가운데 특히 『루이 보나파르트 정변기政變記』(이 제목은 지금은 『루이 보나파르트의 브뤼메르 18일』이라고 번역됨)를 숙독하였다는 것에 있었다. 그는 "심지어 그 가운데 많은 단락을 유창하게 암기할 수 있었고", "한 단계 더 오른" 느낌을 가졌었다. "1957년 물리학적 사고를 통해 변증법의 몇몇 작은 기교를 초보적으로 장악했다면, 이 기간의 학습과 성찰反思을 거쳐, 역사 유물주의의 요점을 어느 정도 깨달았다." 그는 "자신도 모르게" 그것으로 현재 발생한 사건을 분석하게 되었고, "맑스가 『루이 보나파르트 정변기』에서 보나파르트의 정변을 묘사한 것처럼, 당시의 '문화대혁명'을 묘사했다. 신중국 성립에서부터 '문화대혁명'까지의 중국의 계급투쟁을 묘사하였고, 문화대혁명을 이런 계급투쟁 진행 과정의 필연적 결과로 귀결시켰다."

또 1968년 "쓰지 말았어야 할" 책을 썼는데, 제목이 『중국 혁명과 스탈린 시대의 종결』中國革命和斯大林時代的終結이었다. 이 책에서 그는 "10월 혁명, 스탈린, 1949년의 혁명 그리고 '문화대혁명' 등의 문제에 대한 시각"을 명백히 논술했다. 이 책은 속기로 쓰여졌는데, 나중에 다시 써서 한두 친구에게 보여 줬다가 '반혁명 소집단'으로 몰렸다. 후에 어떻게 된 건지 모르지만, 그는 공안부의 내부 신문에 "반혁명분자 탄톈룽의 사형을 집행한다"는 소식이 실렸다고 들었다. 잘못 전해진 것인지, 아니면 정말로 이러한 결정이 있었는지, 무엇 때문에 집행되지 않았는지는 모르지만,

탄톈룽이 사유하고 글쓰기를 계속하면서 맞닥뜨렸던 위험은 모두 사실이었다.[68] 책의 원고는 보존되지 않았지만, 그 속의 기본 관점은 그의 가슴속에 깊이 남겨져, 이후 『내가 이해하는 맑스주의』我所理解的馬克思主義에 다시 쓰이게 된다. 이 글 속에서 '역사유물론' 부분은 바로 그 당시 생각의 회고적인 기록이다. 이것으로 인해 우리는 대략적으로 탄톈룽이 1968년에 했던 사고의 성과를 이해할 수 있게 되었다.

1957년 제기한 문제에 대한 1968년의 지속적인 사고

이는 11년 전(1957년) 사고의 연속이다. 어떤 의미에서, 1968년의 『중국혁명과 스탈린 시대의 종결』은 1957년의 『교조주의 탄생의 역사적 필연성』의 속편이었다. 반우파운동 이후부터 문혁 때까지 중국 현실에 대한 사고와 반성을 하고 있었으며, 진일보한 깊이가 있었다. 고난을 함께했던 그 친구가 원고를 읽어 보고는 "탄톈룽의 최근 몇 년간의 노력을 우습게 보지 말라. 본래 그는 평범했지만, 지금은 정말 달라졌다"[69]고 하였다.

사고 하나 : '개인숭배'는 어떻게 만들어지는가?

'개인숭배'는 어떻게 만들어지는가가 문제의 시발점이었다. 만일 1957년은 탄톈룽이 주로 스탈린의 개인숭배가 조성한 심각한 결과에 직면한 것이라면, 1968년은 '문화대혁명' 중에 있었던 극단적 형태의 개인숭배에 직면한 것이다. 탄톈룽은 헤겔의 관점을 인용하여, 어떤 중요한 역사적 사건이 두 차례 되풀이되는 것의 필연성, 즉 지금 토론하고자 하는 러

---

68) 譚天榮, 「一個沒有情節的故事」, 『沒有情節的故事』, 568, 570~572쪽.
69) 譚天榮, 「一個沒有情節的故事」, 『沒有情節的故事』, 571쪽.

시아와 중국에서 탄생하게 된 개인숭배의 '역사적 필연성'을 강조한다. 탄톈룽은 개인숭배를 개인(스탈린과 마오쩌둥)의 '착오', 사상·의식·작풍·성격·심리 문제로 귀결시키고, 개인숭배와 문혁의 발생을 모두 우연한 사건으로 보면서, 역사 경험의 교훈의 종결을 한 개인의 역사적 공과功過로 전환하는 것은 전형적인 역사 관념론이라고 보았다. 탄톈룽은 새로운 시각에서 그가 1957년에 제기했던 맑스주의 발전 과정 중의 위기 문제를 거듭 천명했다. "내가 보기에, 20세기 정부의 맑스주의 역사관은 실제로는 관념론이다. 사람들의 임무는 경제의 필연성을 중심으로 하는 맑스주의의 본래 면모를 회복시켜야 하는 것이다." 이 때문에 탄톈룽은, 중국에 출현한 개인숭배와 그것이 극도에 달한 '문화대혁명'에 관해서, 우리가 대답하려는 문제는 "무엇 때문에 마오쩌둥은 말년에 착오를 범했는가"라기보다는, "무엇 때문에 신중국에 황제가 출현했는가?"라는 문제라고 하였다. "이런 한 사람이 필요할 때가 되면, 그는 곧 출현할 것"이라는 엥겔스의 말을 빌려, "신중국에서 황제가 필요하다면, 황제는 반드시 출현할 것이다"라고 하였다.

탄톈룽은 이에 대해 과학적인 대답을 하려면, 반드시 맑스주의의 역사 유물주의의 두 가지 기본 원리, 즉 "경제적 토대가 상부구조를 결정한다", "사회적 존재가 사회적 의식을 결정한다"를 견지해야 한다고 보았다. 그래서 그는 신중국의 경제적 토대와 그 상부구조와의 관계에서 나온 기본 모순을 다음과 같이 분석했다. "신중국 역사의 최초 조건은, 현대화된 도시라는 섬들이 고대 향촌의 망망대해에 흩어져 있는 형국이었다. 중국 사회가 한 걸음 발전해 나아가려 할 때, 고대에 머물러 있는 향촌은 고대의 경제적 토대에 조응하는 고대적 상부구조의 수립을 요구하게 된다. 현대화된 도시는 사회주의 건설을 요구한다. 이것은 신중국 사회의 기본 모순으로, 고금 중외古今中外 어디든 존재하는 도농 모순의 특수 형태이다. 신중국의 역사는 이 모순의 기초 위에서 시작되었다. 마오쩌둥은 중국의 위대한 지도자로, 도시 사람들의 지도자일 뿐만 아니라, 향촌 사람들의 지도자였다. 도시 사람들의 지도자로서 그의 역사적 사명은 맑스의 청사진에 의거하여 중국에 사회주의 건설을 완성하는 것이었다. 향촌 사람들의 지도자로서 그의 역사적 사명은 중국에 고대의 동방 전제 제국과 '폭군의 통치 아래에서 만인이 평등한' 서민 사회를 건설하는 것이었다. 중국의 도시와 향촌이 상호 작용을 하고 있는 이상, 서로를 배척하는 이 두 가지 역사적 사명은 서로에게 영향을 줄 수밖에 없다. 그래서 신중국 사회의 기본 모순은 마오쩌둥에게 반영되어, 그의 사상의 모순으로 표현되어졌다. 즉 한편으론 맑스주의이고, 다른 한편으론 진시황식의 폭군이었다." 여기 '경제적 토대와 상부구조의 모순'으로부터 본 중국 사회의 기본 모순에 대한 분석은, 1957년의 '사회제도' 문제에 대한 보다 심도 있는 추궁이었다. 여기서 마오쩌둥에 대한 평가와 분석은, 그가 '맑스주의자'로서 중국의 '사회주의 건설'을 위해 노력했다는 것을 강조하고 긍정하였다. 이는 1957년의 인식과 일맥상통하는 점이 있다. 그러나 '진시황식의 폭군'에 대한 분석과 강조는, 반우파운동과 문혁의 절실한 체험으로부터 나온 새로운 인식이었다.

사고 둘: '황제'와 '권력 귀족'의 모순

'황제'와 '권력 귀족' 및 그 모순에 대한 탄톈룽의 분석이, 맑스에게서 영향을 받았다는 것은 주의할 만하다. 맑스는 『루이 보나파르트 정변기』에서 다음과 같이 지적했다. "보나파르트는 한 계급의 대표이자, 프랑스 사회에서 가장 많은 계급-소농을 대표한다." "보나파르트 왕조는 농민의 왕조, 즉 프랑스 인민 군중의 왕조이다." "소규모 토지 소유제는 그 본질로 볼 때 만능적이고 무수한 관료들이 발붙일 기지가 되었다고 할 수 있다. 이 토지 소유제는 전국적인 범위에서 모든 관계와 개인에게 딱 맞는 수준을 만들어 냈다. 그래서 그것은 최고의 중심으로부터 획일화되어 있는 전체의 각 부분들에 대해 동일한 작용을 일으킬 수 있었다. 그것은 인민 군중과 국가권력 사이의 중간귀족층을 소멸시켰다. 그래서 그것은 이 국가권력의 전면적인 간섭과 도처에 있는 직속기관의 침입을 유발시켰다."

탄톈룽은 맑스가 보나파르트 왕조를 분석했던 방법과 사고로 중국 사회를 분석했다. "맑스가 말한 소농의 왕조는 무수히 많은 전능적 관료를 요구한다. 신중국에서 이런 요구는 공산당의 간부들을 자기 자신만을 위하는 관료들로 바꾸어 놓았다." 그러나 소농의 경제적 지위는 그들로 하여금 "자신의 명의로 자신의 계급적 이익을 보호할 수 없게 하였으며, 따라서 다른 사람으로 하여금 그들을 대표하도록 해야만 했다." "그들의 대표는 동시에 그들의 주재자이며, 저 높이 그들 위에 서 있는 권위로 제한을 받지 않는 정부권력이었다. 이러한 권력은 그들이 기타 계급의 침범을 받지 않도록 보호했고, 또 위로부터 그들에게 빗물과 햇빛을 내려주었다." 마오쩌둥은, 바로 이렇게 제한받지 않는 권력을 향유하면서, 소농의 이익을 대표하고 그들을 주재하는 '황제'가 되었다.

탄톈룽은 다음과 같이 지적했다. "권력 귀족과 황제는, 1949년 혁명의 씨앗이자, 중국 향촌 사회관계의 토양 속에서 싹을 틔워 자라난 한 쌍의 연꽃이다." "권력 귀족 자체는 조직된 역량이며, 이에 비해 황제는 무장 역량을 소유하고 있다. 그들에겐 각기 자신들만의 사회적 토대가 있다. 즉 권력 귀족은 도시 사람들의 갖가지 특권을 보호하며, 황제는 향촌 사람들의 도의적인 지지를 얻었다." "이 한 쌍의 연꽃이 어떻게 서로 의지하든, 서로 얽히든 간에, 그들은 타고난 한 쌍의 원수이다. 신흥 권력 귀족은, '신민주주의 질서를 확립할 것'을 요구한다. 즉 안정된 '귀족-평민' 양극 사회를 유지할 것을 요구한다. 그러나 새로 제위에 오른 천자는 곧 정식의 '황제-신민民' 양극 사회를 건립할 것을 요구하였다. 이런 요구는 곧 이 '귀족 중간계급'을 베어 버리는 것을 의미한다. 이것은 곧 '프롤레타리아계급 독재정치 조건 아래에서의 계속 혁명'이자, '부르주아계급의 법적 권리를 제한하고', 삼대三大 차별[노동자와 농민, 도시와 농촌, 정신노동과 육체노동의 차별]을 없앨 것을 주장하는 등 마오쩌둥 사상의 진정한 함의인 것이다."

  탄톈룽은 1957년 마오쩌둥이 "본래 지식인과 민중들의 도움을 받아, 권력 귀족을 무너뜨리려 했지만", 지식인과 청년학생들이 공산당에 불만을 제기하면서 비판의 칼끝을 마오쩌둥에게 향했기 때문에, 다시 '황제'와 '권력 귀족'이 연합하여 지식인과 청년학생들을 공격하는 '반우파운동'으로 변했다고 보았다. 그리고 권력 귀족이 '프롤레타리아계급 독재정치'의 다음 목표가 될 것이라는 점을 어렴풋이 짐작할 수 있다. 그러나 "귀족 중간 계층을 소멸시키고", '황권'으로서 '신민'을 직접 통치하고자 했던 마오쩌둥의 계획은 1957년 '반우파투쟁' 이후 중단되었고 '9년 뒤' 문화대혁명에 이르러서야 "실현되었다".

사고 셋: 공민 사회와 국가 정권의 대립

그래서 탄톈룽은 문혁의 본질을 "향촌이 일어서서 도시를 반대하고, 무장 역량이 일어서서 조직 역량을 반대하고, 황제가 일어서서 권력 귀족을 뿌리 뽑은 것"으로 보았다. 그런데 "이 운동의 보다 근본적인 동력은,

공민 사회와 국가 정권 사이의 대립이었다". "신중국에서 간부 등급세도가 원래 공민 사회의 가장 생기 있는 부분을 삼켜 버렸다." 그런데 새로 만들어진 체제는 "출신성분 제도, 호구관리 제도, 그리고 군중운동"을 '삼대 지주'로 삼았다. "출신성분 제도는 중국이 출신성분 박해를 계급투쟁으로 가장하게 하여, 계급억압과 착취의 진실을 은폐시켰다. 호구관리 제도는 일부 노동자의 다른 노동자에 대한 경제적 약탈을 보장하여, 노동하지 않는 자의 노동자에 대한 경제적 약탈을 희석시켰다. 군중운동은, 인민군중을 서로 학살하는 상황에 놓이게 해서, 모든 반항을 초기에 말살하였다."[70] 이는 곧 대량의 사회적 모순을 만들어 내었고, 오랫동안 가슴에 쌓인 모순들이 문혁 기간에 드디어 폭발하여, 마오쩌둥이 성공적으로 문화대혁명을 발동시키게 된 사회적 조건과 기초가 되었다.

굳세고 외로운 탄톈룽

이와 같은 분석들은, 모두 탄톈룽의 반우파운동에 대한 '이해'이자, 혹은 반우파운동에 의해, 또 그후 역사에서 일어난 중국 사회문제에 대한 새로운 사유로 볼 수 있다. 그 사유의 결론에 대해서는 토론할 수 있고 다른 의견이 있을 수 있다. 그러나 탄톈룽은 그가 발언권을 박탈당하고, 전제 정치의 조건에 처해 있을 때에도 여전히 자신의 독립적인 사고를 고수했으며, 중국문제에 대해 끊임없이 탐구하였다. 이 사실 자체는 중대한 의미가 있는 것이다. 그것은 탄톈룽이 여전히 1957년에 이상과 기개가 있

---

70) 이상 인용된 문장은 모두 탄톈룽이 직접 써서 필자에게 준 원고이다(『我所理解的馬克思主義』). 공개 발표된 「줄거리가 없는 이야기」 속에, 일부 관점에 대한 개괄적 서술이 포함되어 있다. 譚天榮, 「一個沒有情節的故事」, 『歲月文叢·沒有情節的故事』, 570~571쪽.

는 중국 청년을 대표해 외쳤던 역사에 대한 대답을 지키고 있음을 보여준다.

"우리는 사유해야 한다. 우리 자신 외에 그 누가 우리가 사유하는 것을 금할 수 있단 말인가?"
"이 모든 것은 무엇을 위한 것인가? 우리는 대답해야 한다. 삶은 어디로 가고 있는가? 역사는 어디로 가고 있는가? 우리는 대답해야 한다."[71]

우리는 이것이 바로 '우파 정신'이자, '우파 전통'의 핵심이며, 그 의미는 시공을 초월한다고 말한 적이 있다.

그러나 탄톈룽은 자신은 "사실 책벌레이고, 대학에서는 물리학을 배웠다"[72]고 재차 강조했다. 그가 평생 심취했던 것도 물리학이었다. 노동 교도 기간 동안, 맑스·엥겔스의 저작을 읽는 것 외에, 그는 『수리 논리 기초』, 『분석학 교과 과정』을 연구하며 물리학 공식을 유도해 내는 것에 정력을 쏟았다. 그가 가장 많이 사유했던 것도 현대 물리학의 역사적 운명이었다. 탄톈룽의 사유는 인류사회 발전의 운명, 철학의 운명, 물리학의 운명, 이들 모두를 긴밀히 연결시키고 있었다. 그래서 1957년 그가 「첫번째 독초」 대자보를 붙였을 때, 동시에 경직화되었다고 생각한 철학과 물리학에 대해서도 도전했다. 그의 이 도전적인 태도는 평생 불변했으며, 그 결과 『내가 이해한 맑스주의』의 마지막 부분에서는 '물리학의 위기'를 이야기하고 있다. "물리학의 실패로, 관념론이 물리학의 주도적

---

71) 譚天榮, 「第二株毒草」, 『原上草: 記憶中的反右派運動』, 33, 32쪽.
72) 譚天榮, 「我所理解的馬克思主義」(手稿).

지위를 점령했다. 물리학의 영역에서 유물주의를 회복하려면 물리학을 다시 고쳐 써야 한다. 이것이 신세기 맑스주의의 임무"라고 하였다. 그는 이를 위해 자신의 관점을 명백히 논술하는 많은 글들을 썼다. 그러나 그가 부친 원고들은 "감감 무소식"이 되어, "신문에 게재되지도 않았고, 원고를 되돌려 주지도 않았으며, 원고를 되돌려 주지 않는 것에 어떤 의견도 없었다". 그는 결국 누군가가 그에게 말했던 것처럼 "아주 사소한 문제에서도, 나와 학술계 사이에는 공통의 언어가 없다는 잔혹한 현실"[73]과 맞닥뜨리게 되었다.

탄톈룽은 시종일관 고독했다.

---

73) 譚天榮,「一個沒有情節的故事」,『沒有情節的故事』, 574, 573쪽.

5. '인간'이 될 것인가, '노예'가 될 것인가
―야오런제 선생의 회고록을 읽고 반우파운동의 핵심 문제를 논하다

1998년 쓴 이 책의 서언 「망각해서는 안 되는 사상 유산」의 결미에서 나는 "모든 우파 형제자매들이여, 당신들은 어디에 있는가?"라고 외쳤다. 그것에 첫번째로 대답을 해준 사람이 바로 야오런제(姚仁傑) 선생이다. 그는 명예회복 이후 다시 베이징대학 생물학과에 임용되었으며, 나와 같은 건물에서 지냈다. 그를 통해 나는 베이징대학과 다른 학교의 많은 우파 형제자매를 알게 되었고, 내가 관심을 가진 "몇십 년 동안 당신들은 어떻게 살아 왔는가?"에 관한 피눈물 섞인 회고를 들을 수 있었다. 지금 야오런제 선생은 그의 불행했던 경험을 다시 글로 썼다. 모든 베이징대학 우파 형제자매의 운명에 관심이 있는 사람이라면, 이 부분의 역사에 주목하고 있다면, 아울러 중국의 과거·현재·미래를 생각하는 사람이라면, 그 세대 사람들 중에 누군가 내는 목소리에 귀를 기울일 것이라고 믿는다.

역사의 세밀한 묘사 : '머리를 들 것인가, 고개를 숙일 것인가'의 반복적인 저울질
내가 야오런제 선생의 회고록을 읽고, 가장 인상 깊었던 것, 심지어 내 영

혼을 뒤흔들었던 것은 다음과 같은 몇 가지 세밀한 묘사라고 할 수 있다.

1957년 6월 중순의 어느 날, 베이징대학 생물학과 건물에 "오후 3시 1동 건물 계단식 교실에서 우파분자인 야오런제의 반동사상을 비판하는 대회가 열린다"는 대자보가 붙었다. 야오런제의 반응은 의외로 다음과 같았다. "점심 휴식 시간이었다. 상자 밑바닥에 넣어 두었던 남색 양복과 홍색 넥타이를 끄집어내었다. 서둘러 이발관에 가서 머리를 정리하고, 목욕탕에서 몸을 씻은 다음, 단정한 옷차림으로 당당하게 마오쩌둥 시대의 정치적 세례를 받으러 갔다. 이 역사적 순간을 기념하기 위해, 비판대회에 가기에 앞서, 나는 특별히 하이뎬[1]의 사진관에 가서 사진을 한 장 찍어 기념으로 남겨 두었다. 이미 45년이 되었지만, 가택 수색, 노동개조와 문화대혁명을 피해서, 나는 운 좋게 이 22년의 연옥의 고통을 겪기 이전의 사진을 소중히 간직할 수 있었다." 이런 회고는 내가 소장했던 사진 한 장을 떠올리게 했다. 그 사진은 문화대혁명 중 도시 전체 비판대회가 열린 이후 특별히 사진관에 가서 찍은 것이다. 20년이 지난 지금, 이런 비슷한 상황과 반응이 있을 수 있다는 것이 실로 감개무량하다!

이 해 여름 방학이 시작되기 전에, 베이징대학은 오랫동안 금해 왔던 무도회를 열어, "반우파투쟁이 위대한 승리를 거두었음을 경축했다". 뜻밖에도 야오런제 선생이 무도회장에 들어와, "대담하고 태연히", "아주 유쾌하게" 초청을 받아 온 홍콩의 유명한 영화배우 샤멍夏夢과 경쾌한 왈츠를 추었다. 몇몇 좌파분자들은 화가 나서, 앞다투어 고함을 지르며 "우파분자는 우리들의 자축 모임에 참석할 수 없다"고 말했다. 또 누군

---

1) 하이뎬(海淀). 베이징의 시할구로 베이징대학과 칭화대학 등 여러 대학이 밀집해 있다.—옮긴이

가 전원 스위치를 눌러, 불빛을 갑자기 껐다 켬으로써 사람들을 놀라게 하고 난처하게 만들었다. 누구와는 춤을 출 수 있고, 누구와는 춤을 출 수 없단 말인가? 누가 좌파이고, 누가 우파인지 어떻게 분별한단 말인가? 어쨌든 우파분자의 얼굴에 표식을 한 것도 아닌데…….

오래지 않아, 야오런제는 한 친척과 함께 그의 오랜 전우이자, 당시 베이징대학 당위원회 서기인 장룽지江隆基를 만나러 갔다. 그리고 그와 함께 베이징대학 웨이밍 호숫가를 산책하다가, 때마침 생물학과 공산당 총지도부의 한 간부를 만나게 되었다. 그는 "옷차림이 여전히 깔끔하고 멋있으며, 태연한 표정을 짓고 있는" 야오런제를 보고, 곧바로 당 총지도부에 보고하였다. 그래서 야오런제는 또다시 "성실히 개조하지도 않고, 스스로의 문제를 반성하지도 않으면서 여전히 군중 앞에서 고개를 쳐들고 활보하며, 여기저기 어정거리며 돌아다니는 모습을 보니, 조금도 죄를 인정하지 않는 모양이다"는 죄명이 더해졌다.

1958년 음력 섣달 27일 중국의 전통 명절인 춘절[음력 설] 3일 전에, 야오런제는 결국 "상황이 심각하고, 태도가 나쁘다"는 이유로 "공직에서 제명되고, 강제로 노동교양을 받아야 한다"는 처분을 받았다. 판결을 선고하는 회의에서, 야오런제는 '우파'의 사회적 역할이 이미 정해져 있음을 잘 알게 되었다. "너에게 어릿광대를 연기하라고 한다면, 아무 말 없이 착하게 어릿광대를 연기해야 하고, 너에게 적을 연기하라고 한다면, 군말 없이 적을 연기해야 한다. 이것이 우리 전공인 것 같았다. 우리는 평생 반대파만 연기할 수밖에 없다." 그런데 이를 거부하고는, "머리를 쳐들고 당당하게, 차가운 눈빛으로 그들이 얼마나 이 극을 잘 연기하는지를 보았다." 이는 나에게 루쉰의 산문시집 『들풀』野草의 「복수」復讐를 떠올리게 했다. 거기에서도 마찬가지로 연기하는 것을 거부하고, 오히려 구경꾼들의 "무료함"과 생명의 "메마름"을 "감상하시 않았던가!" 그런데 야오런제 본인은 40여 년 뒤, 그 당시 기억을 서술할 때, "어렴풋이 기쁨을 느꼈다"고 했다. "왜냐하면 나는 당시 이런 치밀한 계략의 허장성세에 놀라지 않았고", "그들의 사디즘을 만족시켜 주지 않았기 때문이다!"

이는 물론 역사의 대사건 중 몇 가지 작은 에피소드에 불과하지만, 오히려 야오런제와 그의 우파 동료들의 인간 존엄을 분명하게 보여 준 것이다. 설사 근거 없는 죄명을 덮어쓰기는 했지만 그럼에도 존엄을 잃지 않았다. 그러나 당시 반우파운동 발동자와 집행자는 이것이 바로 개조를 거부하는 것이라고 여겼다. 이는 곧 이른바 '개조'라는 것이, 인간 존엄을 파괴하고, 인간이 순종적으로 맡겨진 역할을 연기하는 노예가 되도록 하는 것임을 표명한 것이다. 만일 조금이라도 배척하면, 전제정치를 실행해야 했다. 이 때문에 야오런제와 그의 개조자, 전제정치가가 여기서 진행한 "머리를 쳐들었느냐"와 "고개를 숙였느냐"를 반복적으로 저울질하는 것은 사실상 "정정당당한 인간이 될 것인가" 아니면 "순응하고 참는 노예가 될 것인가"의 투쟁이었다. 내가 보기에, 이것은 소위 "우파의 난폭한 진격"과 '반우파운동'의 본질을 폭로한 것이었다. 이런 작은 에피소드 속에는 아주 중요한 문제가 들어 있다.

인간의 존엄

야오런제 선생의 주요 죄증이 되었던 「당이여, 우리가 당신을 비평하는 것은 진정으로 당신을 사랑하고, 당신을 믿기 때문이다」[2]와 "우파의 난폭한 진격"의 죄증이 되었던 여러 크고 작은 대자보, 그리고 발언들을 지

---

2) 姚仁傑, 「黨啊, 我們批評你, 是眞正愛你, 信任你」, 『原上草: 記憶中的反右派運動』.

금 다시 읽으면, 그 당시 이들 우파가 추구하고 쟁취하려던 것이 바로 인간의 존엄·생각·권리임을 쉽게 발견할 수 있다.

우파분자 숙청 문제에 관한 좌담회에서 야오 선생이 한 발언을 정리 발표한 이 글은, 서두부터 자신이 우파분자 숙청 중 무고하게 격리되어 심사받았던 상황에서 받은 마음의 상처를 자세히 말하고 있다. 그 중 가장 중요한 것은 "나의 사생활과 인격이 날조되고 모함을 받았고", "한 개인의 삶의 내면의 기둥마저도 허물어져 버렸으며", 인간과 인간 간의 건강한 관계를 파괴했고, "서로에 대한 모욕을" 일삼았다는 것이다. 이 모든 것은 인간의 인간으로서의 존엄을 언급한 것이었다. 그리고 사실상 건국 이후 대학 내의 갖가지 운동에 대한 반성과 성찰을 내포하고 있다. '사상개조운동'에서 '반혁명분자 숙청'에 이르기까지, 가장 중요한 임무는 곧 '부르주아계급 지식인'의 위풍을 무너뜨리는 것이었다. 소위 "서로를 모욕하게 함으로써" 자유롭고 독립적인 대학교수의 존엄을 박탈하려 하였다. 예컨대, 영문과 강사 황지중黃繼忠은 「대담하게 당과 당원들에게 의견을 제기하다」에서 운동의 결과를 다음과 같이 이야기했다. "지식인에게 하인이 되라는 느낌을 주었다. 조국과 인민을 위해 직접 일하는 것이 아니라 당원으로 고용된 것 같았다. 당원들은 지식인이 조국과 인민을 위해 주동적으로 일하고 싶다는 바람을 믿지 않는 듯했다. 그들은 마치 공산당원이 채찍을 들고 등 뒤에서 감독해야 일을 잘한다고 생각하는 것 같았다." 이런 "당신은 주인이고, 나는 노예"라는 느낌은 "지식인에게 매우 불쾌한 것이었다."[3] 인간의 존엄 배후에는, 자신과 국가의 운명을 쥔 주인으로서의 자격이 있는지 없는지의 문제가 있었다.

---

[3] 黃繼忠, 「大膽向黨和黨員提意見」, 『原上草: 記憶中的反右派運動』, 280쪽.

인간의 생각

1957년 중국 대학에서는, '인간'(지식인)이 자신의 생각을 소유할 수 있는지의 문제가 있었다. 야오런제 선생의 회고록에 이에 대한 자세한 배경이 소개되어 있다. 그 중 가장 중요한 것은 교내에 소련 숭배와 교조주의 풍조가 가득했다는 것이다. 이것은 교수와 학생의 독립적 사고 권리를 심각하게 박탈했다. "소련 교육체제와 교학 패턴을 모방한 교육 개혁은 중국 대륙의 각 성시省市·자치구로 신속하게 확대되었다. 그 가운데 고등교육의 변화가 가장 현저했다. 또 본래 영미의 교육 패턴에 가깝거나 이런 교육 이념에 기초한 몇몇 학술 사상과 학과가 가장 큰 충격을 받았다. 범정치화 경향은 학술상의 자유 사고를 신속하게 매몰시켰으며, 정치 편향은 이데올로기 편향이 되었으며, 이는 점점 사상을 억압하는 비민주적 분위기를 야기하였다." "일원화된 지식과 시각의 독점 및 주입이 이데올로기에서 각 학과의 지식 영역으로까지 확장되어 가리라고는 예측하지 못했다." 그 중 가장 전형적인 것은, 야오런제가 소속된 생물학과에서 "정치적 강권으로 추진된 리썬커李森科의 위과학僞科學 이론이었고, 또 [이것은] 서방 멘델 유전학파에 대한 말살과 억압이었다". 멘델의 입문 제자인 리루치李汝祺 교수는 억압을 받고 '관념론적인 유전자 유전학' 연구를 포기하겠다고 선언하고는, '만화책'을 그리는 소장가로 전업해 버리고 말았다.

　보다 심각한 것은, "소련은 우리의 영원한 큰형"이고, "소련의 오늘은 곧 우리의 내일"이라는 교조가 이미 사람들 마음속에 깊이 파고들어, 소련 및 스탈린에 대한 개인숭배에 대해, 사람들은 "의심하지 않았으며", "거의 모든 역방향적인 이성적 사고가 사라졌다는 것이다". 그러나 틈새는 여전히 존재했다. 특히 베이징대학의 자유, 다원적인 전통은 여전히 은연중에 영향을 발휘하였다. 야오런제가 소개한 것처럼, "그 당시 학교의 도서 통제는 그 이후처럼 그다지 심각하거나 엄밀하지 않았으며", "책읽기를 좋아하고 깊이 있는 이해를 추구하는" 야오런제 같은 학생·교사는 또한 "천화天火을 훔칠 수 있었으며", 자신의 독립적 사고를 통해 기존의 교조에 회의를 품었다. 야오런제는 또 포위망을 뚫으려고 노력했다. 그는 먼저 생물학과에서 베이징대학 이과에서는 처음으로 학생 민간 과외 활동 서클을 조직했는데, 그것이 '다윈주의 연구소조小組'였다. 그 뒤 다시 「종種 내의 투쟁과 상호부조에 관하여」關於種內鬪爭和互助라는 논문을 써서 권위적 관점에 도전했으며, 일련의 희극적인 경험을 하였다. "관점이 전문가의 의견과 일치되지 않아서" 발표를 거절당했다가, 그 뒤에 다시 마오쩌둥이 『홍루몽』에 관한 연구에서 "소인물을 억압했다"라는 견해를 제시하자, 『런민일보』에 의해 과학기술계에서 억압당한 전형으로서 주목받았고, 오히려 이로 인해 "오만방자한 별종"으로 찍혀서 우파로 몰렸으며, 이 글은 '반소련'이라는 확증이 되었다.

사실, 야오런제와 같이 독립적인 사고를 하기 위해 노력했던 교사와 학생들은, 베이징대학 모든 학과에 존재했다. 특히 소련공산당 20차 대표대회에서 스탈린의 죄악을 폭로한 흐루시초프의 비밀보고서를 서로 다른 경로를 통해 읽고 난 뒤에는, 소련에 대한 신봉과 스탈린 개인숭배에서 빠져나와 중국 사상·문화·학술·교육계 및 중국 정치·경제에 뒤덮인 신성불가침의 교조에 회의를 품었다. 야오런제는 "서로 다른 사고와 시각이 저절로 일어나 매우 혼란스러웠으며, 습관적인 신앙과 타인에 의해 강제된 일치성이 갑자기 요란스럽게 동요되어서, 자신조차도 그다지 믿지 않게 되었다"고 묘사했다. 그리고 더 자각적으로 독립 사고와 자유로운 표현을 할 것을 제기했다. 베이징대학의 유명한 '5·19' 민주운동은 이와 같은 사상적 배경 아래에서 탄생하였다. 운동 가운데 커다란 영향을 일으켰던 탄톈룽은 「두번째 독초」에서, "이 모든 것이 무엇 때문인가? 우리는 대답해야 한다. 삶이 어디로 가고 있는지? 역사가 어디로 가고 있는가? 우리는 대답해야 한다", "우리는 사유해야 한다. 우리들 자신 외에 그 누가 우리의 사유를 금할 수 있단 말인가? 우리는 생각해야 한다. 무엇이 생각하지 못하게 한단 말인가? 기어이 생각해야 한다"고 말했다. 이는 이 세대 사람들의 선언이었다고 할 수 있다. 이것 역시 "내게 생각을 돌려 달라"는 외침으로 볼 수 있을 것이다.

인간의 권리

야오런제 선생은 자신의 회고록에서, 후에 우파로 몰린 왕궈샹王國鄕의 대자보 「생각이 있는 사람이여! 그렇게 생각하지 말라」에서 한 마디를 특별히 인용하였다. "우리는 건전한 사회주의 법제와 민주 쟁취, 그리고 인권과 정신적 인격의 독립을 보장할 것을 요구한다. 이것이 우리가 투쟁하는 목적이다. 우리는 국가와 자신의 주인이 되고자 한다."[4] 이것이 바로 이 세대 사람들의 독립적 사고의 중요한 결론이었다. 여기서 제기한 인간의 권리·민주·법제의 호소와 앞에서 말한 인간의 존엄과 독립적 사고, 자유로운 표현을 수호하자는 호소는 맞물려 있는 것이다. 또 그들의 사고와 추구는 사상·이념뿐만 아니라, 동시에 제도적인 것도 포괄하고 있음을 보여 준다.

만일 야오런제 선생의 「당이여, 우리가 당신을 비평하는 것은……」를 자세히 읽는다면, 그의 사회주의 이상, 즉 "진정한 민주·자유·평등·

---

4) 王國鄕, 「有頭腦的人! 不要那樣想」, 『原上草 : 記憶中的反右派運動』, 150쪽.

공정"을 실현해야 한다는 것이 이 글 전체 입론의 기초임을 쉽게 발견할 수 있다. 그는 신중국의 성립으로 이미 "경제와 정치에서 인간과 인간의 대립적 관계를 전복시켰고", 평등·공정을 실현했다고 생각했다. "사회사상 속에서 인간관계를 개조하고", 민주·자유·평등을 실현하고, 사람의 마음을 보호하여, '우애'·'정의'로 충만한 "전혀 새로운" 인간관계를 건립하는 것이 지금 필요하다고 했다. 이렇게 해야 비로소 모든 사람은 진정으로 '국가의 주인'이 된다는 것이다. 이는 야오런제 선생이 왕궈샹의 글을 인용하면서 요구한 경제적 평등·자유뿐 아니라, 정신적인 평등·자유와도 완전히 일치하는 것이었다.

중국공산당은 심각한 시련에 직면해 있다

야오런제는 자신의 글에서 반복적으로 "중국공산당은 한 차례 심각한 시련에 직면해 있다"고 강조하는데, 이는 선견지명이 있는 의미심장한 말이었다. 야오런제 선생이 자신의 회고록에서 말한 대로, 중국공산당은 일찍이 '민주·자유·평등'의 깃발을 높이 들어 올렸던 적이 있다. 마오쩌둥은 「산간닝 변경지역[5] 참의회 연설」陝甘寧邊區參議會的演說에서 "전국의 인민은 신체의 자유가 있다. 정치에 참여할 권리와 재산을 보호할 권리가 있다. 모든 인민은 말할 권리를 가져야 하며, 입을 옷, 먹을 밥, 할 일, 읽을 책을 가져야 한다. 요컨대 모두가 각자 자기에게 필요한 것을 얻을 수 있어야 한다"고 대답한 적이 있다. 중국공산당이 크게 인심을 얻고, 마지막에 가장 짧은 시간 내에 자신보다 훨씬 강대한 국민당 정권을 타파

---

5) 국공내전, 항일전쟁 시기에 중국공산당이 세웠던 혁명 근거지로서 '산간닝'은 각각 산시(陝西), 간쑤(甘肅), 닝샤(寧夏)를 가리킨다.—옮긴이

할 수 있었던 가장 중요하고 기본적인 이유는 바로 이것이었다. 야오런제 본인의 선택이 그 증거였다. 1948년, 아직 중고등학생이었던 그는 친구와 함께 위험을 무릅쓰고 국민당 통치구에서 해방구로 갔다. 그는 공산당이 이끄는 "산 저편의 좋은 곳"(당시 가장 유행하던 노래 중 한 곡이다)인 그곳을 "민주의 성지"라고 보았다. 루쉰은 일찍이 무거운 마음으로 "중국인은 지금까지 '인간'의 자격을 쟁취하지 못했고", 중국의 역사도 "노예가 되고 싶어도 될 수 없었던 시대"와 "잠시 노예가 되었던 시대"의 순환에서 벗어나지 못했다고 쓴 적이 있다. 사람들은 중국공산당이 하는 일에서, 마치 이러한 순환을 벗어나는 듯한 느낌을 받았으며, 루쉰과 많은 인자들[仁人志士]이 기대하는 "제3의 시대"第三樣時代[6]의 희망을 만들어 내는 것 같은 느낌을 받았다.

신중국의 성립 초기에, 중국공산당의 명망은 이런 기대 위에서 건립되었다. 객관적으로 보면 중국공산당도 부분적으로는 자신의 약속을 실현했다. 전쟁에서 막 벗어난 중국 인민에게 "입을 옷이 있고, 먹을 밥이 있고, 할 일이 있고, 읽을 책이 있다"는 측면에서 많은 일들을 했다. 그래서 야오런제를 포함한 '5·19'운동 참여자들은 중국공산당에 대한 지지와 옹호를 강조했고, 심지어는 뜨거운 눈물을 흘리며 "당이여, 우리가 당신을 비평하는 것은 진정으로 당신을 사랑하고, 당신을 믿기 때문이다"라고 외쳤다. 이것이 그들의 진정성이었다. 그들은 자신의 신념에서 온 자각적인 선택을 하였지 맹목적으로 따른 것은 아니었다. 그러나 그들이 전면적인 지지 태도를 가졌다고 해서 문제의 존재를 소홀히 하지는 않

---

6) 魯迅, 「燈下漫筆」, 『魯迅全集』 1卷, 人民文學出版社, 2005, 224, 225쪽.[루쉰, 「등하만필」, 『무덤』(루쉰전집 1권), 그린비, 2010, 317, 318쪽.]

왔다. 심지어 그들에게는 일종의 위기의식도 있었다. 그것은 그들이 이미 다른 변화의 가능성을 민감하게 느꼈기 때문이다. 야오런제는 자신의 글에서, 한편으로는 당이 "인민 앞에서 공개적으로 공평무사하게 자신의 잘못을 인정하기를" 간절히 희망했으며, 다른 한편으로는 당이 이 일을 할 수 있을지를 '회의'했다. 이는 모순된 그의 심정을 진솔하게 반영한 것이었다. 그래서 그가 "중국공산당은 한 차례 심각한 시련에 직면해 있다"고 강조했을 때, 남모르는 심각한 근심을 품고 있었다.

중국공산당이 당시 정말 갈림길에 처해 있었음을 지금 우리는 매우 분명히 알 수 있다. 만일 당초의 약속을 지키며, 인민의 소망대로 성실히 "민주·자유·평등·공정·법제의 사회주의"의 길로 걸어갔다면, 비록 이런저런 문제와 우여곡절을 만났다고 해도, 중국 사회는 전체적으로 건강한 발전을 이루었을 것이다. 그러나 도리에 역행하는 방법을 쓴다면, 중국공산당과 중국 사회는 재난과 위기의 길로 들어서는 것이다. '반우파 운동'의 발동은 역사의 결정적인 순간에 중국공산당 최고 당국이 잘못된 선택을 하였다는 것을 상징하고 있다. 그 결과는 덩샤오핑이 총결한 바와 같이, "자각적이고 체계적으로 인민의 민주적 권리를 보장하는 제도를 수립하지 못했으며", "실제적으로 지도의 제도적 문제를 해결하지 못했기 때문에"(이는 모두 '우파'들이 그 해 제기한 책무였다) 그 결과 "'문화대혁명' 10년의 재난을 야기하고", 전체 국가와 당 자신이 모두 붕괴될 위기에 처하게 되었다"[7]는 것이다.

---

7) 鄧小平, 「黨和國家領導制度的改革」, 『鄧小平文選』, 292, 293쪽.

신정권의 정치 천민과 신식 노예

상황은 아주 좋지 않게 바뀌었다. 예컨대 야오런제의 회고에 따르면, 하룻밤 사이에, 그와 수백만에 이르는 '우파'들이 모두 "신정권의 정치 천민과 신식 노예"로 변했다고 한다. 이는 건국 초기에 한때 유행했던 "구사회는 인간을 귀신으로 변하게 하고, 신사회는 귀신을 인간으로 변하게 한다"는 「백모녀」白毛女의 주제가를 상기시켜 준다. 지금 '신사회'는 또 수백만에 이르는 '인간'(탄톈룽이 또한 자랑스럽게 선언했던 "인류의 강직한 자")을 '노예'로 만들어 버리니, 몸서리쳐지는 일이 아닐 수 없다. '신노예'와 그 가족(모두 합한다면 수백만이나 되는 많은 수이다!)에 대한 이런 상해傷害는, 후대 사람들이 결코 상상할 수 없는 것이었고, 또 오늘날 우리의 글로도 표현하기 어려운 것이었다. 그것은 혈흔 가득한 지옥과 같은 시달림이었다. 설령 당사자(예를 들어 야오런제 선생)의 규탄일지라도 그 피비린내는 감소시킬 수 없었다! 이는 영원히 씻을 수 없는 민족의 치욕이자, 민족정신과 사회 기풍에 대한 손상이었다. 그것이 가지고 온 사회구조의 변화는, 아마도 지금까지도 말끔히 청산할 수도, 심지어 이를 감히 정시할 수도 없을 것이다. 이 문제는 너무 복잡해서 전문적인 연구가 필요하다. 여기서는 야오런제 선생의 회고록에서 언급한 부분에 대해서만 개괄적으로 토론하고자 한다.

　루쉰은 중국 전통사회의 구조에 대해 "귀천·대소·상하가 있는" 등급 구조라고 개괄한 적이 있다. 그는 다음과 같이 특별히 『좌전』左傳의 한 단락을 인용했다. "하늘에는 열 개의 해가 있고, 사람에는 열 개의 등급이 있다. 아랫사람은 그래서 윗사람을 섬기고, 윗사람은 그래서 신神을 받든다. 그러므로 왕王은 공公을 신하로 삼고, 공은 대부大夫를 신하로 삼고, 대부는 사士를 신하로 삼고, 사는 조皂를 신하로 삼고, 조는 여輿를 신하로 삼고, 여는 예隸를 신하로 삼고, 예는 요僚를 신하로 삼고, 요는 복僕을 신하로 삼고, 복은 대臺를 신하로 삼는다." 그는 또 다음과 같이 보충하였다. "그런데 '대臺'는 신하가 없으니 너무 힘들지 않은가? 걱정할 필요가 없다. 자기보다 더 비천한 아내가 있고, 더 약한 아들이 있다. 그리고 그 아들도 희망이 있다. 다른 날 어른이 되면 '대'로 올라설 것이므로 역시 더 비천하고 더 약한 처자가 있어 그들을 부리게 된다. 이처럼 고리를 이루며 각자 자기 자리를 차지하고 있으므로 감히 그르다고 따지는 자가 있으면 분수를 지키지 않는다는 죄명을 씌운다." 루쉰이 보다 더 주목한 것은, 이와 같은 사회구조 가운데 인간이 처한 지위에 관한 것이다. 서로 다른 등급에 처해서, "자기는 남(한 등급 위의 사람)으로부터 능멸을 당하지만 역시 다른 사람(한 등급 아래 사람)을 능멸할 수 있고, 자기는 남에게 먹히지만 역시 다른 사람을 먹을 수 있다"고 한다.

　이로부터 만들어진 인간의 심리, 이 등급제도에 관한 태도는 곧 "한 단계 한 단계씩 등급별로 제어되어 움직일 수도 없고 움직이려고도 하지 않는다. 왜냐하면 일단 움직이면 혹시 이득도 있겠지만 역시 폐단도 있기 때문이다". 그래서 인간과 인간 간에 거리, 냉담함, 심지어 잔혹함이 더 만들어졌다. "여러 가지 차별이 사람들을 각각 분리시켜 놓았고, 드디어 다른 사람의 고통을 더 이상 느낄 수 없게 만들어 놓았다. 또한 각자 스스로 다른 사람을 노예로 부리고 다른 사람을 먹을 수 있는 희망을 가지고 있어 자기도 마찬가지로 노예로 부려지고 먹힐 가능성이 있다는 것을 망각한다." 그것이 초래한 결과는 바로 루쉰이 말한 바와 같았다. "그리하여 크고 작은 무수한 인육의 연회가 문명이 생긴 이래 지금까지 줄곧 베풀어져 왔고, 사람들은 이 연회장에서 남을 먹고 자신도 먹혔으며, 여인과 어린아이는 더 말할 필요도 없고 비참한 약자들의 외침을 살인자들의 어리석고 무사비한 환호로써 뒤덮어 버렸다." 그래서 루쉰은 "이 연회석을 뒤집어 버리고 이 주방을 파괴하는 것"이 오늘날의 사명이라고 외친다.[8]

본래, 중국공산당이 이끈 혁명은 루쉰의 외침에 대한 호응이었고 해야 마땅하다. 적어도 사람들은 이러한 등급제 사회구조를 타파하고, 이로써 '평등·자유·민주'의 이상을 실현할 거라고 기대했다. 사람들이 이유 없이 중국공산당에게 희망을 기탁한 것이 아니다. 그것은, 전통 사회구조에서의 하층 노동자·농민을 계급의 토대로 한 것이며, "억압받고 부림을 당하는 가난한 사람들의 해방을 쟁취하는 것"을 대의로 삼아, 건국 이래 이를 위해 많은 노력을 기울여 왔기 때문이다. 그러나 "전도된 역사를 전도시킨다"는 그들의 혁명 지도 사상에는 오히려 불평등을 제거하는 동시에 새로운 불평등을 만들어 낼 위험을 숨기고 있었다. "천하를 차지한 자가 나라를 다스린다"는 전통 관념은 중국공산당원을 더욱더 '해방자'로 자처하게 만들었고, '당원'(해방자)과 '당외 군중'(피해방자)의 관계에 있어서 알게 모르게 모종의 새로운 불평등이 생기게 했다. 이것이 바로 1957년 쌍백 시기 사람들이 가장 불만스러워했던 점이다.

야오런제는 지식인 좌담회에 처음 초대를 받아 참가하여 다음과 같은 의견을 제시했다. "소련 유학생을 선발하려면, 공민권을 가진 모든 학생과 교사가 공개 시험을 치름으로써 우수한 사람을 합격시켜야 함이 마땅하다. 중국공산당과 공산주의 청년단 조직이 군중 몰래 비공식적으로 선발해서는 안 된다." 여기에는 이미 인재 선발 및 양성 제도상의 모종의 불평등 관계에 대한 불만이 들어 있다. 그런데 보다 더 민감했던 몇몇 사

---

8) 魯迅, 「燈下漫筆」, 『魯迅全集』 1卷, 227~228, 229쪽. [「등하만필」, 『무덤』.]

람들은, "새로운 등급제도를 탄생시킬 위험이 존재하는가의 여부"로까지 확대하였다. 이 대자보들은 당시에 새로운 특권계급과 신등급제도가 아직 형성되지 않았지만 분명 이런 '위험'과 '가능성'이 존재하고 있음을 강조한 것이다. 그리고 반우파운동 이후, 수백만에 이르는 우파들이 "신정권의 정치 천민과 신식 노예"가 되었을 때, 이와 같은 가능성은 현실로 바뀌었다.

유형, 무형의 노예 규칙

'반우파운동'의 또 다른 심각한 결과는 각종 유·무형의 노예규칙을 제정하여 사람들에게 정신적 질곡과 마음의 상처를 남겼다는 것이다. 사실 탄톈룽은 「영혼을 구하라」에서, 이미 '사상의 경직화'가 초래한 마음의 왜곡에 대해 다음과 같은 우려와 경고를 했었다. "참을 수 없는 지식의 결핍, 사상의 공허함 그리고 의지의 박약함으로, 이해하기 어려운 것은 무조건 증오하게 되었으며, 버릇이 된 언행의 불일치와 자기를 속이고 타인을 기만하는 일이 생겼고, 근거 없이 의심하고 서로 학살하였다." "가장 두려운 편견은, 많은 사람들이 익숙하지 않은 한 마디 말을 듣고 정신병을 일으키고는 입장을 확고히 했다고 여기는 것이었고, 누가 영예롭지 않은 출신이라고 여기면 영원히 낙후분자라거나 반동분자라고 하는 것을 계급분석이라고 보았다."[9] 슬픈 것은, 이러한 귀에 거슬리는 거부와 비판이 사상적인 오류 속에서 점점 멀어져 가, '수구주의자'의 논리를 형성하였다는 것이다. 당시 어떤 민감한 사람은 이를 열 개 조항으로 개괄했다.

---

9) 譚天榮, 「救救心靈」, 『原上草：記憶中的反右派運動』, 53쪽.

1. 당의 착오는 개별적인 상황이며, 그에 대해 비판하는 것은 곧 당 전체를 반대하는 것이다.

2. 민주 자유는 당이 베푼 것이다. 다시 더 요구하는 것은 소란을 선동하는 것이다.

3. 칭송하고 찬양하는 것은 일등 품성이며, 착오를 폭로하는 것은 모든 것을 부정하는 것이다.

4. 만사에 비밀을 지키는 것은 경각심이 높은 것이고, 신화를 폭로하는 것은 비방이고 날조하는 것이다.

5. 맹목적으로 복종하는 것은 사상이 단순한 것이다. 거기에다 만약 생각을 더한다면 입장이 확고하지 않은 것이다.

6. 정치 필수 과목은 제도적인 원칙이며, 만일 그것에 생각을 더한다면 맑스·레닌주의를 반대하는 것이다.

7. 국가제도는 이미 완전해졌다. 더 지적하는 것은 반혁명을 음모하는 것이다.

8. 정치 등급은 통치의 지렛대로서, 등급의 취소는 혼란을 야기하는 것이다.

9. 소련의 모든 것은 가능한 가져와 사용한다. 이것을 교조라고 하는 사람은 소련과 중국을 이간질시키는 것이다.

10. '세 가지 해악 사상'(관료주의, 종파주의, 주관주의)은 인정에 맞다. 누군가 만약에 과민하다면, 다른 꿍꿍이가 있는 것이다.[10]

이와 같은 논리는 오늘날 보기에 황당무계하지만, 이후 거의 10년간 중국인(가장 응당 독립적으로 사고해야 할 지식인을 포함하여)의 사상을 지배했던 것이다. 그리고 어떤 것은 지금까지도 여전히 알게 모르게 중국의 정치생활에 영향을 미치고 있고, 그 영향이 아주 크다는 것을 알 수 있다. 중국인이, 특히 그 세대의 사람들이 그 속에서 진정 벗어난다는 것은 실제로는 쉽지 않은 일이었다.

야오런제 선생은 회고록에서, 한 동창이 임종을 앞두고 반성한 모습이 감동적이었다고 쓰고 있다. "그리고 야오런제가 있었다. 그는 국제 기준에 따라, 풍모와 재능과 외모가 모두 대학생다웠다. 그는 반에서 내가 존경하는 대상이었다. 그러나 나는 겁이 많아서 운동 중에 지도자가 그와 선을 분명히 긋지 않는다고 생각할까 봐, 억지스런 혁명 자세로 그를 비판한 일이 있었다. 이는 아마도 그의 마음을 상하게 했을 것이다. 몇십 년 동안, 이것을 생각할 때마다 나는 일종의 말하기 힘든 죄책감을 느꼈다. 나는 네가 나를 대신하여 이러한 양심의 가책을 그에게 표현해 주길 바란다! 나의 마음속 시름을 해결해 주는 일이 될 것이다." 피해자는 야오런제였지만, 그를 다치게 한 사람 역시 양심이 있어서 자신이 받은 정신적 시련으로 힘들어했음을 알 수 있다. 다행스런 것은, 야오런제의 이 동창이 계속되는 영혼의 고문을 겪은 후 마침내 '인간'으로서의 자각 의식과 존엄을 획득했다는 것이다. 편지의 말미에, 그는 이렇게 썼다. "우리 졸업장 위에 쓰여 있는 총장 마인추馬寅初 선생의 이름은 나를 자랑스럽게 여기게 한다. 나는 내 스스로에게 소망이 있다. 학문을 함에 있어서 마인추 선생의 그러한 깊이까지는 도달할 수 없겠지만, 강직하고 아첨하지 않으며, 견강부회에 고개 숙이지 않고, 진리를 고수하며, 감옥살이를 할지언정 악의 세력에 굴복하지 않는 마인추의 정신이 모든 베이징대학 사람의 정신이어야 한다는 것이다."

---

10) 張錫琨, 「違道者邏輯大綱」, 『原上草 : 記憶中的反右派運動』, 125~126쪽.

잘못을 깨닫지 못하는 노비

하지만 또 잘못을 깨달을 줄 모르는 '노비'도 있다. 루쉰은 '노예'와 '노비'에 대해 다음과 같이 구분을 한 바 있다. "살아 있는 사람이라면, 누구나 계속 살아가고 싶어 한다. 오랫동안 노예였던 자도 참고 견디며 살아가고자 한다. 그러나 스스로 노예임을 명백히 알고서, 참고 견디며, 또 불만스러워하며, 애써 버티면서, 한편으로는 벗어나고자 '기도'하고 이를 실행하는 자는 설사 실패하여 족쇄와 수갑을 찬다 해도, 그저 노예에 불과할 뿐이다. 만일 노예 생활에서 '아름다움'을 찾아서 찬양하고 즐기며 도취한다면, 그것이야말로 영원한 노비일 것이다."[11]

야오런제와 많은 '우파' 형제자매들의 기억 속에 가장 참기 어려웠던 것은, 감시자들이 가했던 육체적 학대와 정신적 시련이었다. "몇십 년 뒤, 그 당시의 동창들과 모임을 가졌을 때, 나는 무엇 때문에 그 사람들이 그렇게 나를 괴롭혔는지를 묻지 않을 수 없었다. 그러자 한 친구가 '일로는 어떻게 할 수 없었지만, 정치적으로는 너를 사회에서 매장시킬 수 있었지'라며, 그들이 승진하는 데 있어서의 장애를 없애버리려고 한 거라는 정곡을 찌르는 말을 했다." 그들이 노예제도에서 찾아낸, "찬양하고, 도취되어, 즐긴" 끝없는 "아름다움"이라는 것이, 사람을 먹는 연회에서 수프 한 그릇을 배당받는 지극히 사사로운 잇속에 불과하다는 것으로 드러났다.

야오런제는 회고록에서, 그 해 최고의 처분이 결정되기 전에 했던 한 감시자와의 대화를 다음과 같이 회고하였다.

---

11) 魯迅, 「漫與」, 『魯迅全集』 4卷, 604쪽. [「만여」, 『남강북조집』.]

○○ : 당신은 문제의 심각성에 따라 자기 개조를 위한 사상 준비를 해야 한다. 우리들이 당신에게 살길을 열어 줄 것이다. 만일 간부를 따라 농촌으로 가서 그들의 감독하에 노동하라고 한다면 당신은 이를 얌전히 받아들일 수 있는가?

야오런제 : 만일 받아들이지 않는다면?

○○ : (괴상야릇한 표정으로 목소리를 길게 끌며) 당신 어쩔 생각인데?

야오런제 : 중앙의 「우파분자 처리 문제에 관한 결정」關於對右派份子處理問題的決定에서, 만일 복종하지 않는다면, 스스로 살길을 찾을 수 있다고 말하지 않았소?

○○ : 만일 우리들이 당신에게 일을 주지 않는다면?……

이 대화에서 몇 가지 주의할 만한 점이 있다. 이 ○○ 감시자는 노비에 불과했음에도 입만 열었다 하면, '우리들'이라고 하면서 마치 모든 권력을 쥐고 있는 것같이 했다. 특히 생사를 쥐고 있는 '주인'으로 행세했다. 또 이야기를 나누는 모든 과정에서는 '쥐를 잡는 고양이'의 심리를 보여 주었다. 루쉰이 이것에 대해 정곡을 찌르는 묘사를 한 적이 있다. "언제나 한 번에 물어죽이지 않고 잡았다가는 놓아주고 놓았다가는 다시 덮치곤 하면서 싫증이 날 때까지 실컷 희롱한 다음에야 먹어 버린다. 그것은 남의 불행을 보고 기뻐하며 약자들을 두고두고 못살게 구는 사람들의 악습과 퍽이나 비슷하다."[12] 이와 같은 "약자에게 고통을 주는" 쾌감은, 노비들이 노예제도에서 찾아낸 "아름다움"일 것이다. 하지만 그는 농락

---

12) 魯迅, 「狗·貓·鼠」, 『魯迅全集』 2卷, 240쪽.[루쉰, 「개·고양이·쥐」, 『아침 꽃 저녁에 줍다』(루쉰전집 3권), 그린비, 2011, 113쪽.]

당한 '쥐'가 그물에 걸린 뒤에도 순응하지 않고 "스스로 살길을 찾아" 도망갈 것이라는 것을 예측하지 못했다. 그리고 그 결과는 짐작할 수 있을 것이다. 그는 서둘러 책임자에게 이를 고하고, 거기에 악의적인 과장을 덧붙여, 야오런제에게 "태도가 악랄하다"는 죄를 하나 더 더하여 공직에서 제명하고, 그를 노동 교양소로 보냈다. 야오런제는 이것을 다음과 같이 감회한다. 천하의 '영재'가 모인다는 베이징대학에는, "사람을 괴롭히는 수준도 보통이 넘었으며, 괴롭힘을 당하는 사람들의 처지도 예사롭지 않았다. 엄청난 상해를 입은 자가 있었다면 만인의 우러름을 받는 사람도 있었다", "베이징대학 사람들 중에는 출세와 돈을 추구하지 않고, 천하의 흥망을 자신의 임무로 삼는 자애로운 지사가 있었지만, 또 사리사욕에 정신이 팔려 기꺼이 몸을 팔고 돈을 벌고 관직에 오를 궁리만 하는 노비도 있었다".

여기서 보여 준 베이징대학 전통의 두 가지 측면은 매우 중요하고 깊이 생각해 볼 만하다. 나는 전에 「100년의 베이징대학: 영광과 치욕」에서 다음과 같이 분석한 일이 있다. 베이징대학은 "언제나 베이징대학의 정신을 체현한 '새로운 선각자들'로 넘쳤났다. '관官의(상商의, 대중의) 패거리와 아첨꾼의 역사의 악순환에서 벗어난, 독립적이고 자유롭고 비판적인 그리고 창조적인 '진정한 지식계급'(루쉰의 말)이 베이징대학의 긍정적인 면을 구성하였다. 그러나 동시에 또 강권 정치·사상·문화·교육에 복종하는 수많은 노비 패거리들 그리고 아첨꾼들이 존재했다. 이러한 '가짜 지식계급'의 부정적인 전통도 베이징대학에 대대로 전해져 내려왔다. 문제의 복잡함과 예민함은 여기에 있었다. 진짜와 가짜 지식인 및 그 전통에 대한 명확한 구분은, 베이징대학 발전의 총체적인 경향을 말한다. 베이징대학 교사와 학생 개체로까지 구체화시키자면 모종의 모호한 상태를 보여 주게 된다. 지난날의 독립적이고 자유로운 지식인은 이후 노비로 변했을 뿐만 아니라, 노비였던 자가 훗날 각성하기도 했다. 사실상 거의 매 시기마다 중대한 문제에 있어서, 베이징대학의 모든 교사와 학생들은 '순종적인 노비가 될 것인가, 아니면 독립적이고 자유로운 사람이 될 것인가'라는 선택의 기로에 직면하였다. 어떤 의미에서 볼 때, 이것은 인성의 두 가지 측면, 즉 수성獸性(동물화된 노예 근성)과 신성神性(정신적 독립, 존엄에 대한 추구) 간의 투쟁이었다. 이처럼 베이징대학 전통의 긍정적인 면과 부정적인 면은, 모든 베이징대학 사람의 내재적 정신과 영혼의 모순으로 전화되었다."[13]

독립·자유·비판·창조의 선택이 지배적이고 주도적인 지위에 처했을 때는 베이징대학 역사에 광명의 일면이 형성되었다. 내가 보기에, 5·19민주운동은 베이징대학 역사에 있어서, 5·4 이후 또 한 차례 공전의 광명을 창조했다. 사악한 역량 및 노예, 노비식의 선택이 주도적 경향이 되었을 때(예를 들어, 반우파운동 시기), 베이징대학은 곧 어두운 시기로 진입했다. 베이징대학이 자신의 가장 우수한 아들딸들을 감옥에 보냈을 때, 이러한 어둠은 최고조에 달했다. 때문에, 지금에 와서 1958년 2월 15일 야오런제가 베이징대학의 일부 우파들과 노동개조 농장으로 압송된 비참한 장면에 대한 그의 회고를 읽을 때, 나는 말로 표현할 수 없는 비애를 느꼈다. 이는 진실로 베이징대학 역사에 있어서 가장 어두운 날들 중 하나였다. 광명의 베이징대학과 어둠의 베이징대학, 이 양자는 서로 투쟁하고, 서로 영향을 미치며, 100년의 베이징대학 역사의 영광과 치욕을 만들어 내었다. 그 어떤 일면이라도 홀시되거나 은폐되어 버린다면 베이징

---

13) 錢理群,「北大百年 : 光榮和恥辱」,『學魂重鑄』, 文匯出版社, 1999, 48~49쪽.

대학 역사의 진실은 얻을 수 없을 것이다. 베이징대학의 광명과 어둠은 베이징대학 사람들의 개인적 선택이면서, 또 지식인으로서의 선택과 긴밀히 연관되었다. 그래서 베이징대학의 역사에 대해, 특히 그것의 어두운 면에 대한 직시와 반성은, 모든 베이징대학 사람들의 자기 인성에 대한 약점, 지식인 자신의 저열한 근성에 대한 고통스런 직시와 반성이 되지 않을 수 없다. 이러한 직시와 반성은 물론 어둠을 만들어 낸 세력·제도·사상·관념의 폐단에 대한 비판을 대체하고 취소할 수는 없지만, 또 소홀히 할 수도 없는 것이다. 나는 1957년의 베이징대학 교내에서 일어난 '반우파운동'에 대한 반성이 더욱 이러해야 한다고 생각한다.

그 해 '학생 운동의 지도자'가 '반우파의 선구자'로 변하다

야오런제 선생은 그의 회고록에서, 또 한 가지 현상에 주목하고 있다. 많은 '반우파운동'의 선구자가, "젊었을 때, 민주를 쟁취하려 했고, 혁명을 일으키고자 했던, 또 용감하고 과격한 말과 행동을 했었던 직업적인 혁명가였다"고 한다. 이러한 "왕년의 '민주투사'와 '학생 운동의 지도자'가 권력을 얻게 된 후, 태도를 바꾸어 '서기'·'총장'·'부장'이 되었고, 통치자의 높은 자리에 앉더니 금세 딴 사람이 되어, 안색까지 변하고 모질게 학생들을 진압했고 민주와 자유, 사상해방을 쟁취하려는 후배들에게 칼을 휘둘렀다! 그 해 대학생들이 그들을 옥좌로 떠받들었는데 이제 당신들은 도리어 대학생들을 당신들 칼 아래의 원혼으로 만들었으니, 당신들에게 양심이란 것이 조금이라도 있는가?" '양심'의 상실 배후에는 여전히 이익의 움직임이 있었다. 루쉰은 일찍이 다음과 같이 말한 적이 있다. "정치 혁명가"(곧 야오런제 선생이 말한 중국의 "직업 혁명가")는 스스로 억압을 받을 때는, "현 상황에 불만족스러워하며" '혁명'을 요구한다. 그러나 일단 혁명이 성공하면, 그는 '혁명'이라는 두 글자를 빼 버리고는, 국가를 통치하는 '정치가'로 변모한다. 이때가 되면, 그는 "현 상황을 유지하려 하는데", 이는 그의 이익이 그곳에 존재하기 때문이다. 그래서 "예전에 반대했던 사람들이 썼던 옛 수단을 다시 써서", 현 상황에 불만족스러워하며 변혁을 요구하는 사람들을 진압한다.[14] 이는 중국에서 발생한 '혁명'이라는 것이 "낡은 의자를 쟁탈하는 것에 지나지 않는다는 것을 말한다. 이 의자를 없애 버리려고 할 땐, 이 의자가 대단히 가증스런 것 같지만, 수중에 넣게 되면 보배로 느껴진다".[15] 이는 사실 루쉰이 쓴 '아Q의 반란'이었다. 중국에서의 '반란'은, 곧 "가장 이득이 많은 사업이었다".[16] 그 해 그들의 "혁명에 대한 투자"는, 1957년에 이르러 젊은이들의 피로 "이자"를 받으려고 하였다.

다른 사람을 노예로 부리는 사람은 자신도 자유롭지 못하다

그러나 앞에서 말한 중국의 새로운 사회 등급 구조 속에서 그들의 '옥좌'는 편안할 수 없었다. 더 큰 범위에서 보면, 그들도 '노비'에 불과하였다. 서로 다른 등급에 처해 있던 노비들은, 사실 중국 토지의 진짜 통치자의 손아귀 안에서 주물러지고 있었으며, 오늘 수여한 '좌파' 월계관은, 통치의 또 다른 필요에 의해, 다시 언제라도 '우파' 딱지로 변할 수 있었다. 반우파 시기의 많은 유명인사가 문혁 기간에 그 당시 우파처럼 죄수가 되었다. 결코 소수가 아니었다. 그들의 그 해 영광스런 반란 역사도 죄증이

---

14) 魯迅,「文藝與政治的歧途」,『魯迅全集』 7卷, 120쪽.[「문예와 정치의 잘못된 길」,『집외집』.]
15) 魯迅,「上海文藝之一瞥」,『魯迅全集』 4卷, 308쪽.[「상하이 문예의 일별」,『이심집』.]
16) 魯迅,「學界的三魂」,『魯迅全集』 3卷, 221쪽.[「학계의 삼혼」,『화개집속편』.]

되었다. 그들 가운데 어떤 사람은, 이를 깨닫고, '노비'에서 '인간'이 되었으며, 어떤 사람은 복직한 뒤에 독립적 사고를 지속하는 사람들 중에서 더 심하게 '우파'를 잡아내서, 루쉰이 말한 대로 "영원히 되돌아오지 못하는 노비"가 되었다.

다른 사람을 노예로 부리는 사람은 자신 역시도 자유롭지 못하다. 이 운동의 발동자·조직자에게도 반우파운동은 위기의 시작이었다. 나는 여기서 '반우파운동'이 자신에 대해 잘못을 바로잡고 조정하는 절호의 시기를 상실했다는 것을, 또 반우파운동이 '좌파'의 극단으로까지 가서 자신의 합법성을 박탈당한 것을 토론하진 않겠다. 다만 한 가지를 지적하고 싶다. 즉 우리가 앞에서 이미 분석한 대로 그 해 우파, 특히 그들 가운데 골간, 원래는 신앙이 있고, 독립적으로 사고하는 능력이 있으며, 재능이 있었던 진정한 사회주의자·공산주의자·애국주의자가 신중국 사회주의 국가의 진정한 척추이자 토대였는데, 지금은 "자기편으로 만들 수 있었음에도 적으로 몰아" 그들을 반대편으로 밀어 넣었고, 동시에 대다수 사람들을 독립적 사고 능력을 상실한 순종적인 노예로 개조하였다. 아무 신앙도 없는, 총애를 위해 아첨하는, 사리를 도모하는 노비에 의지해 통치 질서가 유지되었다. 이는 "스스로 만리장성을 파괴하는" 것과 같았다. 그래서 1958년 그 잊기 어려운 봄날, '좌파'들은 무용을 빛내고 위세를 떨치며 야오런제와 같은 '우파'들을 감옥으로 밀어 넣고 승리자로 자처하였지만, 진정한 실패의 운명이 그들을 기다리고 있었다. 역사는 결국 무정하였다.

노예가 권력을 잡으면 주인보다 더 잔혹하다
야오런제 선생은 회고록 후반부에서 자신의 경험에 의거해 우파의 감옥

생활을 상세하게 서술하였다. 이는 전문적으로 토론하고 연구할 필요가 있을지도 모른다. 여기서는 다만 한 가지, 우파는 천성적으로 '인간'이 결코 아니었다는 것을 제기하고자 한다. 앞에서 말한 것처럼 "인간이 될 것인가(보다 정확히 말하자면, '순종하지 않는 노예'이다), 아니면 노예가 될 것인가"의 선택은, 그 해 우파에게는 엄준한 시련이었다. 그래서 나는 또 야오런제 선생의 회고 가운데 한 사건과 그의 세밀한 묘사에 주목하였다. 한 국무원 참사參事는, 50살이 넘은 우파로 강압적인 고강도의 노동을 하다가 죽어 버렸는데, 그를 학대한 사람은 소조장으로 임명된 우파였다. 이것이 우리가 앞에서 말한 신등급 구조가 초래한 결과였다. 자신도 노예이면서, 소조장이라는 권력을 가지고 오만방자하게 자신이 통제하는 노예를 박해하였다. 노예에게 권력이 주어지면, 그는 주인보다 더 흉악하고 잔혹하다. 다른 한편으로 이것은 영혼의 변태이자 왜곡이었다. 즉 전제정치체제는 양심과 인성을 잃어버린 이런 노예들을 필요에 의해 부단히 제조해 냈다.

인성과 인간의 존엄을 수호하기 위한 불굴의 투쟁

이로써 인성과 인간의 존엄을 수호하기 위한 항쟁이 있게 된다. 노동개조 농장에서 인성과 수성의 투쟁은 공포스러웠다. 그래서 우리는 야오런제가 노동개조 농장에서, 상황이 아무리 열악해도 가능한 한 자신의 풍채를 말쑥하게 유지하고 있었던 의미를 이해할 수 있을 것이다. 그는 관리원으로부터 이발 가위를 빌려다가, 함께 고난을 당하던 친구인 베이징 대학 수학과의 수재 양루楊路(몇십 년 뒤, 그는 저명한 수학가가 되었다)의 긴 머리와 수염을 잘라 주었다. 우리들을 인간으로 보지 않지 않는가? 그렇다면 우리 젊은이들의 "얼굴에 충만한 기상"을 보아라! 비록 그들은 인간 지옥에서 생활하고 있었지만, 야외 노동을 할 때 그들은 대자연 속에서 '인간'으로서의 느낌을 찾았다. 다음은 야오런제가 몰래 읊은 시로, 기억 속에만 남겨진 시다. "나는 푸른 하늘을 우러러본다. / 마음속에선 오히려 일어난다 / 봄날에 대한 / 환상이", "어느 날, / 나는 갑자기 / 이상과 / 일을 / 잃어버렸다 / 목숨을 부지할 쌀과 / 존엄을 / 잃어버렸다. / 그렇지만 나는 / 결코 후회하지 않는다 / 왜냐하면 나는 / 인격의 순수함을 유지하면서 / 또 다른 형식의 / 자유를 누리고 있다 / 정신적 노예가 되지 않는 / 자유를 / 또한 자유롭게 / 생각할 수 있다. / 인간은 빵이 없어서는 안 된다 / 그러나 또한 / 인간으로서의 마지노선을 / 희생해서는 안 된다 / 짐승으로 전락하면서 / 빵을 지켜서는 안 된다." 여기까지 쓰고는 내 눈에 눈물이 고였다. 나는 스스로에게 다음과 같이 말했다.

영원히 기억하자. 우리들 이 토지 위에, 일찍이 이처럼 '인간'이 '노예'가 되었던 시대가 있었음을. 또한 '인간'으로서의 존엄, 생각과 권리를 지켜 내기 위한 항쟁이 끊이지 않았음을.

6. 캠퍼스 통신

1957년 봄과 여름 사이에, 두 건의 사회운동이 있었다. 하나는 위로부터 아래로의 '정풍운동'이었고, 또 하나는 5월 19일 베이징대학 민주의 벽에서 야기된 아래에서 위로의 '5·19민주운동'이었다. 전자는 마오쩌둥이 발동한 목적의식적인 행위였고, 후자는 표면상으로는 자연발생적이었지만, 그 속의 핵심 멤버들(베이징대학의 천펑샤오·탄톈룽, 런민대학의 린시링과 같은 사람들)에게는 자각적 의식과 자각적인 추구가 있었다. 그러나 대다수 교내 대학생들에게 있어서, 민주의 벽의 출현, '5·19민주운동'의 발전, 그 뒤 반우파운동의 발동에 이르는 모든 사건들은 돌발적인 사건이었다. 그들은 사전에 어떠한 사상적 준비는 없었지만, 사건이 발생하자 모두가 본능적으로 각기 서로 다른 현실적 처지·신념·이상·추구, 서로 다른 사회·역사·가정 배경에 따라 중국문제에 대해 서로 다르게 느끼고, 이해하고…… 반응했으며 반은 피동적으로, 반은 주동적으로 운동의 조류에 합류하면서, 스스로의 운명을 바꾸었다.

우리가 여기서 토론하고자 하는 것은, 대다수의 보통 학생과 교사의 반응이다. 이들의 반응은 1957년 중국 대학 교내 운동의 진실된 모습을 한층 더 잘 보여 줄 수 있을 것이다. 토론의 근거로 삼고자 하는 것은 운 좋게 전해져 온 '교내 통신' 두 권이다.

1957년의 민간 텍스트로는, 대자보와 학생 간행물의 글 외에 대량의 사적인 편지들이 있다. 베이징대학의 민주의 벽이 만들어진 후, 정부의 신문은 줄곧 침묵으로 일관하며 보도를 하지 않았다. 이 자체가 당시에 투쟁의 한 초점이 되었다. 학생 지도자인 천펑샤오는 사람들을 조직하여 베이징 시위원회에 가서 청원하며, 『런민일보』가 무엇 때문에 베이징대학의 정풍운동 소식을 게재하지 않았는지를 물었다. 당시 베이징 시위원회 제2서기인 류런劉仁은 대단히 강경한 태도로, 『런민일보』는 우리 공산당의 신문이고, 무엇을 게재할 것인지는 우리 자신이 결정한다고 하면서, 너희들이 우리 신문으로 너희들 잘못된 언론을 선전하려 한다면, 그것은 망상이라고 했다. 또 위협을 하며, 만일 거리로 나가 시위하려고 한다면 마음대로 하고, 그 결과는 스스로 책임져야 한다고 했다. 학생운동의 핵심 멤버인 장위안쉰도 몇몇 사람들을 데리고 『런민일보』로 가서 대자보를 붙였다가 공격을 당했다.[1] 신문 봉쇄를 타도하고, 또 베이징대학 5·19민주운동의 영향을 확대하기 위해, 탄톈룽 등이 톈진의 각 대학에 강연을 하러 갔다가, 이로 인해 반우파운동 중에 "반혁명분자와 결탁했다"는 죄명이 멋대로 더해졌다. 아이러니하게도 10년 뒤, 마오쩌둥은 문화대혁명을 발동시키려고 베이징 학생들에게 전국 각지로 가서 "선동하는 것"을 격려했는데, 이것을 "혁명의 대결탁"이라고 불렀다. 그러나 1957년의 학생들은 자신의 관점을 선전할 권리와 이를 뒷받침해 줄 만

---

1) 陳奉孝,「我所知道的北大整風反右運動」,『沒有情節的故事』, 502쪽.

한 물질적 보장이 없었으므로 일시적으로 비교적 자유로운 사적인 편지를 빌려야 했다. 많은 학생들은 자발적으로, 외지에 나가 있는 자신의 학생과 친구들에게 편지를 써서, 베이징대학 민주의 벽의 상황을 소개하고 자신의 느낌을 털어놓았다.

    그런데 이와 같은 사적인 편지가 편지 쓴 사람이 생각하지도 못한 효과를 일으켰던 것이다. 편지를 받은 사람은 영혼이 뒤흔들리는 놀라움을 느꼈다. "당신의 한 마디 한 마디, 마지막 한 마디까지 모두 빗방울처럼 내 마음에 떨어졌습니다. 그렇습니다. 내가 느낀 것은 빗방울입니다. 커다란 빗방울 하나하나입니다. 왜냐하면 제 마음은 메말라 있기 때문입니다." "당신의 한 마디 한 마디는 시적인 의미로 충만해 있으며, 그것은 시대의 폭풍우를 전달하고, 번개처럼 시대의 빛을 내뿜고 있으며, 내게 우렛소리를 느끼게 해줍니다." "이 폭풍우는 개성 해방의 폭풍우이며, 이 번개 역시 사상 자유의 번개이며, 이 우렛소리는 천만이 포효하는 인간 존엄의 외침입니다."[2] 그들은 너무나 격동한 나머지, 편지를 쓴 사람의 동의를 구하는 것도 잊은 채 사적인 편지를 대자보의 형식으로 공포하였고, 이렇게 "돌멩이 하나가 천겹의 파랑을 일으켰으며", 학교 민주운동의 도화선이 되었다.

    그후 이와 같은 자발적인 행위는 점차 자각적인 전파 방식이 되었다. 당시 그것은 '민주 이어달리기'라고 불렸다. 베이징대학 민주운동은 곧 전국적으로 많은 고등교육기관으로 확산되었으며, 전국적인 학생민주운동의 형세를 만들어 갔다. 이것은 그 뒤 당국이 반우파운동을 발동시켜, "불을 두드려서 끄는" 이유 가운데 하나가 되었다. 이들 편지의 작

---

2) 張守正,「給北大餘敎康的信」(활자본).

성자와 수신자는 모두 우파가 되었으며, 그들의 편지는 가장 중요한 '죄증'이 되었기에 전해져 내려올 수 없었다. 하지만 본고에서 토론하고자 하는 「베이징대학의 위둔캉이 장서우정에게 주는 네 통의 편지」北大餘敦康給張守正的四封信와 장서우정의 「베이징대학의 위둔캉에게 주는 편지」給北大餘敦康的信는 다행히도 보존되었다. 위둔캉은 당시 베이징대학 철학과 조교였고, 장서우정은 우한武漢대학 철학과 교수였다.

본고에서 토론할 또 다른 글 「멀리 동해에 부침」遙寄東海은 조금 특별하다. 이 글은 1957년 7월 1일 출판된 베이징대학 학생 간행물 『홍루』 제4기에 발표된 것이다. 이 시기는 이미 반우파운동이 시작된 때였다. 저자 가운데 한 사람인 셰몐 선생(그와 장중張䌽은 당시 모두 베이징대학 중문과 3학년 학생이었다)의 회고에 의하면, 이 글은 문학성이 뛰어났고, 이 글의 수신자는 해안 방비의 일선을 지키는 젊은 군관 '루빙'路屛이었다고 한다. 이 글에는 베이징대학의 민주운동에 대한 글쓴이들의 태도·반응·사상·정감이 여실히 기록되어 있었다.

두 글의 저자인 위둔캉 선생과 장중·셰몐 선생은 모두 지금도 학술계에서 활약하는 저명한 철학자이자 문학비평가들이다. 젊은 시절 그들 사상에 대한 회고 자체는 아주 흥미롭다.

1) "하룻밤 사이에 홀연히 봄바람이 불어오다"

두 개의 통신 가운데, 첫번째 편지는 1957년 5월 20일 밤에 쓰여진 것이다. 이는 "바람이 갑자기 불어" '5·19'민주운동이 막 옌위안에서 첫번째 우렛소리를 냈을 때이다. 장중과 셰몐은 시인의 필치로 "배꽃이 피었다"로 이 발단을 묘사했다.

"다시 오월이다. 베이징의 오월은 얼마나 매혹적인가! 홰나무 꽃향기가 흩날리고, 버드나무 꽃가루가 가볍게 날린다. 푸른 하늘, 고요한 구름, 웨이밍 호숫가에 드리워진 수양버들과 푸른 물결, '필 수 있는 꽃이라면 모두 피었고, 노래할 줄 아는 새라면 모두 노래하였다.' 이런 봄날, 도처에서 정풍을 논의하고 있다. 우리 역시 예외가 아니었다. 이틀 전, 당내에서 동원하여 먼저 지도자를 정풍하였고, 후에 일반 당원도 정풍하였다. 우리는 흥분된 마음이었고, 기대를 하고 있었다······. 그러나 운동은 두 단계로 나누어 진행한다는 계획을 실행하지 않았다.······
어제 중국 공산주의 청년단 제3차 대회에 출석할 대표를 누구로 뽑을 것인가를 질문하는 대자보가 출현했다. 그 뒤 대자보로 당의 정풍을 돕자고 하는 건의도 나왔다. 젊은이들은 하고 싶은 말들이 얼마나 많을까! 당은 이 건의를 지지해야 한다. 그러나 저녁, 전체 당원대회에서 당위원회 부서국副書局 추이슝쿤崔雄昆은 '제창하지도 않지만, 금지하지도 않는다. 왜냐하면 그것은 가장 훌륭한 형식이 아니기 때문이다'라고 말했다. 학생들은 의견이 분분했다. 밤중에, 대식당 앞에는 보다 많은 대자보가 출현했다. 오늘 부총장 겸 당위원회 제일서기인 장룽지江隆基 동지는 전교 학생대회에서 '당위원회는 갖가지 형식으로 의견을 제시하는 것을 환영하며, 당위원회는 대자보를 힘껏 지지한다'고 선포했다. 동지들은 우뢰와 같은 박수를 쳤고, 대자보는 더욱 많아졌다. 식당 주변에 있는 기숙사 구역 담장에는 보다 다채로운 대자보들이 많이 붙여졌다. 시도 있었고, 사詞도 있었으며, 가지각색이었다. 그것들은 당위원회·학교·학과 행정에 대해 많은 날카로운 의견들을 제기하면서 관료주의·종파주의 작풍 및 교학에 있어서의 심각한 교조주의를 비판했다. 린자오 동지는 우리들을 보고, 이는 정말로 '하룻밤 사이에 홀연히 봄바람이 불어와, 천만 그루의 배꽃이 핀 격'이라고 말했다."

편지에서 인용한 "필 수 있는 꽃이라면 모두 피었고, 노래할 줄 아는 새라면 모두 노래하였다"라는 시구는, 시인 옌전嚴陣이 1956년에 써서, 1957년『시간』詩刊 제1기에 발표한 작품이다. 40년 뒤, 저명한 시가평론가이자 문학사가인 셰멘이『백년 중국 문학경전』百年中國文學經典을 선집할 때, 이 시를 수록하였다. 그가 보기에, 이 두 구절의 시는 그와 일부 동세대 사람들의 1956, 57년의 생활에 대한 진실한 체험, 심경 및 그들의 생활 이상을 반영한 것이었다. 이런 것들은 셰멘 선생의 가슴속에 생명 체험과 청춘의 기억으로 아로새겨졌다. 또한 이러한 체험들은 다음 글에서 상세히 토론할 셰멘과 장중 및 그들이 대표하는 베이징대학 학생들의 5·19운동과 이후의 반우파운동에 대한 여러 반응들을 결정지었다.

흥미로운 것은, 미래의 철학자인 위둔캉이 베이징대학 민주의 벽의 창설을 "거대한 군중 폭풍우"의 도래로 보았다는 것이다.

"베이징대학 전체가 들끓어 올랐다. 각양각색의 심정, 말, 시각이 마치 시루 뚜껑을 열자 한꺼번에 김이 올라오는 것처럼 피어올랐다.……
이는 정말 거대한 군중 폭풍우였으며, 그 기세가 사나웠다. 어떤 사람은 시를 써서 자신의 흥분과 찬미를 표현하면서, 이것이야말로 진실한 베이징대학의 모습이자, 정말 주인이 된 상황이라고 했다.
하루 만에 베이징대학 전체가 들썩거렸다. 평화롭고 고요한 분위기는 더 이상 찾아 볼 수가 없었다. 베이징대학 사람들 모두 흥분되고 격동된 심정으로, 이전에 없었던 사태의 발전을 주시하고 있었다.……얼마간은 해방 이전 학생운동의 상황과 비슷했다. 그러나 그때는 반동파를 향해 민주를 쟁취하는 것이었지만, 지금은 세 가지 해악 분자를 향해 민주를 쟁탈하는 것이었다.……"

베이징대학 대다수 학생들의 첫 반응은 적극적이고 긍정적이었다. 흥분하고 격앙되었으며, 많은 기대도 있었다. 평화롭고 고요한 분위기는 깨졌으며, 교내에서는 갖가지 역량, 사상……이 모두 뒤엉켰고, 사람들은 각기 서로 다른 마음, 서로 다른 동기를 가지고 이 운동에 휘말려들었다. 위둔캉은 이것이 "그 해의 학생운동과 좀 닮은 것 같다"고 함과 동시에, 또 "사나운 기세의 거대한 군중 폭풍우는" 대혁명 시기의 후난湖南 농민운동을 떠오르게 하는 것 같다 하였다. 그러나 그 해 학생운동과 농민운동을 일으켜서 세워진 공산당이 자신의 통치 아래서, 자신이 조직하지 않은 통제적이고도 자발적인 "거대한 군중 폭풍우"가 나타나는 것을 허락할 수 있을까?

그리하여 역사상 일찍이 존재했던 문제가 다시 제기되었는데, 그것은 바로 위둔캉이 자신의 편지에서 말한 "사태가 이처럼 발전되어 가는 것은 좋은 일인가 아니면 나쁜 일인가?"이다. 위둔캉은 이어서 "나는 작은 목소리로 소곤거리는 것을 어렴풋이 들었다. …… 천하가 곧 대란에 빠지고, 자유주의가 범람해 재난이 될 것이라는 소리다. 그러나 대다수 사람들은 이 운동이 발전적이고 건강하며 힘이 있다는 데 찬성한다. 이와 같은 군중의 폭풍이 없다면, 절대로 세 가지 해악 분자를 타도할 수 없다"고 했다.

그러나 이런 배후에는 처음부터 차이가 존재하고 있었다.

장중과 셰몐은 자신들도 모르게 "배꽃이 피었다"라고 읊조림과 동시에, 우려를 감추지 않았으며, "대자보에 얼마간 건강하지 않은 것이 출현했다"고 말했다. 들리는 말에 의하면, 탄톈룽의 글 「독초 한 포기」가 붙은 이후, "대중의 분노가 일었고, 도처에 항의·질문·비판의 글이 가득 붙여졌는데, 그 가운데에는 '담장 위의 갈대는, 위가 무겁고 아래는 가벼우며 밑뿌리가 얕다(대중으로부터 유리된 상아탑 지식인), 산속의 죽순은, 입이 뾰족하고 껍질이 두껍고 속이 비어 있다'[3]는 대련對聯도 있었다. 또 만화에는 '욕설을 퍼붓는 것은 결코 전투가 아니다, 허튼소리 하는 것이 어찌 용사이겠는가? 잘못을 떨쳐 버리는 것이 어찌 애석하랴, 진리는 반드시 지켜 내야 한다'는 제목도 붙여져 있었다." 장중과 셰몐은 이에 대해 크게 칭찬하며, "매우 오묘하다"고 하였다. 선쩌이, 장위안쉰은 「때가 되었다」를 이야기할 때, 자못 이해되지 않는다는 듯이 다음과 같이 말했다. "시란, 영원한 마음의 노래이다. 작가의 마음은 왜 이토록 무거운가? 게다가 무엇 때문에 사람들의 공명을 불러일으키는 것인가? 이는 오늘의 삶 속에서 사색할 만한 문제이다. 삶은 복잡한 것이다. 단순하게 보는 것은 자신이 유치하고 천진해서일 뿐이다. 그러나 우리는 모두 「때가 되었다」를 마음에 들어 하지 않는다. 그것의 기조를 좋아하지 않는다. 우리의 시대는 그러한 기조가 있어야만 하는 것인가?"

그러나 위둔캉은 완전히 다른 느낌을 받는다. 그는 "진정한 행복감

---

3) 마오쩌둥은 「우리들을 개조하고 학습하자」(改造我們學習)에서, '갈대'와 '죽순'으로 지식인을 비유하며 비판했다. 마치 "담장 위의 갈대"처럼, 위는 크고 아래는 작으며("머리는 무겁고 다리는 가벼우며"), "밑뿌리는 얕은" 것처럼, 몇몇 지식인들은 역시 밑뿌리를 인민들에게로 깊이 내리지 못한 것이다. 또한 "산속의 죽순"은 "입이 뾰족하고"(죽순 끝이 뾰족하다), "껍질이 두꺼우며", "속이 비어 있는"(몇몇 죽순은 속이 비어 있다) 것처럼, 몇몇 지식인들 역시 말을 잘하나("입이 뾰족하고"), 반성할 줄 모르고("껍질이 두꺼우며") 진실된 학문이 없다("속이 비어 있다"). 이 베이징대학 학생은 이 말을 옮겨 적으며, 마치 마오쩌둥이 비판한 것처럼 탄톈룽을 풍자하면서, "입이 뾰족하고 껍질이 두꺼우며", 실제로는 "뿌리가 얕고" "속이 비어 있다"고 말한 것이다.—옮긴이

이 자신을 격려하고 있다"라고 말하면서 다음과 같은 분석을 한다. "과거에 우리는 행복에 대해 자주 이야기했다. 나는 우리들이 과거에 행복했다고 느낀다. 그렇지만 솔직하게 말하면, 그것은 일종의 이성적인 행복이자, 또 사색을 거쳐야만 이해되는 행복이었다. 감정이 마비되었든 아니면 마음이 무거워서든, 자신의 심신을 행복에 흠뻑 취할 수 있게 만들 수 없었다." 여기서, "이성적인 행복"감(그것은 이데올로기의 주입이자, 공개적으로 선언한 이상과 이론에 대한 허락의 논리가 추단한 결과이다)과 "감정의 마비"와 "무거움"의 실제 느낌(이는 때때로 직면한 구체적인 삶의 경험, 생명체험이다) 사이의 모순은, 그 시대 많은 예민한 청년들에게 대표성을 띠는 것이었다. 그런데 이런 모순과 정신의 '마비'와 '무거움'은 장중과 셰멘을 비롯한 동시대 청년들에게는 또 다른 것이었다.「우리들의 노래」라는 시에서, 작가는 공개적으로 "우리들에겐 당신들의 그 '무거운 거문고 줄'이 결여되어 있다. 우리들은 당신들처럼 늘 '뒤에서 불평하고 분개하고 근심하는' 사람들과는 다르다"고 주장한다.

이 배후에는 아마도 보다 깊은 인생의 이상과 추구가 숨겨져 있을 것이다. 위둔캉은 "새로운 역사 영역"과 시대에 대한 기대를 제기하였다. "나는 우리가 전혀 새로운 역사 영역으로 들어서서, 전혀 새로운 삶을 살고 있다고 느낀다. 진정한 민주, 진정한 자유는 진정한 인성의 발전을 가져왔다. 중국인이라면, 이 시대를 살면서 다른 무엇을 억압할 필요가 없으며, 비자주적으로 외부 간섭을 받을 필요도 없다. 오히려 이와 반대로, 자유롭게 자신을 발전시키고 자유롭게 자신이 원하는 일을 하면서, 나는 곧 나라고 생각할 때 인간의 본질은 완전하게 실현된다. 사랑하고 싶으면 사랑하고, 하고 싶은 일이 있으면 하면 된다. 인간의 존엄, 인간의 독창성은 인정받고 격려받으며 법률의 보호를 받는다. 이와 같은 삶은 그 어느 나라에도 없을 것이다. 인류 역사상 처음으로 중국에서 출현하게 되는 것이다. 그렇기 때문에 이것은 이성에서 감성에 이르기까지 확실히 공감할 수 있는 진정한 행복이라 할 수 있다. 백가쟁명과 인민 내부 모순을 처리하는 문제가 제기된 뒤 나는 얼마간의 풍문을 들었지만, 오늘에서야 비로소 진정으로 느끼게 되었다."

여기서 두 가지는 주의할 만하다. 우선 "진정한 민주, 진정한 자유, 진정한 인간 개성의 전면적 발전", "인간 본질의 완전한 실현"의 이념·이상의 명확한 제기는, 지금 발생하고 있는 이 '사회주의 민주운동'에 농후한 인본주의적 색채를 부여했다는 것이다. 이것은 또한, 위둔캉과 같이 휘말려든 사람들이 자신의 이해와 추구를 통해 운동 자체에 보다 풍부한 내용을 가미했다는 것을 표명하고 있다.

위둔캉의 이 말 가운데 민족적 자부심 역시 상당히 주목을 받았다. 이 또한 당시 사회주의 민주운동에 적극적으로 참여하고 동정했던 많은 사람들이 공유한 것이었다. 그들은 자신들이 받았던 교육으로 인해 서방의 '부르주아계급 민주'에 대해 경계심을 지니고 있었고, 또 스탈린 문제가 폭로됨으로써 소련식 민주에 대해 우려하고 있었다. 지금 마오쩌둥이 보여 준 민주적 태도, 즉 백가쟁명의 방침, 인민 내부 모순 이론에 대한 제기는 그들에게 무한한 희망을 품게 하였고, 진정으로 자신의 이상(이 이상 자체는 역시 모종의 유토피아적 성격과 무정부주의적 색채를 띠고 있었다)을 실현하는 시대가 오고 있음을 느끼게 하였다. 그리하여, 베이징대학 철학과 조교는 "나는 진실로 나의 흥분과 격동을 억누를 수 없다. 나는 진실로 시를 쓰고 싶다. 나의 내면에서 용솟음치는 시를 쓰고 싶다"라고 선언한 것이다. 철학과 시가 결국은 서로 만났지만 그 시대에는 대가를 치러야 했다.

2) "한밤중, 우리는 모두 잠을 이루지 못했다"

장중과 셰몐은 5월 23, 25, 27, 28일, 6월 7일, 위둔캉은 5월 27, 29일, 연이어 그들의 친구들에게 편지를 썼다. 이렇게 자주 편지를 썼다는 것은, 운동이 날로 고조되어 가고, 사람들의 사유도 나날이 심화되어 갔음을 말해 준다. 이와 동시에 의견의 분기도 날로 분명해져 거의 격렬한 투쟁에 이를 정도였다. 예를 들어 위둔캉은 5월 29일 편지에서 다음과 같이 말했다.

> "며칠 사이 사태는 계속해서 발전되어, 날이 갈수록 긴장되고 떠들썩해졌다. 많은 문제들이 폭넓게 언급되었으며, 군중들은 전에 없이 격앙되었다. 대자보는 도처에 있어서, 이미 더 붙일 곳이 없을 정도였다. 거의 매일 수백 명의 사람들이 참가하는 변론대회가 한밤중 열한두시까지 줄곧 열렸다."

장중과 셰몐의 편지에도 다음과 같이 묘사되어 있었다.

> "최근 3일, 우리들은 너무도 바빴다. 대자보는 마치 폭풍우같이, 하늘 가득한 별들까지도 뒤흔들어 놓을 정도였다.
> 군중들은 행동에 나섰다. 도처에서 대자보를 붙이거나 대자보를 보고 있었는데, 모두들 학과 공부는 할 마음이 없는 것 같았다. …… 곳곳마다 사람들이 무리지어 있었다. 어떤 사람은 밥을 한 손에 들고 연설을 듣고 있었다. 연설자는 날카롭게 맞서서, 격앙된 어조로 하고 싶은 말을 시원하게 다 털어놓았다. 듣는 사람들은 많게는 수천, 적게는 몇 명에 이르

렀다.……

며칠 동안, 수백 수천의 좌담회가 각 반, 각 학과, 각 부문에서 열리고 있었다. …… 학생들은 전에 없이 열렬했다. 예리하고 심지어는 격렬하기까지 한 수많은 의견들이 제기되었으며 모두를 격앙시켰다.……"

이에, "한밤중, 우리는 모두 잠을 이루지 못했다". 장중과 셰몐은 물론 위둔캉도 잠을 이루지 못했다. 베이징대학 전체가, 지도자부터 교직원, 학생에 이르기까지 모두 잠을 이루지 못했다.

현실 중국의 모든 문제와 미래 중국의 모든 문제가, 일찍이 없었던 첨예한 형식으로 중국의 젊은 세대, 중국의 교내 지식인 앞에 놓여져 한 사람 한 사람의 사고와 대답을 요구하였으며, 회피는 허용되지 않았다. 평소엔 은폐되었던 의견의 분기도 첨예한 형식으로 드러나서, 더할 수 없이 격렬한 사상의 교전이 벌어졌다. 그러나 이 또한 회피할 수 없는 것이었다.

장중과 셰몐은 5월 23일의 편지에서 다음과 같이 교내에서 벌어진 격렬한 논쟁을 묘사했다.

"다양한 의견들에서 우리들은 썩은 냄새를 맡았다. 몰락 계급의 관점, 신제도에 대한 원한, 공산당원에 대한 통한이 행간 속에서 얼굴을 드러내었던 것이다. 그들은 혼탁한 물속에서 물고기를 잡으려고 하였다. 물론 전사의 눈은 매처럼 예리했으며, 우리들은 총을 메고 해안가에 우뚝 서 있던 그날들을 잊을 수 없을 것이다.……"

장중은 변론대회에 참가하고, 셰몐이 계속해서 아래와 같이 썼다.

"어떤 사람은 욕설과 악의적인 공격과 선동을 반대하며, 정풍운동은 이치에 맞게 실질적인 문제를 제기해야 한다고 주장했다. 어떤 사람은 그들을 '수구주의자'라고 말하고, 장위안쉰은 심지어 광장에서 공개적으로 '나는 정말 이리처럼 수구주의자를 잡아먹어 버리고 싶다!'라고 외쳤다.

어떤 사람은 '지금은 등급 사회이다. 과거의 인도처럼 사람들은 고저귀천高低貴賤 이렇게 네 등급으로 나뉘어 있다……'라고 말했다. 장위안쉰은 '이는 진정한 노래이다'라고 칭찬하였다.

또 어떤 사람은 공산당원이 '살인하고, 부녀자를 강간하며……', '사복경찰'이자, '스파이'이다……라고 공격하였다.

그들이 기염을 토하여, 당을 '나치'로 묘사할 때, 변론대회에서 누군가는 소리 높여 말했다. '나는 정중히 내가 수구주의자임을 선언한다. 맑스·레닌주의를 보위하기 위한 일이라면, 나는 아무것도 두렵지 않다!', '나는 아직 공산당원이 아니지만, 언젠가는 반드시 이 영광스런 행렬에 참가할 수 있다고 믿는다!' 이런 격앙된 말들은 열렬한 박수를 받았다.

오늘, 벽에는 다음과 같은 표어가 출현했다. '당을 사랑하고 당을 정풍해야 한다는 원칙을 견지하며, 악의적인 선동 비방을 반대한다!' '맑스·레닌주의 수호자 만세!' '중국공산당 만세!'

그렇다, 정직한 사람은 모두 당에 대한 악의적인 비방을 참을 수 없다. 많은 학생들이 우리들을 찾아왔는데, 우리들과 장펑, 왕레이, 런옌팡, 두원탕, 차오녠밍, 류덩한, 리신 등 30여 명의 베이징대학 일부 '문예계 인사'들은 『수구주의자 논단』衛道者論壇을 출판하여 선언했다.―

'어떤 사람들은 우리들이 수구주의자라고 말한다.

그렇다, 우리들은 수구주의자이다. 우리들은 사회주의를 지키고, 맑스·

레닌주의의 길을 지킨다.

우리들은 수호자이기 때문에, 당의 정풍을 옹호하고, 관료주의·주관주의·종파주의를 결연히 반대한다.

우리들은 수구주의자이기 때문에, 진리를 견지하고, 내용 없는 외침을 반대하고, 흑백이 전도된 외침을 반대한다.

어떤 사람들은 우리들이 진리를 대표하지 않는다고 말하는데, 우리들은 모든 진리를 추구하길 원하는 동지들과 진리를 탐구하기를 원한다.

어떤 사람들은 우리가 종파라고 말한다.

우리 종파들의 문은 모든 사람에게 개방된 것이다. 다만 그가 당을 사랑하는 것에서 출발하여, 정풍을 제대로 할 수 있다면 말이다.

어떤 사람들은 이리처럼 수구주의자를 잡아먹어 버리겠다고 말한다. 그렇다면, 먹어라. 그렇게 할 수만 있다면!'

결론적으로 말하면, 모든 것이 복잡해지기 시작했다. 우리들은 두 가지 전선상에서 투쟁을 전개시키려 한다. 사회주의에 대한 공격을 반대하려 하며, 또한 삼풍三風[관료주의, 종파주의, 주관주의]의 바르지 않은 현상을 향해 진격을 시작하고자 한다.……"

이렇게 전사로서의 장중·셰멘의 안목·입장과는 달리, 함께 교내에 있었던 위둔캉은 또 다른 관찰과 체험, 분석과 사고를 하게 되는데, 5월 27일의 편지에서 그는 다음과 같이 쓰고 있다.

"여기에서는 거의 매일 새로운 상황이 벌어졌다. 이런 상황들은 사람들의 사상을 한 걸음 약진시켰고, 그로 인해 '인민들의 의론을 막는 것은 제방을 막는 일보다 시급한 일'이 되어 버렸다. 이제, 사람들의 자유로운 사상을 가로막던 커다란 제방이 터져 버려 자유사상은 홍수처럼 범람하고, 유쾌하고 다급한 걸음걸이로 내달리고 있으니, 이는 대단히 흥미롭다. 이러한 상황에서, 과거의 열성분자·진보분자는 낙후분자로 변하였고, 낙후분자는 오늘의 열성분자로 변하여, 서로 뒤바뀌어 버렸다.

(여기서 발생한) 사건 자체는 격렬했다. 예리하게 충돌하는 사람도 있었고, 자신의 목숨을 바쳐 세 가지 해악 분자를 규탄하는 사람, 현존하는 어떤 제도에 대해 대담하게 회의하는 사람, 몇몇 위선적인 수구주의자에 대해 신랄하게 풍자하는 사람들이 있었다. 모든 권위, 모든 사람들의 자유사상을 속박하는 그물은 여기에 설 자리가 없다. 여기서 신봉하는 원칙은 이성이다.……

사회주의 공유제는 물론 좋은 것이다. 나는 두 손으로 이 제도를 옹호하고 받든다. 만일 누군가가 공유제를 파괴하고, 인간이 인간을 착취하는 제도를 회복시키려 기도한다면, 나는 나의 목숨을 걸고 그것을 보위할 것이다. 이는 문제가 되지 않는다. 한편, 사회주의 분배에는 지극히 많은 불합리한 면이 있다. 사회주의 민주는 그림자만을 얼핏 볼 수 있을 뿐이다. 사회주의 법제는 너무도 완전치 못하여, 사람들은 인위적으로 몇몇 등급으로 나누어졌다. 특별히 선발된 소수의 인물들이 봉건적인 특권을 향유했는데, 이로 인해 수많은 인민들은 질식 상태에 처하게 되었다. 비록 내가 말한 것들은 헌법과 공개 문건에서는 찾아볼 수 없지만, 삶의 진실임이 확실하다. 이것은 순수 이론의 문제가 아니다. 오늘 만일 이 문제에 대해 학구적인 쟁론을 벌이게 된다면 웃음거리가 될 것이다. 이것은 모든 정직한 공민들이 그의 모든 감정과 이성으로부터 통절하게 체험한 문제이다.

과거에 우리들은 다만 같은 말만 할 수 있고, 같은 노래만을 부를 수 있였으며, 사람들의 영혼은 감금되어 감히 자유롭게 생각하고 자유롭게 느낄 수 없었다. 이는 한 지식인에게는 육체적인 중형보다 더 참기 어려운 것이었다. 보다 더 슬픈 것은, 심지어 우리들은 감히 현실을 직시하지 못하고, 감히 우리들이 받은 고통을 느끼려 하지 않았다는 것이다. 우리들이 현실에서 벽에 부딪힐 때마다, 늘 자신을 돌아보고, 부합하지 않는 죄명으로 스스로를 억압하여, 하루하루 마비되고 무뎌졌다. 우리들은 이제 일어서서 사상 언론의 자유를 쟁취해야 한다. 스스로 의식을 갖고 생각하는 사람들은 존중을 받을 가치가 있다. 설사 그가 잘못 생각했다고 해도, 존중받을 만하다. 반대로 코로 생각을 대신하는 사람은 응당 경멸을 받아야 한다. 그들은 개처럼 도처에서 냄새를 맡고, 지도자의 평판을 냄새 맡으며, 권위자의 몇 마디 말을 냄새 맡는다. 사상 언론의 자유는 헌법에 명시된 규정이지만, 실제 생활에는 이러한 자유가 없다. 이것이야말로 깊이 생각해 볼 문제가 아니고 무엇이겠는가?

과거에 인간의 존엄과 인권은 함부로 모욕과 손상을 받았다. 사람들은 살아가면서, 언제라도 비판받을 가능성이 있었다. 어떤 부류의 사람들은, 일부러 약점 잡는 일을 하여, 약점을 잡으면 메모해 두었다가, 적당한 자리에서, 비판투쟁의 자료로 썼다. 그러나 자신은 어떤 구실로도 자신을 지켜 낼 수 없었다. 독립된 인격이 있고, 독립된 사상이 있는 한 사람으로서, 그는 다른 사람과 평등한 지위에 서서 상호 반박할 권리가 있으며, 동의하지 않을 수도 있었으며, 논쟁으로 얼굴이 귀밑까지 빨개질 수도 있다. 그는 결코 다른 사람의 과녁이 될 의무가 없으며, 다른 사람도 그를 비판할 어떤 권리도 없다. 과거에는 이와 같은 불합리한 상황이 오히려 당연한 것으로 여겨졌다. 학생들은 선생의 코를 가리키며 욕을 퍼부을 수 있었다. 학생들도 다른 학생들에게 그렇게 하였다. 자각적으로 그렇게 했던 사람이 있었는가 하면, 양심을 거스르며 그렇게 한 사람, 뭐가 뭔지 모르고 그렇게 하는 사람도 있었다. 어찌됐든, 이러한 배후에는 강력하게 사주한 자가 있었다. 좀 물어봐야겠다. 이런 방법과 우리들의 이 사회제도의 본질이 서로 부합하는가?

이제, 공산당 만세, 중화인민공화국 만세라고만 외치는 것으로는 충분치 않다. 이성 원칙 만세! 민주와 자유 만세! 사회주의 법제 만세! 라고 외쳐야 한다."

이틀 뒤, 그는 다른 한 통의 편지에서, 또 그가 몇 차례 변론대회에 참가하면서 관찰했던 것과 체험을 이야기했다.

"변론대회의 분위기는 기본적으로 정상적이었다. 때때로 어떤 사람이 무대 아래에서 고함을 지르고 죄를 덮어씌우면서 군중의 압력에 호소하려 했지만, 군중의 불만 소리 속에 진정되었다. 이는 한바탕 투쟁의 모양새를 띠었다. 누군가는 사회주의가 필요한 것인가 아니면 사회주의가 필요치 않은 것인가 하는 정도까지 고려하여 문제를 언급했지만, 내가 보기에는 그것이 다가 아니었다. 만일 실로 그러했다면, 이 운동은 바람과 구름처럼 흩어져 사라져 버렸을 것이다. 이는 사실 민주와 반민주의 투쟁이었다. 후평의 문제 및 기타 다른 모든 문제도 모두 다시 제기되어, 새로운 평가를 내릴 수 있었다. 밧줄 하나로 사상을 속박하고, 한 가지 곡조의 노래만 부르게 하던 시대는 영원히 지나갔다. 사실상, 이번에는 대담한 문제들이 많이 제기됐다. 어떤 사람은 인사 당안을 공개하기를 요구했고, 어떤 사람은 반혁명분자를 숙청하는 운동에 대해 새로운 평가를 내리도록 했으며, 어떤 사람은 수업을 정지하고 정풍운동을 할 것을 요구했다. 누군가는 정보 통제를 취소할 것을 요구했다. 실로 다양한 요구들이 제기되었다. 가장 철저한 각도에서 모든 것들을 다 생각해 내었던 것이다. 여기에는 또한 복수주의 경향이 뒤섞여 있었다. 어떤 사람은 공산당과 공산주의 청년단이 판관이자 나으리라고 욕했고, 어떤 사람은 공산당과 공산주의 청년단이 스파이라고 욕했으며, 어떤 사람은 '내게 청춘을 돌려 달라, 내게 건강을 돌려 달라'고 외쳤다. 또 누군가는 공산당과 공산주의 청년단은 수구주의자라고 욕을 하였다. 그러나 이러한 상황이 주류적이라고는 할 수 없었다. 세 가지 해악 분자에 대한 분노가 가장 중요한 것이었다.

여기까지 쓰고, 다시 변론대회에 참가하러 갔다. 회의에서 많은 사람들은 문제를 혁명과 반혁명의 정도로까지 끌어올려 제기했다. 이러한 상황에서 후펑이 반혁명분자가 아니라고 발언한 자는 마치 반혁명을 변호한다는 혐의에 걸려든 듯했다. 무대 위에서는 연설을 하고, 무대 아래서는 구호를 외치고 있었으며, 심지어 어떤 사람은 무대 위에서 연설하는 사람을 끄집어 내리기까지 했다. 이는 나에게 저절로 헝가리의 가두 유혈 사건을 연상시켰고, 흡사 혁명과 반혁명의 정치투쟁인 것 같았다. 사실 이것은 아주 무의미한 것이다. 정말 이러하다면, 누가 감히 말을 하려 하겠는가. 이는 겁 많은 수구주의자들이 군중의 극단적인 발언을 두려워하여, 과거의 어둡고 혼란한 상황을 은폐하고, 태평한 것처럼 꾸몄던 과거의 국면을 회복하고자 함을 나타내 주는 것이었다."

"마땅히 이성을 수호해야 하고, 모든 것은 이성의 원칙 아래 검증해야 한다. 폭력으로 인민 내부 모순의 문제를 해결해서는 안 된다. 이성 원칙이여, 만세!"

장중과 셰멘, 위둔캉의 편지를 서로 비교해 보면, 교내에서 두 사조가 선명하게 대립했음을, 또한 쌍방의 입장이 대단히 분명했음을 어렵지 않게 알 수 있다. 그러나 이렇게 확고한 태도의 배후에는 오히려 은폐할 수 없는 심리적 모순과 우려가 있었다. 이는 아마도 우리가 보다 주의를 기울여 토론해야 할 부분이다.

5월 25일의 편지에서, 장중과 셰멘은 다음과 같이 언급하였다. 변론대회에서 어떤 사람이 "반혁명을 진압하고, 반혁명분자를 숙청하는 것에 대해 싸잡아 회의하고 공격한다. 우리들을 적대시하는 사람은 공산당이 잔인하고 인성이 없다고 욕한다. 인도주의자들은 '휴머니티를 중시하라! 어찌 사람을 죽일 수 있는가!'라고 외쳤다"고 말했다. 이러한 책망 앞에서, 과거 해방군 전사였던 이 두 사람이 받은 내심의 충격은 가히 짐작하고도 남음이 있다. 이 때문에 장중은 자신이 그 해 "방아쇠를 당겨서", 친히 "악질토호"를 총살했던 상황을 떠올리고는 다음과 같은 변호의 말을 하였다.

"설마 내가 인성을 잃었단 말인가? 아니다. 나는 혁명의 폭풍우가 어떻게 역사의 긴 강을 스쳐 지나갔는지를 보았다. 인류가 불평과 어둠, 그리고 추악함이 가득한 사회로부터 새롭고 아름다운 세계로 나아가기 위해서, 얼마나 많은 고통과 피눈물을 흘리는 탈바꿈을 하고 있었는지 보았다. 과거에 나는 태평천국혁명에서 이천오백만의 사람이 죽었다는 사실을 읽고 놀라지 않을 수 없었다. 그러나 1851~1951년, 이 동란의 한 세기에도, 또 얼마나 많은 사람이 죽어갔는가. 중국 민족은 장차 영원히 서로를 해하지 않는 마지막 순간을 향해 나아갈 것이다. 이 순간에, 누군가 굳이 삶의 수레바퀴를 막으려 한다면, 그는 역사의 제단에 바쳐질 것이다. 우리는 마지막으로 피를 본 한 세대 사람이어야 한다.……"

"우리의 삶 속에서 결코 모든 사람들이 공산당을 알고, 혁명을 아는 것은 아니다. '혁명은 고통스러운 일이며, 그 속에는 필연적으로 피와 얼룩이 뒤섞이기 마련이다. 절대로 시인이 상상하는 바처럼 그렇게 흥미롭고 완전무결한 것은 아니다.'(루쉰) 아름답고 인자한 마음을 가진 누군가는 오히려 역사의 냉혹함을 모르고, 맑스주의를 모르며, 입장과 관점 그리고 방법을 모른다!"

"마음과 넋을 뒤흔든 투쟁의 시대에, 적에 대한 인자함은 곧 자신에 대한 잔인함이었다. 물론, 우리는 적을 진압했을 뿐만 아니라, 심지어 자신의 몇몇 동지를 억울하게 만들었다. 그러나 이는 이해할 수 있는 것이다. 역사의 세찬 흐름 속에는 물보라도 있고 소용돌이도 있다. 또 되돌아 흐르기도 하지만, 결국에는 내달리며 전진한다. 나는 미국인 기자인 애너 루이스 스트롱의 시각에 전적으로 동의한다. '인류의 모든 진보는 모두의 엄청난 대가로 얻은 것이다. 전장에서 죽어간 영웅들뿐 아니라, 억울하게 죽어가는 사람들도 있게 마련이다.'"

이는 반박이자, 일종의 자아 설득이었다. 모든 인도주의적 이상을 가슴에 품고 혁명에 투신한 지식인들은 모두 이와 같은 '(폭력)혁명'과 '인도주의'라는 양란兩難의 갈림길에 처하게 되었다. 문제는 이제 이렇게 "마지막 피를 본 한 세대"로 자처하고, 또 그러기를 희망하는 사람들이 새로운 '적'을 진압하기 위해 또다시 피를 흘려야 하는 것인가의 문제에 직면해 있었다는 것이다. 만일 '반드시' 그래야만 한다면, 그렇다면 그 '마지막'은 도대체 언제가 될 수 있단 말인가? "멸망하려는 계급을 채찍질하고, 공개적으로 활동하는 적을 소멸시키는 것은 어디까지나 쉬운 일이다. 그러나 여기에서는──동지인지, 친구인지, 그도 아니면 그 무엇 인지를──구분하기 어렵다"는 것이 곤혹스러운 것이다. 그래서 장중과 셰몐은 "그저 모두가 우리 친구이길 소망한다"는 기도를 할 수밖에 없었고, 따라서 모순도 자연스럽게 회피하게 되었던 것이다. 하지만 회피할 수 있을까?

    5월 28일의 편지에서는 다시 더 무거운 화제를 끄집어낸다. 즉 충성스런 젊은 공산당원으로, 당을 보위한다는 열정을 품고 있었지만, 당이 군중을 떠났다는 사실을 회피할 수 없었고, 그래서 "한밤중, 우리는 모두 잠을 이루지 못했다"는 것이다. "언젠가 우리들은 학우들이 우리를 '존경하기는 하지만 가까이하지는 않는다'는 것을 생각했던 적이 있다. 군중 속에서 그들과 함께 살아가는 공산당원으로서, 그들이 당신을 피하고 있으니 이 얼마나 슬픈 일인가!" 셰몐이 여기까지 쓰고 있을 때 누군가가 불러서 나갔고, 장중이 이어서 다음과 같이 썼다.

    "나는 아주 많은 것을 생각했다. 해방이 임박한 그 해, 스파이의 추적 속에서, 가까스로 고등학교에서 도망쳐 나왔을 때, 한 대학생이 나를 자신의 집에 숨겨 주고 밥을 챙겨 주었다. 또 대학 도서관에서 『자본론』을 빌려다 주었으며, 유격 지역으로 갈 때까지 돌봐 주었다. 공산주의자도 아니었던 그가 무엇 때문에 생명의 위험을 무릅쓰고 한 공산당원을 몰래 보호해 주었을까? 왜냐하면, 나는 그의 친구였고, 그들 중 한 사람이었으며, 그들은 공산당원들에게 희망을 기탁하고 있었기 때문이었다. 그리고 오늘날, 당이 집정하게 되었다. 그러나 우리는 독선적으로 군중의 외침을 무시하였고, 당의 명망을 맹신하여 인민으로부터 점점 이탈해 갔다. 만일 당의 기풍을 바로잡지 않는다면, 그것도 제대로 잘하지 못한다면, 우리들도 역사상 무수히 많았던 슬픈 궤적을 따라가게 되지 않으리라 보장할 수 있겠는가?

어제 저녁, 나는 잠들 수가 없었다. 세멘 역시 잠들 수가 없었다. 그는 눈을 뜬 채로, 창밖의 거친 바람 소리를 들었다. 우리가 무엇 때문에 이렇게 되었는지를 생각했다. 새로운 역사조건하에서, 우리 당은 어떻게 다시 인민의 모든 것을 호흡할 것이며, 어떤 길을 따라 전진할 것인가? 정풍, 그렇다, 우리들은 정풍을 원한다. 그러나 나는 나의 동지들, 공산주의의 깃발 아래 나와 어깨를 나란히 하고 전진하는 수백만 동지들이 모두 이렇게 생각하고 있는지, 그들이 당의 운명, 인민의 운명을 생각하는지는 알 수가 없다."

여기까지 썼을 때, 세멘이 돌아왔고, 장중이 쓴 일단락을 보고는 "분위기가 너무 무겁다"고 했다. 그래서 이 논제는 더 이상 깊이 이야기되지 않았다. 그러나 그 해, 이상에 충실했던 젊은 공산당원의 내면에 존재했던 모순을 느낄 수 있다. 그들은 당을 수호해야 했지만(그들은 일부 세력이 당의 지도권에 반대하고 회의를 품었는데, 이는 절대로 받아들여질 수 없고 용인될 수 없는 것이라고 여겼다) 당의 현실적 위기를 분명히 느꼈기에 ("점점 인민으로부터 이탈해 갔다") 당의 발전에 대해 남모르는 걱정을 하였다("당이 어떤 길을 따라 전진할지"). 더욱이 '나의 동지들'이 자신처럼 '당의 운명, 인민의 운명'에 관심을 갖고 있는지 회의가 일었다. 이 감당하기 어려운 '무거움'은 더 이상 논의가 진전되지는 못했다 하더라도 떨쳐 버리기는 힘든 것이었다.

6월 7일의 편지에, 앞의 편지에 대한 대답이 있었다. 수신자는 앞에서 말한 "당과 군중의 관계에 대한 논의가 너무 의기소침하다"고 비판하면서, "몇몇 당원들의 군중 이탈은 당 전체의 기본 상황과는 구분해야 한다"고 하였다. 이것은 오랫동안 줄곧 주도적인 위치를 차지했던 논리로, 장중과 셰멘은 이를 부정할 수 없었기에, "이는 맞는 것이다"라고 말할 수밖에 없었다. 그들은 또 반은 진지하게, 자조적으로 "이것은 소부르주아계급의 편파성과 과대망상 때문일 것"이라고 자기비판을 했고, 부단히 '소부르주아계급'의 병폐를 반성하였다. 이것은 그 시대에 지배적이었던 '개조' 논리였다.

그러나 사고思考는 그침 없이 계속되었다. 이번에 주로 토론한 것은 민주와 사회 평등 문제로, 이는 1957년 교내 논쟁의 중심 화제였다. 한편으로는 "사회주의 민주를 확대하는 데에 의견이 일치했다"고 강조하면서, "새로운 역사조건하에, 당은 인민이 민주를 확대시키도록 이끌어야 한다. 민주의 토대 위에서만이, 당이 군중을 이탈하지 않을 수 있다"고 주장했다. 동시에 또 '무정부주의' 사조가 출현했으니 이를 비판해야 한다고 하면서, 아울러 다음과 같이 민주의 관점을 상세히 설명했다. "민주는 그 본질에 의하면, 인간에 대한 존중이자, 소수의 다수에 대한 존중이며, 소수의 자유를 제한하여 다수의 자유에 복종시키는 것이다. 절대적인 자유는, 설사 공산주의 사회라고 해도 있을 수 없다."

그리고 '계급 부활'의 문제에 대한 쟁론에 견주어 다음과 같이 강조했다. "공산주의의 첫번째 단계에서는 공평이니 평등이니 하는 것이 있을 수 없으며, 풍족함의 정도에도 차별은 여전히 존재한다. 이런 차별은 불공평한 것이다. 그러나 인간의 인간에 대한 착취는 불가능할 수밖에 없다. 왜냐하면, 그때 이미 생산수단(공장, 기계, 토지)이 개인의 소유가 될 수 없었기 때문이다." 이것은 맑스의 관점으로서, 사실상 이것은 지금의 사회주의 체제를 지켜 내려는 것이자, 또 더 이상 삶 속에서의 불평등한 현상을 회피해서는 안 된다는 입장을 지키기 위해서, 자기 설득을 위한 이론적 근거를 찾은 것이다. 편지의 첫머리에 쓴 제목이 보여 주는 것처럼, 장중과 셰멘은 고통스런 사고를 통해, '전투'에 이미 투신했거나 투신할 준비를 하고 있었다. 그러나 그들이 선택한 것은, "여러 가지 일을 동시에 한다"는 태도였다. 중국의 현실 정치가 그들이 이렇게 하도록 허락했을까?

위둔캉의 관점(중국 사회의 민주 평등에 대한 그의 시각, 교내 민주운동과 형세에 대한 그의 분석을 포함해서)은 확실히 장중·셰멘과 달랐다. 그의 내면은 남다른 걱정으로 가득했다. 5월 27일의 편지에서, 그는 각 신문사가 베이징대학 민주운동을 보도하지 않는 것으로부터 "한 가지 비밀을 알게 되었다"고 말했다. "아래로부터 위로의, 자발적인 군중의 민주 쟁취의 폭풍우는 필경 환영받지 못하는 것으로, 두려움을 가져오는 것일지도 모른다. 위로부터 아래로 민주를 발양시키고, 아래로부터 위로 민주를 쟁취하는 일은 이론적으로는 일치하는 것이지만, 실제에 있어서는 그렇지 않다. 베이징대학의 상황은 전 중국의 축소판이라고 할 수 있다. 그것은 현행 정책이 점진적인 완화의 방법으로서 오랫동안 축적되어 왔던 모순을 희석시키는 것이지, 결코 과격한 방법으로 대중성을 띤 민주의 절정을 이루고자 하는 것이 아니라는 것을 설명해 주었다. 그러나 만일 이러한 군중적인 민주의 절정이 없다면, 만일 군중이 직접 일어서서 대담하게 정치에 관여하지 않는다면, 근본적으로 세 가지 해악을 없애려 하는 것은 나무에 올라 물고기를 구하는 일처럼 불가능한 것이다. 때문에 나는 이번 정풍운동에 대한 평가에 그다지 낙관적이지 않다." 위둔캉은 "위로부터 아래로의 민주 발양과 아래로부터 위로의 민주의 쟁취"를 서로 결합해서, 중국 사회주의 민주화를 추동하려는 생각은 '5·19

민주운동' 발동자들의 목적이라는 것에 동의하였다. 그러나 아마도 방관자의 입장에 있었기 때문에, 그는 이미 중국 현행 정치체제 아래에서 진정한 군중의 정치 참여는 허락되지 않고, 실현될 수 없는 것이라고 느꼈다. 그래서 "근본적으로 세 가지 해악을 없앨 수 있는" 어떤 전망도 볼 수 없었기에, 깊은 회의와 초조함에서 벗어날 수 없었다.

그러나 그는 이 운동에 대해 긍정적인 평가를 내린다. 5월 29일에 쓴 편지에서 다음과 같이 말했다. "(오랫동안) 자신의 사상에 소부르주아계급의 자유주의와 절대 평등주의의 딱지가 붙어 있어서, 시비와 흑백을 가리지 못했고, 마음에서는 긍정하려는 것을 긍정하지 못하고 부정하려는 것을 부정하지 못했으며, 사상은 밧줄로 꽁꽁 묶여 있었다." "이번 베이징대학의 군중 대폭풍우 속에서 사람들은 비로소 하고 싶은 말을 다 털어놓을 수 있었다." "이것이 내가 처음 진정한 민주와 자유를 느끼고 향유한 것이었다." 그러나 그는 편지 말미에 "이성을 수호해야 하고, 모든 것은 이성의 원칙 아래 검증해야 한다. 폭력으로 인민 내부 모순의 문제를 해결해서는 안 된다"는 당부의 말을 했다. 그는 이미 모종의 불길한 예감을 느꼈던 것 같다.

3) "사람들은 모두 엄중한 현실 앞에서 태도를 표명해야만 했다"

1957년 6월 8일, 『런민일보』는 마오쩌둥의 지시 아래 「이것은 무엇 때문인가」라는 제목으로 다음과 같은 사설을 발표하였다. "'공산당의 정풍을 돕자'는 명분으로, 소수 우파분자들이 공산당과 노동자계급의 지도권에 도전을 하고 있다. 심지어는 공공연히 공산당에게 '하야할 것'을 큰소리로 떠들어 대고 있다. 그들은 이 시기를 틈타, 공산당과 노동자계급을 전복시키고, 사회주의 사업을 전복하고자 한다. …… 이 모든 것이 너무 지나치지 않은가? 사물의 발전이 극에 달하면 반드시 부정된다는 이 진리를 설마 모른다는 말인가?"라고 했다.

이는 하나의 신호였다. 같은 날, 마오쩌둥은 친히 중국공산당 중앙 당내 지시「역량을 조직하여 우파분자의 흉포한 진격에 반격하라」를 써서 하달하였는데, 전 단계 성省·시市 기관과 고등교육기관의 '백화제방, 백가쟁명' 형세에 대해서, 다음과 같이 분석하고 있다. "반동분자들이 난폭하게 진격하고 있다. 동요하던 공산당 청년단 가운데에는 공산당을 배신하고 나간 사람도 있고 또 배신을 생각하는 사람도 있다. 많은 공산당 청년단원 가운데 열성분자들과 중간 군중들은 일어나 대항하고 있다. 대자보를 전투의 무기로 삼아, 쌍방은 전투 속에서 경험을 얻어 가며 인재를 단련시키고 있다. 반동분자의 수는 몇 퍼센트도 되지 않는다. 가장 문제적인 난폭한 분자도 1%가 되지 않으니 두려워할 것이 없다. 한때 하늘과 땅이 온통 캄캄해지는 것 같다고 놀랄 필요도 없다."[4] 공개적으로 발표되지 않았던 이 당내 문건은 "우파분자에게 반격하라"는 명령을 내렸을 뿐만 아니라, 반격의 책략과 그 순서에 대해서도 매우 상세히 배열하였다. 물샐틈없이 수사망은 좁혀 들었고, 사람들에게는 태도를 어떻게 표명할 것인가의 문제가 기다리고 있었다.

교내의 장중과 셰몐, 위둔캉은 이렇게 급진전되는 상황에 놀라지 않을 수 없었다. 하지만 그들은 만반의 준비를 하고 있었다. 장중과 셰몐은 6월 11일의 편지에서 "물은 이미 흘러내렸고, 돌은 이미 드러났다. 사람들은 모두 엄중한 현실 앞에서 태도를 표명해야만 했다"고 쓰고 있다.

---

4) 毛澤東,「組織力量反擊右派份子的猖狂進攻」,『毛澤東選集』5卷, 431쪽.

태도를 표명하는 일은 그들에게 어려운 일이 아니었다. 그래서 6월 7일(즉 『런민일보』가 사설을 발표하기 하루 전)의 편지에서, 레닌의 명언을 빌려 자신들의 기본 신념을 이야기했다. "프롤레타리아계급에게는 당 이외에 다른 무기가 없으며, 당을 부정하는 것은 곧 프롤레타리아계급의 무기를 제거하는 것과 같다." 당과 당의 권력에 대해 그들은 동요하는 마음을 가져서는 안 되는 것이었다. 이제 당이 '반격'의 동원령을 내렸으므로, 당의 '전사'로서 적극적으로 투신하여 전투하는 것 외에 다른 선택이 있을 수 없었다. 그래서 그들은 자각적으로 사설의 관점에 따라, 또 당의 정신에 따라 자신의 의식을 조정하고 행동해 나갔다. 『런민일보』의 사설에서 '국내의 대규모 계급투쟁은 이미 지나갔다. 그러나 계급투쟁은 결코 사라지지 않는다. 사상에 있어서는 더욱 그러하다'라고 한 것은 정확한 표현이었다. 20여 일간 붙여졌던 베이징대학 대자보는 전국적으로 이미 사라져 버린, 아니 사라져 가고 있는 계급 사상의 검열대로서, '검열대로 사람들의 내면은 일렬로 세워져 이 검열대를 통과하였다'." 이는 계급투쟁에 대한 확실한 관점으로서 교내 운동을 다시금 면밀히 심사하는 것이었다. 이로 인해 교내에서 전향──민주쟁취운동이 반우파운동으로 방향을 전환한 것──에 대한 찬양이 등장하였다. "오늘, 담벼락에 '탄톈룽과 분명한 선을 긋다', '결연히 프롤레타리아계급의 입장에 서자' 등의 표어와 「사회주의자 선언」社會主義者宣言이 나타났고, 자유주의자를 반격하는 수많은 글들이 출현했다. 담장은 갑자기 붉게 도배되었다. 커다랗게 솟구치는 파도 아래서, 그들의 무력한 반사회주의 '외침'은 완전히 침몰되어 갔다." 더 이상 개인의 망설임이나 회의적인 생각은 사라져 버리고, "커다랗게 솟구치는" 시대의 "파도" 속으로 휩쓸려 들어갔다. 더 이상 "좌우로 화살을 날려야 하는 모호한 상황이 우右만 공격하면 되는 상황으로 정리되었다"는 말은 불필요했다. '반우파운동'에 투신하는 것이 거의 유일한 선택이 되었다. 이것이 대세였다. "극단적인 동지는 자신의 열정과 어둠, 추악함에 대한 자신의 증오를 발견하고, 아름다운 사회생활에 대한 추구가 하마터면 다른 사람에 의해 곁길로 들어설 뻔했음을 발견하면서, 모두가 깨어나게 되었다"고 했는데, 여기에는 아마도 자책의 의미가 담겨져 있을 것이다. 그러나 편지의 말미에 그는 무의식적으로 다음과 같은 말을 던지고 말았다. "탄톈룽이 정말 철학자가 되기를 원한다면, 그가 냉정해지기를, 겸손해지기를, 실사구시적이기를 바란다." 확실히 반우파운동은 '적아 간의 사생결단식'의 계급투쟁이라는 주장과는 어울릴 수 없는 것이었다. 당의 사상과 의지 그리고 당의 계획을 뒤따라간다는 것은 그리 쉽지 않은 일인 것이다.

6월 20일에 쓴 마지막 편지에, 그가 다음과 같은 자아비판을 하게 된 것은 필연적이었다. "우리들은 책벌레처럼 교내의 각종 반동 사조를 학술화시켰다." 또 의식적으로 지식인의 '서생티'와 노동자계급의 확고한 입장을 서로 대조시켰다. "노동자는 노동자이다. 계급적 직관으로, 그들은 무엇이 당의 정풍운동을 돕는 것인지, 무엇이 아무것도 아닌지를 안다." 장중과 셰몐은 "풍랑 속에서 굳건히 서 있자"는 선택을 하고, "우파분자들에게 정면 공격을 가했으며, 그들이 인민과 사회주의 역량 지도를 받아들일 때까지" 그 길을 걸어갔다. 또 계급투쟁의 '풍랑' 속에서 자신을 개조해 갔다. 한 달간 계속해서 편지를 주고받는 가운데(1957년 5월 20일~6월 20일), 두 시인은 갑작스럽게 다음과 같은 시로써 자신의 감정을 표현하기 시작한다. "우리들은 당신과 밤새도록 이야기를 나누고자 합니다. 진한 차 한 잔, 반딧불 몇 마리로, 우리들은 남국 여름 밤 별이 총총히 빛나는 밤하늘, 울창한 룽옌龍眼나무 아래서, 조국을 이야기하고, 사랑을 이야기하며, 심금을 울리는 이 감동적인 풍랑을 이야기하며, 어떻게 더 훌륭하게 공산당원이 될 것인가를 이야기합니다.……" 이처럼 가혹한 투쟁의 시기에 반딧불과 짙은 차를 이야기한다는 것, 정말 본성은 바꾸기 어려운 것이다. 교내의 '좌파'와 '우파' 모두가 아마도 받아들이기 어려웠을 것이다.

그러나 위둔캉은 완전히 다르게 생각하고 있었다. 그는 6월 9일에 쓴 편지에서, 교내 형세의 급진전에 대해 이렇게 썼다. "사회주의를 원하는지 원하지 않는지를 이야기한다면, 무슨 할 말이 더 있겠는가? 과거에 말한 것만으론 부족하단 말인가? 이번 운동에서는, 사회주의를 원하지 않는다는 몇몇 견해가 출현했으며, 사회주의를 원하지 않는 것 같다는 주장도 출현했다. 또 사회주의를 원하지만 사회주의를 원하지 않는 것으로 이해될 수 있는 언론도 나왔다. 그러나 사회주의를 원하는가의 논쟁 속에서는, 복잡한 문제들이 간단하게 두 부류로 나누어졌다. 백가쟁명이 양가쟁명兩家爭鳴으로 바뀌게 된 것이다. 그래서 세계사적 의의를 지닌, 민주를 발양하고 쟁취하는 위대한 운동이 일찌감치 해결을 봤던 혁명과 반혁명의 투쟁으로 바뀌었다. 이런 상황을 이야기하는 것은 결코 유쾌하지 않은 것이다. 과거 유행했던 갖가지 기묘한 논리가 출현하여, 압도적인 우세를 점하였다. 만일 정말로 반사회주의를 압도한 것이라면 할 말이 있겠지만 문제는 여기에 있지 않았다. 기묘한 논리들은 반사회주의를 압도하지도 못했을 뿐만 아니라, 도리어 진정으로 사회주의를 옹호하는 자들을 압도했다. 이성의 목소리는 미약했으며, 그들 대다수는 침묵하기 시작했다."

사람들마다 자신의 "태도를 표명하길" 요구하던 때에, 위둔캉은 다음과 같이 자신의 기본 입장을 밝혔다. "나는 줄곧 두 가지 논조를 듣는 것을 싫어했다. 하나는 계급적 증오를 띤 반사회주의 논조이며, 또 하나는 현존하는 모든 것(결점도 포함)을 위해 변호자로 자처하는 수구주의자들의 논조이다. 전자는 인민의 생명과 선혈로 쟁취한 장점을 결점이라 말하고 있고, 후자는 인민을 깊이 증오하는 결점을 장점이라고 말한다. 운동이 시작될 때, 나는 이 두 가지 논조와 다른 건강한 이성의 목소리를 들었다. 나는 그것에 흥분하고 환호했다. 그러나 나는 또 이 두 가지 논조가 건강한 이성의 목소리를 방해할 것이라는 예감이 들었다. 왜냐하면 운동이 시작되자, 이 두 가지 소음도 이미 나타나고 있었기 때문이다. 때가 되면 그것들은 건강한 이성의 목소리를 압도할 수 있게 될 것이고, 지금은 과연 압도하게 되었다."

다음과 같은 자아 반성도 하게 된다. "내겐 신앙이 있는가? 있다. 이성이 있는가? 있다. 그렇지만, 나의 삶에 있어서 나의 신앙과 이성은 여러 차례 나를 속였다. 속임을 당하는 것은 고통스런 일이다. 그렇지만 보다 더 고통스런 것은, 이로 인해 나의 신앙과 이성을 회의하고, 나 자체를 회의하는 것이다. 이번에, 나는 당 중앙이 운동을 철저히 할 것이라고 완전히 믿었다. 그러나 지금의 사회주의와 반사회주의의 논쟁 과정에서 세 가지 해악 분자에게 따뜻하고 안전한 보호소를 마련해 줄 거라는 것에 대해서는 나도 회의한다. 군중이 일어나 정치생활에 직접 관여하는 것이 세 가지 해악을 뿌리 뽑고 민주를 보증하는 유일한 길이다. 그러나 당 중앙이 보기에, 이런 군중의 행동은 궤도를 이탈하는 것이었다. 만일 군중이 정해진 궤도에서 행동하도록 규정된다면, 정풍운동도 틀림없이 삶에 대한 비판대회로 용속화될 것이 분명하다. 위로부터 아래로의 민주를 발동시키는 것은, 사실 민주를 베푸는 것이다. 이것은 지식인에게 있어서는 교묘한 방법으로 쟁취하는 것이 되지만, 수많은 농민 군중에게 있어서는 어떠한가? 농민은 선량해서 참고 견딘다. 그들은 근대의 민주적 삶을 훈련받은 적이 없다. 때문에 민주가 주어진다 하더라도 그들은 제대로 받아들이지 못하여, 사실상 그들의 삶은 이전과 크게 다를 바 없다. 나의 사상은 너무도 혼란스럽다. 나의 나약함을 보여 주었다는 걱정도 일지만 당신들에게는 감추고 싶지 않다."

마지막으로 위둔캉은 다음과 같이 자신의 선택을 말했다. "공산당 만세와 중화인민공화국 만세를 전제로 놓고, 다시 세 가지 만세를 더하련다. 이성 원칙 만세, 민주자유 만세, 사회주의 법제 만세. 나는 반복해서 내가 결국 무엇을 원하는지를 생각했다. 내가 원하는 것은 이 몇 가지 만세에 모두 포함되어 있다." 그는 또 다음과 같이 말했다. "여기에는 두 가지 방법이 필요한데, 하나는 적극적인 쟁취이고, 다른 하나는 소극적인 기다림이다. 지금 나는 소극적인 기다림의 노선을 걷고 있다. 그래서 나는 스스로에게 대단히 불만족스럽다. 나의 청춘과 열정이 사라진 것 같은 느낌이다." 그러나 편지를 마무리 지으면서, 그는 정중하게 "적극적으로 쟁취하는", '극우분자'들로 보이는 운동의 발동자와 핵심 멤버에게 존경을 표한다. "이 사람들은 결점이 있다. 특히 사상 방법에 있어 철학적이지 않다. 그렇지만 그들의 정신과 정의감은 나를 탄복하게 한다. 나는 그들과 비교가 안 된다. 근본적으로 그들과 비교하려고 해본 적도 없다. 그래서 나는 더 나 자신에게 불만족스럽다."

4) "사실상 객관주의가 우파에 더 가깝다"

편지를 주고받는 일은 6월 20일로 끝이 난다. '백화제방, 백가쟁명' 시기에 사적으로 주고받던 편지도 심사 대상이 되었기 때문이다. 위둔캉의 편지는 그를 '우파'로 모는 증거가 되었다. 그래서 그는 변방 지역에서 20년 동안 노동 교육을 받는 대가를 치러야 했다.

장중과 셰몐은 그들의 「멀리 동해에 부침」을 공개 발표했었다. 본래는 이것으로 '전투'에 참가하려고 했었는데, 뜻하지 않게 비판의 표적이 되어 버렸다. 7월 24일 출판한 『홍루』 '반우파 특집' 제4호는 「무슨 경향인가」(什麼傾向)라는 제목으로 평론을 발표해서 여덟 통의 편지에 대해 하나하나 준엄한 질책을 가했다. 첫번째 편지에 대해서는 다음과 같이 썼다. "처음 며칠 동안 우리 베이징대학에서는, 대자보에 당을 향한 비판의 총소리를 섞어 넣었다. …… 그러나 오히려 작가에 대한 평가는 '…… 건강치 못한 것들이 나타났다', '우리는 「때가 되었다」가 마음에 들지 않는다'였다. 또 다른 하나는 부패한 세계가 내는 이리의 울부짖음이, 우리는 단지 '마음에 들지 않는 것일 뿐인가?'였다."

두번째 편지에 대해서는 다음과 같이 썼다. "작가는 '…… 몇몇 사람들이 백가쟁명에 대해 우물쭈물할 때, 우리 대학생들은 대담하게 모든 것을 말했다'고 말한다. 솔직히 말하자면, 베이징대학의 이번 정풍운동은 무슨 자랑스러워할 만한 것도 없다. 지금 우리들이 우파분자의 진격을 공격하는 것이야말로 우리 모두의 영예인 것이다." "작가는 '모두가 우리의 친구이길 바란다'고 말하는데, 이것이야말로 작가가 지닌 사상의 열쇠인 것이다. 그러나 사실 탄톈룽, 린시링 부류들은 공산당원의 '친구'가 될 수 없다. 작가는 스스로 그들이 신제도를 적대시하고, 공산당을 몹시 원망한다고 말하지 않았던가? 우리를 '몹시 증오하는' 사람을, 우리가 어떻게 우리의 친구라고 상상하겠는가?"

세번째 편지에 대해서는 다음과 같이 썼다. "혁명은, 한 세대를 개혁하는 일로서, 반드시 구세대 대표자를 개혁해야 한다. …… 일찍이 류치디는 눈물을 흘리며 후펑을 대신해 억울함을 호소했고, 누군가는 '관 앞에 죽은 사람의 영혼을 부르는 깃발'을 내걸고 '인도주의를 말해야 하지 않는가. 어찌 살인을 할 수 있단 말인가'라고 외쳤다. 과거 우마牛馬나 다름 없던 고된 삶을 생각해 보고, 위화타이雨花臺 아래의 백골[5]을 생각한다면 …… 우리는 '잘 죽였다!'라고 말할 것이다. 반혁명에 대해, 네가 그를 진압하지 않으면, 그가 반드시 너를 '진압할 것이다.'" "편지의 말미에 '당신의 그녀……'라는 말이 더해져 있는데, 이것은 너무도 부적합하다. 지금은 사랑과 애정을 말할 때가 아니다. 적들이 우리에게 총을 쏘고 있다. 이것은 불과 피의 투쟁인 것이다."

다섯번째 편지에 대해서는 다음과 같이 썼다. "두 당원은 모두 잠을 이루지 못했다. 그들은 당이 '역사상 수많은 슬픈 궤적을 따라 전진하고 있다'고 생각했는데, 다른 당원들도 모두 그들처럼 생각할지에 대해서 걱정했다. 사실 당은 결코 '슬픈 길을 따라' 전진하는 것이 아니며, 공산당원도 이렇게 '마음이 무거워서는 안 되는 것'이다. …… 우리는 모두 우리의 길이 정확하다는 것과 우리 사업은 동요되어서는 안 된다는 것을 굳게 믿는다." "수정주의는 교조주의보다 언제나 악독하지만, 많은 사람들은 수정주의를 좋게 여기며, 이것이 '독립적인 사고!'라고 생각한다." "작가는 여기에서 우리 당을 부정하는 '백화학사'를 회의하는 것에 대해, 단지 '신기하다'라고 생각한다. 이는 객관주의라 말하지 않을 수 없다."

여섯번째 편지에 대해서는 다음과 같이 썼다. "나는 작가의 민주에

---

[5] '위화타이'는 난징(南京)의 한 지명이다. 국민당 통치 시기 여기서 무수히 많은 혁명가와 애국지사가 살해되었다. 따라서 '위화타이 아래의 백골'은 곧 '희생된 혁명 열사'를 의미한다.—옮긴이

대한 시각에 동의하지 않는다. …… 민주는 결국 수단이다. 그러므로 그것은 프롤레타리아계급 독재정치의 '실체'는 아니다. …… 집중하지 않으면, 진정한 민주란 있을 리 없다." "부르주아계급의 우파는, 가장 쉽게 몇몇 지식인들을 미혹시킬 깃발을 내걸고, 이것이 곧 '민주, 자유'라고 말한다. 그들은 말끝마다 '민주'를 외치는데, 이것은 사실상 부르주아계급의 '민주'를 요구하는 것이다. 만일 정말 부르주아계급의 '민주'가 도래하게 된다면, 우리는 민주를 얻지 못할 뿐만 아니라, 이것은 수백만 사람의 머리가 땅에 떨어지는 문제가 될 것이다." "10일이 되자, '우리들은 만일 탄톈룽이 정말 철학자가 되길 원한다면, 그가 냉정해지기를, 겸손해지기를, 실사구시적이기를 희망한다'고 말했다. 나는 작가의 객관주의가 너무 지나치다고 느끼지 않을 수 없다. 이런 구절들을 보았을 때, 나는 마음이 너무도 편치 않았다! 몇몇 사람들이 우파의 비극이라고 말했는데, 적이 실패했는데 이것을 어떻게 비극이라고 말하는가?"라고 했다.

일곱번째, 여덟번째 편지에 대해서는 다음과 같이 말했다. "수많은 청년들은 우파분자를 미워할 수 없다. 왜냐하면 자신들에게도 구사회적인 것들이 다소간 존재하고, 특히나 감정과 양심 같은 것에 있어서는 그들과 공통점이 있기 때문이다. 반딧불에 대해 적게 말하고, 짙은 차를 적게 마시며, 생활 속으로 들어가자! 심신을 전투를 향해 바짝 붙이고, 힘차게 전진하는 삶 속으로 들어가자!"

이 글은 마지막에 다음과 같은 결론을 내렸다. "당은 어디에 있는가? 작품 속에는 없다. 이것은 매우 중대한 착오였다." "현재 반우파투쟁이 용맹스럽게 전진하고 있다. 이것은 우리 역사에 있어서 한 차례 위대한 전역으로서, 부르주아계급과 착취계급 간의 최후의 결전이다. 우리의 많은 동지들이 용감하게 싸우고 있다. 우리는 소리 높여 천만 공화국의 전사戰士를 노래해야 한다. '객관주의'는 사실 우파에 더 가까운 것이다."

사실상 이 평론은 중국공산당 중앙이 베이징대학의 '5·19운동'에 대해 분명한 태도와 판단, 결론을 내린 이후, 이 운동에 대한 또 다른 평가라고 할 수 있다. 앞에서 서술한 장중·셰멘·위둔캉이 운동이 혼돈 상태에 처해 있을 때, 자발적으로 보여 주었던 그들의 반응과 대조해 보면 매우 재미있는 것이다.[6] 게다가 이 비판 문장에서 일관되게 보여 준 반우파운동의 논리와 관념, 언설 방식은 이후 중국의 주류이데올로기의 담론이 되었기에, 특별한 가치가 있는지도 모른다.

---

[6] 43년 후 셰멘은 「꽃이 피고 또 꽃이 피지 않는 연대」(開花和不開花的年代)라는 제목의 회고 글에서, 자신의 그 해의 사상, 마음 상태, 표현에 대해 다음과 같이 묘사했다. "그 나날들 속에서, 나는 그들 독립 사상으로 충만한 대자보들을 읽으며, 그 가운데 그들 시대를 앞서가는 사고들은 나의 마음속에 흥분을 느끼게도, 놀라 두려움을 느끼게도 했다. 정통적인 교육과 이로부터 형성된 사유는 질문과 도전을 받았으며, 이는 내게 큰 빌딩이 무너져 내리는 느낌을 가져다주었다. 중학교 때부터 접촉하기 시작한 서방 근대문명과 기독교 문화의 이상은, 나로 하여금 '이단 사상'에 접근하고 마음에 들게 했다. 한편으로는 나는 내가 그날 마음에 아로새겨 잊지 않는 신념과 이상을 배반할 힘이 없었으며, 다른 한편으로는 내가 동경하는 서방 민주·자유·평등·박애 사상의 영향이 내게 던진 유혹을 벗어날 방법이 없었다. 나는 호소에 호응하며, 본의에 어긋나게 그들 '우파분자'들을 비판했다——그들은 학생과 친구들로, 그들의 재능, 지혜 그리고 항쟁의 용기를 사적으로 경모하고 있었다. 이와 동시에, 내가 비판한 것은 또한 바로 나의 영혼 깊은 곳에서 접근하여 느낀 것으로, 나는 곧 이와 같은 내면의 고민과 극도의 모순 속에서, 결코 원하지 않게, 도리어 자신도 모르게 그 투쟁의 커다란 소용돌이로 밀어 넣어졌다. 자아 보호를 위해, 혹은 '확고함'을 보여 주기 위해, 나는 '자각적으로', 보다 명확하게 말하자면 본의 아니게, 나는 그날 내가 하도록 요구한 것과 내가 할 수 있는 것을 했다. 나의 당시 상황과 심정으로부터 보면, 나의 이러한 언행은 반드시 무력하고 심지어 다른 사람을 실망시키는 것이었음을 알 수 있지만, 나는 도리어 반드시 이렇게 해나가야 했다. 그들 사고에 능숙하고 재능이 흘러넘치는 내 주변의 스승과 친구들이 하나하나 '다른 부류'로 몰리는 것을 보자 나는 밤에 잠을 이룰 수 없었으며, 마음속에서는 부끄러움이 더해진 고통을 겪었다." 오늘날의 회고와 반사(反思) 그리고 그 해의 글을 대조해서 보면, 역시 아주 의미심장하다. 『開花和不開花的年代』, 17~18쪽.

3부 — 우파의 숙명

1. 지옥에서의 노랫소리
―허펑밍의 『체험』을 읽고 반우파운동 이후 형성되었던 사회질서를 논하다

1) 반드시 직시해야 하는 '혁명 지옥'

…… 책을 내려놓으면서 온몸이 떨리기 시작했다. 마치 정말 지옥을 헤매고 다닌 것처럼.

루쉰의 「한밤중에 쓰다」寫於深夜裏라는 글이 떠올랐다. 국민당 정권이 혁명가들을 비밀리에 살해했던 전대미문의 암흑에 직면해서 루쉰은 다음과 같이 말한다.

"예전에 단테의 『신곡』을 읽었는데, 「지옥」편에서 난 이 작가가 지닌 잔혹한 상상에 놀랐다. 그러나 지금은 그가 그래도 너그러웠다는 것을 알게 되었다. 지금의 아주 극히 평범한 고통과 처참함이 누구도 보지 못했던 지옥이라는 것을 그는 생각지 못했을 것이다."

매번 이 부분을 읽을 때마다 말로 표현할 수 없는 공포를 느꼈던 것

이 기억났다. 하지만 지금은 사람들에게 "독을 품은 눈"이라고 불렸던 루쉰이 그나마 너그러웠음을 알게 되었다. 그조차도 중국에서 '혁명'이라는 신성한 빛에 휩싸인 지옥이 나타나리라고는 또 그 "고통과 처참함을 보지 못할" 뿐만 아니라 강제로 "잊혀질" 것이라는 사실을 생각지 못했을 것이다. 이로 인해 나는 더 큰 공포를 느꼈다.

루쉰은 「한밤중에 쓰다」에서 '아무도 모르게 죽어가는 것을 논하며' 외에 '하나의 동화', '또 하나의 동화', '진실한 편지 한 통' 등을 썼는데, 18세의 어떤 청년(목판화가 차오바이曹白)이 혁명을 하기 위해 좌익 성향을 띤 판화연구회에 참가한 뒤 친구에게 보내는 편지에 "세상은 사람 잡아먹는 연회장"이라는 내용을 썼다가 감옥에 갇혀 "인민을 잔인하게 학살한 세 곳의 도살장을 경험했다"는 이야기를 하고 있었다.[1]

『체험』經歷의 작가 허펑밍和鳳鳴과 그녀의 남편 왕징차오王景超는 차오바이와 같은 세대로, 모두 혁명을 열망한 열혈 청년들이었으며, 1949년 혁명대오에 참가했었다. 그러나 1957년, 그들이 그렇게도 신임하고 충성을 다했던 '혁명 대가정'이 '혁명'이라는 이름으로 그들을 지옥에 넣어버렸다. 이는 아주 기괴하고도 불가사의한 '동화'로, '동화'라는 말이 가볍게 보이겠지만 이 속엔 피의 흔적이 가득 차 있었고, 이것은 중국적인 새로운 "사람 잡아먹는 연회장"이었다.

우리는 이런 '혁명지옥'을 직시해야만 한다. 그것이 어떻게 진정한 '혁명가'를 '반혁명'으로 몰아갔고, 또 어떻게 진정한 '인간'을 '비인간'으로 변하게 했는지 보아야 한다.

---

1) 魯迅,「寫於深夜裏」,『魯迅全集』6卷, 520~521, 522, 527쪽.[「한밤중에 쓰다」,『차개정잡문 말편』.]

명명

다음은 후대 사람들은 이해할 수 없겠지만, 당사자들에게는 지금도 두려움을 느끼게 하는 세밀한 묘사이다.

"'우파 우파, 요괴귀신!', 한때 유행했던 이 노래가 골목마다, 투쟁대회 때마다 군중들에 의해 불려졌고, 방송이나 축음기에서 울려 나왔다. 이 소리는 시도 때도 없이 피 흘리는 우리 가슴에 부딪히며 마음을 찢어놓았다. 얼마 안 되어 우리는 모두 '요괴귀신'이 되었다. 공공장소나 투쟁대회에서 우파분자들은 아무 말 없이 조용히 듣고 침묵하면서, 자신들이 진짜 '요괴귀신'임을 인정해야만 했다. 이것은 너무 지나친 농담이었다. 1957년 중국에서 우리는 자신이 '요괴귀신'이라고 불리는 것에 충심으로 복종할 수밖에 없었다. 이 안의 쓰라린 고통은 정말 한마디로 표현하기 어렵다."(18~19쪽)[2]

또 다음과 같은 이야기도 있다.

"반우파투쟁이 불같은 기세로 장렬하게 번지고 있을 때, 어떤 미술편집인이 기이한 발상으로, 모든 신문사의 우파분자들을 한 폭의 큰 만화 속에 몰아넣고, 요괴귀신 형상으로 추악하게 그려 넣었다. 반동 신문사의 우두머리인 왕징차오의 지휘 아래 귀신들이 춤을 추며 흥에 넘쳐 반공 대합창을 부르고 있었다. 그 중에 '우두머리 귀신'은 뉴화성牛華生이었다. 두사오위杜紹宇는 몸매가 짜리몽땅하여 평소 그를 '작은 곰'이라 불렀는데, 만화에서는 추악한 작은 곰으로 그려졌고, 두보즈杜博智는 큰 배를 붙잡고 뛰는 청개구리로 희화시켰으며, 옆에 '개구리 우두머리 두보즈'라

고 쓰여 있었다. 당시 나는 이 만화들을 잠깐 보았지만 마음이 너무 쓰리고 아팠다."(92쪽)

문제는 공화국 역대 사건 속에서 이런 이야기가 다시 나왔다는 것이다. 허펑밍은 문혁이 시작되자마자 『런민일보』에 발표된 「모든 우파 귀신들을 쓸어버리자」橫掃一切牛鬼蛇神라는 사설을 언급하면서, '수용소'牛棚에서 피해자들에게 강제로 "나는 우파 귀신……"이라는 "울부짖는 노래"를 소리 높여 부르게 했다고 회상했다.

왜 그랬을까? 이런 '명명'은 어떤 역사적 작용을 하는 것인가? 가장 먼저 떠오르는 것은 바로 피해자에 대한 인신모욕이었다. 이것은 '혁명가'의 자격과 신분뿐만 아니라, 더 나아가 '인간'으로서의 자격과 신분을 박탈하였다. 이런 명명 과정을 통해 여론 속에서, 나아가 자신의 자아의식 속에서까지 그들을 '비인간화'시켰다. 나는 지금도 문혁 시기 극작가 차오위曹禺가 문혁 중 느꼈던 정신적 혼돈에 대한 자술을 잊을 수가 없다. "그들은 하루 종일 강제로 나에게 '반동문인', '반동학술권위'를 반복해서 말하게 했다. …… 정신을 차리지 못할 때까지, …… 다른 사람들뿐 아니라 나조차도 나 자신이 너무나 나쁜 사람이라서 이 세상에 살아 있으면 안 된다고 믿었다. …… 난 아마도 미쳤던 것 같다. 늙은 장모가 벗겨 놓은 고구마 껍질을 모두 먹기도 했다……"[3] 나는 "차오위가 '벗겨진 고구마 껍질'을 먹었다는 이 부분이 특히 놀라웠다. 이것은 라오서老舍의

---

2) 和鳳鳴, 『經歷—我的1957年』, 敦煌文藝出版社, 2001. 이하 『체험』의 인용은 본문에 쪽수만 기록했다.
3) 차오위(曹禺)와 톈번샹(田本相)의 대화(1986년 10월 18일); 田本相, 『曹禺傳』, 北京十月文藝出版社, 1988, 420, 421쪽.

『낙타 샹쯔』駱駝祥子의 결말을 떠오르게 했다. 샹쯔는 '말라서 뼈만 남은 개가 고구마 더미 옆에서 껍질과 뿌리를 좀 얻어먹으려고 기다리는 것을 보았다. 그는 자신이 이 개와 같다고 보았다. 하루 동안의 모든 행동은 곧 고구마 껍질과 뿌리를 주워 먹기 위한 것이 전부였다. 그 외에는 아무것도 더 생각할 필요가 없었다.'[4] '사람'은 이렇게 스스로의 환각 속에서 '개'가 되어 갔다.

'우파 귀신'이라는 명명은 '혁명 축제'에서 없어선 안 되는 '프로그램'이었다. 무고한 사람에 대한 박해를 희극화하는 과정에서 핏자국을 씻어 버리고, 이러한 과정에 참여하면서 대중이 느끼게 될 심리적 부담감을 덜어 줌으로써, 축제 분위기 속에서 반우파운동 혹은 문화대혁명을 대중적인 박해운동으로 만들어 버렸다. '혁명군중'이 자발적으로 창작한 만화에 대해 허펑밍이 비통해했던 원인이 바로 여기에 있었다.

이런 명명법은 새로운 혁명가들이 만든 것이 아니다. 루쉰이 이미 오래전에 말한 적이 있다. "어쨌거나 중국은 오래된 문명을 가진 곳으로, 인간의 도리를 중시하던 나라였고, 특히 인간을 중요시하였다. 가끔 능욕하고 주살했던 것은 그들이 인간이 아니었기 때문이다. 황제에 의해 죽임을 당한 자는 '반역'했기 때문이고, 관군에 의해 토벌된 자는 '도적'이기 때문이며, 망나니에 의해 죽임을 당한 자는 '죄인'이기 때문이다. 만주 사람이 '중화의 주인이 되고' 나서 얼마되지 않아 이런 순박한 풍속이 만연했는데, 옹정雍正 황제가 그의 형제를 없애기 위해, 먼저 '아치나'阿其那와 '싸이쓰헤이'塞思黑라는 이름을 하사했다. 난 만주 말을 잘 모르지만 그 뜻은 대략 '돼지'와 '개'였을 것이다. 황소의 난 때에는 사람을 식량으

---

4) 錢理群, 『大小舞台之間―曹禺戲劇新論』, 北京大學出版社, 2007, 308쪽.

로 삼았는데, 그가 사람을 잡아먹었다고 하는 것은 잘못된 표현으로, 그가 먹은 것은 그저 '두 발 달린 양'이었다."[5)]

우리는 고루한 명명법을 답습한 목적이 수난자를 비인간화함으로써 '혁명 인도주의'라는 말과 실제 행위인 '반인도적'인 것 사이의 모순을 유기적으로 결합시켜서, 박해를 합법화시키고 도덕화하기 위함이었음을 지금에서야 알았다. 눈 가리고 아옹 하는 식의 이런 방법으로 양심의 거리낌 없이, 심지어는 아주 자연스럽게 각종 폭력이 진행되었다.

고립과 격리

허펑밍의 기억 속에서 가장 참기 힘들었던 것은 자신이 우파로 지목되고 난 후 사람들이 마치 역병을 피하듯 모두 멀어져 갔다는 것이다. "잘 알고 지냈던 친한 친구들 앞에서 갑자기 죄인이 되어 심판대에 올려져, 두 손을 모으고 공손하게 비판투쟁을 받았다."(21쪽) 친구와 동지, 한때 친분이 두터웠던 사람들의 냉담하고 증오에 찬 눈길은 정말 공포스러운 것이다. 이것이 바로 당시 '광인'狂人이 느꼈던 죽은 생선 눈깔과 같이 "희고도 단단한" 눈, "나를 정말 두렵게 하고, 의아하게 하고 가슴 아프게 했다", "머리끝에서 발뒤꿈치까지 서늘해졌다"[6)]는 느낌이었다. 그 당시 반역자를 '미친 사람'이라는 죄명으로 사회 밖으로 추방했던 것처럼, 지금은 또 '우파'라는 죄명으로 혁명가를 추방하고 있었다.

사회에서 고립되고 격리된 자아는 가정으로 도피할 수밖에 없었다. 허펑밍과 그의 남편은 이렇게 가정으로 돌아갔고, "은밀하게 외부 세계

---

5) 魯迅, 「抄靶子」, 『魯迅全集』 5卷, 215쪽. [「차오바쯔」, 『풍월이야기』(루쉰전집 7권), 281쪽.]
6) 魯迅, 「狂人日記」, 『魯迅全集』 1卷, 445쪽. [「광인일기」, 『외침』(루쉰전집 2권), 30쪽.]

가 허락하지 않는 말들을 하면서, 억울함을 토로했고 서로의 속내를 털어놓았다."(24쪽) 다음의 부분을 읽으면 울컥하지 않을 수 없을 것이다. "그는 두 팔로 나를 감싸 안으며 부드러우면서도 슬픈 듯 말했다. '그들은 왜 나의 사랑스런 당신과 싸우려고 하지? 도대체 왜 그러지?' 슬픔은 그의 목소리를 무겁게 짓눌렀고, 나의 마음은 떨려 왔다."(21쪽) 그래도 허펑밍과 왕징차오는 운이 좋았다고 해야 한다. 왜냐하면 그들은 서로 마음을 나누며 생사를 같이했기 때문이다. 더 두려운 것은 어떤 가정은 사회적인 압력이 너무 커서, 또 정신적인 혼란스러움으로 인해 부부 사이에 불신이 생겨났고, 심지어는 사적인 말까지 고발하면서 "노선을 분명히 긋자"고 하였다는 것이다. 이것은 바깥의 풍랑을 피하려는 사람들에게 마지막 정신적 퇴로까지 막아 버린 결과였다. 지금의 운동은 많은 사람들을 마지막 절망 속에서 막다른 길로 나아가게 했다. 이로 인해 혁명은 가정으로까지 끌려 들어갔고 침대에까지 정신적 통제가 지배했으며, 부부와 형제간에도 노선을 확실히 긋도록 강제되었다. 이것은 가장 비인간적인 것이었다. 그것은 사람들을 억압해 사람이 사람일 수 있는 마지노선까지 넘어서게 했다.

필사적으로 서로를 지키려 했던 허펑밍과 왕징차오 부부는 강제적으로 헤어져야 했다. "대재난 중에 함께했던 두 영혼이 산 채로 각각 동서로 찢어졌다."(33쪽) 이것은 너무도 잔혹한 것이었다. 사람들은 그래도 다른 방법이 있지 않았을까 라는 생각을 할지도 모른다. 편지로라도 두 고독한 영혼이 서로 위로할 수 있었을 거라고 말이다. 하지만 '혁명'은 이것 역시 허락하지 않았다. "수만 가지 뒤엉킨 마음으로 초조하게 기다린" 후에야 허펑밍은 사랑하는 사람의 편지를 받았다. 그것은 "하도 만져서 주름이 가득한 아주 작은 편지봉투였다. 이상한 것은 봉투가 열려져 있었으며, 안에는 아주 얇은 편지지가 들어 있었는데 글자는 휘갈겨져 있었고, 편지에서 늘 내게 사용했던 애칭도 없었다. 단지 간단하게 그가 신톈둔新添墩 역에 있고, 노동을 하기 시작했는데, 주로 수도를 파고 있으며 그들 무리의 식사를 만들고 있고, 매월 2, 3원의 잡비가 지급된다고 씌어 있었다." 허펑밍은 "검열을 당한 이 편지를 반복해 읽으면서 글자 행간에 있는 무언가를 찾으려고 무던히 애를 썼지만 아무것도 찾아내지 못했다. 무미건조한 글자는 의미가 명확했고 연상을 일으킬 만한 어떤 것도 보이지 않았다." 그녀는 갑자기 두 수난자의 영혼이 서로 소통하고 위로했던 유일한 통로가 막혔다는 것을 알았다. "고난 속에서 서로 마음을 터놓고 소통하고자 했지만 할 수가 없었다. 이 잔인한 박탈은 나를 부들부들 떨게 했다."(64, 67, 65쪽)

그래서 사람들은 자아 토로로 돌아갈 수밖에 없었다. 왕징차오는 일기 쓰는 것을 마지막 정신적 방어선으로 삼았다. 지금도 이것은 허펑밍에게 지워지지 않는 기억이 되었는데, "매일 저녁, 징차오는 정제된 글씨로 일기를 썼다. 매일 비판받았던 장면을 적었고 자신의 억울함과 고통을 적었으며 비극적인 세상을 적어 놓았다"(24쪽). 노동개조 농장에 가서도 그는 글쓰기를 멈추지 않았고, 동료들에게도 일기 쓰기를 권하고는 이런 일기들이 아주 의미 있는 것이라고 했다. 이것은 당시의 현실 속에서 정신을 지켜 내기 위한 것만이 아니라 이후에 이 모든 것을 후대 사람들에게 남겨 주겠다는 그의 꿈이기도 했다. 일기를 쓴다는 것은 왕징차오들이 지옥에 빠진 후, 그들이 유일하게 자신들이 '인간'적 존재, '사상'적 존재임을 증명할 수 있는 것이었고, 자신들의 생명의 의미를 증명하는 마지막 수단이 되었다. 하지만 왕징차오보다 더 현실적이고 냉정한 친구는 이것이 "자신을 옭아맬 밧줄을 준비하는" 것이라고 했다. 그리고 성말 그는 이 일기로 인해 "사상이 반동이라서 아직도 일기를 적고 있다. 일기로 뭘 하려는 건지 성실하게 진술하라!"(509쪽)는 냉혹한 비판과 질책을 당했다. 왕징차오의 권고로 일기를 썼던 친구, 즉 그와 함께 살해당한 우파는 "일기를 써서 뭘 하려고 하느냐, 대만 장제스蔣介石에게 정보를 주려는 게 아니냐?"라는 "교조적인 잣대로 비판을 받았다"(145쪽). 왕징차오가 위험을 무릅쓰고 기적적으로 두 권의 일기를 써서, 자기 생명의 마지막 유물로 아내에게 남겼지만 10년의 재난 속에서, 재앙을 피할 수 없었던 허펑밍은 그의 일기들과 그가 썼던 소설 원고와 편지, 그리고 "고독 속에서 영혼과 대화하며 써 내려갔던 그녀 자신의 일기"까지 전부 불태워져서, 모든 글자들이 "잿더미가 되어 사라져" 버릴 것임을 알았다(450쪽). 모든 독립적 개체가 가진 사상, 생명, 그의 문자 표현조차도 모두 "전부 사라져야" 한다는 것이 바로 반우파운동과 문화대혁명을 일으킨 목적이었다. 사람들은 결국 자기 마음을 토로할 권리조차 잃어버린 것이다.

많은 사람들이 파시즘 강제 수용소를 연구할 때, 단독 감금의 두려움에 대해서 말한다. 그것은 사람을 외부 세계와 철저하게 격리된 공간에 넣고 모든 교류의 가능성을 엄격하게 차단해, 절대 고독의 상태에 빠지게 하는 것이다. 저명한 오스트리아 작가인 슈테판 츠바이크Stefan Zweig는 "이런 방법이 얼마나 악독한지, 사람들의 심리에 얼마나 치명적인 타격을 주는지"를 사람들은 상상할 수 없을 거라고 했다. 그는 자신이 직접 겪었던 정신적 고난을 이렇게 묘사하고 있다. "나는 정말 외톨이다. 하루 종일 혼자서 무기력하게 내 육체를 지키고 있다. 말 못하는 네다섯 가지 물건들, 예컨대 탁자, 침대, 창문, 세숫대야를 지키고 있다. 난 잠수부처럼 소리 없는 적막한 어두운 바다 속에 잠겨 있다. 외부세계로 통하는 구원의 밧줄이 끊어져 버려 더 이상 이 소리 없는 심연에서 수면 밖으로 끌어 올려지지 않을 거라는 사실을 어렴풋하게나마 의식하였다. …… 내 주변은 온통 허무뿐이다. 시간도 존재하지 않고, 공간도 없는 허무의 경계였다. 도처가 그랬고, 줄곧 그래 왔다. …… 실체가 없고 형체도 없는 사상이더라도 지탱점은 필요하다. 그렇지 않으면 그것들은 아무런 의미 없이 자기를 둘러싸고 돌기 시작할 것이다. 사상도 이 아무것도 없는 허무의 경계를 참지 못할 것이다. …… 너는 여전히 혼자다. 혼자다. 혼자다."[7]

 중국의 감옥에도 츠바이크가 말하는 그런 '음흉'한 단독 수감은 있게 마련이다. 그러나 우리에게는 우리들만의 독특한 것이 있다. 바로 정신적 단절이다. 표면적으로 보면 당신은 대중 속에서, 심지어는 아주 혼잡하고 붐비는 생존공간 속에서, 당신은 당신의 관리자와 친구들이랑 함께 조석으로 몸을 부대끼며 살아가지만, 정신적으로는 오히려 절대적 단절에 놓여 있다. 허펑밍은 한동안 작업장[場部] 재무과 보조 업무에 배치된 적이 있었다. 재무과는 사람들이 끊임없이 오고 가는 장소였다. 작업장 사람들은 일이 있건 없건 와서 한 번씩 둘러보고 갔고, 때로는 와서 수다를 떨기도 했다. 그러나 사람들은 모두 눈앞에 앉아 있는 허펑밍이라는 '살아 있는 사람'을 못 본 체했고, 그 누구도 그녀와 인사를 나누지 않았다. 한가하게 수다를 떨 때에도 절대 그녀에게 말을 걸어 주지 않았다. 마치 그녀는 존재감이 없는 사람 같았다(246쪽). 주위 사람들에 의해 조성된 이런 절대적 고독과 공허는 무서운 것이다. 허펑밍은 그녀의 마음을 이렇게 표현하였다. "만약 나 혼자 봉쇄된 무덤에 갇혀서 사후의 세계

---

7) 茨威格, 「象棋的故事」, 『斯蒂芬·茨威格小說四篇』, 人民文學出版社, 1997.

를 대면하였다면 난 무척 불안하고 희망이 없음을 조급해했을 것이다. …… 세상 속에서 나는 살아 있는 사람이었지만, 그들 중 그 누구와도 반 마디 말조차 나누지 못했다. 그들 눈에 난 '별종'이었다. 이런 압박감, 이 무언의 억압은 전혀 경험하지 못한 것이었다. 그것은 무겁게 내 마음을 짓눌렀고, 내게 질식할 것 같은 고통을 안겨 주었다."(255쪽)

같은 처지의 친구들 간에도 교류가 불가능했다. 심지어 이런 교류는 위험한 것이어서, 냉혹한 처벌을 받을 수 있었다. 허펑밍은 당시 비판받고 있던 친구에게 쪽지를 보냈다가, 그 친구가 그녀를 반격하는 바람에, "공수동맹을 맺는다"는 죄명이 첨가되어 우파분자로 비판받았고, 결국은 집과 가족을 모두 잃게 되었다. 또 주변인들이 준 공동화空洞化의 고통을 이기지 못하고, 룸메이트에게 아주 조심스럽게 마음을 털어놓았다가, 오히려 곧바로 '밀고'되었고 "개조에 전념하지 않는다"는 죄명까지 얻었다(256쪽). 희생자들끼리의 이런 상해傷害는 다음 글에서 토론하기로 하고, 여기서는 다만, 이것이 전체 사회를 둘러싸고 있는 공포 분위기와 직접 관련되어 있다는 것을 강조하고 싶다. 모든 사람들은 자신이 보이지 않는 감시망의 통제 아래 있다고 느꼈다. 네가 고발·폭로하지 않으면 고발·폭로될 것이라는 자기방어는 사회 기풍을 극도로 악화시켰고, 너무도 쉽게 도덕적 마지노선을 무너뜨렸으며, 자신을 보호하는 것을 유일한 욕구로 만들었다. 설령 이로 인해 다른 사람을 상해하더라도 신경 쓰지 않았다. 사람과 사람의 관계는 잔인한 이리와 흉악한 이리의 관계가 되어 갔다. 사람들 속에 있다고 하지만, 모든 타자는 현재적 위험 혹은 잠재적 위험을 가진 존재로 교류해선 안 되는 대상이 되었다. 이것은 또 다른 형태의 '공허'였다. "너는 여전히 혼자다. 혼자다. 혼자다"라는 사람들 속에서의 절대적 단절과 고독은 정말 공포스러운 것이다.

다음은 차마 읽을 수 없는 허펑밍의 회상 속 한 페이지이다. 불을 지피러 '병원'으로 보내졌을 때 그녀가 본 것은 "흐트러진 머리에 때 낀 얼굴들, 누런 얼굴에 마른 몸, 멍한 눈빛이었다". "그들의 시선은 모두 나를 보고 있었지만, 모두가 나를 못 본 척했다. 얼굴에는 표정이 없었고 말을 거는 사람도 없었다. 서로 간에 어떤 말이나 이야기도 나누지 않았으며, 한마디도 하지 않았다. 환자이면서도 신음 소리조차 없었다. 누구인지 모르지만 단지 몇 마디 무거운 한숨 소리만 흘러나왔을 뿐이다. 죄수 생활이 그들의 몸에 배어 버린 것이다."(342쪽)

인간은 본래 사회적 존재이다. 맑스가 말한 것처럼 인간은 사회적 관계의 산물이다. 그러나 지금은 혁명의 이름으로 우파를 전체 혈연관계와 사회관계로부터 격리해서, 의지할 대상조차도 없는 고독한 존재로 만들어 버렸다. 게다가 감정을 털어놓고, 사상을 교류하고, 언어를 자유롭게 표현할 모든 대상들, 모든 수단, 모든 통로, 모든 희망과 가능성을 빼앗아 갔다. 오랜 절망……, 마지막에는 자신조차도 마치 이런 욕망이 없는 것 같았다. 이것이 바로 우리가 여기서 본 인간의 정신과 생명의 허무화와 공허화였다. 이런 비인간화는 내재적 잔인성을 지니고 있다.

혁명의 금고아

그러나 '혁명'은 마치 자신의 인자함을 드러내려는 듯, 우파에게 '살길'을 준다고 선포했고, 이것이 바로 혁명의 인도주의 정신을 구현하는 것이라고 하였다. 허펑밍과 그녀의 남편은 예전에는 이것을 전혀 의심하지 않았다. "우리는 우파라는 오명을 벗어 내기 위해서, 곤경으로부터 걸어 나와 다시 당과 인민의 품 안으로 돌아갔다. 우리는 천진하게 불굴의 의지가 있기만 하면 각고의 노력으로 목적에 도달할 수 있다고 믿었다.

…… 우리는 허황된 꿈결을 헤맸고 우리가 엮어 만든 꿈속 세계에 빠져 버렸다. 단지 우리는 아무것도 없기 때문에.……"(32, 33쪽)

그러나 이것이 정말 우파가 "외부세계로 나가는 구원의 밧줄"일까?

피의 교훈은 허펑밍들에게 소위 '우파라는 오명'은 금고아(손오공의 머리에 씌운 테)에 불과하다는 것을 깨닫게 하였다. "4백 년 전 우청언吳乘恩은 인자한 얼굴에 선악을 구분하지 않는 고승에게 금고아를 외우게 하여, 시도 때도 없이 손오공이 머리를 감싸 쥐고 아프다고 고함치게 함으로써, 충심으로 불경 가지러 가는 것을 호위하게 하였다. 손오공은 죽을 듯한 두통의 고통 속에서도 고승을 보위했고, 서역에서 불경을 가지고 오면 정과正果를 얻어 자유의 몸이 될 것이라고 믿었다. …… (난) 분명히 안다. 역사 속의 신화 이야기가 왜 그렇게 현실생활과 비슷한지를? 이 놀라운 반복이 무엇을 말하는지를? 우리는 손오공이 되어 서역에 불경을 가지러 가는 역을 맡았으며, 의외로 아주 생생했고 거기에 많은 비장함과 처참함이 보태어졌다. 고승과 손오공은 일대일이지만, 우리는 몇십만이다. 게다가 우리 대오는 아직도 부단히 팽창하고 확대되고 있다."(204쪽) 이것이 바로 우리가 토론하고자 하는 '혁명의 금고아'가 어떻게 당시 우파를 조종했는지, 또 실제로 어떤 작용을 했는지에 대한 것이다.

허펑밍은 필사적으로 개조하려던 자신의 마음과 동력을 이렇게 묘사했다. "난 필사적이었다. 왜냐하면 난 이중적인 고난, 나의 것과 그의 것을 감내하고 있기 때문이다. 나는 지금의 처지를 더 빨리 바꾸기 위해서, 또 그를 고통의 바다에서 빠져나오게 하기 위해서 죽을힘을 다했다. 그래야, 우리 두 아이들도 구원을 얻을 수 있고, 우리가 아이들과 함께 있을 수 있기 때문이다. 불쌍한 아이들, 다른 아이들처럼 걱정 없이 즐겁고 활발한 어린 시절을 보내야 하는데, 그들은 너무 어린 나이에 아주 오랫동안 부모의 얼굴조차 보지 못했다. 아이들도 고통스런 세월을 보냈다. 생각조차 하고 싶지 않지만, 그것은 늘 내 마음에 새겨져 있다. 나는 미련하게 온 힘으로 개조하고 싶어 했고, 개조해야만 했다. 필사적으로! 온 힘을 다해! 정말 우습고도 미련한 짓이었다. 그때에 이 모든 것은 진실이었다. 무겁고 가혹한 고난은 내게 선택의 여지를 주지 않았다."(156쪽)

"선택의 여지가 없었다"는 이 말이 정말 마음을 시리게 한다. '혁명'이 순종하지 않는 이 우파에게 주었던 가장 치명적인 처벌은 그들 자신에게만 처벌을 주지 않았다는 것이다. 우파 중 고난을 이겨 낼 어른들은 많다. 또 "행한 사람이 책임을 진다"는 것은 원래 인간으로서의 주요한 규범이다. 그러나 그때는 처벌을 아이들에게까지 가하였다. 특히 허펑밍·왕징차오처럼 부부 모두가 우파가 된 사람들의 아이들에게는 더욱이 돌아갈 집이 없었다. 그래서 하는 수 없이 병이 든 늙은 부모가 부부 대신 부양의 책임을 질 수밖에 없었다. 당시 혈통론의 '혁명논리'에 따라, 아이들도 우파 부모처럼 사회적 멸시와 배척의 대상이 되었고, 그들의 미래도 매장되었다. 이런 처벌은 정말 감당할 수 없는 것이다. 특히 자신들 때문에 무고한 아이들이 고통을 받는 것에 심리적으로 끊임없이 자책이 일었다. 그녀는 "아이들아, 나의 아이들아, 너희들이 고통을 당하는 것은 완전히 우리의 잘못이다. 너희들 앞에서 우리는 정말 죄인이다. 우리의 죄를 용서해선 안 된다"(52쪽)고 하였다. 부모 자식 간의 정은 인간의 본성이고 인간의 마지막 방어선인데, 또 인간의 감정 중에서 가장 신성한 것이고 민감한, 또 가장 나약한 곳으로 인간 정신의 늑연골이라고 할 수 있다. 하지만 반우파운동을 일으킨 자는 지금 바로 여기에 칼로 구멍을 내서 그 '혁명이라는 처벌의 검'을 휘둘렀다. 진정한 사내라도 굴복해야 했고, 게다가 영원히 지울 수 없는 죄악감을 감당해야 했다. 정말 선택의 여지가 없었다. 인간의 기본 감정에 대한 유린과 이용은 잔혹했다.

　허펑밍은 다음과 같은 무서운 기억을 가지고 있었다. 어느 우파분자가 극도의 배고픔 속에서 자신의 삶이 얼마 남지 않았음을 알았다. 그러나 남겨진 부인과 아이들이 걱정이 되어 계속해서 자신이 "누명을 쓰고 오명을 뒤집어썼다"고 해야 했다. 생명이 끝나는 마지막 순간에도 찬송의 노래를 썼고, 굶어 죽는 순간에도 당에 충성하고 마오 주석에게 충성한다고 했다. 이렇게 '긍정적인 이미지'를 남겨 부인과 아이들의 상황이 조금 더 좋아지기를 희망한 것이다. 이것이 바로 그가 가족을 위해 할 수 있는 유일한 일이었다. 허펑밍은 "해학과 모순의 극단적인 한 장면으로 보이지만, 처참하고 애간장 태우는 아픔이 들어 있다"(387쪽)고 했다. 인간의 혈육지정에 대한 유린과 이용은 잔혹할 뿐만 아니라, 츠바이크의 말을 빌리면 더 '악독'하고 '음흉'한 것이었다.

　츠바이크를 말하니, 앞에서 말한 정신 단절의 문제가 생각난다. 정신 단절의 결과는 인간의 자유의식, 언설, 교류에 대한 권리의 박탈이자, 욕망의 억압이며, 인간의 허무화와 공허화를 초래한다. 이런 공허와 허무의 빈틈으로 '혁명의 절대 권위'가 파고든다. 허펑밍의 이런 허무화되고 공동화된 우파의 정신 상태와 선택에 대한 다음과 같은 묘사는 더 마음을 시리게 한다. "우리는 각각 자기도 모르게 '반당·반사회주의'라는 죄를 지었다. 고난을 겪으면서 꿈에서조차도 어떻게 하면 더 빨리 인민들의 품으로 돌아갈지를 생각했고, 중국공산당이 제시한 '총노선'·'대약진'이라는 구호에 마음 깊은 곳에서 의문부호를 달 수 있으리라는 생각은 어느 누구도 하지 않았다. 우리는 당연히 구호에 호응했고, 당연히 당을 따라갔을 뿐이다. 이렇게 우리는 또 노동개조 기간에 '총노선'·'대약진'의 열성적인 선전가가 되었다. 잘한 것일까, 잘못한 것일까? 무거운 십자가를 지고, 노동개조에 전심전력한 사람들은 전혀 생각지도 못했다. …… 반우파투쟁 기간에 '독립적인 사유'는 대대적인 비난을 받았다. 전에 독립적인 사유를 주장했거나 이런 표현을 했던 사람들은 연이어 수난을 당했다. 우파가 된 후 우리의 일처리 원칙은 시키면 시키는 대로 하고 '과실이 없기만을 바랄 뿐'이었다. 누가 국가 대사에 대해 고민하고 사고할 마음이 있었겠는가."(100~101쪽)

여기서 말하는 '절대적' 호응과 '절대적' 복종은 사람들이 사유를 정지하고 허무와 공허의 상태에 빠져, 전제주의 강권정치에 절대적으로 순종함을 말한다. 이는 인간의 본성 혹은 기본 약점에 대한 또 다른 형태의 이용이었다. 인간에게는 '귀의'하고픈 내재적인 욕구가 있다. 부모나 고향, 토지……에 대한 인간의 미련은 모두 이 욕구의 외재적인 표현이다. 인간은 비정상적인 상황에 처하게 되면, 예컨대 우파가 처한 이런 절대 고독, 거의 완전한 절연(모든 관계, 모든 인연) 상태에 처하게 되면, 이런 귀의 본능이 아주 기형적으로 지극히 강렬한 방식으로 표출되어 나올 수 있다. 누군가 강대해 보이고 권위와 권력이 있어 보이면, 자신감 넘치는 언어로 단호하게 말을 하면, 그 명령에 따르고 그에게 종속한다. 당시의 '혁명권위'는 바로 이런 역할을 했고, '절대적' 호응과 '절대적' 복종은 불가피한 것이 되었다. '혁명권위'에 의해 지옥으로 들어갔고, 전에 없었던 열정으로 '혁명권위'가 발동시킨 자신들과 전체 민족에게 새로운 재난을 가져올 신운동 속으로 들어갔다. 후대 사람들이 불가사의한 현상이라고 여기는 일이 20세기 50년대 중국에서 아주 확실하게 발생했다. 이는 인간의 본성과 본능을 이용한 것이었을 뿐 아니라, 혁명가의 성품과 기질을 이용한 것이었다.

앞에서 말했듯이, 허펑밍과 왕징차오 같은 우파들은 모두 진정한 혁명가였다. 그래서 자신의 생명과도 바꿀 수 있는 혁명이 갑자기 그들을 반혁명분자로 비판했을 때, 극도의 곤혹스러움으로 빠져들었다. 그들은 한편으로는 자신들이 불에 타서 재가 될지언정 혁명을 반대할 리 없다고 믿었고, 다른 한편으로는 또 혁명이 근본적인 착오를 범했을 거라고는 상상조차 하지 않았다. 하지만 그들은 또 그럴듯한 논리를 찾아 이 두 가지 이해할 수 없는 모순을 봉합해야 했고, 억지로라도 자신들을 설득해야 했다. 허펑밍은 그의 회고 속에서 그들이 결국 찾아냈던 논리를 이렇게 설명한다. "당시 그이나 나를 포함해 사람들은 중국공산당이 이끈 이 운동을 전혀 의심하지 않고, 중국공산당을 숭배했다. …… 언론계 종사자들이었던 우리는 신문에 실린 모든 운동의 진전 상황에 대해 믿어 의심치 않았다. 그 안에 어떤 허위가 있을 거라고는 생각지도 못했다. 이를테면 『런민일보』의 보도처럼, 우리는 모두 원래 국민당 상장上將이었던 중국 런민대학 강사 거페이치葛佩琦가, 쌍백운동 중 '군중은 공산당을 전복시키고 공산당원을 죽여야 한다'고 운운했다는 내용을 진실이라고 믿었다. 그리고 베이징에 '뤄룽지羅隆基와 장보쥔章伯鈞 연맹'(뤄장연맹)이 출현했고, 거페이치 같은 '극단적 반동'이 튀어나왔는데, 어찌 중국공산당과 전국 인민들이 반격하지 않을 수 있겠는가 라는 생각을 하였다." (17쪽) 반우파운동을 위해 합리성을 찾은 후에 잘못을 범했음에도 저절로 잘 풀려 갔다. 즉 "객관적으로는" "거페이치 같은 이들"을 도와준 셈이었다.

그러나 그들은 이것이 치밀하게 정제된 거짓말이라는 것을 알지 못했다. 후야오방의 직접적인 조사를 거쳐서 지금은 거페이치가 공산당원이었고, 지하당의 파견으로 국민당 내부에 들어가 '국민당 상장'이 되었다는 것이 밝혀졌다. 1957년 쌍백운동 때 그가 했던 말은 "지금 공산당은 일을 아주 잘하고 있다. 다른 말이 필요 없다. 잘하지 못한다면 군중은 공산당을 치고, 공산당원의 머리를 칠 것이며, 그것을 전복시킬 것이다"였다. 그러나 『런민일보』의 보도에서는 "군중은 공산당을 전복시키고 공산당원을 죽여야 한다"로 바뀌었다. 거페이치는 즉시 편지를 보내 보도가 사실과 다르다고 했다. 그는 자신이 그렇게 말한 것은 "이번 정풍에서 만약 당내의 동지들이 적극적으로 결점을 고치지 않은 채로 대중들의 신뢰를 얻으려고 한다면 자멸할 것이고, 나아가 당의 생존에 위협을 가할 것"이라는 의미라고 하였다. 하지만 『런민일보』는 거들떠보지도 않았고, 오히려 더 심하게 공농병과 각계 인사들의 문장을 연이어 발표하여 거페이치가 "'공산당을 죽이자', '공산당은 하야해야 한다'고 하면서 호되게 비난했다."[8] 문제는 『런민일보』가 이렇게 한 것에는 이론적인 근거가 있었다는 것이다. 즉 "당성이 진실성보다 중요하고", "당의 전체 이익"을 위해, 대중들을 일으켜 반우파투쟁을 하기만 한다면, 모든 수단과 방법을 채택할 수 있으며, 거페이치 본인이 억울하든 말든, 독자나 대중들을 기만하든 아니든, 이런 것들은 모두 고려할 대상들이 아니라는 것이다. 이 배후에는 두 가지의 매우 무서운 논리가 숨어 있다. 하나는 "'숭고'한 목적에 도달하기 위해서는 모든 비열한 수단을 취할 수 있다"는 것이고, 다른 하나는 "전체의 이익을 위해서 개인은 무조건 희생해야 한다"는 것이다. 허펑밍과 왕징차오 그리고 수많은 순진하고도 선량한 혁명가와 보통사람들이 1957년 바로 이렇게 앞서 말한 '혁명논리'가 짜 놓은, 맹렬한 여론 선전의 속임수 속으로 들어가, '혁명' 제단의 희생물이 되었다.

개조받을 당시의 허펑밍의 심리에 대한 묘사와 분석에 주목할 필

---

8) 戴煌, 『胡耀邦與平反冤假錯案』, 中國工人出版社, 2004, 233, 235, 236쪽.

요가 있다. "전 사회여론의 막강한 영향으로, 나와 내 친구들은 어떤 때는 자신들의 영혼 깊숙한 곳에 지저분한 오물들이 가득 차 있다고 느꼈다. 거대한 풍랑을 만나 입장을 확고히 할 수가 없게 되면서 우파의 진흙 구덩이로 빠져 버렸다. 하지만 노동인민들이야말로 우리가 배워야 할 모범이었다. 정말 성심성의껏 각고의 노동을 통해 자신을 새로운 사람으로 바꾸고 싶었고, 중국공산당이 필요로 하는 사람으로 개조하고 싶었다." (85쪽) "알렉세이 톨스토이Aleksey Tolstoy의 『고난의 역정』苦難的歷程 제2부 서문이 이 시각 또 내 마음을 울린다. '맑은 물에 세 번 담그고, 핏물 속에서 세 번 씻고, 잿물에서 세 번 삶으면, 우리는 아주 깨끗하게 될 것이다.' …… 난 이미 기아의 고통으로 더 이상 지탱할 수가 없었지만 자신을 담그고 삶아서 영혼을 깨끗하게 하고 싶었다. 당시 난 위대한 작가를 숭배하였고, 나의 영혼을 더 깨끗하게 하고 싶은 강렬한 소망으로 톨스토이의 이 말을 진정으로 믿었다. 이렇게 자아를 위로하는 몽환 속에서 떠다니며, 정신적인 평온함을 얻었던 것 같다."(343, 344쪽)

오늘의 젊은이들은 아마도 이런 심리를 이해하기 어려울 것이다. 그러나 이것은 그 시대 혁명가 혹은 혁명을 동경하던 청년들이 지녔던 공통적인 특징이었다. 그들은 노동과 노동인민을 이상화하고 성결시하였다. 지식인들은 타고난 죄인이라는 나로드니키주의적 신념, 고난을 신성시하고, 고난 속에서 영혼을 깨끗이 하여 '새로운 사람'이 되겠다는 '성도'聖徒 콤플렉스, 이 속에는 그 시대 사람들에게 미친 러시아 문학과 문화의 영향이 심각하게 존재하고 있다. 이런 신념과 콤플렉스의 도덕적 순결성에는 의심의 여지가 없다. 루쉰은 이전에 "도스토예프스키 식의 인내와 순종[忍從]"이 "횡포에 대한 진정한 참음과 순종"을 초래할 수 있다고 경고한 적이 있다.[9] 지금, 허펑밍과 왕징차오 같은 우파들에게 발생한 것도 바로 이런 것이다. 그들은 자아의 도덕적 완결성을 추구하였지만, 그것은 전제정치의 박해를 참고 순종하는 비극을 가져왔다. 또 다른 면에서 보면, "노동개조 속에서 살길을 찾는다"는 설교는 이상을 추구하고자 한 유치한 혁명가들의 마음을 유린하고 이용하였다. 이는 더 증오심을 불러일으키게 한다.

1959년 국경절 10주년에 우파의 오명을 벗게 해준 것에 대한 허펑밍의 기억은 우리를 더 황당하고 슬프게 한다. 그 소식이 공포될 때, 사람들은 그것을 '가장 기쁜 소식'이라고 하면서 서로에게 전달하였다. 그러면서 "자신도 이번에는 '오명을 벗을 수 있을까' 하는 생각으로 마음이 심란하여 앉아 있질 못했다"고 했다. 허펑밍이 말한 것처럼 "계급의 적으로 구분된 지 2년째인 사람들은 정말 사는 게 말이 아니었다. 우리는 모두 암흑의 심연 속에 떨어져 숨이 끊어지는 것 같았고, 자신의 운명을 주관할 수도 없었다. 비록 한 가닥 지푸라기일지라도 앞다투어 손에 움켜쥐어 생명을 다투어야 했다". 절박한 기다림 속에서 국경절이 돌아왔다. '성대한 의식' 중에서 두 사람에게만 '오명을 벗게' 해준다고 발표하였다. 그러나 그들은 여전히 농장에서 노동을 하였고, 아무런 변화도 없었다. 또 "치롄祁連산에서 죄명을 씌우고, 노동교도원들은 잠을 잔다. 고난의 세월이 언제였는가, 물어보니 그 누구도 모르는구나"라는 해학적인 시를 썼던 젊은 우파가 "일벌백계한다"는 이유로 그 자리에서 총살을 당했다(123~128쪽). 이는 또 한번 치밀하게 계획한 "놓아주는 것 같지만 단단히 틀어쥐는" 쥐를 잡는 고양이 식의 희롱이었다.

이것은 인성의 잔혹함 때문만은 아니었다. 바로 체제 때문이었다.

---

9) 魯迅,「陀思妥夫斯基的事」,『魯迅全集』6卷, 426쪽.[「도스토예프스키의 일」,『차개정잡문 2집』.]

혹은 '혁명 지옥'의 질서를 보호할 필요에 의한 것이었다. 허펑밍에게는 이런 고통스러운 자성自省이 있게 된다. "지옥 속의 사람과 사람 간의 무관심과 무정함, 같은 처지의 많은 사람들의 죽음에 무감각한 것, 이것은 부지불식간에 영향을 주었고, 나를 변화시켰다. 개조된 사람은 자기만 챙기면 되었고 '나'와 무관한 다른 일은 듣지도 묻지도 간여하지도 상관하지 않는다는 것이 우리 행동의 철칙이 되었다. '병원'에서 숨이 끊어질 듯한 환자들을 위해 불을 지필 때, 얼굴에 기름기가 좔좔 흐르는 '직원' 요리사가 내가 환자들을 대신해 편지 보내는 것을 막았다. 나는 그때 그들을 위해 편지 보내는 일을 순종적으로 거절했던 것은 아닐까? 지금은 너무나도 부끄러운 일로 느껴졌지만 당시에는 당연하다고 여겼다. 당시 소위 '개조'라는 것은 인간의 이화異化와 인간 정신의 치욕스러운 타락을 가져왔다. 개조는 점점 과도해졌고, 요구도 더 엄격해졌으며, 소외도 심해졌고, 타락도 깊어 갔다."(423쪽)

그러나 이런 별종들이 함께 모여 있으면, 아무리 엄격하게 관리한다고 해도 통치자는 불안해한다. 그들이 상황과 이익이 서로 맞아떨어져 연합해서 반항이라도 한다면 지옥의 안정적인 질서는 파괴된다. "개조되면 오명을 벗을 수 있다"는 유혹으로 우파들을 갈라놓고, 그들을 "조기에 오명을 벗을 거라는" 허황된 목표를 위해 서로 싸우는 개체로 만든다면, 공동의 이익과 뜻을 모을 수가 없으니, 당연히 대중적 저항이라는 것도 생길 수 없게 된다. 그래서 허펑밍이 말한 "자기만 관리하고, 다른 것은 '나'와 무관한 일로, 듣지도 묻지도 간여하지도 상관하지도 않는 행동의 철칙"이 형성된 것이다. 모든 우파들은 동료들의 고난에 무관심했으며, 실제적으로는 이를 용인하는 태도를 취하였다. 또 어느 정도는 동료를 박해하는 데 참여하기도 했다. 이것은 정말 무서운 일이다.

이런 참여는 동료들 사이의 주동적인 감독과 밀고로 드러났다. 앞의 분석에서 노동개조 농장에 보편적으로 존재했던 우파들 간의 상해傷害는 어디에나 있는 공포 분위기가 만들어 낸 것이다. "죄명을 벗는"다는 '혁명의 금고아'는 이렇듯 서로에 대한 상해를 이익의 동기로서 주입하였다. 타인에 대한 상해는 바로 자기 '속죄'의 표현이었고, 또한 '공을 세워서 상을 받는' 기회가 되었다. 앞에서 말한 것처럼 소위 "죄명을 벗는"다는 것은 속임수에 불과했다. 그렇지만 그것은 오히려 성공적으로 우파들 속에 일종의 이성적 관념을 주입하였다. 즉 "자기가 살기 위해서는, 또 어느 날인가 죄명을 벗고 자유의 공민이 되기 위해서는, 타인의 삶과 죽음은 간섭하지 말아야 하고, 심지어는 타인의 죄와 죽음을 자신의 죄명을 벗을 기회로 삼아야 한다"는 것이다. 어느 작가가 말한 것처럼 "자신을 보호하는 이성적인 생존 욕구는 타인의 파멸에 대해 무관심하게 만들었다. 이성은 희생자에게 인성과 도덕을 상실하게 하였고, 그들이 서로 증오하게 하였으며, 박해자를 잊게 하였다. 이성은 그들이 서로 방관자가 되고 싶어 하게 만들었고, 인간의 삶을 자기 보전의 최저 생활수준으로까지 떨어뜨렸다".[10] 이렇게 희생자들(물론 희생자 전체가 아닌 반항하는 사람들 대부분)은 강제적으로 또 의식적으로(자기 해방이라는 이성적 목표에 따라) 박해에 참여했고, 빈틈없이 깔려 있던 통제망의 유기적 구성 부분이 되었다. 그래서 우리는 '혁명지옥'의 가장 큰 특징을 희생자의 이성적 협력이었다고 말할 수 있다. 희생자 자신을 포함한 이런 전 민중적 박해는 혁명지옥의 '힘'이자 죄악이었다.

---

10) 于闐梅, 「理性之下的殺與被殺―讀〈現代性與大屠殺〉」, 『隨筆』 3期, 2003.

신체 종속

허펑밍은 '혁명의 금고아'를 이야기할 때 또 이런 인상적인 말을 하였다. "그 원망스런 '띠'를 벗기 위해, 나도 손오공처럼 고승에게 순종했다. 그러나 내 앞에는 '고승'이 너무 많았다. 밧줄로 나를 묶었던 X 농장장을 포함해서 — 나중에 그가 부농장장이라는 것을 알았지만 — 말이다. 양전잉楊振英, 장전잉張振英, 왕王 회계사 또 재무과에 놀러 온 모든 계장들, 난 그들 앞에서 눈을 내리 깔고 공손함을 표해야 했다." 허펑밍은 책에서 "90년대인 지금에 와서 이 문장을 쓰면서, 난 그때의 내 인격과 영혼의 비틀림에 목 놓아 울었다"(245쪽)고 했다.

왜 이런 '인격과 영혼의 비틀림'이 형성되었는지 추궁해 묻고 싶고, "내 앞에 '고승'이 너무 많았다"는 것이 무엇을 의미하는지 묻고 싶다.

허펑밍이 말한 X 농장장은 아마도 그녀에겐, 또 농장에 있었던 동료들에겐 평생 잊지 못할 인물일지도 모른다. "지금도 그 장면을 생각하기만 하면 무서워서 덜덜 떨린다. 그는 위풍당당하게 큰 말 위에 앉아 있었다. 긴 창을 들고서는, 그의 이유 없는 질책에 조금 변호를 했던 우파의 가슴에 겨누어 잔인하게 찔렀고, 붉은 선혈이 웃옷에서 줄줄 흘러 나왔다. …… 이 무고한 희생자가 팔로군이었거나 지원군의 전사 또 전쟁 영웅이었다 해도 그때는 이미 '무장해제된 우파'였기에, '그를 개조하는 사람'이 가하는 폭력적 상해를 묵묵히 참을 수밖에 없었다. 약간의 불손함이 있거나 무슨 말이라도 한다면, 이 격분한 X 농장장은 인정사정없이 그를 쓰러뜨렸고 그를 체포해 중형을 내렸다. 그를 위해 말해 주거나 변호해 주는 사람은 없었다. 농장에서 공문을 내어 먼저 잡아들이기만 하면 그만이었다."(267~269쪽) 우파들은 뒤에서 그를 '악마'라고 불렀다. "봄에 씨앗을 뿌리고 가을에 추수할 때까지, 그는 논밭 사이를 순시하기를 좋아했다. 허리에 권총을 차고, 혹은 등 뒤에 긴 창을 매고 자신의 위풍을 자랑했다. 그는 자신이 관리하는 농장 '직원'과 우파들이 노동에 태만하거나, 각 '장'들이 내리는 각종 크고 작은 명령을 거역하는 것을 절대로 용납하지 않았다."(338쪽) 그는 마치 산적 두목이나 농장주인 같았다.

　이것은 상징적 의미를 띠고 있다. '산적 두목'과 '농장주인'이라는 표현은 형용이 아니라 현실이었다. 허펑밍은 자신의 경험에 근거해, "반우파투쟁을 거친 후 기층 당 서기에게 절대적 권위가 생겼다는 것을 느꼈다. 서기에게 잘못하면 반당이라는 죄명을 씌워 사지로 몰아넣었고, 이것은 식은 죽 먹기보다 쉬운 일이었다"(336쪽)고 쓰고 있다. 이것은 아주 핵심을 찌른 관찰이다. 원래 일당 전제정치체제는 당에게 절대적인 권위를 부여한다. 20세기 50년대를 시작으로 60년대까지 완전한 단위^{單位}제도는 최대한 모든 중국 사람들을 각각의 단위 속에 조직시켜, 소속 단위에 대한 종속관계를 만들었다. 그리고 1957년 반우파운동은 당의 절대 권위와 절대 권력을 전대미문의 단계로 확장시켰으며, 나아가 이런 절대 권위와 절대 권력을 각 기층의 당조직 지도자(특히 최고 책임자)에게까지 실행하였다. 기층 당조직의 지도자에게는 무조건 복종해야 하며, 어느 특정 지도자에 대한 이견은 당의 지도에 반대하는 것으로, 반사회주의였다. 이것이 바로 반우파운동의 강철 같은 논리였다. 허펑밍과 왕징차오, 또 수많은 선량한 사람들이 이 단위 지도에 대해 의견을 제시했다가 우파라는 비판을 받았고 심지어는 모 당원, 어느 적극적인 당원도 의견을 제시했다가 우파라는 낙인이 찍혔다. 반우파운동 이후에 만들어진 일원화된 지도체제의 가장 큰 특징은 바로 중앙부터 각 기층단위의 당의 각급 지도자에 이르기까지, 특히 최고 책임자는 법률적인 제약이나 감독을 받지 않는 절대적인 권위와 절대적인 권력을 부여받았다는 것이다.

1. 지옥에서의 노랫소리　423

루쉰은 전제정치를 비판할 때 "그들의 입이 법률이다"[11]라면서 분개하였고, 또 '괘씸죄'라는 것이 있는데, 이는 누군가에게 "밉보인 죄"라고 하였다.[12] 이 모든 것에는 체제의 보증이 있게 된다. 즉 X농장장은 자기 멋대로 다른 사람의 죄를 결정했다. 경력, 인품, 지식, 지력…… 등등이 모두 그보다 나은 우파들 앞에서 위세를 부렸고, 사람들은 감히 불만을 드러낼 수 없었다. 그 이유는 그가 지도자의 위치에 있었기 때문이었다. 그는 당을 대표했고, 권력을 가졌다. 그래서 그가 관할하는 하급관료와 우파들 사이에는 신체적인 종속관계가 존재하였다. 즉 그는 생사를 가르는 권력을 쥔 '혁명의 농노주'였고, 우파는 모두 농노가 되었다.

'산적 두목'의 통치는 층층이 통제하는 치밀한 등급제 구조 위에서 세워졌다. 허펑밍의 묘사를 보면, 그녀가 있었던 노동개조 농장 안에서 이 최고 책임자는 최고의 위치에 있었고, 당조직과 기타 행정 직원들은 2등급, 하급관리 간부는 3등급, 일반직원은 4등급, '우파 지도자'는 5등급, 일반 우파는 최하위 등급이다. 각 등급은 위 등급에게, 모든 등급은 최고 책임자에게 "웃는 얼굴"을 하면서, "조심스럽게" 말을 하며 조금이라도 기분을 상하게 해서는 안 되지만(336쪽) 그들은 아래 등급 사람들에게 함부로 권력을 남용해 핍박하였다. 그래서 이런 경악스러운 회고가 있게 된다. 한 노동개조대 대장이 어찌나 우파에게 심한 욕설을 퍼부었던지 참다못한 다른 우파가 이를 좀 반박하자, 식량을 가로채고는 처벌대에 집어넣었다. 결국 이 우파분자는 꾹 참고 고개 숙이며 죄를 인정하였다고 한다. 또 "수중에 약간의 권력을 쥐고 있던 우파 지도자"가 "같은 우

---

11) 魯迅, 「致曹靖華」, 1935. 1. 6, 『魯迅全集』 13卷, 335쪽.[「차오징화에게」, 『서신 3』.]
12) 魯迅, 「可惡罪」, 『魯迅全集』 3卷, 516쪽.[「괘씸죄」, 『이이집』.]

파 동료를 발로 차고 마구 때렸지만, 맞은 동료는 어쩔 수 없이 분노를 삼켰으며, 화가 났지만 감히 말을 하지 못했다"(269~270, 305쪽). 여기서 우리는 허펑밍이 말한 '고승'이 너무 많다는 의미를, 그리고 그녀가 토로하고자 하는 것이 등급구조의 가장 하층인 약자들이 억눌러 온 비애와 고통이었음을, 그녀가 그렇게 가슴 아파했던 "인격과 영혼의 비틀림"의 책임이 그녀에게 있었던 것이 아니라 등급제의 억압의 결과임을 분명히 알게 하였다.

그러나 전체 사회구조 속에서 단위의 지도자 역시 어떤 등급에 놓인다. 본래 단위 안에서는 제약을 받지 않지만 그의 상급은 그를 제압할 권력을 가진다. 그래서 X 농장장이라는 안하무인 격인 '산적 두목'도 결국은 위기를 맞게 된다. 그는 말에 신중함이 없고 금기를 범하는 바람에 현縣으로 보내져 비판투쟁을 당했다. 그러나 현 당위원회 서기가 사면해 주는 바람에 별 탈 없이 돌아와 다시 '산적 두목'이 되었고, 그 흉악하고 잔인하며 포악한 행위는 조금도 줄어들지 않았다(338~340쪽). 그의 권력은 완전히 상급에서 왔기 때문에 상급에 대한 무한한 충성으로 신뢰를 얻기만 한다면 하급과 하층민 앞에서는 제멋대로 거만하게 굴어도 되었다. 이런 '위로는 노예, 아래로는 주인'이라는 관리의 이치는 등급제도를 통달하는 오묘함이었다. 그래서 세상은 영원히 태평했지만, 하층에 있는 허펑밍 같은 약자들의 호소는 반복적으로 은폐되어졌다.

기아 처벌

지식인이 만약 개조를 거부한다면, "밥을 주지 말라"는 명언이 있다. 이는 협박일 뿐 아니라 현실이었다.

20세기 60년대 중국의 '대기근'으로 노동개조와 노동교양을 받는 우파들이 가장 먼저 재난을 당했다. '자볜거우夾邊溝 사건'이 전형적이다. 자볜거우 농장은 원래 죄인들의 노동개조 농장이었다가, 1957년 하반기 반우파운동 이후 우파의 노동교양 농장으로 바뀌었고, 간쑤성의 여러 종류의 우파들 2,400여 명을 수용하였다. 1960년 9월 그들 중 너무 마르거나 약한 사람들을 빼고, 모두 가오타이高台현 밍수이明水마을 황무지 개간지로 보내졌다. 1960년 12월 사망하는 자가 너무 많아지자 중앙의 개입을 거쳐 노동교양 인원들이 송환되었다. 이때 자볜거우 농장에는 1,100여 명의 사람들만이 겨우 목숨을 부지하고 있었다. 반 이상의 무고한 사람들이 "모래더미에 묻혀져"鑽沙包 버렸다는 것이다. 이 말은 당시의 속어로, 매일 많은 사망자들이 생겼는데, 죽은 사람들을 그들 자신의 이불로 둘둘 말아서 사막 깊숙한 곳 황폐한 모래땅에 버렸다. 관방에 따르면 60년대 "간쑤성은 양식의 부족으로 몇백만 명이 아사했다"고 한다. 당시 성 전체 인구가 1,200~1,300만 명이었다고 한다(406쪽). 이는 모두 피의 숫자였고, 그 배후에는 수많은 피의 기억이 있다.

한 우파가 배가 고파, 보리를 추수할 때 생보리를 너무 많이 먹고 뜨거운 물까지 잔뜩 마셨다가 밤이 되자 위장에 있던 보리가 발효되어 팽창되었고, 격렬한 통증으로 뒹굴며 밤새 앓다가 결국은 고통으로 발버둥치며 죽어 갔다.

"이튿날 보리를 베기 전에, 전체 우파와 가족들을 모아 회의를 열었다. 배가 잔뜩 부풀어 오른 시체를 옆에다 두고는 회의 참가자들에게 보라고 했다. 왕즈리王智禮 대장은 얼굴이 새파래져서 큰소리로 질책했다. '너희들 중에 누군가 배가 고프다고 아우성을 치지 않았냐? 우파분자인 쉬○○이 생보리를 먹고 배가 부풀어 죽었다. 오늘 다 보았을 것이다. 이런 종류의 인간들은 개조를 따르지 않고 당에 완강히 대항하더니 자기 스스로 죽음의 길로 간 것이다. 너희들은 이 사람을 잘 봐 두어라. 너희들 스스로 이 길을 따라가고 싶으면 가도 좋다. 죽음은 너희들 눈앞에 있으니까!' 왕즈리의 냉혹하고 무정한 훈시는 동료들의 마음을 무겁게 짓눌렀다. 그들은 눈을 뻔히 뜨고 바닥에 누워 있는 사람의 산발한 머리카락, 누렇게 뜬 얼굴색, 높게 솟아 오른 배, 새파랗게 올라온 뱃가죽을 보았다. 심지어 뱃가죽의 혈관은 너무 팽팽해서 이미 끊어졌으며, 갖가지 색깔에 묘한 냄새가 났다. 이 참혹한 모습을 본 후 그들은 즉시 고개를 돌렸고, 차마 다시 볼 수가 없었다.

(사망자의 아내인) 탕디펑唐迪鳳은 하도 울어 부은 눈을 하고 어깨를 들썩이며 끊임없이 울었다. 그녀는 큰소리로 통곡하며 이 몇 년간의 마음속 고통을 쏟아 놓으며, 그녀와 남편이 가지고 있었던 몇 년간의 분노와 굴욕을 다 말하고 싶었지만, 그녀는 그럴 수 없었다. 우파의 유족이기에 그녀에게는 큰소리로 목 놓아 울 권리조차 없었다. 그녀는 그저 껵껵 울음을 삼키며 흐느낄 수밖에 없었다."(282~283쪽)

여기서 묘사한 기아와 죽음은 공포스럽다. 그리고 대장이 공시한 '혁명논리'는 더 공포스럽다. 분명 배가 고파 남은 생보리를 먹어 배가 부풀어 죽었는데, 이것이 어째서 "죽음을 자초한" 것인지, 게다가 이것으로 "당에 완강히 대항했다"는 죄명을 씌웠는지, 도대체 누가 죄가 있다는 것인지?

여기서 60년대 중국의 대기근, 대죽음의 원인과 책임을 토론하려는 것은 아니다. 다만 횡사한 사람이 있었던 이 농장을 보면, 대규모의 죽음을 초래한 중요한 원인이 노동개조 체계의 전통적 관습에 따른 것이라는 것이다. 즉 자신들이 정한 어리석은 정책, 바로 매월 식량을 충분히 발급받지 못하니 몇 근은 '절약'해야 한다는 관습을 따랐기 때문이었다는 점이다. 그래서 죽는 사람들이 날로 늘어 갔지만, 식량 창고에는 만 근이 넘는 식량이 쌓여 있었다. 그러나 상급 지도자들은 그 죄인들에게서 강제로 수거해 온 식량을 눈앞에서 기아로 죽어 가는 사람들을 구하는 데 사용하는 것을 허락하지 않았다. 그 이유는 "당의 식량정책"을 위반할 수 없다는 거였다. 또 식량 기준(증가시킬 수 있지만 증가시키지 않았던 식량공급)을 유지할 수 있는지의 여부가 "정치입장"의 정도라고 하였다. 하나는 인간의 생명이고, 또 하나는 소위 말하는 "당의 정책"이었지만, 당시 지도자들은 조금의 망설임도 없이 후자를 선택하였다. 사람이 죽어 나가도, "모범적으로 당의 식량정책을 집행해야" 한다고 했다. 이것이 바로 60년대 중국의 '정치'였다(336~337쪽).

이런 '정치' 속에서 사람들의 개인 생명, 특히 보통 사람들의 생명은 아무것도 아니었다. 더군다나 우파에게는 더 말할 것도 없었다. 적으로 간주된 사람에게는 근본적으로 생명의 가치가 없었다. 여기엔 다음과 같은 아주 당당한 '혁명이론'의 근거도 있었다. 자볜거우 농장이 가오타이현 밍수이로 이전한 지 얼마 되지 않아 수많은 사람들이 죽게 되자 이 사실이 지방위원회에 보고되었다. 그러나 지방위원회 서기는 "사회주의를 하는 데 몇 사람이 죽었다고 그것을 늦추어야 하느냐"(391쪽)고 하였다. 이 말을 가볍게 봐선 안 된다. 이 속에는 아주 치밀한 '혁명논리'가 숨겨져 있다. 사회주의를 하는 것은 혁명을 하는 것이고 결국 죽는 사람들도 있게 된다는 것이다. 따라서 사회주의 전체 이익을 위해서는 개인은(개인의 생명을 포함해서) 무조건 희생해야 하며, 당의 정책은 바로 이런 사회주의 전체 이익의 구체적인 체현인 것이다. 때문에 당의 정책은 개인 생명보다 중요했다. 이 둘 사이에 모순이 발생하면 개인 생명은 무조건 당의 정책에 복종해야 했다. 설령 사람이 죽더라도, 당의 정책을 고수해야 한다. 왜냐하면 바로 사회주의를 위해 필요하기 때문이다.

이런 '혁명논리'는 보기에 아주 현묘해서 생각할 것도 없이 쉽게 호응하게 된다. 사실 이것은 아주 오랫동안 많은 중국인들을 미혹시켜 왔다. 본래 독립적 사유 능력을 가져야 하는 많은 지식인들을 포함해서 말이다. 이런 정신적 속임수를 깨려면, 그 논리 속의 교활한 궤변의 기술을 지적하는 것 외에, 이 '혁명논리'가 현실생활에서 실제로 일으키는 영향을 간파하는 것이 중요하다. 허평밍이 있었던 농장은 이런 '혁명논리'에 따랐기 때문에 당시 극도의 기아상태에 있었던 우파에게는 단 하나의 선택만이 있었다. 바로 당의 식량정책을 준수하고 얌전히 규정된 정량만을 먹는 것이다. 배고픔의 정도가 어떤지 간에 자신의 식사량을 절대 늘리지 못했다. 이로 인해 죽는 것도 당의 사회주의 사업에 대한 공헌이 되었다. 이 횡사한 우파는 기아를 참지 못하고 추수하는 기회를 틈타 생보리를 훔쳐 먹고는 자기 스스로 배가 터져 죽어 나쁜 영향을 끼쳤으니, 이게 바로 "죽음을 자초한" 것이고 "당에 완강히 대항한" 것이라는 것이다. 이 대장의 훈시는 아주 악랄하고 거칠었으며 사리에도 맞지 않았지만, 후안무치한 솔직함으로 이 심오하면서도 묘해 보이는 '혁명논리'의 본질을 폭로하고 있었다. 즉 개체 생명의 가치를 완전히 말살하는 이런 전체주의 사유와 논리는 사람들을 우매한 충성의 함정으로 끌어들여, 사람들을 핍박해 무참히 죽게 만든다는 것이었다. 이것은 생명을 마음대로 훼손하는 식인자의 논리였다. 루쉰의 말을 빌리면 이것은 "암흑의 장식이자 인육조림 장독의 황금 뚜껑이자 귀신 면상의 로션"[13)]으로, 반드시 지옥으로 돌려보내야 하는 것이다.

문제는 이것이 의도적인 기만으로, 선동자 자신도 실행할 준비가 되어 있지 않았다는 데 있다. 어쩌면 그들이 실제 신봉한 것이 또 다른 논리였는지도 모른다. 허펑밍이 있었던 농장의 지도자를 보면, 그들은 충실하게 아주 모범적으로 당의 식량정책을 집행하였다. 그래서 식량창고의 식량을 빈사자의 생명을 구하는 데 쓰는 것을 허락하지 않았다. 절대 '당성'에서 나온 것은 아니라, 완전히 자기의 '관직'을 지키기 위한 것이었다. 왜냐하면 당시 체제에 따라, 기아로 죽는 사람은 그들의 책임 밖이기 때문이다. 예컨대 상급의 "식량 정량은 바꾸지 않는다"는 융통성 없는 명령을 위반하게 되면 그것은 상급에게 죄를 짓는 것이고 "정치적 과오"를 범하는 것으로, 순식간에 현재 소유한 모든 것을 잃을 수 있었다. 여기에서는 "관직을 지키고, 생명을 부지한다"는 논리가 작용되었다. 그들은 한편으론 "도둑과 소매치기"를 엄격하게 금지한다면서, 이것이 "식량 문제에 있어서 계급투쟁의 날카로운 표현"이라고 공언하였다. 그러면서 한편으로는 "정정당당히 제분소로 들어가, 대담하게 농장의 밀가루를 밀가루 포대에 담아 가지고 나왔다"(366, 340쪽). "당과 사회주의의 전체 이익을 위해 기아를 참고 생명을 희생하라"는 것은 농장 노동자들에게만 해당되는 것으로, 그들 스스로는 믿지 않았고, 제약도 받지 않았다.

하지만 그들은 기아를 어떻게 이용해야 하는지는 잘 알고 있었다. 죽은 사람의 사체 앞에서 '현장회의'를 거행하여, 기아가 가지고 온 비참한 죽음을 가지고 살아 있는 사람들을 위협했다. 순종하지 않는다면 "죽음은 눈앞에 있었다!" 이 모든 것은 불가사의하고 상상하기 어려운 것이지만, 이전에 실제로 발생했던 일들이다. 기아와 죽음을 통치 유지 수단

---

13) 魯迅, 「夜頌」, 『魯迅全集』 5卷, 204쪽.[「밤의 송가」, 『풍월이야기』(루쉰전집 7권), 266쪽.]

으로 삼았다는 것은 정말 분노를 일으키게 한다.

허펑밍의 『체험―나의 1957년』과 양셴후이楊顯惠의 『자볜거우를 떠나며』告別夾邊溝에서, 가장 사람의 마음을 울리는 글은 기아와 죽음이 인간의 육체와 정신에 가한 손상과 학대에 관한 그들의 진실된 묘사였다.

허펑밍은 지금까지도 그 '작은 일'을 잊을 수 없었다. 한 관리 간부가 어느 노동개조 사람에게 점심 먹는 것을 금했다. 그러면서 그가 설사가 나서 야채 주먹밥을 먹을 수 없다고 하였다. 배고픈 그는 울기 시작했다. 허펑밍은 이것을 보고 떨리는 영혼의 전율을 느꼈고, 하마터면 눈물을 흘릴 뻔했다. 그녀는 그 개 같은 야채 주먹밥을 먹지 못하게 한다고 한 어른이 훌쩍거리는 이 상황이 너무나 잔인무도한 것이라고 생각했다(288, 289쪽). 이런 '하찮은 비극'은 그 해 거의 매일 발생하였고, 사람들은 보고도 그냥 지나쳤다.

양셴후이도 이런 진솔한 이야기를 했다. 젊은 우파 청년이 양감자 뽑는 곳으로 보내졌다. 그래서 한 끼는 배불리 먹을 수 있게 되었는데, 오히려 그리 많이 먹지 못하고, 위로 토하고 아래로 설사를 해댔다. 상부에서 원래 성 건축부서의 기술자였던 50여 세 된 우파를 보내어 그를 돌보게 했다. 이튿날 그는 혼미한 상태에서 깨어났는데, 그 나이 든 기술자가 그의 배설물 속에서 손가락 한 마디만 한 아주 작은 감자 덩어리를 집어 입속에 넣는 것을 보았다. …… 놀란 나머지 그는 두세 차례 발길질을 하며 이 끈끈하고 걸쭉한 것들을 차 버렸더니, 이 기술자가 오히려 다음과 같이 격렬하게 반응하였다.

"그의 목구멍에서 애간장이 끊어지며 찢어질 듯 포효하는 아악 하는 비명소리가 나왔다. 이 소리와 함께, 전에 없던 힘찬 동작으로 뛰어 올라 나를 향해 돌진해 왔다.

…… 그 비명 소리는 이전에 들어 본 적이 없었던 소리였다. 나의 영혼이 뒤흔들렸다. …… 난 그 성실하고 선량한 노인이 사자처럼 분노하며 나에게 달려드는 것을 생각지도 못했다. 그는 내 앞으로 돌진해 와서 격렬하게 나의 두 팔을 흔들며 말을 했다. '가오高야, 난 너를 친형제로 생각했고 네가 좋은 사람이라고 여겼는데, 오늘 네가 이렇게 나쁠 줄은 생각지도 못했다! …… 가오야, 넌 정말 너무 나쁘다.……'

난 '뉴牛 형님, 그것을 어떻게 먹을 수 있어요?'라고 물었고, 그는 큰소리로 매섭게 '왜 먹을 수 없어, 그것을 왜 먹을 수 없냐고!' 했다.

난 '형님, 먹을 수 없어요, 그것은 먹을 수 없는 거예요!'라고 했다. …… 우리는 고집을 부리며 몇 마디 언쟁을 벌였다. 나는 갑자기 마음속에서 비애가 일었다.

교양 있고 사람들로부터 존경을 받는 이 나이 든 기술자가 다른 사람의 토사물과 배설물을 먹다니, 사람이 어떻게 이렇게 자기 자신을 모욕할 수 있단 말인가. 동시에 난 억울하기도 했다. 나는 그의 존엄을 보호하기 위해서였는데, 그는 나를 나쁜 사람으로 몰았다. 나를 그의 입 속에서 먹을 것을 빼앗아 가는 사람으로 보았다니. 내 눈에서 눈물이 마구 흘러내렸다. 난 울음을 삼키며 '뉴 형님, 우리 싸우지 말아요, 형님도 대학생이었고, 지식인입니다. 형님도 알 겁니다. 마음속으로 아주 잘 알 겁니다. 그것이 먹을 수 없는 거라는 것을요.'……

내가 이렇게 말하고 나니, 그는 멍해졌고, 천천히 두 손을 풀었다. 그리고 그는 또 나를 강하게 안고는 엉엉 울기 시작했다. '가오야, 가오, 나의 가오야, 엉엉엉……' 나도 참지 못하고 크게 울기 시작했다. '형, 형님, 울지 마세요, 아아아……'"[14]

인간 존엄을 상실시키고, 인간 스스로를 짓밟게 만드는 이런 현실을 보고 목 놓아 울지 않을 수 없다. 이것이 '혁명지옥'의 목적이었다. 기아는 이런 과정을 더 가속화하는 데 도움을 주었다. 기아는 적나라한 모습으로 모든 아름다운 장식물을 깨끗하게 벗겨 내서 배후의 진상을 폭로했다. 정신적으로 모든 것을 빼앗아 갔고, 물질적(생리적)으로 궁지로 몰아갔다. 이런 이중적인 철저한 박탈은 사람들을 본능에 따라 일하게 하였다. 이것은 인간의 철저한 '동물화'였다. 모든 인간 세상에서 절대 상상할 수 없는 일이 여기에서는 일어날 수 있었다. 몇 명의 죄인들이 명령에 따라 죽은 우파를 매장하러 갔다가, 갑자기 그가 아직 살아 있다는 것을 발견했는데, 그들은 그를 도로 데리고 가지 않았고 산 채로 매장해 버렸다. 이유는 공포스럽게도 아주 간단했다. 농장 규정에 의하면, 죽은 사람을 묻으면 두 개의 만터우(속이 없는 찐빵)를 주었는데, 만약에 산 사람을 다시 데려 간다면 이 두 개의 만터우를 얻을 수 없기 때문이었다. 자기 생명을 살리기 위한 이 두 개의 만터우를 위해 그들은 본능적으로 아직 숨이 끊어지지도 않은 동료를 황야에다 남겨 놓고 온 것이다(454쪽). "사람이 사람을 먹는" 현상이 이렇게 불가피하게 일어났다. 문학 애호가여서 평소에 늘 소설을 읽고 학자적 모습을 보이던 사람이 사람의 간을 대야에 담아 온 것을 보고 사람들은 깜짝 놀랐다. 나중에 그 자신도 자신이 행했던 실성한 행위에 놀랐고, 이틀 후 두려움과 공포 속에서 죽어 갔다(391~392쪽). 이것이 바로 혁명지옥의 개조 기능이었다. 즉 인간을 인간이 되지 못하게 하고, 인간을 비인간으로 소외시키는 것이다. 이 인간 소외의 배후에는 흥건한 선혈이 가득했다!

---

14) 楊顯惠, 「飽食一頓」, 『告別夾邊溝』, 上海文藝出版社, 2003, 159~161쪽.

2) 지옥 속에도 변함없이 노랫소리는 있다

그러나, 인간은 인간이다. 지옥 속에서도 변함없이 노랫소리는 있다. 책을 내려놓았는데, 이 노랫소리가 여전히 내 귓가에서 울리고 있다.

> 초원은 한없이 넓고,
> 길은 요원하고 먼데.
> 한 마부가,
> 길에서 죽어간다.……
> 사랑은 내가 가지고 가니,
> 그녀에게 슬퍼하지 말고,
> 마음에 맞는 사람을 찾아,
> 결혼해 서로 영원히 사랑하라고 한다.[15]

이 러시아 민가는 허펑밍의 책에서 다시 출현한다. 한번은 그녀가 멀리서 수난을 겪는 남편을 생각할 때였고, 또 한번은 남편을 잃은 후 잠시 멍멍한 상태의 고통 속에서였다(415~416쪽). 나는 이 노래의 사랑에 대한 집착과 슬픈 음률이 줄곧 피 섞인 그녀의 기억과 서술 속에 흘러서, 앞서 서술한 비인간적 상황과 암흑에 필적하는 놀랄 만한 힘을 만들어 내었을 것이라고 생각한다. 이것이 바로 사람들이 말하는 "인류의 어둠" 속의 '광명'이었다.

---

15) "草原大無邊, 路途遙又遠, 有個馬車夫, 將死在路邊. …… 愛情我帶走, 請她莫傷懷, 找個知心人, 結婚永相愛."

일상생활 속의 강인한 힘

다음 세밀한 묘사에서 나는 가로막을 수 없는 인간의 따스함을 느낀다.

"한 중대의 전 대원은 60명이다. …… 내가 오기 전에는 남자들의 왕국이었다. 내가 처음으로 대원들 앞에 나타났을 때, 내 첫 느낌은 모든 이들이 친근하게 나를 보고 있었다는 것이다. 눈빛은 웃음을 가득 담고 있었고, 입가에는 웃음을 띠었으며, 어떤 사람은 아예 크게 웃고 있었다. 마치 모두가 내가 온 것을 기뻐하는 듯했다. 난 옆에 서서 빙그레 웃으며, 미소로 그들에게 인사하였다."(179~180쪽)

한번은 황무지 개간대[開荒隊]에 있는 친구의 숙소에 갔다. "그들의 숙소가 아주 깨끗한 것을 보고 놀랐다. 바닥은 말끔히 치워져 있었고, 공동침대도 가지런하게 놓여 있었다. 어떤 사람이 침상 더러워지는 것이 싫었던지, 요를 몽땅 말아 접혀 있는 이불 위에 놓고, 빈 공간은 회색 면모포와 신문을 깔아 놓았다. 눕거나 앉아서 쉬어도 옷은 더러워지지 않았다."(86쪽) 힘들게 굴을 파거나 거처를 수리할 때, "어떤 사람은 거처의 흙벽에다 반듯하게 구멍을 파서, 그릇·대야·칫솔·치약 같은 일상용품들을 가지런히 정리해 넣었다. 어떤 사람은 기발하게 흙벽에다 오목하게 원형 흙단을 조그맣게 파서, 잉크병으로 만든 작은 기름등을 넣었고, 어떤 이는 흙벽에다 긴 반달형 감실을 만들고 아래 흙 제단에다 잡다한 일상용품을 놓았다. 그들은 이런 힘든 환경 속에서도 생활을 잘 꾸미려고 하였다."(292쪽)

또, 『자벤거우를 떠나며』 속의 노동개조 농장에서 출생한 '자눙'夾農은 '모두의 아이'가 되었다. 사람들 모두 그를 안고는, 마치 엄마 곁에 남겨 두고 온 자신의 아이처럼 안고 눈물을 흘렸다. "한 줄기 빛이 얼음같이 찬 방 안에 비춰 들어, 우리들의 마음을 밝게 비추었고, 고독하고 고통스런 우리의 영혼을 따뜻하게 해주는 것만 같았다."[16]

"인간의 생명의식은 이와 같이 강대하다. 살아남기만 하면 된다. 살아남기만 하고 목표만 있다면 괜찮은 것이다. 난 이렇게 살아왔고, 내 주위의 친구들도 이렇게 살아왔다"(201~202쪽)는 허펑밍의 말처럼 사람이 살기만 한다면, 삶은 진행되는 것이다. 삶이 있으면 사랑이 있을 것이고, 미美에 대한 추구도 있고, 노랫소리도 있고, 웃음도 있다. 설령 눈물 어린 웃음일지라도 말이다. 보통 사람들의 일상생활에는 무성無聲의 강인한 생명력이 있다. 그것은 지옥의 두터운 벽도 뚫을 수 있는 빛이다. 어떤 사악한 세력도, 아무리 강대하게 보이더라도 그것을 소멸시킬 수 없다. 끝이 없는 대결 속에서 강인한 생명력은 최후의 승리자였다.

여인에 대한 관심과 사랑의 힘

여기서 가장 위대한 것은 사랑의 힘이다. 설사 최후의 절망 속이라고 하더라도 사랑은 있다. 허펑밍의 회상을 읽으며, 이 부분에서 나는 끝내 눈물을 흘리고 말았다. 또 한 명의 환자가 죽었다! "난" 묵묵히 병동에서 걸어 나왔다, 갑자기 "어떤 사람이 내게 '허 동지!'라고 부르는 소리를 들었다. 난 깜짝 놀랐다. …… 소리를 따라가 보니, 날 부른 사람은 삼십여 살 된 창백하고 깡마른 환자였다. 그는 옆 사람과 달리, 거의 새것인 남색 카키색 중산복을 입고 있었다. 다른 사람들보다 아주 깔끔해 보였다. 표준말을 썼고, 미간의 뚜렷한 선은 학문의 깊이를 느끼게 하였다. 그는 머리

---

16) 楊顯惠, 『告別夾邊溝』, 413쪽.

는 뒷벽에 맞대고 다리는 구들 밖을 향한 채 자고 있었다. 내가 그의 부르는 소리를 들은 것을 보고 그는 힘없이 '허 동지, 몸조심하세요, 건강하세요!'라고 했다. …… 난 그의 이름도 모른다. 그가 어떤 사람인지, 무슨 죄를 지었는지도 모른다. 그래도 난 그에게 '당신도 조심하세요, 우리 모두 몸조심해야지요!'라고 대답했다. …… 사람아, 사람, 사람은 모두가 자기의 동류들에게 냉혹하고 무정하지 않으며, 싸우려고 하지 않는다. 생존의 위기가 사람들을 위협하고 있는 곳에서도 사랑은 여전히 사람과 사람 사이에서 생겨난다. 설사 곤경으로 인해 절망이 극에 달한 환자라도 따뜻함을 나누려고 하는 것이 약자들의 마음이며, 생존의 위기에 처해 있는 여인을 보살피려고 한다."(358~359쪽)

여기서, 여인에 대한 관심과 사랑은 특히 감동적이다. 혁명지옥에 대한 허펑밍의 회상 중에서, '여인'은 특수한 위치에 처해 있었다. 아마도 허펑밍 자신이 여성 신분이기 때문만은 아닐 것이다. 이 책의 독자는 아마 그녀가 남자 동료들이 말한 "지금의 우리들! 하나하나가 모두 동정남, 진정한 동정남이 되었다"는 소리를 듣고 일었던 다음과 같은 느낌을 잊지 못할 것이다. "남자들은 아내를 생각하고, 자녀들을 생각한다. '동정남' 생활에 대해 원망의 소리가 일었다. 그리움의 고통이 여기 이 남자들을 괴롭히고 있음을 알 수 있다. …… 생사이별, 서로 멀리 떨어져 만나기 어려운 것, 수십만 명의 우파분자들의 감정과 영혼에 대한 이런 처벌은 가끔씩 그 어떠한 심각한 정치적 공격보다 더 그들을 힘들게 했고 마음을 아프게 했다. 심각한 정치적 공격은 …… 시간이 흐르다 보면 점점 습관적으로 받아들이게 된다. 설령 몸이 마비되어 감각이 없어지더라고 이는 차츰 습관이 되어 버린다. 그러나 부부의 정이나 자녀에 대한 사랑은, 역경에 처한 사람들에게 있어 잠시도 떼어 놓을 수 없는 것이었다. 잘 드는 칼로 어지럽게 뒤얽힌 삼 가닥을 자를 수는 있지만, 가족들과의 사랑의 정은 더욱이 오랜 시간 동안 멀리 떨어져 있었다면, 그 강인함과 강렬함은 날이 갈수록 커질 수밖에 없어서, 그 누구도 그것을 희석시키거나 멈추게 할 수 없다. 남자들의 마음에는 모두 피가 흐르고 있었다!"(192쪽) 이렇게 여인 즉 아내와 어머니 그리고 자녀에 대한 그리움과 사랑은 모든 것을 빼앗긴 후에도 결코 빼앗길 수 없는 유일한 것이 되었다. 아무 것도 남지 않은 수난자들에게 인성의 자각을 지켜 낼 수 있는 최후의 버팀목이 되었고, 그들을 비인간화의 죄악에 대항하게 하는 가장 강력한 정신적 힘이 되었다. 여인의 존재는 설령 그리움과 환상 속의 여인이더라도, 남자들을 혁명지옥에서 무너지지 않게 했다고 말할 수 있다. 그 남자동료가 생명의 위기 순간에 잘 알지도 못하는 여자에게 최후의 격려와 축복을 한 이유가 여기에 있다고 본다. 이것은 지옥 속에서의 가장 강한 생명의 소리였다.

남편들은 죽었지만 아내들은 여전히 살아가고 있다

하물며 허펑밍 같은 현실의 여성도 그들과 함께 지옥에서 시달렸다. 이전에 어떤 사람이 중국에는 "남편을 따라 시베리아로 유배 간 여성"이 없다고 탄식한 것이 기억났다. 그러나 허펑밍의 회상을 읽으며, 특히 「지옥행」 문장, 양셴후이의 「상하이 여인」을 읽으며 난 스스로에게 아! 우리에게도 있어, 우리 중국에도 이런 여성이 있었어! 라고 조용히 말했다. 이때 갑자기 내 귓가에서 마음이 찢어질 것 같은 "나도 여자요! 세상에, 세상에나!"라는 외침이 들려왔다(201쪽). 이는 그날 밤 허펑밍이 "깊고 고요한 밤하늘"을 향해 외쳤던 피울음 섞인 슬픈 비명 소리였다. 중국의 여성, 중국의 우파분자의 아내, 중국의 무고한 아이들의 어머니, 중국의 여성 우파분자가 얼마나 무거운 짐을 진 채 그토록 힘든 삶을 살았는지 세상에 누가 알고 누가 생각해 본 적이 있겠는가. 그녀들은 또 어떤 힘으로 "사방에서 포위해 들어오는" "끝이 없는" 압박을 받으며 이 모든 것을 지탱해 나갔을까!(200쪽)

이 「상하이 여인」을 보시기를. 그녀가 세상의 온갖 고생을 다하며 남편을 찾아 수천 리 길을 왔는데, 남편은 "없어졌다". 그녀는 울었다. 눈물이 솟구쳐 나왔다. 그녀는 남편의 시체를 보려고 했지만 남편 시신의 살점들은 이미 기아에 시달린 동료들이 다 먹어 버린 상태였다. 사람들은 그녀를 차마 데리고 가서 보여 주지 못했다. 그녀는 앉아서 먹지도 마시지도 못하며 하룻밤, 또 하룻밤을 샜고, 셋째 날 아침 그녀는 나뭇잎처럼 흔들리는 가녀린 몸을 움직여 한밤중까지 직접 찾아다녔다. 넷째 날 새벽 여명에 그녀는 결국 남편을 찾았다. "몸은 이미 껍질이 벗겨진 나뭇가지 같았다." 한 점의 살점도 남아 있지 않았다. "피부는 거무스레하였고, 마치도 불에 그을려 소가죽이 뼈에 붙어 있는 것 같았다." 그녀는 남편 시신에 엎드려 아무 소리도 내지 못했다. 단지 목구멍에서 나오는 이상한 지지지 거리는 소리가, 힘겹게 처량한 울음소리로 바뀌었다. 한참을 울고 일어난 그녀는 남편의 시신을 화장해서, "상하이 집으로 데리고 가겠다"고 했다. 머리에 쓴 녹색 면 스카프를 벗어 뼛조각을 하나하나 전부 싸고, 옷과 이불로 말아 등짐을 만들어 깡마른 어깨에 지고 걸어서 역으로 갔다. 얼음 같은 차가운 바람이 불고 있는 고비사막에서, 차츰 망망한 사막 속으로 사라져 가던 그녀의 모습은 선량한 사람들의 마음속에 영원히 정지되어, 우리의 양심을 두드리고 있었다.[17]

---

[17] 楊顯惠, 「上海女人」, 『告別夾邊溝』, 13~35쪽.

사막에는 지옥으로 가는 '과부의 길'이 있었다. 두 달 후 허펑밍은 자신의 '지옥행'을 시작했다. "아, 내가 왔어요. 망망한 설원 속에서, 칠흑 같은 어둠 속에서, 길고 긴 적막하고 외로운 길에서, 고난의 다른 한 곳으로부터 걸어왔어요. 날듯이 당신을 찾아왔어요. 나의 사랑하는 사람, 당신은 지금 어디 있어요? 아, 나의 사랑하는 이, 난 울부짖으며 당신을 찾는데, 당신은 나의 이 애간장이 타는 소리를 들을 수 있나요? 도대체 어디 있어요? 당신이 잃어버린 나는 아직 이렇게 있는데, 그것이 무슨 의미가 있단 말인가요? 당신은 아직도 나를 기다리나요? 나의 사랑하는 사람!" 그러나 이 과부의 슬픈 울음은 어떤 반응도 일으키지 못했다. 주변 사람들은 "조금의 동요도 없었고, 한 마디 소리도 내지 않았다. 그들 중 누구도 내게 위로의 말을 건네지 않았다. 또 그 누구도 남편의 상황에 대해 어떤 설명도 하지 않았다. 남편은 단지 죽었을 뿐이다. 배고파 죽었을 뿐이다. 난 걸상에 앉아 울었다. 그들은 한참을 침묵한 후에 자신들의 일을 하며, 이야기를 했고, 내가 우는 소리를 들었다. 통곡하는 나와 그들은 아무런 관계가 없어 보였다. 나도 그들에게 어떤 것도 묻고 싶지 않았다. 내가 그들에게 모든 일을 설명해 달라고, 정확하게 말하라고 할 수 있을까? 난 감히 그러지 못했다."(412~413쪽)

사람의 죽음을 자주 보다 보면 무감각해지고, 죽은 이유는 더 감추고 숨기게 된다. 이것은 마비에 가까운 침묵으로, 바로 1960년대 중국 정치생활의 가장 전형적인 표징이었다. 이것은 허펑밍의 "아픈 마음"(415쪽)을 얼음같이 차갑게 만들었다. 그래서 30년을 기다리고 나서야 그녀는 목 놓아 울었던 것이다. 1991년 8월 그녀가 다시 이곳에 왔을 때 "몇십 년 동안, 배고파 죽은 남편을 위해 우는 것은 당에 원한을 품은 것이라고 생각되어 허락되지 않았고, 극우분자인 남편이 죽었다고 우는 것은 심각한 계급 입장 문제라고 여겨져 나의 삶과 아이들의 삶에 영향을 줄 수 있었다. 비통해하는 것도 죄가 되다니! 난 생사이별의 고통을 내내 눌러놓고 참았다. 가족 앞에서도 참으며 침묵으로 이 모든 것을 삼켜야 하는가? 나의 통곡을 저지하지 말라, 저지하지 말란 말이다!"(467~468쪽) 하였다.

"통곡을 저지하지 말라"는 이 외침은 심금을 울린다. 천하의 가장 큰 죄악 중에, 억울하게 굶어 죽은 남편을 위해 우는 것을 막는 것보다 더한 것은 없을 것이다. 본문에서 "잔인", "공포"라는 말들이 여러 차례 사용되는데, 이것은 허펑밍과 양셴후이의 저작을 읽으며 느꼈던 가장 기본적인 감정이었고, 나를 포함해 그 시대를 살았던 사람들의 가장 기본적인 생명체험이다. 지금 내가 말하고 싶은 것은 "비통해하는 것도 죄가 된다"며 울 권리조차 박탈해 간, 가족의 참사에 대해 애통함을 표현하는 것이 자신의 삶과 아이들의 삶을 위협한 이 모든 것은 잔혹한 인성의 극치이자 사람들을 정말로 공포스럽게 한다는 것이다. 하지만 동시에 이것은 극도의 허약함의 표현으로, 반대로 그것은 또 중국 여인의 힘을 증명한 것이기도 하다. 그녀들의 통곡은 혁명지옥의 뿌리를 동요시킬 수 있다. "맹강녀의 울음이 장성을 무너뜨린다"孟薑女哭倒長城는 전설과 우화는 모든 새로운 늙은 지옥 통치자들을 영원히 불안하게 할 것이다!

요행히 살아남은 사람들의 책임

남편들은 죽었지만, 아내들은 살아가고 있다. 나는 여성의 생명력이 남성보다 강인하다고 생각한다. 그래서 중국의 여인은 또 "요행히 살아남은 사람"으로서의 책임을 지고 있다. 허펑밍의 회상에서 여러 차례 "요행히 살아남은 사람"(424, 458, 488, 524쪽)이라는 말을 사용한 것은 그녀가 "요행히 살아남은 사람"이라는 말의 무게와 책임을 너무 잘 알기 때문이다. 희생자의 생명과 실현되지 못한 생명의 꿈이 이미 그녀의 생명 속에서 확장되었다. 그러나 그녀는 요행히 살아남은 모든 사람이 희생자들과 그들의 가족들이 내는 "지옥 속 울음소리"를 들을 수 있고 기억하는 것은 아님을 더욱더 잘 알고 있다(424~425쪽). 그들은 스스로 '천당'이라고 여기는 곳에서 유유자적하게 살고 있으며, 지금 또 울어야 한다면 그들의 기분 좋은 감정을 깨뜨리는 것이니, 그것은 또 새로운 죄를 짓는 것이라고 생각하였다. 이렇게 잘 잊는 자들이 있고, 잊기를 강제하는 사람들이 있기에, 허펑밍 같은 망각하려 하지 않고 또 망각할 수 없는, 또 요행히 살아남은 사람들은 더욱더 생명의 중압감을 느낀다. 남편은 떠났고 "나를 지탱해 줄 수 없어서" 그녀의 생활은 더 험난했고, 여러 차례 "너무 힘들고 너무 피곤하다"(463쪽)는 신음소리를 냈다. 또 심지어 여러 해 동안의 발버둥으로 자신의 성격이 "바뀌고" 이미 "마음은 돌같이 굳어져 버려", 감정의 동요도 없고 눈물도 흘리지 않게 되었지만(465쪽), 그녀는 남편을 그녀의 삶과 생명 속에서 지워 버리지 않았다. 그녀의 남편 왕징차오는 세 가지 물건을 남겨 놓았다. "두 벌의 잘 개켜진 짙은 회색 카키 목면 중산복, 두 벌의 예쁜 줄무늬 셔츠"로, 그는 죽을 때까지 언젠가는 "반듯하게 잘 차려입고, 인간의 모습으로 다시 사람들 앞에 나타날 수 있을 것"이라 기대했었다(449쪽). 그 특유의 필체로 쓴 두 권의 일기, 이것은 그의 생명의 몸부림을 사실대로 기록한 것으로, 거기에는 그가 친구들과 아내에게 남긴 최후의 당부가 있었다. 그는 "난 나갈 수 없을 거요", "당신은 생활력이 강하니, 반드시 나갈 거요. 나간 후에 책을 한 권 써서 이 모든 것을 전해야 합니다", "우리의 고난"뿐 아니라 우리의 "우정과 사랑"도 써야 한다고 했다(514쪽). 이것은 절대로 거부할 수 없는 생명의 역사적 명령이었다. "삶과 죽음이라는 두 망망대해" 속에서 허펑밍은 단 한 번도 남편과 죽어 간 모든 사람들의 "저승에서의 부름"을 잊지 않았다. 10년간을, 3,600여 일 밤낮으로 그녀는 가위눌림 같은 기억에 쫓기어, "눈물을 주석 삼아, 붓끝에서 흐르는 선혈로" 쉬지 않고 써 내려갔다.

그녀는 "이 모든 사실적 묘사를 독자에게 바친다. 나의 이 특수한 경험으로 독자들이 이 무거운 역사를 비교적 심각하고 진지하게 느끼기를 바란다. 나의 가장 큰 소망은 후대 사람들에게 다시는 이런 역사가 재현되지 않도록 경고하는 것이다"(518쪽)라고 하였다.

지금 내 앞에, 피로 쓴 이 책이 놓여 있다. 이 위대한 중국 여성의 검은 눈은 우리들을 응시하고 있고, 그녀 뒤에는 민족의 재난 속에서 무수히 쓰러져 간 수난자와 또 이를 견디어 요행히 살아남은 사람들이 서 있다. 우리에게 양심과 용기가 있다면, 다시는 이런 사실을 회피하지 말아야 한다. 우리에게 신념과 추구가 있다면 절대 잊어서는 안 된다. 우리는 반드시 죽은 자와 산 자들과 함께 이 무거운 역사를 직면하고 사유해서, 우리들 자신의 결론을 내려야 한다.

2. 한 사람의 운명과 그 배후의 사회체제
―장셴츠의 『그라쿠스 일화』 읽기

우리가 직면해야 하는 것은 단지 한 사람이 아니라, 하나의 시대, 그리고 한 시대의 체제운동이다. 우리 같은 연령대의 사람들은 그 시대가 자신의 생명과 밀접하게 연관되기 때문에, 이 책[『그라쿠스 일화』]의 저술 배후에 현시된 혹은 은폐된 각종 의미들을 쉽게 읽어 내게 된다. 하지만 지금의 젊은이들은 본인이 아주 민감하지 않다면, 오직 '과거식'의 존재로만 보게 될 것이다. 그것은 낯설 뿐 아니라 황당할 것이고 이해가 되지 않을 것이다. 그래서 그 어떤 해독이 필요한 것이며, 심지어는 언어의 사회학적 분석이 필요하다. 작가도 거듭 자신에게는 "문자를 곱씹는 나쁜 습관"이 있고, 언어 이면을 탐구하고 해석하는 것을 좋아한다고 하였다.

지금, 우리는 작가의 운명을 해독하고, 관련 가능성이 있는 그 어떤 시대의 언어들에 대해 모종의 고증을 하고자 한다.

원죄와 별책(別冊)

작가의 인생 이야기는 혁명에 처음 참가했던 공화국 초기의 모든 젊은이들처럼 단순하고 환상이 가득한 것에서 시작된다. 여기에는 세밀한 묘사들이 들어 있다. 원래 "어느 정도 교양이 있는 무리들 속에서, 이[虱子]는 부끄러움이라고 여길 것이다". 그러나 혁명대오 속에서 이는 "영광의 벌레"가 되었다. 당시 사람들(작가 본인을 포함해)의 인식 속에서 이의 지위가 "치환"된 것은 "사회의 진보를 증명하고 있었다". 이런 몽환적인 감각이 나중에 작가를 감옥 속의 죄인으로 만들었고, 이와는 끊을 수 없는 인연을 맺게 하였다. 환상은 자연히 깨어졌고, 다시는 그 속에서 "시적인 정취"를 찾아볼 수 없었다.[1]

작가를 구름 제단 위에서 바닥으로 끌어내린 것은 1955년의 한 문건이었다. 그것은 현縣위원회 서기가 전체 간부에게 정식으로 전달한 중국공산당 중앙 반혁명분자 숙청운동 10인 그룹 문건이었다.[2] 해외거주자와 관계가 있거나, 혹은 직계가족에 피살자가 있으면 일률적으로 요직 일을 할 수 없다는 규정이 있었다. 반혁명분자 숙청운동 자체는 '적의 상황'에 대한 집권자의 중대한 계획을 반영하였다. 마오쩌둥은 "많은 반혁명분자가 우리의 '폐 속' 깊숙이 침투해 들어왔고", "우리 기관·부대·기업·단체 속에 기밀을 훔치는 사람이 있는데, 이런 사람들이 바로 기관·부대·기업·단체 내로 잠입한 반혁명분자들"[3]이라고 했고, 심지어는 당시 이렇게 잠복한 '반혁명'분자 수가 "5% 정도로 파악되어야 한다"고 했

---

1) 張先癡,「我和幾群虱子的分分合合」,『格拉古軼事』, 溪流出版社, 2007.
2) 마오쩌둥의「中央轉發五人小組辦公室關於中央一級機關肅淸暗藏的反革命分子的鬪爭情況簡報批語」주석에 의하면, 1955년 5월 중공 중앙은 후펑 반혁명 안을 처리할 5인 소조를 결성하였고, 같은 해 7월 10인 소조로 확대하였으며, 이후에는 사실 전국 반혁명분자 숙청운동의 지도그룹이 되었다.『建國以來的毛澤東文稿』5卷, 中央文獻出版社, 1991, 196쪽.
3) 毛澤東,「爲〈人民日報〉發表〈關於胡風反革命集團的第三批材料〉寫的按語」,『建國以來的毛澤東文稿』5卷, 中央文獻出版社, 1991, 154, 158쪽.

다. 하지만 실제로는 이 숫자를 훨씬 초과했다. 마오쩌둥이 직접 전형으로 소개한 뤄양洛陽트랙터공장은 48명의 과학기술인원 중 반혁명 숙청 대상이 13명에 달해 1/4이 넘었다.[4] 이것이 직접적으로 반혁명분자 숙청운동의 확대를 가져왔고, 나중에 쌍백운동 기간 사람들이 이의를 가장 많이 제기했던 문제가 되었다. 이로 인해 많은 사람들이 우파분자가 되었다. 마오쩌둥은 당시 내부 지시에서 "반혁명 역사문제와 현실문제가 있는 사람"에 대해 체포하지 않더라도 단위 내부에서 "지도 통제와 대중 감독 아래"[5]에 두라고 했다. 여기서 '통제'와 '감독'은 "해외거주자와 관계가 있는 사람"과 "직계가족 중에 피살자가 있는" 사람으로 확대되었고, 그들을 '준準전제정치' 위치에 두었다. 사회관계와 혈연관계로 인해 모종의 '원죄'가 있다는 것이 바로 그 배후 이념이었다. 소위 '요직'의 권리를 박탈한다는 것은 명백히 제도적인 차별대우였다. 이것은 시작이었다. '혈통론'은 점점 더 격렬해졌고, 차츰 고용제도 안에서 '계급노선'이 형성되었다. 혈연관계와 사회관계에서 만들어진 새로운 등급제도가 만들어지기 시작한 것이다.

이것은 신중국 사회구조에서 많은 사람들의 지위와 그들의 운명을 바꾸어 놓았다. 이 책의 저자는 이로 인해 군대 요직에서 지방으로 강제 '전업' 되었다. 몇 년 후에야, 그는 여기서의 '전업'이 단지 '숙청'의 미사

---

4) 毛澤東,「中央轉發河北省關於肅反鬪爭的兩個文件的批語」주석2,『建國以來的毛澤東文稿』5卷, 207쪽 참고.「中央轉發洛陽拖拉機廠肅反鬪爭情況報告的批語」,『建國以來的毛澤東文稿』5卷, 282쪽 참고. 특히 주의할 것은 마오쩌둥이 친히 지시를 내리고 공문을 부서에 전달한「建工部關於在設計部門發動設計人員開展肅反鬪爭」의 보고서이다. 보고서는 특별히 "기술간부들은 대부분 해외에서 돌아온 사람들이다. 해외와의 연결범위가 넓고, 그 인생에 대해 잘 알 수가 없다"고 하였다.『建國以來的毛澤東文稿』5卷, 274쪽.
5) 毛澤東,「中央轉發洛陽拖拉機廠肅反鬪爭情況的報告批語」,『建國以來的毛澤東文稿』5卷, 282쪽.

여구였고 전형적인 언어유희였다는 것을 알았다. 그것의 심층적 의미는 바로 "별책別冊으로 들어가는" 것이었다. '별책'은 마오쩌둥이 20년대 후난湖南농민운동에서 만들어 낸 '혁명어휘'였다. 그 함의는 사회구조의 밖으로 쫓아 버린다는 것이고, 심지어는 '문 밖'으로 쫓아내서 "돌아갈 집이 없는" 상황에 빠지게 하는 것으로,[6] 바로 "몇 년 후 우파분자로 만드는 토대가" 되었다.[7] 작가는 당시 젊었기 때문에 이후에 발생할 것들을 예측하지 못했고, 또 상대적으로 평온하게 이 역전된 운명을 받아들였다. 그러나 같은 운명이었던 친구는 그보다 사회경험이 많았기에 더 절망에 빠졌고 나중에는 자살을 하였다. 그 친구는 "과감한 방식으로 그의 미래의 평범한 일상 중 겪어야 할, 사는 게 죽음만 못하다는 느낌에 끝을 내었다."(이것은 작가가 이 책을 쓸 때 당시의 고통을 회상하며 했던 생각이다) 하지만 오히려 이로 인해 '별책' 배후의 피비린내를 드러내 보였다.[8]

어쩌면 은폐를 위해, "출신성분은 마음대로 되지 않지만, 길은 선택할 수 있다"는 "간곡한 가르침"이 있었는지도 모른다. 하지만 이것은 또 한 번의 환상의 제조에 불과하였다. 사실 이 책의 저자는 이미 그의 '반혁명' 부친과 "계급노선을 명확하게 그었고", 부친이 묶여서 사형장으로 가는 것을 보고도 아무런 동요 없이 자기의 길을 '선택'했다. 또 주동적으로 조직에 보고해서 "충심이 변하지 않았음"을 표현했었다. 이런 "계급노선을 명확하게 긋"는 것은 사실 강제로 혈육 간의 정을 배신하게 하는 것으로, 인간으로서의 마지막 선을 넘는 가장 비인간적인 것이었다. 하지만

---

6) 毛澤東,「湖南農民運動考察報告」,『毛澤東選集』.
7) 張先癡,「恩恩愛愛與凄凄慘慘」,『格拉古軼事』.
8) 張先癡,「三個自殺者的悲悲戚戚」,『格拉古軼事』.

이렇게 한다고 신임을 얻을 수 있는 것은 아니었다. 왜냐하면 혁명논리로 진압당한 반혁명 가정에서 태어났다는 것은 필연적으로 "뼈에 사무치는 계급 증오"를 가지고 있는 것이기 때문에, 그 자체를 의심했고, 심지어는 죄가 되는 것이었다. 이것이 바로 우리가 앞에서 말한 '원죄'였다.

이 책의 저자는 지식인이었는데, 이는 또 한층 더 '원죄'가 있다는 것을 의미하였다. "책은 읽으면 읽을수록 멍청해진다", "책을 많이 읽으면 읽을수록 반동이다"가 그 시대의 혁명논리였다. 그래서 이 책 저자는 감옥에서도 가장 신임을 얻지 못하는, 가장 위험한 인물로 간주되었다. 「직속상사들의 시시비비」頂頭上司們的是是非非에서 묘사했던, 그 문맹 분대장은 그의 노동개조 중대에서의 문제를 주장하면서, 도망가거나 몰래 생고구마를 훔쳐 먹는 것까지의 '반개조' 행위가 모두 이 "교양 있는" 장모씨에게서 비롯되었다고 하였다. 그래서 '검은 마수', '계책을 짜는 사람', '독수리'라는 악명이 장셴츠와 그 시대 지식인들의 대명사가 되었다. 이 죄수들 중 '문화인들'은 더 많이 '계급 증오'를 받았고, 그 '정부'政府(이것은 노동개조 죄인들의 관리자에 대한 호칭이다)는 "글자를 아는 사람을 유린하는 것을 즐거움으로 삼았으며" "엄청난 비방어"를 그의 몸 위로 뿜어 대었다. 이는 당연히 개인의 성품 문제가 아니었다. 그가 집행한 것은 체제의 명령이었다.

조직

이 책의 저자가 말한 것처럼, '조직'은 50년대에 "사용빈도가 가장 높은 어휘"였다(사실은 이후까지도 이어졌다). 모든 것은 조직에 속하고, 조직에게 맡기고, 조직의 배치에 따라야 한다는 것이 그 배후 이념이었다. 여기서 말하는 '모든 것'은 결코 과장된 어휘가 아니었다. 사실이 그랬으며,

실질적인 내용과 제도적인 보증이 있었다. 즉 가장 개인성을 띠고 있는 사랑과 결혼에서도 조직의 배치를 따라야 했다.

이것으로 장셴츠의 운명에 두번째 역전이 일어났다. 그가 마음에 두었던 후쥔胡君과 "관계를 확정했"(이것 역시 당시의 시대적 어휘이다)지만, 법률적인 결혼 수속을 밟지 못했다. 그가 소재한 단위 조직 책임자에게 결혼 신청 '보고'서를 내야 했는데, 운명이 그를 희롱하였다. 책임자가 정치심사를 하면서, 인사과 사람을 후쥔의 조직에 보내 장모씨의 가정과 그 본인에게 역사 문제가 있다고 설명하였고, 후쥔에게 "신중히 고려"할 것을 요구했다. 그러나 후쥔은 동요하지 않았고, 결과를 문제 삼지 않겠다는 의견을 고수하자, 조직은 결국 어쩔 수 없이 허가하였고, 일부러 혼례 규모를 축소하였다. 그 시대에는 혼례에서조차 어떤 직급의 책임자가 나와 말을 하느냐에 따라 등급의 규정이 있었다. 그들의 이 결혼에는 부과장 이상의 지도자들은 한 명도 오지 않았다. 이것은 "이 결혼 의식의 분위기는 혼례와 장례 사이 정도로 한다"는 조직의 태도와 경고를 반영한 것이었고, 이는 이후의 모든 것을 예시하고 있었다.

이 책은 또 조직의 결혼 배치에 순종해서 발생했던 비극을 기록하고 있다. 작가가 있었던 모 군정軍政대학에서 어느 소대장과 그의 대학 동기가 연애를 하면서 혼인을 준비하였는데, 생각지도 않게 사령부의 나이 든 간부가 그의 약혼녀를 마음에 두어, 조직 심사를 통해 허가를 받았고, 조직은 나서서 이 여대생에게 순종할 것을 요구했다. 그녀가 자신은 이미 마음에 둔 사람이 있다고 했을 때, 조직은 "그 상황은 이미 알고 있으니까 걱정하지 말라. 우리가 그에게 일을 줄 수 있다"고 하였고, 게다가 이것을 "혁명을 위해 개인 이익을 희생하는" 하나의 '시험'이라고 하였다. 이렇게 개인 혼인에 대한 강제적인 관여 속에는 '혁명'의 신성한 명의

가 있었고, 항거할 수 없는 조직의 배치라는 것이 있었다. 이런 제도 아래에서 사람들은 두 가지 선택을 해야 했다. 하나는 그 여대생처럼 순종해서 그럭저럭 살아가는 것이고, 하나는 거절하고 죽는 것으로 "혁명을 배반했다"는 죄명을 지는 것이었다. 그 소대장은 자살하였다. 이것은 작가가 혁명에 참가한 후 보았던 첫 유혈사태였다.[9]

가장 중요한 것은 정치적인 조직 안배로, 이것은 반드시 절대적으로 또 무조건적으로 순종해야 하는 것이었다. 보기에는 아주 간단한 것 같다. 즉 조직이 시키는 대로 하면 되는 아주 간단한 것으로, 대다수 '노예'들의 선택이 되었다. 그러나 꼭 안전한 것은 아니었다. 조직에서 만약에 어떤 필요에 의해 의도적으로 "공개적인 음모"陽謀(작가가 말한 것처럼 이것도 창조적인 시대적 어휘이다)를 꾸민다면, 시키는 대로 하는 사람도 대가를 치러야 했다. 노동개조 농장에서 작가의 가장 친한 친구 주朱형은 가난한 농민 자제였는데, 조직은 그에게 모든 현 간부 확대회의에서 "쌍백방침에 따른 모범 발언"을 하라고 하면서, 일부러 "조직이 다 아니까 내용은 날카롭게 해도 된다"고 하였다. 천진무구하고 충성스런 주형은 조직의 안배에 순종해서 "날카로운" 발언을 하였다. 결과적으로 "생김새는 흉악하고, 영혼은 사악하며, 야심이 크고, 옛날 처지를 잊고 변질한" '반면교사'(부정적인 것을 강조해 교양교육에 이용되는 인물)가 되었다. 조직은 이런 '반면교사'가 필요했고, 그 개인과 가정이 이것으로 어떤 고난을 받을 것인지는 고려하지 않았다. 이것이 바로 "혁명을 위해" "개인의 이익은 희생한다"는 것이었다. 1957년 많은 우파들은 어느 정도는 모두 조직의 안배였다고 할 수 있다. 이 책의 저자는 당의 호소로 좌담회에서

---

9) 張先癡, 「三個自殺者的悲悲戚戚」, 『格拉古軼事』.

그렇게 격렬하지 않은 발언을 하였었다. 그러나 기자가 당시 조직의 필요에 따라 발언 내용을 "의식적으로 치켜세웠다"(쌍백운동 시기 조직의 의도를 반영하는 '높이'[高度]까지 "치켜세웠다"). 마지막에는 조직이 안배한 '봉쇄 학습'에서의 호소(이때의 호소는 이미 쌍백 시기의 호소가 아니라 우파에 대한 반격이었다)에 함께 호응했던 열성분자들이 고발되어 나왔다. 장셴츠가 우파로 '타락'하는 전체 과정 중에 어느 부분은 사실 조직의 역할이었다고 볼 수 있다. 즉 수백만의 우파는 이렇게 '그물망'으로 잡혀 들어간 것이다.

영도자

'조직'이 어떻게 장셴츠와 중국 사람들의 운명에 영향을 주었는가, 이것은 큰 주제로, 다층적이고 다각적인 연구가 요구된다. 이상의 토론 외에, 여기에서는 각도를 바꾸어 보고자 한다. 즉 '조직'은 실체로 구현되어야 한다는 것이다. 우선 '영도자'이다. 그는 조직의 대표이고 화신으로, 그에게 조직의 의지와 권력이 집중된다. 이는 구체적이고 실질적일 뿐 아니라 동시에 또 상징적이기도 하다. 그의 지도의 구체적인 영향은 주요하게는 상층에서 체현된다. 하층의 보통 민중에게 그는 볼 수 있고 들을 수는 있지만 접촉하기 어려운 사람이다. 그래서 더 상징적인 의미를 지니고 있으며, 조직의 '신체'[神體]라고 할 수 있다. 구이저우貴州의 유랑시인 황샹黃翔의 어떤 시는, 현실생활 속에서 지도자가 끊임없이 보내오는 '지시'가 자신에게 미치는 영향을 쓰고 있다. 그것은 마치 "하늘에서 내려오는 명령"과도 같았고, "그 무형의 사람 얼굴이 집요하게 보내오는 보이지 않는 방울소리"였으며, "그것은 알 수 없는 먼 곳에서 아무 때나 나를 소환해 심문하는 것 같았다. 난 늘 그것의 견제에 항거하려고 했지만, 그것이 만드는 슬픈 기계적인 조건반사를 온 힘으로 피하려고 했지만, 난 주인 앞에서 설설 기는 길들여진 짐승처럼, 그것이 보내는 신호를 끊임없이 받아들이고 있었다. 놀랍게도 날이 갈수록 난 천천히 우주 방울소리의 어루만짐에 길들여져 갔다. 그것은 내게 하루라도 없어서는 안 되는 즐거움이 되었고, 괴이하고 기형적인 취미로 변해 버렸다. 날마다 난 아름다운 음악을 지키는 것처럼 이 빌어먹을 종소리를 지키고 있었다. 잠시라도 그것의 소리를 듣지 못하면 내 온몸은 맥이 풀려, 말로 형언할 수 없는 공허로 빠져들었다."[10] 이것은 거의 항거할 수 없는 정신적 통제였고, 일반 대중들에게 어떤 신비감을 느끼게 하였다. 체제의 통치 이익도 온 힘을 다해서 이런 '지도자'의 신령하고 신성한 잣대를 만들고 보호해야 했고, 조금의 모독이라도 있다면 바로 엄중하게 처벌을 가했다.

이 책 저자의 몇몇 친구는 원래 출신성분과 소양에 있어서 앞에서 말한 '원죄'를 가지고 있지는 않았지만, '그물'에 걸려 혁명 감옥으로 들어갔다. 그들의 이야기는 사람들의 상상을 초월한다. 예를 들면, 구사회의 백정, 즉 신사회의 도축업자가 벽에 걸려 있는 맑스·레닌·스탈린 지도자 초상화를 보고, 호기심에서 "그 긴 수염의 서양 사람은 누구지?"라고 물었고, 그 사람의 이름이 맑스라는 것을 알고 난 후 농담으로 초상화를 향해 큰소리로 "내려 와라, 이 몸이 네 두 발을 걸어찰 테니"라고 소리쳤는데, 뜻밖에도 불의의 재난이 닥쳐와, 3일 밤낮으로 비판투쟁을 당한 후 쇠사슬에 묶여서 감옥으로 들어갔다고 한다. 또 초등학교 교사가 잠시 흥분해서 운동장에서 공기총을 높이 들고 반격하는 동작을 하였다가, 뜻하지 않게 정면에 '위대한 지도자' 초상이 걸려 있는 바람에, '반혁명

---

10) 黃翔, 「臉上的鈴聲」, 『黃翔: 狂飲不醉的獸形』, 天下華人出版社, 1998.

현행범'이라는 죄명으로 감옥 안 '29호'가 되었고, 마지막에는 10년 형을 받았다는 것이다.[11] 이것은 그 시대에 수시로 발생했던 앙티테아트르anti-theater이자 비극이었다. 그것이 전 사회에 조성한 정신적 긴장과 공포는 정신 통제의 '신력'神力을 유지하는 데 꼭 필요한 것이었다.

'개인숭배'라기보다 '조직숭배'라고 하는 것이 낫겠다. 근본적으로 체제 통치의 합법성과 신성성을 강화하기 위한 것이었지만, 문화대혁명 시기 성행한 "아침에 지시를 청하고 저녁에 보고한다", '어록 외우기' 등의 의식은 이런 신성 통치를 '준종교'의 극단으로까지 몰아갔다. 그러나 이것은 보통 사람들, 특히 이미 '지옥'에 빠진 죄수들에게는 예전에 없던 정신 박해와 고난을 의미하였다. 이 책의 「직속상사들의 시시비비」에서 서술한, 분대장의 죄인에 대한 정신 유린은 분노를 일으키게 한다. "마오 주석 어록을 외우는 날에, 그는 매일 자신과 지식 수준이 비슷한 반半문맹자를 지정해 대중들 앞에서 외우게 했다. 만약에 한 글자 한 문구라도 틀리면, 왜곡하여 수정하고 고의로 왜곡하는 정치적 과오라고 여기게 될 것이다. 이런 억압과 스트레스로 암송자는 어찌할 줄 몰랐고, 목소리는 떨렸으며, 머리에서는 식은땀을 흘렸다. 이때 분대장은 손전등을 눌러, 그 빛을 암송자 얼굴에 쏘았고, 이 강렬한 빛으로 인해 눈이 부시자, 눈을 감아 버린 그 공포로 일그러진 암송자의 얼굴을 감상하였다. 이 분대장의 얼굴에서는 아주 만족스런 교활한 미소가 피어올랐다."

비극은 또 결국은 일어난다. 농민 출신으로 농사에 정통한, 또 자기 스스로 '문맹'임을 자인했던 죄인이 어록을 잘못 외웠다는 이유로 죽도록 두드려 맞았고, 과도한 긴장으로 자다가 침대에서 굴러떨어져 다리가

---

11) 張先癡, 「我在看守所裏的日日夜夜」, 『格拉古軼事』 참고.

부러지고는, 놀라서 미치광이가 되었다고 한다. 그는 끊임없이 "그의 그 듣기 싫은 목청으로 '결의를 굳히며, 희생을 두려워하지 않는다⋯⋯'는 어록가를 불러 댔고," 그리고 결국 마지막에는 비참하게 죽어 갔다.[12] 지도자의 신성한 빛과 무고한 사람의 피는 서로 표리 관계가 되었다.

지도자

만약에 '영도자'가 조직의 '신체'神體라고 한다면, 각급 조직의 '지도자'는 조직의 '육신'이었다. 이것은 반우파운동 속에서 반복적으로 강조되었던 것으로, 조직은 허상이 아니며, 반드시 모든 단위의 특정한 지도자, 특히 최고 책임자까지 구체화되어야 한다는 것이었다. 때문에 조직의 안배에 복종하는 것 역시 각 단위 지도자의 안배에 복종하는 것으로 현실화되어야 했다. 여기에는 각 등급상의 지도자는 모두 상급 지도자의 지시와 안배에 복종해야 한다는 복종의 문제가 들어 있다. 즉 소위 "하급은 상급에 복종한다, 지방은 중앙에 복종한다"는 것이다. 이것은 또 등급 권한 위탁제와 일치하였다. 각급 지도자의 권력은 상급 조직 지도자의 임명에서 왔으니, 당연히 복종의 의무가 있었다. 이렇게 개인과 조직의 관계가 마지막에는 개인과 구체적인 지도자의 관계로 현실화되었고, 일정 정도 종속관계를 형성하였다.

책에서 묘사한 주朱 형과 장張 부장의 관계에도 이런 음영이 드리워져 있다. 이 '장 동지'는 그가 산촌의 가난한 아이에게 혁명 계몽교육을 하여, 나중에 그를 자신의 통신원으로 삼은 것이 농민 신분을 바꾸었고, 혁명에 참여한 거라고 했다. 그래서 주 형은 장 부장을 은인이라고 생각

---

12) 張先癡, 「關於三個瘋子的生生死死」, 『格拉古軼事』 참고.

했고, 그의 운명도 장 부장의 태도에 따라 바뀐다고 여겼다. 장 부장이 그를 마음에 들어 해서, 현위원회 선전부에서 간사로 일하게 했고, 장 부장의 주최로 현 부련婦聯의 미인과 결혼하였다. 나중에 장 부장은 그가 선두에 서서 쌍백운동 하기를 원했고, 앞에서 말한 것처럼 그는 명령에 따라 발언을 하였다. 그러나 예상치도 못한 상황의 변화로, 장 부장은 그에게 '반면교사'가 될 것을 요구했고 그를 버려 버렸다. 이렇게 해서, 그는 다시는 복종하지 않았고 반성문에 장 부장의 태도 문제를 고발하였다. 장 부장은 조금의 거리낌도 없이 그를 감옥에 집어넣었다. 장 부장은 조직의 대표이자 화신으로 삶과 죽음의 대권을 장악하고 있었고, 말을 듣지 않는 쓸모없는 '도구'를 처리하였다. 정말 너무나 쉬운 일이었다!

주 형은 나중에 감옥에서 이 책 저자에게 급소를 찌르는 말 한 마디를 한다. 장 부장이 "공적인 일로 사적 원한을 풀었다"는 것이다. 사실, 각 조직이 일으킨 '혁명운동'은 신성한 이유가 얼마나 있건 간에 기층으로 구체화되면서 권력을 잡은 수많은 장 부장들이 공적인 일로 사적 원한을 푸는 기회를 주었다. 혁명 구호 아래서의 개인적 원한 분쟁은 중국식 운동의 본질적인 특색이 되었다. 앞에서 말한 그 초등학교 교사의 우연한 '사격' 동작이 '반혁명 현행범'의 확증이 될 수 있었던 까닭은 그의 학교장이 이미 그의 연인을 마음에 들어 했고, 기회를 타서 연인을 뺏으려고 했기 때문이다. 이것들을 모두 개인적인 악행으로 간주해서는 안 된다. 근본적으로 보면, 이렇게 인위적으로 만든 '운동'이 인간의 사욕을 통해 인간의 본성 속에 있는 악의 인자를 발현시켜 인간과 인간 사이의 잔인한 살인을 선동한다. 특히 사회구조 속에서 약자 혹은 복종하지 않는 사람에 대한 권력자의 박해로 통치의 합법적 질서를 유지한 것이다.

신분 : 우파, 노동개조분자

어떤 의미에서 이 책 저자를 포함해 우파는 이런 '대의'와 '사욕'이 서로 결합해 만들어졌다. 이것은 동서고금 역사에서 전례가 없는 '장거'壯擧로, 수백만의 사람들이 호소에 호응해 발언을 하였고 그러면서 죄를 짓게 되었다. 그래서 이런 '공개적인 음모'로 만들어져 나온 '반혁명'에 대해 어떻게 그 신분을 확정할지, 그들에 대한 징벌의 합법성을 어떻게 찾을지 운동 발동자는 고심하였다. 우파라는 명명은 시작하자마자 확정된 것이 아니었다. 우리의 자료 속에서 보면, 처음에는 '우파분자'[13]라고 했는데, 분명 사상적 성향의 시각에서 명명한 것이었다. 사람들에게 '우파'라는 '죄명'을 씌울 것을 정식으로 제기한 것은 1957년 5월 15일에 마오쩌둥이 쓴 당내 회람문건인 「상황에 변화가 일고 있다」事情正在起變化에서였다. 그 문장에서 '우익 지식인'이라는 표현을 하였다. 그래서 나중에(5월 16일) 쓴 「작금의 해외 인사에 관한 중앙의 비판 지시」中央關於當前海外人士的批評指示에서 '우익분자'라는 명명이 있었고, 또 「중국공산당 중앙이 목전에 있는 운동의 지도를 강화하는 지시에 관해」中共中央關於加強對當前運動的領導的指示(1957년 5월 20일)에서도 계속 사용되었다.[14]

사회에서 '우파'를 공개적으로 명명한 것은 허샹닝何香凝이라는 국민당 좌파원로가 1957년 6월 1일 중국공산당 중앙이 주최한 민주당파 좌담회의 서면 발언에서 비롯되었다. 쑨중산의 국민당 좌파와 우파 분류에서부터, 사회주의 시대에 있는 좌·중·우까지 보면, "대체로 충직하

---

13) 毛澤東,「中共中央關於報道黨外人士對黨政各方面的工作的批評的指示」(1957년 5월 14일); 薄一波,『若幹重大決策和事件的回顧』(下), 613쪽 재인용.
14) 薄一波,『若幹重大決策和事件的回顧』(下), 613~614, 615쪽 재인용.

게 공산당 지도 아래, 성실히 지도당을 돕는 것이 좌파라고 생각하였고", "사회주의에 대해 표리부동하며, 마음속으로는 사실 자본주의를 바라고, 머리로는 구미식 정치를 동경하는 이런 사람을 우리는 우파라고 생각한다".[15] 여기서 말하는 것은 정치적 성향이다. 그러므로 처음부터 '우파'에 대한 분류(무엇이 우파인지)는 사상·정치 성향·태도의 모호성과 주관적 임의성에서 착안된 것이다. 마오쩌둥은 「상황에 변화가 일고 있다」는 강령성 문건에서 "정치에서의 진위 선악"을 변별하는 두 가지 큰 기준을 제기한다. "주요하게는 사람들이 진짜 사회주의를 바라고 있는지, 진짜 공산당의 지도를 받아들이는지를 봐야 한다"고 했다. 나중의 중공 중앙 8차 3중전회에서 통과한 「우파분자를 구분하는 기준」劃分右派份子的標准에서 가장 중요한 것은 바로 이 두 가지 구분인 '진위 선악'의 기준이었지 법률적 기준은 아니었다. 같은 문장에서 마오쩌둥은 또 "우파의 비판 중에도 맞는 것이 있다"고 했는데, 그렇다면 의견이 정확한지의 여부가 기준은 아닌 듯하다. 또 "무슨 인민민주 전제정치를 옹호하고, 인민정부를 지지하고, 사회주의를 지지하며, 공산당 지도를 지지한다는 것은 우파에게는 모두 가짜이다. 믿어서는 안 된다는 것을 꼭 기억하라"고 하였다.

    그러면, 무슨 말을 하든 믿으면 안 되는데, 분류 근거가 도대체 무엇이란 말인가? 마오쩌둥은 첫째 "우파의 특징은 그들의 정치태도가 우라는 것이고", 둘째는 "우파의 비판은 늘 악의적이며", "선의와 악의는 추측하는 것이 아니라 보여지는 것"[16]이라고 하였다. 정치태도가 우인지

---

15) 朱正, 『1957年的夏季: 從百家爭鳴到兩家爭鳴』, 112~113쪽 재인용.
16) 毛澤東, 「事情正在起變化」, 『毛澤東選集』 5卷, 428, 426, 427쪽.

아닌지, 선의인지 악의인지는 완전히 각급 지도자(그들 중에는 많은 장 부장들이 있다)가 어떻게 '보는가'에 달려 있는 것이다. 어떻게 보는가는 또 그들의 이익과 직접적으로 연관되었다. 이 점은 나중에 발표한, 앞서 서술한 「우파분자를 구분하는 기준」에서 '준법률'적인(이 기준은 중공 중앙 전회의 문건이 정식 규정한 것으로 법적 효력을 지닌다) 확인을 받았다. 이 기준은 사실 두 부분으로 나뉘는데, 하나는 앞서 서술한 '진위 선악'을 구분하는 기준에 근거해 씌어진 '큰 죄명', 예를 들면 "사회주의 제도를 반대한다", "프롤레타리아계급 전제정치를 반대하고 민주집중제를 반대한다", "중국공산당의 국가정치생활 속의 지위를 반대한다", "인민의 단결을 분열한다" 등이었다. 다른 하나는 활용성과 실체성을 가진 구체적 기준이다. 당과 정부의 정책과 제도(일괄 구매와 수매정책, 인사제도와 간부정책 등)를 반대(사실은 비판)하고, 성과를 부인하며, 각종 운동을 공격하는 것(실제는 비판 의견을 제기하는 것), 그 외에 중요한 것은 "사회주의와 공산당 지도를 반대할 목적으로 악의적으로 공산당과 인민정부 지도기관과 지도 구성원을 공격하고, 공농간부들과 혁명 열성분자를 중상하고", "계략을 꾸며 어떤 부문이나 모 기층단위 공산당 지도를 전복하는 것"이었다.[17]

여기서 아주 명백하게 각급 지도기관과 지도 구성원을 반대(비판)하고 공농간부와 혁명 열성분자를 반대(비판)하는 자는 모두 우파라고 규정한다. 표면적으로 보면, 마치 "……로 ……의 목적이 된다"라는 제한이 있는 것 같지만, 동기에 속하는 기준은 완전히 권력자의 주관의지에 의해 확정될 수 있는 것이었다. 즉 당신이 이런 '목적'이 있다고 말한

---

17) 朱正, 『1957年的夏季: 從百家爭鳴到兩家爭鳴』, 500~501쪽 재인용.

다면, 바로 당신에게 이런 '목적'이 있는 것이다. 이렇게, 장센츠를 포함해 수십만, 수백만의 사람들이 '우파'의 함정에 빠졌고, 이는 피할 수 없는 것이었다. "운명적으로 닥친 재난은 피할 수 없다"고 볼 수 있다.

이런 우파 기준의 준법률적 확정이 중국 사회정치생활에 미친 영향은 예측하기 어렵다. 그것은 먼저 '조직'의 제한과 감독을 받지 않는 절대권력을 확립하였다. 그것이 제정한 정책·제도뿐 아니라, 그것이 하는 모든 일(일으킨 운동, 전개한 건설 등등)은 비판할 수 없다. 게다가 그것의 각급 조직과 지도 구성원도 비판할 수 없다. 이것은 의문을 제기할 수 없는, 법을 초월한 절대성을 지닌 면제특권이었다. 그리고 '공농간부'와 '혁명열성분자' 역시 비판해서는 안 되는 또 감독을 받지 않는 권력을 지닌다고 규정하였다. 즉 대중들을 '좌·중·우'로 분류하는 것과 연관되는 것이다. 마오쩌둥은 「상황에 변화가 일고 있다」에서 "사람들이 있는 곳에는 모두 좌·중·우가 있다"는 논단을 제시했고,[18] 이후에 또 각급 조직에게 "운동 중 좌·중·우의 기준에 따라 대오를 나눈다"[19]는 지시를 명확하게 하였으며, 그리고 "공장 주요 간부와 노간부", "공산당 청년단원 중 열성분자"를 조직해서 "우파분자의 광폭한 진공에 반격하라"[20]고 거듭 강조했다. 그리고 '좌·중·우'의 구분은 정치태도 외에 역사·계급성분과 출신이 중요하다고 했다. 마오쩌둥은 내부 지시에서 "이번 운동 중 가장 흉악한 사람들은" "민주당파 대학교수·대학생" 중의 "우파와 반동분자"이고, "그들의 역사는 복잡하다. 그들은 반역자, 혹은 과거 삼반三反 반혁

---

18) 毛澤東, 「事情正在起變化」, 『毛澤東選集』 5卷, 428쪽.
19) 毛澤東, 「中央關於加緊進行整風的指示」(1957년 6월 6일); 薄一波, 『若幹重大決策和事件的回顧』 (下), 615~616쪽 재인용.
20) 毛澤東, 「組織力量反擊右派份子的猖狂進攻」(1957년 6월 8일), 『毛澤東選集』 5卷, 431쪽.

명분자 숙청운동에서 정풍당한 사람이거나, 혹은 지주·부유자본가 자제, 혹은 진압당했던 가족이나 친족이 있는 사람들"[21]이라고 밝혔다. 이것은 사실 본문의 서두에서 말했던 1955년 반혁명분자 숙청운동 10인 지도그룹 문건 정신과 일맥상통한 것으로, 일종의 혈통론적인 '계급분석'이었다. 바꾸어 말하면, 소위 '좌파'는 분명히 '공농간부'이고, 나중에 말했던 "근본부터 싹이 빨간" 출신이 좋고 정치태도가 선명한(각급 조직 지도에 절대적으로 복종하는) '혁명 열성분자'라는 것이다.

이렇게, 가정출신과 정치태도에 따라 구분된 좌·중·우는 사실 또다시 '계급'을 나누는 것으로, 동시에 '좌파'(공농간부와 혁명 열성분자)라는 각급 조직의 지도자들처럼 비판해선 안 되는 절대 권력을 부여하였고, 또 '우파'를 전제정치의 대상으로 삼았다. 사실상 모든 권력을 박탈하고, 상하 질서가 있는 새로운 사회구조를 건립하기 시작하였다. 이런 구조 속에는 여러 층의 등급관계가 존재하였다. 하나는 앞에서 분석한 것처럼, 각급 지도자 사이에서는 상급에 대해 종속하고 복종하며, 하급에 대해 통제하고 명령하는 관계였다. 모든 기층조직에서 단위지도자는 최고층에 놓여졌고, 좌파는 이중적 지위에 처했다. 하나는, 그의 좌파 위치는 지도자가 부여하는 것으로, 또 언제나 거둘 수 있는 것이었다. 그래서 지도자에 대해 선천적으로 종속성을 갖게 된다. 다른 하나는, 지도자 이외의 어떤 사람의 감독 비판도 받지 않을 권리, 지도자의 의도에 따라 임의로 우파를 감독하고 박해할 특권을 향유하는 것이다. 가장 저층에 처한 우파는 지도자와 좌파 열성분자의 이중적 관리와 통제를 받아야 했다.

---

21) 毛澤東, 「中央關於反擊右派份子鬪爭的步驟」(1957년 6월 10일); 薄一波, 『若幹重大決策和事件的回顧』(下), 617쪽 재인용.

그러나 정말로 우파의 성격을 확정하거나 그들에게 죄를 판결하는 것은 그렇게 쉽지 않았다. 처음 공개적으로 우파의 성격을 확정한 것은 마오쩌둥의 1957년 7월 1일 『런민일보』에 쓴 사설 「『문회보』의 부르주아계급 방향은 비판받아야 한다」에서였다. 그는 "부르주아계급 우파"는 "반공, 반인민, 반사회주의 부르주아계급 반동파"라는 것을 명확히 제시했다.[22] 공개적으로 발표하지 않은 글에서는 더 정확하게 "우리나라 사회주의혁명 시기, 반공, 반인민, 반사회주의 부르주아계급 우파와 인민의 모순은 적대적 모순이자, 타협할 수 없는 적아 간의 사생결단식의 대립적 모순으로, 노동자계급과 공산당을 향해 광폭한 공격을 가한 부르주아계급 우파는 반동파, 반혁명파"[23]라고 했다.

비록 말은 이렇게 단호했지만, 한 가지 회피하기 어려운 사실은 우파는 모두 다 의견으로 인해 죄를 지었다는 것이다. 장셴츠의 회고에 따르면, 그가 우파로 몰린 후 착한 그의 아내는 "지도자가 우파는 단지 사상문제일 뿐이라고 말한 적이 있어요"[24]라며 그를 위로했었다. 당시 지방의 지도자일지라도 또한 이 사실을 부인할 수 없었다는 것을 알 수 있다. 이에 대한 마오쩌둥의 해설과 대답은 아주 의미심장하다. 그는 한편으로 "이런 사람은 말뿐 아니라 행동으로도 실행에 옮긴다. 그들은 죄가 있다. '말하는 사람은 죄가 없다'는 말은 그들에게는 적용되지 않는다. 그들은 말을 하는 자들이고 행동을 하는 자들이다"라고 단언하였다. 그래서 나중에 「우파분자를 구분하는 기준」을 정하고 특별히 "사회주의와 공

---

22) 毛澤東, 「文彙報的資産階級方向應當批判」, 『毛澤東選集』 5卷, 438쪽.
23) 毛澤東, 「1957年的夏季的形勢」(1957년 7월), 『毛澤東選集』 5卷, 456쪽.
24) 張先癡, 「恩恩愛愛與淒淒慘慘」, 『格拉古軼事』 참고.

산당을 반대하는 집단을 조직하여, 직극 참가하고, 계략을 꾸며 어떤 부문과 모 기층단위 공산당 지도를 전복하고 공산당과 인민정부를 반대하자는 소요를 선동한다"[25]라는 조항을 첨가해 우파에게는 확실히 반혁명적 행동이 있다고 설명하였다. 그러나 "기층단위 지도를 전복하는" 또 "선동……"을 운운하는 것은 교조적인 입장에서 제멋대로 한 분석으로, 이는 증명할 수 없다. 단지 "조직 …… 집단"만이 적용될 수 있을 것이다. 때문에 그 당시 우파라는 많은 죄명에는 이 조항이 있었다. 이 책의 저자 장셴츠도 "난충南充시 문련文聯 반당집단"의 우두머리라고 선포되었는데, 당시 그는 아마추어 작가였을 뿐이지만, 예전에 시가조詩歌組 조장으로 추천된 적이 있었다는 점이 '행동하는 자'로 치죄되었다. 그러나 마오쩌둥은 "아량으로 처벌하지 않는다"고 하면서, "여전히 언론 자유를 허락하되", "한 가지 경우 즉 잘못을 고치지 않고 계속해서 파괴활동을 하고 법률을 어기는 것만 죄로 처벌한다"[26]고 하였다. 마오쩌둥 자신도 사실 우파는 "법률을 위반하지" 않았고, 처벌하는 데 법적 근거가 없다는 것을 잘 알고 있었다. 그래서 그는 나중에 "우파는, 형식적으로는 여전히 인민 내부에 있지만 사실은 적이다"[27]라는 견해를 보였다.

    우파에 대해 처벌과 관리통제를 하지 않는 것은 불가능한 것이었다. 법률적 근거가 부족하면 따로 법률과 법규를 정할 수 있었다. 어차피 권력은 그의 손안에 있었다. 그래서 마오쩌둥의 지도 아래, 1957년 8월 13일 국무원은 「노동교육 문제에 관한 결정」關於勞動敎養問題的決定을 발표

---

25) 朱正, 『1957年的夏季: 從百家爭鳴到兩家爭鳴』, 501쪽 재인용.
26) 毛澤東, 「文彙報的資産階級方向應當批判」, 『毛澤東選集』 5卷, 438~439쪽.
27) 毛澤東, 「做革命的促進派」(1957년 10월 9일), 『毛澤東選集』 5卷, 478쪽.

해, 다음 네 종류의 사람을 "수용해서 노동교육 정책을 실행한다"고 규정한다. "첫째, 정당한 직업에 종사하지 않고, 건달질이나 도둑질, 사기 등의 행위를 했음에도 형사책임의 추궁을 받지 않는 사람, 치안관리를 위반하고 여러 번 타일러도 고치지 않은 사람. 둘째, 죄행이 경미해 형사책임의 추궁을 받지 않는 반혁명분자, 반사회주의 반동분자로 기관·단체·기업·학교 등 단위의 제적처분을 받고 생활력이 없는 사람. 셋째, 기관·단체·기업·학교 등 단위 내에서 노동력은 있으나, 장기간 노동참여를 거부하고 규율을 어기고 공공질서를 방해해서 제명되어 생활력을 잃은 사람. 넷째, 업무 분배와 취업 및 전업배치에 불복종하고, 노동생활을 하라는 충고를 받아들이지 않고 소란을 피우며, 공무를 방해하고 여러 번 타일러도 고치지 않는 사람"[28)]이다. 비록 '우파분자'라는 글자는 없었지만, 우파를 처벌하기 위한 법률적 근거를 제공한다는 목적은 아주 분명하였다.[29)]

8월 4일 『런민일보』 사설 「노동교육을 왜 실행해야 하는가」[爲什麼要實行勞動敎養]에서는 "이런 나쁜 사람들에게 설득·교육 방법은 효과가 없다. 간단한 처벌 방법을 취해서도 안 된다. 기관·단체·기업 내부에도 절대 남겨 둬서는 안 된다. 그들을 취업시키고 싶어도 그들을 수용할 곳이 없다. 그러므로 이런 사람들에게는 그들을 개조할 수 있고, 또 그 생활력을 보장할 적절한 방법이 필요하다"고 했다. 또 "노동교육과 노동개조 죄인

---

28) 「國務院關於勞動敎養問題的決定」, 1957년 8월 1일 전국인민대표대회상무위원회 제78차 회의 비준, 1957년 8월 3일 국무원 공포.
29) 1955년 8월 25일 중공 중앙 「關於徹底肅淸暗藏的反革命份子的指示」에서 처음으로 '노동교육'이라는 생각이 제기되었다. 반우파운동 중 정식으로 조문을 만들어 즉시 시행되었다. 많은 우파들이 첫번째 노동교육의 대상이 되었고, 반우파운동 이후 중요한 제도 안배가 되었다.

은 구분된다"고 강조하면서, 동시에 "관리기관은 강제성을 띤 행정제도와 규율을 제정하고, 노동개조 대상들이 이런 제도와 규율을 파괴하도록 놔두면 안 된다. 예컨대, 농장과 공장을 마음대로 떠나 자유로운 행동을 하게 해서는 안 되고, 공공질서를 파괴하도록 해서도 안 되며, 생산을 파괴하도록 놔둬서도 안 된다. 그렇지 않으면 처분을 받아야 하고 상황이 심각한 것은 법률적인 제재를 받아야 한다"고 했다. 신체의 자유를 완전히 박탈한 상황에서 노동개조를 강제하는 것은 노동개조법과 실질적인 구분을 두지 않을 것이다. 노동교육자는 매월 20원 정도의 '월급'을 받고 식비를 내야 하지만, 노동개조범은 1.5원의 잡비만 받고 식량과 의복은 계산에 넣지 않는다는 점에서 구분되었다. 다른 구분은 훨씬 더 실질적인데, 노동개조범에게는 명확한 형기가 있었고, 노동교육자에게는 구체적인 기한 없이 "태도가 양호한 자"는 "정상을 참작하여" 해제를 "비준한다"는 모호한 규정이 있었다. 이 무기한의 노동교육은 대상자에게 정신적 고난과 육체적 고통을 가져왔는데, 아마도 매우 공포스러웠을 것이다.

　이렇게, 이 책의 저자와 1957년의 수많은 대상자는 '우파'와 '노동교육자'라는 두 개의 '신분'을 부여받았다. 중국 고대에는 죄인의 얼굴에 죄인의 날인을 찍는데, 이런 우파와 노동교육의 '신분'은 날인과 같았고, 영원히 벗겨 낼 수 없는 것이었다. 이 책 저자의 회고처럼 그가 있었던 노동교육농장과 감옥의 관리 간부가 보낸 경고는 "신분을 잊지 말라"는 것이었는데, "이것은 죄를 인정하지 않는 것은 죄인의 모든 죄악의 근원임을" 의미했다. 죄를 인정한다는 표현은 '개조'했다는 것을 나타냈고, "조직에 가까이 간다"는 것이었다. 소위 "조직에 가까이 간다"는 것은, 첫째 지도자에게 아부할 수 있어야 하고, 둘째 동료를 검거해서 "공을 세워 속죄"하는 것이며, 또한 인간의 존엄과 양심을 버려야 한다는 것이다. 이것이 바로 '노동개조'의 본질이었다. 처벌적 성격의 노동개조를 통해 '인간'을 '비인간'으로 바꾸었다. 이것이 바로 육체와 정신의 이중적 박해였다. 우파의 고초는 사실 이 두 부분을 모두 포함한다. 이 책 저자가 말하는 것처럼, 우파는 좌·중·우로 나뉜다. 소위 '우파 중의 좌파'는 이런 이중적 박해와 노역에 만족하며 그 속에서 이익을 얻어 내는, 사실 루쉰이 말한 '노예'였다. '우파 중의 우파'는 바로 자기의 '신분'을 인정하지 않고, 각종 방식으로 대항하는 사람으로, 노동교육소나 노동개조대에서는 '반反개조분자'라고 명명되었으며, 그들은 "온 힘을 다해 구제해"야 할 대상이었다. "노동개조대에서 이것은 사용빈도가 상당히 높은 어휘였다." "온 힘을 다해라는 글자는 특히 적절히 사용되었다." 소위 "온 힘을 다해"라는 것은 바로 "죽음으로 바로잡는다"는 것이었다. 그래서 이 책의 저자가 말한 "밧줄로 묶이는" 맛이라는 것이 생기게 된다. "그 기능은 주로 수형자들의 손목을 단단히 묶어서 혈액 순환을 막아 고통을 주어 그를 개과천선하게 하는 것으로, 이는 더 나아가 '우리는 적에 대해 절대 인정을 베풀지 않는다'는 기본 정책을 실행하는 것이었다." 이런 형벌은 주인(지도자)이 직접 손을 쓸 필요가 없이, '우파 중의 좌파'들의 주동적이고 적극적인(심지어는 창조적인) 참여로 이루어졌다. 이 책 저자는, 이것을 "고대 로마 귀족들이 격투 경기장에서 노예들이 결투하며 서로 죽이는 것을 감상하는" 것과 "혈연관계"를 가지고 있는 것이라고 이야기하고 있다.

단위 증명, 당안(檔案)

이 책의 저자는 이런 '밧줄'에 묶인 이후, 노동교육대에서 도망가려고 했었다. 이것은 체제가 그에게 안배한 운명에 반항한 비장한 노력과 몸부림이었다. 그러나 체제의 통제를 벗어나고자 하는 것은 정말 어려운 일이었다. 첫번째 난관은 바로 '단위 증명'이 없다는 것이다. 그 시대 사람들의 모든 행동은 예컨대 차표를 사거나 여관에 투숙하거나 신문에 문장을 발표하는 데에 단위 증명이 필요했다. 그 사람의 신분과 정치적 신뢰도를 증명하는 것이다. 이것이 바로 중국의 기본제도인 소위 '단위체제'였다. 한 연구자가 말한 것처럼 "단위체제의 형태와 확립은 중국이 이 초대형 사회를 효과적으로 제어하기 위한 제도화의 성과"였다. 이 단위체제에는 두 가지 특징이 있다. 즉 "단위는 강력한 당과 국가의 대리자로 간주되어, 정치(국가)와 경제(사회)의 이중 배역을 담당하고 있다." "단위와 개인의 관계에서 보면, 그것은 개인의 의탁처로서의 공적 공간이라는 이 특수 역할을 담당했고, 어떠한 중국 사람이든지 간에 단위가 부여한 신분에 의거해야 행동의 합법성을 얻었다."[30] 여기서는 단위체제 문제에 대한 전면적 토론을 전개하진 않겠다. 다만 본 글은 단위조직이 사실은 당과 국가를 대표해 그 구성원들에게 사상에서 행동에 이르기까지 전면적 통제를 실행했다는 것을 지적하고자 한다.

각각의 개인은 모두 어떤 단위에 소속되기(농민도 생산대에 들어간다) 때문에, 각 종류의 각급 단위는 하나의 거대한 그물망을 구성했고, 모든 중국인들은 그물망 속으로 들어가 치밀한 통제를 받았다. 앞에서 말한 「노동교육조례」는 우파를 처벌하는 데 합법성을 제공한 것 외에, 그 구성원에 대한 단위체제의 통제 강화를 그 중요한 목적과 기능으로 삼았다. 만약 단위의 분배, 배치와 이동에 복종하지 않는다면, 다시 말해 "소란을 피우고, 공무를 방해하고, 여러 번 타일러도 개조하지 않는"다면 단

---

30) 劉建軍, 『單位中國』, 天津人民出版社, 2000, 3, 2쪽.

위에서 해고되거나 노동교육, 심지어는 노동개조 수용소로 보내졌고, 이 모든 과정에서 전제정치가 행해졌다. 이렇게 전 중국은 하나의 선택만이 있게 되었다. 즉 단위의 통제에 안심하며, 조직이 자신에게 준 일들을 성실하게 하면서, 조직이 행하는 이동과 배치에 무조건 복종하면, 기본적 생활과 발전 요건을 얻을 수 있었다. 일단 단위에서 제명되면, 노동교육 심지어 노동개조가 유일한 출로였고, 도망가고 싶어도 단위 증명이라는 것이 없어서, 이렇게 큰 중국의 어디에서도 정착할 곳이 없었다. 이 책의 저자처럼 위험을 무릅쓰고 가짜 증명서를 만들어도 경계심이 높은 전제정치 기관과 인민대중에게 발각되어, 언제든 잡혀서 그물망 속으로 돌아갔다.

단위 통제의 다른 중요한 수단은 단위조직이 각 성원들에 대해 만든 '당안'檔案이었다. 이 책은 곳곳에서 '당안'을 거론하면서, 조금의 거리낌도 없이 "나 같은 배경을 가진 사람이라면 아마도 당안을 좋아하지 않을 것"이라고 하고, 심지어 당안 소리만 들어도 머리가 저린다고 하였다. 당안은 두 가지 점에서 사람을 공포스럽게 한다. 하나는 "당안 속에는 사회관계라는 중요한 항목이 있는데, 여러 차례의 운동 중에서 피살되고 갇히고 관리되는 가족이 있으면(모든 '해외거주자와의 관계'가 있으면), 모두 성실하게 그 안에 기입되었다. 만약에 숨기는 것이 있으면, 조직을 기만하는 것으로, 자기파멸과 같은 것이었다." 두번째는 개인 역사와 여러 차례 운동 속에서의 정치태도와 각 시기의 정치평가이다. 여기에 좀더 설명을 덧붙이자면, 반우파운동 이후 '제도 건설' 속에서 「노동교육조례」를 반포한 것 외에도, 1957년 7월 17일 국무원은 「고등교육 졸업 업무 배치의 몇 개의 원칙 규정」을 통과시켜 모든 졸업생들에게 정치심사를 요구했고, 또 제도화함으로써 이런 정치심사의 결론을 당안에 기입하였다. 당시 베이징내학 지도사는 정치심사의 필요와 역할을 이렇게 해석하였다. "정치적으로 심각한 문제가 있는 사람에게 직장은 그가 담당해서는 안 되는 일을 하게 해서는 안 된다"[31]는 것이다. 당안에 '불량기록'이 있고, 개인의 정치태도, 가정관계와 사회관계가 모두 '별책'에 기입되어 통제하는 데 사용될 것임을 잘 말해 주었다. 이것에 관한 전용 명사가 있는데, 그것은 바로 '내부 통제'라고 한다. 이런 역사를 경험했던 사람에게 이 단어를 제시하면 아마 모두 고통스런 과거를 떠올릴 것이다. 이 책의 저자는 다음과 같은 일례를 들고 있다. 한 농촌의 고등학생이 건국 초기 "가정을 지키고 국가를 보위한다"는 호방 가득한 마음으로 지원군에 참가했다가 나중에는 미군 포로가 되었는데, 그가 전향 공작을 거부하고 의연히 조국으로 돌아왔지만, 그의 당안 안에 포로가 되었다는 기록으로 인해 정치적 사형을 언도받았고, 어떤 단위에서도 그를 받지 않아서 농촌의 '2등 공민'으로 생활할 수밖에 없었다고 한다.

맹류, '부종', 수용소

'단위'(농민을 수용한 공사, 크고 작은 생산대)와 "노동교육소, 노동개조소" 사이를 떠도는 사람들이 소위 말하는 '맹류'盲流들이다. 이 책의 저자는 노동교육소를 성공적으로 탈출한 후 이 '맹류' 대군으로 편입된다. 중국의 '맹류'는 여러 가지 원인에 의한 것이었는데, 특히 기근으로 농촌에

---

31) 納拉納揚·達斯(Naranarayan Das), 『中國的反右運動』, 華嶽文藝出版社, 1989, 201~202쪽. 127쪽에서는 반우파투쟁 이후의 체제 건설, 즉 1957년 6월 25일 마오쩌둥의 명령에 따라 '인민경찰'이라는 새로운 형태의 경찰부대의 창설에 대해 설명하고 있다. 이들은 "반혁명을 진압하고 기타 범죄자의 파괴행위를 대비하고 저지하는" 것 외에도 특수한 임무가 있었는데, 바로 "공공질서를 파괴하거나 공공의 안정을 위협하는 공민에 대해, 설령 그들이 범죄 사실이 없다 해도, 저지할 수 있거나 행정처분을 할 수 있었다"고 한다.

서 도시로 유동해 온 농민들이 주요 구성원이었다. 중국 정부는 이를 엄하게 금지하였다. 반우파운동을 발동한 1957년 12월 18일, 중공 중앙과 국무원은 연합으로 「농촌인구의 이유 없는 외지유람 저지에 관한 지시」 關於制止農村人口盲目外流的指示를 발표하고, 엄격한 호구관리를 통해 농촌인구의 이유 없는 유랑을 제대로 저지하라고 했다. 이전에는 즉 1957년 12월 13일 국무원의 「각 단위 농촌에서의 임시노동자 모집 임시 규정에 관해」에서 또 도시의 "각 단위는 예외없이 모두 사적으로 농촌에서 노동자를 모집하거나 개인적으로 맹목적으로 도시로 들어온 농민을 고용해서는 안 된다"고 명확하게 규정했다. 이렇게 사실상 "도시와 농촌 간의 이원 대립"을 조장하는 사회구조는, '비농업호적'와 '농업호적'의 등급 신분제를 세워 농민을 강제로 농촌에 남게 했다. 그리하여 그들은 한편으로는 국가 공업화의 대가를 지불했고, 한편으로는 도시 주민의 많은 권리를 향유하지 못한 채 2등 공민에 가까운 처지에 처해졌다.[32] 이것 역시 일종의 '출신' 구분(농민 아니면 비농민)에 따른 제도적 차별대우이자 앞에서 말한 '출신가정'(반동가정이든 혁명가정이든)으로 구분한 제도적 차별대우이다. 이것들은 등급제 사회구조의 양대 버팀목으로 1957년 이후 강화되더니 결국에는 형태를 갖추게 되었다. 이는 아마도 우연이 아닐 것이다.

이런 구조에서 '맹류'의 존재는 물론 불법이었고, 파괴적인 요소였다. 그러나 20세기 50년대 후기와 60년대 초기의 대기근 시기에 이런 맹류 대군은 상당한 규모로 발전하였고, 기근을 피하려고 고향을 떠난 농민 외에도, 도시의 빈민과 유민, 이 책의 저자와 같이 도망한 노동교육범

---

32) 何家棟·喻希來, 「城鄕二元社會是怎樣形成的?」, 『書屋』, 2003年 5期 참고.

과 노동개조범이 있었다. 이 책의 서술은 상당히 진솔한 그 시대의 '맹류' 도圖를 제공했다. 이것 역시 그 시대와 연관된 역사 서술에서 의식적이든 무의식적이든 은폐되었던 것이다.

그래서 맹류들이 들으면 얼굴색이 변하는 '수용소'가 생겼다. 작가는 당시 유민들만의 특수한 용어가 있었는데, 그것은 오늘날의 '은어'와 같은 것이라고 소개했다. 그 중 가장 위협적인 단어가 "부풀어 오르다"泡起였다. 소위 "부풀어 오르는 것은 너를 유민수용소로 보내 가둔다는 것"이었다. 표면적으로 수용소는 '사회 구제'의 범주에 들어가, 민정국民政局에서 주관한다. 그런데 '맹류'들은 왜 그렇게 공포스러워했을까? 원래 고향으로 돌려보내는 것(물론 그들은 원하지 않는 것이다) 외에, 다음과 같은 작가의 묘사를 보면 "부풀어 오른다"가 어떤 맛인지를 알 수 있을 것이다. "난 이층에 머물렀다. 입구에 '믿을 만한 유민'이 지키고 있었고, 간부의 인솔을 제외하고 어떤 유민도 계단을 오르내리지 못했다. 위층에 올라갔을 때, 먼저 보았던 것은 난간 뒤에 누워 있는 10여 명의 부종 환자들이었다. 유민들은 이런 사람을 '부풀어 오른 사람'이라고 불렀다. 그들은 바닥에 누워 신음하고 있었고, 혹은 벽에 기대에 한숨을 쉬고 있었다. 그들이 지금 유일하게 할 수 있는 일은 죽음을 기다리는 것이었다." 수용소는 완전히 인간의 자유를 잃어버린 감옥과 다를 게 없었다. 거의 "시체방"이었다. 맹류들의 눈에 "'부푸는' 것은 당연히 사형의 대명사가 되었고 탄환이 필요 없는 총살이었다". 수용소 말고도 유민개조농장이 있는데, 그것은 바로 형태를 바꾼 노동교육농장이었다. 이 책의 저자는 바로 또다시 도망가야겠다고 결정하는데, 이는 당연한 것이었다. 수용소의 문제는 2003년에 와서야 폭로될 수 있었고 초보적이나마 해결되었지만, 사실 이 책이 묘사한 그 시대까지 거슬러 올라가야 한다.

함정, 고발, 군중전제정치

이 책의 저자는 유민개조농장을 성공적으로 도망쳐 나왔지만, 마지막에 체포되어 재판을 받았다. 이런 과정에서 관건이 되었던 것은 그가 의탁했던 노동교육대 친구의 형의 고발이었다. 이 책의 저자의 운명을 자세히 살펴보면, 그의 모든 불행은 고발에서 온다. 1957년 그를 우파로 만들었던 것도 친한 친구의 고발과 모함이었다. 또 1966년 그의 친동생의 고발이 이름을 바꾸고 신장新疆에 이주해 온 아내를 '정리'해 버렸고, 결국 가정 비극을 가져왔다. 장셴츠라고 하는 이 사람의 인생의 모든 길목에는 '함정'이 기다리고 있었고, 그 함정을 만든 사람은 늘 그가 가장 신임하는 친구와 친척이었다. 그는 결국 깊은 수렁으로 빠져들었고, 거의 평생을 헤어나지 못했다. 이 책은 수없이 '함정'이라는 단어를 사용하고 있는데, 그 속에는 엄청난 고통과 무력함, 곤혹스러움이 들어 있다.

그러나 반우파운동 발동자에게는 다른 견해가 있었다. 반우파운동이 큰 성과를 거둔 후, 마오쩌둥은 한 편의 문장을 써서 '의기양양하게' 다음과 같이 선포한다. "과거의 억압계급[33]이 완전히 노동대중의 바다에 함몰되었다. 그들은 변하고 싶지 않아도 변해야 한다. 죽어도 변하지 않겠다고 고집을 부리며 굳이 옥황상제를 보겠다는 사람도 분명히 있다. 그것은 대세와 무관하다."[34] 마오쩌둥은 장셴츠와 수십만, 수백만 우파들의 운명의 '함정'을 '노동대중의 망망대해'라고 불렀다. 이는 시적 형용이 아니라, 그의 정치가 추구하는 '군중전제정치'를 나타낸 것이다. 이

---

33) 반우파운동의 논리에 따라 우파는 '과거의 억압계급'이 아니고, '억압계급의 후손들'이다. 혹은 그들은 혁명대오를 대변하는 대리인이다.
34) 毛澤東, 「介紹一個合作社」, 『建國以來的毛澤東文稿』 7卷, 177쪽. 본문에서 말하는 '투지앙양'(鬪志昂揚)이라는 말은 이 글에서 왔다.

것 역시 '중국 특색'을 지닌 것으로, 군중전제정치는 전대미문의 사상 통제력과 사회정치 동원력으로 전 민족의 증오와 광신적 투쟁을 선동하였다(당시에는 '혁명 열정'이라고 했는데, 마오쩌둥의 용어로는 '투지앙양'이라고 하였다). 대중운동 방식으로 계급투쟁을 진행하였는데, 참가자가 천, 만, 수십만, 수백만 명이 모인 군중투쟁대회가 중국의 구석구석으로 퍼졌다. 정말 전국에 투쟁 장소가 아닌 곳이 없었다. 비판투쟁대회가 노동교육농장과 노동개조감옥에서 열렸다. 죄인들 사이에서도 계급투쟁이 전개되었는데, 당시에는 이를 "개가 개를 문다"고 표현했다. 사실 이런 전국민적인 투쟁대회는 전체 인민을 오로지 동종만을 물어 피 맛을 보는 동물로 훈련시키려고 한 것이었다.

이 역시 일종의 '정치동물'로서, 그 드높은 혁명적 경계심은 불가사의한 상태로까지 나아갔다. 이 책은 그 한 대목을 세세하게 적고 있다. 즉 정치적으로 크게 각성한 '혁명군중'이 만화를 그려서 장셴츠에게 "왜 광석라디오를 숨기려 하느냐?"라고 질문한다. 그가 '적대 방송'을 들으려 한다면 의심한 것이다. 또 노동개조 농장에서 사건이 하나 발생했는데, 바로 장셴츠가 일하다가 다쳐서 어깨를 낡은 천으로 감고 있었는데, 일을 마치고 돌아가는 길에 관리원이 이를 보자마자 즉시 준엄한 소리로 "이것은 무슨 연락 부호이냐?"라고 질책했다고 한다. 이런 '혁명적 연상'은 황당하면서도 그 사회 심리와 사회 분위기를 반영한 것이었다. '적'이라는 것은, 그의 일거일동이 모두 '반혁명' 음모를 은폐하고 있다는 것이다. 나아가 모든 사람은 적이 될 가능성을 지니고 있고, 아무리 작은 일도 "계급투쟁의 새로운 동향"(이것도 그 시대에 사용빈도가 높은 문구였다)을 나타낼 수가 있다. 이런 심리·분위기 배후에는 보편적인 공포 심리와 불안감이 숨겨져 있다. 다른 사람이 '반혁명'이라고 의심할 수도 있지만,

또 자신이 다른 사람에게 의심받는 것도 피할 수 없었다. 자신들이 위험하다는 사람들의 생각은 각각의 사람들을 더욱 혁명적으로 다른 사람을 고발하게 만들었고, 충성을 보여 줌으로써 자기를 보호하였다. 앞에서 말한 고발은 어느 정도 이런 공포 분위기에서 만들어졌다.

장셴츠의 고발자는 대부분 친한 사람들이었는데, 이는 '군중전제정치' 창조자의 깊은 저의, 즉 '전제정치'는 전제정치 대상자의 가정·친족·친구 내부에서 심화되고 구체화되어야만 진정으로 적의 운명의 열쇠를 쥘 수 있다는 뜻을 반영하는 것이었다. 그래서 체제의 강대한 역량을 사용하여, "계급노선을 확실히 하고, 대의멸친한다"는 사상을 주입하거나, "창끝을 돌려 반격하여, 공적을 세워 속죄한다"는 유혹을 하기도 하고, 사람들의 사욕과 친구 사이, 가정 내부 모순을 이용하거나, 혹은 "솔직한 자백에 관대하고, 항거는 엄중히 처벌한다"는 은혜와 위엄을 병행하기도 하면서 정책 공세를 펼쳤다. …… 이로써 가족이 직접 만든 '함정'을 쳐서 '적'을 고립시키고 막다른 골목에 몰리게 하여, "변하고 싶지 않아도 변하도록 만들었다". 만약에 끝까지 죽자고 버티면 정말 마오쩌둥이 말한 것처럼 "옥황상제를 만나러 갈 수밖에 없었다". 분명히 장셴츠와 그의 우파 친구의 운명에는 '함정'이 많았는데, 이것은 '군중전제정치' 체제가 만든 것이었다. 피해자들은 정신적 고난과 육체적 고통을 받았을 뿐 아니라, 참여자 자신도 이것으로 대가를 지불했다. 이 책은 그를 우파로 만들었던 '친구'가 나중에 명예회복이 될 때 지도자에게 그가 예전에 장셴츠라고 하는 사람을 모함했다고 하면서, 장셴츠가 출소하기 전에는 자신도 출소하지 않기를 원한다 했다고 서술하고 있다. 몇십 년 동안 이 '친구'가 어떤 정신적 시달림을 겪었을지 알 수 있을 것이다.

그물

우리의 토론과 이 책 저자의 서술에서는 '그물'이라는 단어가 여러 차례 사용되었다. 마오쩌둥은 그의 반우 격문 「『문회보』의 부르주아계급 방향은 비판받아야 한다」에서 우파는 "스스로 그물에 걸려들었다"[35]고 하였다. "스스로 걸려들다" 운운하는 것은 아마 특정한 의미에서 우파 중의 소수 선각자에게 적용된 것 같다. 그들은 체제의 폐해를 비교적 제대로 간파하였고, 비판을 제기할 때는 희생될 준비를 하기도 했다. 하지만 절대 다수 우파는 치밀하게 설치한 '그물'에 걸려들어 갔고, 이 책 저자도 그 중 한 사람이었다.

반우파운동의 편직을 거쳐, '그물'은 더욱 정교해지고 형태를 갖추어 갔다. 그것은 모든 것을 걸려들게 했고, 전 중국, 모든 사람들, 각 가정과 지역을 모두 통제 아래에 놓아 그물에서 벗어나지 못하게 했다. 그물은 아주 빈틈없었고 심지어 정교했다. 고도로 집중된 권력을 이용해, 모든 정치·경제·문화·교육·법률·법규·정책·도덕·관념·여론……의 세력을 동원했다. 사회 구성원의 물질생활과 정신생활, 나아가 가장 사적인 개인생활까지 치밀하게 통제되었고, 조금도 빠져나가지 못했다. 매서운 감시통제·처벌 시스템이 있었고, 감옥·노동교육소·수용소 같은 전제정치 혹은 준전제정치 국가기구가 있었으며, 군중전제정치 시스템이 있어, "그물에 걸려든" 모든 것을 싹부터 잘라 버렸다. 예컨대 "그물을 뚫으려는" 사람은 가차 없이 엄벌에 처해졌다. 이것이야말로 진정한 '그물'로, 모든 발버둥과 항쟁은 소용없는 무효한 것으로 보였고, 필요한 것은 단지 '절대적 복종'뿐이었다.

---

35) 毛澤東, 「文彙報的資産階級方向應當批判」, 『毛澤東選集』 5卷, 437쪽.

문화대혁명(이것은 '대그물망'의 시대였다. "전 인민의 전제정치"와 "전 인민의 피전제정치"의 시대였다)이 막 끝났을 때, 어떤 시인이 '일자一字 시'를 썼었다. '망'網이라는 글자로 시대에 대한 느낌을 개괄했고, 많은 사람들의 강렬한 공명을 일으켰었다. 그러나 어떤 이는 이를 강력히 비판함으로써 '그물'의 위력을 과시하기도 했다. 일찍이 루쉰은 사람과 사람 사이에 "소통이 안 되는" 것을 한탄했다. 사람들마다 '그물'에 처한 위치도 다르고 느낌도 다르다. 그러나 또 그 고통을 심하게 받은 사람은 오히려 그 속에 빠져, '그물'에서 벗어나면 어떻게 살지를 모르는 것 같았다. 그래서 그들은 여전히 '그물'을 크게 찬양하였다. 이야말로 '그물'의 정신 통제의 위력을 드러내는 것이다.

'그물'로는 잡을 수 없는 사상과 인성

그러나 그물의 위력에는 한계가 있다. 이 책은 특히 프랑스 사상가 볼테르Voltaire의 말을 인용했는데, 그 말 속에는 깊은 뜻이 들어 있다. "중국의 황제, 인도의 무굴, 터키의 파디샤라도 하층민을 향해 너의 소화消化를 금지하고, 화장실 가는 것을 금지하고, 사상을 금지한다는 말을 할 수는 없다!"고 하였다.

사상은 금지할 수 없는 것이다. 이것은 모든 것을 통제하고자 했던 '제왕'과 '성인'聖人들이 느끼기에 가장 괴롭고도 어쩔 수 없는 것이었다. 사람들은 '그물'의 포위 속에서 살고 있고, 그들이 정신적인 통제를 받는 것은 피할 수 없지만, 본능적으로 '그물' 밖으로 나가고자 하는 이런 '생각'은 아무리 해도 걸려들지 않는다. 게다가 '그물' 자체의 논리, 행위 역시 '반면 교육'의 작용을 일으킬 수가 있다. 즉 사람들에게 또 다른 면에서 생각하게 한다면, 의심이 일단 생기게 되면 '그물'의 정신 위력은 허점이 노출될 것이고 동요가 일어나게 될 것이다. 우리는 우파 중 대다수가 처음에는 자각이 없다가, 냉혹한 현실이 그들 중 많은 사람들의 정신환각을 점점 깨뜨리면서, 독립적 사고를 하게 되었다고 말한 적이 있다. 이 책에서는 이 방면을 그다지 많이 다루고 있지는 않다. 그러나 작가는 자신의 노동교육 과정 중에 있었던 사상의 변화를 이야기하였는데, 도주한 후에 자유롭게 말해도 되는 시기라고 생각해 노동교육대의 친한 친구 형 앞에서 "펑더화이彭德懷 원수를 정풍한 것은 불만스럽다. 그는 인민의 고통에 진정으로 관심을 가졌던 충신이었다. 소위 말하는 '자연재해'는 정책실책의 핑계라고 본다. 감정이 격해지면서, 심지어 구원의 신을 분서갱유의 진시황에 비유했다"고 말했다. 그러나 그는 이 형님이라는 자가 자신을 고발하리라고는 생각지도 못했다. 이 '반동 발언'은 나중에 그가 우파가 되는 확증이 되었다. 이런 중국 현실과 사회에 대한 인식은 반우파운동과 이후의 비판투쟁을 거치지 않은 단순한 청년 장셴츠에게는 절대로 있을 수 없는 것이었다. 다시 말해 노동교육이 그를 멍청한 우파에서 자각적 의식이 있는 진정한 우파로 바꾸었다고 했다. 이것은 개조자가 생각지도 못한 것이었다. 이 책에 언급한 노동교육대에서 결성된 '레닌 공산주의 연맹'의 수십 명의 참가자가 바로 이 '그물'에서 배양되어 나온 "그물을 무너뜨리는" 전사들이었다. 이것은 '그물'을 제조한 사람들의 간담을 서늘하게 만들었다.

사람이 소화시키고 싶고, 화장실에 가고 싶은 것을 금할 수는 없는 것이다. 살기를 바라는 사람에게 그들의 일상생활 능력이나 생명의 힘은 모든 체제의 힘보다 강대하다. 이 책의 한 장「잊을 수 없는 먹고 마시기」難以忘懷的吃吃喝喝에서는 상세하게 노동개조 농장에서 "먹고 마시는 것"을 둘러싸고 일어났던 생사의 결투를 묘사하고 있다. 체제의 힘은 이런 죄수들이 죽기를 원했고, 기아도 하나의 처벌이었다. 한편 죄인들은 자신의 모든 지혜와 용기로 생명을 유지하려고 사방팔방으로 음식을 찾았다. 게다가 이것은 완전히 자발적인 노력이었다. 즉 "사람이 자기의 생존(배를 채우는 것에 한한다)을 위해 채택한 모든 수단은 합리적인 것이고, 생존은 빼앗을 수 없는 그의 가장 기본적인 권리이기 때문이다." 작가는 살아간다는 것은 인간의 생존권을 보장하는 것이고, "살고 있는 그 순간" 인간답게 살아야 하는데, "이는 최저 기준이기도 하며, 특수한 상황에서는 또 가장 높은 경지일 수도 있다"고 설명하였다. 그래서 작가는 그 기아의 시대에 먹을 것을 찾기 위해 모험을 무릅쓴 죄인들에게서 "노동개조의 영웅주의"가 있었다고 말한다. 비록 조소의 의미가 들어 있지만 꽤 진실에 가까운 것이다.

이 책 저자의 개인 운명을 자세히 고찰하면 한 가지 재미있는 현상을 보게 된다. 그의 운명의 전환 과정에는 앞에서 말한 것처럼 곳곳에 함정이 가득했지만 한편 몰래 돕는 사람들도 많았다. 그와 아내가 모두 우파로 비판받을 때, 한 나이든 홍군紅軍 부부가 자원해서 그들을 위해 아이들을 무료로 돌봐 주었고, 그들의 비밀을 지켜 주었다. 노동교육대, 수용소에서 도망 나온 후 그는 또 한 청년 농민 부부, "선한 농민아저씨", "충칭重慶의 '형수'", "청두成都의 '큰누님'"과 같은 처음 만난 사람들로부터 도움을 받았다. 충칭의 '형수'는 이로 인해 5년 유기형이라는 대가를 지불했다. 그가 톈진에서 누군가의 고발로 체포되었을 때, 공안국 지국의 장張 부국장은 은근히 그를 동정하고 이해하면서 특별히 보살펴 주었다. "깊은 동정의 눈빛"은 그에게 평생 위로가 되었고 지금도 잊지 못한다. '중범'으로 혼자 음산하고 컴컴한 감옥에 갇혀 있을 때에도 두 명의 간수가 커다란 위험을 무릅쓰고 그와 비밀 대화를 했고, 주동적으로 그의 도망을 도와주겠다고 하였다. 노동개소 농상에서는 이족彝族 분대장 집안의 많은 도움을 받으면서 가장 험난한 세월을 견뎌 낼 수 있었다. 이런 숨은 조력자들은 민간전설에서 말하는 그런 '귀인'貴人들이 아니라, 바로 보통 사람들이었다. 그 중에는 체제 내의 사람도 많이 있었다. 그들의 도움은 대다수가 이데올로기의 공감에서 온 것이 아니라 선량한 인간의 마음에서 우러나온 것이고, 수난자를 동정하는 민족 전통에서 온 것이다. 작가가 말한 것처럼 "수난자를 살아가게 해주었던 중요한 요인은 이런 좋은 사람들의 존재였다. 그들에게는 인간의 선량한 빛이 반짝이고 있었고, 그 매력은 무궁무진했다". "이런 좋은 사람들은 아마도 그들이 했던 선한 일을 잊어 버렸을 것이다. 그들은 본래 자신의 양심을 갖고 생활한다. 이런 양심은 우리 민족의 오래된 미덕이다. 그것은 미덕의 만리장성이고, 그것은 완강하지만 결코 표정을 드러내지 않으면서 사악한 침입을 방어하고 있었다."

이런 사람들의 천성과 인간의 양심은 어떤 힘이나 체제에도 "걸려들" 수 없는 것이다. 그래서 이 책 속에는 가장 감동적인 사람, 가장 마음을 울리는 장절들이 들어 있었다. "함께 법망에 걸려 든 친구" 두 명, 독거 죄수 두 명과의 7개월 정도의 비밀 통신이 그것들이다. 작가는 그들을 "마음 깊숙한 곳의 친구"라고 하였다. 이 내재된 영혼의 힘은 그 어떤 외재적인 강제력보다 더 강하다. 강권 폭력이 한때 효과적이었고 심지어 인간의 생명까지 빼앗아 갔지만, 그러나 인간의 자유와 독립에 대한 갈망과 요구는 영원히 억압할 수 없는 것이고, 대대로 전해져 간다. 이 자유로운 사람과 전제 체제의 지속적인 싸움 속에서 무수한 선각자와 무고한 사람들이 이미 거대한 피의 대가를 지불했다. 그것은 우리같이 "요행히 살아남은 사람들"의 마음을 영원히 편안하지 않게 하였다. 그래서 이 피로 쓴 책이 있게 되었고, 나의 이 피눈물의 문자가 있는 것이다. 이는 자유와 독립을 쟁취하는 신념은 없어지지 않는다는 것을, 사람들이 여전히 존재하기에 사람들이 최후의 승리자가 될 것이라는 것을 증명하게 될 것이다.

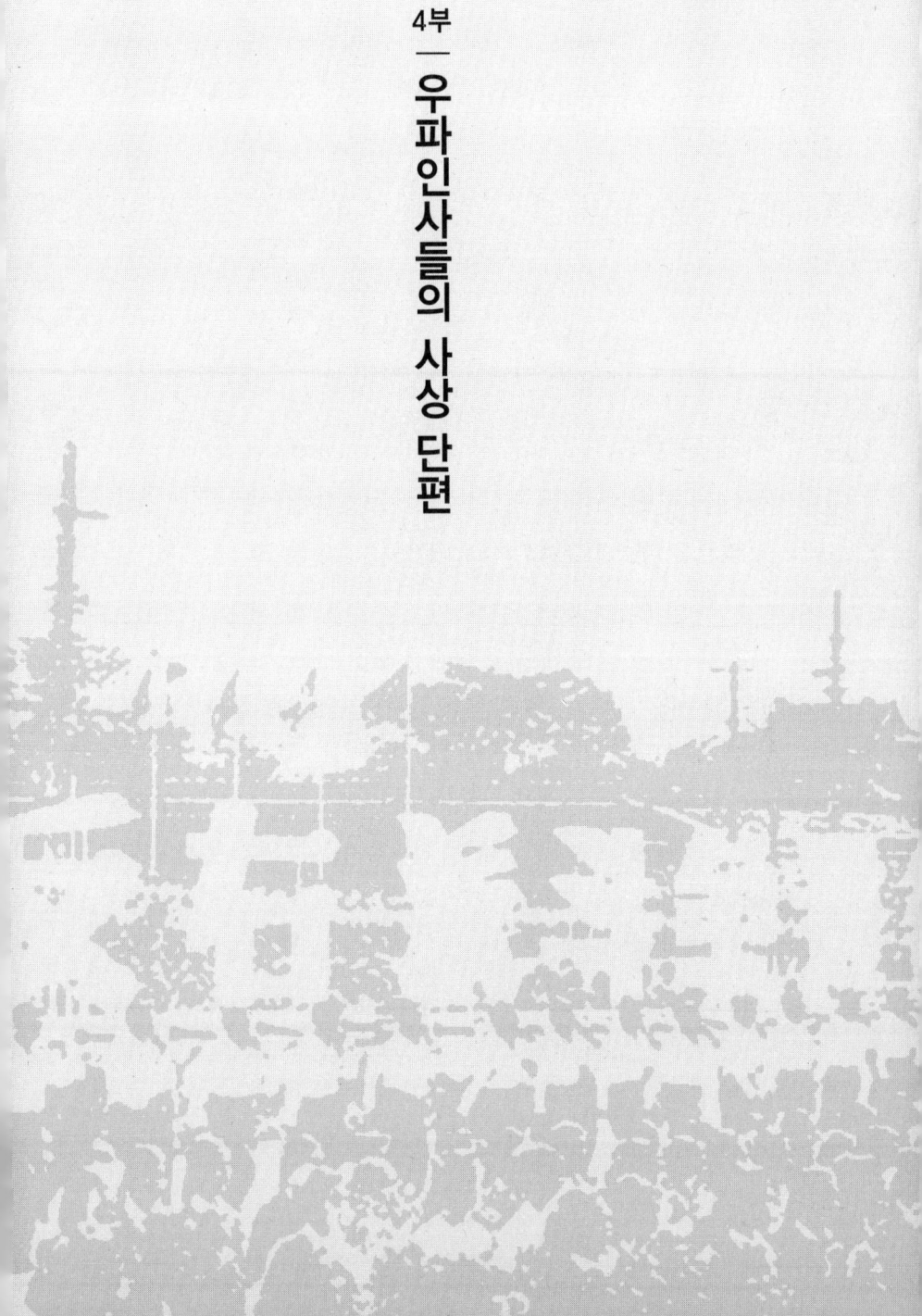

4부 — 우파인사들의 사상 단편

1. '순도자' 린자오

"만약 하느님께서 내가 자각적인 순도자殉道者가 되길 원하신다면, 나 또한 이러한 영광을 베풀어 주심에 진심으로 감사드릴 것이다."
―린자오, 「『런민일보』 편집부에 보내는 편지」 중에서

1968년 4월 29일과 5월 1일, 40년 전의 이날은 중국 근현대역사와 모든 중국인들의 가슴속에 영원히 새겨야만 한다. 4월 29일은 바로 우리 민족의 '성녀'聖女 린자오林昭가 수난을 당한 날이고, 5월 1일은 사형집행자가 린자오의 집에 찾아와서 그녀의 어머니에게서 5편[五分錢]의 탄알 비용을 요구하면서 자기 자신을 역사적 치욕의 기둥에 영원히 못 박았던 날이다!

린자오가 "민간에서는 사형수의 탄알비용을 사형수 본인이 내야 한다는 말이 전해지고 있다. 총탄 한 알이 1마오毛 몇 편分인데, 내 돈으로 사는 것도 상관없다"고 한 적이 있다. 그녀는 자신의 죽음에 대해서 이미 마음의 준비를 하고 있었다. 그녀는 누구보다도 이러한 체제를 잘 알고

있었다. 하지만 그러한 그녀도 '죽는 방법'死法에 대해서만큼은 신경을 썼다. 린자오는 "백주대낮에 군중들이 보는 앞에서 피를 뿌리며 죽을 수 있는 것도 불행 중 다행"이라고 하였다. 그러나 "린자오의 피는 누구도 거들떠보지 않는 어두침침한 모퉁이에 뿌려졌고", 그녀는 '백주대낮'의 '죽음'을 원했지만, "그렇게 되지는 못했다!"[1)]

마찬가지로 민족의 양심 루쉰魯迅(그는 린자오에게 영향을 끼쳤던 선구자 중 하나로, 린자오는 자신의 피로써 루쉰의 "나는 내 피를 황제[軒轅]에게 바친다"란 시구를 감옥 벽 위에 써 놓았다)도 30년 전(1936년 4월 7일) '한밤중'에 이런 글을 쓴 적이 있다. "나는 친구나 학생의 죽음을 접할 때마다 언제, 어디에서, 어떻게 죽었는지 몰랐을 때가 알고 있을 때보다 훨씬 더 비통하고 불안했다. 어둔 방에서 몇 명의 도살자 손에 죽임을 당하는 것이 군중들 앞에서 죽음을 맞이하는 것보다 훨씬 더 외롭다." 루쉰은 또 "'성공한 제왕'은 비밀리에 사람을 죽이지 않는다." 이는 "자신이 아직 힘이 있다는 증거이다. 그는 사형수가 마지막 말을 할 수 있도록 해주고", "다른 모든 사람들도 그가 남긴 마지막 말을 알 수 있도록 해준다". 그러나 "실패한 자는" "비밀리에 사람을 죽인다"[2)]고 하였다.

그러나 이러한 '암암리의 죽음'을 죽은 자의 어머니에게 알려 주고, '보수'까지 챙기리라고는 루쉰도 전혀 생각지 못했을 것이다. 린자오의 여동생이 일기에 적어 놓은 어머니의 반응은 정말 놀라웠다. "나의 오빠가 '4·12'정변으로 살해된 뒤에도 나는 네 외할머니에게 진상을 숨기고

---

1) 林昭, 「致〈人民日報〉編輯部的信」(手稿複印件). 이하 본문의 인용문은 모두 이 원고에서 인용했기에 별도로 출처를 달지 않았다.
2) 魯迅, 「寫於深夜裏」, 『魯迅全集』 6卷, 520~521쪽.[「한밤중에 쓰다」, 『차개정잡문 말편』.]

네 큰 삼촌이 소년으로 유학 갔다고 말했단다. 할머니는 좀 미심쩍어하긴 했어도, 줄곧 그것이 사실이길 바라고 있었지. 그들 살인자들도 할머니에게 와서 총알 값을 요구하진 않았었거든! 총알 값이라니, 하, 하, 하, 절대 있을 수 없는 일이지. 그런데 이번 정권은 총알로 내 사랑하는 딸 가슴을 뚫어 놓고는 오히려 나에게 총알 값을 달라고 한다. 하느님께서 나에게 벌을 주시는 것이라 해도 이건 너무하지. 이치며, 도리며, 법률이라는 것들이 세상에는 아예 존재하지 않는다는 것인가?" "누가 내 딸을 죽였는가? 적들이 내 딸을 죽인 게 아니라, 수십 년간 내가 쫓았던 그 이상理想의 화신化身이 내 딸을 살해했다. 내가 바로 내 딸을 살해한 것이다, 나는 너무 후회가 된다. 내가 왜 어릴 때부터 그 애한테 정의, 자유, 민주, 진리 따위를 위해 목숨을 바쳐야 한다는 신념을 그렇게도 많이 심어 주었던가? 원흉은 나다, 내가 내 딸을 죽게 한 것이다.……"3)

  이것은 회피해서는 안 되는 역사의 한 단락이다. "자유, 민주, 진리를 위해 헌신한다는 신념"과 '정의감'을 품고서 혁명의 길을 갔던 '삼촌'은 국민당 정부에 의해 살해되었다. '어머니'는 삼촌의 신념과 그 뜻을 '딸'에게 전해 줬고, 딸도 혁명의 길을 걸어갔다. 그러나 혁명이 승리한 후엔 삼촌과 어머니 그리고 자신이 지켰던 바로 그 신념 때문에, 그녀는 오히려 '신정부'에 의해 훨씬 더 잔혹한 방식으로 살해되었다.

  이 모든 일은 어떻게 일어난 것인가? 여기에는 어떠한 역사적 교훈이 내포되어 있는가?

---

3) 彭令範,「日記一頁」, 許覺民 編,『走近林昭』, 明報出版社, 2006, 56, 55쪽.
4) 陳偉斯,「應共冤魂語, 投書寄靈岩 — 林昭三十年祭」,『走近林昭』, 211쪽.

1) 린자오의 길

기묘한 혁명 혈연

린자오는 옥중에서 보낸 자신의 삶을 회고할 때, '모계 쪽 친척'이 미친 영향을 가장 먼저 강조했다. 린자오는 그들을 "뜨거운 애국심과 강렬한 정의감으로, 인민을 구하길 간절히 바라는 열혈청년", "흔쾌히 목숨을 바치는 선구자"라고 하였다. 여기에는 물론 그녀의 외삼촌 쉬진위안許金元이 포함된다. 그는 대혁명 시기 중국공산당 쑤저우蘇州 당조직의 책임자로서, 4·12정변으로 난징에서 희생된 후, 마대자루에 담겨 창강長江에 버려졌다. 그녀의 또 다른 외종숙 쉬줴민許覺民도 1938년 중국공산당에 가입하여, 오랜 기간 문화·출판업에 종사하였다. 린자오의 어머니 쉬셴민許憲民은 중고등학교 시절 오빠를 따라 혁명에 가담하여, '붉은 옷의 소녀'란 칭호를 받았다. 항전 시기엔 국민당 전문요원의 임무를 띠고, 쑤저우에서 지하비밀공작에 종사하다가 불행히도 체포되었다. 온갖 고초를 겪었지만 끝까지 굴복하지 않았던 그녀는 '쑤저우 여걸'이라 칭송받았고, 그후론 또 공산당 지하공작을 적극적으로 지지하여, 무선통신기와 문서 수발 장소를 제공하기도 하였다.

린자오가 회고하는 것처럼, 그녀는 어려서부터 "큰 삼촌과 어머니의 영향"으로 혁명과 혁명정당에 대해 "기묘한 혈육의 정"을 품게 되었다.[4] 이후 린자오는 고등학교 시절 공산당 지하외곽조직을 기획·조직하는 데 참여하였다. 또 한때는 쑤저우 지하당 고등학생지부에도 참가하였는데, 이로 인해 결국 국민당의 블랙리스트에 오르게 되었다.[5] 1949년

---

5) 「林昭年表」, 『走近林昭』, 243쪽.

이후부터는 혁명 업무에 가담하게 되는데, 이 모든 것은 결코 우연이 아니었다.

종교의 침윤

린자오의 옥중 회고는 자신이 미션스쿨인 징하이景海중고등학교에서 공부하던 때도 언급하고 있다. 그녀는 미국 선교사에게 "세례를 받고 종교에 입문"하게 되었으며, "미션스쿨에서 효율성을 따지며 모든 일을 즐겁게 하는 습관을 기르게 되었다"고 하였다. 이 또한 린자오의 중요한 성장 배경이 되었다. 재미있게도 린자오에게 "종교에 입문하는 것"과 "혁명에 참여하는 것"은 서로 모순되지 않는 매우 자연스러운 것이었다. 린자오는 '혁명'과 '종교'(기독교)는 관념과 신앙에 있어서 근본적으로 서로 통하고 있으며, 둘 다 인성의 완전함을 추구하는 것으로 이해되었다. 린자오는 "후대에 누군가 린자오를 연구"할 때, 가장 주의해야 할 것이 그녀 "영혼 깊은 곳의 인성"이며, 이러한 인성이 "바로 린자오 자신의 비극을 만든 근본 원인"이라고 말한 적이 있다. 린자오는 '혁명'과 '종교'는 모두 사랑, 특히 약자를 동정하는 박애를 추구하고, 사상의 자유와 독립, 인간 해방, 인간과 인간의 평등을 추구하며, 또 이들 모두가 진리 추구를 위해 헌신하는 정신을 갖추고 있다고 여겼다. 어떤 의미에서 볼때, 유년기와 청년기의 린자오에게 또 그 동시대 사람들에게 '혁명'은 곧 '종교'였다.

베이징대학 정신의 전통

주목할 만한 것은 나중에 린자오가 베이징대학에 진학했을 때 그녀가 이해한 '베이징대학 정신'이 바로 이러한 혁명전통이었다는 것이다. 1957년 봄 『홍루』 제3기에 실린 「씨앗―혁명선열 리다자오 순국 20주년 기념」種籽―革命先烈李大釗殉難二十周年祭이란 문장에서 그녀는 매우 심도 있게 자신의 혁명관을 설명해 주고 있다. 이 문장은 린자오의 문집 속에는 보이지 않으니, 그 주요 부분을 적어 보는 것도 무방하겠다.

"도서관에서, 자료실에서, 이미 누렇게 변해 버린 잡지 속에서 리선생님의 유작을 찾아서 읽고 있을 때, 나는 해방 전 루쉰 잡문을 막 접하기 시작했을 때와 같은 느낌이 들었다. 나는 사방으로 뿌려지는 투사의 눈빛과 침착하고도 굳센, 용맹스러운 투사의 마음을 분명히 보았다.

오늘은, 햇빛이 비치는 조용한 방에서 그것들을 읽으면서, 내 가슴은 감격으로 쿵쾅거렸다. '사상을 금지시킨다는 것은 절대 불가능하다. 사상이란 초월적 힘을 가지고 있기 때문이다. 감옥, 형벌, 고통, 빈곤, 더 나아가 죽임, 이러한 것들은 사상을 억압할 수도, 속박할 수도, 금지시킬 수도 없다. 금지시키려 할수록 그것의 힘은 더욱더 강대해져서, 아무리 그것을 금지시키고 억누르고 없애 버리려 해도 그것은 어떻게든 살아남아 발전하고, 퍼져 나가 자라날 것이다.'

'진정한 해방은, 다른 사람에게 간청해서 얻어지는 것이 아니다.' 우리의 해방은 우리의 힘으로 이뤄 내야 한다, 무너지지 않도록 버텨 내야 한다. 그들이 어쩔 수 없이 우리가 우리 스스로를 해방시키는 것을 받아들이도록 만들어야 한다. 권위의 은혜에 의지하지 말고, 우리 스스로 우리 몸에 감긴 쇠줄을 끊어야 한다. 자신의 노력에 의해서 그것을 깨뜨리고, 그 어둠의 감옥으로부터 한 줄기 빛이 흘러나오도록 해야 한다!"

"가장 먼저, 요원한 불빛을 따라, 길 없는 곳으로 걸어가다 쓰러지면서까지도 자신의 붉은 피로써 뒤따를 사람을 위해 길을 표시해 주는 사람은 앞으로도 영원히, 영원히 우리에게 존경받을 것이다. 이 길이 하루라도 존재하기만 한다면, 그 길을 걷는 후대 사람들은 그들의 이름을 잊을 수 없을 것이다!"

여기에 베이징대학 전통에 대한 그녀의 이해와 깨달음에 영향을 미쳤던 마인추馬寅初에 관한 것을 보충해야 한다. 그는 베이징대학 교장을 역임한 바 있다. 린자오는 그가 1927년에 쓴 「베이징대학 정신」北大之精神 강연록을 읽은 적이 있는데, 그녀는 특히 다음의 단락을 좋아했다.

"베이징대학은 차이蔡 선생[차이위안페이]이 교무를 맡게 되면서부터 개혁을 모색하여 5·4운동을 이끌었으며, 매국노를 타도하여 인민사상의 선도자가 되었다. 어떠한 위협에도 조금의 망설임도 없는 이런 정신, 국가는 멸망해도 이런 정신은 영원히 죽지 않는다. 이런 정신에는 반드시 '주의'主義란 것이 있다. 소위 베이징대학 '주의'라는 것은, 바로 희생주의이다. 그것은 바로 국가에 봉사하고, 개인의 이익을 따지지 않으며, 용감하게 전진하여, 지고한 경지에 이르는 것이다."[6]

사상의 자유와 해방을 쟁취하는 '투사'와 목숨을 바치는 사람들, 순도자들이 바로 린자오가 생각하는 혁명선구자의 모습이었다. 진리 추구를 위해 희생하고, "어떠한 위협에도 조금의 망설임도 없는 정신"이 바로 린자오가 이해하는 베이징대학의 정신이었다. 그리고 그녀는 이를 "뒤따르는 자"로 자처하고 행동함으로써 후대가 "숭배하는" "선구자"의 항렬에 "영원히" 오르게 되었다.

---

6) 馬嘶, 「林昭的人性光輝」, 『走近林昭』, 220~221쪽.

오늘날 베이징대학 사람들에게 영원한 그리움으로 자리 잡은 마인추 교장과 린자오는 베이징대학 정신을 이해하는 데에 그치지 않고 이를 실천했던 사람들이다. 1959년 조직적이고 계획적인 포위공격에도, 마인추는 태연하게 다음과 같은 성명을 발표한다. "여든에 가까운 나이가 되어 더 이상 대적할 수 없다는 것쯤은 잘 알고 있다. 그러나 나 혼자서라도 나서서 죽을 때까지 싸우겠다. 이치로 설득하지 않고 힘으로 굴복시키려고 하는 무리들에게 절대 투항하지 않겠다." 지금 우리는 당시 린자오가 모교 교장의 말 속에 깃든 큰 뜻을 보았는지는 알 수 없다. 하지만 그녀 자신도 옥중에서 "중과부적衆寡不敵의 상황에 처하여, 승패가 분명히 드러나 거의 속수무책의 국면에 처하게 된다고 하더라도", 절대 투쟁을 포기하지 않겠다는 맹세를 한다.

젊은 반항자

그래서인지, 이후 잔혹한 현실적 교훈이 그녀에게 청소년 시기의 선택에 대해 많은 반성과 성찰을 하게 했지만(이것은 아래에서 상세하게 토론할 것이다), 그녀는 그 어떠한 후회도 하지 않았다. 린자오는 옥중에서 자신이 걸어온 길을 회고하면서 이렇게 쓰고 있다. "내가 공산당을 추종하기 시작했던 그 나이 때는, '공산당'이란 글자는 두려움, 체포, 감금, 총살 등을 의미하는 것이었다. 결코 '신임'이나 '믿음', '등용', 더 나아가 '5·19' 전우가 그 해 지적했던 것처럼 '쌀밥과 고깃국 냄새'를 의미하지는 않았다. 공산당에 대한 충심은 정객政客의 이성에서 나온 것이 아니라, 청년의 격정에서 나온 것이었다!" 그리고 "당시 전국을 집권하던 국민당"은 "인심을 사로잡는 데는 소홀히하면서 오로지 진압하는 데만 신경을 썼다". "당시 어린 나조차도 성城방위 지휘부의 블랙리스트에 이름을 올린 학생 중 하나였다." 린자오에게는 "충심"과 젊은 반항정신, 격정으로 가득했던, 그리고 또 "진정으로 나라를 위하고 서로 진심을 터놓던", "뜨거운 피"가 들끓던 청년 시절이 늘 그리움으로 마음속에 자리 잡고 있었던 것이 분명하다. 그녀가 자신을 여러 차례 '젊은 반항자'로 자처한 까닭은 당시 그녀의 나이가 단지 서른 정도였기 때문이 아니라, 청소년 시기의 반항정신과 격정에 대한 굳건한 신조를 표명하기 위한 것이었다. 그리고 그녀는 옥중에서도 '37년 전' 외삼촌이 희생당한 날을 잊지 않았다. "죽은 자여, 후대 사람들이 제사를 지내기는 하지만, 이 가슴 가득 피눈물이 나는구나", "저는 압니다──국제가國際歌의 선율 속에서 저를 가르친 것은 어머니이고, 그 어머니를 가르치신 분이 바로 당신이란 것을!"[7] 린자오가 외삼촌에게서 이어받은 전통은 매우 고귀한 것이었다.

영혼의 그림자

물론, 린자오와 혁명, 특히 혁명 중국의 현실 상황과의 모순과 충돌 그리고 최후의 결렬까지 그것은 더더욱 소홀히 다루거나 부인할 수는 없는 것이다. 린자오의 여동생이 말한 것처럼, 린자오는 "강렬한 정의감, 투쟁심, 불타는 사랑 혹은 깊은 한恨을 가지고 있었는데, 이는 혁명가와 영웅적 인물에게 있는 개성이었다". 그녀는 또한 "혁명적 극단주의자로서 중간의 길이란 없었다. 물론 타협이나 조정도 없었다". 그리고 그녀는 "낭만주의자"[8]이기도 했다. 그래서 그녀와 혁명은 천성적으로 친화력을 가질 수밖에 없었다. 그러나 그녀는 유약하고 감상적이었으며, 모든 사람

---

7) 家祭, 1964년 4월 12일 작(作); 胡傑 編, 『林昭詩集』(打印本)에 수록.
8) 彭令範, 「我的姉姉林昭」, 『走近林昭』, 31쪽.

들을 사랑해야 한다는 결벽을 가지고 있었다. 이러한 것들은 혁명가에게는 금기사항으로서 중국에서는 이를 '소부르주아 정서'라고 하였다. 그녀처럼 혁명에 참가하여 「사회주의 광명의 길」走社會主義光明大道이라는 혁명적인 문장을 쓰면서, 개인적인 편지에서는 "오늘밤 꿈은 어디로 돌아갈까, 옛 정원에 푸릇한 풀 향기, 후미진 골목 안 가을바람, 한밤중 적막이 인다"⁹⁾라는 시 구절을 적어 넣는 것은 전혀 어울리지 않는 것일 수도 있다. 그래서 그녀는 비판을 받아야 했고, '도움'은 필연적이었다. 그러나 훨씬 더 큰 번뇌와 고통을 불러오고야 말았다. 그녀는 시에서 "악명이 자자하다. 나쁜 일은 한꺼번에 몰려든다. 몸이 백 개라도 속죄할 여지가 없고, 입이 백 개라도 변명할 게 없다. 누가 고요한 밤 흘리는 피를 알아줄까. 정말 너무나 고통스럽구나"¹⁰⁾라고 썼다. 민감했던 그녀는 분명 자신의 고통을 과장하였다. 이런 과장은 아마도 '소부르주아 정서'일 것이다.

린자오가 옥중회고에서 언급한 세 개의 큰 상처는 어쩌면 훨씬 더 심각한 것이었는지도 모른다. 하나는 "농촌에서 일할 때 받은 악의적 보복, 무리한 공격"에 의한 것이었고, 두번째 것은 "민보民報에서 일할 때 얻은 병을 국비로 치료받지 못한" 것이었으며, 세번째 것은 "숙청 당시 소위 '소극적 인생관, 부적절한 연애관'이란 영문 모를 죄명이 씌워져 조직의 처분을 받은 것"이었다. 이러한 것들은 개인적 상황에서 접하게 된 혁명의 어두운 단면이었다. 숙청 중에 실제 겪었던 일로 인해, 중국 혁명문제를 다시 돌아보게 되었다는 것은 어느 정도 의미가 있다. 수많은 '우파'(예를 들어 린시링林希翎, 탄톈룽譚天榮, 류치디劉奇弟)의 경험을 연구할 때도

---

9) 給倪競雄的信, 1952년 10월 2일 ; 胡傑 編, 『林昭詩集』(打印本)에 수록.
10) 給倪競雄的信, 1952년 3월 13일 ; 胡傑 編, 『林昭詩集』(打印本)에 수록.

비슷한 것을 발견하게 된다. 린자오에서 가장 말하기 힘든 부끄러운 기억은 그녀가 '대의멸친'大義滅親이란 구호 아래, 본의 아니게 어머니를 고발했던 것이었다. 그후 그녀는 어머니에게 보낸 편지에서 참회의 마음을 표하면서, "앞으로는 차라리 강이나 우물에 빠져 죽을지언정, 절대 다시는 본심에 어긋나는 말은 하지 않겠다"는 맹세를 했다고 한다.[11] 여기에서 말하는 '대의멸친'은 소위 '혁명윤리'의 핵심 부분과 관련되어 있는 것으로, 가정과 "분명하게 경계를 긋도록" 강제당한 것은 우리 세대 대다수가 겪었던 정신적 고통이었다.[12] 이것이 바로 린자오가 중국 혁명에 대해 다시금 생각하게 된 중요한 계기가 되었을 것이다.

『홍루』속 시가의 청춘격정

비록 영혼의 그림자가 드리워졌다고는 하지만, 1957년 '5·19민주운동' 이전 린자오의 정신 상태는 여전히 혁명이 가져다준 기쁨에 빠져 있었다. 이것은 그녀가 1957년 『홍루』 제2기에 '런펑'任鋒이란 필명으로 발표한 단편 시 속에서 드러난다. "세상은 이렇게도 넓고 / 우정은 이렇듯 진실하구나 / 생활은 이다지도 아름답고 / 우리는 또 이렇게도 젊구나!"(「황혼」黃昏) 또 이러한 시구도 보인다. "보라! 기쁨에 찬 무리들이 세찬 물결처럼 쏟아져 나와 / 족쇄를 풀어 제친 자유인에게 웃음 띤 눈을 뜨고 있다. / 아! 나의 조국, 동아시아의 위엄 있는 잠 깬 사자 / 그녀가 자부심 섞인 눈빛으로 세계를 보고 있지 않은가!"[13] 물론, 이것이 린자오가 이미

---

11) 陳偉斯,「應共冤魂語, 投書寄靈岩 — 林昭三十年祭」,『走近林昭』, 212쪽.
12) 錢理群,「"遺忘"背後的歷史觀與倫理觀」,『六十劫語』, 福建教育出版社, 1999.
13) 石獅,『林昭詩集』에 수록.

느끼고 있었던 사회주의 중국의 어두운 면에 대한 회피나 은폐를 의미하는 것은 결코 아니다. 오히려 그 반대다. 린자오는 자신이 초안을 잡은 『홍루』 제2기 「편집후기」에서 이렇게 썼다. "우리는 『홍루』에서 훨씬 더 맑고 고운 노랫소리를 듣길 원한다. 우리 젊은 가수들이 사랑을 노래하고, 조국을 노래하고, 우리 시대의 다채롭고 풍성한 생활을 노래하고, 또 우리의 노래가 타오르는 불꽃처럼 모든 구사회의 독소를 태워 버리고, 사회주의에 불리한 모든 것들을 불태워 없애 버리길 바란다." 이것은 문학비평 기능에 대한 강조이자 호소로, 여기에는 린자오와 그녀의 친구들이 품고 있던 회의정신과 비판적 열정이 분명하게 드러난다. 같은 호에 발표된 린자오의 「아가씨가 말하다: '표창시' 저자들을 조롱하다」는 바로 유행하고 있던 시와 문학이 사랑과 노동, 정치에 대해 얼마나 용속한 이해를 보여 주고 있는지를 조롱한 것이다. 이것은 시대의 주류관념을 향해 던진 린자오의 질의라고도 볼 수 있다. 이것은 이후 린자오의 사상발전에 매우 중요한 역할을 한다.

누구도 '진리를 대표'할 수 없다

그러나 5월 9일 베이징대학에 일련의 대자보가 붙음으로써 야기된 '5·19민주운동'에 대해 베이징대학 대다수의 학생들이 그랬던 것처럼, 린자오도 이에 대한 사상 준비가 충분히 되어 있지 않았다. 린자오는 운동이 시작되자마자 전개되었던 "당위원회 책임제 취소", "정치필수과목 폐지", "비밀당안제도 취소", "언론·출판·결사·가두시위의 자유 보장" 등 급진적 정치요구에 대해서 잘 이해하지는 못했다. 그러나 린자오의 친구 션쩌이沈澤宜, 장위안쉰張元勛이 「때가 되었다是時候了」라는 시 속에서 언급한 "진리를 노래하는 형제들이여 / 어서 횃불을 들어 올려 / 태양 아래의 모든 이둠을 화장시켜라", "모든 것을 불사른다 / 인간 세상의 울타리를", "그것의 불씨는 / '5·4'에서 왔기에!!!"라는 호소에는 공감할 수 있었다. 시 속에 깃든 중심 사상은 린자오가 앞에서 인용한 『홍루』제2기 「편집후기」속에서 이미 제기했던 것이다. 때문에, 누군가 「우리들의 노래」我們的歌를 써서 「때가 되었다」의 작가를 질책하며 "백모녀가 하소연하고 있는 것 같다"고 하면서 교훈조로 "진리의 힘은 결코 / 진리 수호자의 / 오만한 태도에 있는 것이 아니다"라고 말하고는 "우리에겐 / 너희들의 그 / '묵직한 거문고 줄'이 / 결여되어 있다 / 우리는 너희들처럼 / 늘 '뒤에서 / 불평하고 / 분개하고 / 근심하는 / 사람들과는 다르다. / 불을 놓으려 하는가 / 우리는 / 그럴 생각이 없다"라고 했을 때, 린자오는 그녀 특유의 정의감으로 탁자를 치며 벌떡 일어났고, 5월 20일 밤 「이것은 무슨 노래인가」這是什麽歌라는 시를 썼다. 이 시는 신문 전공의 한 학생의 일기 속에 기록되어 있었다. 그러나 「우리들의 노래」집필자는 지금까지도 이 시를 부정하는 글을 쓰고 있다. 아래에 「이것은 무슨 노래인가」전문을 적어 놓겠다.

이것은 무슨 노래인가
이것은 무슨 멜로디인가
'우리들의 노래'를 부르는 자
용서하시길

나
   (또
      나만이 아니라)

이런 남을 능욕하는 오만한 기세를 질책하는
그들은
　　　당신의 동료, 당신의 동지가 아니던가
　　　　"어째서
　　　　　　부드러운 멜로디를
　　　　　　　　쓰지 못하는가"

어째서
　　　　나쁜 사람을 겁줄 때나 쓰는
그렇게나 많은 말을
　　　　늘어놓아야만 한단 말인가
　　　　　광분·히스테리……
　　　　　　　거의, 한마디만 빠져 있다
　　　　　　　"반혁명분자"

그렇다, 아마도
　　　당신에겐 있었던 적이 없었을 것이다—
　　　　무거운 경시, 냉담과 회의를—
　　　　　짊어지던
　　　　　　그러한 날들이

굳어진 고독 속에서
　　　망연히 배회한다
가라앉지 않는 물

1. '순도자' 린자오　495

불멸의 긴 밤이
어디에 있는지 모른다
　　　한 모금씩
혼자 쓴 눈물을 삼킨다
아마도 당신은
　　줄곧 높은 지위에만 있었을 것이다
　　불평이니, 분개니, 근심이니
　　　　　하는 것들은
　　당신과는 관계가 없기에
당신이
　　'묵직한 거문고 줄'이 결여되어 있다 함에도
　　당신을 탓할 수만은 없다

교육이 내가 성장하도록 돌봐 주더니
　　　공산당도
내가 이제까지 들어 보지 못했던
　　　"구구구, 짹짹짹
　　　당신은 진실한 빛이요, 진실한 아름다움이요"
라는 노래만을 부르도록 가르친다

만약, 그가 진실로 억울하다면
　　　"백모녀가 하소연하고 있는 것 같은"
　　　그 기조로 노래 부른다고 또 안 될 게 뭐가 있겠는가?
어째서 우리는 기어이

"어제와 비교"하려고만 하는가?
설마
 어제보다 좀 나아지기만 한다면
  그것으로 그만이란 말인가
당의
 결함에 대해서
소나기 쏟듯 "높은 소리로 외쳐 대야" 하는지
 나는 생각해 본 적이 없지만
허나, 동지여, 당신에게
 당신의 청량제가 되어 줄
  소나기가 내려 준다면
나는 그것이야말로
 가장 좋은 일이라고 생각할 것이다

때가 되었다!
 "신중하게 생각해야 한다"
어떻게 해야만 진정으로
 동지를 도울 수 있는지를
우리가 동지를 사랑한다면
친절한 도움이 되어야겠다는
 "생각을 먼저 해야지",
무책임하게 함부로
 얼굴 가득 의분을 품고는
  아주 그럴듯하게

대단한 척 우쭐냄에

심취할 것이 아니다

진리의 힘은 결코

진리 수호자의

오만한 태도에 있지 않다

왜냐하면 당신은

(설사 당신이 의로운 일에 적극 나서고

나 아니면 안 된다 여길지라도)

결국 진리를 대표할 수는 없으니까

이 시기의 린자오는 여전히 '당'의 입장에 서 있었음을 알 수 있다. 그러나 그녀는 여느 '좌파'처럼, 중국공산당 영도하의 중국이 '광명'만 있을 것이라고는 생각하지 않았다. 그녀는 "햇빛 아래 어둠"을 기억하고 있었다(시 속에서 이와 관련된 감정 토로는 앞에 인용된, 친구에게 보낸 린자오의 편지에서 뽑아낸 시 구절을 떠올려 준다). 그래서 그녀는 "당신은 진실한 빛이요, 진실한 아름다움이요"를 노래하는 당의 가수는 절대 되지 않으려 했다. 더욱 중요한 것은, 그녀는 당이 "진리의 대표이자, 화신", "진리 수호자"로 자처하던 선천적 "오만"도 물론 인정하지 않았다는 것이다. 그녀 마음속에, 진리는 그 무엇보다도 높은 것이었다. 또 진리 앞에서, 인간은 다 평등하기 때문에 진리를 찾는 모든 자들은 '동지적 사랑'을 나누어야 했다. 이것이 그녀의 기본 입장이고 원칙이었으며, 또 그녀가 이 시기 반복해서 말했던 '양심'이었다.

조직성과 양심의 모순

그러나 공산주의 청년단 단원으로서 린자오는 공산주의 청년단의 '조직성'이라는 것이 모든 단원이 당을 '진리'로 여기고, 무조건 '수호'하기를 요구한다는 것과, 당에 대한 회의는 죄가 되며, 공개적으로 함부로 비판하는 말을 해서는 안 된다는 것을 알고 있었다. 그래서 '조직성과 양심' 간의 모순이 생겨나게 되었다. 이것은 사실상 그 시대 진보를 요구했던 모든 청년들이 직면했던 모순이었다. 린자오와 『홍루』의 시우詩友였던 셰몐謝冕은 몇십 년이 지난 후, 이렇게 회고한다. "그 당시 나의 사상은 모순으로 가득 찼었다는 것을 인정한다. 순진해서 쉽게 믿었으며, 감히 의심하지 못했다. 그렇다고 또 의심하지 않을 수는 없었다. 의심한 후엔 마음속 깊은 곳으로부터 고통이 찾아왔다. 나에겐 일종의 파멸감과 또 그보다 더한 두려움이 있었다."[14]

그러나 린자오가 셰몐과 달랐던 점은 그녀는 솔직했으며 거리낌이나 두려움이 없었다는 것이다. 10년 후 그녀는 옥중에서 그녀 일생을 지탱해 주었던 '말하기', '일하기'의 원칙을 이렇게 진술한다. "나는 다른 사람에게 심한 욕설을 듣는 것이 두려운 게 아니라, 언젠가 내가 나 자신에게 빌어먹을 것이라 욕하게 될까 봐 늘 불안하고 두려웠다. 이렇게 두려워하는 마음을 갖는 것은 좋은 것이다. 그런 마음은 내게 언제 어디서든—설사 가장 험난하고 고통스런 투쟁 조건에서라도—해야 할 일을 하게 하고, 해야 할 말을 하게 했다!" "성공과 실패, 순조로움과 난관은 개의치 않는다. 아무리 많은 사람들이 욕을 해도 할 수 없다. 내가 하느님의 진리와 인류의 도덕 앞에서 심판을 견뎌 낼 수 있는 꿋꿋한 양심

---

14) 謝冕,「懷念林昭」,『走近林昭』, 206쪽.

만 가질 수 있으면 된다!"

그 해 린자오는 "할 말은 반드시 한다"는 원칙을 지키면서, 1957년 5월 22일 밤, '민주논단'民主論壇에서 그녀가 느꼈던 "조직성과 양심의 모순", 그리고 이로 인한 고통을 공개적으로 말했다. 당시 자리에 함께 있었던 사람의 회고에 따르면, 누군가 살벌한 기세로 "당신 누구요"라고 물었을 때, 린자오는 태연하게 "나는 린자오라 합니다! '나무 목木 두 개 붙은' '린'林에, '날 일日에 입 구口자 위에 칼 도刀자 있는' '자오'昭입니다! 입 구자 위에 칼 도자가 있어도 되고, 머리 두자 위에 칼 도자가 있어도 됩니다. 오늘은, 그렇게 이것저것을 따질 시간이 없네요."15) ── 이것이 바로 린자오였다! 이것은 그녀가 대중 앞에서 처음으로 "대담하게 말하고, 행하는" 본연의 모습을 보여 준 것이었다.

린자오의 이 말은 하룻밤 사이에 학교 구석구석으로 퍼져 나갔다. 누구는 "청년단의 조직성이 바로 양심"이라며 즉각적으로 반박하였고, 누군가는 "당신은 진심에서 우러나온 회의감懷疑感을 토로한 것"이라며 지지하기도 하였다. 아울러 훨씬 더 깊이 있는 성찰을 불러오기도 하였다. "동지여, 나는 말하고 싶지만 또 감히 말하지 못하는 당신의 고충을 알고 있다. 많은 사람들도 당신처럼, 그런 복잡한 심정을 갖고 있다. 가슴에 손을 얹고 자문해 보라. 과거 우리가 얼마나 많이 본심에 어긋난 말을 했고, 조직의 온순한 노예 역할을 했었는지를. 얼마나 많이 스스로를 억압하고, 다른 사람을 아프게 했었는지를. 어떤 일은 이렇듯 우리를 부끄럽고 고통스럽게 만들고, 또 어떤 일은 우리에게 평생의 한으로 남을 것이다. 모든 상황이 달라지고 변한 지금 이러한 것들이 모두 후회가 된

---

15) 張元勛,「北大往事與林昭之事」,『走近林昭』, 82쪽.

다."¹⁶⁾ 린자오의 직언은, 베이징대학 학생들에게 자신의 노예 상태, 내재적 노예성, 이 배후의 '권력에 대한 두려움'과 '이기심'에 대한 반성을 불러왔다. 이것은 마음 깊은 곳으로부터 정신적 노예성의 족쇄를 벗고, 사상의 독립과 자유를 추구한 인간 '양심'과 본성 회복의 시작이었다.

　격렬한 논쟁 속에서, 베이징대학 학생들은 순식간에 분화되었다. 린자오의 『홍루』 시우들은 두 파로 분열되어, 각각 '민주의 벽'[民主牆]과 '수구주의자[衛道者] 논단'을 개설하고, 서로 대립하였다. 그러나 린자오는 오히려 독자적인 태도를 보였다. 그녀는 자발적으로 '민주의 벽'을 개설한 선쩌이와 장위안쉰이 대자보 붙이는 것을 도우면서, 공개적으로 지지를 표명하였다. 또 '수구주의자 논단'의 몇몇 문장들에도 서명을 하면서 찬동을 표명하였다. 이 모든 것은 자신의 독자적인 판단에 의한 것이었다.¹⁷⁾ 그녀는 아마도 이렇게 서로 다른 의견의 자유로운 논쟁을 통해서 진정한 사상과 언론 자유의 길을 걸어가길 기대했던 것 같다. 또한 이것은 많은 사람들이 바라는 것이었다. 그러나 그녀와 그들은 너무도 순진했다.

"우리는 정말 속았다!"

1957년 6월 8일 『런민일보』 사설 「이것은 무엇 때문인가」를 시작으로, 마오쩌둥과 중국공산당은 '반우파운동'을 발동시켰는데, 이것은 린자오와 많은 선량한 사람들에게는 전혀 예상치 못했던 일이었다. 처음에 그녀는 어리둥절해했다. 그래서 그녀는 '우파분자' 장위안쉰, 리런李任을 제

---

16) 杜嘉蓁, 「組織性和良心―致林昭」, 『北京大學右派份子反動言論匯集』, 北京大學社會主義思想敎育委員會, 1957, 154~156쪽. 작자는 주(注)에서 이 시가 "청년단원의 조직성이 바로 양심"이라는 누군가의 시를 겨냥해서 쓴 시라고 설명한다.
17) 沈澤宜, 「我和林昭」, 『走近林昭』, 139, 149쪽.

명하는 『홍루』 편집위원 직무회의에 나타나서는, "나는 속은 느낌이다!" 라는 비판적인 발언을 하였다. 장위안쉰은 이에 대해 40여 년 후 다음과 같이 설명하였다. "'속았다'란 말이 포함하는 것은 매우 광범위하다. '우파언론'뿐만이 아니라 서로 왕래하면서 쌓아 놓은 모든 것들까지 포함하는 것 같았다. 마치 내가 결국은 이 열흘 동안 내 본색을 드러내며 과거의 허상을 증명하는 듯했다."[18]

당시 린자오가 '조직성과 양심'의 모순을 느꼈다고 했지만, 그래도 그녀는 여전히 '조직'에 대한 모종의 믿음을 가지고 있었다. 그래서 '조직'의 명의로, 자기가 신임하던 친구가 '반당·반사회주의 우파분자'임이 선포되고 그녀도 모르던 많은 '죄악'이 열거되었을 때, 믿지 않을 수 없었다. 특히 사생활에서의 많은 '불량스런 언행'(이것은 역대로 '군중운동'과 '계급투쟁'의 상투적 수단이었다)에 관한 폭로는, 도덕결벽증을 갖고 있던 린자오에게는 그냥 넘길 수 없는 것들로, 이로 인해 그녀는 "속은 느낌"을 갖게 되었다. 그러나 사실 이것은 린자오가 또 한 번 속은 것이었다. 그래서 8년 후(1965년) 린자오는 옥중에서 장위안쉰과 만나게 되었을 때, 다음과 같은 뼈저린 말을 하였다. "잊지 말고 살아 있는 사람들에게 알려 줘. 린자오란 사람은 그들을 너무 사랑한 탓에 그들에 의해 살해되었다고! 내가 가장 증오하는 것은 기만인데, 나중에야 알게 되었어. 우리가 정말로 속았다는 것을! 수십만 사람들이 속았다는 것을!"[19] 이러한 외침은 간담을 서늘케 하였다.

---

18) 張元勛, 「北大往事與林昭之事」, 『走近林昭』, 79~80쪽.
19) 張元勛, 「北大往事與林昭之事」, 『走近林昭』, 104쪽.

결렬은 "바로 그때부터 시작되었다"

린자오 자신도 계략을 벗어나기는 어려웠다. 그녀에게 비판적인 발언이 쏟아짐과 동시에 "얼렁뚱땅 속여 넘기려 한다"는 새로운 죄가 선고되었다.[20] 그러나 뜻밖의 일격은 오히려 린자오를 깨어나게 했다. 그녀는 모든 것들을 다시금 세밀히 관찰하고 사고하면서 삶의 길에서 새로운 선택을 하게 되었다. 그녀는 조금의 망설임도 없이 돌아오지 못할 길을 걸어갔다. 후에 그녀는 옥중에서 이렇게 회고한다.

> "반우反右——그 피비린내 나는 비바람, 처참했던 1957년, 많은 사람들에게도, 또 이 젊은이의 생명사에도 깊디깊은 낙인을 새겨 놓았고, 뚜렷한 경계를 그어 놓았다!……
>
> 매번 그 처참했던 1957년을 떠올릴 때면, 가슴이 저려 오면서 저절로 경련이 일어난다! 심지어 그 해에 관한 얘기를 꺼내거나, 그 숫자를 보거나 듣기만 해도, 조건반사적으로 극도의 통증이 찾아 든다! 그 해는 중국 지식계와 청년들의 피눈물로 온통 물들여진 처참하고도 슬픈 해였다. 이전엔 그 어떠한 폭정暴政하에서도 중국 지식계는 많건 적건 간에 어느 정도 바른 기풍을 보여 줬었다. 그러나 1957년 이후 그야말로 거의 다 파괴되었다!……"
>
> "정치사상 면에서 린자오의 공산당과의 결렬은 그때부터 시작되었다. 그러나 나 역시 책망당할 이유는 없다! '위대하고, 올바르며, 영명한', 혹

---

20) 『紅樓』, "反右派鬪爭特刊" 2號(1958年 1期)는 『幕, 拉開來』라는 표제 아래 '독자로부터 온 편지' 두 통을 발표하여, "린자오가 『광장』의 배후 인물"로서 장위안쉰, 선쩌이와 함께 '광장시파'의 '주요 책임자'라고 비난하고, 또 "린자오가 언제 단숨에 우파인물로 변신했던가?"라고 묻는다.

은 그런 척하는 선생들이여, 양산박은 당신들에게 쫓겨 어쩔 수 없이 도망친 것이다. 이 젊은이는 전부터 선한 희망을 품고서 당신들을 기다리고 있었다──당신들을 찾는다는 것은 아마도 아주 작은 현명함의 표출일지도 모른다, 마지막 순간까지도. 그러나 완전히 절망한 후에, 나는 부득이 그러나 단호히 반항의 길을 선택하였다! 나는 선한 희망을 품을 수는 있었지만, 공허한 환상을 품을 수는 없었다! 현실 속에서의 삶이 어떻게 환상에 기댈 수 있겠는가? 그러나 당시 선생들의 그 귀한 당(黨)은 얼마나 터무니없이, 선혈 낭자한 비통한 현실을 만들어 내었던가? 침통한 정치현실과 국가고난에 대면하면서, 선배들과 동시대인의 한없이 솟구치는 피눈물을 마주하면서, 죽지 않은 양심과 불타오르는 열정으로 인한 비통함에 엄청난 시련을 겪은 젊은이로서, 조금의 망설임도 없이 목숨이 붙어 있는 한 끝까지 싸우고 반항하겠다는 맹세를 하고서, 최선을 다해 이 맹세를 행동으로 옮기는 것 말고, 우리가 해야 할 것이 또 무엇이 있단 말인가?! 엄준한 비난을 받아야 할 사람들이 청년들인가 아니면 집권자인가?! 린자오가 공산당을 저버린 것인가 아니면 중국공산당이 린자오를 저버린 것인가?"

"어떠한 상황에서건, 나는 반우라는 악명 높은 추악한 연극을 공격함에 있어서, 어느 개인의 억울함 같은 것들을 강조하지는 않았다. 설령 어느 개인이 엄청나게 억울함을 당했다 하더라도, 그것은 중국 대륙 지식계와 청년들의 원한 가득한 피눈물 가운데 그저 한 방울일 뿐이다! 이 추악한 연극은 결코 전적으로 나 린자오 개인만을 겨냥한 것은 아니다. 나로서는, 자기라는 물 한 방울을 솟구치는 물결 속에 떨어뜨리는 것이 오히려 훨씬 더 익숙했다. 어찌되었건, 상황은 사람들이 근본적인 정치태도에 있어서 어쩔 수 없이 뭔가를 선택해야만 하는 상황으로까지 발전되어 갔다. …… 나는 폭정의 노예가 되어 공산당을 따라 우파를 처단하는 상황으로까지 타락하는 것을 받아들일 수 없었다. 그래서 하는 수 없이 우파가 되기로 결정했다! 문제는 회피할 수 없을 정도로 너무도 첨예하고 심각했다. 왜냐하면 더 이상은 회피의 여지가 없었기 때문이다!"

"…… 여러분, 린자오는 이미 책임질 준비가 되어 있고 또 끝까지 책임을 다할 겁니다! 저는 알고 있습니다. 분명히 알고 있습니다. 우리의 제도하에서 반항자는 무엇을 의미하는지, 또 반항자의 길을 걸으면 어떻게 되리라는 것을."

우리가 굴복할 때, 린자오는 반항했다!

이렇게 대다수가(나 자신을 포함해서) 반우파운동의 위세에 굴복했을 때, 린자오는 반항했다! 우리가 고개 숙여 개조를 받아들일 때, 린자오는 고개를 들어 거절했다! 우리가 침묵할 때, 린자오는 생명의 마지막 노래를 불렀다! 우리가 자유·민주에 대한 추구를 포기하였을 때, 린자오는 중국의 고지高地에서 민주·자유의 깃발을 들어 올렸다! 우리가 노예가 되어 굴욕당할 때, 린자오는 영웅적 기개를 지닌 대문자 '사람 인人'이 되었다.

반우파운동이 끝났을 때, 린자오는 '5·19운동'의 중심인물 중 하나인 탄톈룽에게 이렇게 말했다. "'우파'라는 모자를 쓰게 된 후, 어머니가 기특하다는 눈빛으로 나를 찬찬히 뜯어보셨는데, 그 눈빛이 마치 '언제 네가 이렇게 컸니?'라고 하는 듯했다. 나는 지금에서야 비로소 '우파'라는 모자의 무게를 알게 되었다. 어쨌든, 이번에는 내가 졌지만, 끝난 것은 아니다. '훗날 커다란 포부를 따른 자를, 누가 감히 황소黃巢[황소의 난을 일으킨 반란자]라 비웃을 수 있겠는가!"[21]

반우파운동은 자기 '무덤을 판 자'와 '심판자'를 양성했다

1964년 「상하이시 징안구 인민검찰원 기소서」上海市靜安區人民檢察院起訴書에서 "1957년 반당·반사회주의로 인해 우파사상에 빠지게 되었다"는 죄명이 더해지자, 린자오는 차분하게 반박하였다. "이것은 독재자가 늘 사용하는 위선적 언어로서, 흑백을 전도시키고 이목을 혼란시키는 것이다! 이 말을 보다 정확하게 말하려면, 1957년 청춘의 끓는 피와 죽지 않은 양심에 따라, 베이징대학 '5·19'민주·폭정항거운동의 적극 가담자가 되었다고 해야 한다." 그녀는 당당하게 공언하였다. "'5·19'의 기치는 절대로 그 전도顚倒를 용납하지 않는다! '5·19'의 전통은 중상모략을 용인하지 않는다! '5·19'의 불씨는 절대로 꺼져서는 안 된다! 단 한 사람만 있어도 투쟁은 계속될 것이다. 마지막 숨이 멈출 때까지 계속될 것이다!"

이에 대해 나는 「피로 쓴 글을 마주하며」面對血寫的文字에서 이렇게 쓴 바 있다. "이 반박문은 1964년에 쓴 것으로, 이것은 '우파'에게 명예를 회복시켜 준 1979년보다 15년이나 앞선 것이다. 그 당시 린자오가 '5·19' 민주운동에 대한 기치와 전통을 끝까지 고수하려 했던 것은 대단한 용기이자 그 이상에 대한 확고한 신념의 표현이라 할 수 있다. 우리는 베이징대학의 '5·19'민주운동이 5·4정신의 계승과 발양이며, 현대 중국의 민주운동사에서 중요한 의미를 가진다고 본다. 그렇다면, '젊은 반항자'의 모습으로, 자각적으로 '5·19'가 만들어 놓은 사업을 지속시키고, 이 때문에 자신을 희생한 린자오도 '5·19'민주운동의 대표적 인물이자, '5·19' 정신을 계승하고 발전시킨 인물이라 하기에 전혀 손색이 없다.[22]

어떤 의미에서는 1957년의 반우파운동이 린자오를 만들었다고 할

---

21) 譚天榮, 「一個沒有情節的故事—回憶林昭」, 『走近林昭』, 173쪽.

수 있다. 혹자는 반우파운동 자체가 자신의 '무덤을 판 자'와 '심판자'를 양성했다고 말한다. 이것은 반우파운동의 발동자조차도 예상하지 못했던 것이다.

린자오는 일찍이 "역사의 법정에서, 우리는 장차 원고原告가 될 것이다"라고 말한 바 있다.

2) 린자오의 사상

린자오는 옥중에서 쓴 외숙을 기리는 시 속에서, "숙부님, 붉은 감옥에서 당신을 위해 목 놓아 웁니다!", "당신은 수많은 동포들을 위해 희생을 감수했건만, 그들은 지금 자유롭지 못한 죄인, 굶주린 노예의 처지에 놓여 있다는 것을 당신이 알게 된다면!"이라며 침통한 심정을 토로한 바 있다.

이것은 '백색감옥' 무너뜨리기를 사명으로 삼던 '혁명'이 승리를 거둔 후에 어째서 또다시 '홍색감옥'이 세워졌는가를 추궁하는 것이다. 이는 우리에게 루쉰의 「잃어버린 좋은 지옥」失掉的好地獄을 떠올리게 한다. 혁명선열이 수많은 동포들의 해방을 위해 희생되었는데, 어째서 '해방 후' 세워진 신정권의 통치하에서 또다시 수많은 동포들이 "자유롭지 못한 죄인, 굶주린 노예"의 처지가 되었는가? 민주와 자유를 쟁취하고자 혁명의 대문으로 걸어 들어갔는데, 어째서 오히려 전제專制의 함정에 빠지게 되었으며, 자유를 잃어버리게 되었는가?

또한 이것은 혁명에 참가했고, 혁명을 추종했던 모든 사람들의 양심에 대한 추궁이기도 하다. 당신은 "혁명이 변질되어, 반대로 걸어간"

---

22) 錢理群,「面對血寫的文字 — 初讀〈給『人民日報』編輯部的信〉」,『走近林昭』, 203~204쪽.

현실을 똑바로 바라볼 수 있는가? 이러한 현실에 마비되어, 묵인하고 굴복하고 동화될 것인가? 또 자각적이든 아니든 수프 한잔을 나눠 받기 위해서 기득권 집단에 들어갈 것인가? 아니면 원래부터 추구했던 민주·자유·진리·인성의 아름다운 이상과 신념을 지키며, 변질된 혁명을 비판하고 이에 반항하면서, 동시에 진지하게 역사경험의 교훈을 총괄하고 혁명 자체에 대한 과학적 재고찰과 자아반성을 해나감으로써 다시 또 생명이 다할 때까지 아낌없이 모든 것을 희생할 것인가?

역사의 무정無情한 검증에 따르면 대다수는 강제적이든 자각적이든 혹은 반半강제적이든 반半자각적이든 전자를 선택하였다. 오직 소수만이 후자의 가시밭길을 걸어갔다. 린자오는 그 가운데 가장 빨리 깨달은 사람으로 가장 꿋꿋했으며 사욕도 두려움도 가장 없었던 선구자였다. 그녀의 사상 또한 주로 이러한 측면을 드러내 주고 있다.

"내게 인권과 자유를 돌려주시오"
앞서 언급한 「잃어버린 좋은 지옥」에서, 루쉰은 이렇게 쓰고 있다.

> "나는 내가 침대에 누워 있는 꿈을 꾸었다. 황량한 벌판, 지옥 가장자리였다. 모든 귀신들이 울부짖는 소리는 나지막하지만 질서가 있었다. 그것들은, 포효하는 불꽃, 들끓는 기름, 흔들리는 삼지창과 어우러져 마음을 취하게 하는 크낙한 음악을 이루면서 삼계三界에, '지하地下 태평'을 알리고 있었다."

이것은 '인류'가 영혼을 이끌고 '마귀'를 무찌른 후에, 다시 정돈한 지옥이었다.

"귀신들이 또다시 지옥에 반대하는 절규를 했을 때, 그들은 이미 인류의 반역도[叛徒]로 되어 있었다. 그들은 칼나무 숲 한가운데로 옮겨져 영겁永劫토록 헤어날 길 없는 형벌에 처해졌다."[23]

린자오는 바로 이러한 반역으로 "영겁토록 헤어날 길 없는 형벌"을 받은 옥중獄中 영혼이었다. 루쉰의 꿈은 린자오에게서 계속 이어졌다.
그녀는 또 이런 꿈도 꾸었다.

"마법에 능한 예술가가 펄쩍펄쩍 뛰면서, 계속해서 내게 요술 지팡이를 휘저어 대더니, 이번엔 또 나무들을 가리키면서 '들어가, 들어가! 카드 패로 변해 버려랏! 내가 마침 스페이드 Q 한 장이 부족하거든!' 하고 소리쳤다. 그러나 내 목소리는 그의 것보다 훨씬 더 컸다. '난 사람이라고, 알지? 난 누구 손 안의 카드패가 아니라고! 당신은 내게 클로버 K가 되라고 하지만, 난 그렇게 안 할 거라고!'"

이런 꿈은 그 자체로 의미심장하다. 그것은 린자오의 영혼 깊은 곳을 억누르던 새로운 형태의 노예화[奴役]와 새로운 방식의 기만, 유혹, 억압이라는 악몽을 드러낸 것이다. 물론 이것은 린자오가 처한 현실, 그녀가 마주한 사회현실을 표현한 것이기는 하지만, 그녀가 옥중에서 계속해서 생각했던 것이기도 하였다.
그리하여, 그녀는 '강권사회'強權社會라는 개념을 제기한다. 그녀는

---

[23] 魯迅, 「失掉的好地獄」, 『魯迅全集』 2卷, 204, 205쪽.[「잃어버린 좋은 지옥」, 『들풀』(루쉰전집 3권), 70~71쪽.]

이것이 "강권통치의 경찰국가"로서 "먼저 비밀특무(스파이) 시스템으로 감시·통제하여 당 전체를 통치하고, 그다음엔 '당으로 국가를 통치하고', 특무화된(스파이화된) 당으로 감시·통제함으로써 전국을 통치한다"고 하였다. 다시 말해서 강권사회, 강권국가라는 것은 "당이 국가를 통치한다"라는 것을 구현할 뿐 아니라, 나아가 '집중통일영도'集中統一領尊, 즉 소위 '민주집중제' 기치하에 "극단적으로 당내생활을 전횡함"으로써 철저한 감시와 통제를 기초로 한다는 말이다. 린자오는 "내가 있는 곳은 서재가 아니니, 역사를 토론할 필요도 없고, 현실에 대해 이렇다 저렇다 비평할 필요도 없다"고 하였다. 그녀는 바로 이렇게 "부당한 형벌과 상해"라는 지독한 "폭행" 속에서, 또 치밀한 "공포제도" 속에서 생활하였다. 여기에서는 "법률, 인권, 공의公義를 말하지 않고, 심지어 도덕을 말하지 않는다". 린자오가 말한 것처럼, 전제專制의 논리가 "깔끔하고, 철저하고, 완전하게" 극단으로까지 널리 시행되었다는 것이다. 이러한 비밀특무의 "공포제도"는 바로 강권통치의 "물질기초, 혹은 조직기초"였다.

린자오는 또 강권체제는 "피와 원한으로서 통치권력을 유지시킨다"고 꼬집었다. 이것은 치국治國의 도道로서의 '계급투쟁'의 본질이었다. 린자오는 이러한 계급투쟁을 "계단 위에서의 싸움"이라고 불렀다. 그것은 객관적으로 존재하는 이익 분야를 기초로 한 것이 아니라, 반대로 이러한 분열과 충돌을 은폐하려고 한 것이며, 통치의지에 따라 인위적으로 만든 것이었다. 그 핵심은 바로 사람 간의 '원한', 인성의 악한 면, 살생을 즐기는 동물성을 선동하려는 것이었다. 이것은 인성의 진·선·미를 추구하며 올바로 서고자 했던 린자오가 가장 가슴 아파했던 것으로, 그녀는 가장 격렬한 말로 이러한 '피와 원한'을 선동한 계급투쟁 논리를 비판한다. 여기에는 또 우려의 마음도 깃들어 있었다. 그녀는 이미 공전의 대살육이 임박했음을 알아차리고, 자신도 결국 유례없는 '피와 복수' 속에 희생될 것임을 감지하게 된다.

린자오는 또 '강권과두裏頭' 개념을 제기하면서, 그 예봉을 곧장 "개인미신, 우상숭배"를 향해 휘두른다. 린자오는 이것이 "20세기 시대 조건과 중국 대륙의 사회 조건에서" 형성된 것이라고 지적한다. 그녀는 "이 점을 인식하는 것이 지금 중국 대륙의 정치현실을 인식하는 데 있어 매우 중요한 의의"를 갖는다는 것을 분명히 알고 있었다. 그 당시는(60년대 초, 문화대혁명의 전야), 마오쩌둥의 지지와 격려 아래서, "개인미신, 우상숭배"의 떠들썩함 속에서, 전민적 광기가 형성 중이었다. 린자오는 이러한 상황에서, 남다른 각성과 용기 있는 비판을 제기하였는데, 여기에도 마찬가지로 우려의 마음이 담겨져 있었다. 그녀는 이러한 분위기에 흠뻑 취해 있는 중국공산당을 향해, "당신들이 이치에도 맞지 않는 일을 그냥 방치한 까닭에, 민심을 잃은 폭군이 자신의 행위에 대해 책임지지 않는 것에 버릇 들고, 심지어 행위의 결과조차 신경 쓰지 않게 된 게 아닌가?", "자기와 맞지 않는 사람들을 제거하는 알력투쟁을" 초래하고, "다행히도 아직까지는 정직하고 선량한 마음을 지니고서 민족의 질병을 걱정하던 그나마 깨어 있던 몇 안 되는 일부 인사"를 "숙청"하고, 마오 한 사람에게만 "지나치게 집중시킴으로써", "영웅투쟁의 역사 몇 페이지쯤은 자기 것으로 하고 있었던 중국공산당은 정의감을 거의 모두 상실하게 되었고, 나아가 그 생명력을 상실하게 되었다"고 경고하였다. 1965년에 탈고한 옥중서신을 볼 때, 그녀가 1년 후 일어날 문화대혁명을 이미 예감했음에 틀림없다.

린자오는 또 비판의 화살을 개인미신, 우상숭배의 철학기초인 '유아주의唯我主義 세계관'을 향해 겨눈다. '유아주의 세계관'은 "객관적 존재를 존중하지 않고", "주관적 희망으로써 객관적 세계를 대체하는" 주관의지 결정론이자, "전혀 이치에 맞지 않는 유아독존" 식으로, "하느님과 누가 더 높은지를 서로 견주어 보고자 하는 정신상태"이다. 이러한 극단적 유아주의가 감독과 제한을 받지 않는 권력(린자오는 "강권제도하에서는 권력중심 더 나아가 권력의 핵심일수록 무지막지하고 난폭하다"고 꼬집는다)과 서로 결합한다면, 한 국가와 민족에게 가져올 결과가 어떠할지는 미루어 짐작할 수 있는 것이다. 그녀는 한 체제의 최고 집권자가 "일관되게 객관을 무시하고, 사람을 사람으로 보지 않는 것을" 용인할 때, "그 체제에 인정人情과 인성人性이 존재할 수 있을지를 의심하게 된다"고 하였다.

이러한 강권체제를 옹호하려면, 반드시 '우민정책'을 실행해야 하고 '노예성'을 심어 줘야 하며 정신을 기만하고 억눌러야 한다. 이 역할을 하는 것이 바로 강권체제하에서 극도로 발달하는 또 다른 조직기구, 즉 선전 여론으로서, 그것은 역사상 유례없을 정도로 중시된다. 아마도 린자오는 본인이 신문방송학과 출신이기 때문에, 중국의 방송·신문의 본질에 대해서 훨씬 더 많은 관심을 갖고 사고하며, 더 예리한 비판을 펼쳤던 것 같다. 그녀는 중국의 신문이 "체계를 잘 갖춘 일련의 특무(스파이)폭력통치기구의 조직"이라고 지적하였다. 그녀는 신문의 기능이 "겉을 장식하고", 지속적으로 국민들에게 "공허하고 위선적인, 싼 값에 훨씬 더 무료한 '만세'의 외침과 우민들의 요란"함을 퍼뜨리는 것 외에도, "어용적 상황중심(센터)"으로서 소위 '내부(참고)자료'를 통해서 국내 정보를 제공하고, "근거 없는 억측을 제공한" 내부를 이용해 '계급투쟁'의 필요성을 강화하여 이를 발동시키는 것이라고 하였다.

린자오가 편지에서 "당신들이 내세운 명분이, 당내 비밀특무의 상향식 의사소통에서조차도 최소한의 존중을 받을 수 없는데, 어떻게 민중들이 존중해 주길 기대할 수 있단 말인가?"라며 거듭된 멸시를 드러내고 있지만, 앞에서 인용했던 옥중 꿈의 이야기에서 보이듯, 그 체제 속에서 '마법사'가 그녀 영혼에 던진 그림자는 때때로 그녀를 극도로 옭아맸다. 그 "들어가, 들어가"란 고함소리는 유혹이자 정신적 통제였다. 그것은 가혹한 박해이자 결국 육체를 소멸에 이르게 하는 또 다른 방법으로서, 양자는 서로 보완·협력관계에 있었다.

그러나 결코 모든 지식인들이 다 이러한 유혹과 배후의 위협으로부터 벗어나거나 이에 초연할 수 있었던 것은 아니다. 린자오는 때로는 부드럽고 때로는 강경한 이중적 통제하에 있던 수많은 지식인들의 비천한 생존 상태를 이렇게 묘사한 적이 있다. "머리 숙여 쩔쩔매면서, 비굴하게 남에게 빌붙거나, 얼마 남지 않은 콩고물이라도 받아먹으려는 '민주인사'民主人士가 있는가 하면", "실의에 빠져 쇠락해 가는 제 처지를 노래하면서 하늘에서 신병神兵 같은 '지도자'가 내려오길 바라는 자도 있고", 또 "평소에는 기탄없이 이러저러한 비평을 하다가, 시련이 닥치게 되면 찍소리 못 하고 그럭저럭 목숨이나 부지하려는 '학계의 현인'도 있고", "위로는 자기 한 몸만 돌보며, 자신이 옳다고 생각한 것만 추구하고, 아래로는 남에게 얹혀살면서 권세가에게 먹을 것을 구하면서, 늘 구름 속에서 싸움구경하는 태도를 취하며, 중국인으로서의 민족책임을 전혀 의식하지 못하는 '해외인사'도 있다. 표현형식이 불일치한 자는, 강권통치의 독 속으로 들어가면 이를 따르는 백성이 되어, 통치자를 돕고 충성하고 더 나아가 온갖 나쁜 짓을 저지르게 된다. 린자오는 하늘을 우러르며 길게 탄식하였다. "하늘이시여! 우리의 시조 황제시여! 강권통치 아래 적막하기만 한 중화민족의 정기를 애달파하소서. 지금은 엄청난 고난과 피눈물 속에서 이 삶을 겨우 지탱해 나가고 있을 뿐입니다. 기세등등한 살

신성인의 용기, 지략, 끈기로서 인권과 자유를 되찾기 위해 목숨 걸고 싸워 나갈 청춘들이여!" 린자오는 자신의 역사적 책임을 분명하게 의식하였다. 그리고 의연하게 이를 떠맡았다. 그러나 그녀는 자기 내심의 고독을 은폐하려 하지는 않았다.

그녀를 더욱 고통스럽게 한 것은, 강권통치가 청년들을 기만하고 이용하고 있다는 점이었다. 여기에도 그녀 자신의 숨겨진 고통이 있었다. 린자오는 이렇게 썼다. "'국가', '사회', '인민'과 같은 모든 숭고한 개념"은, "'청년'을 미혹시키고", 그들에게 "조금의 사심 없이, '자신의 이익을 고려치 않고, 철저히 타인의 이익을 생각하면서' 자기의 가장 귀중한 청춘의 시간을 내던져 버려라"고 한다. "우리의 천진함과 유치함, 그리고 정직함을 이용하였고, 우리의 선량하고도 단순한 마음과 열렬하고 격정적인 기질을 이용하여 유혹하고 선동하였다." "그러나 우리가 좀더 성장하여 잔혹한 현실을 깨닫고 민주권리를 요구하게 되었을 때, 우리는 전대미문의 잔악한 박해와 학대, 탄압을 받게 되었다." 청년들에 대한 이용과 탄압은 강권체제의 비인도적 본질을 가장 잘 나타내는 것이다.

린자오가 여기에서 자신의 성장사를 회고하고 있다는 것을 알 수 있다. 여기에는 뼈저린 자아반성도 따르고 있다. 왜 이용되었을까? 린자오는 외적인 억압에 반항함과 동시에 범상치 않은 용기로 자신의 '정치적 유치함'과 마땅히 져야 할 역사적 책임에 대해 반성하고 있었다.

"엄숙하고 쓰라린 자아비판 속에서 행해진 자신에 대한 질책은, 다른 속셈을 가지고 그녀를 질책했던 타인들의 것보다 훨씬 더 예리하고도 혹독했다." 이것은 강권체제에 대한 린자오의 비판이 마지막에는 자아비판으로 향하고 있음을 의미한다. 이것은 비판의 진정한 깊이와 그녀 자신의 성숙함을 드러낸다. 이런 의미에서 나는 「피로 쓴 글을 마주하며」라는 글에서, 린자오를 "이미 깨어 있는, 각성한, 그래서 이용당하지 않았던 '청춘전사'青春戰士라고 칭하였던 것이다. 나는 또 이렇게 썼다. "이러한 점에서, 린자오는 다소 앞서 나간 부분이 있다. 왜냐하면 그녀의 세대, 그리고 그 이후 세대에서, 청춘의 열정이 이용된 홍위병 비극이 발생했기 때문이다."[24] 문화대혁명에서 홍위병의 운명은, 똑같이 먼저 이용되고, 이후에 탄압받는 처지가 되었다. 이것은 중국의 강권체제가 결코 변하지 않았고, 또 앞으로도 변하지 않을 것이며, 이러한 체제가 존재하는 한 이와 같은 역사는 부단히 재현될 것임을 강하게 명시해 주었다. 문제는 청년들이 역사 속에서 교훈을 얻어, 청춘의 격정이 이용될 위험에 대해서 경계를 늦추지 말아야 한다는 것이다. 린자오가 그녀의 옥중서신에서 거듭 언급하는 것도 바로 후대 사람들에게 경고하기 위한 것이었다.[25]

우리는 이미 여러 곳에서 문화대혁명에 대한 린자오의 예감과 사전 경고를 언급한 바 있다. 여기에서 또 다른 예를 하나 들어 보자. 상하이 『해방일보』解放日報에서 '관광지역 역시 낡은 것은 버리고 새로운 것을 세워야 한다'는 사설을 본 린자오는, "낡은 것을 타파하고 새로운 것을 세워야 한다"는 혁명 구호 아래, "조국의 문물 고적"도 파괴될 위기에 처해질 것임을 감지하고선, 즉시 "문화를 구하자"搶救文化고 호소하였다. 이러한 호소는 "부당한 형벌에 의해 잔혹하게 살해된 청년 반항자이자, 또 베이징대학 중문과 학생으로서의 그녀가 질곡 속에서도 자신의 성결한 피로써 사람들을 향해 외친 절규"였다. 이렇게 가슴 가득한 문화보호 정신

---

24) 錢理群,「面對血寫的文字 — 初讀〈給『人民日報』編輯部的信〉」,『走近林昭』, 204쪽.
25) 錢理群,「靑春是可怕的」,『壓在心上的墳』, 四川人民出版社, 1997 참고.

은, 실로 사람들을 탄복시킬 만한 것이었다. 왜냐하면 뒤이은 문화동란 속에서, 당당하게 나선 사람은 그리 많지 않았기 때문이다.

물론 린자오도 문화대혁명의 도래를 예측할 수는 없었을 것이다. 단지 그녀가 행했던 것은 이후 문화대혁명을 초래하게 되는 관념, 사유 및 강권체제 이데올로기, 조직기초에 대한 신랄한 비판일 뿐이었다. 그녀의 이러한 인식은, 60년대 초 중국에서는 관방에 의해 '반혁명언론'으로 간주되어 감금되었고, 일반인들에게도 수용되기 힘들었다. 결국엔 문화대혁명이라는 피의 교훈을 통해서, 그녀의 인식은 사람들에게 이해되었다. 이것이 아마도 선구자의 운명이었나 보다.

그러나 우리가 더욱 주목하는 것은, 린자오가 여기서 제시하고 있는 사상 명제와 역사 임무에 관한 것이다. 바로 앞 문장에서 서술했던 "내게 자유와 인권을 돌려 달라"는 구호와 목표로, 이것은 이미 언급한 바 있는 그녀의 중국식 강권체제에 대한 분석과 비판 속에서 필연적으로 도출된 결론이었다. 그것은 체제에 대한 이성적 인식의 기초 위에 세워진 것이지, 정서적 충동에 의한 것은 아니었다. 「피로 쓴 글을 마주하며」라는 글에서 나는 다음과 같이 지적한 바 있다. "만약 '5·19'운동의 주요 구호가 '민주'와 '법제'法制라고 한다면, 린자오는 '민주화', 특히 '정치민주화'를 견지한 동시에, 거기에서 더 나아가 '인권'과 '자유'의 개념"을 제기하였다. 이 점은 "1949년 이후의 중국 역사에서 중요한 의미를 갖는 것이다."[26]

여기에서, 내가 더 보충하려는 것은 1964, 65년에, 마오쩌둥은 문화대혁명을 발동시킬 준비를 하고 있었으며, 사실상 그의 계급투쟁 치국이

---

26) 錢理群, 「面對血寫的文字―初讀〈給『人民日報』編輯部的信〉」, 『走近林昭』, 204쪽.

론과 노선을 영도자 독재와 군중전제정치를 서로 결합시킨 '프롤레타리아계급 전면 전제정치'의 극단으로까지 밀어붙여, 공산당 내부와 사회모순을 해결하려고 하였다는 것이다. '인권'과 '자유'에 대한 린자오의 호소는 바로 이러한 배경 속에서 제기된 것이다. 1962년, 린자오와 그녀의 '중국자유청년전투동맹' 전우들은 이미 '8개 조항의 정치주장'을 제기한 바 있었다. "첫째, 국가는 지방자치연방제를 실행해야 한다. 둘째, 국가는 총통책임제를 실행해야 한다. 셋째, 국가는 군대국가화軍隊國家化를 실행해야 한다. 넷째, 국가 정치생활은 민주화를 실행해야 한다. 다섯째, 국가는 농사짓는 자가 그 토지를 소유하는 제도를 실행해야 한다. 여섯째, 국가는 개인 창업을 허락해야 한다. 일곱째, 국가는 민중의 분노를 야기시킨 책임자에 대해 징벌을 가해야 한다. 여덟째, 모든 우호적인 국가 원조를 받아들여야 한다."[27] 이 모든 것들은 마오쩌둥 노선에 대한 '반동'으로, 이것은 또 다른 치국노선과 목표를 제시한 것이라 할 수 있다.

정상적인 정치 환경에서는, 적어도 발표하고 토론하는 것 정도는 허락되어야 한다. 그러나 중국에서는 이제껏 이러한 환경과 조건이 없었다. 강권체제에서는, 오직 한 가지 소리, 한 가지 주장, 한 가지 노선만이 있을 수 있었다. 린자오처럼 의견이 다른 사람은 결국엔 감금되고 살해되었다. 더군다나 그녀를 총살시킬 때는, 입속을 고무마개로 틀어막음으로써 최후의 신음소리까지도 철저하게 억눌러 버렸다.

물론 이것은 헛된 짓이다. 진리를 추구하는 목소리는 억누를 수 없다. '자유'와 '인권'에 대한 린자오의 호소는 시공을 초월하여 지금까지도 우리에게 전해져 우리를 흔들어 놓고 있지 않은가?

---

27) 黃政,「林昭第二次被捕前後的一段往事」,『走近林昭』, 122쪽.

민족의식과 기독교정신

린자오는 강권체제와의 대항 속에서, 의분을 가득 품고서 시종 결연한 태도로 "당신들이 린자오를 가루로 만들어 버린다 해도 두렵지 않다. 내 뼈 한 조각조차도 모두 반항의 씨앗일지니"라고 말한다. 그러나 그녀는 또 대단히 이성적이어서 "나는 줄곧 부정해야 할 것은 반드시 부정해야 한다고 생각해 왔다. 그러나 부정하기가 그리 쉽지만은 않다", "모든 것에 대해 훨씬 더 잘 이해하려는 태도를 견지해야 한다"고 말한다. 그녀는 또 자기모순에 대해서도 이야기하였다. 그녀는 '통치자'에 대해서 "환상을 품지 않았을 뿐" 아니라, 또 "조금의 희망을 걸었다손 치더라도", "그 희망의 유래는, 결국 중국인의 국가 관념의 입장에 바탕하고 있었을 따름이다"고 말한다. 그녀는 "늙고 쇠약한 동아병부東亞病夫의 병근은, 바로 이 점으로 귀결된다. 각양각색의 사람들은, 오랜 기간 동안 봉건통치전제의 속박과 영향 아래에서, 대부분 국가 관념이 결핍되어 있다. 무엇보다도 우선 그들에게는 자신이 국가의 주인이기에, 자신에겐 국가를 흥하게 할 책임이 있다는 정치적 각성이 부족하다"고 말한다. 이것이 바로 우리를 일깨워 주는 부분이다. 린자오는 애국주의자이다. 이러한 사실은 린자오와 동세대인들을 이해하는 데 있어 매우 중요하다. 린자오는 일찍이 자신의 '사상원칙'을 "조국지상至上, 자유만세, 공의영존公義永存, 청춘필승"으로 분명하게 개괄한 바 있었다. 그녀가 반항의 용기를 냈던 것도 바로 국가를 위해 책임을 다하고, 헌신하고자 하는 신념에서 나온 것이었다. 또 그녀는 반항할 때도 파괴를 최소화하고, 국가의 동요를 피하기 위해 늘 고민하였다. 그녀는 "우리는 어쨌거나 모두 중국 사람이다! 바로 이러한 객관적 사실에서 출발하기 때문에, 린자오는 어느 시기 합법적 투쟁이었던 책략을 제외하고 조국의 근본적 이익이란 측면에서 많은 문제를 심사숙고할 수밖에 없었다"고 하였다. 거침없이 반항의 길을 걸으면서도 또 망설이고 고민하는 이러한 린자오이기에 더욱 우리에게 감동을 안겨 주는지도 모른다.

린자오는 또 이렇게 안타까워했다. "당신들의 그 무시무시한 죄악에 짓밟혀 버린 또 유혹되거나 살해된 그 불행한 영혼들 때문에 나는 웁니다." "당신들에게서 이따금씩 드러나는 인간 본성의 빛을 그냥 지나칠 수 없기에, 당신들 영혼 깊숙이 아직도 꺼지지 않는 인간 본성을 관찰해 봅니다! 그러할 때 나는 더욱더 비통해 울게 됩니다. 당신들의 벗어날 길 없는 죄악에, 그 무시무시한 무게에 짓눌려 갈수록 더 깊이 멸망의 수렁에 빠져 버린 피로 얼룩진 영혼 때문에 눈물을 흘립니다! 당신들이 이 글을 읽을 때, 아무런 느낌이 없다고 생각하겠지만, 나는 이 글을 쓰면서 눈 언저리에선 또다시 뜨거운 눈물이 쏟아집니다! 선생들이여, 남을 노예로 부리는 자는 자유를 얻을 수 없습니다. 특히나, 당신들에게 이것은 너무나도 분명한 진리인 것입니다!"

린자오는 자신의 이러한 느낌을 "하느님이 부여한 측은과 연민과 양심"으로 귀결 짓는데, 그녀는 자신의 노선을 "하느님 종으로서의 노선, 기독정치의 노선"으로 칭하며, 자기 사상을 '민족의식과 기독교정신'으로 개괄하였다. 이것은 옥중에서 린자오가 기독교로 귀의했음을 보여 준다. 물론 이것은 우연이 아니었다. 이 글의 서두에서도 린자오가 미션스쿨에 다녔다고 말한 적이 있는데, 기독교문화는 확실히 그녀에게 중요한 정신자원이었다. 이와 관련된 회고에 따르면, 린자오는 1961년 5월 기독교도인 위이러餘以勒와 한 방에서 지냈다. 위이러는 위대한 여성으로서, "귀신 들린 기독교도"로 불렸다. 당국에서는 그녀에게 "하느님이 없다"고 인정만 하면 풀어 주겠다고 회유하였지만, 그녀는 자신의 신앙을 고수하기 위해 반혁명의 모자를 기꺼이 썼고, 출옥 후에도 감독노동 18년에 처해졌다. 이 순도자는 린자오에게 커다란 영향을 끼쳤음에 분명하다. 그녀는 린자오의 여동생에게 온몸이 상처투성이인 린자오가 옥중에서 또다시 하느님에게서 자신의 귀착점을 찾았다고 말해 주었다.[28] 그리고 린자오는 스스로를 "십자가를 지고 싸우는 자유전사"라고 칭하였다.

'또 다른 형식의 노예주인'은 되지 않겠다

옥중에서 린자오는 훨씬 더 깊이 있는 사고를 하고 있었다.

> "이 청년은 영혼 깊숙이 문학이 길러 준 인성을 품고 있었을 뿐 아니라, 또 시대와 가정, 스승, 지식, 그리고 직업 등 여러 부분에서 영향을 받아서 청소년 시절부터, 심지어는 어린 시절부터 비교적 복잡한 사상을 가지고 있었다. 따라서 거침없이 반항의 길을 걸었던 동시에, 많은 문제에 대해서도 훨씬 더 많이 또 더 깊이 생각하였던 것이다. 그리고 생각한 내용들은──이러한 사색과 이러한 고려들은 또 하나의 중심을 둘러싸고 있는데, 그것이 바로 우리 투쟁의 목적이자 의의인 것이다.
> 우리가 반대하는 것은 분명하다. 그런데 우리는 도대체 무엇을 건설해야 하는가? 자유의 개념화를 청사진으로 삼아, 구체적으로 그것에 따라 삶을 건설해 가는 것은 쉬운 일이 아니다. 특히나 이렇게 넓게 분산된, 또 뿌리 깊은 고질병을 앓고 있는 국가에서 삶을 건설한다는 것은 훨씬 더 복잡하고 힘든 일이다! 물론, 우리는 기꺼이 희생하고, 피 흘릴 것이다. 그러나 이와 같은 삶이 살육의 방법으로서 피바다 속에서 건설될 수

---

28) 彭令範, 「在思想的煉獄中永生」, 『走近林昭』, 20쪽.

있는 것일까? 중국인은 이미 너무 많은 피를 흘렸다. 20세기 60년대 불안한 세계정세를 맞이하여, 아무리 중국이 이런 풍부한 중세기 유적 위에 있다고 하더라도, 정치투쟁은 비교적 문명의 방식으로 진행될 가능성도 가지고 있다. 반드시 유혈로 해결할 필요는 없지 않겠는가?

위대한 한 미국인[29]이 한 말처럼 자유란 것은 분리할 수 없는 완전한 총체로서, 누군가 노예로 부려지게 되면, 그 삶 속에는 진실되고 완벽한 자유란 있을 수 없다! 게다가, 이 점에 있어서 그 위대한 미국인이 정말로 거기에까지 이해가 미쳤는지는 모르겠지만, 어쨌든 사실이다. 삶 속에서 누군가 노예로 부려지게 되면, 노예로 부려진 자가 자유를 얻지 못하는 것 외에도, 타인을 부린 자도 마찬가지로 자유를 얻지 못한다! 그러한즉 폭정과 노역에 의해 뼈저린 고통을 겪어서 더 이상은 노예가 되길 원치 않는 우리가 이렇게 비극적인 교훈을 무시하고, 자기의 투쟁 목적을 또 다른 노예의 주인이 되는 것으로 삼으려는 것은 아닌가?

노예화는, 때에 따라선 폭력으로라도 없애야 하는 것이지만, 자유는 폭력으로 만들어져서는 안 되고, 심지어 권력으로 만들어져서도 안 된다. 권력은 특정한 사회 조건에서 보좌적 역할은 할 수 있지만, 결정적 요소가 될 수는 없는 것이다. 정권의 힘으로 삶 속에서 우리가 바라고 추구하는 것을 세우고 확립할 수 있다고 어떻게 상상할 수 있을까?

체포되기 훨씬 전에, 나는 '친한 동지'들과 토론을 벌인 적이 있었다. 나는 우리 젊은 세대 자유투사들의 투쟁이 '앞길이 막막한' 상황에 처해 있다고 생각했다. 강권폭정은 반드시 패하게 되어 있다. 이것은 의심할 여

---

29) 미국 대통령 케네디(John F. Kennedy)를 가리킨다. 린자오는 옥중에서 케네디에게 부치지 못할 편지를 쓴 적이 있다.

지가 없는 것이다. 그러나 우리로선 정권의 문제를 생각하기엔 너무 이르다. 우리 자신의 주관적 조건과 처해진 객관적 정세를 종합해서 고려해 볼 때, 이 문제에 대해서 보다 더 냉정하고 지혜로운 태도가 필요하다. 그렇지 않으면 방향을 잃게 되거나, 우리의 힘든 투쟁 의의가 저하될 것이다. 물론 권력의 귀속은 대단히 중요하다. 특히 중국의 구체적 상황에서는 더욱 그러하다. 그러나 다시 말하지만, 이 투쟁에 참가하는 숭고한 목적이 우리가 대충 정권을 관찰해서는 안 되도록 만들었다! 우리의 투쟁 목적은 정권 이동의 문제여서만은 안 되고, 또 그렇게 될 수도 없는 것이다. 설사 나중에 최적의 조건이 만들어진다 할지라도, 우리에게 제일 중요한 문제는 일을 하는 것을 고려하는 것이지, 관료가 되는 것을 고려하는 것은 아닐 것이다!"

린자오가 여기서 고민하면서 제기한 문제는 나중에 구준顧準이 관심을 가졌던 "노라가 집을 떠난 후 어떻게 되었을까"의 바로 그 문제일 수 있다. 이것은 그녀 자신이 처음에 추종했던 '혁명'에 대한 성찰이라고 할 수 있다. 이러한 성찰은 두 가지 측면에 집중되어 있다.

우선은 "자유의 성질은 자유가 폭력으로 만들어져서는 안 된다는 것이다". "아무리 중국처럼 풍부한 중세기 유적을 가지고 있다고 하더라도, 정치투쟁은 비교적 문명의 방식으로 나아갈 가능성을 가지고 있는 것이지 꼭 유혈의 방식으로 해결할 필요는 없지 않겠는가?" 이것은 바로 중국의 뿌리 깊은 "혁명은 곧 폭력"이란 전통 관념을 타파해야 한다는 것으로, 어떻게 "'폭력으로 폭력을 바꾸는' 기현상에서 벗어날 수 있을까"의 문제를 제기한 것이다.

린자오의 두번째 문제도 마찬가지로 깊이 있는 생각을 요구한다.

"폭정과 노역에 의해 뼈저린 고통을 겪어서 더 이상은 노예가 되길 원치 않는 우리가 이렇게 비극적인 교훈을 무시하고, 자기의 투쟁 목적을 또 다른 노예의 주인이 되는 것으로 삼으려는 것은 아닌가?" 그녀가 묻고자 하는 것은 바로 지금껏 중국 혁명을 지배해 온 주도 관념에 관한 것이다. 즉 "혁명이 바로 전도된 역사를 되돌려 놓아서", 억압자를 역으로 억압하고, 그들에게 전제정치를 행사하고, 피억압자가 "해방을 맞아" 새로운 통치자, 억압자가 될 것이라는 것이다. 뒤따라 발생한 문화대혁명은 바로 "재산과 권력의 재분배"를 목표로 한 것이었다. 억압에 의해 분기한 수많은 저항적 젊은 '반란자'[造反者]들이 권력을 장악한 후엔 연이어 "새로운 노예주"가 되었다. 이 역시 기현상으로 우리가 앞에서 재차 언급했던 "낡은 지옥을 파괴하고 다시 새 지옥을 세우는", "자유를 추구하는 문으로 들어가서, 새로운 노예화의 문으로 떨어지게 되는" 혁명 비극은 바로 이렇게 만들어진 것이었다. 린자오가 탁월한 점은 그녀가 결국 이러한 기현상으로부터 벗어나 새로운 "분리할 수 없는 완전한 총체적 자유"를 건립했다는 데 있다. "누군가 노예로 부려지게 되면, 삶 속에 진실되고 완벽한 자유란 있을 수 없다", "노예로 부려진 자가 자유를 얻지 못하면, 타인을 부린 자도 마찬가지로 자유를 얻지 못한다". 여기에서 완전히 새로운 목표가 세워진다. 반항의 목적은 "관료가 되어", "또 다른 형식의 노예주"가 되기 위함이 아니라, "모든 사람에게 자유를 줌으로써", 노예로 부려지는 자를 자유롭지 못한 상태에서 해방시켜 내고, 또 노예로 부려지는 자가 또 다른 부자유한 상태에서 해방되어 "타인을 부리지 않는" 상태에서도 진정한 자유를 얻을 수 있도록 하는 것이다. 이것은 결국 사람이 사람을 억압하고, 사람이 사람을 노예로 부리는 모든 현상을 소멸시키는 것이다. 린자오는 결국 젊은 시절의 이상을 지켜 냈다.

이러한 이상이 유토피아적 색채를 띠는 것은 사실이다. 그럼에도 사람을 감동시키고 깊이 생각하게 만드는 것은, 린자오가 공전의 폭력과 박해를 받으면서, 그 연약한 몸으로 필사적으로 반항하던 상황에서도, "폭력으로 폭력을 바꾸는" 것에 반대하며, "또 다른 형식의 노예주"가 절대 되어서는 안 된다는 사상과 신념을 제기했기 때문이다. 이러한 면에서, 린자오는 이미 자기의 고난을 초월하여(고난의 정도가 너무나 심해서 처참하기까지 했던 상황 속에서도) '성녀' 같은 숭고한 마음을 갖추고 있었음에 틀림없다. 그러나 또 그녀는 최정상에서 기승을 부리는 폭력통치에 대한 무력함을 보여 주기도 하였다. 자기의 이념, 추구, 이상 그 어느 것 하나 실현할 수 있는 가능성과 희망도 보지 못한 상황 속에서, 그녀는 오로지 굴하지 않는 반항과 희생으로써 자기와 자기의 이상, 추구하는 가치를 증명하였다. 그리하여 그녀는 진정한 '순도자'가 되었다.

그러나 린자오는 여전히 미래에 희망을 걸었다. 그녀는 언젠가 사람들이 "린자오를 연구"하고, 그녀와 그녀 세대의 사상과 운명을 연구할 날이 오리라 확신했다. 그녀가 옥중에서 혈서로 이러한 생각을 써 내려 간 것도 바로 "후대인들이 과거 어느 시기"를 연구하는 데 "몇몇 방증자료를 제공"하기 위함이었다.

우리에게 남기는 400행의 시 「프로메테우스 수난의 날」普羅米修士受難的一日에서, 그녀는 이렇게 쓰고 있다.

> 인간아, 뭇신들은 곧 멸하게 되고, 당신들
> 대지의 주인은, 자랑스럽게 영생하리라.
> 그날, 올림푸스는 당신들의 천길 분노 속에서 무너질 때, 내 몸의
> 족쇄도 함께 사라지리라, 햇빛 아래

차가운 얼음처럼.

그때, 인간아, 나는 기쁘게 일어나,

내 수난의 상처로써

내 형제들의 감정을 당신들에게 증명하리라:

나는 당신들과 함께,

올림푸스의 전멸을 위해 개선가를 부르며 자축하리라······

솟구치는 물결처럼 타오르는 격정 속에서,

프로메테우스는 고개 들어 여명을 바라보며,

밤새 거친 바위 위에서 몸을 뒤척인다.[30]

이 '여명'은 아직 도래하지 않았다. 아마도 영원히 오지 않을지도 모른다. 좀더 오랜 시간 동안의 '바라봄'과 '뒤척임'이 있어야 한다. 비록 희망이 없다 해도, 우리는 '신들'(그들은 끊임없이 모양을 바꾼다)이 통치하는 현 상황에 굴복하지 않을 것이며, 우리 '인간'의 이상과 신념을 여전히 지켜 내고 있음을 보여 줄 것이다. 우리가 절망적 반항과 새로운 사고, 탐색을 하게 될 때, 린자오는 영원히 우리와 함께할 것이다.

---

30) 『林昭詩集』에 수록.

2. 1956~60년 구준의 생각

1) 1956년 : 모든 문제를 다시 평가해야 한다

모든 것은 그때부터 시작되었다.

1956년 2월 26일, 구준顧準의 일기에는 "5시 기상, 어젯밤엔 최근에 일어난 사변에 대해 극도로 흥분해서 새벽 2시까지 이야기가 이어졌다"라는 기록이 있다.[1] 3월 18일 일기에는 또 "봄이 완연해졌다. 어젯밤 일곱째 남동생과 새벽 2시까지 터놓고 이야기를 나누었다"(60쪽)라는 기록도 보인다.

구준에게도 이렇게 흥분된 느낌은 실로 오랜만이었다. 3월 13일 일기에서 구준이 말한 것처럼, 1952년 잔혹한 당내 투쟁 과정에서 별 이유 없이 당 내외 직책에서 해임된 후 그는 '고통' 속에서 생활하였고, 1955년에는 중앙 당 간부학교[中央黨校]에서 재교육을 받았다. 입학 초기엔 정

---

1) 顧準, 『顧準日記』, 中國靑年出版社, 2002, 47쪽. 이하 이 책의 인용 쪽수를 본문에 표기했다.

서적으로 억눌려 있었으나, 신중하게 처세하는 성격으로 주도적인 위치를 차지하게 되었다. 1월 25일 일기에서 구준은 "좀 쓸쓸한 느낌이다", "사실상, 더 이상의 거대한 뜻이란 없다. 그저 어렴풋한 느낌만이 남아 있을 따름"이라고 말한다(42쪽). 그러나 구준은 그 당시 오히려 "정서적 해방감"을 느끼고 있었고, 심지어 이론적으로는 "수많은 특별한 생각"들도 가지게 되었다(59쪽).

그 원인은 바로 일기에서 말한 "최근의 사변"에 기인한 것으로, 소련공산당 20차 대표대회에서 흐루시초프의 '비밀문서'가 스탈린 문제의 뚜껑을 열었고, 이로 인해 격렬한 논쟁과 수많은 사유가 유발된 것이다.

구준이 일기에서, 처음으로 '소련공산당 20차 대표대회'의 개최를 이야기한 것은 2월 19일로, 구준은 대회에서 공개적으로 발표된 문장에 대해 "모두 다 연구를 좀 해봐야겠다"라고만 했었다. 그러나 22일 일기에서는 "오늘 신문에 20차 대표대회에서 미코얀Anastas Ivanovich Mikoyan의 발언이 실렸다"고 쓰면서, 발언 가운데 "(스탈린의 책) 『사회주의 경제문제』社會主義經濟問題의 오류가 지적"되었기 때문에, 당 간부학교의 많은 사람들에게 "큰 충격을 주었다"고 기록하였다. 또 23일 일기에는 정쥔鄭鈞이라는 "늙은이"가 토론수업에서 미코얀을 반대하였다고 쓰면서, "몇몇 학우들은 별다른 주장도 하지 못하면서", 그저 "주의를 끌고자 하였고", 구준은 그 자리에서 정쥔과 "한 차례 논쟁을 벌였다"고 기록하였다. 2월 25일 일기에는 또 "충격은 아직도 계속되고 있다"(44, 45, 47쪽), "며칠 후, 학우들 가운데 누군가 흐루시초프의 비밀문서가 동유럽과 서양 각국에 엄청난 충격을 일으켰다고 하였다. 또 며칠 지나서 학교에 공식적으로 이 비밀문서가 전달되었다"고 하면서 그때의 정황을 이렇게 묘사하였다. "어느 날 밤, 문서의 전달자는 당 간부학교의 평범한 한 직원이었다. 그가 써 있는 대로 문서를 다 읽자 회의가 끝났다. 비평의 말도 덧붙이지 않았다. 문서를 다 읽은 후엔 학생들에게 이 문서에 대한 그 어떤 토론이나 비판도 요구하지 않았다. 듣는 것으로 일을 마친 셈이다. 문서를 읽을 때 회의장은 너무도 조용했고, 회의를 끝마쳤을 땐 모두 다 아무런 말이 없었다."(230쪽)

구준은 다음 날 일기에 "어젯밤엔 들떠 있지 않아서, 단잠을 잘 수 있었다"고 쓰면서 또 "그러나 나도 모르게 이전의 일들이 떠올랐다. …… 내심 몹시 흥분하고 있었던 것"이라고 썼다. 만감이 교차되었을 것이다(70쪽).

만감 교차의 배후엔 여러 가지 심원한 사유들이 있다. 사상가이자 이론가로서, 구준은 곧 문제의 핵심을 포착해 내었다. "20차 대표대회가 스탈린을 비판하는 것에만 그쳤겠는가? 대문만 열어 놓으면 신선한 공기는 들어오는 법이다. 모든 문제는 다시금 평가되어야 한다."(51쪽) 그는 곧바로 중국의 5·4신문화운동을 떠올렸다. 이것은 그와 일곱째 동생이 앞서 말했던 "모든 것을 툭 터놓고 이야기를 나눴던" 그날 밤의 중심 화제이기도 했다. 그의 말대로 "5·4 시기를 전후하여 중국인들 대다수는 낡은 찌꺼기를 과감히 내던지고, 사상적으로 새로운 기량을 받아들이는 데 열심이었다. 또 이론적으로 사고하는 능력은 공가점孔家店이란 큰 산을 무너뜨리고 난 후부터 더욱 힘차게 발전해 나갔다. 이러한 것들은 이후 중국의 길을 결정하게 될 것이며, 또 그 길을 훨씬 더 빨리 갈 수 있게 할 것이었다"(60쪽). 그는 새로운 사상해방을 기대하고 있었음에 틀림없다. 구준은 5·4 이후 대륙 사람들이, "이러한 유산을 소중히 여길 줄 알고 진지하게 백가쟁명의 시대를 불러온다면, 계몽운동의 단순하고 부족한 점을 메울 수 있을 것"이라 생각하였다(93쪽). 그는 또 5·4운동보다 더 폭넓고 깊이 있는 새로운 계몽운동을 부르짖었다. 그 중심 기치는 바로 "모든 것을 재평가하자"는 것이었다.

구준이 일기에서 외치고 있는 사상계몽운동은, 1년 후 베이징대학을 중심으로 중국의 대학에서 빛나는 실천을 거두게 된다. 구준은 문혁 중 자아비판 과정에서 린시링, 탄톈룽이 1957년 캠퍼스 내에서 펼쳤던 언론에 대해 자신은 "동정"적 태도를 가졌다고 말하는데(246쪽) 이는 너무나도 자연스러운 것이었다. "다시 가치를 평가하자"는 것은 한 시대가 제시한 임무로서, 이후 반우파운동 과정에서는 비록 좌절을 겪게 되지만, 80년대에 와서 또다시 제기되었고, 90년대엔 그 당시 '우파'로 몰렸던 사유思惟와 구준의 사고思考가 다시금 주목받기 시작하였다. 비록 수십 년이 늦어지긴 했지만, 이 모두가 이러한 임무에 대한 역사의 응답인 것이었다.

1956년 구준이 처음으로 이 임무를 제기했을 때, 그의 사고에는 남다른 깊이가 있었는데, 이 또한 이론가로서는 당연한 것이었다. 그러나 당시의 역사적 조건은 그가 충분히 연구할 수 있도록 허락지 않았기에, 그는 일기 속에 사고의 단편을 남겨 두거나, 몇 가지 문제를 제시하였을 뿐 이를 전개시키지는 못하였다. 대략 아래 몇 가지 방면에서 그의 사고의 단편들을 찾아볼 수 있다.

현대 자본주의를 어떻게 바라볼 것인가

경제학자로서, 구준이 가장 먼저 관심을 가진 것은, 물론 경제문제, 그것도 세계 경제문제였다. 그는 세계 경제발전이라는 총체적 국면으로부터 중국 경제문제를 바라본 것이다. 따라서 그가 재평가하고자 했던 첫번째 문제는 바로 "자본주의 위기 극복의 생명력은 어디에 있는가의 문제"이자, 어떻게 '현대 자본주의'의 문제를 다룰 것인가의 문제였다. 그는 "자본주의가 식민지에 의존해서 위기를 극복하는 것이라고 착각한 적이 있다"고 하였다(49쪽). 그의 말에 따르면 "이것은 자본주의 자체는 생명력이 없는 것으로, 오로지 식민지에 의지해서 유지된다는 말이다. 그러나 그는 그것이 사실이 아니라고 정정하였다. 최강국 미국에서 식민지를 통해 얻은 이윤이 전체 수입에서 차지하는 비율은 그다지 크지 않다는 것이다. 물론 이렇게 생각한다고 해서, 그가 식민지 체제가 가장 유력한 제국주의 상비군이라는 점을 배제하는 것은 아니었지만, 어쨌든 자본주의가 식민지에 의존해서 살아간다고 생각하는 것은 근대 제국주의를 로마제국과 동등하게 보는 것과 마찬가지라는 것이다. 따라서 구준은 중국 내부에서 원인을 찾아 나가는 것이 연구의 근본"이라고 하면서, 현대 자본주의 발전의 새로운 현상을 연구해야 한다고 하였다. 예컨대 구준은 "케인스 이론을 자본주의가 자본주의 병폐를 치료하는 방법으로서 연구해야 한다"고 생각하였다.

또한 "자본주의가 매번 커다란 변화 속에서 뭔가를 배워 나가고, 경험과 교훈을 근거로 그들 자신의 일을 수정해 나간다는 것"을 인정해야 한다고 하였다. "세계가 원자시대原子時代로 진입한 이후, 영국·독일·프랑스 등의 국가들도 대거 쇄신을 단행하여, 이로써 생산량을 확대시키고 군비軍備를 고려하여 임금 감축을 감행했는데", 구준이 보기엔 이 또한 새로운 현상이었다. 구준은 "신기술혁명이 생산량 발전 경쟁과 결합하게 되면 신시대 출현이 어느 정도 가능하지 않을까, 이것이 자본주의에 또 어떤 영향을 줄 것인가"를 생각하였다(61, 62쪽). 또 식민통치가 "더 이상 통하지 않고", 소련과의 경쟁 속에서 미국이 장차 낙후 지역 원조 개발 쪽으로 방향을 전환해서 최소한 "생산력을 유지하거나 가능하다면 생산력을 증가"시키면서 또 "군비 경쟁도 벌이려는" 이러한 추세가 장차 어떤 결과를 가져올 것인가?(64쪽) "유럽 자본주의 국가경제에서는 국가의 역할이 커졌는데", 이러한 사실이 무엇을 의미하는가가 구준에게는 중요한 문제였다.

　구준이 생각하는 또 다른 근본적인 문제는, "150년간 자본주의 발전이 이뤄 놓은 문화의 보급, 생활수준 향상, 개인의 각성, 그리고 자본주의가 경험했던 초기의 잔혹하고 야만적인 통치, 민주정치, 국가가 경제생활을 조절하는(이것을 사회민주당의 이론으로 볼 수 있을까?) 장기발전, 그리고 2차 대전의 참혹한 교훈 이후 어떻게 현대 자본주의를 상대해야 할 것이며, 어떤 방침을 취해야 할 것인가"(75쪽), "현재 자본주의의 자국 내 실천과 이론의 문제에 당면하여, 어떻게 불변하는 교조(국가는 전제정치의 도구라는 레닌의 것과 자본주의 경쟁과 무정부 상태에 관한 맑스의 것)로서 존재하는 사실들에 대해서 눈 감고 귀 막은 채, 모르는 체하며 버텨 낼 수 있을 것인가"(73쪽) 하는 것이었다. 이에 대해서 구준은 "1880년 이래로, 자본주의에는 이미 많은 새로운 현상들이 나타나고 있다! 우리의 문제는 과학적으로 이러한 새로운 현상들을 논증하는 것이지, 한사코 눈과 귀를 막고서 모른 체하는 것이 아니다"라는 결론을 내렸다(64~65쪽).

사회주의 경제발전문제

사회주의 경제문제에 대해 생각할 때, 구준의 관심은 스탈린이 구축해 놓은 '사회주의 경제이론체계'에 대한 질의로 집중되었다. 그는 사회주의 경제문제에 관한 규율은 독단적이며, 계승성이 부족하고, 또 논리적으로도 정연함이 없다고 생각했다(50쪽). "이러한 사상체계"는, "도덕규범식의 과장된 규율과 태평을 가장한 이론으로서 사회주의 경제를 묘사하는" 것으로, "독단주의식 유미주의"이자(73쪽) "반맑스적"이라고 보았다(71쪽). 더 중요한 것은 이러한 이론이 중국의 현실에서 벗어난 것이자, 중국 경제의 발전을 구속할 수도 있다는 것이었다. 이것은 구준이 매우 우려하는 바였다. 1955년의 일기 속에서, 구준은 "우리의 계획, 우리의 건설은 수입된 것으로, 중국 토양에서 생겨난 것이 아님"을, 또 "만약 수입된 계획과 수입된 공업화 방안에만 의지한다면, 이것은 경제건설상의 교조주의일 뿐"이라는 것을 여러 차례 언급한 바 있었다(29, 28쪽).

오늘날 기본적 이론체계에 대해 다시금 살펴보면, 구준은 확실히 틀에서 벗어나고자 하였다. 비록 구준의 일기 속에 이 부분에 관한 토론이 많지는 않지만, 그는 이미 몇 가지 중대한 문제를 제기하고 있었다. 예를 들면 가치규율의 문제가 그렇다. 그는 기존 사회주의 경제이론에 대한 성찰에 있어서 반드시 두 가지 문제가 관련되어야 한다고 생각하였는데, 그것은 모두 가치규율과 연관된 것이었다. 첫째는 자본주의 경제규율로서, 맑스의 논증이 버려진 것은 가치규율이 지나치게 강조되어 사회주의와의 경계가 분명하지 않았기 때문이었다. 그러나 맑스는 흔적과 모반母班만을 강조하였다. 둘째는 '기본경제규율'과 '비례에 따른 계획적 발전규율'이 사회주의 경제재생산이론(그것은 사실상 틀림없는 규율이다)과 가치규율(사실 이것은 여러 분야에 영향을 미쳤는데, 기본이 되는 분야는 노동보수報酬 쪽이다)을 벗어난 껍데기뿐인 도덕규범이었다는 것이다(71~72쪽). 구준은 여기에서 더 나아가 '사회주의 가치론' 연구 과제를 제기하고 있는데, 그는 이것을 중대한 "이론문제"로, "많은 노력"을 기울여야 할 것이라고 여겼다(97쪽). 장시간 연구를 위한 방향 구축은 이때부터 시작되었음이 분명해 보인다.

구준은 중국 경제발전의 나아갈 길과 속도의 문제에 대해서도 시종

일관 관심을 가졌다. 이 문제에 대해서 구준은 여러 차례 일기 속에서 언급한 바 있다. 소련공산당 20차 대표대회가 야기했던 "맹목적 신봉 타파"破除迷信라는 사상해방운동의 영향 아래, 중국은 "경중(공업), 연해와 내지 (공업)군정비용과 건설비용의 관계 등" 경제발전의 문제를 해결하기 위한 새로운 맥락들을 제시하였다(이것은 사실상 마오쩌둥이 1956년 4월 25일 「십대관계를 논함」論十大關係이라는 보고에서 제기한 것으로, 구준은 당시 그 기본정신을 소문으로 들었지만 정식으로 전달된 내용은 보지 못한 상태에서 자기의 견해를 제기했다). 이것은 "단시일 내 중국의 면모를 변화시킬 것이고", 그에 따라 "우리는 빠르게 전진할 수 있을" 것이라고 보았다. 구준은 중국의 건설 속도가 20년 내에 매년 20%(공업), 5~7%(농업) 상승 속도를 유지할 수 있다면, 20년 후 중국은 세계 제일의 강대국이 될 것이라고 예언하였다(86~89, 85~86쪽).

이러한 '강대국의 꿈'은 구준(혹은 그 세대 사람들)에게는 가장 근본적인 것으로서, 중국문제에 대한 그의 관찰과 사유에 커다란 영향을 미쳤다. 우리가 여기서 토론하는 1956년에서 1960년까지는 물론이거니와 문혁 기간에도 내내 그러하였다. 이후 구준은 마오쩌둥의 경제·정치사상에 대해서 많은 회의를 하게 되고 또 그에 대해 비판을 가하게 되지만, 기본적인 부분에 있어서는 오히려 마오와 인식을 같이하였다. 구준의 일기에 따르면, 그 당시 전달된 「20차 대표대회에 대한 마오쩌둥 동지의 보고」毛澤東同志關於二十次代表大會的報告에서도 "스탈린에 대한 20차 대표대회에서의 비평이 비밀을 폭로하였다는 것"에 대해서 "긍정적 의의를 부각시킴으로써 맹목적인 신봉을 타파하였다"고 하였다(80쪽). 마오쩌둥 자신도 소련공산당 20차 대표대회 이후 적극적으로 자신만의 치국治國의 길을 찾아 나서게 되었고, 이로써 그의 이상과 포부를 실현하게 된 것이다.

우리가 여기서 언급했던 「십대관계를 논함」은 마오쩌둥이 독자적 탐색을 통해 거둔 첫번째 성과로서, 구준 같은 경제학자와 지식인들의 지지를 받았다. 그러나 이후 "소련의 영향을 벗어난 후의 중국은 어떤 길을 걸어야 하는가"의 문제에 있어서, 그들 사이엔 갈수록 첨예한 모순과 충돌이 일어났고, 이러한 모순과 충돌은 이후 구준의 험난한 운명을 결정하게 된다. 때문에 우리는 1956년 3월 29일 일기에 주목하게 된다. 그는 격한 감정을 드러내며 "얼마나 더 살아야 하는 것인가! 지독히도 낙후되었던 중국도 이미 깨어났다"라고 하면서, 자신은 "야만적인 방법으로 야만국가에서 문명을 실현한다는 것"에 "만족할 수 없다"고 말한다. 이것이 아마 그가 이해하고 있던 소련의 발전 노선이자 현실 중국의 발전 노선일 것이다. 그는 급속도로 성장하는 경제와 문화건설 속에서 고도의 문명이 실현되고, 역사에 대한 인민대중의 결정적 영향력이 발휘될 수 있기를 기대하였다. 이것이 바로 그가 이상적으로 생각하는 발전 노선으로서, 그는 중국이 이러한 길을 걷는 것을 직접 목도할 수 있길 간절히 희망하였다. 그렇게 되면 그로서는 "이 한평생도 헛되이 보내지는 않은 셈"이 되는 것이었다(67쪽). 자신이 남을 감동시킬 힘을 가질 수 있기를 기대하는 것은 지나치게 낙관적인 것이다. 구준은 자신의 기대와 낙관으로 인해 대가를 치르게 된다.

제2인터내셔널과 사회민주당의 평가문제

여기에는 주의할 만한 현상이 존재한다. 구준은 이 시기 이러한 문제들을 사고할 때, 앞서 언급한 바 있는 "현대 자본주의 경제발전 과정에서 국가의 역할" 문제에 관해서, "이것을 사회민주당의 이론이라 할 수 있는가"라며 경계의 뜻을 드러낸다. 게다가 이러한 문제는 그의 일기 속에

빈번히 출현하였다. "1870년 이래 노동자 임금 수준 변화의 필요에 대한 연구가 있다고 생각한 적이 있었는데, 최근 내가 발견한 것은 1875년 이후 맑스주의 학설은 이미 낡은 것이 되어 버렸다고 하는 제2인터내셔널의 새로운 주장이었다. 나는 자본주의 국가 생산력이 급속도로 증진된 결과, 자본가는 제품을 팔기 위해서 노동자 생활을 향상시킬 필요가 있기에, 절대빈곤화라는 것도 어떤 상황하에서는 고려해 볼 만한 것이라고 생각했고, 또 그렇게 언급한 적도 있었는데, 지금에서야 이것도 역시 제2인터내셔널의 이론이라는 것을 알게 되었다."(62쪽)

제2인터내셔널과 사회민주당에 대한 평가는 구준에게는 피할 수 없는 문제였다. 그러나 자각적으로 볼셰비키 전통을 계승한 중국공산당의 오래된 당원으로서, 제2인터내셔널과 사회민주당의 '수정주의'를 비판하고, 또 그것을 거부하고 경계해야 하는 것은 거의 본능적인 반응에 가까운 것인데, 지금 이를 다시금 평가해야 한다는 것은 매우 곤란한 일이었다. 그러나 구준은 용기를 갖고 과학적으로 이 문제를 대하며, 이렇게 자신의 생각을 드러낸다.

"제2인터내셔널에 관한 모든 역사 평가와 1939년 근대사 교과 과정은 레닌과 스탈린의 '교훈'을 근거로 한 것이지만, 고타Gotha에 대한 맑스와 엥겔스의 비평, 1895년 엥겔스가 프랑스 계급투쟁에 붙인 서문을 봐서는 전후가 완전히 일치하지는 않는다. 베벨August Bebel은 이러한 문제에 대해서 또 다른 견해를 밝혔다. 맑스가 1860년대 이후 독일의 실생활과 접촉이 비교적 적었다는 점과 1860년대부터 20세기 초까지, 소위 '평화발전 시기' 독일 사회민주당의 세계적 영향력을 고려하고, 또 플레하노프와 레닌의 초기 활동을 고려한다면, 적어도 반나로드니키주의자[2]의 활동은 맑스·엥겔스의 이론에서뿐 아니라, 독일 사회민주당의 실제 활동(『좌익소아병』左派幼稚病 참고)에서 힘을 얻었다는 것이다. 그렇다면 제2인터내셔널과 베벨, 카우츠키의 공과功過 및 그 평가도 역사적이고 공평 타당한 결론이 있어야 한다. 물론 역사의 발전은 의심할 여지없이 레닌의 위대한 공적을 증명해 주었지만, 우리가 '역사 계승성'이란 원칙을 인정한다면, 상대적 진리가 절대적 진리에 도달하는 것이 천재 혼자서 단독으로 완성시킬 수 있는 것이 아님을 인정하게 되고, 역사상 수많은 사람들이 보물창고 속으로 '작은 알갱이'들을 던졌음을 인정하게 된다. '성공'한 사람에 대해서, 절대적으로 긍정적인 판단을 내리는 것과 '성공하지 못한' 사람에 대해서 절대적으로 부정적인 판단을 내리는 것은 둘 다 똑같이 올바르지 못하다. 그것은 초등학생들의 사고나 진배없는 것이다. 왜냐면 그것은 단순하고 기억하기 쉽기 때문이다."
(51~52쪽)

구준에게 있어, 사회민주당과 제2인터내셔널을 어떻게 봐야 하는가는 역사 평가의 문제일 뿐만 아니라, 수많은 공산당원들에게 그 어떤 질의조차 허용하지 않는 '정론'定論에 대한 질의를 불러오게 한 문제로서, 여기에서부터 구준의 새로운 사고와 탐색이 시작되었다고 볼 수 있다. 3월 22일 일기에서 구준은 "재미있는 현상"을 기술하고 있다. 그는 "체코와 독일을 제외한 사회주의 국가들은 모두 후진국이다. 그런데 그 가운

---

[2] 나로드니키(Narodniki). '인민주의자'라는 뜻을 지닌, 1870년경~20세기 초기 러시아에서 사회주의 혁명운동을 선도한 세력. 차리즘에 대한 증오와 러시아 농민에 대한 맹목적 애정을 기조로 '인민 속으로'(브나로드) 들어가 계몽운동을 펼쳤다.—옮긴이

데 자국 혁명운동에서 승리한 중소 양국은 사회주의 혁명에 이어 곧바로 민주혁명을 이뤄 냈다는 것"에 주목한다. 다시 말해서 승리 이전에 자본주의화된 시기가 없었다는 것이다. 구준은 "그런데 반대로 자본주의가 승리했던 국가들 가운데는, 이제껏 자력으로 승리를 거둔 국가는 없다"고 하면서, 그렇다고 "이것이 제2인터내셔널 기회주의 지도자의 배반에 따른 것이라거나, 역사 유물주의 견해에 대해 시비를 논해야 한다거나, 경제 기반으로서 그것을 해결해야 한다"고 생각해서는 안 된다고 말한다(61쪽). 4월 17일 일기에서 구준은 "의회가 안정적인 서유럽의 대다수 국가들이 레닌주의를 배반한 것인지, 그리곤 레닌이 재차 비판했던 기회주의의 구렁텅이 속으로 걸어 들어간 것인지"를 묻고 있다(75쪽). 물론 이것은 질문을 제기한 것일 뿐이지 결론은 없는 것이다. 이러한 질문들은 새로운 사고의 시작을 의미하는 것으로, 이후 구준의 사상발전에 있어서 대단히 중요한 역할을 하게 된다.

'우상주의'와 '절대주의' 비판

'개인숭배'에 반대하는 것은 소련공산당 20차 대표대회 주제 가운데 하나였다. 이론가이자 사상가로서 구준이 더욱 관심을 가진 것은 개인숭배 배후의 정신문제였다. 때문에 그는 사회 및 정치생활, 그리고 사상·문화·학술계에 팽배했던 '우상주의', '절대주의'에 대해 심도 있는 비판적 사고를 펼치게 된다.

구준은 "장기간의 개인숭배 분위기에서 선전을 통해 우상 관념이 만들어졌다"고 생각하였다. 그는 "국제철학회의 기록을 읽을 때, 사회민주당 철학자를 포함한 서유럽 철학자들이 중국인들을 신앙주의자라고 평했던 것"을 기억해 내고는, "공자와 맹자의 서적은, 수천 년 동안 각 학파에 의해 주석이 붙어져 왔다. 수많은 학설이 경전을 해석한다[釋經], 경전에 주석을 붙인다[經注]는 명목으로 발표되었는데, 이것은 기형적 현상이었다"고 하면서, "중국의 변증법적 유물주의자는 진부한 교조를 반대하고는 있지만, 실제론 경전을 읽는 태도로 맑스주의 저작을 읽고 있다"고 지적하였다. 구준은 또 "'사회주의 경제문제' 단계로 발전하자, 지금까지 경제에 대한 모든 연구는 '흠정'欽定된 대량의 규율들에 의해서 묻혀버렸다. 소위 이론 작업이란 것도 이 규율 저 규율을 어떻게 응용하는가 하는 것일 뿐이다. 학풍이 이러한 지경에 이르러 더 이상 바뀌지 않으니, 승려주의僧侶主義와 무엇이 다를 바 있는가!"라며 비판하였다.

구준이 보기에, "게으름뱅이 입장에서 우상주의는 매우 적합한 것이었다. 어떤 문제에 대해서 체계적으로 이해하려면, 역사적인 것에서부터 논리적인 것에 이르기까지 공을 들여야 하지만, 무조건적으로 교조를 따르게 된다면 여기에 드는 힘을 줄일 수 있기" 때문이었다. 그러나 구준은 "절대주의로 변증법을 대체하게 되면", "올바름에도 한계가 있고, 잘못된 것에도 어느 정도 일리가 있음"을 보지 못해서, 근본적으로는 "창조적 정신"을 마비시킬 것이며, 또 "절대자" 자신을 막다른 길로 내몰게 될 것이라고 생각하였다. 그는 "더 이상 능가할 수 없는 어떤 일 또는 어떤 사람으로서 공인된 후에는 역사발전의 장애가 될 것"이 틀림없고, 또 "올바른 것도 정점에 이르게" 되면 "교착상태에 빠지게 될 것"임을 지적하였다. 그러고는 "지금 절대주의는 전복되었다. 절대주의의 전복이 서유럽혁명에 커다란 장애를 없애 주었음이 분명하지만, 중국에서는 어떠한가"라며 문제제기하였다. 그리고 그는 어째서 중국에서는 우상주의와 절대주의가 이렇게 성행하는가를 따져 묻는다.

구준은 '문화기초' 문제를 이야기하면서 "어째서 봉건주의는 항상

'경전주의'로 발현되는가"라는 문제를 놓고, "문화가 보급되지 않으면 지식은 교회와 승려의 전리품이 되기 때문이다. 현재 중국의 문화기초가 그다지 탄탄하지 않기 때문에 우상주의가 자연스럽게 성행하게 된 것"이라고 말한다. 그리고 그는 지식인에 대한 중국공산당의 평가 문제를 언급하면서 "지식인에 대한 평가도 계급 관점에서 지식인 본래 계급의 역할을 판단하고, 또 인류의 지혜를 계승하는 자의 관점에서 그 가치를 평가하게 되면, 상황은 마땅히 가야 할 방향으로 한 걸음씩 전개되어 나갈 것"이라고 하였다.

그는 또 '조직성과 규율성'의 문제를 언급하면서 "40년 이래로, 다행히도 고도의 조직성과 규율성은 비로소 승리를 거두게 되었다. 이러한 조직성과 규율성은 1903년 반反마르토프,³⁾ 반反마르티노프⁴⁾ 등을 기점으로 한다. 그들은 때가 되자 8월 연맹The August Bloc의 트로츠키를 받아들였고, 1920년에는 당의 통일결의, 숙당[淸黨], 철학연맹哲學聯盟, 도처에 있던 '오만방자'하고 삼엄한 조직 일체를 모든 학술적인 것에 직속시켰지만, 흠정 규율에 맞지 않는 의견들은 모두 없애 버렸으니, 사실상 그 자체로의 생성과 발전 단계의 역사를 거쳤던 것이다"라고 하였다.

그가 보기에 역사발전의 '자기논리'는 이렇게 사상의 발전을 가로막는 '조직성과 규율성'을 필히 돌파해야만 하는 것이었다.⁵⁾ 그러나 중국

---

3) 마르토프(Julius Martov / L. Martov, 1873~1923). 러시아의 정치가. 레닌의 동료였으나 1903년 러시아사회민주노동당 제2차 대회에서 레닌과 대립한 후 멘셰비키(Menshevik ; '소수파'라는 뜻)의 지도자가 되었다. 1917년의 2월혁명 후 소련 정권에 반대해 1920년에 베를린으로 망명했다.─옮긴이
4) 마르티노프(Leonid Nikolaevich Martynov, 1905~1980). 러시아의 시인으로, 1939년 『서정시와 서사시』를 출관하였고, 시베리아와 중앙아시아를 주제로 한 장시(長詩)를 썼으며, 시대의 역사적 특징을 묘사하여 명성을 얻었다.─옮긴이

의 현실 상황에서, 이러한 돌파가 어떠한 운명에 처해질 것인지는 그도 분명히 알고 있었다. 그리고 그에겐 이에 대한 사상적 준비가 충분히 되어 있었다.

'계급투쟁' 문제에 관하여

스탈린 통치하에서 일어났던 폭행에 관한 소문들이 떠돌았을 때, 구준은 곧바로 스탈린의 '반계급투쟁 소멸론'이 떠올랐다. 그는 조금의 망설임도 없이 이것이 바로 "반대파를 살육했던 이론적 근거"라고 비판하였다 (68쪽).

4월 29일 일기에서, 구준은 당시 공안부장이었던 뤄루이칭羅瑞卿의 「반혁명분자 숙청문제」肅反問題 내부 보고에 관한 요점을 기록하고 있다. 구준의 기록은 "뤄의 보고가 '완화'緩和라는 두 글자에 중점을 두고 있으며, 1955년 숙청도 반혁명분자가 그들을 다그쳐서 하게 된 것"이라고 밝히고 있다. 또 뤄가 사용한 "다그치다'라는 말이 일괄적인 통제 속에서의 폭동을 비교적 분명하게 지적해 주고 있지만, 후펑사건이 여기에 속하는지는 설명하지 않고 있다"고 하였다. 보고서에서 뤄는 지금의 '완화'는 사회주의 개조의 승리와 반혁명 내부의 동요 및 와해가 주요하게 작용했기 때문이라고 하였다.

이에 대한 구준의 반응은 주목할 만하다. 구준은 국내정치 형세의 변화 또한 그 주된 요인 중 하나이고, 계급이 소멸되면 계급투쟁이 훨씬 더 첨예해진다는 이론의 파산破産도 역시 '완화'의 원인 중 하나라고 생각하였다. 마오 주석이 뤄에게 말해 주었다는 "반혁명분자는 잡아낼수

---

5) 이 절은 『顧準日記』, 45~47, 66~67, 92, 45쪽에서 인용.

록 줄어든다"는 말이 자신에게는 커다란 발견이라고 했던 뤄의 말에 대해서, 구준은 만약에 그것을 과학적 발견이라 친다면, 그렇다면 과거의 숙청 업무는 '첨예설'의 영향을 받았던 것인가? 라고 되받아친다. 물론 구준도 도시든 농촌이든 반혁명분자를 진압하지 않고서는, '구질서'가 철저하게 무너지기는 어려울 것이라 생각하였다. 그러나 그는 몇 차례 '위험한 결과를 초래했던 방법'에 대해서 회의적인 생각을 갖고 있었다.

구준은 또 뤄루이칭의 보고 가운데 "프롤레타리아 독재에 어두운 면이 있다"는 문제제기(표현법)에 특히 주목하면서, "어두운 면을 관료주의화, 절대주의화 수준으로 밀어붙이라는 명령에 따라, 프롤레타리아 독재가 경직된 채로 발전되어 나간다면", 또 어떤 결과를 초래할 것인지를 되묻는다(83~85쪽). 이 모든 것들은 이론문제이자 실천문제로서, 중국 정치노선·발전노선과 관계된 것이었다. 구준은 '경제건설 중심'을 주장했는데, 여기에는 물론 '계급투쟁 중심' 노선에 대한 우려가 담겨 있었다. 그러나 1956년 '완화' 이후, 1957년 반우파운동에서 또다시 '계급투쟁 첨예론'이 제기되고, 또 "프롤레타리아 독재가 경직된 채 발전되면서" 문화대혁명을 발동시키게 되자, 구준의 걱정은 현실로 나타났고, 그 자신도 그러한 가운데 희생양이 되어 버렸다. 이 모든 것들은 우리가 반드시 직시해야 할 역사인 것이다.

'민주사회주의'에 대한 사유

구준은 "프롤레타리아 독재의 어두운 면"에 관한 문제를 사고할 때, 중요한 사상문제라 할 수 있는 "확실한 민주제도의 보장" 문제를 또다시 제기하였다(85쪽). 그가 보기에, "개인숭배의 문제는 해결하기 쉬운 것이었지만, 법제法制문제는 해결하기 쉽지 않은 것"이었다. "러시아 제국은 중국처럼 극단적이고 야만적이며 낙후된 국가였지만, 스탈린이 통치한 30년은 국가가 한창 발전한 시기였다. 그렇다고 스탈린에게 발전의 공을 돌릴 수는 없는 것"이었다. "발전이란 것이 오히려 난폭한 통치를 조장하였고, 일련의 생활방식과 규범을 만들었다. 이러한 방식과 규범은 스탈린식 통치를 발전시키는 비옥한 토양을 제공하였다."(66쪽) 구준이 보기에 여기에는 중요한 사상이 내포되어 있었다. 그렇기 때문에 단순히 일반적으로 경제·사회 '발전' 문제를 토론할 것이 아니라, '발전'의 결과가 난폭한 통치를 조장해서, 전제강권국가를 만들었는지, 아니면 진정한 사회민주, 자유와 평등을 이끌었는지를 따져야 할 필요가 있다고 했다. 이러한 주도면밀한 생각에서부터, 구준의 '민주사회주의' 이념과 이상은 성숙되어 갔다.

'경제'와 '민주'는 1956년 구준 사유의 두 가지 중심점이라 할 수 있다. 구준은 문화대혁명 과정 중 '해명'자료 속에 소련공산당 20차 대표대회 이후 자신의 사상에 대해서 이렇게 개괄한 바 있다. "당시는 3대大 개조가 막 완성되어 갈 때여서, 나는 경제전선에서 사회주의 혁명이 완성되고 나면, 사회생활과 당내생활은 마땅히 '계급투쟁소멸론'과 당내평화론에 따라 이뤄져야 한다고 생각하였다." 이리하여 구준에게 "소위 '민주사회주의'라는 극단적이고 반동적인 견해가 배태되었던 것"이다(231쪽). 구준의 견해에 따르면, "민주사회주의는 경제가 고도로 발전된 후에 민주개인주의가 성행하는 사회로서, 민주사회주의가 그의 이상이긴 하지만, 그것이 실현되려면 고도로 발달된 경제가 전제되어야 하기 때문에, 2, 30년은 족히 걸려야 하는 것"(330쪽)이고, 또 그것 이전에 "프롤레타리아 독재가 비록 고통스런 과정이긴 하나, 그래도 회피할 수 없는 역사단계(소위 '역사필연성')"였던 것이다(327쪽). 이것은 구준의 사상에서 경제발전이 여전히 우선적 지위를 차지하고 있음을 말해 준다. 앞 문장에서 인용한 말처럼, 그의 이상은 "높은 수준의 경제와 문화 건설 속에서 고도의 문명을 실현시키는 것"이었다(67쪽).

"가야 할 길을 찾아야 한다"

1956년 구준의 일기를 읽으면 매우 강렬한 인상을 받게 된다. 그의 정서는 기복이 심했다. 끊임없이 계속되는 새로운 사유, '기발한 생각'으로 흥분하였고, 동시에 자신의 '죄과'罪過와 처지 때문에 낙담하기도 하였다. 일기에서 구준은 교조주의를 격렬히 반대하는 자신을 향해 1949년 이후 상하이에서 자신이 주장했던 것들에 교조주의적 성분은 없었는가 되물으며, 자신 같은 사람이 과연 지혜로운 사람일 수 있겠는가 반성하였다 (59쪽). 그러고는 스스로가 도대체 뭘 할 수 있겠는가 자문하면서 "가야 할 길을 찾아야 한다"는 답을 얻어 내었다.

그렇다면 구준이 장차 가야 할 길은 어떠한 길이었을까? 구준은 맑스를 떠올렸다. "맑스 경제학설의 근본과 주요 지점은 1845년경에 이미 형성되었지만, 20년 후에야 비로소 완성된 첫판이 나왔다. 그동안에 그는 또 많은 문제들을 연구하였다." "그는 자신이 고찰한 자료들을 완전하게 정리하려고 노력했다." "그가 고찰하려던 사물의 변화는 이론적·수학적인 변화를 열거하면서 사실 및 역사와 서로 대조한 것이다." 이로 인해, 구준은 "기회가 된다면 맑스 경제학설과 학설의 주요 지점들을 깊이 파고들겠다는 결심을 하게 되었다. 이를 위해서는 이론적·역사적 연구뿐만이 아니라, 충분한 시간을 두고 진지한 태도로 실제 경제문제를 다뤄야 할 것"이었다. 구준은 "진지한 과학적 태도로 실제에 대처해야 하는 것이 모든 문제의 근본"이라고 생각하였다. 진지한 과학적 태도로 중국의 실제 경제문제에 대응하고, 이를 이론적·역사적 맥락으로 끌어올려 연구를 펼친 학자가 바로 1956년 역사 대변동 속에서 이렇게 배태되었다.

그러나 구준은 "야심을 다 태워 버리고 즐겁게 지내면서 때를 기다리자. 10년이란 기간 동안 열심히 책이나 읽고 나서 다시 해야겠다"고 말했다(62~63, 60쪽).

2) 1959년 : 독자적인 '탐색'을 고수하다

1957년에도 구준은 여전히 우파로 분류되어 있었다. 이것은 "피할 수 없는 재앙이었다". 그러나 구준은 그의 사유를 결코 멈추지 않았다. 문화대혁명 진행 과정 중 '해명'자료 속에서, 그는 "우파 입장과 반동 세계관에 대해 뼈아픈 뉘우침 같은 것은 없다. 그저 여전히 '탐색'하고 있을 뿐이다"라고 썼다(269~270쪽). 우리가 이제 봐야 할 것은 『1959년 2, 3월의 일기』1959年二三月日記 속에 들어 있던 구준의 생각이다. 이것은 1956년 "다시 가치를 평가해야" 하는 것의 연속으로서, 그 내용은 주로 두 가지 방면에 편중되고 있다.

사회주의와 자본주의의 대립과 상호 흡수

구준은 1956년에 생각했던 '현대 자본주의'와 '사회주의 경제발전' 문제를 연결시켜서, "사회주의와 자본주의 두 가지 체계의 대립" 문제를 사고하기 시작한다. 그는 이 두 체제의 대립에 대해서 긍정적인 태도를 취하고 있는데, 그 이유를 주목할 필요가 있다. 그는 두 체계의 대립만이 모든 식민지의 해방을 촉진시킬 수 있으며, 이러한 대립 없이는 세계의 통일은 이야기될 수 없다고 하였다. 두 체계의 대립만이 자본주의가 그 본의를 위반하여 낙후 지역 경제발전에 유리한 조치를 취하도록 만들 수 있으며, 또 이러한 요소만이 자본주의의 평화적 전환을 촉진시킬 수 있다는 것이다. 여기엔 사실상, 하나의 사상이 포함되어 있다. 즉 대립적 쌍방은 상호 제약 또는 상호 흡수 등 평화적 경쟁을 통해서 훨씬 더 건전한 발전을 이룸으로써, 극단으로 치닫는 것을 피할 수 있게 된다는 것이다.

물론, 사회주의자로서 구준은 사회주의의 최종 승리를 믿고 있었다. 비록 그가 사회주의 발전 과정에서의 굴곡을 회피하지는 않았지만, 그는 20세기는 물질적인 면에서 사회주의가 자본주의를 뛰어넘는 세계가 될 것이고, 정신생활에 있어서도 그러할 것이라 생각하였다. 구준이 보기에 "자본주의적 자유주의는 최상의 측면에서 이야기한다 해도 역시 불완전한 것이었다. 그는 물질적 이익을 추구하는 자유주의는 필연적으로 세기 말의 육욕肉慾과 퇴폐를 향해 가게 될 것이고", "인류 발전을 앞당기기 위해 유일하게 사용할 수 있는 힘은 오로지 사회주의 체제로서, 설사 그 속에 그 어떤 어두운 면이 존재한다 할지라도 이러한 체제가 세워지기만 한다면 인류가 인류를 짓밟고 넘어서려는 삶을 해결할 수 있을 것이라고 생각하였다"(101쪽). 이것이 바로 구준의 곤혹스러움이었다. 그는 사회주의 이상을 지니고 있었지만, 그와 동시에 사회주의 현실 상황의 근본적 결함과 문제에 대해서도 충분히 인식하고 있었다. 그는 "산업군과 군사노예화 현상이 잠깐이지만 사실상 존재하고 있었고", "절대주의의 통치는 확실히 존재했던 적이 있었다"고 하면서, "자유주의가 자본주의의 성경聖經이었다면, 사회주의는 독단이자 어둠이었음"을 인정하였다.

심지어 구준은 "사회주의적 로베스피에르주의" 개념을 제기하기도 하였다. 그는 "사회주의는 신속하게 경제발전이 이뤄지길 원한다"고 하면서 "로베스피에르식 공포주의는 요절했지만, 사회주의적 로베스피에르는 결코 요절하지 않았다"고 하였다. 구준은 또 "프랑스대혁명이 나폴레옹을 만들었고, 사회주의는 스탈린과 마오쩌둥을 만들었다", "나폴레옹도 역사적 발전 사업을 전개하였지만, 나폴레옹의 프랑스는 20차 대표대회를 열 수 없었다"고 하였다(101, 102쪽). 다시 말해서, 사회주의는 스스로의 잘못을 바로잡을 수 있다는 것이다. 그러나 이것은 사실상 구준의 기대일 뿐이었다.

앞에서 이야기했듯이, 구준은 현대 자본주의의 새로운 발전을 관찰하면서, "자본주의가 매번 커다란 변화 속에서 뭔가를 배워 나가고, 경험과 교훈에 근거하여 그들 자신의 일을 바로잡아 나간다는 것"을 발견하였다(62쪽). 구준은 또 자본주의가 사회주의의 압력하에 스스로를 변화시킴과 동시에, 또 사회주의적 요소를 흡수하였다고 하면서, 이것이 바로 자기를 바로잡고 조절하는 가운데 새롭고도 발전적인 생명의 활력을 얻게 된 것이었다고 지적하였다. 사회주의에 대한 구준의 이해와 기대에 따르면, 본래 이러한 자아시정과 조절 기능은 사회주의 본질이 규정한 바 있는, 사회주의 고유의 것이자 사회주의에 응당 있어야 할 것이었다. 그런데 지금의 자본주의가 오히려 이러한 것들을 갖춤으로써 자연스럽게 사회주의에 대해 거대한 도전장을 던진 것이었다. 구준이 보기에, 현존하는 사회주의 체계가 이러한 도전을 받아들일 수 있을지, 자아시정과 조절을 해나갈 수 있을지 여부는 두 체계가 평화적으로 경쟁하는 과정에서, 사회주의가 결국 자본주의를 이길 수 있을지의 관건이 되는 것이었다. 사회주의든 자본주의든 상대방의 압력하에서 자아시정과 조절, 상대방에 대한 흡수를 성공적으로 이뤄 낼 수 있는 쪽이 승리를 거둘 수 있을 것이다.

이러한 사유로부터 시작해서 구준은 이 시기, 훨씬 더 자각적으로 '사회주의 민주주의'에 관한 사고와 탐색을 해나갔다. 그의 일기를 보면, 그는 이미 '사회주의 민주주의'를 논하는 초고를 썼던 것으로 보인다(100쪽). '사회주의 민주주의'의 개념은 앞서 언급한 '사회주의적 로베스피에르주의' 개념과는 대립적이지만 자본주의적 민주 관념과 체제에 대해서 수용하는 부분도 있는데(이후에 그는 또 '사회주의 다당제'라는 민주제도를 제기함으로써, 당의 관료화와 특권문제를 해결하고자 한다)(261, 291, 297쪽), 이것은 그가 이후에 개괄한 '동서양 융합론'의 실천이었음을 알 수 있다(212쪽). 비록 이 시기의 구준이 특정 역사 시기에는 '사회주의적 로베스피에르주의'를 실행할 필요가 있으며, 그것이 '역사적 필연성'임을, 또 자신의 '사회주의 민주주의'는 그저 이상일 뿐이라고 생각했지만, 그는 또 사회주의 체제가 '사회주의적 로베스피에르주의'의 현실적 형태로부터 '사회주의 민주주의'의 이상적 형태로 변하게 될 것이라는 기대를 가졌음이 분명하다. 그는 이것이 사회주의가 최후에 자본주의를 이길 수 있을지 여부를 결정하는 관건이라고 생각했다. 그는 "사회주의자가 고도로 발전된 민주적 기구機構 하나 없이 어떻게 자본주의를 이길 수 있으며, 사람들에게 동경심을 불어넣을 수 있겠느냐"고 말했다(112쪽).

앞에서 이야기한 것처럼 구준은 시종 현실문제, 사회·정치·경제적 현실에 세심하게 관심을 갖고서, 이로부터 이론적 사고를 펼쳐 나갔다. 그는 사회주의와 자본주의 양대 체제의 관계를 사고하면서, 1958년 마오쩌둥이 발동시킨 대약진, 인민공사운동 속에서 '지상천국 사회주의' 건립 의도를 또다시 예리하게 집어내었다. 구준은 이치에 따라서 피안彼岸을 차안此岸으로 생각하는 공상사회주의의 실험을 단번에 거절하였다.

그는 인류의 부단한 진보를 믿고 현세에 관심을 가졌지만, 지상천국이니 하는 것은 믿지 않았다. 그는 경험의 귀납에 주목하되, 미래에 대한 근거 없는 예언은 믿지 않았다. 구준은 이러한 "지상천국 사회주의관이 천주교 성자 토마스 아퀴나스에 의해 처음 만들어진 것이 결코 이상한 일이 아님"을 지적하였다(120쪽). 물론 여기엔 우려의 마음이 깃들어 있다. 그 우려는 바로 이러한 본질적 승려주의, 신앙주의가 오늘날 중국에 재현되어, '사회주의적 로베스피에르주의'와 서로 결합해서 중국과 모든 사회주의 체계에 결국 무엇을 가져다줄 수 있을 것인가 하는 것이었다.

"나는 맑스의 인본주의-자연주의를 받아들인다"

1959년 2월 27일 일기에서, 구준은 자신의 근본적인 고민을 이야기한다. 그것은 바로 이론문제가 아직 해결되지 않은 상태에서, 결국 맑스주의의 기본적인 논조와 관계를 끊어야 하는 것인가, 아니면 이러한 논조에 계속 복종해야 하는가였다. 이것은 구준이 맑스·엥겔스를 존경하는 것과는 별개의 문제였다. 그들이 근대사상계와 과학계의 위인이라는 사실은 의심할 여지가 없었기 때문이다. 문제는 그들의 이론이 사람들에게 커다란 용기를 주긴 하지만, 예언과 실제의 거리가 너무 멀다는 데 있었다(106쪽).

여기에서 역사는 새로운 임무를 제시하게 되는데, 그것은 바로 맑스주의에 대한 과학적 재고찰을 하도록 한 것이다. 이처럼 극도로 도전성을 갖춘 역사적 임무에 직면하여, 누군가는 애써 회피하거나 숨거나 은폐하면서, 소위 "맑스주의를 보위하자"는 기치 아래서, 그 어떠한 재고찰도 거절하였다. 그 배후엔 기득권을 지켜 내려는 분명한 의도가 감춰져 있었다. 또 다른 누군가는 너무도 단순하게 이를 "전면적으로 부정"하였다. 물론 매우 명쾌하긴 하지만, 과학적 태도와는 너무나 거리가 멀어서, 문제를 해결할 수는 없었다. 구준은 '과학적 재고찰'을 실천한 진정한 학자로서, 당시 중국의 사상·학술계에서는 거의 혼자의 몸으로 이 역사적 임무를 떠맡았다. 그러나 그 자신은 오히려 심각한 고민의 수렁으로 빠져들었다. 지난한 탐색의 과정을 겪으면서 천신만고 끝에 간신히 맑스주의의 과학 학설을 찾아내었는데, 그것은 그의 기본신념, 이상과 인생선택을 뒷받침해 주는 이론적 근거로서, 그의 안신입명安身立命의 근원지라고 할 수 있는 것이었기 때문이었다. 결국 재고찰은 그 자신을 향한 것이 되었다. 이 기간 동안의 망설임, 방황, 반복, 해결 불가한 정신적 고통, 이 모든 것은 피할 수 없는 것이었다. 이것은 '커다란 용기'를 필요로 했다. 흥미롭게도 이러한 과학적 용기는 구준이 이야기한 것처럼 맑스주의 고유의 것으로서, 바로 맑스주의가 그에게 부여해 주었던 것이다. 진정한 맑스주의자에게서 가장 중요한 풍격은 바로 사실을 존중하는 것으로, 모든 것은 객관적 현실에서 출발하는 것이었다.

맑스주의에 대한 구준의 재고찰은 맑스·엥겔스의 "예언과 실제의 거리가 너무 멀었다"라는 사실에서 시작하고 있다. 이 시기 일기 속에 구준은 반복해서 이 점을 언급하고 있다. 그것은 바로 그의 마음속을 맴돌던 하나의 '풀어야 할 매듭'이었던 것이다.

"자본주의에 대해서 예상했던 대변동만으로, 자본주의가 곧 멸망할 것이라고는 기대할 수 없다. 맑스의 예언이 처음으로 실패한 곳은 영국이었고, 두번째로 실패한 곳은 독일이었는데 베른슈타인Eduard Bernstein이 처음으로 그 진상을 발설하였다. 자본주의의 전변은 평화적으로 이뤄질 것이다. 20차 대표대회에서는 콘스탄티노프Fyodor V. Konstantinov

의 변증법적 유물주의가 모두 승인되었다는 소식을 전했다. 역사는 맑스의 예언을 위반하였다. 그러나 맑스가 예견했던 자본주의의 불치병은 여전히 존재한다. 맑스가 문제의 소재를 밝혔지만, 발전 과정에서 예기豫期한 것들은 실현되지 않았다."(100~101쪽)

"맑스는 영국에 대한 기대가 있었고, 엥겔스는 독일에 대한 기대가 있었다. 그러나 영국과 독일이 이미 근대화된 이상, 근대화된 자본주의를 부정한다는 것은 1848년 강령이 해낼 수 있는 것이 아니었다. 1848년 강령은 야만화된 자본주의를 반대하는 강령으로서, 그들은 야만화된 자본주의 상승 초기에만 이를 실현할 수 있었다. 맑스와 엥겔스는 그들의 사상체계를 너무 일찍 형성시켰기 때문에 그것이 실현되는 것을 보지 못했다. 후에 비록 보았다고는 해도, 말년의 두 사람에겐 그들의 사상체계를 변화시키기에는 이미 늦은 감이 있었다. 그들은 문제의 소재를 지적했지만, 역사의 발전 과정을 잘못 보아 냈다. 결과적으로 학설은 후진국가에서 꽃을 피웠고 열매를 맺었다. 자각적으로 파악한 경제발전 규율과 로베스피에르의 공포주의, 이 두 가지 요소를 혼합시킨 맑스주의는 후진국가에서만 거대한 생명력을 만들어 내었고, '그 성과는 제한된 부분에만 미치게 되었기' 때문이다."(102쪽)

여기에서 야기된 것은 맑스 변증법과 역사 유물주의에 대한 재고찰이었다.

"보편적 명제로서의 부정변증법은 잘못된 것이지만, 자본주의를 해부하는 데에는 예리한 무기가 된다. 맑스가 이 무기를 지나치게 사용했다 해도, 그래 봐야 그것은 인류의 과거 역사를 해석하는 부분에서였을 것이고, 사회주의에 대한 예언이 일치하지 않기는 하나, 그것은 그를 탓할 게 아닌 것이다. 엥겔스는 이 명제를 더욱더 보편화시키게 되는데, 그것은 맑스의 본의가 아니다. 맑스의 이 명제는 실천 과정 속에서의 무기에 불과할 뿐이다. 그는 인류와 자연계 전 우주의 창조주가 되길 원하지 않는다. 레닌은 철학적으로 이 점을 이해하지 못했다. 그는 유물주의에 대해서는 공헌을 했지만, 변증법에 대해서는 사실상 무지했다. 그의 철학노트는 헤겔을 비판하는 게 아니라, 그를 뒤따르고 있을 뿐이다."(101쪽)

"어찌되었건, 인식 과정의 묘사와 인식 규율로서의 변증법은 가능하지만, 세계적 모델로서는 불가능하다. 자연변증법을 공표했던 것은 엥겔스 본인에게는 유감스런 일로서, 거기에는 자연계 꼭대기 쪽을 본뜬 헤겔 도식의 단편들로 가득 차 있다. 1880년대 전반기 엥겔스에게는 그런 의도가 있었다. 어찌되었건 포이어바흐론論 이후, 그는 오래된 원고의 단편들을 염두에 두지 않았다. 원고 속의 관점 역시 포이어바흐론論과는 부합되지 않는 것이었다."(118쪽)

"역사 유물주의 공식은 역사 전체를 해석하는 데 충분치 못하다." "역사 유물주의는 헤겔 역사철학의 전제, 즉 하나의 필연적 규율이 존재한다는 것을 은연중 내포한다. 이 필연적 규율은 공산주의의 완성을 지향하고 있다." "헤겔 도식은 사실상 종교적 분위기를 벗어나지 못한다. 자연계와 사회역사의 오묘한 신비를 발견함으로써 부단히 인식수준을 높여가는 것을 그 전 과정으로 삼는 것이 아니라, 세계적 모델을 요구하며, 이로부터 목적론을 세움으로써 필연과 자유 등의 윤리관념을 세우고 있다. 그리하여 변증법적 유물주의의 대문大門에서는 형이상학을 거절하지만, 오히려 뒷문 쪽으로 형이상학의 범주를 하나씩 하나씩 숨겨 들여온다."(119쪽)

"변증법적 유물주의는 신의 경계를 벗어날 수 없다. 엥겔스와 레닌은 모두 이것을 말하길 꺼려하지만, 요제프 디츠겐[6]은 순순히 신의 경계를 이야기하고 있다." "절대 진리는 신계神界 혹은 신계의 화신化身임이 분명하다. 절대주의-전제주의는 본래 변증법적 유물주의와 혈연관계가 있는데, 이러한 사실을 참을 수 없다."(120쪽)

구준이 회의懷疑를 갖고 거부했던 것은 맑스주의 가운데서도 헤겔식 절대주의의 기호였다. 이러한 절대주의는 맑스주의를 종교화하고 신학화하여 '신앙론'을 야기시키게 될 것이며, 사회적 실천 속에서 전제주의를 초래하게 될 것이었다. 이 모든 것은 구준 같은 독자적 지식인으로서는 "참아 낼 수 없는 것"이자, 또 맑스의 '본의'本意를 위배하는 것이었다. 따라서 그는 스탈린주의나 레닌주의에 대해서도 냉혹한 비판을 가하였다. "레닌은 실천가이기 때문에 공포주의를 고집한다"고 하면서, "독재정치 면에서 맑스·엥겔스 학설에 대한 레닌의 숭배는 맑스·엥겔스에 근접한 사람들을 추월하고 있는데, 모든 면에서 볼 때 사실상 이것은 레닌주의이지, 결코 맑스주의를 되풀이하는 것은 아니"라고 하였다(103쪽). 이것은 1956년 그가 레닌의 공헌에 대해서 평가했던 것과는 큰 차이가 있다.

구준이 볼 때, "맑스는 인본주의자로서, 그에게 신앙이 있다면 그것은 인류를 믿는 것이었다." "인류를 믿는 것을 신앙으로 삼는다면 학파를

---

[6] 요제프 디츠겐(Joseph Dietzgen, 1828~1888). 독일의 사회주의자로 유물론적 철학을 연구했고, 저서로는 『인간 두뇌활동의 본질』(*Das Wesen der menschlichen Kopfarbeit*) 등이 있다.―옮긴이

건립할 수 있겠지만, 종교사적인 신앙은 이교異教 재판소를 건립하게 될 것이다." 구준은 "자신의 사회관은 인본주의적이므로", "헤겔로부터 철학적 해답을 찾을 수 없다"는 결론을 내렸다. 그는 "그 절대라는 것이 두통거리라는 것을 알게 되었고", "맑스주의 인본주의=자연주의라는 것을 받아들였다". "루소는 이러한 방식이 도구주의와 부합하는 것"이라고 하였는데, 구준은 바로 이 "도구주의를 받아들이게 되었던 것"이다. 구준은 인본주의=자연주의이고, 도구주의적 사회주의야말로 진정한 사회주의라고 강조하였다(119, 120쪽).

3) 1959~60년 : '대기근'에 대한 정치경제학 비판

『1959년 2, 3월의 일기』속에서 구준은 이미 "비판은 반드시 지속될 것이라고 확신"하면서, "세력권 내에서 권세를 쥐고 있으면 딴마음을 품기가 쉬운 일이나, 군중 속에 있으면서 또 세력권 밖에 있으면서 비판을 하거나 자신의 확고한 입장을 유지하기란 쉽지 않다"라고 언급한 바 있다(103쪽). 그는 "세력권"을 벗어나, "군중 속에 있기"를 갈망했음이 틀림없다. 때문에 중국과학원의 하방下放된 간부들을 따라서 허난성 신양信陽 상청현商城縣에서 노동을 하게 되었을 때도, 그는 잘된 일이라고 생각하였다(128쪽). 이것은 그가 중국 현실을 아래에서부터 위로 관찰하고 사고할 수 있는 기회였던 것이다.

그렇다면 그때 그는 무엇을 보았을까? 그의 일기를 보자.

"서가徐家네가 끼니를 굶는다." "마을 고구마가 동이 났다." "류인즈劉引之 아버지가 돌아가셨다. 부기: 과로, 영양부족. 재봉실 장張씨 형과 형수가 거의 동시에 사망하였다. 역시 부종으로 죽은 것이다. 1959년 가뭄, 1960년 봄·여름엔 또 얼마나 많은 사람이 죽어야 하는가?"(1959년 6월 4일 일기)(139, 140쪽)

"사망자 속지續志: 류쉐劉學네 모친과 동생이 동시에 죽었다. 양뤄위안楊柔遠 모친이 죽었다. 샤보칭夏伯卿네 집안에 사람이 죽었다. 장바오슈張保修네 집안에 사람이 죽었다."(6월 30일 일기)(156쪽)

"어젯밤, 근처 길에서 두 사람이 쓰러져 죽었다. 그 중 한 사람은 종합부대에서 묻어 주었다. …… 죽은 사람은 '뤄씨 가게' 사람, 현장노무자, 온지 얼마 안 되어 아직 일도 시작하지 않았음. 인민폐 4위안 남짓 지니고 있었음."

"8조組 구성원 황보黃渤네 집안에는, 아내, 아버지, 형, 두 자녀가 보름 사이에 죽어 나갔다. 이 집안은 식구가 비교적 많은 편으로, 아직 죽지 않은 황보 본인을 포함해서 모두 열다섯이다. 그 중 일곱이 아이다. 이 가운데 다섯이 죽었으니 사망률도 적지 않다 하겠다.……

지금의 문제는 사람이 죽고 안 죽고에 있는 것이 아니라, 어떤 사람들이 죽는가에 있다. 황보는 아버지가 죽은 것도, 아이가 죽은 것도 다 괜찮은데, 형이 죽은 것은 큰일이라고 말한다. 이 얼마나 솔직한 말이던가? 농촌에서 아이들과 노인들이 죽는 것은 맬서스주의 목적에 도달하는 것이지만, 만약 숙련노동자가 많이 죽는다면, 그것은 실로 큰일인 것이다."
(7월 16일 일기)(177, 179쪽)

"민간의 많은 사람들이 부종으로 죽어 간 것 외에도, 상청商城 쪽에서는 사람들이 서로 잡아먹는 사건이 두 건 일어났다.—하나는 남편이 아내를 죽였고, 다른 하나는 고모가 조카를 잡아먹은 사건이었다."(7월 22일 일기)(183쪽)

구준은 비분 가득한 마음으로 이렇게 썼다.

"1958년에 대한 내 견해를 한마디로 이야기하자면 일시에 기운氣運이 고조되었던 해라고 할 수 있겠다. 1958년 초는 대논쟁, 봄에는 대치수, 여름에는 풍작경축, 가을에는 대련강철大鍊鋼鐵[전국적인 철강 제련운동], 인민공사人民公社 이 모든 것이 적극적으로 지지된 해였다.

1959년에 대한 내 견해는 연이어서 기운이 쇠하였다로 표현할 수 있다. 조정調整을 하려 해도 중도에서 손을 뗄 수 없는, 이러지도 저러지도 못하는 상황으로서, 가뭄을 풍작이라 하지를 않나, 수리시설과 양돈장을 같이 거론하지를 않나, 한겨울도 되지 않아서 얼어 죽은 사람의 유골이 보일 정도였다. 흐루시초프는 중국 국경일 경축행사가 성대하게 열린 대회장인 베이징호텔 안쪽에서는 술 냄새와 고기 썩는 냄새가 진동했다고 말했다.

우즈푸吳芝圃(당시 허난성위원회 제1서기)는 2년간의 고투를 바탕으로 해서 다시 3년을 더 고전 분투해야 했다. 몇 차례 기운이 쇠퇴해 다시 일어날 수 없는 지경에 처한 후엔 또다시 회복세가 있기 마련인데 회복세가 있는지는 전혀 모르겠다. 조규曹劌(노나라 때 임금한테 역사의 평가를 두려워하라고 간언한 신하)는 또 장차 뭐라고 논할지."(179쪽)

"역사는 다시 씌어져야 한다. 역사 전편에 걸쳐 거짓말은 계속되고, 이재민들은 도처에 가득하다. 그러니 이 시기 역사가 어찌 다시 씌어지지 않을 수 있겠는가?"(199쪽)

구준은 "일시에 기운이 고조되었다", "연이어서 기운이 쇠퇴하였다", "거듭 기운이 소진되었다", 그러다가는 또 "회복세를 보였다"로

1958년부터 1960년까지의 중국 현실을 개괄하였다. 이는 사실상, 앞에서 이미 언급했던 "사회주의, 공산주의 지상천국" 건설에 대한 환상에서 시작된 것이, 결국엔 "이재민으로 채워진" 변형된 "수용소"(141쪽) 건립이라는 현실실현의 과정이 되어 버린 상황을 보여 주는 것이다. 이상주의적·낭만주의적 공상이 전제주의와 재난을 향해 나아갔다는 데에는 매우 심오한 역사적 교훈이 내포되어 있다. 구준은 이러한 역사의 산증인으로서, "역사를 새롭게 써야" 한다고 말한다. 과감히 현실을 직시했던 경제학자로서, 구준은 이 '대기근'의 본질은 무엇인가, 그 배후에 무엇이 숨겨져 있는가에 대한 이성적 추궁과 비판을 가하고자 하였다.

'양이 사람을 잡아먹는' 사회주의 역사 이전 시기

구준은 '사회주의 역사 이전 시기'와 '호구경제'糊口經濟라는 두 가지 중요한 개념을 제기하였다.

그는 '사회주의'와 '공산주의'를 다음과 같이 구분하였다. "사회주의는 소수인에게 정상적이고 부유한 생활을 보장하는 조건에 국력을 집중시켜, 전시경제戰時經濟식 건설을 이루게 된다. 공산주의에 이르게 되면 다수의 생활을 보호해 주고, 생활수준의 차이를 감소시키게 된다. 또 사회도덕 면에서 시민생활의 질서를 정상적으로 회복시키고, 사회주의 시대에 발전했던 기형적인 것들을 소멸시킨다." 구준은 전자가 "사회주의 역사 이전 시기"라면, 후자는 바로 "진정한 사회주의"라고 여겼다(163~164쪽).

또 구준이 제기한 '역사 이전 시기'의 '전시경제식 건설'에는 두 가지 특징이 있는데, 첫째는 '정치제일'을 실행하는 것이다. 즉 경제수단을 떠나 정치수단으로써 경제 목적을 달성하는 것이다. 구준은 이러한 정치제일이 "모두 적용될 수 있는 범위는 농촌에 한한다. 도시에서는 실행될 수 없을 뿐만 아니라, 실행된다고 해도 비교적 그럴듯한 화폐경제의 외관만을 유지하려 한다"고 지적하였다(170쪽). 둘째, "중국인의 먹는 문제 해결"을 중심으로 '호구경제'를 시행하는 것인데, 그것은 "거짓말, 전제 정치, 가혹한 형벌과 법률, 무제한적 투쟁, 부패한 방법으로써 역사적 사명을 완성시키는 데" 노력을 기울인다(186쪽). 그 가운데 중요한 부분은, 바로 농민을 희생시킨다는 것인데, 여기에는 심지어 농민의 목숨을 없애는 것까지 포함된다. 구준은 중국의 경제건설은 "도시중심주의 건설"이자, "농민을 착취하는 건설, 건설 자체가 바로 건설 목적"이라고 하였다. 이것은 바로 "가혹한 정치는 호랑이보다 무섭다"는 것의 전형으로서, "농민에게는 엄청난 재난"이라고 날카롭게 꼬집었다(251쪽).

중국의 "농민들은 호구경제로부터 출발해서 토지혁명의 기치 아래 커다란 공헌을 하였지만, 그 결과는 그들의 은인이 되돌아와 강제력을 동원해 호구경제를 파괴해 버린 것이었다. 그들은 농민들을 토지로부터 내쫓고는[7] 굶주린 상태로 산으로 내몰아 강철을 연마시키고, 7,000만 명을 동원하여 수리공사를 일으켰다. 게다가 정치적으로는 자본주의 자발세력(自發勢力)이란 칭호를 부여하려 하였다"(231~232쪽). 구준은 이것을 중국 농민의 '액운'이라고 말했다.

구준이 보기에, '은인'으로 불리는 마오쩌둥이 완성시키려 한 것은 '사회주의 역사 이전 시기' 원시 경험의 축적으로서, '대약진'과 '인민공사' 운동은 사실상 '중국 특색의 사회주의 역사 이전 시기'의 '토지몰수

---

7) "代替圈地, 代替羊子吃人." 필자는 농경지를 목장으로 바꿔 양들로 가득 채우고 농민들을 토지로부터 내몬 영국의 인클로저 운동을 비유적으로 표현하였다.—옮긴이

와 '양이 사람을 잡아먹는 인클로저운동'[8]이었다. 그가 '호구경세'를 파괴하기 위한 '처방'으로서 중국에 제시한 것은 바로 "맑스·레닌주의의 인구론, 공포주의적 반우파투쟁으로서, 기아에 허덕이는 무수한 농민들에게 과도한 노동을 시킴으로써 높은 생산율, 높은 상품률을 달성시키는 동시에 과도한 잉여인구를 줄이는 것이었다. 이것은 겉은 번지르르하지만 실상은 가장 잔혹하고도 신속한, 또 가장 효과적인 방법이었다. 만약 이것조차 이후 역사책에 위대한 공적으로 기록된다면, 이는 실로 피터 대제나 조조와 다를 바 없게 되는 것"이다.

구준은 "그는 영특해서, 의식적으로 이렇게 한 것이 틀림없다. 그런 의미에서 보자면, 그는 1959년 가뭄에도 감사해야 한다. 게다가 또 그가 나쁜 일을 좋은 일로 바꾼다는 말도 있다"고 했다(232쪽). 구준은 이것은 "살아 있는 사람의 생명을 소멸시킴으로써 지구에 선전포고하는 것"으로, 첫째는 "조상들이 써 버린 자연자원을 보상하는 것"이고, 둘째는 "농촌 인구를 감소시켜서 호구경제 현황을 변화시키는 것"이라고 하였다(184쪽). 또 다른 일기에서 구준은 마오가 발동시킨 '반우경기회주의운동'을 언급할 때, 마오쩌둥이 사실상 "크나큰 결심"을 한 것이라고 하면서, "일억의 인구가 죽는 것도 개의치 않고, 이를 악물고 끝까지 밀어붙이려 한 것"이라 하였다(216쪽). 이것은 마오쩌둥이 언급했던 온 세상을 놀라게 할 "제국주의 멸망과 전쟁 발동을 위해서라면 수억 명의 희생도 아끼지 않겠다"라는 대의론과 같은 맥락에서 나온 것으로, 마오쩌둥은 자신이 완성시키려는 것은 역사가 부여한 사명으로서, 이를 위해서 인간

---

[8] 토머스 모어(Thomas More)는 그의 책 『유토피아』(*Utopia*)에서 인클로저(enclosure)운동을 양이 사람을 잡아먹는 운동으로 표현하였다.—옮긴이

의 생명을 포함한 그 어떠한 대가도 지불해야 한다고 믿었다.

문제는 구준 또한 이것이 역사의 필연적 선택이라 생각하였다는 것이다. 구준은 "이 시대가 스탈린주의일 수밖에 없음은 역사가 결정한 것"이라고 여겼다(227쪽). 역사를 전진시키는 것은 본래 선이 아닌 악인데, 마오쩌둥 시대가 어찌 이를 피할 수 있을 것이냐는 말이다. 구준은 "사람을 몰살시키겠다고 지구에 선전포고하는 작전에는 참여할 수는 없지만, 중국은 달리 갈 길이 없다"는 것을 인정하였다(187, 186쪽). 그는 늘 "약진하고자 하는 욕망과 인도주의 간의 모순"을 언급하였는데(154쪽), 사실상 이것은 그 자신의 '역사적 필연성'과 '인도주의' 간의 모순을 반영한 것이었다. 여기에서 말하는 "달리 길이 없다"는 것과 "차마 참여할 수 없었다"라는 것이 바로 이러한 모순이었다.

이 시기 구준은 비록 그가 이미 반성한 적도 있고 또 비판한 적도 있는 '역사 결정론', '역사 필연성'(앞쪽에 나는 맑스·엥겔스 인본주의는 곧 자연주의임을 받아들였다는 것과 연관된 분석이 있다)의 영향을 완전히 벗어날 수는 없었지만, "계급투쟁으로 기아문제를 해결하고, 일부 사람들의 문제를 해결하기 위해, 일부 사람들을 없애 버리는" 방법에 대해서는 줄곧 비판적 태도를 취하였다.

구준은 "계급투쟁 20년, 심지어 계급투쟁 50년이란 말이 있다. 지금은 누구를 대상으로 투쟁하는가?"라는 예리한 질의를 던지면서, "지금 계급투쟁의 가장 심각한 문제는 '부농'에 투쟁하는 것"인데, "이것은 계급분석 방법하에 국가와 농민의 충돌을 은폐하는 것에 불과하다"고 꼬집었다. 이것은 5, 60년대 중국의 소위 '삼면홍기'(총노선, 대약진, 인민공사 및 그 직접적 결과인 3년 대기근)의 본질을 한마디로 잘라 말한 것이었다. 구준은 "계속해서 투쟁해 나가면, 그다음엔 누구에게 투쟁해야 하느냐"고 캐물으며 이렇게 말하였다. "현재 농민에 대한 투쟁이 농민의 수는 지나치게 많고 자급률은 지나치게 높은 반면 상품률은 너무 저조하여 일부의 사람들을 없애고 강제로 상품률이 높은 농업을 건설하게 하여, 호구경제를 철저하게 없애야 하기 때문에 역사적으로 부득이한 일이라고 말한다면 어쩔 수 없는 일이겠지만, 기어이 또 맑스·레닌주의 문구로서 이를 은폐시키고 있다. 긴장국면은 투쟁으로 반드시 극복해야 한다고 하면 그만일 텐데, 군이 한쪽에서는 이러한 상태를 완화시키는 데 노력을 기울여야 한다고 하면서, 다른 한쪽에서는 또 20년을 싸워 나가야 한다고 떠들어 댄다. 투쟁하려면 끝까지 해야 한다. '늙은 두더지가 땅도 잘 파는 법이다!' 다시 투쟁한다면, 자신과의 투쟁이 있을 뿐이다."(227~228쪽)

구준은 또 사람은 "배워서 좋아졌는가, 나빠졌는가?"라는 질문을 던진다. 그는 '파괴된 도덕'과 계급투쟁 그리고 기아가 중국 사람을 "서로 잡아먹고, 성性을 팔며, 거짓을 말하고, 아첨하며, 남을 해쳐 자기 잇속만 채우는 존재"로 만들었다는 사실을 발견하고는 "마치 '부종으로 죽는 것과 건설 사이의 관계'睡死與建設之間를 쓸 때처럼 칼로 후비는 것 같은 통증이 있었다"고 말했다. 바꾸어 말하자면, 이것은 "사회주의 역사 이전 시기 양이 사람을 잡아먹던" 원시경험의 축적으로서, "사람은 부종으로 죽음으로써" 그 대가를 치렀고, 더 나아가서는 "도덕은 파괴됨"으로써 그 대가를 치른 것이었다. 구준은 "이것이 역사의 필연이라면, 치러야 할 대가 또한 엄청난 것"이라면서, "이후의 역사 시기에는 이러한 악독한 영향을 없애기 위해서, 또 얼마만큼의 정신적·물질적 대가를 치러야 할런지 모르겠다"고 말한다(241쪽).

대기근 배후의 체제문제

이렇게 농민을 희생시키는 "양이 사람을 잡아먹는"(인클로저 운동) 경제 발전 노선은 체제가 보장한 것이었다. 따라서 그 직접적 결과로서 '대기근'을 비판할 때는, 반드시 체제에 대한 추궁과 비판이 따라야 한다. 구준은 그렇게 하였다.

"이러한 방법을 현실화시킨 체제는, 다년간의 계획과 운영을 거쳐 이미 성공을 거두었다. 그 구조는 아래와 같다:

공안호적체제公安戶籍體制. 이 조항이 있으면, 재난지역 농민은 도시로 유입될 방법이 없다. 매일 한 끼만 먹더라도, 더 이상 기근을 피해 외부로 나갈 수 없게 된다.

인민공사는 여전히 산업군 체제로서, 그것은 순수 농촌조직을 병영중대로 만들고, 또 그 가운데서 수시로 야전부대(예를 들어 수리대水利隊)를 만들 수 있다.

공용식당公用食堂은 농촌의 식량 소비를 철저하게 억제해서, '식량출하'를 적게 하는 바람에, 경악할 만한 아사사건을 일으켰다. 그러나 기아는 만성적인 것에 불과한 것이었고, 사망은 부종에 의한 것이었다. 의사가 만약에 굶어 죽었다고 말하면, 의사는 바로 우파 혹은 우경기회주의자로 몰렸다.

그리하여, 헌법에서 거주의 자유란 규정이 생겨난 후로는 도주범이란 명목이 생겨났다."(184쪽)

그 밖에도 이후 일기에는 "분배제도는 실질적으로 소비관리의 수단이 된다. 공용식당은 식량소비 관리를 철저히 하는 무기인 것이다"(149

쪽), "인민공사는 새로운 시대의 요구에 부응해서 만들어진 것이다. 그것은 인간의 노동력 가치를 더 이상 낮출 수 없을 정도로까지 낮게 평가하고, 도시와 농촌 간 노동력 유동을 저지시키고, 현縣의 인민공사(합작사)에 염가의 노동력을 제공한다. 이렇게, 축적된 속도는 장차 가히 놀랄 정도가 될 것이다. 크고 작은 공업이 본전을 따지지 않고 건립되고, 게다가 이윤까지 거두니, 그렇게 되면 베이징의 대회당이나 상가의 극장도 이에 따라 생겨나게 될 것이다"(196쪽), "인민공사의 조직은 필수불가결한 것이다. 인민공사가 있어야만 생산을 억제할 수 있고, 분배를 억제할 수 있으며, 소비를 억제할 수 있다. 소비를 억제해야만 농산품의 상품률을 최대한 향상시킬 수 있다" 등의 분석이 엿보인다(216쪽).

구준은 또 '인민공사의 개념 변화'에 주목하였다. "A. 산업군의 인민공사는 도시와 농촌의 구별이 없고, B. 산업군의 인민공사는 농촌이 공업건설에 봉사한다. 이 개념에 따르면, 대규모 철강 사업이 모두 다 농촌의 수요를 고려한 것이라는 것은 허튼소리다. 이것은 영국을 뛰어넘고 미국을 따라잡기 위한 것으로서, 농촌에 물력과 인력 제공을 요구하는 것이다. C. 12월 결의. 정저우鄭州회의에서, 덩쯔후이鄧子恢의 인민공사 내용은 혼란스럽고, 또 그 함의含意도 다르다. D. 제8차 8중전회 후 인민공사는 뚜렷한 방향이 생겼고, 높은 상품률을 갖게 되었으며, 국가의 투자도 생겨났다. 다시 말해서 국가와 인민공사가 공동 경영하는 것으로서, 전민소유제가 부단히 발전하는 인민공사가 되는 것이다."(224~225쪽)

구준은 또 "이 체제가 아래에서부터 위로 붕괴되어 갈 것인가?"라는 문제를 제기하며, 스스로 "그럴 리 없다"는 답변을 내린다. 그 이유는 세 가지다. 첫째, "농민 가운데 무능한 농민은 스스로 할 수 있는 일이 없고", "농촌에서 나고 자라 농촌을 위해 이익을 꾀하려는" 소수의 사람은,

"지금의 방법을 대신할 수 있는 정치방향"을 제기할 수 없기 때문이다. 둘째, "반우, 반우파 정풍운동을 부추겨 맹아 상태의 농민대변인을 속박하거나 세뇌시키기" 때문이다. 셋째가 아마도 가장 중요할 것이다. "국가라는 이 통치구조는 농민 가운데 연대장, 대대장, 회계원, 기술원, 고등학생이 될 사람들을 대거 선발했다. 통치계급이 자신들이 선발한 사람들을 자신들 집단에 참가하도록 잘 유도할수록, 그 통치는 갈수록 안정된다. 결론은 이러한 통치체제는 붕괴될 수 없다는 것이다. 구속과 사상통제가 심할수록, 페퇴피클럽9)이 출현할 가능성은 갈수록 적어지고, 통치가 지속될 가능성은 갈수록 커지는 것이다(187쪽).

구준의 분석 속에서, 이러한 체제는 아래 다섯 가지 부분이 서로 유기적으로 결합되어 만들어진 것이었다. 첫째, 인민공사(공용식당 포함)를 주체로 한 조직이, 농촌 노동력을 생산에서 유통·분배·소비·생활 전면에 이르기까지 통제하고, 심지어 인간을 종속시키기도 하였다. 둘째, 또 호적제도로 농민을 토지에 묶어 두고, 도시와 농촌 사이의 유동을 금지시켜, 도시·농촌 이원대립 구조를 만들어 냈다. 셋째, '농민의 대변인'인 지식인과 농민과의 연계(이것은 반우파운동을 발동시킨 중요한 목적이다)를 단절시킴으로써, 농민의 사상을 엄밀하게 통제하였다. 넷째, 농촌에 교양 있고 또 성실한 인재를 받아들여, 이로써 자아통제체제를 만들어 내었다. 다섯째, 소위 "농민의 자연발생적 자본주의 경향" 통제를 중심으로 한 계급투쟁을 끊임없이 발동시켜 불안한 요소를 모두 없애 버림으로써, 인구 대부분을 차지하는 농민과 농촌사회를 전면적이고도 안전하게 통제함으로써 이를 전국 통제의 기초로 삼았다.

---

9) 1954년에 조직된 헝가리의 반혁명조직.―옮긴이

바로 이러한 체제가 농촌의 생활고를 조상함과 동시에 농민이 대거 사망한 사실이 농촌 밖으로 퍼져 나가 전민의 대공황으로까지 확산되지 않도록 엄격하게 통제하였고, 또 공개적인 거짓말로서 진상을 은폐해 버렸다. 구준은 바로 이러한 것이야말로, 이런 체제의 동양적 잔혹성을 제대로 드러내 주는 것이라고 생각하였다. "설마 사회주의도 동양으로 갈수록 야만스러워지는 것인가?"라는 그의 물음엔 비통함이 배어 있다 (218쪽).

"내가 비겁해졌나?"

이 시기엔 구준도 역시 이러한 체제에서 살고 있었기 때문에, 그는 끊임없이 체제와의 관계를 생각하면서, 자기 "스스로도 비겁해진 것은 아닌지" 자문한다. 이것이 바로 구준의 특징이자 탁월한 점이다. 그는 농촌에 있으면서, 주변에서 일어나는 모든 일들을 빈틈없이 관찰하고 생각하였고, 또 스스로의 선택에 대한 문제를 사유함에도 긴장의 끈을 놓지 않았다. 때문에, 체제에 대한 관찰과 비판은 결국 자신에 대한 관찰과 비판으로 그 방향을 선회하게 된다.

앞서 인용한 일기에서도 나타나듯이, 구준은 농촌문제의 본질이 "국가와 농민의 충돌" 때문이라는 사실을 발견하였다. 그리고 국가가 실행한 것이 농민을 희생시키는 "양이 사람을 잡아먹는" 경제노선이라는 사실도 알게 되었다. 그는 비록 "다른 방법은 없다"고 생각했지만, 그 자신은 인간을 몰살시켜 버리고 말겠다는 지구에 대한 선전포고 작전에는 참가할 수는 없다고 결정하였다. 그가 선택한 자기 역할은 '역사 관찰자'로서의 역할이었다. 그것은 바로 "침묵한 채, 역사를 따라 그것을 기록하여, 그 시기의 진상을 후대에 알리는 것이었다. 그러나 그는 절대 나치 임레]Nagy Imre(헝가리 인민공화국 총리) 노릇은 하지 않을 것이다"라고 말하였다 (186~187쪽). "나지 임레 노릇은 하지 않는다"는 것은 1956년 헝가리 사건에서의 나지처럼 공개적 반대파가 되길 원하지 않는다는 것을 가리키는 것이다.

그러나 60년대는 '침묵한다'는 것도 쉽지 않았다.

우선은, 기근이 구준의 생명을 위협하고 있었다. 우리는 그의 일기에서, 자주 이러한 기록을 보게 된다.

"오늘밤에 줄을 서고 있는데, 황씨가 시내 기관에서 불만을 제기한 사실을 알고 있더라고 말했다. '우파는 여전히 더우장豆漿을 먹는다, 사상개조를 한 것 같지 않다.' 내일 밤 기요紀要는 취소되었다."(1959년 5월 27일. 135쪽) "굶주림을 배우다."(6월 4일. 141쪽) "사실, 기회만 있으면 모두 다 땅콩을 먹는다. 아래 헛간에는 생고구마, 위 헛간에는 무. 난 보초를 설 때 무와 땅콩을 먹은 적이 있다."(6월 21일. 150쪽)

"식비가 똑같다. 맘대로 물건을 사서 먹는 것도 안 된다. 그러니 특수화 현상이라는 것도 어쩔 수 없는 것이다. 훔치지 않는 것이야말로 이상한 일이다. 그래서 나도 훔쳤다. 훔치는 것이 보편적인 것이었다."(7월 6일. 163쪽) "보충할 수 있는 음식이 조금도 없었다. 새벽부터 정오까지, 몹시 기아에 허덕였다. 그저께 밤, 어젯밤에도 일찍 잠자리에 들었지만 잠들 수 없었다. 음식에 대한 욕망으로 고통받았다. 어떻게 하면 양楊, 장張, 셰謝 세 사람 중 누구에게서 아침에 숭늉이라도 한 그릇 얻어먹을 수 있을까, 어떻게 하면 고구마와 당근을 좀 먹을 수 있을까를 생각한다. 집으로 돌아갈 때는 어떻게 하면 배불리 먹을 때가 올 수 있을까를 생각한다. 구운 고구마는 베이징에서 사기 힘들다. 옥수수떡은 꿀맛이다. 먹을 것을 사지 못했을 때는, 둥안東安시장이나 푸와이阜外대로를 돌아다니며, 먹을 게 생기면 뭐든 먹을 생각이다. 그렇지 않으면, 외빈 전용 레스토랑에 가서 훔쳐 먹자."(7월 15일. 168~169쪽)

기아와 죽음의 위협 속에서, 생존은 제일 큰 문제가 되었다. 이것은 인간의 생존 본능 때문만은 아니었다. 역사 관찰자, 기록자의 사명을 완성하기 위해서, 구준은 살아야만 했던 것이다.

문제는 어떻게 해야 살아갈 수 있을까였다. 구준은 "훔치는 것"으로 문제가 해결될 수 없다는 것을 알고 있었다. 관건은 "노동대오의 통치계층 속으로 비집고 들어가야"(158쪽) 하는 것이었다. 적어도 통치계층의 호감을 얻거나, 아니면 최소한 그들에게 미움을 사면 안 되는 것이었다. 이 모든 것은 기아논리(이성적 사유의 논리가 아닌)가 구준에게 가르쳐 준 것이었으니, 따르지 않을 수 없는 것이었다. 구준은 후에 노동대오에서의 생활을 정리하면서, 처음에는 "머리가 불필요했다", 별 생각 없이 무감각하게 "두 달을" 보냈다. 그다음부터 이어진 것은 "두려움과 굴복"(245쪽)이었다고 하였다. "두려움"에는 응당 개조를 강요하는 정치적 압력이 포함되어 있었지만, 구준에게 이것은 버텨 낼 수 있는 것이었다. 그가 가장 "두려웠던 것"은 굴복하지 않을 수 없는 "굶주림"이었다. 때문에 그도 이에 영합하려고 애를 썼다. 그는 "기본적으로 잘 참아 내고, 웃는 낯으로 사람을 대하는 법을 익히면서 점점 자연스럽게 여기는 것에 익숙해졌다"고 말했다. 그는 그의 기질이 변했음을 발견하고는 두려워졌다 (143쪽).

그래서 어느 날, 그는 일기에 "인성은 최소의 것이고, 계급성은 최대의 것이다"라고 적었다. 사실은 '야만성'이야말로 최대의 것이었다.

"노동대오 당성黨性의 화신"이자 "마오에 흠뻑 빠져 있는" 조장 천陳씨가 (161, 165쪽) 그를 치켜세우며, "상부와 연결해 주겠다"고 말했다고 썼다. 구준은 이것이 "사실은 웃는 낯으로 사람을 대하자는 자신만의 정책의 결과로서, 천을 볼 때마다 인사하고, 또 그가 거들떠보지 않아도 열심히 아는 체했더니, 그의 마음에 들었던 것임"을 잘 알고 있었다(165쪽).

그러나 이것은 오히려 구준의 마음에 커다란 고통을 불러왔다. 그는 이것을 "진정한 정신학대"라고 하면서 매번 "삶이 오물로 뒤범벅된 것 같은 느낌이 든다. 오늘은 이 사람에게, 내일은 저 사람에게서 한바탕 훈계를 듣고서, 비굴하게 아첨하고, 웃으면서 비위를 맞추는 것이 이미 한계에 달했다. 정신적 고통과 혐오감으로 몹시 슬프다!"(152쪽)고 하였다. 그는 소위 '개조'라는 것과 "우파가 우파분자라는 딱지를 떼어 준다는 것"은 사실상 '정치적 협박'으로서, 사람을 강제로 "온순한 도구"로 길들이려는 것이라고 생각하였다. 구준은 "나의 개조 태도가 아무리 좋다 하더라도, 그것은 구차하게 생명을 구걸하기 위한 것일 따름이라는 것을 분명히 알고 있었다(166쪽). 구준은 이로 인해 자신은 "진심이 담긴 말", "인간으로서의 말"을 더 이상 하지 못하며(233쪽), "두 가지 얼굴을"(155쪽) 가지고 있다고 끊임없이 자책하면서, "정신분열"로 빠져들었다. "쇠약"해지고, "비천"해짐을 느끼게 된 구준은 자신에게 "비열해진 것인가?"(226~227쪽), "치사해진 것인가?"를 거듭 자문하면서, 있는 그대로 자신을 드러낼 것을(236쪽), 또 진지하고 충실하게 이 모든 굴복, 타인과 자신의 모욕을 기록해 나갈 것을 다짐한다.

구준은 변함없이 자신의 확고한 결의를 다음과 같이 표명한다. "나는 또 일을 해야 한다. 자신을 잘 지켜 내야 한다. 나는 또 싸워 나가야 한다. 이 싸움은 헛되지 않을 것이다. 적어도 한 시대의 역사를 기록하여 후대에게 경험적 교훈을 주어야 한다. 나약함은 필요 없다. 반드시 그럴 기회가 있을 것이다."(227쪽) 구준은 자신의 이빨과 손톱을 감추고 아이들이 다 자랄 때까지 10년은 더 기다릴 것이라고 말하면서(212쪽), 자신을 향해 "굳건히 버텨 내라고, 1848년 이후 맑스도 10여 년 동안 고독했었다"고 스스로에게 당부하였다(228쪽).

1956년에 구준은 일찍이 "굴원屈原을 따르리라"고 표명한 바 있지만(59쪽), 60년대 구준은 오히려 중책을 위해 치욕을 참으며, 저술을 결심한 사마천을 떠오르게 한다.

구준의 희망, 혹은 환상

구준은 1960년 1월 20일 상청에서 베이징으로 돌아온 후에 『1960년 2, 3월의 일기』를 남겼다. 이 기간 동안 그는 신문을 일독하면서, 자신의 사상을 정리하였다. 그는 "자료 수집이 늘어날수록, 점점 더 1956년 이후의 현대사로 변해 버렸다"고 하였다(261쪽). 사실상 우리가 앞에서도 분석했듯이, 그 자신이 이 기간 동안 일기에 기록해 놓은 사상 내력은 이미 역사적인 의의를 충분히 갖추고 있었다.

우리가 주목할 것은 그가 사상을 총괄하는 과정에서 내용들을 재차 확인하고 있다는 것이다. 그의 견해에 따르면, 공산주의 지상천국이니 하는 것은 없는 것이고, 모순과 투쟁은 영원히 존재하는 것이다. 그러나 투쟁 방식에 있어서 옛날 방식 그대로의 '옳고 그름'의 절대론은 지속될 수 없는 것이다. 의견이 다른 사람들은 반드시 서로 다른 단체를 조직해야 하고, 이로써 사회주의 다당제도를 발전시켜야 하는 것이다(261쪽). 구준의 이러한 견해는 1956년 이후 중국 역사에 대한 대략적인 총괄로서 볼 수 있을 것이다. 여기에서 '공산주의 지상천국' 공산사회주의 및 그

철학 기초인 '절대론'에 대한 부정과, '사회주의 민주주의' 이상에 대한 새로운 긍정은 모두 주목할 만한 것들이다.

그러나 구준은 자신의 관점에도 "커다란 변화가 있게 되었다"고 말한다. 즉 그는 "사회주의 민주주의가 폭탄식 개혁에 의지해서는 이뤄질 수 없으며, 또 그 결과도 좋지 않을 것"이라 생각하게 되었다. "4년간의 역사발전이 마치 또 다른 길(자연진화)을 걷고 있는 것처럼 생각되었다." (261쪽) 구준의 이러한 견해 역시 1956년 이후 '4년간 역사'에 대한 총괄인 셈이었다. 그가 보기에, 이것은 '자연진화'의 과정이었다. 때문에 그는 이 시기 마오쩌둥이 실행한 '사회주의 역사 이전 시기' 원시경험의 축적으로 이루어 낸 "양이 사람을 잡아먹는" 경제발전노선을 잔혹하지만 피할 수 없는 '자연진화' 과정의 일환으로 보았다. 그는 "경제가 고속성장과 집중화에 임박했을 때, 스탈린의 개인 독재도 출현하게 된 것"이라고 하였다(261쪽). 그러나 그는 또 동시에 이러한 야만적 방식에 의한 경제발전은 오래 지속될 리가 없다고 생각하였다. "스탈린주의는 세계의 거대한 조직 속에서 지속될 수 없을 뿐 아니라"(186, 228쪽), 더욱 중요한 사실은 그것 자체가 근본적 변화를 위한 조건을 만들어 냈다는 것이다.

구준은 일단 농촌에 재화가 쌓여야, 생산필수품에서 소비필수품까지 흘러넘치게 될 것이라고 하면서, 이렇게 "호구경제의 강력 개편이 생명력을 다하게 되면" 필연적으로 "진정한 개조"가 일어나게 될 것이고, "그 결과 정직하고 진보적이며, 너그럽고 인도주의적이며, 문화적인 방향이 지금의 거짓과 전제專制, 엄한 형벌과 준엄한 법률, 끝없는 투쟁, 부패한 방법을 대체해서 역사적 사명을 완성하게 될 것이라고 예언하였다(187, 186쪽). 이것이 바로 1960년 2, 3개월 동안 구준이 목도했던 희망이었다.

"경제가 일정한 단계까지 발전한 뒤엔, 고도의 집중세集中勢는 장시간 유지될 수 없을 것이다. 그러니 심혈을 기울여 생산 잠재력을 발휘시켜야 하는 것이 시급하다. 군중의 지혜도 그 영향력을 발휘해야 한다. 그 어떠한 일도 단시간 내 정설定說이 될 수는 없다. 자유로운 쟁론과 장기적인 정치투쟁이 그 발전을 지속시키는 생명력이 되는 것이다. 이러한 때, 민주주의가 없으면 어떡해야 하는가!"(261~262쪽)

구준이 기대하는 '민주사회주의'도 조건이 성숙되면 자연히 이루어질 것이었다.

그러나 구준은 중국의 현실 속에서 민주사회주의 실현은 비교적 요원한 미래의 일로서, 당시의 중요 임무는 경제발전을 가속화하는 것이라고 생각했다(290쪽). 경제를 발전시킴으로써 중국의 문제를 해결한다거나, 중국의 모든 문제가 다 경제발전에 달려 있다고 하는 것은 바로 구준의 기본적 생각이었다. 구준의 기본적 생각은 1956~1960년 초 사이에 걸친 지속적 사유를 통해서 이미 확립이 되었다고 할 수 있다.

1960년 초, 구준은 중국 현실 정치경제 발전에 대해서도 낙관적 기대를 갖고 있었다. 1960년 1월 16일 일기에서 그는 "만약 4, 5년 내에 농촌인구가 3억까지 줄어들고, 거기에다 생산량만 착실하게 향상된다면, 전국 평균 상품률은 40%에 달하게 되어, 마오쩌둥 선생은 큰 성공을 거두게 될 것"이라고 쓰고 있다(244쪽). 2월 28일 일기에서는 또 "1년 안에 국면은 크게 바뀔 것이다. 지금이 바로 최고조의 상황으로까지 발전한 때이다. 어디서나 마오쩌둥 사상을 학습하고 있다. 발전이 극에 달하면 반전이 있는 법이라고 마오쩌둥 자신은 말한 적이 있다. 그도 떠나야 될 것이다. 아마도 곧 떠나게 될 것이다"라고 예언하였다(260쪽). 이것은 아마도 당내 일부 고급간부의 견해와 기대를 대신한 것일 수도 있다. 여기에서 제공되는 정보는 1960년 이후 중국 정국의 발전을 이해하는 데 있어 중요한 것이다. 구준 자신은 그가 문화대혁명 해명자료에서 말한 바처럼, 1960년 8월 "조정調整, 공고鞏固, 충실充實, 제고提高"라는 팔자八字 방침을 제기한 후에야, 그는 "1957년으로 돌아가자"回到1957年라는 것이 "궁극적으로는 평화적으로 사회주의를 건설한다는 방향을 확립시켰다"고 여기게 되었고, 이로 인해 그에겐 새로운 희망이 생겼다(296쪽).

그러나 역사는 구준이 기대한 대로 발전하지 않았고, 구준 자신의 운명에도 훨씬 더 복잡한 변화가 있게 되었다.

3. 장중샤오가 제기한 문제

장중샤오張中曉는 스물다섯에 후펑사건에 연루되어 감옥살이를 하고, 서른예닐곱에 개조감찰 과정에서 중병으로 숨을 거두었다. 그러나 사망 시기는 알려지지 않았다. 장중샤오에겐 후손이 없다. 그는 세 권의 필기 『무몽루문사잡초』無夢樓文史雜抄, 『습황집』拾荒集, 『협로집』狹路集만을 남겼는데, 그의 사상이 앞서갔기 때문인지 그가 제기한 문제는 지금까지도 우리에게 그 대답을 재촉하고 있다.

1) 1950년대 초 : 혁명 성공 이후 혁명 비판정신 상실의 문제

아래는 장중샤오가 후펑胡風에게 쓴 편지의 일단락이다.

> "밤, 사방은 너무나 고요하여, 이웃집 노인의 맷돌질하는 소리만 반복적으로 둔탁하게 들립니다. 그 커다란 소리에 두려운 느낌이 또다시 꿈틀거리며, 루쉰 선생의 말씀이 떠올랐습니다:

'커다란 깃발을 잘라 범가죽인 양 자기를 싸매어 다른 사람을 위협하고, 보잘것없는 것도 제 마음대로 안 되니 세력에 기대어 사람에게 죄명을 씌우는, 그것도 너무나도 끔찍한 죄명을 덮어씌우는 횡포자를 먼저 없애 버려야 한다.'

'그렇지 않으면, 그런 사람은 깃발을 움켜쥐고, 스스로 잘난 줄 알고, 노예총관奴隸總管의 허세를 피우며, 채찍질하는 것을 유일한 업적으로 삼을 것이다. 그런 사람은 치료할 약도 없고, 중국에서는 아무짝에도 쓸모가 없을 것이며, 오히려 해만 끼치게 될 것이다.'[1]

편지를 쓴 날짜는 1950년 7월 4일이다.

이 글은 사람들을 의아하게 만들었다. 1950년은 바로 혁명이 막 성공을 거두고 중화인민공화국이 시작된 지 얼마 안 된 때였다. 후에 한 학자는 그때를 이렇게 회고하였다. "무엇을 보든지 간에 모든 것이 다 장밋빛이었다. 그것은 찬란한 빛이었다." "날마다 구름 속에서 사는 것만 같았다." 이것이 바로 그 당시 지식인들의 심정이었다.[2] 장중샤오도 "정치판 구름에 휩쓸려 정신을 차리지 못하였다"고 말한 적이 있지만(17쪽), 그러나 그는 곧 깨어났고, 심지어 '공포'와 '심각함'을 느끼게 되었다.

지금 그의 편지를 읽는 우리에겐 그때 그가 왜 루쉰의 '노예총관'에 관한 말을 떠올렸던 것일까? 하는 의문이 생기게 된다.

그에게 '공포'를 불러일으킨 "커다란 소리"는 무엇인가? 그 노인의 둔탁한 맷돌질 소리는 그에게 무엇을 의미하는가?

---

1) 張中曉, 『無夢樓全集』, 武漢出版社, 2006, 7~8쪽. 이하 이 책의 인용 쪽수를 본문에 표기했다.
2) 李羨林, 「壽作人」, 『光明日報』, 1992년 7월 7일자.

"루쉰 선생은 지금 너무도 푸대접을 받고 있다"

혁명에 성공하고 난 "후" 루쉰의 운명은 많은 사람들이 관심 갖는 부분이었다.

 1949년 10월 9일, 중화인민공화국 성립 이후 루쉰 선생의 첫 기일을 맞아, 『런민일보』에서는 「루쉰 선생이 웃었다」[3]라는 제목의 궈모뤄의 시를 실었고, 동시에 '인민조국 첫해에 루쉰 선생을 기념하다'란 부제가 붙은 후펑의 잡문 「죽지 않는 젊음」을 실었다. "오늘 횃불이 피어올랐다. 횃불은 마오쩌둥 사상이라는 이름으로 중국을 비추고, 인류를 비춘다. 그도 그 안에 있다. 그는 절대 '사라지지 않을 것이다'. 그는 크게 웃으며 노래를 부르고 있다." "그가 미소 짓는다. 그는 노동인민과 젊은 생명들이 마오쩌둥 사상의 지도 아래 안팎의 고난들을 극복하고, 조국의 청춘, 인민의 청춘, 인류의 청춘을 성공적으로 만들어 가리라 확신한다."[4] 이런 글 속에서 후펑은 자신의 천진한 낙관과 즐거운 마음으로 루쉰을 상상하였다. 이것은 아마도 그 특정한 시기, 수많은 지식인들의 공통적인 특징이었을 것이다.

 그러나 후펑은 이내 문제를 발견하고는 이의를 제기하였다. 1949년 10월 25일 『런민문학』 창간호에 발표한 「루쉰은 여전히 살아 있다」라는 글에서 그는 "오늘 전쟁은 승리를 거두었고, 인류 역사상 인민의 조국도 등장하였으니, 루쉰의 목적은 이미 달성된 것이 아니던가. 위대한 인민지도자 마오쩌둥이 지시한 '루쉰의 방향, 즉 중화민족 신문화 방향'이라고 하는 그 방향은 여기서 끝나는 것인가?"라고 물었다. 후펑의 마음

---

3) 郭沫若, 「魯迅先生笑了」, 『新華頌』, 人民文學出版社, 1953 수록.
4) 胡風, 「不死的靑春」, 『胡風全集』 4卷, 湖北人民出版社, 1999, 193쪽.

속에는 우려되는 것이 있었음이 분명했다. 그는 또 "우수한 성과를 낸 바 있는 소설가"와 한 차례 변론을 펼쳤는데, 그 소설가는 "인민은 루쉰의 작품을 이해하지 못한다. 그런 작품들은 인민이 원하는 것이 아니며, 민족 형식도 아니고, 인민을 위해 봉사하는 문예도 아니다"라고 하였다.[5]

새로운 공화국에서 루쉰의 운명에 대한 후펑의 근심은, 장중샤오가 민감하게 느껴졌던 현실 속에도 있었다. 그는 후펑에게 보낸 편지에서 "루쉰을 따라 배우는 것'에 (사람들은) 거의 관심이 없다"(19쪽), "순진한 친구들은 루쉰의 잡문을 태워 버리고 싶어 할 것이다"(24쪽), "루쉰 선생은 지금 너무도 푸대접을 받고 있다"(27쪽)라고 언급하였다.

그는 또 이러한 '푸대접'의 배후에 감춰진 것이 무엇인지를 따져 물으면서, "루쉰 선생이 증오했던 모든 것들이 새로운 옷을 걸쳐 입었음"을 발견하고는, 다음의 세 가지 문제를 구체적으로 지적하였다. 첫째는 "쉽게 만족하는 것이다. 이것은 루쉰 선생이 가장 증오하는 것이다". 둘째는 "오로지 현 상태만을 유지하려 하면서, 진보를 두려워하는 것이 지금의 추세라는 것이다". 셋째는 "전향한 사람들이 시류에 맞춰 대충 글 한 편 써서 공을 세운 양한다는 것이다". 게다가 "이들이 모두 선생의 지기知己라는 것이다"(42쪽). 하나같이 모두 정곡을 찌르는 말이다.

루쉰은 일찍이 "불만은 향상을 위한 수레바퀴로서 자신에게 만족하지 않는 인류를 싣고서 인도人道를 향하여 전진한다"[6] 진정한 "지식계급"들은 "사회에 영원히 만족할 수 없다. 그들은 언제나 고통을 느끼며, 언제나 결점을 보기 때문이다. 그들은 미래를 위해 희생할 준비를 하고

---

5) 胡風, 「魯迅還活著」, 『胡風全集』 4卷, 183쪽.
6) 魯迅, 「不滿」, 『魯迅全集』 1卷, 376쪽.[「61. 불만」, 『열풍』(루쉰전집 1권), 507쪽.]

있다. 사회 역시 그들로 인해 활기차게 발전할 것"이라고 말한 적이 있다.[7] 또 "과거가 호사스러웠던 자는 과거로 되돌리려 하고, 지금이 호사스런 자는 현 상태를 유지하려 하고, 호사스러운 적이 없었던 자는 혁신하려 한다. 대체로 이러하다. 대체로!"[8]라고도 말하였다.

루쉰은 "문인의 불행은 생전에 공격받고 냉대받는 것이 아니라, 눈감은 후 언행言行을 잃게 되었을 때 할 일 없는 무리들이 지기知己인 채 시비를 일으켜, 눈에 뵈는 것도 없이, 돈에 팔려서, 죽은 몸마저 그들이 탐내는 권력의 도구로 써 버린다는 것이다. 이것이야말로 오히려 슬퍼할 만한 것"[9]이라고 경고하였다.

지금의 문제는 무엇인가? 혁명이 성공을 거둔 후 현 상황에 만족하며, 그 속에 도취되어 그것을 "최선의 상태"라고 생각하고, 거기에 "머물러 있어야" 하는 것인가?[10] 아니면 혁명적 비판정신을 고수한 채 "사회에 대해 끊임없이 불만을 갖고" "보이는 모든 것들의 결함을 찾아내고", 예민하게 새로운 "고통"을 "느끼고", 새로운 모순을 발견하며 새로운 "희생"을 준비해야 하는 것인가? 혁명이 성공했으니 "호사스러워지고", "특권층으로 변해서", "평민과 멀어지고",[11] 또 이미 얻은 "지금의 호사"를 유지하기 위해 전력을 다해 "현 상태를 유지하려고" 해야 하는가? 아니면 "이제껏 호사를 누려 보지 못한" 보통 평민의 편에 서서, 계속해서 "혁신"을 요구하며, "영원한 혁명가"가 되어야 하는가?[12] 이러한 루쉰식

---

7) 魯迅, 「關於知識階級」, 『魯迅全集』 8卷, 226~227쪽.[「지식계급에 관하여」, 『집외집습유보편』.]
8) 魯迅, 「小雜感」, 『魯迅全集』 3卷, 555쪽.[「사소한 잡감」, 『이이집』.]
9) 魯迅, 「憶韋素園君」, 『魯迅全集』 6卷, 70쪽.[「웨이쑤위안 군을 추억하다」, 『차개정잡문』.]
10) 魯迅, 「黃花節的雜感」, 『魯迅全集』 3卷, 428쪽.[「황화절의 잡감」, 『이이집』.]
11) 魯迅, 「關於知識階級」, 『魯迅全集』 8卷, 224쪽.[「지식계급에 관하여」, 『집외집습유보편』.]
12) 魯迅, 「中山先生逝世後一周年」, 『魯迅全集』 7卷, 305쪽.[「중산 선생 서거 1주년」, 『집외집습유』.]

비판정신이 성공한 혁명과 혁명가 자신에게 적용될 수 있는가? 혁명이 성공을 거둔 후에 건립된 새로운 국가에도 적용될 수 있는가?

이것은 가볍게 여길 문제가 아니다. 자아비판적 자각과 능력을 갖추었느냐는 어떤 한 사람이, 어떠한 혁명이, 또 한 민족과 국가 그리고 사회가 자아를 새롭게 변화시키고 조절할 수 있는 기능을 갖추었는가, 또 계속해서 발전적인 생명력과 동력을 얻어 낼 수 있는가의 문제와 연관된다. 자아비판을 거부하고 자신을 정체시키는 것은 바로 자아부정의 시작이다. 장중샤오가 혁명 성공 초기에 이러한 문제를 발견해서 제기한 것은 멀리 내다보는 식견을 갖춘 것이라 할 수 있다.

'혁명 성공 후' 필연적으로 부딪히게 된 이런 문제에 대해서 루쉰은 진지하게 생각해 본 적이 있었다. 1927년에, 그는 「문예와 정치의 잘못된 길」이라는 문장에서 이렇게 지적하였다. "혁명정치가"가 혁명할 때는, "문예가(지식인)"와 똑같다. 그들 모두는 "현 상태에 불만을 갖고 있기 때문이다". 그러나 "혁명 성공 후", "정치가는 이전부터 반대했던 사람들이 썼던 진부한 방법을 다시 사용하고", 자기의 권력 유지를 위해서, "현 상태에 불만을 품는 것"을 받아들이지 않게 된다. 이때, 문예가는 두 가지 선택을 하게 된다. 첫째는 더 이상 "현 상태에 불만을 품지 않는 것이다". 그리고 이에 그치지 않고 더 나아가 "권력자를 찬양하는 것"이다. 루쉰은 그렇게 되면 혁명과는 아무 상관이 없게 되는 것이라 말한다. 둘째는 계속해서 "현 상태에 불만을 품는 것"이다. 그렇게 되면 새로운 통치자와 새로운 정권에 의해 "짓뭉개지거나, 목이 잘려 나갈 것이다".[13]

사실상 루쉰은 혁명 성공 후 자신의 운명을 일찌감치 예측했었다.

---

13) 魯迅, 「文藝與政治的岐途」, 『魯迅全集』 7卷, 120쪽.[「문예와 정치의 잘못된 길」, 『집외집』.]

그는 세상을 떠나기 전 젊은 혁명가에게 "너희들이 올 때쯤엔, 나는 도망가야 할 것이다. 가장 먼저 죽여야 할 사람이 아마도 나일 것이기 때문이다"[14]라고 말하였다.

그러나 지난 세기 50년대 초 혁명이 정말로 성공을 거두었을 때, 루쉰이 했던 그 예언들을 떠올린 사람은 거의 없었다. 그래서 앞 글에서 언급한 "루쉰이 웃었다"라는 상상이 있을 수 있었던 것이다. 그러나 여전히 누군가는 깨어 있었다. 장중샤오의 가치가 바로 여기에 있다. 그가 비록 루쉰의 「문예와 정치의 잘못된 길」이란 글을 언급한 적은 없고, 아마 그도 루쉰이 혁명이 성공을 거둔 후엔 "도망갈 것"이라고 한 예언을 몰랐을 수 있지만, 그가 "쉽게 만족하고, 현 상태를 유지하고자 함"에 대한 루쉰의 비판과 그 정신의 상실에 대해 자기 견해를 펼치고, 또 루쉰이 "증오한 모든 것들이 새로운 옷을 걸쳤다"는 경계를 재차 언급한 것은 루쉰의 「지식계급에 관하여」란 글에 대한 반응으로 볼 수 있다. 대부분의 지식인들이 혁명 성공에 대한 맹목적인 낙관과 환상에 빠져 있을 때, 장중샤오는 모든 것들에 회의적인 눈길을 보냈기에, 어떠한 상황에서도 항상 깨어 있던 루쉰과 마주칠 수 있었던 것이다. 장중샤오 역시 자신은 "회의정신이 지나치게 발달되었다"고 말한 적이 있다(66쪽).

여기에서 한 예를 들 수 있다. 장중샤오가 후펑에게 보냈던 편지에는 그 당시 중국의 '태평한' 상황에 대한 불안과 경계를 거듭 드러내고 있다. "모든 것을 보면, 마치 죽은 호수처럼 고요한 것 같습니다. 서로 고개를 끄덕이고 온화한 모습으로 사양하니, 세상이 태평합니다. 나는 옛 것이 이렇게 태평하게 쓰러져 가는 걸 정말 믿을 수가 없습니다."(19쪽)

---

14) 李霽野, 「憶魯迅先生」, 『魯迅先生紀念集』, 上海書店, 1979, '悼文' 68쪽 참고.

"세상이 지나치게 태평한 것 같다." 이렇게 '태평'에 대해 경계하는 것은 바로 루쉰의 방식이었다. 루쉰은 「이러한 전사」에서 다음과 같이 쓰고 있다. "그는 마침내 아무것도 없는 전장[無物之陣]에서 늙고, 죽었다. 그는 결국 전사가 되지 못했다. 아무것도 없는 전장이 승자였다. 이쯤 되면 아무도, 전투의 함성을 듣지 못한다. 태평, 태평……. 그러나 그는 투창을 들었다!"[15] 장중샤오도 편지에서 "'아무것도 없는 전장'의 거대한 힘"을 말했다(46쪽). 루쉰이 보기에 이러한 '태평'은 바로 '지옥'의 질서였다. "모든 귀신들이 울부짖는 소리는 나지막하지만 질서가 있었다. 그것들은, 포효하는 불꽃, 들끓는 기름, 흔들리는 삼지창과 어우러져 마음을 취하게 하는 대악大樂을 이루면서 삼계三界에, '지하地下 태평'을 알리고 있었다."[16] 장중샤오가 당시 신중국을 가득 채운 '태평' 때문에 근심하고 있을 때, 그는 아마도 루쉰의 「잃어버린 좋은 지옥」의 '인류'가 '악마'를 물리치고, "지옥을 주관하는 권위를 완전히 장악한" 후엔 또 무슨 일이 벌어질 것인가 라는 구절을 생각했을 것이다.

장중샤오가 보기에, "영원히 현 상태에 만족하지 않는" 루쉰의 혁명적 비판정신을 고수할 것인가의 여부는 혁명의 최종 목표, 즉 진정으로 '노예시대'를 벗어나느냐, 아니면 단지 역사적 순환일 뿐인 것으로, 새로운 노예화가 옛날의 노예화를 대체한 것이냐와 관계된 것이었다. 그가 "갑자기 전향"한 "지기知己인 척하는" 자들에 대해서 고도로 경계한 것 또한 이러한 자들이 많아져서, 혁명정신을 약화시키고 변질시키기 때문이었다.

---

15) 魯迅, 「這樣的戰士」, 『魯迅全集』 2卷, 220쪽.[「이러한 전사」, 『들풀』(루쉰전집 3권), 89쪽.]
16) 魯迅, 「失掉的好地獄」, 『魯迅全集』 2卷, 204쪽.[「잃어버린 좋은 지옥」, 『들풀』, 70쪽.]

장중샤오는 루쉰의 사유를 지속시키는 것에 결코 만족하지 않고, 루쉰이 일찍이 맞닥뜨리지 못했던 자기 시대에 대한 새로운 문제와 과감하게 대면하였다. 그는 "어째서 새로운 정권이 수립되자마자 루쉰식 비판정신이 상실되는 상황이 벌어지게 되었는지를 따져 물으면서, 신중국 사상문화지도 강령인 마오쩌둥의 「옌안문예좌담회에서의 강화」在延安文藝座談會上的講話(이하 「강화」)에 의문을 제기한다. 그는 1951년 8월 23일 후펑에게 보내는 편지에 이렇게 쓰고 있다.

"루쉰 잡문의 한 단락은 완전히 잘못되었습니다. 잡문은 현실적 삶의 요구에서 나온 것으로, 어느 곳에서든지 새로운 사상을 발굴해 낼 수 있는 예리한 호미입니다. 예컨대, 그것을 단지 '암흑세력의 통치하에서는 언론의 자유가 없기 때문에, 비웃고 풍자하는 잡문 형식으로 투쟁하는 것'이라고 보는 것이 '옳다'고 여긴다면, 그것은 근본적으로 루쉰을 이해하지 못한 것입니다."(92쪽)

이것은 근본을 틀어쥔 것이다. 마오쩌둥은 「강화」에서 "루쉰의 잡문 시대"는 이미 지나갔다고 하면서 루쉰의 "잡문 필법"으로 인민정권을 풍자하는 자는 바로 "인민의 적"이므로, "민주자유"를 부여해 줄 수 없다고 선포하였다.[17] 강력한 독재정치하에서 비판정신이 억압되고 저지되는 것은 필연적이었다.

그러나 장중샤오는 대놓고 "그것은 근본적으로 루쉰을 이해하지 못한 것"이라고 지적하고는 단도직입적으로 "이 글은 아마도 옌안 시기에

---

17) 「在延安文藝座談會上的講話」, 『毛澤東選集』, 829쪽 참고.

는 유용했겠지만, 지금은 아닌 것 같다. 지금의 상황에 비춰 볼 때, 그것은 생명을 도살할 수 있는 것이었기에 아첨꾼들이 그것을 토템처럼 떠받들었다"고 하였다(93쪽).[18] 장중샤오에게 있어 이것은 비판정신의 견지에 불과했다. 그가 보기에, 진리 앞에서는 누구나 평등해서, 누구라도, 설사 국가지도자라 할지라도, 비판의 대상이 될 수 있었다. 그러나 그는 이 때문에 불의의 재난이 닥쳐오리라고는 생각지 못했다. 이 편지는 주요한 범죄 증거[罪證]가 되어, 「후평 반혁명 집단에 관한 제3차 자료」關於胡風反革命集團的第三批資料에 수록되었을 뿐 아니라, 또 마오쩌둥에 의해 친히 이름이 호명되어 "반혁명 기질이 아주 강한", 가장 악질적인 자로 간주되었다.[19] 왕위안화王元化 선생이 이야기했듯이, 이로 인해 '장중샤오'란 이름은 "모골이 송연해지도록 만드는 이름"이 되었다.[20] 그는 결국 이로 인해 생명의 대가를 치렀다.

'혁명가'에서 '노예총관'으로의 전환, 그리고 "이 어두컴컴한 올가미를 때려 부수자"라는 외침

1950~51년 장중샤오가 후평에게 편지를 쓸 때는, 물론 이후에 발생할 모든 것들을 예측하지는 못했었다. 그러나 극도로 예민했던 그는 이미 문제의 심각성을 느끼고 있었다. 따라서 그가 재차 '노예총관'에 관한 루쉰의 비판을 떠올리며, 또 이를 언급했던 것은 절대 우연이 아니었다. 본

---

18) 장중샤오는 같은 편지에서, 「강화」가 "관찰, 체험, 연구, 분석"만을 이야기하고, "창작과정에서 작가와 대상이 벌이는 투쟁"에 대해서는 언급하지 않는다고 하면서, 지나치게 "냉정"하다고 비판한다.
19) 「〈關於胡風反革命集團的材料〉的序言和按語」, 『毛澤東選集』5卷, 167쪽.
20) 王元化, 「〈無夢樓隨筆〉序」, 『無夢樓隨筆』, 上海遠東出版社, 1996, 2쪽.

문 서두에서 인용한 1950년 7월 4일자 편지 외에도, 9월 20일자 통신에서, 그는 또다시 그 "큰 깃발을 메고, 역사의 명분을 지고서, 채찍질하는 지도자들"이 "어두컴컴한 올가미"를 만들었고, 독자들이 "삶 속에서 얻어 온 에너지를 곧바로 그들에게 빼앗겨 버렸다", "지금의 급선무는 이 어두컴컴한 올가미를 부수는 것이다"라고 언급했다(38쪽).

장중샤오는 건국 초 중국의 사상계와 문화계 그리고 문예계에서 '노예총관'을 찾아냈다. 그들은 "맑스·레닌주의 문구로 이론을 짜 붙여, 우리에게 거짓말을 강요하였다"(6쪽). "전진하고자 하는 대다수의 초학자初學者들은 지금 유행하는 이론에 앞길이 가로막혀 혼란스러워하면서도", 고된 생활 속에서 발버둥치거나, 회의를 여느라 바빠서 "생각할 시간이 없다". "악의적인 비평가만이 새순이 돋는 들판에서 말을 달리고 있다." (18, 19쪽) 그들은 "경찰식의 비평" 태도를 취하여, "작품 속에는 무엇을 써야 하고, 자신이 좋아하는 것을 작품 속에 얼마만큼의 분량으로 써야 하는지를" 강제로 규정하였다(43쪽). 또한 일부 "프롤레타리아계급' 이론가는 극단적 영합의 수단으로서 인민을 대하"지만, 사실은 "노동자 모두를 동물적 기계로 보고 있다"(19, 18쪽). 장중샤오는 이렇게 "큰 깃발을 메고 채찍질하는 노예총관"을 꿰뚫어 보았다. 그들은 한쪽에는 '맑스주의'와 '인민'의, 다른 한쪽에는 '애국주의'의 깃발을 메고 있었던 것이었다. 장중샤오는 "추상적 '노농병'(노동자·농민·병사)과 용속한 '애국주의'의 비호 아래, 얼마나 많은 생산력이 파괴되었는지"를 언급하였다(59쪽). 그들은 "맑스주의를 토템화"(28쪽)시키고, 또 '인민'과 '노농병'의 이름으로 지식인을 '원죄화'시켰으며, 또다시 '애국주의'를 국가권력을 장악한 자에 대한 절대충성으로 변형시켰다. 이것을 삼대무기三大武器로 삼아, 사상문화를 전면적으로 통제하고 지식인을 철저하게 개조시킴으로써, 모든 독자적 사고와 비판정신을 억압하였다. 우리가 본문 서두에서 인용했던 장중샤오의 편지에 있는, 그를 공포에 떨게 했던 "커다란 소리"는 바로 이러한 '노예총관'이 내는 소리였고, 그것은 통치의지와 집체의지를 대변하는 소리였다.

게다가 이것은 효과적이었다. 장중샤오는 편지 속에서 그와 함께 혁명을 추종하던 두 친구가 "변했다"고 하면서 가슴 아파했다. "지금은 '기꺼이 순종해야지' '사나운 표정으로 대중의 뜻에 대항'해서는 안 된다, 왜냐하면 시대가 변해서, 그러한 '전투 태도'도 필요 없어졌기 때문이다, 그렇지 않으면, 그건 바로 자유주의가 된다, 우리는 그것에 반대해야 한다" 운운하는 뜻밖의 편지를 보내왔다. 이렇게 '맹종적'이고 '어리석은' 친구들 외에, 장중샤오는 일부 지식인들(물론 자신을 포함한)의 '당혹스러움'을 발견하였다. "분명히 해롭고 잘못되었다고 생각하면서도" "자신도 죄인에 가까운 지식인이기에 감히 말하지 못하는" 것이었다(28쪽). 이 때문에 장중샤오는 깊은 '고독'을 느꼈고, 그리하여 루쉰 같은 "극소수의 정신계 전사"를 가슴속 깊이 그리워하게 되었다(65, 64쪽). 그러나 혁명 성공 이후의 신중국에서는, "노예총관의 올가미" 속에서 정신계 전사는 더 이상 몸 붙일 곳이 없게 되었다. 문제는, 외부로부터의 정신적 스트레스가 내재적 중압감으로 바뀔 수 있다는 데 있었다. 장중샤오는 "늘 냉혹하게 스스로에게 따져 물었다. 자신에게 잘못이 있는지를. 그러나 결과는 항상 잘못이 없다는 것이었다. 이러한 내재적 중압감과 외부로부터의 스트레스로 인해 그의 정신도 지쳐 가고 있었다"(59쪽). 장중샤오 같은 반역자도 "노예총관의 올가미"로부터 벗어나려면, "커다란 소리"에 대한 자신의 공포를 이겨 내고, 또 근본적으로 자신과 노예총관이 내는 "커다란 목소리"의 정신적 연계점을 끊어 버려야 했다.

문제의 심각성은 '노예총관'이 여전히 체제의 산물이자 대표라는 데 있었다. "어두컴컴한 올가미"라는 것이 실은 일종의 '체제'이고, "커다란 소리"라는 것은 본질적으로 '체제'의 소리를 말한다. 장중샤오는 "작가와 비평가 말고도, 아직 '문예조직공작자'란 직업이 존재한다고 하면서, 이런 '공작자'工作者가 관장하는 것은 무슨 일인가? 아마도 '정객'政客의 부류에 속하는 것이 아닐까"라고 말하였다(53쪽). 편지에서 그는 "체계적이고 계획적으로 비평문을 만들고 발표해야 한다", "비평에 '계획', '체계', '구성'이 생겨나면, 그후에는 매우 치밀해지게 된다"라는 저우양周揚의 지시를 특별히 인용하였다(20쪽). 바로 이 '조직체계'와 '계획'이 신중국 사상문화체계의 양대 기둥이 되어, 엄격한 사상통제와 등급제에 가까운 사회문화 '질서'를 만들었던 것이다. 장중샤오는 "나는 '조직생활'에 대해 의혹을 품고 있다. 거기서는 '사상의 평균점수'를 원한다. 그 훈련 방법은 히틀러와 별 차이가 없어 보인다. 훈련을 받은 후엔, 정신이 멍해진다"(61쪽), "모든 것은 '계획'된 것이고", '계획'은 통제의 갑문이 되었다. 계획 밖의 일은 하면 안 되고, 계획 밖의 말은 허락되지 않는다, "사람이 말을 하고 싶은데, 강제로 말하지 못하게 할 때보다 더 괴로운 때가 또 어디 있단 말인가? 더구나 반드시 해야 될 말이 있을 때는 더욱 그러하다"(96쪽)고 말하였다.

장중샤오는 더는 참을 수 없어서, 결연한 태도로 고통스런 자신의 심정을 드러내었다. "내가 미워하는 것은 이 사회질서다. 이 사회질서가 수많은 사람을 미치게 만들었다."(23쪽) 그가 반항하려 했던 것은 바로 이러한 체계였다. 그가 말했듯이 "지금의 급선무는 이 어두컴컴한 올가미를 때려 부수는 것"이었다(38쪽). 이것은 또다시 우리에게 루쉰 세대의 선구자들이 그 해 "철감옥을 때려 부수자"고 했던 외침을 떠오르게 한다.[21] 역사는 또다시 순환되었다.

장중샤오는 또 "초조하고 불안하다"고 말했다. "적과 싸울 때, 우리는 혈기왕성했지만, '집정자'를 마주했을 때는 별다른 방법이 없기" 때문이었다(96쪽). 이 '집정자'들은 그 해 '철감옥'을 때려 부순 혁명가였다. 장중샤오 앞에 놓인 문제는 바로 '혁명가'에서 '노예총관'으로의 전환, 즉 혁명의 '이화'異化였던 것이다. 곤혹스러움은 바로 여기에 있었다. 비록 지난 세기 50년대 초, 후기 맑스주의가 제기한 이 '이화'란 개념이, 당시 중국에는 소개되지 않았고, 중국 지식계도 2, 30년의 역사적 경험이 남긴 교훈을 통해, 70년대 말에야 비로소 이 개념을 깨닫게 되었지만, 장중샤오는 그의 직감과 날카로운 사고에 근거하여 문제를 발견하고, 이를 제기했던 것이다. 그는 또 시대를 앞선 탓에 대가를 치러야 했다.

"나는 그의 삶의 무게로써 나 자신을 채찍질한다"

어떠한 식의 초조함와 당혹감이 있었든지 간에, 장중샤오는 하는 수 없이 새로운 "어둠의 갑문閘門"을 걸머져야 했다. 그의 힘은 어디에 있었던 것일까?

그는 또다시 루쉰을 언급하면서, 루쉰에게서 정신적 자원을 받아들일 수 있길 희망하였다. 때문에 그에게서 "지금 우리가 해야 할 첫번째 일은 루쉰 선생의 책을 좀 읽어 보고, 다시 이 세계를 바라보아야 한다는 것이었다." 그는 "우리는 루쉰을 배워야 한다. 그의 모든 전투 생애, 전략과 전술을 배워야 한다"고 말한다(63쪽). 현대 중국은 다행히도 루쉰이 있어서, 한 세대 또 한 세대 장중샤오 같은 '정신계 전사'가 곤혹스러

---

21) 魯迅,「(吶喊)自序」,『魯迅全集』1卷, 441쪽 참고.[「서문」,『외침』(루쉰전집 2권), 26쪽.]

움 속에서도 정신적 지지를 얻게 되었고, 또 이러한 정신적 전통이 형성되고 전승되었다. 장중샤오는 또 후펑으로부터도 끊임없이 정신적 힘을 빨아들였다. 후펑에게 보내는 편지 속에서, 그는 "당신의 시"는 "루쉰 잡문처럼, 우리에게 길을 가르쳐 줬습니다", 누군가 "루쉰의 잡문을 불살랐을 때, 당신의 시는 바로 저지의 명령이었습니다. 당신은 '불 태워선 안 돼요, 루쉰은 여전히 살아 있소!'라고 말하였습니다!", "당신의 시는 루쉰 잡문의 발전입니다"라고 하였다(24쪽). 여기에서 후펑이 언급한 바 있는 "루쉰"과 "장중샤오들"의 교량 역할이란 것은 너무나 명확해진다.

우리가 캐물어야 할 것은 장중샤오가 루쉰에게서 도대체 무엇을 받아들였는가? 하는 것이다. 1950년 7월 16일 후펑에게 보내는 편지에서, 장중샤오는 다음 몇 가지를 분명하게 지적하고 있다. "한 사람으로서 마땅히 조국의 토양 위에 깊숙이 발 딛고 서서 성실하게 일하면서, 진실한 마음으로 역사를 마주해야 할 것이다. 착실한 체험을 바탕으로 인민 속으로 깊숙이 들어가야 할 것이며, 끝까지 투쟁해야 할 것이다. 주위에 있는 일체의 구도덕과 새로운 부도덕함을 시시각각으로 성실하게 직시해야 할 것이며, 평범하고도 사소한 사건에도 주의를 기울여야 할 것이다. 적은 절대로 용서하지 말아야 한다."(9~10쪽) 여기에서 우리는 장중샤오가 7월 4일 편지 속에서 언급했던 "이웃 노인"의 "둔탁한 맷돌소리"를 연상할 수 있다. 훗날 그는 10월 13일 편지에서 "지금은 전투의 시작이지, 투쟁의 끝이 아니다"라고 말한 뒤, 또다시 그 노인의 둔탁한 맷돌소리를 언급하면서, 다음과 같은 글 한 단락을 남겼다.

"여기는 이제 사방이 조용해졌다. 오직 이웃 노인만 버릇인 양 그의 맷돌을 돌리고 있다. 그의 맷돌은 그 집안 삶의 근원이었다. 그는 나의 당

숙조로서 내 사촌형의 할아버지이다. 그는 반평생을 기만당하면서, 숱한 고생을 하였다. 지금은 그래도 편안히 맷돌을 돌리고 있다. 그의 아들, 며느리는 일찍 죽었고 불구자인 손자만 남아 있는데, 그가 바로 내 사촌형이다. 선량하고 맘 좋은 노인은 생활에 지치고 노쇠해져서 침통해하고 있다.

매일 저녁, 나는 버릇처럼 그의 둔탁한 맷돌소리를 들으면서, 그를 느낀다. 이 맷돌소리는 그의 꿋꿋함이자 삶에 대한 사랑이다. 그 둔탁한 소리에 전염되어 나 또한 마음이 무거워졌다. 특히나 몸에서 본능적인 감각이 솟구칠 때면, 나는 그의 삶의 무게로써 나 자신을 채찍질한다."(44쪽)

이것은 너무나도 감동적이다. 장중샤오는 바로 그가 이해한 루쉰처럼, "조국의 땅 위에 발을 깊숙이 딛고 서서", "착실하게" 이 노인 같은 보통 '인민'의 삶의 "무게"를 느끼면서 이로써 자신을 "채찍질"하였고, 또 인민과 함께 책임을 다하였다. 이것이 바로 그가 일생 동안 사고하고 반항했던 힘의 원천이었다.

2) 1956~62년 : 강권체제하에서의 정신문제

장중샤오는 결국 '어두컴컴한 올가미' 속에 갇히게 되었다. 그곳은 정신적 '올가미'였으며, 물질적 감옥이었다. 그는 감옥에서 보석으로 풀려난 후에도 엄격한 감시를 받았다. 그는 프롤레타리아 독재의 '철감옥'에서 자신의 반평생을 보냈다. 그에게는 이때가 가장 처참하지만, 가장 빛나는 삶이었다.

그는 자신이 남긴 『무몽루문사잡초』에 이렇게 쓰고 있다. "격렬했던 정치생활 이후에 감옥생활 혹은 은퇴생활은 과거의 경험을 재정비하도록 해주었고, 또 이후 활동에 있어 생명의 원천이 되기도 하였다. 그러나 이 가운데, 가장 중요한 점은 사람은 반드시 영원한 전투자여야 한다는 것이다. 그렇지 않으면, 그는 위축되어 피로해지고, 또 상처받아서 파괴될 것이다. 한 걸음 내딛을 때마다 시련이 따르고 또 대가도 치러야 한다. 시련에 부딪히면 외력에 의해 부숴져 버리니, 스스로 무장해제하는 편이 낫다."(188쪽) 그는 인간이 이렇게 허약하고 스스로 무장해제하는 자신을 이겨 내게 되면, 인생에서 얻기 힘든 "고독한 삶 속에서의 학술 연수"의 기회를 얻게 될 것이라고 말한다.

그러나 그러한 기회를 통해서 거둬들인 수확은 사람에 따라 다를 수 있다. "이런 방법을 통해 학문을 다지는 기회를 얻게 될 수도 있고, 그 속에 빠져서 산산조각난 지식의 단편만 얻을 수도 있고, 이러한 작업 속에서 자신의 사상체계를 형성·발전시킬 수도 있을 것이다."(216쪽) 장중샤오 자신은 모종의 사상체계를 세우기 위해서 애를 썼을 것이 분명하다.

장중샤오는 "세상에서 소수자만이 깊은 사유와 환상, 그리고 심오한 정신 세계 속에서 살고 있는데, 이런 사람들만이 다변하는 세계 속에서 사실과 진리를 받아들일 수 있다"고 말한다(223쪽). 그는 또 "동시대인들의 시야는 항상 눈앞에 놓인 어지러운 현실과 편견의 철벽에 의해 가로막힌다", "위대한 사상가"는 추상적이고 초월적인 사고를 하고 있어서 "그가 죽고 오랜 시간이 흐른 뒤에야 비로소 이해받게 된다"고 하였다(102쪽). 이것은 바로 장중샤오가 이론 창작에 대한 자각과 자기 기대가 매우 컸음을 보여 주는 것이다. 그는 스스로가 "깊은 사유와 환상, 그리고 심오한 정신 세계 속에서 살아가는" 기질을 갖추고 있음을 인정하였다. 그의 임무는 '다변하는 세계' 속에서 '사실'의 진상, 진면목을 드러내고, 더 나아가 '진리'에 다가가 이를 받아들이는 것이었다. 그리하여, 그는 루쉰이 말한 대로 "참담한 삶을 과감히 마주하고, 뚝뚝 떨어지는 선혈을 과감히 정시해야" 할 뿐 아니라, 초월적 사유도 갖춰야 했으며, "눈앞의 어지러운 현실과 편견"에도 가로막히지 않아야만 했다.

이 자체는 바로 장중샤오의 성숙을 의미하는 것이었다. 5, 60년대 역사의 대폭풍을 몸소 체험하고(그는 대폭풍의 시작 '후펑 반혁명사건' 회오리의 중심에 휘말려 들었다), '연옥'煉獄으로부터 걸어 나온 장중샤오는 이미 건국 초, 후펑과 편지를 주고받던 때의 그와는 달랐다. 그는 열정적이고도 민감하게 현실을 마주하고 사유하였으며, 또 '사상가'적 포부와 시선으로 역사와 현실을 꿰뚫어 보면서, 훨씬 더 근본적으로 추궁하고 사유해 나갔다.

1950~51년 「장중샤오와 후펑의 통신」에서도, 루쉰과 후펑은 여전히 그의 주된 정신 자원으로서, 거의 모든 편지마다 그들의 말이 인용되고 있다는 점을 주목한다면, 그가 어느 정도 루쉰의 시선으로 건국 초기의 현실을 바라보고 있었다고 할 수도 있다. 1956~62년 사이의 『무몽루문사잡초』(1, 2권)와 『습황집』(1, 2권), 『협로집』(1, 2권)에서는 루쉰과 후펑의 관점을 매우 적게 인용하고 있지만, 그래도 루쉰은 그의 마음속에서 여전히 숭고한 위치를 차지하고 있었다. 그는 "사상과 문학 그 어떤 시선으로 루쉰을 관찰하든 간에 모든 곳에서 그의 위대함을 증명할 수가 있다"고 하면서 "루쉰이 위대한 것은 그가 전투가이고, 도덕적 존재이며, 사람의 마음을 움직이는 힘이기 때문이다"라고 하였다(184쪽). 그가 앞에서 말한 "자진 무장해제"하느냐 아니면 "영원한 전투가"가 되느냐의 악전고투 속에 있을 때, 루쉰은 그에게 도덕적 지지와 힘을 보내 주었다. 그러나 장중샤오의 다음의 평가는 주의할 필요가 있다. "무릇 학술사에

서 일설을 만들거나 일파를 이룬 자는 그 열정으로 인해 편협해질 수 있다. 성격적 특징으로 인해 그의 사상은 한쪽으로만 발전되고 완성되며 나아가 극단적으로 발전되어 하나의 체계를 이루게 되는데, 그러나 후세 사람들은 종파를 근거로 그것을 비난할 뿐, 확인하지는 않는다. 진리를 너무도 사랑했던 투쟁의 뜻은 인정해 줘야 하고, 특정한 조건에서 생각해 낸 진실은 받아들여야 한다."(116쪽)

이것은 장중샤오가 후펑과 그의 사상에 대해 새롭게 인식하고 있음을 분명하게 보여 주는 부분이다. 이 속에서는 루쉰에 대한 그의 태도도 엿볼 수 있다. 즉 초기에 거의 무조건 찬동했던 것과는 구별된다는 것이다. 그러나 "진리를 사랑하는 투쟁의 뜻"에 대한 경모, 그 사상의 '흡수'에 대한 부분은 여전히 변함이 없다. 장중샤오는 그의 시야를 서양철학과 중국 전통사상 쪽으로 확대시켜, 이를 비판하고 받아들이게 된다. 왕위안화 선생의 분석에 의하면, 그는 "철학 방면에서는, 맑스·엥겔스 저작을 제외하고는, 주로 칸트와 헤겔"을 섭렵했다. 중국철학에서는 선진 제자 외에, "정주이학程朱理學[정이·정호와 주희가 펼친 이학]과 육왕심학陸王心學[육구연과 왕수인이 펼친 심학]에 대해서 특히 관심을 가졌다".[22]

그러나 우리는 또 장중샤오가 극도로 열악한 조건 속에서 책을 읽고, 사유했으며, 글을 썼다는 사실을 알아야 한다. 그가 『협로집』 서문에서 이야기했듯이 그는 "오랜 기간 은둔하면서, 세상사와 접촉하지 않았다. 가난한 산골에서 읽을 수 있는 책이란 매우 적었다. 눈과 귀가 막히니, 감각도 닫혔다. 폐쇄된 우물에 넝쿨만 쓸데없이 무성한 듯한 마음이었다. 간혹 사색이라는 걸 해보지만, 구불구불한 길을 걸어가는 느낌만

---

22) 王元化, 「〈無夢樓隨筆〉序」, 『無夢樓隨筆』, 4쪽.

들었다."(211쪽) 또 함께 고생한 친구 경용耿庸 선생이 말한 대로 "그에게
는 빈곤이 닥쳐왔고, 또 시골에 가 있으니, 서로를 북돋워 주고 서로를 논
박할 말 상대도 없는 고독한 상황에서", 그는 "여기저기서 구한 책들을
그저 읽을 수밖에 없었던" 것이다. "순서를 따져 읽을 수는 없었지만, 깊
고 풍부한 내용들이었다."[23] 왕위안화 선생은 또 다음과 같은 말로 우리
를 일깨운다.

"갖은 시련에 처해 있던 그의 마음의 발자취를 따라가 보려고 그의 찰
기札記 전부를 읽었다 하더라도, 그 은밀한 마음의 문을 쉽게 열 수는 없
다. 당시의 처지에서 아무리 스스로에게 읽히는 글을 썼다손 치더라도,
거침없이 솔직할 수는 없었을 것이다. 찰기에는 몇몇 은어隱語도 있어서,
단번에 그의 함의를 알아내기는 쉽지 않다."
"찰기 속에 나오는 몇 가지 관점들은 사유 과정에서 나온 것으로서, 아
직 형태를 갖추지 못한 것들이다. 아마도 잊지 않기 위해서 기록해 놓고,
후일 이에 대해 사고를 진척시키려고 했던 것 같다."[24]

어떤 의미에서, 장중샤오의 모든 사유들은 아직 그 형태를 제대로
갖추지 못했다고 볼 수 있다. 사실상 그는 앞에서 언급했던 자각적 이론
창작을 위한 준비 작업을 하고 있었던 것이다. 때문에 혹자는 "장중샤
오가 살았다면, 사상가가 되었을 것이다"[25]라고 말한다. 이는 바로 그가

---

23) 路莘, 『張中曉和他的〈無夢樓隨筆〉』; 『無夢樓隨筆』, 154, 155쪽 재인용.
24) 王元化, 「〈無夢樓隨筆〉序」, 『無夢樓隨筆』, 4쪽.
25) 路莘, 『張中曉和他的〈無夢樓隨筆〉』; 『無夢樓隨筆』, 155쪽 재인용.

'미완의 사상가'라는 것을 의미한다. 이것은 역사석으론 너무도 안타까운 일이고, 그가 살았던 그 시대체제로선 가장 큰 죄악을 저지른 셈이 된다. 그러나 또 다른 각도에서 생각해 볼 때, 장중샤오가 그처럼 냉혹한 역사적 제약 아래서도 역사적 심도를 갖춘 사고를 펼쳤고, 또 발전 가능한 사상을 제공했다는 것만으로도 역사의 기적이라 할 수 있다. 그의 사고 가운데 어떤 것들은 지금까지도 더 이상 진전시키기 어려운 것들도 있다. 이것은 탄복해 마지않을 수 없는 일이다. 또 후인으로선 부끄러운 일이다.

장중샤오가 1956~62년 사이에 '강권체제하에서의 정신문제'[26]를 제기하고, 또 이를 세 가지 측면(즉 정신통치統治, 정신병폐[病害], 정신지탱[堅守])에서 전개시켰다는 것은 그의 사고와 사상의 가장 큰 공적이라 할 수 있다.

첫번째 문제 : 강권체제의 정신통치

'절대적 잣대'

장중샤오는 50년대 초기부터 이미 민감해 있었던 "커다란 소리"가 가져온 "공포"에 대한 사유를 이어갔다.

---

26) 장중샤오 본인은 그의 찰기 속에서 '강권사회', '강권체제'라는 개념을 결코 사용하지 않았다. 그것은 그 시기 린자오(林昭)가 제기한 개념이다. 아래의 문장에서 분석한 것처럼, 그는 또 그가 살았던 중국 현실사회의 기본 정신문제를 확실히 사고하였고, 또 이에 대해 초월적 사고와 개괄을 진행하였음에도, 이를 명명하고 있지는 않다. 우리는 본래 "5, 60년대 중국 사회의 정신문제"라는 표현을 쓰고 싶었지만, 또 이런 표현법이 장중샤오 사고의 초월성과 훨씬 더 보편적인 의의를 덮어 버리게 될까 봐 같은 시기 린자오의 개념을 빌려 썼다. 장중샤오의 사상을 어떻게 하면 훨씬 더 정확하게 개괄할 수 있을 것인가에 대한 것은 여전히 토론할 만하다. 독자들의 가르침이 있길 바란다.

그는 사람들의 말하기 방식에서부터 사유하기 시작하였다. 그리고 그 시대의 새로운 '팔고'八股를 발견해 내고는, 그 실체를 추궁하였다.

"팔고문은 정신현실 속에서 사람의 인격이 몰살되거나 인정받지 못한 데에서 나온 산물이다. 그것은 사람이 자신의 심령세계를 갖지 못하도록 만들고, 자기를 절대적 잣대 속에 침몰하게 만들어야만 비로소 자신의 존재를 얻을 수 있다. 성인聖人의 말이어야만 비로소 언권을 획득할 수 있다는 것이다. 오직 추상적 공통성만 있고, 구체적 개별성은 존재하지 않는데, 이것이 바로 팔고문의 실체이다. 팔고문이 단지 형식상의 결함이 있을 뿐이라는 견해들은, 그 자체로 형식주의적인 것이다."(143쪽)

언설言說 배후에 또 다른 "정신현실"이 있음은 확실히 맞는 말이다. "인격이 몰살되거나 인정받지 못하는", 또 "사람이 자신의 심령세계를 가질 수 없는" 이런 모든 상황은 강권체제하에서의 기본적인 '정신현실'이다. 또 엄격하게 정신을 통치하기도 하는데, 그 통치의 기본 수단이 바로 사람을 "절대적 잣대" 아래 가둬 두는 것이다. 장중샤오는 바로 '잣대'로서 기능하는 각종 '절대물'들을 파헤쳐 내려는 것이었다.

가장 먼저 파헤치려 한 것은 바로 '절대 진리'였다. 소년 시기, 그에게 진리는 오랜 동경의 대상이었고, 진실은 그를 깊이 감동시켰지만, 갈수록 진실이란 잡을 수 없는 반딧불이고 진리는 실체 없는 비누거품이라고 느끼게 되었다. 칸트의 그림자가 그에게 다가왔던 것이다. 이러한 배후에는 한 시대의 문제가 있었다. '절대 진리'를 추구하는 것과 진리의 존재 자체를 부정하는 것에는 한 걸음만큼의 거리만이 존재하는 법이다. 장중샤오는 역사의 경험적 교훈 속에서 자신의 '진리관'을 만들어 냈다.

그는 "진실은 존재하고, 진리 또한 존재한다"고 굳게 믿었다. 그와 동시에 그는 진리의 유한성을 강조했다. "사람의 인식과 실천 활동 속에서 진리는 유한한 것이며, 오직 전 인류와 역사 속에서만이 무한과 절대에 근접하게 되는 것이다." "개인은 생활의 발전에 따라서 진실과 진리에 대한 견해가 바뀌게 되지만, 이러한 변화는 오히려 인류가 진리에 다가갈 수 있도록 공헌하였다." 그러나 그는 또 바로 "먼 곳에서 '아니야! 절반만 옳다고 할 수 있어! 인류는 진리에 대해서 알 수 없어!'라고 하는 칸트의 목소리가 들려왔다고 하였다. 그는 "진리는 모순의 통일이지, 틀어쥘 수 있는 물건이 아니라는 것"을, "살아 있는 것이지 죽은 것이 아니라는 것"을, 또 "진리는 네 마음속에 존재하는 것으로, 마음속 진리는 무한하나, 생활 속 진리는 유한한 것임"을 강조하였다(104쪽).

찰기의 또 다른 곳에서 그는 또 "과거에는 오직 하나의 진리만 있다고 여겼다"고 말한다. 오직 '하나'의 진리, 즉 시대의 주류이데올로기였던 "맑스주의적 진리"만을 인정했다는 것이다. 이것은 바로 맑스주의 절대 진리화, 유일화 경향을 두고 하는 말로서, 이에 대해서 장중샤오는 "서로 다른 수많은 사상들은 제각기 모두 일정한 이치를 지닌다. 특히 역사상 지위와 체계를 갖춘 대가들은 모두 진리 발전의 한 부분을 대표한다"(125쪽), "모든 관념은 다 역사의 산물이다. 이러한 관념이 형성되기 위해서는 일정한 역사적 조건이 필요하다. 그런데 이 역사적 조건도 과거 오랜 역사를 전제로 해야만 하는 것이다. 따라서 어떠한 관념도 영원한 진리는 아니다. 단지 이러한 혹은 저러한 의의에서 당연시되는 것일 뿐이다"라고 강조하였다(199쪽). 이것은 맑스주의(혹은 마오쩌둥 사상)의 관념·이론에 대한 장중샤오의 진실한 견해일 것이다. "모두가 영원한 진리는 아니다", 단지 "진리발전의 한 부분을 대표"한다고 한 장중샤오의 말은 "상대적인 것의 절대화", "상대적 현상의 절대 원칙화"를 지적한 것이다. 사실상 이러한 것들이 "인간의 영혼을 부지불식간에 살해하였다"(113쪽).

'절대물'絕對物이 되는 것에는 또 이른바 '공통성', '역사보편성, 필연성'이 있다. 앞에서 인용한 것처럼, 장중샤오가 보기에 "오직 추상적 공통성만 있고, 구체적 개별성이 없는 것이 바로 팔고문의 실체"였다. 그러나 "사상이란 것은 오히려 보편성과 개인 감정(풍격)의 결합을 필요로 한다. 보편성은 개인의 영혼 속에 존재하여, 인간의 형식과 혈육血肉을 갖추어, 자유롭고 이지적인 영혼의 속삭임, 즉 개성과 인격을 표현해야 한다"(115쪽). 장중샤오는 "인간은 역사를 창조했다", "역사는 아무것도 하지 않았다, 역사는 무궁한 풍부성을 가지고 있지 않다", "이 모든 것을 하고 있는, 모든 것을 가지고 있는, 또 모든 것을 위해 투쟁하는 것은 역사(개념적·추상적 역사)가 아니라, 바로 사람, 실제 살아 있는 사람이다. 역사는 자신의 목적을 이루기 위한 도구로 삼아서 이용하는 특수한 인격人格이 아니다. 역사는 자신의 목적을 추구하는 인간의 활동에 불과하다"고 강조하였다(102, 103쪽). 따라서, "개별성은 포함하되 사실상 모든 개별적이고 헤겔적인 추상을 배제함에서" 나온 '공통성'이란 것은 추상적 '역사'의 이름으로 세운 '보편성', '필연성'으로서, 이것은 바로 사람, 살아 움직이는 사람, 구체적인 피와 살을 가진, 개성 있고 내면세계를 갖춘 사람을 배척하고 말살하려 하고, 살아 있는 개인의 '영혼', 개인의 정신적 자유를 빼앗으려 하였다. 장중샤오는 "중국의 고전문화는 그것이 얼마나 지혜롭고 고상한 것이든 간에 개인(즉 사유의 자유)의 성찰을 거치지 않았기에, 사람들에게 낯선 것, 또 경직된 것, 혐오감을 자아내는 것으로 인식되었다"(115쪽)고 하면서 이것이 본래 중국 전통문화의 치명적 약점이라고 지적하였다. 또한 장중샤오는 5, 60년대 중국은 더욱더 '공통성'으로써 '개별성'을 부정하고, 절대 복종해야 하는 추상적 '역사보편성과 필연성'으로써 인간 개체의 정신적 자유를 억압한다고 하면서 개인의 창조성이 가장 요구되는 '이론·학술저작'조차도 모두 '명령'식으로 만들어져, 여기에는 '순수한 재미'(미학적 즐거움)가 결핍되어 있다고 하였다. 개성의 참여가 없고, 개성의 움직임이 없다는 것이다. 베껴 쓴 것이거나 메마른 이성이거나 통치 집단의 언어들뿐인데, 이것은 모두 "경직된, 혐오감을 주는", 인간의 "언행"이 배후에 있기 때문이라고 하였다(115쪽).

'국가'도 '절대물'이 된다. 장중샤오는 "모든 아름다운 것은 개인에게서 체현되어야 한다. 아름다운 사회는 국가에 대한 존중에서가 아니라, 개인의 자유와 발전에서 나오는 것"이라고 말한다. 이것은 그의 기본적인 신념으로서, 당연히 그래야만 하는 것이었다. 그래서 그는 "역사상 대단한 제국들이 수없이 많이 존재했었지만, 거기에는 또 수많은 죄악들이 감춰져 있다. 제국의 인민들은 황제의 문화적 업적과 군사적 공적을 위해 희생되었고, 온갖 고난을 겪었다. 이것은 과거 역사에서 주목되어야 할 일면이다"라고 지적하였다(128쪽). 이것이 어찌 "과거 역사에서만 주목해야 할 것이겠는가". 오히려 지금의 현실에서 더욱 주목해야 할 부분이었다. 그 시기의 중국은 때마침 '국가주의' 건설 노선을 추진하고 있었고, 마오쩌둥의 "문화적 업적과 군사적 공적"을 위해서 수많은 인민이 "희생"되었다.

"국가지상"과 동시에 "공"公도 절대화되어, "조금도 자신을 생각지 않고", "오로지 타인을 위하는 것"이 절대적 윤리 원칙이 되었다. 장중샤오는 그것이 "고대부터 있었던 것"임을 발견하였다. "법가의 공公은 정해진 원칙으로서 모든 사적인 것을 없애 버리는데, 거기엔 개인의 행복과 인격, 정의正義가 포함된다. 유가의 공은 바로 추상적 윤리로서 삶의 모든 감정을 없애 버리는 것이다." "한마디로 개괄해서, 법가는 사사로운 것을 치국治國의 대적大敵으로 삼고, 유가는 사사로운 것을 수신修身의 대적으로 삼는다."(135쪽) "모든 것이 공公을 위한다"는 명목으로, "개인의 행복과 인격, 정의"를 "없애 버렸는데", "삶의 모든 감정"은 또 무엇을 의미한단 말인가?

물론 '하느님 숭배'라는 것도 있다. 하느님은 "만물의 주재자이고 보편적 사물의 절대적인 주동자"로서, "하느님은 유일하며, 철저하게 배타적"이다. "하느님은 곧 구세주"이지만 "이단을 제거함에, 자비를 두지 않는 것이 구약 속 하느님의 원칙이다"(205쪽). 물론 이것은 서양의 하느님을 가리키는 것만은 아니다. 장중샤오는 자신이 걱정한 것이 동양의 '신앙주의'가 가져온 '행동 독단주의'라는 사실을 기탄없이 말하였다(134쪽).

'거짓 선지자'도 필연적으로 나타났다. 장중샤오는 "정의감은 있으되 지나치게 경신하고, 진보적이긴 하되 세상물정도 인간 간의 이해관계도 알지 못하는, 인생 경험이 없는 소년소녀들이 쉽게 악마의 속임수에 빠져들고, 거짓 선지자에 빠져들어 제물이 된다"고 하면서, 이것이 바로 인간 세상에서 계속되고 있는 희생의 원천"이라고 개탄하였다(185쪽). 여기에는 그 자신의 피맺힌 경험과 교훈이 담겨 있을 것이다. 장중샤오가 이러한 결론을 내렸던 때는 바로 지난 세기 60년대 초로서, 당시 대다수 중국의 '소년소녀'들은 몇 차례의 '제물'이 되고 나서야 비로소 뒤늦게 깨닫게 되었다. 장중샤오는 이러한 "희생은 끊임없이 계속될 것"이라고 했다.

이것은 사람들에게 깊은 성찰을 불러왔다. 사실상 강권체제하에서 앞서 말한 모든 '절대적 잣대'들은 모두 결국에는 '거짓 선지자'의 머리 위에 놓이게 될 것이다. '그'(당과 지도자)는 '절대 진리'의 화신으로서, '공통성', '역사보편성, 필연성'의 체현이자, '국가지상이익'의 대표이고, 또 '공'적 의지의 집행자이자, '인간 하느님'이기 때문에 '절대적 잣대'를 따르는 것은 바로 당과 지도자를 따르는 것으로, 행동의 '독단주의'를 구체화하는 것이다.

무엇을 행동의 '독단주의'라 하는가? "순順과 역逆을 옳고 그름의 표준으로 삼아, 나를 따르는 자는 옳다 하고, 나를 거스르는 자는 그르다 한다. 나는 옳은 것이고 타인은 그른 것이다. 모든 것은 하나의 마음에서 나오는 것으로", "좋으면 무릎 위에 올려놓고, 싫으면 연못으로 밀어 넣는 것이 바로 시비독단론의 실천이다"(117~118쪽). 장중샤오는 독단주의에 대해 이렇게 핵심을 찌르는 개괄을 하였다. 바로 장중샤오와 동시대인들이 경험한 건국 이래의 수차례 정치운동 즉 '반후펑'에서 '반우', '대약진', '인민공사', '반우경기회주의'에 이르기까지는 모두 이러한 독단주의의 '실천'이었다. 만약 '절대적 잣대'에 또다시 신성이란 빛이 덧씌워지게 되고, 그것이 실천적 '독단'으로 바뀌어 구체화된다면, 그것은 바로 피비린내 가득한 전제주의가 될 것이다.

장중샤오는 "사람들 입속에서 절대니, 완전이니, 위대니 하는 큰소리가 많이 오르내릴수록 그 신성한 것들을 더욱더 의심해 봐야 한다"고 하였다. "왜냐하면 위대하고 신성한 것들은 세상에 근본적으로 존재하지 않기 때문이다." 그 본질은 "속임수와 모험이란 것이 한패거리가 되어 못된 짓을 하고 있고", "어리석은 자는", "겉모양에 미혹되고", "다른 속셈이 있는 자"는 이를 "이용하고 휘둘러서", 후환이 끝이 없다는 것이 바로 장중샤오의 결론이었다(105쪽).

깡패 계략

이 또한 사람에게 깊은 깨달음을 주는 논단이다. "깡패철학과 정치철학의 격차는 종이 한 장 차이로서 그 사람, 그 마음에만 존재할 따름이다. 만약 도의적 기준이 없다면 이 둘은 사실상 구별되지 않는다. 분명한 것은 정치를 하는 것과 깡패 짓거리를 하는 것은 동의어라 할 수 있다. 정치의 도덕적 존재와 칸트가 말하는 순수이성 영역, 그리고 실천정치 속에는 오직 깡패의 횡포만이 있을 뿐이다. 어째서 인간 세상에는 그리도 많은 비애와 추악한 현상과 영원한 고통이 있는 것인가."(106쪽) 여기에서 그는 이것이 '실천정치'(우선은 당연히 중국의 실천정치) 속에서 수많은 "비애와 추악한 현상"을 목도하고, "영원한 고통"을 몸소 겪음으로써 얻은 중국 강권체제 정신통치 특징에 대한 중요하고도 확실한 인식이란 점을 분명히 하였다.

깡패 정치의 핵심은 '계략'이다. 장중샤오는 이렇게 말했다. "중국인이 말하는 계략이란 것은 양심 없는 정치의 수단으로서, 사기와 폭력을 잔혹하게 행사하는 것이다. '간사'와 '충정'이란 것은 자기를 미화하고 남을 희화시키는 언어에 불과하다. 계략이 많을수록 인성은 줄어든다. 만약 그가 계략과 인성을 병존시킨다면, 그렇다면 그는 비극적 성격을 지닌 위대한 사람인 것이다. 그는 결정적 순간이 되어서야 그 자신을 파괴시킬 수 있을 것이다. 오기吳起(오자)가 아내를 죽여 장군이 되고, 이아易牙가 아들을 죽여 요리를 한 것은 모두 계략이 인성을 이긴 예이다. 강을 건넌 후 다리를 없앰은 계략이 최고에 도달한 예이다. 인심의 교활함은 산천을 훨씬 뛰어넘는다. 계략은 도를 행함에 있어서의 교활함에 불과하다. 그러나 중국의 고대 철학서는 이를 일러 대도大道라고 하였다."(118~119쪽) 이 속에 보이는 관조적 태도와 계략에 대한 총괄은 역사인 동시에 현실이었다.

'사기'와 '폭력'은 '계략'의 양대 요점으로서, 수단과 방법을 가리지 않는 것들이다. 장중샤오는 그것을 "양심 없는 통치수단", 즉 도덕적 구속을 받지 않는 통치수단이라 불렀다. 장중샤오 비판의 착안점은 '계략'의 '반인성'反人性에 있었다. 때문에 그는 구체적 통치자, 개인으로서 가지고 있을지 모르는 '계략'과 '인성'의 모순과 그로 인해 초래될 수 있는 '비극'에 대해 언급하였고, 또 통치술로서의 '전략'은 반드시 인성을 이기는(소멸시키는) 것임을 강조하였다. 다시 말해 그것은 체제성을 띠는 것으로서, 개인이 선택하고 좌지우지할 수 있는 것이 아니었다. 때문에 그것은 중국본토 정치에서는 '대도'로 비춰졌고, 또 반드시 따라야만 하는 것이었다.

그러나 통치자는 또 갖가지 이유를 찾아내고 각종 수단을 사용하여, 이런 "양심 없는", 도덕적 제약을 받지 않는 '전략'이 도덕성과 합리성을 획득하도록 만든다. 장중샤오는 이에 대해서 매우 재미있는 말을 한 적이 있다. 어떤 사람은 일을 할 때, 항상 자신을 위해 모종의 "정당한 이유"를 찾으려 한다고 하면서, "궤변가와 예술가의 가장 중요한 구별은 성실과 정직, 도덕원칙과 인간적 전략"이라고 하였다(185쪽). 예술가는 자신의 "성실, 정직, 도덕원칙"으로서 행동의 정당성을 얻고, 깡패 정치가는 '전략'에 기대어 궤변을 늘어놓는다는 것이다. 예컨대, 그들이 신봉하는 "목적이 올바르고 숭고하기만 하면, 수단을 가리지 않고 어떤 것이라도 할" 수 있는 철학이 바로 스스로를 기만하고 남도 속이는 궤변술인 것이다. 여기에서, 우리는 앞서 말한 "절대적 잣대"와 여기서 토론하고 있는 "깡패 전략"의 내재적 연계를 보아 낼 수 있다. "절대적 잣대"는 바로 "깡패 전략"을 위해 정당성과 도덕성을 제공해 주는 것이다.

통치자는 또 '역사' 속에서 '위대한 기호'를 자주 빌려와 자신의 행위에 적법성을 부여한다. 이에 대해 장중샤오는 "빌려 쓰는 자는 종종 경험 없는 경박한 자가 아니라, 교활한 깡패다"라고 예리하게 지적하였다(192쪽). 이 또한 역사와 현실로부터 총괄해 낸 반박할 수 없는 논리인 것이다.

장중샤오는 "통치를 비호하거나 반대하는 군중들(그들은 대다수 묵묵히 생활하는 인민과는 다르다)은 어떤 사회에서도 있었다", "그러나 그들은 마음속으로 책임질 수 있는 군중일 수도 있고, 또 책임지지 않는 무뢰한이거나, 공공연히 사기를 치는 깡패"일 수도 있다고 하면서 또다시 우리의 주의를 환기시켰다(133쪽).

이러한 '군중'은 통치를 비호할 뿐 아니라, 통치에 반대하는 '군중' 속의 깡패이기도 한데, 깡패 정치가와는 서로 대립되기도 하고 또 하나가 되기도 한다. 다시 말해서 그들 모두는 깡패 정치의 산물로서, 상호 전환될 수 있다는 것이다. 그러나 우리는 종종 이 점을 간과한 채 반항하는 군중을 아무런 분석 없이 이상화시킨다.

장중샤오의 일깨움은 그의 깨어 있음과 원대한 식견을 보여 준다. 그의 말대로 몇 년 후 문화대혁명 기간에는, 통치에 반대하는 수많은 군중 속에서 깡패들이 등장하였고, 또 "마음으로 책임을 지려는" 수많은 군중들도 나타났다. 이 모든 것들은 문화대혁명의 전례 없는 복잡성을 만들어 내었다. 그러나 이 모든 것은 후일담일 뿐이다.

도덕가의 허상

'깡패 철학과 정치철학' 관계를 논술한 후, 이어서 장중샤오는 "동양에서의 왕도(정치도덕)가 허위적인 까닭은 바로 인간의 경험(특히 감정) 속에 도덕가의 허상을 투사시켜 온화함을 만들어 내고, 실제 정치 속의 잔혹성을 감춰 버렸기 때문인데, 그것이 통치자에 대한 인간의 환상을 만들어 내었다"고 하였다(106쪽). 이 또한 중요한 발견으로서, 앞선 발견들을 보충해 주는 것이라 할 수 있겠다. 즉 한쪽에서는 도덕의 최대 한계선인 '깡패 정치'를 부단히 깨뜨리고, 다른 한쪽에서는 또 허상과 환각의 '도덕가 정치'를 부단히 만들어 내고 있다는 것이다. 이것은 바로 '동양정치'의 오묘함을 폭로한 것으로, 사람들이 말하는 '깡패제왕'과 '도덕재상'의 교묘한 배합, 다시 말해 '패도'와 '왕도'를 번갈아 사용하는 것이 그 전형이라 할 수 있다.

장중샤오는 이러한 '도덕가'의 정치가 '일상생활' 속에서 '허위'로 나타나기도 하고, "정신활동 속에서는 기만과 거짓말이 될 수도 있으며, 진리가 오히려 상품으로 전락할 수도 있다"고 지적하였다(107쪽). 그것의 역할은 "사람을 속이는 착각(허상), 사람을 기만하는 예언, 사람을 끌어들이는 도덕, 사람을 위로하는 변명"에 다름 아닌 것이다(178쪽). 이것이 바로 정신환각 속의 '온유함'으로서 "실제 정치 속의 잔혹성"을 은폐하는 것이다.

장중샤오가 제기하는 '도덕 과시'란 개념은 꽤 오랫동안 생각해 온 것이었다. 그는 "도덕 과시라는 것은 타인의 삶의 정서들을 소멸시켜, 가장 보잘것없는 생물이 되도록 하는"(124쪽) 것이라고 말한다. 이 말은 처음 읽으면 좀 난해한데, 자세히 생각해 보면 너무나도 핵심을 찌르고 있다. 우리가 앞에서 '절대적 잣대'를 논의할 때, 이미 도덕을 절대화하는 '도덕적 잣대'를 언급한 바 있는데, 그것이 사실은 '도덕 과시'인 것이다. 이것은 중국의 전통이기도 하다. 앞에는 "천리를 보존하고, 인욕을 멸하는" 도덕가가 있었고, 뒤에는 "조금의 사리사욕도" 없는 "고상한 사람", "순수한 사람", "도덕적인 사람"이 되길 제창하는 혁명 스승이 있었다.

이러한 도덕적 설교는 주로 일반 백성과 젊은이들을 겨냥한 것으로서, 자신들은 아무런 도덕적 제약이 없이 "깡패 정치"를 행하는 것을 결코 방해받지 않는다. 그것의 목적은 바로 민중의 모든 물질적 욕망, 삶의 정서와 정취를 "없애 버리고", 장중샤오가 여기서 말한 "가장 보잘것없는 생물"로 만들어, 제멋대로 유린하기 쉽도록 하려는 것이다. 이러한 "안빈낙도"술術은 루쉰이 말한 바 있는 "고금에 걸친 치국평천하의 대단한 술책"이었다.[27]

'강력한 의지'의 통치

장중샤오는 중국 정치철학과 실천에 대해서 또 다른 중대한 발견을 하게 된다. "인정人情은 아무 때나 시작되나 끝맺음엔 해이해지고, 쉽게 내보내나 거둬들이기 힘들다. 이것은 나약한 의지와 무의지를 이르는 것이다. 굳건하고 해이해지지 않으며, 조였다 풀었다를 마음대로 할 수 있는 것이 강력한 의지인 것이다. 강력한 의지를 단련함으로써 수많은 나약한 의지를 지배하는 것이 중국 철학의 중심이자 정치철학의 기초다."(113쪽) "고대 중국의 모든 정신훈련(전략)은 강력한 의지를 만들기 위해서 나약한 의지와 무의지를 노예로 부렸다. 이러한 강력한 의지는 이성理性 앞에서는 발도 못 붙이는 야만인의 주관적인 의지로서, 다른 사람에 대한 관계의지關係意志를 강화시킨 것이다."(224쪽)

이것은 매우 심도 깊은 관찰이다. 장중샤오의 말처럼, "절망, 실망 속에서는 희망이라 여겨지는 것들을 되는대로 붙잡게 되는데, 이럴 때 가장 쉽게 생겨나는 것이 맹목, 의리, 충동이다." 이것은 이해하기 어렵지

---

[27] 魯迅,「安貧樂道法」,『魯迅全集』5卷, 568쪽.[「안빈낙도법」,『꽃테문학』(루쉰전집 7권), 717쪽.]

않다. 어둔 밤 끝없이 황량한 광야에서 누군가 횃불을 들고 있기만 하면, 길 잃은 사람들은 저절로 그를 따라가게 되고, 또 쉽게 '의리와 충동'의 열광에 빠지게 된다. 이것이 정치심리학의 원리일 것이다. 일반 백성들에게서 빈곤한 생활과 지위 저하는 빈곤한 정신과 박약한 의지, 무의지를 만들기 마련이다. 다음 절에서 논의하게 될 통치자의 '우민의 도'愚民之道 역시 필사적으로 이러한 '무의지'적 민중을 만들어 내려고 한다. 우민은 너무도 쉽게 통치자의 '강력한 의지'를 받아들인 노예인 것이다. 문제는 지식인이다. 사실상, 지식인은 본디 나약하다. 지식인의 '햄릿 기질', 즉 자기회의는 '절망과 실망'에 빠지기 쉽다. 우유부단해서 "멋대로 시작하고는 끝맺음을 못하고, 조였다 풀었다 하는 것에 애를 먹는다". 지식인은 주관이 있고 '강력한 의지'가 있는 "굳건하여 해이해지지 않으며 조였다 풀었다를 맘대로 할 수 있는" 혁명 지도자와 통치자를 맹목적으로 따르고, 또 열광에 쉽게 빠지기도 한다. 여기에는 장중샤오 시대의 지식인이 기꺼이 '개조'를 받아들였던 모종의 심리적 원인이 숨겨져 있다.

문제는 하나의 약소국가가 이러한 '강력한 의지'의 통치를 외칠 수 있다는 데 있다. 사람들은 항상 "정치적으로 강한 권력을 쥔 인물"이 강력한 국가의지를 대표해서 "의지박약, 무의지"적 민중을 이끌고 국가의 낙후된 면모를 변화시킨다는 환상을 갖는다. 이것은 양무운동부터 시작된 것으로, 중국은 줄곧 "진보적 독재"라 할 수 있는 국가주의 현대화노선을 걸어왔다. 문제는 사람들에게(지식인 포함) 요구되어 온 "강권의지"強權意志란 것이 장중샤오가 말하는 "이성 앞에서는 발도 못 붙이는 야만인의 주관적 의지"라는 것이다. 그리고 그들의 인도에 따라 국가가 현대문명의 길을 걷게 될 것이란 생각은 일방적인 꿈에 불과하다는 것이 역사와 현실 모두에 의해 증명되었다. 왕위안화 선생이 말한 것처럼 장중

샤오의 "꿈 없음"이란 바로 "꿈을 포기하고 유토피아에 이별을 고한다는 뜻"이었다.[28]

장중샤오가 관심을 가진 것은 '강력한 의지'의 통치가 만들어 내는 정신적 결과다. 그는 몇 가지 정신현상에 주목하였다. 예컨대, 강력한 의지를 가진 통치자들이 신성한 잣대를 부여받게 된다는 것이다. 앞 글에서 언급한 '절대적 잣대'를 말하는 것이다. 이로써 그들은 "신의 애호愛護와 징벌"을 갖게 되었다. 장중샤오의 말처럼 이것은 "인간의 애호와 징벌"에 비해서 "훨씬 더 따뜻하고, 훨씬 더 확실하며, 훨씬 더 강력"해 보인다(114쪽). 그러나 장중샤오는 "강제된 복종 아래서 모든 행위는 본심에서 나온 것이 아니다. 손을 든다고 진정한 찬성은 아니며, 무릎을 꿇는다고 진정한 항복은 아닌 것이다"라고 하였다. 그리고 진정한 반항도 있을 리 없다. 그는 또 '난신'亂臣은 "충신의 또 다른 극단"일 뿐이다. 그들 모두가 "독립적 인격이 결핍되어 있기 때문"이라고 하였다(224쪽). 이것이 바로 강력한 의지의 통치가 가져다준 결과인 것이다. 따라서 그는 "억압이 강하면 반항도 강해진다. 이것은 하나의 이념이다. 실제 생활에서 이러한 이념은 억압하에서는 모든 것이 위축되어 버린다는 또 다른 이념과 동시에 실행되어도 서로 충돌하지 않았다"고 말한다(187쪽). 이 때문에 그는 "무의지로서 강력한 의지에 대항하는" 노자철학에 주목하면서, "그의 철학은 무뢰無賴한 철학이자, 책임지지 않는 철학"이라며, 이 역시도 사실은 정신의 "메마름"이라고 신랄하게 비판한다.

장중샤오는 또 다른 중요한 정신현상을 하나 지적했는데, 그것은 바로 '강력한 의지'의 통치는 반드시 "정신지상至上, 의지지상"을 주장하기

---

28) 王元化, 「〈無夢樓隨筆〉序」, 『無夢樓隨筆』, 5쪽.

마련이라는 것이다. 그는 다음과 같은 말로 사람들의 주의를 일깨운다. "만약 정신적 힘이 부패한 사상을 위해 쓰이게 된다면, 사람을 죽이는 힘이 될 것이다. 마치 인류의 지력이 인도주의와 결합하지 않고 사람을 섬멸시키는 사상과 결합하게 된다면 인류의 잔혹함이 늘어날 수밖에 없는 것처럼."(226쪽) 이 역시 5,60년대 현실이 증명해 주었다.

무지와 격정의 엇갈림

장중샤오는 '혁명가'의 심리에 대해서도 심도 있는 관찰과 분석을 하였다. 그는 "혁명가는 항상 수많은 희생과 고난 속에서 자신의 일생을 보내고자 하지만, 또 많은 경우에 있어 그는 지지를 받기도 한다. 이런 상황에서는 마음속 최상의 요구조차도 결국엔 깊은 만족감(권력욕, 군중대회, 혁명 승리)으로 채워지게 된다"고 말한다. 여기에서 그는 혁명가가 요구하는 최상의 것이 '혁명 승리'라고 말하고 있는데, 이것은 이해하기 어렵지 않은 것이다. 혁명 승리가 가져온 '권력욕'으로 인한 '깊은 만족감'은 아마도 자연스런 결과일 것이다. 또 함께 언급하고 있는 '군중대회'는 다시금 생각해 볼 만한 것이다. 우리는 경험상 '군중대회'에 특별히 애정을 보이는 혁명가부터 혁명 승리로 권력을 장악한 이후에도 여전히 군중대회에 열중하는 혁명가에 이르기까지, 군중대회가 이미 어느 정도 그들에게 통치의 유력하고도 효과적인 수단이 되었음을 분명히 느끼게 된다. 이것은 무엇 때문인가? '군중대회'의 배후엔 또 무엇이 감춰져 있단 말인가?

우리는 장중샤오의 다음과 같은 분석에 주목하게 된다. "정감이란 것은 끓어오르는 것으로서, 그 속에 이성적인 이유란 것은 드물거나 아예 없다."(194쪽) "군중의 이해는 상상을 기초로 하는 것이고, 정서는 상상에 의해 불타오르는 것이며, 희망은 상상에 의해 부추겨지는 것이다."

(195쪽) "열정은 진실을 추구하는 격정일 수도 있고, 또 성숙한 교만일 수도 있다. 후자는 타성 때문에 그리고 과학적 사고를 하는 능력이 없기 때문에, 열정 속에 포함된 지식들을 유일한 지식의 방식으로 제고提高시킬 것이고, 독단적인 철학적 견해를 환상 속에(이러한 추상적 심리태도, 텅 빈 의지력 속에) 함몰시킴으로써, 무지와 격정이 엇갈리는 그 무엇이 된다."(216쪽) 여기에서는 "군중의 정서"가 "상상에 의해 불타오르는 것", 즉 "끓어오르는 정감"이라고 말할 수 있지만, 그 본질은 오히려 "이성적인 이유가 없는", 비이성적인 것이라는 것을, 또 '열정'은 "진실을 추구하는 격정일 수 있으나" 만약 '과학적 사고'와 서로 결합되지 않으면 '교만'으로 바뀌게 되고 '독단적 철학'의 포로가 되어 '환상' 속에 함몰될 것임을 언급하고 있다. 이것이 바로 '군중대회'의 광장 효과이다. 본질적으로 그것은 장중샤오가 말한 "무지와 격정의 어긋남"으로서, 비이성적 군중 정서를 선동하고 비이성적 군중 환각을 만들어 내려는 것이다.

이렇게 정신이 혼란한 상태에서, 혁명 지도자는 높은 곳에 올라서서 군중은 무슨 일이든 다 따라서 할 수 있을 것이라 외쳐 댄다. 장중샤오는 이런 혁명가를 "전쟁에서 희생정신을 부추기고, 지극히 평범한 사람들의 마음속에 민족 감정을 끓어오르게 할 수 있는 천재"라고 말한다.

어떤 의미에서 보면, '군중대회'도 '전쟁'(외전과 내전)에서 '희생'정신을 부추기고, 심지어 군중의 '평범한 마음'에 파괴를 불러일으킬 수 있는 '천재'일 것이다. 그러나 장중샤오가 말한 것처럼 "이렇게 심각한 피해를 입히는 방식으로 사람의 마음을 단련시키는 것은 어쨌거나 지나치게 잔혹하고 위험한 것이다". 그는 "이것이 바로 그 악마 니체의 방법"이라고 하였다(225쪽). 이것은 강권체제 정신통치의 기표라 할 수 있는 '낭만주의'의 격정(장중샤오는 일찍이 그의 시대가 "낭만주의를 띄우고, 현실주의를 끌어내렸던"[110쪽] 시대였다고 말한 바 있다)을 폭로한 것과 다름없는 것으로, 사실상 "잔혹하고 위험한 악마"의 격정인 것이다.

또 다른 필기 속에서, 장중샤오는 그것을 "악마의 속임수"라 칭하는데, 그는 "정의감은 있으나 또 너무 쉽게 믿어 버리는, 진보하려는 마음은 있으나 세상물정과 세상의 이해관계를 모르는 인생 경험이 없는 소년 소녀들"이 가장 쉽게 속는다고 말한다(185쪽). "젊은이들은 우선 그들의 감정과 상상, 지혜를 놀라게 하는 것들을 아무 의심 없이 진리라 여긴다. 때문에 젊은이의 영혼을 노예화하려면 그들에게 놀라움을 가져다주기만 하면 된다."(232~233쪽) 이것은 강권체제 정신통치의 기본 특성이기도 하다. 강권체제는 항상 "젊은이의 영혼을 노예화"시키려 하고, 그들의 "무지와 격정"을 이용해서 자신의 통치 목적을 달성하려 한다. 장중샤오는 이렇게 왜곡된 영혼들을 "이유 없이 분노하는 사람, 오직 괘씸하다고만 느낄 뿐 어째서 괘씸한지, 어디가 괘씸한지를 모르는 사람에게는 또 뜻밖의 재난이 일어날 수 있다. 두 눈에 핏발을 세우고, 잔인한 빛이 가득한 얼굴로, 뒤도 돌아보지 않고 나아간 그는, 그가 괘씸하다고 생각하는 무엇을 향해 돌진한다. 상대방이 죄가 있고 없고 상관없이 말이다. 그는 야수같이 완전히 이성을 잃었다"라고 묘사한다(132~133쪽). "무지와 격정의 어긋남"이 사람을 짐승으로 만들 수 있다는 것은 매우 놀라운 것이다. 자각적이고 계획적으로 젊은 세대의 무지와 격정을 이용하여, 그들을 짐승으로 훈육시키는 것은 가장 큰 죄악이다.

우민의 도

젊은이들을 기만하고 이용하는 것 외에도 "백성을 어리석게 만드는" 것이 있다. 장중샤오는 "우민의 도는 절묘하게도 자신이 한 일에 만족감을 느끼게 하고", "착취의 진상을 알 수 없도록 하여, 착취됨에 만족하고, 착취됨을 사회를 위한 봉사로 여기게 만든다. 백성은 (목적을 위해) 쓰일 수는 있어도 (그 영문을) 알아서는 안 된다"고 말한다(191쪽). 여기에서 말하는 "착취됨을 사회를 위한 봉사로 여긴다"는 것은 강권체제 정신통치가 전력을 다해 만들어 놓은 정신착란이자 환각의 하나임이 분명하다. 하늘을 찌를 듯이 "인민을 위한 봉사"를 외쳐 대는 것 역시 정신적 환각이다. 앞에서 언급한 "절대적 잣대"라는 것은 오묘해서, 통치 집단과 지도자가 일단 그것을 들이대기만 하면, 그들은 자연스럽게 '사회'와 '인민'의 대표이자 화신이 되었다. '사회를 위한 봉사', '인민을 위한 봉사'는 바로 '대표'로 자처하는 자를 위한 봉사로서 소위 '봉사'라고 하는 것은 기꺼이, 적극적으로 모든 것을 위해 희생하고, 유린되는 것이다. 그러나 "백성은 쓰일 수는 있어도 알아서는 안 된다"는 이러한 '천기'는 누설되면 안 되는 것이었다.

장중샤오의 견해에 따르면 "도덕적으로 반인성적 이론이 인간의 반감을 사지 않는 이유는 누구나 다 자신은 없어져야 될 자에 해당되지 않는다고 여기기 때문이다". "사람들은 다른 사람이 죽으면, 자신은 더 잘 살 것이라 생각한다. 다른 사람은 열등한 자이고, 자신은 승리한 자이기에, 초인철학도 좋고, 영웅주의도 환영한다. 감정적인 것도 환영할 뿐 아니라, 지적인 것에도 동의한다."(128쪽) "사람들은 모두 자신이 없어져야 될 자에 포함되지 않는다"고 생각하는데, 이 역시도 강권통치자가 오래 전부터 꾸며 낸 정신환각인 것이다. 여기에서 논의해야 할 것은 이러한 정신환각이 어떤 이론과 메커니즘을 통해서 유효하게 제조·형성되는가 하는 것이다. 나는 소위 "두 가지 서로 다른 성질은 모순된다"란 학설이 바로 이러한 이론의 마취약[迷藥]이라고 생각한다. 그것의 폐해는 바로 공민公民 가운데 '적'과 '인민'을 가르고, "우수한 자는 승리하고 열등한 자는 도태되는" 약육강식 생존경쟁을 선동한다는 것이다. 운 좋게도 '인민'의 편에 속한 자는 장중샤오가 분석한 것처럼 스스로 "없어져야 될 자에 해당되지 않는" "싸워 이긴 자"라 여기며, "다른 사람('적'으로 분류된 자)이 죽으면, 자신은 좀더 잘살 수 있길" 희망할 것이다. 그러나 '적'에 속한 자는 자신들이 이미 "없어져야 될" 대열에 속하게 된 이상, 소위 "모순의 성질은 변할 수 있다"란 이론과 "살 길을 열어 주자"는 정책이 그들에게 "없어져야 될 무리에서 제외될 가능성이 있다"라는 환각을 만들어 줘, 자기의 동류들을 서슴지 않고 팔아 버리고, "다른 사람이 죽으면 자신은 더 잘살게 될 것"이라고 믿게 만든다.

그러나 '적'과 '인민'을 나누는 권력은 통치자의 손에 달려 있고, 이러한 약육강식 생존경쟁은 권력을 쥔 자가 임의로 조종하는 것이어서, 결국은 강권통치를 절대적으로 강화시키게 된다. 반우파운동 과정에서 군중을 '좌·중·우'로 나누었던 제도가 바로 이러한 이론을 체제화시켜, 사회등급을 새롭게 만들었다. 중국 전통제도에 대한 루쉰의 분석처럼 이렇게 등급 차별이 있게 되면, "사람들은 서로 멀찍이 떨어져, 타인의 고통을 느끼지 못하게 된다. 게다가 자신이 타인을 부리고, 타인을 먹어치웠기 때문에, 자기도 부려지고 먹히게 될 미래가 똑같이 있으리라는 것을 잊게 된다." "무수히 크고 작은 인육의 향연" 또한 지속될 것이고, 그 속에서 사람들은 "사람을 먹고, 먹히며, 무자비하고도 우매한 환호로써 비참한 약자의 울부짖음을 뒤덮어 버린다. 여인과 어린아이는 더 말할 것도 없다."29) 장중샤오는 반후평을 비롯한 일련의 식인운동을 친히 겪

---

29) 魯迅,「燈下漫筆」,『魯迅全集』1卷, 229쪽. [「등하만필」,『무덤』(루쉰전집 1권), 323쪽.]

고 목도했기에, 앞에서와 같은 개괄을 해낼 수 있었다. 그의 개괄은 중국 '식인사회'의 본질에 대한 루쉰의 폭로를 전개시키고 발전시킨 것이다.

장중샤오는 그의 찰기 속에서, 루쉰의 아Q가 우연히 나온 것이 아니었음을 다시금 언급한다. "약자는 억압되고, 부려지는 고통 속에서 즐거움을 찾으려 하고, 오직 자신의 가족과 자기보다 더 약한 사람을 학대할 수 있을 뿐이다. 아Q는 바로 이러한 나쁜 근성을 갖고 있다. 만약 그가 세력을 얻는다 해도, 그는 절대 선량한 인물이 될 수 없을 것이다. 그의 나쁜 근성은 피억압계급을 학대하는 도살용 칼로 변할 것이다. 그는 자오趙 나리보다 더 무뢰하고 더 비열해질 것이다." "나쁜 근성은 그의 각성을 방해할 뿐 아니라, 그가 진정한 인간이 되는 것을 방해한다. 그것은 노예로 만드는 멍에이자 통치자를 향한 교량이다."(129~130쪽) 장중샤오의 이러한 인식 속엔 그가 살았던 5, 60년대 시대 경험과 개인적 체험이 녹아 있다. 앞서 이야기한 새로운 등급체제와 수차례에 걸친 정치운동은 모두 이렇게 "더 약한 사람을 학대하는" 나쁜 근성의 토양을 만들었는데, 이 역시 '우민의 도'의 중요한 일면이다.

그러나 장중샤오가 보기에, 우민의 도가 초래하는 가장 심각한 결과는 바로 "모든 사람들은 자신이 옳다(선하다)고 생각한다. 다른 사람에게 피해를 주는 것에 대해서, 양심에 따라 반성해 본 적이 없다"고 하는 인간 "내재적 도덕성"의 소멸이었다(220쪽). 이것은 도덕의 최저 한계선이 깨어졌다는 것이다. 수많은 '우민'이 "양심에 따라 반성하는" 능력을 잃어버렸다는 것은 바로 "어떠한 극악무도한 짓"도 할 수 있다는 것으로, 사회 전체도 규범과 질서를 잃게 될 것이라는 말이다. 이러한 사회위기, 도덕위기는 통치자가 민중을 몰아세우는 데 있어서는 필요한 것이겠지만, 근본적으로는 오히려 통치 안전을 해치게 될 것이다.

이단적 방법에 대처해서

우민의 도가 어떻게 유효한가에 상관없이, 어떠한 사회든 항상 가르침에 불복하는 자들이 있게 마련이다. 소위 '이단'이란 것은 통치자로서도 어찌할 도리가 없는 것이긴 하지만, 또 반드시 해결해야 할 난제다. 그러나 중국의 강권체제는 자체적 '방법'을 갖추고 있었다. 장중샤오는 이에 대해 중요한 것을 명시하고 있다. "이단을 맞닥뜨렸을 때, 종교재판소는 그것을 없애는 방법을 취하지만, 현대는 그것이 이단임을 증명하는 방법을 취한다. 종교재판이 이교도에 대처하는 수단은 화형火刑이지만, 현대는 단지 그를 침묵하게 만들거나, 그가 그의 본심에 위배되는 말을 하도록 한다." 이것이 바로 동양정치, 중국정치의 특색이다. 즉, 이단에 대해서 육체를 소멸시키는 방법을 취하는 것 대신 정신적 박해와 억압에 치중하는 것, 이것이 바로 장중샤오의 개념을 빌리자면 "피를 보지 않고 혹사시키는 것"이다. 이에 대해서 장중샤오는 세 가지 방법을 언급하고 있다. 첫째는 "그가 이단임을 증명하는 것이다". 그 방법은 우리가 말한 바 있던 '절대적 잣대'에서 나온다. 그를 '절대물'의 대립 면에 놓아두기만 하면 "전 인민이 그를 규탄하고, 징벌하게 된다". 소위 "반당·반사회주의, 반맑스"가 절대 용서할 수 없는 죄명이 되는 이유가 바로 여기에 있는 것이다. 그러나 '반'이란 것은 서로 다른 의견일 뿐이다. 둘째는 "그를 침묵시키는 것이다". 도서나 잡지 검열을 통해 언론·출판 자유를 제한·박탈하거나, 아예 감옥에 집어넣어 버리는 것이다. 장중샤오는 『저장일보』浙江日報 부간副刊에 투고했다가 "당신은 문장 쓸 자격과 자유가 없다"란 견책과 경고를 받은 바 있다.[30] 셋째는 가장 특색 있는 방법으로서 "그의 본

---

30) 路莘, 「張中曉和他的〈無夢樓隨筆〉」; 『無夢樓隨筆』, 148쪽.

심에 위배되는 말을 하게" 만드는 것이다. 바로 '사상개조'를 진행하는 방법인 것이다.

무엇을 '사상개조'라 하는가? 장중샤오의 개괄에 따르면, 그것은 바로 "세속적 권력이 정신왕국에서 도살의 칼을 휘두르면서, 외적 강압으로 내적 세계를 통치하려 함으로써", "내적 속박"을 만들어 낸다(227쪽)는 것이다. '개조'의 수단은 다양하고, 때로는 '독창적'이기도 하다. 장중샤오가 거론하는 것 중에는 "사람의 인격(자존심)을 박탈하거나", 혹은 "강력하고도 강렬한 심리적 영향을 통해서", "신경전", "선전전"을 만들어(190쪽), "사람들에게 버림받았다"는 착각을 만들어 내는 것 등이 있다(221쪽). 결국에는 '외적 강압'이 어느 정도까지 내적 요구로 변하게 된다는 것은 그것의 유효성을 보여 주는 것으로, 이것이 바로 사람을 가장 두렵게 만드는 것이다. 이렇게 되면 더 이상 손쓸 수 없는 상황으로 치닫게 되는 것이다.

그래서, 장중샤오는 다음의 문제를 이야기하였다.

두번째 문제 : 강권체제하에서의 정신병폐

경직과 적대

강권체제하에서의 정신 병폐를 관찰할 때, 장중샤오가 가장 먼저 주목한 것은 소년 시절 막 주입되기 시작했던 하느님 숭배와 원한에 대한 교육의 결과, "지나치게 무거운 하느님의 족쇄와 원한의 굴레를 썼다"는 것이다(196쪽). 전자가 "인간의 혈육 감정을 경직된 삶의 관계라는 족쇄 위에 묶어 두었다면", 후자는 인간과 인간의 관계를 '적대'관계로 만들었다(118쪽). 이것이 바로 장중샤오가 가장 마음 아프게 생각하는 것이었다. 그는 "인간과 인간의 관계는 서로 돕고, 협력하며, 서로 존중해야 하는 것이지, 서로 적대시하고, 잔인하게 죽이고, 상해를 입히는 관계가 아니다. 서로 동료관계여야 하는 것이지, 적대관계여서는 안 된다"고 거듭해서 말했다. 그러나 그가 살았던 시대는 공교롭게도 경직된 이론을 가지고, 고의로 혹은 조직적이고 계획적으로 증오와 적대관계를 만들어 내었다. 그렇기 때문에 그는 앞에서 이미 언급한 '적과 나'를 구분하는 문제를 제기하였던 것이다. 그는 문제는 "누가 친구고, 누가 적인가?"를 판단하는 근거에 있는 것으로, 만약 "외부의 유혹 또는 충동 때문이라면, 혹은 사주를 받았거나, 소문을 들었거나", "선전에 영향을 받아서"라면 반드시 "맹목적인 적의"에 빠져서 결국 잔혹한 살인에까지 이르게 된다고 지적하였다(185~186쪽).

장중샤오가 보기에, 이렇게 "친구가 아니면 적"이라는 경직된 이론과 사고는 생활 상식을 위배하는 것이었다. 그는 "사람은 사실상 광범위한 중간층(생활 속 빈부대립의 중간층), 서로가 잘 모르고 이해관계도 없는 사람들을 대면하게 된다. 논리의 대비처럼 이쪽이 친구고, 저쪽이 적이고 하는 식이 아닌 것"이라고 말한다. 그는 "세상을 살면서 사람과 적대적 감정을 갖는 것은 절대로 피해야 한다", "사람마다 모두 결점이 있는데, 본래 그냥 지나쳐도 될 일도 적대적 환경 속에서는 치명상이 된다"고 말했다(182쪽). 반후평운동을 기점으로 성행하던 계급투쟁 이론과 실천의 최대 문제 중 하나는 바로 '적대적 환경'이 전체 사회에 형성되었다는 것이다. 본래부터 존재하던 인간의 결점과 인간과 인간 사이의 모순이 이러한 적대적 환경 속에서 "계급본성"과 "적아敵我 간의 사생결단식의 투쟁"으로 심화되어, 원한의 기운을 만들어 내었던 것이다. 결과는 장중샤오가 말한 대로였다. "복수심으로 가득 찬 사람은 생활 속에서 마주하는 모든 사람들이 다 적"이었다(186쪽). 이것이 바로 모뤄[31]가 말한 "계급투쟁설 심층의 심리 구조"인 것이다. 즉 "자기 밖의 모든 존재는 모두 자기의 적으로 보는 것이다". 문제는 사람들이 이러한 계급투쟁적 분위기, 적대적 환경 속에서 오래 생활하게 되면서, 자연스럽게 적대와 증오의 감정에 빠지게 되고, 마음속에 잠복되어 있던 원한은 쉽게 선동되어, 전 국민적 대학살을 야기시킨다는 것이다. 장중샤오가 몸소 겪은 반후펑, 또 이후의 반우 및 문화대혁명이 모두 이러하였다. 윗세대를 뛰어넘은 사람은 아주 드물게 있어 왔다. 장중샤오도 그 중 하나라 할 수 있다.

두려움

장중샤오는 이렇게 말했다. "소인小人은 형벌을 두려워하고, 군자는 하늘을 두려워한다. 공포와 형벌을 두려워함은 중국 도덕 실천의 기초다." "신중함은 두려움 때문이다. 스피노자는 '두려움에 지배를 받아서 선을 행하고 악을 물리치는 사람'을 이야기한다. 두려움의 다른 끝은 망동妄動이다. 일종의 최선을 다하자 주의이지만, 내적 독립성이 결핍되기는 마찬가지다. 중국인이 선을 행함은 두려움과 두려움 바깥에 존재하는 (육체의) 소멸과 세속적 목적의 상실 때문이지, 영예·책임·성실과 양심 때문이 아니다. 중국인의 선심善心과 선행은 사실상 몰상식한 유물론과 황당한 신비주의의 결합이다."(115쪽)

'두려움', 이것은 장중샤오가 자기 시대의 정치철학, 인간의 생존상태와 정신상태를 관찰하고 사고할 때 제기한 바 있는 또 하나의 심도 깊

---

31) 모뤄(摩羅). 본명은 완쑹성(萬松生), 근현대문학 연구자, 1998년 『치욕자 수기』(恥辱者手記)를 통해 중국 지식인 인격의 감춰진 진면목을 파헤친 바 있다.—옮긴이

은 개념으로서, 중국 전통과 결부시키면 중국 역사와 현실적 '도덕실천'에 대한 총괄이라고 할 수 있을 만큼 풍부한 함의를 갖는다.

그는 먼저 '두려움'의 서로 다른 측면, 즉 '소인(보통민중)의 두려움'과 '군자(통치자)의 두려움'을 언급하였다. 강권통치는 항상 '강제력'으로 두려움을 만들어 내려 하는데, 이러한 '강제력'에는 두 가지 측면이 있다. 그것은 바로 장중샤오가 명확히 밝히고 있는 물질적 '(중)형重刑'과 또 앞에서 논의한 바 있는 정신의 엄격한 통제이다. 후자의 것은 가장 중국적 특색을 띠는 것으로서, 때로는 훨씬 더 사람을 두렵게 만든다. 통치자 자신도 두려움을 갖는다는 장중샤오의 지적은 훨씬 더 시사적이다. 이러한 두려움은, 내가 보기에 자기통치의 합법적 위기에서 나오는 것이다. 강권통치하에서는 피지배자건 지배자건 모두 다 안전감 없이, 시시각각 두려움 속에서 생활하게 된다. 이러한 정신현상은 주목할 만한 것이다.

이어서 장중샤오는 '두려움'이 낳은 결과를 이야기하였다. 사소한 모든 것에 너무 신경을 쓰게 되면, 지나치게 피곤해진다고 하였다. 이것은 이해할 수 있는 것이다. '망동'(분별없는 행동) 또한 두려움이 야기시킨다는 사실은 장중샤오의 일대 발견으로서, 앞에서 논의했던 강권통치하에서의 군중 열광·망동, 이런 것들이 아마도 간과할 수 없는 심리적 동인일 것이다. 장중샤오는 '신중'과 '망동' 배후의 '내적 독립성'의 결핍 이야말로 문제의 핵심을 찌르는 실질임을 더 깊이 파헤쳐 내었다.

장중샤오는 중국인이 '선을 행하는 것'行善도 두려움에서 나온다고 하였다. 이것은 중국의 '도덕실천의 기초'를 잘 이해하고, 그 핵심을 파악한 말이다. 이것은 중국인의 '내적 도덕성'(영예, 책임, 성실, 양심 등등)의 결핍을 의미하는 것으로, 도덕실천이 가까스로 유지되는 것은 "두려움 바깥에 존재하는 육체의 소멸과 세속적 목적의 상실", 다시 말해서 민간에서 말하는 "천벌을 받을 것"이라는 것 때문일 것이다. 그리하여 장중샤오는 중국의 "선심善心, 선행善行" 즉 도덕실천은 "사실상 몰상식한 유물론과 황당한 신비주의의 결합"이며, 이러한 관점에서 5, 60년대 도덕실천을 바라보게 된다면 많은 것을 간파해 낼 수 있을 것이라고 말한다.

장중샤오에게 '두려움'의 문제는 바로 "내적 독립성, 내적 도덕성"의 상실 문제이기에, 그는 다음과 같이 결론짓는다. "두려움 등의 '정신문명'을 없애 버리고, 이를 이성감정理性感情으로 대체하게 되면", "어려움이 더 많을 것"이다. "노예에서 인간으로 변화하는 것은, 절하는 것에서 악수하는 것으로의 변화와는 다른, 두려움에서 두렵지 않음으로의 변화인 것이다."(191쪽)

비겁

장중샤오는 강권체제하에서 살아가는 대다수 사람들의 생존상태와 정신상태를 이렇게 말하였다.

> "전도된 세계와 혼란한 시대 속에서, 이치에 어긋난 사람들의 언론言論과 인성을 위반하는 행위도덕은 당연한 현상이다. 그들은 희생자로서, 도덕적 실패자다. 그들은 가장 어리석은 일을 했다. 한바탕 악몽에 빠져든 것처럼 두렵고 피곤하다. 두 눈엔 생기가 없다. 그들 마음은 너무나도 모순적이며 불안하다. 그들은 무책임하고 불성실하게도 항상 본질을 위반한다."(114쪽)

> "온유돈후溫柔敦厚는 폭군 통치하에 만들어진 애매모호한 풍격이다. 함축含蓄이란 것은 요리저리 겉도는 풍격이다. 마치 비파琵琶를 안고 얼굴을 반쯤 가린 듯한, 노비가 ~인 척하는 격이다."(121쪽)

"옳고 그름, 잘못을 고집하는 것과 진리를 고수하는 것을 구별하지는 못하지만, 자기 자신의 이해利害와 당시의 기준(풍조)을 근거로 자기의 잘못된 곳을 바로잡으면, 무리한 처사에 대해서도 도리에 어긋나지 않아 마음이 편하게 된다."(188쪽)

"비겁한 사람은 악을 행할 능력도 선을 행할 능력(정의를 위해 투쟁하는 것)도 없다. 그들 선남선녀의 참회와 쓸데없이 떠들어 대는 선량善良은 진정한 도덕일 수 없다. 그들이 악을 행할 수 없음은 결코 선(이성적 원칙)하기 때문이 아니라, 무력하기 때문이다. 일단 그들이 자신에게 힘이 있다고 여기게 되면, 그때는 거칠고 난폭해질 것이다."(132쪽)

이들은 확실히 "희생자, 도덕적 실패자"로서 "악을 행할 능력도 없고", "선을 행할 능력도" 없는 자임에 분명하다. "현실을 주시하지 못하고, 현실을 바꿀 용기도 없는" 그들은 강권통치하에서 되는대로 사는 자들로서, 본질적 '비겁'을 드러내었다. 설사 "그들 마음"이 혹시라도 "모순과 불안"을 느끼게 된다 해도, 그들은 "자기 자신의 이해와 당시의 기준을 근거로 자기의 잘못된 곳을 바로잡으려" 노력한다. 때문에 그들은 또 "도리에 어긋나지 않아 맘이 편할 것이다". 그들의 "애매모호함", "겉돌기"는 모두 비겁한 마음을 나타내는 것으로, 장중샤오는 그것을 일러 노예성이라 말한다. 즉 "노비의 ~인 척함"에 불과하다는 것이다.

그러나 바로 이러한 수많은 비겁한 중생들이 강권통치의 군중적 기초를 만들어 내었다. 게다가 장중샤오가 예언한 바대로 그들은 "일단 자신들이 힘이 있다고 여기게 되면, 그때는 거칠고 난폭해질 것이다". 그렇다면 그들은 또 강권통치의 예비력이 되는 것이다.

허무주의와 감각주의

장중샤오는 또 강권통치하에서 필연적으로 나오게 되는 허무주의와 감각주의에 대해서도 이야기하였다.

"역사의 길을 제대로 분간할 수 없고, 인생의 목적을 찾지 못했다. 과거뿐 아니라 미래도 믿지 못한다. 과거는 조금도 말할 만한 의미가 없고, 미래는 개인이 통제할 수 없다. 이상理想이 없고, 전통도 없으며, 방법도 없고, 목적도 없다. 자아희생이 너무나 황당하기에, 자아파괴를 노래한다. 회의론, 허무주의, 불가지론.

존재주의 —— 존재가 바로 모든 것이다.

눈앞의 쾌감과 즐거움이 모든 것이다. 감각에 탐닉하는 것은, 생활의 가장 큰 즐거움으로서, 삶의 모든 것은 눈앞의 목표를 추구하는 것일 따름이다."(126쪽)

표면적으로 볼 때, 장중샤오가 살던 20세기 5, 60년대 중국이 신봉한 것은 '신앙주의'와 '정신지상주의'였다. 앞에서 보여 주었듯이, 장중샤오는 이런 주류이데올로기에 대해서 예리하게 비판하였다. 지금은 또 방임 상태의 '허무주의'와 '감각주의'를 폭로하고 있다. 이 양자는 사실상 상통하는 것이자 또 상호 전환할 수 있는 것이다. "허무주의는 위인偉人을 신성한 외투를 걸친 악당에 불가할 뿐이라고 생각한다."(193쪽) "위인은 어떻게 해서든 스스로가 고상하고 신성하다고 자처하지만, 그에게서 사상무기(이성, 공론 등)만 없애 버리게 되면, 정욕에 빠진 악당에 불과하다."(183~184쪽) 때문에 장중샤오는 중국의 '특권'은 두 가지 방면에서 나타난다고 하였다. "하나는 거리낌 없이 타인을 학대하는 것에서 나타나고, 또 다른 하나는 서슴지 않고 자신을 방임상태로 내버려 둠에서 나타난다."(231쪽) 그는 또 "평범한 사람은, 자기 한계 위에 믿음을 만들지만, 이성의 무한함 앞에서 낙담하고 허무해한다"고 하였다(193쪽). 이것은 일단 신앙주의의 신성이라는 잣대가 퇴색하기만 하면, 너무나 쉽게 허무주의로 전환된다는 것을 설명해 준다. '위인'이란 또 원래가 "정욕에 빠진 악당"이니, 그의 백성들이 타락하는 것은 당연한 이치가 되는 것이다. 통치자의 자기 방종은 결국 사회를 해치게 되고, 전 국민의 방종을 만들게 된다. 앞에서 언급했던, 강권통치의 군중적 기초가 되는 '평범한 사람'은 본래 공허한 정신을 특징으로 하는데, 그들이 '허무'로 전향하려는 것은 훨씬 더 필연적인 것이다.

장중샤오가 이로부터 전개시키고 있는 장자 철학과 중국 국민성에 대한 비판은 주목할 만하다. 그는 장자 철학의 폐단이 바로 "인성의 장엄함을 파괴한, 철저한 허무주의, 모리배주의, 염세주의, 옳고 그름이 없는 무정조無情調, 정신위축, 뼈에 사무치는 냉담, 냉혹한 이성"이라고 지적한다. 때문에 그는 "장자 철학은 무정한 세계철학으로서, 모든 세속적인 것을 완전히 이해하면서도 별 관심을 두지 않고, 무원칙적으로 영합하기도 하고 이를 취소하기도 하면서, 무책임하고 혐오스런 표정으로 되는대로의 삶을 실현하는데, 이는 시비, 진리와 오류, 선과 악, 장엄과 추악, 가장 고귀한 것과 가장 비천한 것을 동일시[齊物論]하기 때문"이라고 생각하였다(110~111쪽). 이 모든 것들은 사실상 5, 60년대 중국을 살아가는 장자의 제자들에 대한 장중샤오의 비판이라 할 수 있는데, 여기에 어찌 자기 경계警戒적 의의가 없다 하겠는가. 이렇게 장중샤오는 1930년대 루쉰의 장자 철학에 대한 비판을 계승하면서, 여기에 다시 자기 시대의 특징을 끌어들이고 있다.

장중샤오는 더 나아가 중국 국민성을 예의주시하는데, 이때도 그는 "중국 영혼의 무행동無行動, 무제한無制限"이라는 양대 특징을 강조하면서, "인류 정신의 세 가지 측면(인도관념人道觀念, 인생의무人生義務, 인생감정人生感情)은 전혀 존재하지 않고, 오직 봉건적 방종만이 있다"고 하였다. 그가 보기에 중국인은 강권통치에 직면했을 때, 진정한 저항도 "도스토예프스키식의 순종"도 없이, "늘 사악한 정욕과 생존을 위해서만 추상적 '예'禮에 반항한다"는 것이다(111쪽). 그러므로 장중샤오가 그 해 "물질생활이 향상된다 해도, 영혼이 공허하고 정신이 위축되면, 정신은 육체를 부양할 힘이 없어지게 되므로, 필히 방종과 방탕으로 흐르게 될 것"이라는 예언을 한 것은 절대 우연이 아니다(101쪽). 아마도 50년이 지난 오늘에야, 우리는 이 예언의 의미를 깨달을 수 있을 것이다. 장중샤오는 진정으로 중국 민족을 꿰뚫어 보았던 것이다.

싸구려 신도와 싸구려 반역자

이 역시 강권체제의 필연적 산물이다. "사람들이 당신을 따르고, 당신을 믿으며, 당신을 위해 희생하고 분투하는 것은 당신이 옳기 때문에 그런 것만은 아니다. 그것은 수많은 요소에 의해서 결정되는 것이다. 사람을 행동하게 만드는 주된 원인은 때때로 확신이 아닌 맹종(맹목적 추종)에서 나오는 경우가 있다. 그들은 곧바로 후회하게 되는데, 이것이 바로 동요이고 변절이요 그리고 반역인 것이다. 때문에 싸구려 신도는 동시에 또 싸구려 반역자인 것이다."(131쪽) "허위, 신의를 저버림, 이런 것들은 사실상 강제, 질책, 의지 강요 등의 부산물로서, 후자가 없으면 전자도 없는 것이다. 만약 후자만 있고 전자가 없으면, 보잘것없는 사람들은 생존할 도리가 없다." "역사적 관점에서는 그것들(특정 역사현상)에 대해서,

도덕적으로만 비난할 게 아니라, 과학적으로 그것의 역사필연성을 이해해야 한다. 이것이 도덕적 책임(개인)의 문제여서는 안 된다."(121쪽)

옳은 말이다. 이것은 실로 개인의 도덕적 책임의 문제가 아니라, 체제의 문제인 것이다. 이것이 바로 극복할 수 없는 강권체제의 모순이다. 설령 '강제, 질책, 의지 강요'를 통해서 신앙주의를 강제로 주입한다손 치더라도, 진정한 '확신'은 있을 수 없다. 오직 살기 위해서 혹은 그 속에서 이익을 얻기 위해서 '허위'적으로 승낙할 뿐이다. 즉, "싸구려 신도", 혹은 루쉰이 말한 "~인 척하는 허무주의자들"은 "두려워서 이용하는 것"에 불과한 것이지, 절대 "믿어서 따르는 것"은 아니다.[32] 그렇다면, 이러한 "싸구려 신도"는 일정 조건에서 또 "싸구려 반역자"로 변하게 되는 것이 필연적이다. 사실 본래부터 신의가 없었기에 "신의를 저버렸다"고 말할 수도 없다. 그저 진면목을 드러냈을 따름이다.

비위 맞추기와 쉽게 믿는 것

그리하여, 또 비위 맞추기와 경솔하게 쉽게 믿는 버릇들이 생겨났다. "비위 맞추기를 좋아하면 아첨과 찬사가 나타날 것이고, 스스로 쉽게 믿어 버리게 되면, 다른 사람에게 속게 될 것이다. 진정제 먹은 것처럼 안정된 상태만을 좋아하게 되면, 실행은 없는 헛된 약속들만 생겨난다. 어떤 일에 대해서 마음으로 그것을 믿길 원하면, 유언비어가 그 영향력을 발휘하게 될 것이다. 만약 누군가가 어떤 사람에게 그 사람의 본성을 위반하는 일을 알려 주면, 그는 틀림없이 믿기를 거부할 것이다. 반대로 만약 이 일이 제 마음에 꼭 들면, 설사 증거가 없다손 치더라도 그 본성에 맞도록

---

32) 魯迅, 「馬上支日記」, 『魯迅全集』 3卷, 346쪽. [「즉흥일기 속편」, 『화개집속편」.]

구실을 만들어서라도 그것을 믿을 것이다."(186쪽)

이러한 것들은 모두 5, 60년대 중국 정치·사회생활 속에서 자주 보이던 현상이다. 이에 대해 장중샤오는 싸늘한 태도를 보이고 있는데, 물론 다른 견해가 있기 때문이다. 여기에서의 절묘한 심리 분석이 나타내듯이, 소위 "쉽게 믿는다"는 것은 사실상 통치자에게는 '필요'한 것이자 "자기 마음에 꼭 드는 것"이다. 그러나 다른 각도에서 볼 때 비위 맞춤, 아첨, 찬사, 유언비어라는 것은 노예에서 민중에 이르기까지 심혈을 기울여 통치자를 속여먹는 것이다. 즉 루쉰이 말한 바처럼 "황제와 대신들에게 '우민정책'이 있듯이, 백성들에게는 제각기 '우군정책'愚君政策이 있다". 이런 것들은 모두 서로를 속이는 것에 불과한 것으로, 강권통치란 본래 거짓말과 속임수의 기초 위에 세워진 것이다.

그러나 "우민정책과 우군정책은 모두 성공하지 못한다"는 루쉰의 지적은 역시 옳았다.[33]

세번째 문제 : 강권통치하에서의 정신지탱

이것은 시대가 제기한 문제이다. 비록 5, 60년대 지식인 가운데 이 문제를 직시한 자는 드물긴 하지만, 이것은 바로 장중샤오 자신의 문제로서, 궁지에 몰린 그가 시시각각으로 마주한 문제이기도 하다. 때문에, 여기에는 마음속 깊이 새겨진 정신적 고통과 절절한 생명 체험이 집약되어 있다.

우리가 먼저 주목할 것은 장중샤오가 그 특유의 각성과 자기성찰 정신으로써 제기한 명제로서, 이는 사람들에게 깊은 사고를 요구한다.

---

33) 魯迅, 「談皇帝」, 『魯迅全集』 3卷, 268, 269쪽. [「황제에 대하여」, 『화개집속편』.]

억압에 의한 타락

찰기 속에서, 장중샤오는 자신이 "실의에 빠져 있다"고 말한다. 그와 같이 감금되고 억압받을 때의 처지에서는 온갖 '무례'無禮가 더해져서, 진저리 날 정도로 비난이나 능멸 따위를 받게 된다. 그가 보기에 이러한 모든 것들은 일종의 '타락'이다(202쪽).

이것은 실로 독특한 인식이다. 우리는 보통 "권력의 타락", "명리名利의 타락"을 말한다. 권력과 명리라는 것이 사람들을 유혹하고, 또 그들에게 부정적인 영향을 끼친다는 것이다. 그러나 '억압'이라는 것도 사람의 정신을 혼란시키고, 부정적인 영향을 끼칠 수 있다는 사실, 이른바 "억압에 의한 타락"에 대해서는 오히려 주의를 기울이지 않는다.

이 모든 것들이 장중샤오의 자기경계인 것이다.

"이렇게 어려움이 많은 사회에서는 인간이 짐승이 될 기회가 너무 많다. 인간이 짐승으로 타락할 가능성, 그럴 경우 또한 너무 많아진다. 빈곤, 감금, 고역 등이 모두 인간을 짐승으로 타락시켜서, 거칠고, 모나고, 절망하게 만들고, 인지상정에서 벗어나게 만든다."(188쪽)

"사람들이 고난을 겪고, 죽은 자가 부활하고, 사람들이 변하는 것을 보는 것은, 인간의 불행으로서 마땅히 슬퍼해야 하는 것이다. 인간의 허무한 감정에 대해서, 인류에 대해서 도덕적으로 절망하기 쉽기에 순자가 주장하는 인성의 성악설을 믿게 된다."(155쪽)

"비천함에 처해 있을 때는 특히 이성을 밝게 비춰야 한다. 그렇지 않으면 음험한 기질이 강건한 기질을 이겨서, 정신이 와해되고, 영원히 짐승의 길로 떨어지게 된다."(176쪽)

"고독으로 인해 인간의 마음에는 짐승의 속성이 자라고, 고독으로 인해 인간은 사랑, 따스함, 그리고 우정을 잃는다. 고독으로 인해 인간은 짐승이 되는 경험을 하게 된다.

고독은 신과 짐승으로 향하는 인생의 갈림길이요, 천국과 지옥의 경계선이다. 사람들은 여기에서 가장 혹독한 시련을 겪게 된다. 올라갔다가 떨어지고, 승화되었다가 파멸되는 그런 시련을 경험한다. 이 속에는 온갖 현혹과 공포가 있다. 수많은 약자들은 침몰할 것이고, 오직 강한 자만이 고독의 바다를 건널 수 있을 것이다. 고독이 강한 자의 것이 되면, 그 사람의 기량을 내보이는 곳이 되지만, 약한 자는 그저 고독 속에서 말없이 멸망할 수 있을 뿐이다. 고독이 지혜로운 자의 것이 되면, 철학자는 고독 속에서 인간의 힘과 연약함에 대해 깊이 사색하겠지만, 무지한 범인凡人들은 고독 속에서 단지 발악할 뿐이다."(188~189쪽)

"마음속의 악마와 싸우지 않는다면, 그럼 그 사람도 악마가 될 것이다."(179쪽)

인간이 억압받는 위치에 처할 때가, 바로 인생이 신과 짐승의 갈림길에, 천국과 지옥의 경계선에 동시에 처하게 될 때라는 언급은 매우 깊이 있는 명제이다. 전제주의의 억압은 인간을 고독하게 하고, 억압과 굴욕을 느끼게 할 뿐만 아니라 정당한 분노와 반항을 이끄는 동시에 정신적 상해를 입힐 수 있다. 심지어는 반항 그 자체도 양날의 칼로서, 상대방을 다치게 하는 동시에 스스로를 해칠 수도 있다. 이런 상해傷害는 장중샤오가 여기서 언급한 '음험함'으로 나타나는데, 루쉰은 이것을 원망과 분노라고 칭하고,[34] 사람들은 보통 '원한'이라 일컫는다. 우리는 "분노가 시

---

34) 魯迅, 「雜憶」, 『魯迅全集』 1卷, 238쪽.[「잡다한 추억」, 『무덤』(루쉰전집 1권), 327쪽.]

인을 만든다"고 말한다. 분노는 당당한 기운氣運이고, 문학으로 표출될 수 있으며, 정당한 반항을 유발시킨다. 그러나 원한은 음침한 기운이자 사악한 기운으로서 거대한 파괴성을 지니고 있으며 나쁜 길로 이끌 수도 있고, 또한 이용당하기도 쉽다. '원한'(음험함)의 문제는 장중샤오가 반복해서 언급한 사람과 인성에 대한 절망, 불신, 타인과 세계에 대한 '적의', 또 '사랑, 따스함, 우정'과 같은 인성에 있어 가장 선량하고 온화한 부분이, 고의든 아니든 제거되어 인성이 무뎌지고 난폭해지며 또 괴팍해지고 사나워져서 억압받는 자의 정신적 어둠을 만들게 되는 것이다. 루쉰이 말한, 몹시 원망하면서도 또 제거해 버리지 못하는 그 사람 마음의 '귀기'鬼氣와 '독기'는 사실상, 외적 어둠에 반항하는 가운데 자신을 손상시키는 정신적 어둠을 포함한다. 이것이 바로 장중샤오가 말한 "마음속 악마"인 것이다.

이로써 우리도 그가 제기한 '억압에 의한 타락' 개념의 깊은 뜻을 이해하게 된다. 우리는 보통 강권·전제정치가 사람의 육체에 가하는 손상에만 주목하고, 정신적 상해는 소홀히 한다. 정신적 상해에 대해 논할 때도 인간의 노예화에 비교적 많은 관심을 갖고 피해자의 영혼이 악화惡化되는 것은 등한시한다. 그러나 이 영혼의 악화는 어쩌면 더욱 주의를 기울여야 하는 것인지도 모른다. 영혼의 악화는 더욱 심오한 의미에서 인간의 정신적 자유를 박탈할 뿐만 아니라, 또 억압받는 자로 하여금 "악으로써 악을 대하도록" 만들어, 자신을 '사람'에서 '짐승' 그리고 '악마'로 변하게 할 것이다. 이것이야말로 매우 중요한 지적이다. 억압받는 자, 심지어 억압에 반항하는 전사는 결코 태어나면서부터 그런 '사람'이 되는 것이 아니기에, 여전히 '노예', '짐승', '악마'로 전락할 위험이 존재한다. 외적 억압이 가혹할수록 더욱더 강대한 영혼의 힘으로서, 자신의 인성

속에 내재된 '신성'神性과 마음의 '광명'光明을 고양시켜서, '야만성'과 '귀기'鬼氣를 제거하고, '어둠'을 몰아내어 정신적 초월과 승화에 도달해야 한다. 그리하여 장중샤오는 또 이렇게 이야기하였다.

"과거에는 하찮은 원한이라도 반드시 갚고, 한번 마음먹은 일은 끝까지 해내야 사람으로서의 책임을 다한다고 생각했지만, 지금은 오히려 관대하게 용서하고 잊어버리는 것도 어느 정도 의미가 있다고 본다. 사악함에 이용되고 희생되지 않기만 하면 된다. 예수가 완전히 틀린 것은 아니다. 1961년 9월 10일 발병 후 6일 만에 새벽 무몽루無夢樓에서 적노니, '이따금씩 서풍이 매섭고, 가을비가 연이어 내린다. 겨울옷이 다 팔려 나가고, 아침끼니가 부족할 때로구나'."(125쪽)

여기에서 "관대하게 용서하고 잊어버리는 것"에 대한 긍정, 긍정 속의 보류는, "사악함에 이용되고 희생되는 것"에 대한 예방 차원에서 모두 중요한 것으로, 이는 장중샤오의 사상적 성숙을 보여 주고 있다. 게다가 그가 감옥에 투옥되었을 때 "관대하게 용서하고 잊어버리는 것"이라는 명제를 제기하였다는 것은 더욱더 우리를 감동시킨다. 그의 사상이 새로운 경지로까지 승화되었음에 틀림없다. 이것은 어떠한 경지인가?

깊은 믿음을 가지고 확고하게 지켜 내다

장중샤오는 이렇게 자신을 격려하고, 스스로에게 요구하였다.

"『주역』의 '대과'大過괘. 군자는 홀로 서 있어도 두려워하지 아니하고, 세상으로부터 은둔해 있어도 답답해하지 아니한다. 온 세상이 그를 틀렸다 하여도 무서워하지 아니하며 세상 사람들이 그를 알아주지 않아도 후회하지 아니한다. 다른 사람들이 함께하는 것을 중시해도 그는 무리를 따르지 아니하며, 믿음이 깊어서 확고하게 지켜 낸다. 나를 알아주는 이 없다고 세상에 은둔하여, 원망도 걱정도 하지 않으니, 두렵지도 답답하지도 않음이다. 의지할 곳 없이 홀로 있을 시엔 필히 두려워지고, 고요하니 사방에 들리는 바가 없을 시엔 답답해지는 것이 인지상정인데, 군자의 탁견과 기발한 행동은 큰 잘못에 처했을 때나, 이해利害가 뒤바뀌고 시비是非가 붙을 때도, 홀로 서 있음을 두려워하지 않고 굴하지 않으니, 그 믿음이 남을 능가하고 그 아량이 남을 능가하여 조금도 흔들림 없을 뿐 아니라, 오히려 이러한 고난을 일생 동안 학문하는 능력과 식별하는 능력을 단련할 수 있는 좋은 기회로 삼는다."(155쪽)

장중샤오가 1962년에 쓴 이 글을 필자는 2007년에 접할 수 있었는데, 당시 문득 루쉰이 1908년 썼던 「파악성론」破惡聲論 속의 구절이 떠올랐다. 그곳엔 "고금을 통해서 존중하고 우러러야 할 사람은 대중들의 떠들썩함에 동조하지 않고, 홀로 자신의 견해를 가지고 있는 선비이다. 그는 숨겨져 있는 것을 통찰하고 문명을 비평하면서 망령되고 미혹된 무리와 그 시비를 함께하지 않는다. 오직 자신이 믿고 있는 바를 향해 매진한다. 온 세상이 그를 칭찬하여도 그것에 고무되지 않고, 온 세상이 그를 헐뜯어도 그것 때문에 나아감이 막히지 않는다"라고 쓰여 있었다.[35] 장중샤오의 『무몽루수필』은 60년 전에 루쉰이 「파악성론」에서 "홀로 자신의 견해를 가지고 있는 선비"라고 한 것에 대한 답가로서, 40년 후를 살아가는

---

35) 魯迅, 「破惡聲論」, 『魯迅全集』 8卷, 27쪽.[「파악성론」, 『집외집습유보편』.]

우리를 뒤흔들어 놓는다. 이렇게 한 세기를 관통하는 정신은 사람들에게 무한한 감동과 전율을 느끼게 해주는 것이다.

여기서 말하는 "믿음이 깊다"^{信深}라는 것은 장중샤오가 다른 한 편의 수필에서 인용한 헤겔의 "사상가의 기본 품성"인 "진리를 좇는 용기와 정신의 힘에 대한 확신"으로서 흔들리지 않고 의심하지 않는 투쟁 정신을 말한다(195쪽). "확고하게 지키다"^{守固}란, 즉 "자기를 지키는 것"^{守己}으로서, 자신의 기본 신념을 지킴, 자기 영혼의 자유와 순수함을 지키는 것을 말한다. 장중샤오가 말했듯이 "사랑과 감동, 생명 그리고 영원에 대한 믿음, 이러한 단어들은 교양 없는 사람들에게는 정말 아무런 의미가 없는 것들이고, 냉정한 사람에게는 가소롭고 공허하게만 느껴질 뿐이다. 순진한 청년들과 순결한 영혼들은 이러한 단어들을 순박하게 생각하고 상상하지만, 온갖 세상풍파를 겪은 전사는 영혼의 최고 경지에서 정신적 실체로 받아들였다"(184쪽). 그리하여 이러한 장중샤오식의 "세상풍파를 겪은 전사"에게, 즉 루쉰이 말하는 "정신계의 전사"에게 "깊은 믿음을 가지고 확고하게 자신을 지켜 낸다"^{信深守固}는 것은 "최고 경지" 속에서 자신의 "정신적 실체"를 굳게 믿고 이를 지켜 내며, "세상이 모두 아니라 하여도 두려워하지 아니하고, 세상이 알아주지 않아도 후회하지 않는" 것을 말하는 것이다. 장중샤오는 또 이를 '영혼의 힘'이라고 칭하며, 이렇게 말하였다.

"영혼의 힘은 즉 '근본의 깊이'이다(영혼의 깊이와 안정).

근본이 깊은 자는 마음이 평온하며, 죽음도 일종의 회귀로 본다. 이를 천국으로의, 대지로의 회귀로 보거나, 아주 평범한 것으로 보고 두려운 마음을 갖지 아니한다. 근본이 얕은 자는 죽음을 무서워하고 두려워하여,

죽음을 맞이했을 때 불안한 마음을 제어하지 못한다.

근본이 깊은 자는 오랜 질병의 고통을 이겨 낼 수 있지만, 근본이 얕은 자는 이를 악물 뿐이다. 심지어 이를 악물지도 못하면서 죽음을 두려워한다."(183쪽)

"영혼의 깊이와 안정"을 얻은 사람만이 마음의 "평온함"과 영혼의 자유를 느낄 수 있다. 이 모든 것은 인생의 커다란 경지라고 할 수 있다. 장중샤오가 곤경에 처한 삶 속에서도 이러한 경지에 올랐다는 것은 전화위복을 보여 주는 것이다.

이성의 빛

장중샤오는 "영혼의 수양이 높은 사람은 마음의 갈등이 잘 다스려질 것이다. 정욕의 어두움 속에서 이성의 빛이 나타날 것이다"라고 하였다. "자유는 단지 의식에 달려 있는 것으로, 온몸을 현실에다 내던질 때에 현실을 초월할 수 있고, 현실의 제약을 받지 않게 될 것이다"라고도 말하였다(218쪽). 여기에는 두 개의 키워드가 등장한다. 하나는 '이성'이요, 또 하나는 '초월'이다. 우리는 늘 "고난을 정신적인 자원으로 삼자"고 말한다. 여기서 관건은 현실에 닥친 고난을 '초월'하여 '이성'의 깊은 사념 속으로 들어가서 "이성의 빛"을 얻을 수 있느냐 하는 것이다.

장중샤오는 이를 자각하고는, 여러 가지 통상적인 개념·관념들에서 새로운 것들을 체득하고, 또 새로운 것들을 추구하기 시작하였다.

용기(勇) : "용기는 이성, 목적, 지식에 기초해야 한다. 이를 참된 용기라 한다. 광기 어린 용기는 분노로 인해 하루아침에 자신과 자신의 부모조차도 잊어버린다. 피비린내 물씬 나는 용기는 돈 몇 푼 때문에 남에게 억눌렸던 것을 떠올리며, 저잣거리에서 남을 때리는 것과 같다. 무지한 용기는 두꺼비를 보고 분개하며, 지나가는 차의 바퀴를 막아선다. 이러한 것은 필부의 용기로서, 잘못된 용기인 것이다."

재능과 지혜(才智): "재능과 지혜는 도의를 기초로 한다. 서로 속고 속이는 것은 음모이다." "재능과 지혜는 천지天地를 범위로 삼고, 시간과 함께 변화한다. 재능과 지혜의 반대는 우매함이다. 한쪽 구석에 몰리는 형세에도 변하지 않기를 고집하는 자는 우매한 자이다. 노년에 쇠퇴하여 그 영민함이 하루하루 무뎌져 가는 것 또한 우매한 자이다." "재능과 지혜는 첫째, 시비是非를 구별하는 것에서 나타난다. 시비가 확실한 것이 도의道義의 기초이고, 시비가 불명확한 것은 사리사욕에 눈 먼 것이다. 의지가 굳세지 못하고 중심에 줏대가 없는 것은 큰 우매함이다. 둘째, 이익과 손해[利害]를 분명히 하는 것에서 나타난다. 이해利害는 시비是非와 같다. 시是는 곧 이利로서 이利는 그렇게 해도 되는 것이고, 비非는 곧 해害로서 해害는 그렇게 하면 안 되는 것이다. 작은 이익과 작은 손해는 시비와 이해가 분명하지 않은 것이다. 셋째, 시대의 추세[時勢]를 아는 것에서 나타난다. 때라는 것은 시기가 성숙되었느냐 그렇지 않았느냐를 이르는 것이다. 성숙되었으면 할 수 있게 되고, 이루는 것 또한 쉽다. 성숙되지 않았으면 하지 못하게 되고, 이루기도 어렵다. 뭔가를 조장하려 하더라도 그렇게 되지 않는 것이다. 세勢라는 것은 즉 형세의 순역順逆과 난이難易를 비교하는 것이다. 형세가 순조로울 때는 힘을 쓰기가 쉬워서 성공하게 되고, 형세를 거슬러 갈 때는 힘을 쓰는 것이 어려워 실패하게 된다. 시세時勢는 이것을 자세히 살펴야 한다. 그때에 이르러서 손을 쓰면 실패하기 마련이다. 때를 타면 쉬워져 아무 힘도 들지 않는다. 일은 반으로 줄고 결과는 배로 늘어난다. 무르익은 것을 거두지 않으면 끝내는 썩기 마련이다. 시기는 놓치면 안 된다. 이를 놓친 사람은 실수하기 마련이다. 넷째, 서로를 아는 것에서 나타난다. 자신을 알고 상대방을 알면 백전백승이다."(152~153쪽)

증오(恨): "부족한 정의감은 사람들을 증오하게 만드는데, 이것이 바로 사악한 자의 죄악이다. 증오가 진리의 신성한 사업에 의해 긍정될 때, 그것은 미덕과 찬양의 대상으로 바뀌게 된다."(127쪽)

냉혹함(冷酷): "냉혹함은 열정의 소멸일 수도 있으며, 열정의 승화일 수도 있다."(122쪽)

깨어남(淸醒): "어떤 사람이 현실에 대해 깨어 있는 것은 곧 고난이라고 했다. 그러나 삶에 대해 깨어 있다는 것은 이성적이고 지혜로우며 철학적 시각을 가졌다는 것이다. 만약 이러한 시각을 가지고 싶다면 그는 현실의 혼란과 삶의 정욕을 초월하고, 영원히 냉정한 마음으로 모든 슬픔과 기쁨을 관조할 수 있어야 한다. 그러나 이러한 깨어 있음과 허무주의는 구별하여야 한다."(124쪽)

자신을 지켜냄(存己): "고난을 겪은 사람일수록 자신과 귀한 생명을 소중히 여길 줄 안다. 고난을 많이 겪을수록 생명이 더 귀하고 더 가치 있다고 느낀다. 젊은 사람은 열정을 위해 목숨을 바친다. 이는 고난을 아직 겪어 보지 않았기 때문이다. 자신을 지켜 내는 것이 귀중한 것이라 여길 줄 아는 사람은 살아갈수록 더 힘을 낸다. 책략을 중히 여기고, 모험주의와 기회주의를 비판해야 하지만, 비판할 때에 열정의 소중함과 희생정신, 이상주의의 힘을 몰살시켜서는 안 된다."(130쪽)

관용(寬容): "사람을 귀하게 여기어 다른 사람의 감정을 해하지 아니하고, 선의와 성의로 사람을 대하며, 장점은 받들고 단점은 양해한다. 이로써 너그럽게 받아들이고, 시야를 넓히고, 믿고, 동정하고, 서로를 이롭게 한다. 상대방과 나 사이엔 일정한 거리를 유지해야 한다. 쉽게 믿지 않고, 눈 돌리지 않으며, 대가 없이 받지 아니한다."(231쪽)

법도가 있다(有度): "『주역』에서는 '두려움을 알아야 한다. 변화에는 모두 법도가 있어, 정도가 과하면 곧 위험하다'라 하였다. 역易이라는 것은 위험한 길에 빠지지 않음을 중시하는 것으로서, 우환憂患에 밝음이다."(139쪽)

인내(忍): "큰 고난은 한 민족과 개인의 인내심의 정도를 보여 준다", "구성원 하나하나의 인내심이 강한 민족은 무한한 권력과 유용한 결과가 존재하고 있을 가능성이 크다."(218쪽) "인생은 갖가지이다. 자기 마음을 엄하게 하려는 자는 모두 참고 견뎌 내야 한다. 즉, 단련해야 하는 것이다", "세상 사람들은 돈을 제련해 벌 줄은 알지만, 자신의 입을 다스릴 줄은 모른다", "금전이 주는 편안함에는 한계가 있고, 잘못 뱉은 한마디의 후환은 끝이 없음을 대부분 모르고 살아간다."(177쪽) "분노는 사람들로 하여금 생각지 못한 화를 불러오게 하고, 예측하지 못한 결과를 몰고 온다. 너무 깊이 빠지면, 빠져나올 수 없으며, 그 분노에 의해 자신이 타버리기도 하고 모든 것을 태워 흐트러뜨린다", "부드러움으로 강함을 극복하는 사람은 지혜로운 사람이다."(203쪽) "인내심은 일을 성사시키는 데 중요한 요인이다. 작은 화를 참고, 누명을 참고, 창피함을 참는 사람은 대업을 이룰 수 있다. 굴복하는 자는 해명하고자 한다", "누사덕[36)]

[36)] 누사덕(婁師德). 당무후(唐武後) 때 재상으로 "누군가 나에게 침을 뱉으면 침이 마르도록 내버려 두어 그것을 보고 상대가 송구스럽도록 자각케 하라"는 타면자건(唾面自乾)이란 말을 한 인물이다.

은 다른 사람이 자신의 얼굴에 침을 뱉어도 참았으며, 예수는 온몸에 채찍을 맞았다. 인내를 배우고 굴복을 배우는 것은 종교인이라도 참기 어려운 것이다. 이는 소극적인 감정으로서 강함이 없는 부드러움인 것이다. 아무런 조건 없이 항복하는 것은 대업이라 말할 수 없다."(126쪽)

장중샤오가 그토록 바라고, 추구하고자 애를 썼던 것은 이러한 경지였다. "일을 처리할 때는 자기 마음의 자유를 귀히 여기고 일을 초월할 수 있어야 일에 얽매이지 않게 되고 일을 장악할 수 있게 되어, 일에 공격받지 않고 일을 적절히 처리할 수 있게 된다. 그리하면 여유로울 수 있으며 적극적일 수 있다. 또 사심은 없으나 권력에 도달할 수도 있다(일을 보충할 수 있고, 일을 만나면 도울 수 있고, 만회할 수 있다). 오래 고민할 수도 있고(일이 아직 시작되지 않았지만 닥쳐오고 있음을 알고, 일이 시작되면 끝이 있음을 알며, 일이 정해지면 변할 것을 안다), 일을 제기할 수도, 내려놓을 수도, 계획할 수도, 완성해 낼 수도, 꿰뚫어 볼 수도, 내던져 버릴 수도 있다. 번거로움을 참을 수도, 마음을 가라앉힐 수도 있다. 자기의 마음이 깨어 있어 경계하니, 상황에 따라 변할 수도 있다."(230쪽)

이것은 자유롭지 못한 사회 환경 속에서 영혼의 자유로운 상태를 말하는 것으로, 루쉰이 명명한 "정신계의 전사"가 추구하는 "개인의 정신적 자유"였다. 따라서 우리는 장중샤오가 앞에서 말한 자기경계를 쉽게 개인의 수양이라고 봐서는 안 된다. 이것은 정신계의 전사가 모든 것을 빼앗긴 후에도 여전히 완강하게 전투에 필요한 최적의 생명존재 방식과 과학적 전투 방법을 찾고 있는 것이다. 그리고 이때 가장 풍부한 생명의 내용을 갖게 되는 것이다. 예컨대, 여기에서 우리는 그가 추구하는 과정에서 보여 주는 망설임과 모순들을 발견하게 된다. 그는 기존의 사유방식과 행동방식을 깨뜨리려 하면서, 또 다른 극단으로 나아가 자아를 부정하게 될까 걱정한다. 그래서 그는 조심스럽게 '참된 용기'와 '잘못된 용기', 정의감이 없는 '악행자'의 한恨과 "진리의 빛"으로 빛나는 전사의 증오, '깨어 있음'과 '허무주의', 훼멸과 승화의 열정적인 '냉혹', "일을 이루기 위한 해명", "부드러움으로 강함을 극복하는 인내"와 "인내와 굴복을 배우는" "강함이 없는 부드러움"을 구분하고 있다. 생명을 소중히 여기고 "자기를 보호"해야 하며, 모험주의를 반대하고, 이상을 위한 희생을 부정하지 말 것을 깨우쳐 준다. 이러한 모든 것들 배후에는 그 자신과 전우들의 수많은 피의 경험적 교훈이 숨어 있다. 이것은 한 시대의 전투정신과 지혜의 결정체이다. 우리는 여기에서 또다시 루쉰의 강인한 전투정신과 "웃통 벗고 싸움터로 나가다"赤膊上陣, "참호전을 하다"打壕塹戰와 같은 전략·전술사상에 반대하는 루쉰의 영향을 분명히 느낄 수 있다.

장중샤오의 "깊은 믿음을 가지고 확고하게 지켜 내기"信深守固와 "이성의 빛"은 어느 정도 루쉰의 "단단한 뼈의 정신"과 "강인한 전투정신"의 계승과 발전이라고 말할 수 있다. 장중샤오의 사상발전의 길과 그의 인생의 길, 영혼의 길에 대해서, 우리는 그가 루쉰으로부터 출발하여, 루쉰을 초월하더니, 결국에는 더 높은 곳에서 루쉰과 만났다고 개괄할 수 있을 것이다.

5부 — 반우파운동 이후

1. 1960년대 초 베이징 캠퍼스의 지하 신사조

1960년대 초 대학 캠퍼스에서 형성된 지하 신사조도 중요한 화제로서, 1957년 캠퍼스 민주운동, 뒤따라 일어난 반우파운동과 문화대혁명을 연결하는 중요한 부분이다. 그러나 이 또한 자료의 절대적 부족으로 인해, 한정된 자료만으로 대략적인 윤곽을 그려 내고 문제를 제기함으로써, 보다 더 전면적이고 심도 깊은 연구를 기대해 볼 뿐이다.

1) '태양종대': 예술청년의 반역

다음은 반우파운동 이후 베이징 캠퍼스에서 실제로 일어났던 이야기다. 1958년, 베이징 위차이育才고등학교의 두 학생(장랑랑張朗朗, 간루린甘露林)은 '가무승평'歌舞升平이라는 학교 벽보에 반감을 가지고 있었기에, "풍자적이고 문제제기적인 것으로 학우들을 일깨울 수 있는" 문장을 발표하고자 새로운 벽보를 만들고, 이를 '황봉'黃蜂이라 명명하였다. 벽보를 붙인 첫날에 파문이 크게 일었고, 그 다음 날엔 벽보가 떼어졌으며, 주동자는 교도주임에게 불려가 야단을 맞았다. 교도주임은 노발대발하면서, "너희들이 만약 지금보다 한 살 더 많아 대학에 재학 중이었다면, 일찌감치 우파로 몰렸을 거야. 네가 쓴 시는 누구를 빗댄 거냐? 네 만화는 어째서 창끝을 공산당 당원에게 겨누고 있는 거지? 또 개 두 마리가 싸우는 걸 그린 것은 너무한 거야. 게다가 얼굴 위에 '잔인'[狠狠]이란 두 글자, 대체 너는 누굴 먹어치우려는 거야? 돌아가서 너희들 아버지에게 물어봐라. 이렇게 가다간 어떤 결과가 생기게 될런지?"

이 사건 이전에도, 장랑랑은 이미 사고를 친 적이 있었다. 장랑랑은 전교 '시詩 경연대회'(그것은 1958년 가장 성행한 것으로서, 문예 활동이자 동시에 정치적 활동이었다)에서 자기가 쓴 시를 낭송한 적이 있었다. "눈사태처럼, 산의 홍수처럼 / 힘차고 빠르게 / 역사의 큰 수레바퀴가 구른다 / 이는 누구인가? / 우리들! / 청춘의 상징 / 혁명의 선봉……" 전교 학생들의 강렬한 반향을 불러일으켰지만, 담임 선생은 '위쪽의 정신'을 근거로 이 시에 사상문제 즉 '청년주의' 문제가 있으며, 당과 마오 주석, 또 삼면홍기三面紅旗를 전혀 언급하지도 않았다고 비판하였다.

사실 장랑랑의 이 시는 이 책의 2부 1장 「1957년 옌위안의 학생 간행물」에서 토론한 적 있는 '홍루체'紅樓體 시로서, 격정적인 청춘의 산물이었다. 1957년 발생한 이 일은 당국에 매우 중요한 교훈을 가져다주었다. 바로 이러한 청춘의 격정은 처음부터 당의 궤도 내에서 제압해야 한다는 것이었다. 이러한 장랑랑들의 규범을 벗어난 행위는 반우 이후였던 1958년에 긴장을 야기시키는 바람에, 엄격히 금지되어야 했던 것은 필연적인 것이었다.

그러나 장랑랑 연령대의 젊은이들은 방금 지나가 버린 역사에 대해서는 명확히 알지 못했다. 설사 알았다 할지라도 그 속에서 교훈을 얻어 낼 리는 없있다. 그래서 그들은 여선히 청춘기의 반항 본능에 따라서 행동하였다. 1959년에 101고등학교로 전학간 지 얼마 안 된 장랑랑은 늘 그랬듯이 전교대회에서 '마노인'(마야코프스키)의 시를 낭송하였는데 그가 낭송한 "나는 이리처럼 / 관료주의를 먹어치우겠다 / 증명문서 / 나는 경멸한다 / 어떠한 공문서든 / 모두 다 썩 꺼버려라!"란 시구는 바로 「1957년 옌위안의 학생 간행물」에서 기술한 적 있는 『광장』의 편집장 장위안쉰張元勛을 그대로 모방한 것이었다. "이리처럼 '수구주의자'를 먹어치우겠다"는 것은 바로 그 해 장위안쉰의 '명언'이었다.

물론, 장랑랑과 그의 동료는 장위안쉰이 아니다. 그들 대부분은 '혁명예술가'(장팅張汀, 둥시원董希文)의 후대로서, 서로 다른 경로를 통해, 서로 다른 정도로 현대파 예술의 영향을 받았다.[1] 그들은 시인을 타고난 혁명가이자 반역자로 굳게 믿었다. 이것은 물론 "프롤레타리아계급의 집단적 단체혁명"과는 달랐다. 그리고 또 장위안쉰들과도 달랐다. 그들은 시로써 '현정'現政을 반대하거나, 당국에 반대할 생각을 하지 못했다. 그들이 관료에 반대하는 것은 예술가의 천성에서 나온 것이었다. 장랑랑은 이후 회고를 통해서, 그들이 당시에는 착각했었다고 말하였다. 그들은 당내 관료체계는 아래에서 만들어지는 것이라 여겼다. 또 마오毛는 시인이요, 저우周[저우언라이]는 현명한 사람[賢者]이라고 생각했다. 그리고 마음속으로 전체 관료체계는 절대 변할 수 없는 것이라고 생각했다.

---

[1] 장랑랑의 회고에 따르면, 그들은 당시 이미 이후에 '황피서'(黃皮書), '회피서'(灰皮書)라고 불리는 책들을 접했으며, 『호밀밭의 파수꾼』, 『길에서』 등은 그들에게 커다란 감동을 가져다주었다고 한다. 그들은 또 헌책방에서 『미국 현대시선』을 구입하였으며, 프로이트의 『정신분석도론』을 읽었다고도 하였다. 이 밖에 그림책과 영화도 서양 예술을 접하는 경로였음을 밝히고 있다. 張朗朗, 「'太陽縱隊'傳說及其他」, 『沈淪的聖殿』, 新疆靑少年出版社, 1999, 37, 38쪽 참고.

때문에, 그들은 주로 예술상의 반역을 도모하였다. 자기의 유희원칙에 따라서 시를 쓰고, 타인이 자기 유희원칙을 깰까 두려워했기에, 비밀리에 시를 쓰는 방법을 취할 수밖에 없었다. 물론 그들도 영향을 미칠 수 있길 갈망하였지만, 주로 문예상의 혁명을 꾀하여 "새로운 길로 걸어 나갔다". 그들은 "거의 반半미치광이 상태로까지 시를 사랑하였고, 예술을 사랑하였다". 또 반半유희적으로 '태양종대'太陽縱隊의 성립을 선포하고는, 아무렇게나 기초한 「장정」章程 속에 "이 시대는 근본적으로 칭찬할 만한 문학작품이 없다. 우리는 문단에 새로운 기운을 불어넣어야 하고, 중화민족문화를 진흥시켜야 한다"고 선언하였다. '태양종대'는 『광장』의 편집부도 아니었고, "정치조직은 더더욱 아니었다". 그들은 혁명적이지도 않았고, 반혁명적이지도 않았으며, 그저 혁명을 하지 않을 뿐이었다.

그러나 1957년 이후 중국에서 "혁명을 하지 않음"은 의심스럽고도 위험한 것으로 비춰졌다. '예술적 반역자'가 되려는 것은 더욱더 금기를 범하는 것이었다. 예술은 곧 정치로 그 시대의 주류의식이었다. 따라서 '대학 동태'에 관한 내부자료 속에서 장랑랑은 '부르주아계급 청년'으로 분류되었고, 또 공안부의 '주시' 대상이 되었다. 젊은 '반동예술 추종자'들은 가까스로 수초본手抄本 잡지 몇 기만을 낼 수 있었다. 장랑랑이 주편한 기수期數의 표지에는 철책鐵柵이 그려져 있었고, '자유'自由라는 붉은색 글자가 크게 쓰어 있었다. 이것은 일종의 예감으로서 "자유에 대해 확신할 수 없는 당혹스런 상태"의 표현이었다.

장랑랑은 결국 문혁이 시작되자(1966년) 수배되어 체포되었다. '태양종대'는 8, 90년대에 부단히 추억되는 역사가 되었고, 반우 이후 문혁 이전 중국에도 예술적 반역자들, 독립적 사유자들, 자유를 추종하는 사람들이 존재하였음을 증명해 주었다. 그리고 그들 가운데 궈루성郭路生(필명은 '食指'), 의리로 뭉친 위안윈성袁運生·딩샤오광丁紹光·장스옌張士彦은 각각 '반역형' 시인, '반역형' 화가의 신분과 태도로서 이후의 역사에(문혁에서 8, 90년대까지) 지속적인 영향을 미치게 된다.[2]

2) 'X그룹': 1960년대 대학 캠퍼스에서의 독립 사상가의 반항과 전변

왜 자유롭게 자기를 표현할 수 없는 것인가: '5·4'에 대한 호응

장랑랑은 101고등학교에서 연극을 계기로 시 친구 한 명을 사귀게 되었는데, 그가 바로 그 유명한 궈모뤄郭沫若의 아들 궈스잉郭世英이다. 또 태양종대에서 적극적으로 활동하던 머우둔바이牟敦白는 어려서 장랑랑과 궈스잉의 추종자가 되었는데, 그는 후에 베이징대학 철학과 학생이 된 궈스잉이 조직한 'X그룹'의 활동에 참여하였다. 이것은 또 다른 역사를 이끌어 내게 된다.

머우둔바이가 궈모뤄를 숭배해서 적극적으로 궈스잉과 접촉하였다면, 궈스잉에게 조금도 뒤지지 않았던 장랑랑은 궈모뤄를 혐오하기는 했어도 궈스잉에 대해서는 탄복해 마지않았다. 왜냐하면 그가 "조금도 그의 아버지를 닮지 않았기" 때문이었다. 그러나 궈스잉 본인은 머우둔바이에게 "이분이 바로 네가 숭배하는 우상이자, 이 사회의 가장 큰 문화병풍을 장식하고 있는 분"이라고 자신의 아버지를 소개하면서, 또 나지막이 "내심으로는 당연히 아버지를 사랑해. 누가 나를 그의 아들로 만들어 주셨는데"라고 속삭였다. 어머니가 그를 비난하며 "스스로 걱정거리를

---

[2] 이상의 자료는 모두 張朗朗, 「'太陽縱隊'傳說及其他」, 『沈淪的聖殿』, 32, 33, 41, 42, 47, 48, 49쪽에 수록.

만들지 말라"고 하자 그는 "아버지 젊었을 때 작품을 좀 보세요. 아버지는 자유롭게 자신을 표현할 수 있었는데, 저는 왜 안 된다는 거죠? 하물며 제가 쓴 것은 발표할 데도 없고, 발표할 수도 없다고요"라고 맞받아치고는 "사람은 저마다 모두 추구하는 것이 있다"고 하였다. 이에 어머니는 "시대가 달라졌으니, 새로운 사회의 신청년에게는 새로운 추구와 생활이 있는 것"이라고 타일렀다. "시대가 달랐기"에 시대와 함께 나아갔던 궈모뤄는 아마도 반은 스스로가 원해서였고 또 반은 강제적으로 "사회의 가장 큰 문화변풍을 장식하였"는지 모른다. 그러나 그의 아들은 오히려 5·4 시기 "인간의 추구"를 고집하면서, 그가 젊었을 때처럼 "새로운 사회"에서 "자유롭게 자아를 표현하고자" 갈망하였으나, "새로운 사회"에 받아들여지지 않아서 깊은 고민에 빠져 있었다. 머우둔바이는 20여 년 후 다시 그 해의 이야기를 이렇게 기록하고 있다.

"만약 당신이 양심이란 게 있어 진실한 말을 하는 그런 사람이라면, 당신은 불행하게 태어난 것이다. 자아도 없고, 사랑도 없고, 개성도 없고, 인간과 인간 사이에 소통과 교류도 할 수 없고, 또 자기들끼리 서로 배척하고, 서로 학대하는, 이런 것들은 너무나 고통스런 것이다. 나는 고등학교 시절에는 '정통'적이었다. 진실로 모든 것이 아름답다고 여겼다. 그러나 성숙해지면서 시야도 넓어졌다. 줄곧 책을 보면서 생각하였다. 물론 나의 교제 범위는 일반인보다 넓었고, 나는 많은 일들을 이해하였다. 대학에 들어간 후, 나는 더 이상 자기를 속이지 않았다. 나는 독립적인 사고를 해야 했기에, 나 자신의 사상을 기록하기 시작했다. 나는 철학을 공부하고 있지 않은가? 나는 독립적인 사고를 해야 했다."

독립적인 사고와 자아의 개성을 추구하고, 또 인간 간의 자유로운 교류를 추구함은 바로 5·4 시기의 주장으로서, 이것은 1957년에도 베이징대학 캠퍼스에서 한 차례 고양된 적이 있었고, 수많은 사람들이 그 때문에 생명의 대가를 치르기도 하였다. 그런데 지금 이러한 추구는 새로운 세대의 베이징대학생인 궈스잉의 마음 깊은 곳으로부터 묵묵히 호응을 얻어 내고 있었다. 또 그와 의기투합한 장허츠張鶴慈는 바로 장둥쑨張東蓀의 손자로서 그들 모두는 5·4의 후대로서 분명한 정신 계보가 존재하고 있었다.

그들이 러시아 지식인 전통을 중시하였다는 점은 주목할 만하다. 머우둔바이가 궈스잉에게 "그들처럼 특권층 가정에서 살아온 사람들은 중국에서는 하느님의 총아인 셈인데, 어째서 스스로 걱정거리를 자초하는가?"라고 묻자, 궈스잉으로부터 "사람이 모두 다 물질을 추구하는 것은 아니다. 러시아는 귀족이 많은데, 그들은 이상을 추구하고, 개성 해방(머우둔바이는 당시 궈스잉이 이 말을 수십 번은 족히 강조하였다고 회고하였다)을 추구하고, 사회 진보를 추구하기 위해서 부·가정·지위, 심어지 목숨까지 포기하기도 하였다. 귀족·공작·백작·남작이었던 많은 데카브리스트[十二月黨], 나로드니키주의[民粹黨] 사람들은 시베리아로 추방되어, 채찍질당하고 노동을 하였다. 무도장, 궁정, 애인, 흰 커튼과 붉은 장미를 버리고, 그들이 무엇 때문에 그랬을까?"라는 대답을 듣게 된다. 머우둔바이는 궈스잉이 내뱉은 말을 들으면서, "도스토예프스키 같은" 고통스런 영혼, "박애와 모순으로 가득한 속박당한 영혼"을 보는 것 같은 느낌을 받게 되었다.[3]

---

3) 「牟敦白: X詩社與郭世英之死」, 『沈淪的聖殿』, 28, 27, 24, 28쪽.

궈스잉과 같은 반 학우(베이징대학 철학과 1962학번 2반)였던 저우궈핑周國平은 궈스잉을 자신의 일생에 영향을 준 사람 중 하나로 간주하면서, 궈스잉이 만년필로 도스토예프스키의 초상을 그려서 침대가 놓여 있는 벽 위에 붙여 놓고는 퇴폐적인 자신이 퇴폐적인 색채의 작품을 읽기 시작했다고 말한 것을 회고했다. 안드레예프Leonid Andreev의『붉은 웃음』, 아르치바셰프Mikhail Artsybashev의『사닌』, 보들레르의『악의 꽃』이 바로 그러한 것들이었다.『붉은 미소』,『사닌』은 모두 5·4 시기 중국에 소개되어 커다란 영향을 미쳤던 작품이었지만, 젊은 세대들이 좌경화됨에 따라서 이러한 퇴폐적 색채의 작품들도 점차 잊혀지게 되었다. 그런데 또다시 반우파운동 이후 중국 대학 캠퍼스에서 궈스잉 같은 '다른 성향'의 젊은이들에게 공감을 얻었다는 것은 그 자체만으로도 흥미롭다.

1957년 '5·19운동'의 정신계승자

저우궈핑의 회고에 따르면, 궈스잉은 "또 헤밍웨이와 레마르크Erich M. Remarque를 발견하게 된다". 그와 함께 저우궈핑은 헤밍웨이의『무기여 잘 있거라』,『노인과 바다』와 몇 권의 중단편을 읽었고, 레마르크의『서부전선 이상 없다』,『개선문』등을 읽었다. 당시에는 몇 권 안 되는 서양 현대작품이 번역되어 내부발행 방식으로 출판되었는데, 그러한 것들은 고급 간부만이 살 수 있는 것들이었다. 그러한 책들을 궈스잉은 학교에 자주 가져왔다. 때문에 그들 무리는 샐린저Jerome David Salinger의『호밀밭의 파수꾼』, 케루악Jack Kerouac의『길 위에서』, 부조리극『고도를 기다리며』,『의자』, 예렌부르크Ilya Ehrenburg의『인간, 세월, 삶』을 읽을 수 있었고, 또 니체 철학, 존재주의 및 프로이트 정신분석학을 접하기 시작하여, 순식간에 이에 매료되었다. 저우궈핑은 "1학년 첫 학기(즉 1962년 하반년)가 러시아 문학의 해였다면, 2학기(1963년 상반년)는 현대사조의 해였다"고 말했다.

이러한 서양의 현대파 작품과 현대사조는 80년대에 와서야 비로소 중국 문학·사상·학술계로 널리 퍼지면서 커다란 영향을 일으킨다. 이러한 점에서 볼 때, 궈스잉과 그의 친구들은 사상적으로 조숙했으며, 시대를 앞서갔다고 말할 수 있다. 저우궈핑의 분석처럼, 그들은 "당시 모두 20여 세의 청년들로서, 정신적으로 매우 민감한 유형에 속하였으며, 서양 전통문화와 현대문화를 상당히 많이 접했었기에(앞에서 분석했듯이, 그들은 모두 직접적으로 5·4 신문화 전통을 계승하였고, 또 러시아문화의 영향을 깊이 받았다), 문화전제정치하에서의 억압과 고통에 특히 민감하여, 강렬한 반역의 경향을 표현했던 것"이다.

저우궈핑이 말한 "문화전제정치하에서의 억압과 고통"은 진실한 것이었다. 학문을 하겠다는 이상을 품고 베이징대학에 들어온 저우궈핑은, 대학에 들어오고 나서 베이징대학이 결코 학문을 하는 곳이 아님을 발견하였다고 하였다. 그의 회고에 따르면, 그를 맞이한 것은 교조적인 교과과정과 고도로 정치화된 환경이었고, 게다가 사람과 사람 간(지도자와 사제 간, 교사와 학생 간, 각급 지도자 간, 교사 간, 학생 간)의 관계는 극도로 긴장되어 있었다고 한다. 이것은 바로 반우파운동과 이후 지속된 각종 운동의 후유증이었다. 저우궈핑이 당시에 썼던 시 한편은, 당시 캠퍼스의 억압적 분위기를 상당히 진지하게 묘사하고 있다. "교수는 무미건조한 언어로 / 무미건조한 과정을 강의하고, / 텅 빈 교조를 / 반복해서 십여 분을 떠든다", "가장 논리적인 두뇌도 / 괴롭힘에 미칠 지경이다!" 궈스잉이 속한 철학과에서 가르쳤던 것은 바로 "철학은 계급투쟁의 도구로서, 철학 학습의 유일한 목적과 전체 가치는 프롤레타리아계급 세계관을 수립하고, 반동계급 세계관과 투쟁하는 것일 따름이다", "철학은 본래 세계와 인생 근본문제에 대한 깊은 사고로서, 지금 이러한 사고는 고무되기는커녕, 오히려 금기구역이 되었으며, 세계관과 인생관의 풍부한 함의도 계급 입장과 질의를 용인하지 않는 교조에 의해 축소되었다"는 내용의 『변증법적 유물주의 역사유물주의』였다.

문제는 이렇게 사람의 정신을 질식시키는 교육이 학생들에게 수용되어, 자각적으로 이에 적응하게 만들었다는 것이다. 저우궈핑은 당시의 수업시간을 이렇게 회고하였다. "수업시간에 선생님이 쓴 한 글자 한 글자를 빠뜨리지 않기 위해 수많은 손들이 끊임없이 움직이고 있는 것을 볼 수 있었다. 그들은 또 거의 대부분이 방과 후 서로서로 필기를 대조하며 심혈을 기울여 정리한 다음, 이를 다시 등사하였다. 필기의 유일한 용도는 시험 전에 외우기 위한 것으로, 그후엔 철저하게 잊혀졌다."

캠퍼스의 학생들이 진리 추구에 대한 갈구와 독립적 사고를 잃어 가고 있을 때, 또 다른 한편에선 권력에 대한 투쟁에 빠져들고 있었다. 궈스잉 반에서는 담임과 반간부 사이에 반 권력을 둘러싸고, 학우들 사이에서 긴장된 파벌 활동이 전개되고 있었다. 저우궈핑은 이것이 바로 교착상태에 빠진 권력중심 체제의 산물이자, 반우反右 발단의 잔혹한 정치운동의 결과라는 것을 분명하게 보았다.[4]

저우궈핑은 바로 이러한 배경과 환경에서 궈스잉을 만났던 것이다. 그는 지금까지도 입학 이후 얼마 안 되어 있었던 그룹토론회에서 궈스잉의 발언 상황을 기억하고 있었다.

---

4) 周國平, 『歲月與性情』, 長江文藝出版社, 2004, 75, 89, 83, 81~82, 76, 98~99쪽.

"그는 이층침대의 아래 칸에 앉아서 머리를 좀 숙인 채, 장발을 늘어뜨리고는 눈으론 지면 어딘가를 응시하였다. 그의 음색은 낮았으나 듣기 좋았고, 말소리는 너무 낮아서, 어느 땐 거의 들리지 않아, 마치 발언하는 것이 아니라 생각하면서 중얼거리는 것만 같았다. 그의 말의 요지는 이러했다. 고3 때부터 철학에 깊은 흥미를 느껴서 많은 책들을 읽었다는 것, 철학의 주지는 진리 추구로서 이론이 진리인가의 여부는 반드시 자기의 독립적 사고를 통해서 검토해야 하며, 맑스주의에 대해서도 마찬가지라는 것, 결과적으로 그는 진리 추구로부터 시작해서 맑스주의에 대한 회의를 향해 나아가게 되었고, 이 때문에 그는 고뇌에 빠지게 되어 학교를 휴학하게 되었다는 것이다. 휴학 기간 동안, 그는 문제의 소재를 분명하게 알게 되었다. 맑스주의는 계급성을 띠는 것으로, 계급 관점을 벗어나 추상적 사유만으로는 맑스주의를 이해할 수 없다는 것이다.

발언이 끝난 후, 방에는 오랜 시간 침묵이 흘렀다. 내 마음속에는 깊은 감동이 흘렀다. …… 당시 나는 그의 말을 제대로 이해하지는 못했다. 이 것은 다른 사람도 마찬가지였으리라 생각한다. 그 자리의 어느 누구도 스스로가 맑스주의의 진리성을 검토해 봐야겠다고 생각해 보지 않았기에, 그의 문제에 대해서는 모두들 문외한이었다. 그러나 그렇기 때문에, 눈앞의 이 사람은 내가 아직 본 적이 없는 그런 유형의 사람이라고 느꼈다. 사상에 대한 진지함과 성실함, 무턱대고 따르려고도 또 스스로를 기만하고 남을 속이려고도 하지 않는 것이 그의 특징이었다. 그는 진지하고도 정신적인 사람이었다."[5]

저우궈핑의 회고가 제공하는 정보는 매우 중요하다. 우리가 알다시피 독립적 사고를 통해서 "스스로 맑스주의의 진리성을 검토"하려 했던 것은 바로 1957년 베이징대학 캠퍼스 사상해방운동의 핵심이었다. 당시 제기했던 구호는 "다시 생각하고 평가하고 탐색하자"[6]로, "세상에 회의를 허락지 않는 문제란 없다. 설사 이러한 문제가 흔들릴 수 없는 진리일지언정", "어떠한 사람도 모든 문제를 토론하고, 자기의 견해를 주장할 권리가 있다"는 사상독립과 자유의 원칙을 고수하고 있었다.[7]

때문에, 그때의 옌위안에서는 "무조건적으로 추종하거나, 또 자기를 기만하고 남을 기만하길" 원치 않았던, "진리 추구"만을 숭배했던 "진지하고도 정신적인 사람"들이 많았다. 탄톈룽(譚天榮)은 그 당시에 "우리의 요구는 주로 정신생활 측면에 속하는 것이었음"을 분명히 밝혔다.[8] 이러한 의미에서 궈스잉은 바로 1957년 사상 선구자의 정신적 계승자라고도 할 수 있을 것이다.[9]

그러나 1962년 베이징대학 학생(그것도 철학과 학생)들이 궈스잉을 잘 몰랐다거나 혹은 그에게 거리감을 느꼈다거나, 심지어는 "본 적도 없었던 것"처럼 느꼈다는 것은, 바로 반우파운동이 1957년 전통을 강제로 단절시킨 결과였다. 그렇지만 궈스잉의 출현과 저우궈핑 같은 '어중간한 아이'가 그에게 매료되었던 것, 또 순식간에 궈스잉 주변으로 친구들이 모여들었던 것 등은 진리 추구, 사상 독립, 자유 전통은 단절시킬 수 없는 것이고, 더욱이 5·4정신의 근원지인 베이징대학에서는 훨씬 더 그러하

---

5) 周國平, 『歲月與性情』, 69쪽.
6) 「〈廣場〉發刊詞」, 『原上草: 憶中的反右派運動』, 19쪽.
7) 「劉績生: 我要問, 問, 問???」, 『原上草: 憶中的反右派運動』, 255쪽.
8) 「譚天榮: 我們爲了甚麼」, 『原上草: 憶中的反右派運動』, 60쪽.
9) 장허츠(張鶴慈)의 회고에 따르면, 그는 고등학교 시절에 베이징대학생들의 1957년 대자보를 보고 기존 관념에 대해 회의가 일어났다고 했다. 이것이야말로 직접적 영향이자 계승이라 할 수 있다. 宋永毅, 『訪X社長張鶴慈』, 인터넷자료 참고.

나는 것의 유력한 증거라 할 수 있다.

또 다른 면에서 주목해야 할 것은 저우궈핑이 말한 것처럼, 궈스잉은 "입학토론회에서의 발언을 통해서 그가 자신의 방향을 조정하려 하고, 주류사상에 근접하고자 함을 분명히 밝혔다"는 것이다. 이것은 궈스잉과 60년대 캠퍼스 내에 깨어 있던 사상가, 반역자들에게 내재적 모순과 심리적 고통을 만들어 내었다. 궈스잉이 이후에 급작스럽게 바뀌게 된 것도 우연은 아니다.

저우궈핑이 언급한 "진지한 사람", "정신적 인간"의 개념과 또 이로써 궈스잉 같은 60년대 캠퍼스 이단들을 개괄한다는 것은 적절하고도 시사적이다. 반우 이후, 학교와 사회교육의 전체 목적은 바로 청년세대를 '순종도구'로 만들어, 인간의 정신적 독립과 자유를 박탈하고, 이로써 근본적으로 정신을 말살시키려는 것이었다. 그러나 표면적으로는 오히려 허황한 정신적 열광을 제창하고 나선 까닭에, 캠퍼스 곳곳에는 "텅빈 호언장담들로 가득 찼다". 이것은 이중인격, 인간의 허위성을 만들어 내었다. 궈스잉과 그의 친구들의 이단성은 바로 그들이 자각적으로 이러한 이데올로기에 동화되는 것에 저항하고, 끝까지 정신에 대한 끈질긴 추구와 자아의 진실성을 고수하며, '내면의 자유'를 지켜 냄으로써, "마음의 충실을 추구했다는 것이다".[10] 이것은 그들이 이후에 성립시킨 X그룹의 진정한 의미라고 할 수 있다.

'인성'과 '개성' : 사유의 초점

그렇다면, 1960년대 중국 캠퍼스 내의 독립적 사상가들이 관심을 갖고 사유한 것은 무슨 문제였는가? 저우궈핑의 회고에 따르면, 주로 두 가지 문제에 집중되어 있다.

우선, '인성'문제였다. "역사 유물주의 토론수업에서, 나는 소위 추상 인성론의 열렬한 옹호자가 되었다. 당시에는 계급사회 속에는 공동 인성은 존재하지 않고 오직 계급성만이 존재한다는 것이 유행하는 관점이었다. 나는 논리적으로 이 관점을 반박했다. 만약 공통된 속성이 없다면, 인류가 어떻게 또 한 부류가 될 수 있었겠는가? 마오쩌둥 명언의 대의^{大意}는 계급사회에서, 인간의 감정은 계급의 낙인이 찍히지 않을 수 없다는 것이다. 나의 철학 선생님은 이를 근거로 추론하길, 사랑도 그렇고, 민족감정도 그렇고, 결국은 모두 계급감정으로, 계급 내용을 제외하곤 아무것도 남지 않는다고 하셨다. 이에 대해서 나도 논리적으로 반박하였다. 만약 사랑, 민족감정이 그 자체로서 특징이 없다면, 계급 낙인은 어디에 찍을 것인가? 계급 내용만 있고 서로 간의 끌어당김과 사모함이 없다면, 사랑은 그래도 사랑이라 할 수 있는가?"

흥미로운 것은 저우궈핑이 인성문제를 사고하도록 만든 직접적 원인이 바로 궈스잉이었다는 것이다. 저우궈핑은 궈스잉과의 교류를 통해서 그가 진실하고 선량한 사람이며, 그에게 인성의 빛이 반짝이고 있음을 알게 된다. 저우궈핑이 보기에 계급성 측면에서, 궈스잉은 갈수록 프롤레타리아계급 입장의 대립 면에 서 있는 것 같았다. 이와 서로 비교해 볼 때, 프롤레타리아계급 입장을 분명하게 표방하는 학우들은, 오히려 인성이 매우 빈약하고 더 나아가서 추악하기까지 하였다. 이러한 사실은 저우궈핑에게 단지 계급성으로 인간을 평가하게 되면 왜곡을 초래하게 된다는 것을 믿게 해주었다.[11] 이것은 1960년대 초 학교 캠퍼스에서의

---

10) 周國平, 『歲月與性情』, 76, 83쪽.
11) 周國平, 『歲月與性情』, 77~78쪽.

인성문제는 지금 보기에는 상식적인 논쟁으로서 매우 현실적인 것이지만, 문화대혁명 시기에 와서 이에 대한 견해와 태도는 실로 직접적인 현실정치 입장과 선택의 문제로 변했음을 설명해 준다.

저우궈핑의 회고에 따르면, 개성의 자유는 줄곧 궈스잉이 주목한 주요 문제였다. 그가 베이징대학에서 쓴 「충동과 불안을 논함」(論衝動與不安)이란 첫번째 글 역시 이 문제를 에두르고 있었다. 이 글에서 그는 사람마다 내재적 목적이 있고, 이것은 충동으로 드러난다고 하면서, 이것이 외부로부터 압력을 받아 은폐되고, 외재적 목적으로 드러나서, 결국 거짓을 만들어 내고, 불안을 초래한다고 하였다. 궈스잉은 대학교 1학년 1학기, 물질과 의식의 개념을 토론할 때, 인식주체에 대해서 이야기하면서 자기의 의식이 있어야지 의식이지, 이 밖의 모든 것은 타인의 의식을 포함해서, 모두 물질의 범위에 속한다고 하는 논점을 제기했었다.

이것이 아직은 이론적 사유와 탐색이었다고 한다면, 1학년 2학기, 즉 1963년 상반기, "레이펑을 배우자"[12]는 운동의 고조 시기에, 추상적 철학사유는 이내 현실적 인생노선의 선택 문제로 변해 버렸다. 저우궈핑과 그의 정신적 선배들 간에 돌연 한 차례 충돌이 일어났다. 저우궈핑은 그때 당시를 회고하면서 "사회가 어떠한 현실에 처해 있는지를 느끼게 되었고, 자신이 거기에 적응하지 못하면 출로가 없음을 알게 되었다"고 하였다. 바로 이러한 현실감의 지배하에, 학년별 레이펑 학습 토론회

---

12) 레이펑(雷鋒, 1940~1962). 후난성 창사 출신으로, 어려서 아동단과 소년선봉대에서 활동했고, 1957년 공산주의 청년단에서 활동했다. 1960년 인민해방군에 입대하여 1962년 8월 15일 랴오닝성 푸순에서 사고로 순직했다. 사후 마오쩌둥을 비롯한 공산당 지도자의 말을 인용한 일기가 발견되었는데, 당에서 이를 선전하기 시작했고, 다음 해에는 마오쩌둥이 직접 "레이펑 동지를 배우자"라고 지시하여 문화대혁명 중 슬로건으로 받들어졌다. ─ 옮긴이

에서 그는 "개성 발전과 사회 수요의 관계를 이야기하면서, 레이펑에게서 개인이 사회에 복종해야 하는 것을 배워야 한다"는 발언을 하였고, "또 교수들과 레이펑을 비교하면서, 레이펑의 공헌이 훨씬 더 크다고 공언하기도 하였다." 궈스잉은 "멋진 놈, 교수들 전부를 깎아내렸군. …… 축하하네. 지금까지 친구였네만, 더 이상은 보지마세, 자네를 방해하지는 않겠네……"라고 즉각적인 반응을 보였다. 그리고 또 편지 한 통을 써서 "개인과 사회는 필연적으로 충돌이 생기게 된다. 사람들의 이중인격은 불가피한 것이다. 자신의 마음소리에 귀 기울여야 하고, 개성이 자유롭게 표현되어야 한다"고 날카롭게 지적하였다. 궈스잉은 저우궈핑에게 "나도 레이펑을 본받는 것을 싫어하는 것은 아니다. 다른 사람이 레이펑을 본받는 것을 나는 지지한다. 문제는 너, 너가 본받을 수 있는가? 라는 것이다"라고 말하였다.[13] 문제는 60년대 초 자기 자신에게 이러한 문제를 제기하는 중국 대학생은 드물었다는 것이다.

궈스잉과 저우궈핑이 대학에 들어갔을 때는, "마침 소련 수정주의 반대 투쟁이 전개되고, 또 이로 인해 국내 계급투쟁이 잇따랐던 때"였다. 이것은 이 세대들의 중요한 성장 배경이었다. 저우궈핑의 회고에 따르면, 중소논전이 열띠게 벌어져 '아홉 편의 비평문'이 발표될 때, "많은 학생들이 학교 캠퍼스 내, 고성의 스피커 아래에서 꼼짝 않고 서 있다가, 낭랑하고 힘이 실린 구절엔 갈채를 보내면서" 고도의 정치 열정을 드러내곤 하였다. 그러나 저우궈핑은 이를 대수롭게 여기지 않았다. 이러한 사람들을 보면 입장이 분명해 보이는 듯하지만, 사실은 자기의 입장은 없었다. 만약 그들이 소련에 살고 있었다면, 그들은 똑같이 중국에 대한 소

---

13) 周國平,『歲月與性情』,84~85,77,84,85쪽.

련의 비판에 갈채를 보냈을 것이기 때문이었다. 귀스잉은 더욱더 마음속의 반감을 억누르지 못하고, 야밤에 세면실로 나와 자주 저우궈핑에게 불평을 늘어놓았다. "우리는 그들을 수정주의라고 하는데, 그들은 우리를 교조주의라 한다. 넌 누가 옳고 누가 그른지 알고 있니? 그들 특권계급은 별장도 있다고 떠들어 대지만, 그럼 우리 지도자들은 뭐 없냐 말이야. 우리 아버지는 어딜 가나 전용주택이 있어, 베이다이허北戴河, 상하이, 칭다오靑島, 어디든 말야. 우리는 뭐 그럴 자격이 있어 밥을 먹는 건가, 재능이라곤 아무짝에도 쓸모없는 거야." 저우궈핑의 인상 속에 귀스잉은 진지하게 이러한 문제를 고민하고, 자기 머리로 사유하고, 또 스스로에게 몰입함으로써, 고성의 확성기에 갈채를 보내는 사람들보다 훨씬 더 진리에 접근해 있었다.[14] 그러나 당국의 입장에서 볼 때, 중소논전 속에서 이렇게 독립된 사유를 유지하는 젊은이는 훨씬 더 위험하였다. 이것이 바로 X그룹이 진압되고, 이어서 '반동학생비판'이 일어났던 가장 기본적인 원인이었다.

X그룹 : "당신은 무엇을 기다리는가"

X그룹은 바로 이러한 배경 아래 성립되었다. 주요 성원은 귀스잉, 장허츠(장둥쑨의 손자, 당시엔 무직청년)[15], 쑨징우孫經武(해방군위생부장 쑨이孫儀의 아들, 무직청년), 예룽칭葉蓉靑(베이징 제2의과대학 학생) 4인이었다. X그룹은 1963년 2월 12일 성립되었는데, 그 이름에 대해서, 장허츠는 머우둔바이에게 "'X'는

---

14) 周國平, 『歲月與性情』, 89쪽.
15) '무직청년'이란 중화인민공화국에서 대약진운동의 실패로 생긴, 중고등학교를 졸업하고 진학도 취직도 못한 젊은이를 말한다.—옮긴이

미지수, 십자가, 십자로……를 나타낸다"¹⁶⁾고 설명하였다. 그러나 그는 후에 다시 'X'는 '회의', '부정'과 '탐색'의 의미를 포함한다고 덧붙였다.¹⁷⁾ 궈스잉은 잡지의 발간사 격인 「X에게 바침」獻給X이란 글에서 "당신은 무엇을 기다리고 있는가? X, X, 또 X …… X를 얻게 되면 나는 충실해지고, X를 잃게 되면 나는 공허해진다……"¹⁸⁾라고 썼다.

「X」는 종이를 마음대로 뺐다 꼈다 할 수 있는 루스리프식 문장 형식으로 총 3기가 출간되었으며, 구성원들의 친구들 사이에서 돌려 읽혀졌다. 주로 궈, 장, 쑨 3인의 작품들이 실렸다. 저우궈핑의 인상 속에서, 장허츠는 "도스토예프스키 글 속에서의 신경질적인 인물 같았다". 그는 주로 시를 썼는데, 아름답고도 몽롱한 것이 "베이다오北島, 구청顧城 세대 시인들의 선구자" 격이라고 할 수 있다. 저우궈핑은 "달이 암에 걸렸다", "태양은 바보"란 두 구절만을 기억하였다. 그는 또 단편소설도 썼는데, 아름다운 여자가 암에 걸려, 화로 앞에 앉아 편지와 일기를 찢어 불태우면서, 지난 일을 회고하는 내용이었다. "그녀는 재능이 있는 학생과 열애에 빠졌었는데, 그 학생이 우파가 되는 바람에 본의 아니게 공안간부가 된 학생과 동거하게 되었고, 그로부터 행복이 깨졌으며, 고통과 회한만 남게 되었다"는 것이다. 사실상, 이러한 내용은 특정한 각도에서 우파 운명의 비극성에 초점을 맞춘 것으로, X그룹과 1957년 우파와의 정신적 연계를 드러내었다는 점에서 주목할 만하다. 저우궈핑이 보기에, "투르게네프 작품 속 잉여인간을 훨씬 더 닮은 사람"인 쑨징우는 평론에 능했는데, 그

---

16) 牟敦白, 「X詩社與郭世英之死」, 『沈淪的聖殿』, 25쪽.
17) 宋永毅, 「訪X社長張鶴慈」, 인터넷자료.
18) 周國平, 『歲月與性情』, 86쪽.

는 『마오 선집』과 당사黨史 연구에 몰두하였고, 이후에는 비평을 하였다. 그는 세 사람 가운데 정치의식이 가장 강한 사람임에 틀림없었다. 그가 쓴 「종이호랑이론」論紙老虎은, "화려한 문체로서, 제국주의가 모두 종이호랑이라고 풍자하고 있다. 문장의 논점은 어차피 종이로 붙여 만든 호랑이여서 손가락 하나로도 찢어지고 마는데, 그렇게까지 경계하고 긴장할 필요가 있느냐는 것이었다. 그리고 또 문장에서는 중국이 흐루시초프 수정주의에 반대하는 것은 흐루시초프가 수정주의이기 때문이고, 또 단지 그가 흐루시초프이기 때문"이라고 하였다.[19] 물론 이런 말들은 모두 금기를 깨는 것들이었다. 궈스잉은 "정치에서 다소 멀어지려고" 하였다. 그의 글쓰기 스타일도 훨씬 폭 넓어져, 처음에는 시와 단편소설로 시작했지만, 후에는 더 진지하게 극본을 계획하고, 마지막엔 또 자전체 장편소설을 쓰기 시작했다. 그러나 X에 일이 생긴 후 극본과 장편은 완성되지 못하였다.

저우궈핑은 궈스잉이 무척 좋아하던 시가 있었다는 것을 기억해 냈다. 그 시는 대략 이러했다. "그는 눈물을 흘리며 쓴 술을 마신다, 눈물이 끊임없이 술잔을 적시니, 이 쓴 술은 영원히 다 마실 수 없다."[20] 이렇게 다방면에서 재주가 있었던 점과 그의 시 속에 나오는 "쓴 술"이란 시 구절은 5·4 시기의 궈모뤄郭沫若를 떠오르게 한다. 그들 부자 간에 얽힌 관

---

19) 쑨징우는 문장의 기본 관점에 대해서 이렇게 회고하였다. "적을 대할 때는 전술뿐 아니라 전략도 중시해야 한다. 예나 지금이나, 중국이든 외국이든 전략가들은 적을 경시한 적이 없다는 말이다. 나는 마오 주석의 관점은 어휘 사용이 적당치 않다고 생각한다. 그 당시 내 관점은 바로 당신이 아무리 대단한 인물이라고 해도 그 이치를 벗어날 수 없다는 것이었다. 진리가 가장 위대한 것이다.······" 張宏, 「周國平自傳與'X'事件始末」, 『新京報』, 2004년 10월 24일, '書評'.
20) 周國平, 『歲月與性情』, 86, 87, 89쪽.

계와 운명은 자세히 음미해 볼 만하다.

궈스잉과 그의 친구들은 60년대 중국에서 5·4의 불씨를 유지시켰고, 그들의 운명에 대해서도 사상적으로 충분한 준비가 되어 있었던 것으로 보인다. 그렇기에 궈스잉과 머우둔바이 사이에 다음과 같은 진지한 대화가 있었던 것이다.

"우리는 친구지만, 내가 너보다 나이가 많지. 그러나 둔바이, 너는 너 스스로 나와 친구가 되길 원했어."
"나는 후회하지 않아."
"진짜? 사람이 위기를 맞게 되면, 예술이고 철학이고 이상이고 염치고 모두 내다 버리고, 본능만 남아서 죽자 사자 자기를 보호한다 하더군."[21]

이 또한 자기고문拷問인 것이다. 그러나 그들 모두는 시련을 견뎌 냈다. X그룹 구성원 모두는 체포되었고,[22] 문혁 중 궈스잉이 잔혹하게 고문 당한 후 죽을 때까지, 그들은 자신의 이상과 신념을 지켜 냈으며, 조금의 후회도 없이 자신들이 선택한 삶의 길을 끝까지 걸어갔다.

공안부가 X그룹 구성원을 체포했을 때, 그들의 죄명을 선포했던 문건에는 "정신개방을 요구함", "자유를 요구함", "절대 진리를 추구함", 또 "총노선, 대약진, 인민공사 삼면홍기 공격", "반수정주의 투쟁 반대"라고

---

21) 牟敎白,「X詩社與郭世英之死」,『沈淪的聖殿』, 27~28쪽.
22) X그룹 네 명의 성원은 1963년 5월 20일 공안기관에 잡혀갔다. 궈스잉과 예룽칭은 곧 석방되었고, 궈스잉은 시골로 내려가 노동하였다. 7월, 장허츠와 쑨징우는 노동교육을 받았는데, 장허츠는 노동교육시간이 17년에 달하였고, 쑨징우는 2년간 노동교육을 받고 충칭의 모 공장으로 갔다. 궈스잉은 문혁 기간 같은 학교 학우에게 감금·구타당하였고, 1968년 4월 22일 추락사하였다.

씌어 있있다.[23] 전하는 말에 따르면 X그룹은 고위층에게 반향을 일으켰다고 한다. 왜냐하면 구성원 모두가 '고위간부' 자제들이었기 때문이었다. 마오쩌둥은 이로 인하여 "간부 자제라 하더라도 말도 안 되는 소란을 피울 시엔 숙청시켜야 한다"는 지시를 내렸다고 한다. X그룹은 바로 "간부자제가 타락하여 변질된" 전형이었다. 이후에 나오는 '혁명후계자' 문제제기 또한 이와 관련이 있다는 말이 있다.[24]

궈스잉의 '변화'

이후 궈스잉의 사상이 어떻게 변화되었는가는 주시할 필요가 있다. 여기에도 마찬가지로 사상사적 의의가 존재하기 때문이다.

저우궈핑의 회고에 따르면, 짧은 감금 기간 동안 궈스잉의 사상에는 급격한 변화가 일어났다. 그는 가족들에게 보내는 편지에 이렇게 썼다. "여기에 마음속 말을 전부 내뱉고 나니, 눈이 갑자기 환해지네요. 이러한 변화는 너무도 갑작스런 것입니다. 혼자 방에서 웃다가 울었더니 홀가분해진 느낌입니다." 이러한 '갑작스런 변화' 역시 궈모뤄를 상기시켜 준다. 궈씨 부자는 정신적 기질 면에서 확실히 상통하는 부분이 있었다. 저우궈핑에 따르면, 궈스잉은 진지한 사람으로서 말과 마음이 다르지 않았고, 또 일을 할 때도 적당히 하지 않았으며, 자신의 머리로 문제를 분명하게 이해해야만 하는 사람이었다. 따라서 저우궈핑은 그의 참회를 맹목적 개종이 아닌 이성적 선택으로 보았다.[25] 이러한 그의 판단은 실제에 부

---

23) 『幹部子弟蛻化變質九例』, 1963년 9월 공안부문건, 인터넷자료.
24) 宋永毅, 『訪X社長張鶴慈』, 인터넷자료.
25) 周國平, 『歲月與性情』, 119, 120, 122쪽.

합하는 것이었다. 지금 우리가 따져 보고 연구해야 하는 것은 '이성적 선택' 배후의 이념과 사상논리에 관한 것이다. 이러한 '변화'는 시대적 전형성을 띠고 있었다.

죄책감과 원죄의식

우리가 먼저 주목할 것은 저우궈핑이 이야기했던 '죄책감'과 '원죄'의식에 관한 것이다. 가장 두드러지는 것은 물론 가정에 대한 죄책감이었다. 이러한 심정은 궈스잉이 감금 중에 가족들에게 보낸 편지 속에 매우 상세히 드러나 있다. "이전에 우리 모두가 즐겁게 한데 모여 있던 모습들이 자꾸만 제 눈앞에 떠오릅니다. 자꾸만 제 눈물 고인 눈에는 아버지의 미소, 어머니의 미소가 흐릿하게 보입니다. …… 이 모든 것이 저로 인해 깨졌습니다. 저는 그것들을 돌려놓겠습니다. 부모님은 아실 거예요. 제가 얼마나 두 분을 사랑하는지를. 이 사랑을 줄곧 마음속에 감춰 왔습니다. 부모님에 대한 감정을 1년 반이나 쌓아 두었습니다. 그것은 문자로 표현될 수 있는 것도, 눈물로 쏟아 낼 수 있는 것도 아닙니다. 진심으로 부모님이 잘 계시길, 즐겁게 생활하시길 바랄 뿐입니다." 저우궈핑의 말이 옳았다. 바로 이러한 "부모에 대한 사랑과 죄책감", 더 나아가 "가족과 함께 하고픈 갈망"이 '방탕한 자식'의 마음을 돌려놓은 것이다.

그러나 더욱 주목해야 할 것은, 저우궈핑이 지적한 훨씬 더 심층적인 지식인의 '원죄'의식에 관한 것이다. 이러한 '원죄감'은 농촌에 내려가 노동을 하게 됨으로써 더욱더 강화되었고, 궈스잉이 이후에 깨닫게 된 '자아혁명'의 잠재적 동인이 되었다. 이에 대한 저우궈핑의 분석에는 생각해 볼 만한 것이 있다. 그의 견해로는 "진짜 원죄라 판단되는" 것은 지식인의 '정신본능'으로, 궈스잉은 이러한 정신본능이 너무 강해서,

자각적으로 "개싱의 자유와 독립적으로 사고할 권리"를 추구하도록 스스로를 몰아세웠다. 이것은 본래부터 "그에게 있어 가장 귀중한 것"이었다. 그러나 지금 "자각적으로 보이는 자아혁명 그 밑에 숨겨진 것은 바로 자기정신 에너지에 대한 비자각적 억제"였고, 게다가 본래 정신본능이 유달리 강했기에, "억제하는 데에 있어서 특히나 애를 먹어야만 했다."

그러나 이러한 상황이 귀스잉에게만 일어났던 것은 아니었다. 비교적 강한 정신본능을 지닌 지식인들은 모두 이러하였다.[26] 그해 옌안延安에서의 허치팡何其芳에게도 정신적 추구에 대한 참회와 정신적 고통이 있었다. "어째서 이렇게 슬프고 나약하고, 공상적인 말들을 반복해야 하는가, 이렇게 슬픔에 잠길 만한 대단한 일이라도 있단 말인가. 지금 읽어 보면 동정조차 가지 않을 뿐 아니라, 혐오스럽고 부끄럽기까지 하다."[27] 사실, 귀스잉과 그의 친구들이 심취했던 투르게네프 작품 속의 러시아 허무주의자는 이미 '노동자'의 철鐵의 논리로, 지식인의 정신추구·환각·고통과 같은 정신본능을 부정했다. 더군다나 나로드니키당 사람들은 보통 사람들처럼 '단순화'된 인간이 되는 것을 추구함으로써 지식인 정신의 복잡화複雜化를 치욕과 죄악으로 보았다.[28] 귀모뤄도 아마 이러한 지식인 정신본능에 대한 부정의 과정을 겪었을 것이다. 사실상 귀스잉은 그의 선배들의 정신적 비극을 20세기 60년대에 재연한 것이라 할 수 있다. 그의 태생적 퇴폐와 허무로 인한 이러한 사상적 비극도 우연은 아니었던 것이다.

---

26) 周國平, 『歲月與性情』, 120, 122, 123쪽.
27) 何其芳, 「〈夜歌和白天的歌〉初版後記」, 『何其芳文集』 2卷, 人民文學出版社, 1982, 254쪽.
28) 투르게네프의 『아버지와 아들』, 『처녀지』. 錢理群, 『豊富的痛苦』, 時代文藝出版社, 1993, 140~150쪽에 관련된 분석 참고.

'계급'과 '계급투쟁'의 개념

그리하여, 궈스잉의 정신기록부에는 새로운 말, 개념들이 출현하게 된다. 이것은 모두 다 주류이데올로기 개념으로서, 본래는 궈스잉에게 거부된 것이었지만, 지금은 오히려 그 자신이 가지고 있던 사상에 도전하고 있었다. 궈스잉은 이 양자 간의 모종의 논리적 연결점을 찾아서, 이로써 자신과 친구들을 설득시키기 위해 애를 썼는데, 물론 이것은 매우 어렵고도 고통스런 것이었다.

먼저 '계급' 개념과 '계급투쟁' 개념은 궈스잉이 원래 신봉했던 '추상인성론'抽象人性論에 도전하고 있었다. 그는 저우궈핑에게 보내는 편지에서 "계급, 계급투쟁이 너무나 첨예하게 존재한다"는 사실을 논리적 전제로 삼아, "이 문제에 있어서 모든 모호함은 본질적으로 모두 다 심각한 문제를 지니고 있는 것으로서, 결국엔 인민에 대한 배반을 초래하게 된다는 것"을 강조하고, 이로 미루어 부정적이거나 혹은 모호한 계급성, 계급투쟁 존재를 은폐하는 인성론은 "그 자체가 바로 계급투쟁의 반영"이란 결론을 이끌어 내었다. 그러나 그도 이것으로 계급과 계급투쟁을 절대화하거나 영구화하지는 않았다. 그는 "철저하게 계급을 소멸시킬" 목적을 이루기 위해, "계급투쟁의 기치를 높이 들어야" 한다고 강조했다.[29]

'인민'과 '실천'의 개념

앞의 논증 속에서 나타난 '인민' 개념도 그의 '개성자유' 관념에 도전하고 있었다. 저우궈핑에게 보낸 편지에 그는 자신의 일기 한 부분을 발췌

---

[29] 1964년 궈스잉이 저우궈핑에게 준 편지(영인본); 周國平, 『歲月與性情』, 121쪽.

하였는데, 그는 자신을 마이셴더麥賢德[1960년대 인민해방군 해군 전투영웅], 자오위루焦裕祿[1960년대 당과 인민을 위해 희생한 혁명열사]와 같은 모범적 인물과 대비시키고 있었다. 그는 그들 사상의 출발점은 인민이 어떠한가에 대한 물음이지, '내'가 어떠한가를 묻는 문제가 아니라고 하면서, 자기 사상의 출발점은 '내'가 어떠한가 하는 것으로, 인민을 위해 봉사한다는 것도 "내가 인민을 위해 봉사하고 있다는 것"이라면서, '나'란 글자가 빠져 버리면 모든 것이 아무런 의미가 없게 되는 것이라고 하였다. 그는 또 "이러한 구별을 만들어 내는 원인"을 추궁하면서, "서로 다른 실천"에서 그 원인을 발견하였다. 그는 여기에서 또 다른 중요한 신개념인 '실천'을 끌어들였다. 궈스잉은 '개성자유'를 추구하는 자신의 실천은 "편협하고도 개인적인 실천기초를 바탕으로 한 것으로", "개인주의적"이라고 한 반면 마이셴더, 자오위루 등의 경우는 노동자·농민 대중을 위한 "전면적 사회실천"에 몸담았다고 분석하였다.

궈스잉은 시야가 환해지는 느낌을 받게 된다. 자기 사상문제의 "근원이 바로 개인주의"임을 발견하였기 때문이었다. 이렇게 그는 당시 주류이데올로기가 강조한 "개인주의는 모든 악의 근원"이라는 관념을 자연스럽게 받아들이게 된다. 그리고 "개인주의를 이겨 내려면, 반드시 실천기초를 바꾸고 전면적인 사회실천 속으로 들어가야 한다"고 생각하였다. 당시 그가 "계급투쟁, 생산투쟁, 과학실험의 3대 실천" 속으로 들어가야 한다고 강조한 것은, 이러한 인식을 기반으로 한 것으로서, "그는 진심으로 '노동자·농민 속으로 들어가, 진흙 속에서 굴러라! 세상에서 가장 깨끗한 것이 무엇인가? 진흙이다!"라고 부르짖었다. 이것은 마오가 지식인에게 노동자·농민 속으로 들어가라고 내린 지시와 결부된 것이었다.[30] 여기에서, "세상에서 가장 깨끗한 것이 무엇인가? 진흙이다!"라고 하는, 극단적으로 보이는 의론은 그의 실제 체험을 바탕으로 한 것으로서, 아귀다툼으로 가득한 지식인이 산적한 학교에 있다가(궈스잉은 이에 대해 충분히 이해하고 있었다), 인간관계가 상대적으로 단순하고 진솔한 농촌에 와 보니 이러한 결론이 내려졌던 것이다.

'절대적 개성자유'를 묻다

그의 '개성자유' 신념에 동요를 일으킨 것에는, 또 다른 원인이 있었다. 그는 저우궈핑에게 보낸 편지에서 "과거에 그는 공산주의를 개성발전과 동일시하며, 개성발전이 사회의 동력과 목적이 되어야 한다고 여겼다"고 언급했다. 그러나 당시 발표한 마오쩌둥의 논술, 즉 "계급이 있는 사회에서, 계급투쟁은 끝날 수 없다. 프롤레타리아계급 사회에서, 새로운 것과 낡은 것, 옳고 그름 간의 투쟁은 영원히 끝나지 않을 것이다"[31]라는 내용은 그를 감동시켰고, 그는 이를 근거로 공산주의도 개성이 절대적으로 자유롭게 발전하는 사회는 아니며, 개인과 사회 간에 부단히 모순이 생길 수 있다는 결론을 내리게 되었다.[32] 이것은 그가 추구하던 소위 '절대적 개성자유' 관념에 커다란 타격을 입혔지만, 개성자유에 대한 추구를 근본적으로 포기하도록 하지는 못했다. 이것이 이후 그의 사상발전에 내재적 모순을 만들게 되었다. 문혁 중 개성자유의 문제에 대한 그의 언급은, 이 부분을 훨씬 더 명확하게 말해 주고 있다. "개성자유 속에서의 개성은 계급성을 갖는다. 자유는 계급성에 복종하며 상대적인 것이다.

---

30) 周國平, 『歲月與性情』, 122쪽.
31) 마오쩌둥이 제3차 인민대표대회에서 저우언라이의 정부업무보고 초고를 검토하면서 덧붙인 말, 『人民日報』, 1964년 12월 31일; 『毛澤東文集』 8卷, 325쪽 수록.
32) 周國平, 『歲月與性情』, 122쪽.

이전에는 개성자유가 절대적인 것이라고 생각했지만, 바로 이러한 잘못된 사상이 나에게 정치적 자유를 잃게 만들었다", "그로 인해 더 이상 개성도 없어지고, 자유도 없어져 버린 것인가? 나는 지금도 그렇게 이해하고 있진 않다. 이 문제는 너무 추상적이어서 이후 기회가 있으면 다시 토론할 것이다"[33)]라고 하였다. 그는 문제를 여전히 남겨 두었던 것이다.

혁명열정과 사명감

궈스잉이 1964년에서 1966년까지 저우궈핑에게 보낸 편지 곳곳에서 가슴 가득한 그의 혁명열정을 읽어 낼 수 있다. 1964년 2월의 편지 속에서 그는 이렇게 쓰고 있다. "우리는 우리가 위대한 시대에 태어났음을 축하해야 한다. 시대가 영웅을 만든다. 우리 시대는 영웅이 배출되는 시대다. 우리 세대가 해야 할 임무는 어렵고도 방대한 것으로, 그것은 철저하게 계급을 없애고, 반동세력이 다시 부활하지 못하도록 그 어떠한 가능성도 제거해 버리는 것이다. 인류 역사상 이러한 일은 처음 있는 것으로 틀림없이 위대한 본보기가 될 것이다. 이러한 투쟁 속에서, 우리가 영원히 함께 서서, 자아혁명과 계급투쟁의 기치를 높이 들어 올리고, 조직주변을 하나로 모아, 승리를 향해 진군할 수 있길 바란다."[34)]

이것은 아마도 그 세대가 공유했던 열정이었을 것이다. 저우궈핑은 꽤 오랜 시간 동안, 전쟁이 자신의 모든 문제를 해결해 줄 수 있을 것이란 기대를 품었다고 했다. 저우궈핑의 자기분석에 따르면, 이것은 자신의 마음 깊은 곳에 절망이 도사리고 있음을 나타내는 것으로, 개성을 없

---

33) 周國平, 『歲月與性情』, 125쪽.
34) 周國平, 『歲月與性情』, 121쪽.

애는 사상개조운동 속에서 그는 갈 길이 보이지 않아 이러지도 저러지도 못하는 상황에서 육신조차 통째로 소멸시켜 버리는 용감한 장거壯擧로서 종지부를 찍으려 했다고 하였다. 이러한 병태적 열정에는 여전히 소부르주아적 성질이 분명하게 드러나 있다.[35] 궈스잉의 열정도 '병태적 열정'에 속하는 것이기는 하나, 저우궈핑보다는 좀더 적극적인 듯하다. 그의 영웅적 잠재의식, 투쟁열정이 결국엔 "조직주변을 하나로 모으자"로 귀결되고 있기 때문이다. '조직'이란 표현도 궈스잉 정신기록부 속에 출현한 '새로운 개념'이지만, 또 그 시대에 가장 유행했던 개념이었다는 점을 주목해야 한다.

문화대혁명에 대한 이해

궈스잉이 문화대혁명에 대해 높이 평가하는 태도를 보이는 것은 이해할 수 있다. 저우궈핑은 그가 아마도 "마음속으로는 이미 문혁이 방출시킨 그 맹목적 힘이 그와 그의 가정을 파괴할 것임을 예감한 듯하다"고 분석했지만, 우리가 주목하는 것은 문화대혁명에 대해서 궈스잉이 어떻게 이해하고 있었는가 하는 것이다. 궈스잉의 다음 두 가지 관점은 주목할 만하다.

궈스잉은 문혁 초기 저우궈핑에게 보낸 편지에서 "간부 자제들의 문제가 문혁 과정에서 폭로되었는데", 그것이 "그에게 많은 의문들을 해소시켜 주었다"고 하였다. 신귀족이라 할 수 있는 간부 자제들의 본보기가 바로 자신이었던 것이다. 그는 자신의 관찰과 이해를 바탕으로 문혁은 '신귀족' 문제를 해결하려는 것이라고 하면서, 자기 자신을 그 문제 속

---

35) 周國平, 『歲月與性情』, 102쪽.

에 집어넣었다. 그가 친구들과 문혁사조를 연구할 때, 그는 "군중에 대한 태도를 중심 줄거리로 하는 문혁을 쓰자"고 주장하였는데, 거기에는 나름대로 일리가 있었다. 그가 보기에 "문화대혁명의 성과는 바로 군중에게 실제로 적용시켰다는 것이었다. 주자파[36] 타도는 군중을 교육하기 위한 것이었고, 혁명위원회는 바로 군중에게 직접 정권에 참여하도록 하는 것이었다". 그는 자기의 마지막 귀착점을 농촌으로 정하였다. 대교류[37] 시기에, 그는 허난河南 농촌으로 가서 3개월을 지내고는, "농촌으로 가서 빈농과 하층, 그리고 중농과 생사를 함께할 결심을 하게 되었다". 그가 죽은 뒤, 궈모뤄가 아들의 일기를 읽으면서 정리할 때, 그는 아들이 1966년 일기 속에 쓴 "세상에서 무엇이 가장 깨끗한가? 진흙이다!"라는 구절을 보고는 이렇게 썼다. "내가 그에게 농촌에서 돌아오라고 한 것은, 토양에서 새싹 한 포기를 뽑아내는 것과 같은 것이었다. 그 결과가 무엇인지를, 나는 이제야 깊이 깨달았다." 이 말은 참으로 의미심장하다.[38]

3) 반동학생: 새로운 세대의 '우파'

개별 안건

X그룹 구성원들이 체포된 후, 1965년 또다시 베이징대학 철학과 학생 황黃모씨가 격리되어 조사를 받는 사건이 일어났는데, 그 죄명 또한 '반혁명'이라고 하였다. 이 또한 자료의 부족으로 인하여, 그와 접촉한 적이

---

36) 주자파(走資派). 중국공산당 내에서 자본주의 노선을 주장하는 사람들.—옮긴이
37) 문화대혁명 시기 홍위병이 전국 각처로 나아가 교류했음을 일컫는다.—옮긴이
38) 周國平, 『歲月與性情』, 125, 130, 155쪽.

있는 중문과 학생 천陳모씨가 당시 썼던 자료를 근거로 간단히 서술하는 데 그칠 수밖에 없겠다.[39]

1959년 천씨가 황씨와 나눴던 첫 대화를 근거로 하자면, 황씨는 고아로, 어려서 많은 학대를 받았다. 학교에서도 그를 이끌어 주는 사람이 없었다. 많은 서양철학 서적을 보았고, 그로부터 영향을 받았는데, 특히 부르주아계급의 '민주', '자유', '인도주의', '개성해방' 등의 영향이 컸다. 그는 자신을 열심히 개조시켜, 국가와 민족의 흥성을 위해 힘이 되길 원했다. 1962년 황씨와 천씨 사이에 '인성'人性에 관한 논쟁이 한 차례 있었다. 황씨는 반우파운동 이후 중국에서 인성문제는 이미 금기시되었다는 사실을 알고 있었지만, 이 점은 그에게 커다란 의혹을 품도록 만들었다. "어째서 세상에서 우리나라 말고는 모두 인성이란 것을 인정하는 거지. 엥겔스조차도 인정하잖아." 그는 다시금 캐물었다. "사람이 진리를 인식할 수 있다는 것은 인류 공통의 것인가? 이것이 인성인가?" "어째서 사람은 개조될 수 있으며, 또 서로 상통하는 부분이 있게 마련이란 말인가." 그러나 천씨는 "계급사회에서, 계급성은 모든 것을 압도한다. 프롤레타리아계급은 결코 인성을 부정하지 않는다. 그러나 추상적이고 초계급적인 인성은 부정한다. 인성론이 반복해서 출현하는 것은 계급투쟁의 복잡성 때문"이라는 당시의 주류관점을 지지하고 있었다. 황씨도 결코 계급성을 부정하지는 않았지만, 그는 "우리나라는 많은 사람들이 늘 인성으로써 계급성을 반대해 왔는데, 계급성이란 단지 대강大綱에 불과한 것인

---

[39] 陳某, 『讓事實說話 ─ 與黃某的交往』(등사원고), 1965년 2월 15일 씀, 1966년 10월 20일 등사. 이하 자료는 모두 이 글에서 인용. 등사원고는 개인이 수장한 것으로, 원작가와 연락을 취할 방법이 없는 까닭에, 이하 그 이름은 '천씨'[陳某], '황씨'[黃某]로 칭함.

가. 구체적 문제들이 아직 해결되지 않은 걸 보면, 결국엔 인성을 이길 수 없다는 것인가"라는 의문을 갖고 있었다. 논쟁은 물론 결론이 나지는 않았지만, 천씨는 "맑스·레닌주의에 대한 학습은 부족하고, 부르주아계급 정치사상 관점은 비교적 농후한, 또 항상 국계민생國計民生[나라가 민생문제를 계획하다]의 커다란 문제들을" 생각하는 친구가 걱정되었다. 그가 그토록 고집스럽게 이야기했던 것은 바로 "자기의 관점으로 당을 개조하고자" 하는 것으로, "전반적 정세를 잘 인식하지 못하게 되면, 결국에는 반드시 벽에 부딪히게 될" 것이 분명했기 때문이었다.

1963년, 여름방학이 시작되던 첫날 밤에 나눴던 장시간의 대화에서는 훨씬 더 심도 있게 국계민생에 관한 문제가 논의되었다. 예컨대 "몇 년 전 시행되었던 국가사업에 대한 견해"를 이야기하면서 황씨는 망설임 없이 "인민공사는 너무 빨리 시행되었으며, 대련강철大煉鋼鐵운동의 의미는 크지 않다. 대약진은 경제 불균형을 가져왔으며, 학교 업무를 단순화시켰고, 몇몇 사람들에게는 피해를 입혔다"고 지적하였다. 황씨가 보기에 전체 노선은 매우 정확한 것이었고 대약진도 시행되어야 하는 것임엔 틀림없었지만, 그렇게 해서는 안 되는 것이었다. 황씨는 또 1958년 이래로, 가장 심각한 문제는 '사람의 손실'로서, 인간의 육체적 건강에 해를 입혔을 뿐 아니라, "감정에 더욱 큰 상처를 입혔다"고 하면서, 매우 "흥분해서" "중앙의 자아비판정신의 결핍" 등을 이야기하였다.

'마오 주석에 대한 견해'를 피력할 때도, 황씨는 "마오 주석은 위대한 맑스·레닌주의자로서 스탈린을 훨씬 능가하지만, 레닌을 능가하지는 못한다. 레닌은 훨씬 더 본질에 다가가 있다. 공산주의 대오 속에서는 맑스와 레닌이 가장 위대하다. 마오 주석은 책략상으론 맑스·레닌주의를 발전시켰지만, 이론상으론 그다지 많은 발전을 이루지 못했다"라고 하면서 거침없이 주류비평에 대해 이의를 제기하였다.

이야기의 또 다른 중심은 '민주'문제였다. 이 문제에 관해서는 천씨와 황씨 모두 공통된 생각을 갖고 있었다. 즉 소련은 그다지 민주적이지 못해서, 모두가 진심을 털어놓지 못하기 때문에 문제가 생기는 것이고, 지금의 중국도 군중들이 진실한 사상을 드러내지 못하고 있으니, 사실상 문제가 없지는 않다는 것이다. 자신과 타인의 잘못된 관점을 비판함에 있어서 맑스주의를 학습하지 않으면, 진정으로 학습했다고 할 수 없다는 것도 가장 큰 위험이라고 하였다. 그들은 많은 사람들이 반대의견에 귀기울이지 않아, 무엇이 유익한 말이고 무엇이 해로운 말인지를 구분하지 못하며, 인식·사상·정치문제의 한계를 분간하지 못하고, 모든 것들을 단순하게 처리함으로써, 모순을 은폐시키고 새로운 역량을 억눌러 버리고 있다고 생각하였다.

이야기가 끝났을 때, 황씨는 또다시 "오늘날 세계의 변화는 너무나도 빠르고, 동요도 심해서, 어떠한 문제든 해결하려면 많은 사람들이 필요하다. 혼자서는 오류를 피하기 어렵다. 학술조직이 있을 수 있다면 좋겠다"라는 견해를 피력하였다. 천씨 또한 비슷한 견해를 가지고 있었지만, 그는 "조직의 지도하에서" 해야 한다고 생각하였다. "왜냐하면 이러한 문제를 연구하는 데 있어 불충분한 자료는 잘못된 판단을 초래하기 쉽고, 게다가 지도자를 통하지 않고선 비조직적 활동이 되기 쉬워서, 그다지 알려지지 않은 기층조직은 반혁명 집단으로 몰리게 되면 큰일이기" 때문이었다. 천씨가 중국의 사정을 훨씬 더 잘 이해하고 있었던 것으로 보이는 부분이다. 당이 모든 것을 지배하는 고도로 조직화된 체제에서, '비조직적인 활동'은 금계禁戒를 범하는 것이자, 가장 심각한 문제였다. 물론 천진한 서생 기질을 가진 황씨는 이 점을 이해하지 못했다. 최후에 그가 격리되어 조사를 받은 것도 바로 그가 '반혁명조직'에 가담했기 때문이었다.[40] 그는 단지 '학술조직'을 만들고자 했을 뿐이었다. 황씨는 자신의 사상을 글로 옮겨 놓기도 하였는데, 「반사를 논함」論反思, 「린톈의 우언」林田寓言, 「비극을 논함」論悲劇, 「나의 사상소질단련 개요」我的思想品質鍛鍊綱要, 「지금부터 버려야 할 대학생활」今後大學生活的揚棄 등과 몇 편의 우언극寓言劇은 천씨에게 보여 준 적도 있었다. 그가 도대체 무슨 내용을 썼는지는 지금으로선 알 길이 없지만, 그러나 '반사'니 '비극'이니 하는 말은 반우파운동 이후에 모두 금기시된 것이었고, 우언문체는 현실 풍자의 혐의가 있어서, 당시로선 그다지 시의적절한 것은 아니었다. 그러나 천씨는 그의 문장을 읽고 난 후 "그다지 큰 문제는 없다"고 생각하였다. 다만 그가 만족스럽지 못했던 것은 글이 너무 회삽晦澁해서, 몇 번을 읽어도 잘 이해되지 않았다는 것이었다. 사실, 그 시대에는 '회삽'은 그 자체로 의심받을 만한 것이었다. 후평 '반혁명 집단'의 죄명 중 하나가 바로 글이 회삽하다는 것이었기 때문이다.

황씨는 또 칭화대학 학생이 쓴 소설 「역사의 증거」歷史的見證를 천씨에게 보여 주기도 하였는데, 이 또한 천씨의 예민한 신경을 건드렸다. 마오쩌둥이 "소설로 반당反黨을 이야기하는 자를 경계해야 한다"고 경고한 지 얼마 안 되어, 이렇게 사적으로 소설을 돌려 보는 것은 '연류'될 만한 행동인 데다가, 또 '역사의 증거'란 제목과 내용이라니. 천씨는 보자마자 심상치 않다고 여겼다. "'역사의 증거'라고? 역사에 대한 왜곡이겠군!"

---

40) 陳某, 「努力學習毛澤東, 和陸不黑幫不調和的鬪爭」(複寫手稿), 1966년 8월 1~12일 참조. 황씨는 격리 조사를 받은 후에 '반혁명'으로 처리되지 않았고, 그대로 일자리를 배당받았다고 한다.

천씨는 "이것은 반동적인 것"이라고 단정하고는, 바로 중국공산주의청년단 반 지부, 담임과 학과 공산당 총지서기에게 보고하였다. 그 시대는, '해로운 문장'을 보고 조직에 보고하지 않는 것도 공모죄에 해당하였다. 물론 황씨는 이 점을 알지 못했다. 그가 처음 자신의 글을 천씨에게 보여 줄 때 그는 "역사상 올바른 것은 처음에는 종종 사람들에게 해로운 것으로 여겨지게 되지만, 몇십 년 후엔 너도 알게 될 거야"라고 말한 적이 있었다. 그러나 '몇십 년'을 기다릴 것도 없이, 그는 곧바로 제지를 당했다. 이 자체가 바로 '역사'의 '비극'인 것이다.

잘 알려지지 않은 '반동학생안건'

이러한 비극의 주인공은 60년대 초기의 중국에서 황씨와 그의 친구만이 아니었다. 그 시대 그들은 심지어 '반동학생'이라는 공동의 운명을 지니고 있었다. 앞서 말한 '태양종대', 'X그룹' 구성원들도 모두 '반동학생'의 대표들이었다. 1963년에서 1965년 사이, 중국 캠퍼스에서는 '반동학생' 정리·처리운동이 일어났었다. 이 사건에 관해서는 지금까지도 관련 문서가 비공개로 보관되어 있기에, 당사자의 회고를 통해서만이 간신히 그 대략의 내용을 알 수 있을 뿐이다. 저명한 학자 왕쉐타이王學泰는 1964년 베이징사범대학 중문과를 졸업할 때, '반동학생'으로 몰려 노동개조 대상이 되었는데, 그는「사람들에게 잘 알려지지 않은 '반동학생' 안건」鮮爲人知的"反動學生"案이란 글에서, 이렇게 술회하고 있다.

"대학과 전문대학 반동학생 정리·처리는 1963년에 시작되었다. 1963년 중국공산당은 소련공산당과의 분기와 충돌이 매우 첨예해지면서, 궁지에 몰려 있었다. 그 해 6월 덩샤오핑이 중국공산당 대표단을 이끌고 모스크바에 가서 소련공산당과 담판을 벌이면서, 마지막으로 한 번 더 상대방을 설득시키는 노력을 기울였고, 또 「국제 공산주의운동 총노선에 관한 건의」關於國際共産主義運動路線的建議 25조항도 발표하였다. 당시엔 이를 '25조'라는 약칭으로 불렀다. 이 글이 중앙인민텔레비전에서 방송된 후, 지질대학의 한 졸업예정자는 방송국에 편지를 보내 이견을 피력하였는데(그의 편지는 '25조'에 대해서 조목조목 반박하고 있다고 한다), 이 일은 중앙을 떠들썩하게 만들었다. 그때 그 졸업예정자는 졸업 전날 밤 중앙의 책임자에게 불려 가야만 했다. 1963년 7월 저우[周] 총리는 인민대회당에서 그 해 졸업생들을 접견할 때, 이 문제를 언급하면서 이렇게 말하였다. '어떤 학생들은 우리 당의 반수정주의 정책을 반대한다는데, 왜 그러는지 이야기할 수 있는 학생이 있는가?' 경솔한 산둥대학 학생이 갑자기 자리에서 일어나서 '변론'을 하자, 옆쪽의 건장한 사나이 네 명이 일어나 그를 눌러 앉혔다. 이 일의 파급력은 컸다. 대학교육부와 베이징시위원회가 연합해서 중앙에 보고하였고, 마오 주석은 이 문건에 대해 지시를 내렸다. 이 일은 마침 그가 1962년 말 제기한 '계급과 계급투쟁을 절대 잊지 말자'와 서로 부합하는 것으로, 마오는 이러한 학생들이야말로 대학에서의 극우분자로서, 계급투쟁이 학생들 속에서 벌어지고 있고, 게다가 어디에서나 일어날 수 있는 일이니, 반드시 정리해야 한다고 생각하였다."

마오쩌둥의 지시를 근거로 하여, 「고등교육기관 졸업예정자 중 정치적 반동학생 처리에 관한 중공 중앙과 국무원의 통지」中共中央, 國務院關於高等教育應屆卒業生中政治反動學生的處理的通知가 만들어졌는데, 거기에는 다음과 같이 적혀 있었다.

"베이징시 보고에 따르면, 금년 고등교육기관 졸업예정자 가운데, 극소수의 정치적 반동학생들이 있는데 …… 난폭하게 공세를 취하는 정도가 이미 반우투쟁에서의 극우분자 수준이거나 그것을 넘어서고 있다."
"베이징시 고등교육기관에 이런 일이 있게 되면, 전국 고등교육기관에도 반드시 이런 상황이 나타나게 된다. 소수의 정치반동 학생들에 대해서는, 반드시 때를 잡아 폭로와 비판을 통해 엄중하게 처리할 것이다."

이러한 지시를 근거로, 교육부는 국무원 문교文教사무실의 동의를 얻어, 또다시「고등교육기관 졸업예정자 중 정치적 반동학생에 대한 노동교양 혹은 노동고찰 기간 동안의 시행관리방책」을 제정하였고,[41] 중국공산당 중앙에서 지시를 내려 관련 부서에 전달하여 시행토록 하였다. 왕쉐타이는 1964년 6월, 학과 총지부 서기가 이 '방책'을 낭독하자, 대중 앞에서 곧바로 '반동학생'으로 선고되었다. '반동학생'으로 구분되는 주요 기준은 "'삼면홍기' 공격(즉 '삼면홍기'로 불리는 '대약진', '총노선', '인민공사'에 대한 이의 제기), '반수정주의 투쟁' 반대, '우파분자' 동정 등이 그것이었다. 왕쉐타이의 주요 죄목은 사회주의는 자본주의로 변질될 위험이 존재하는데, 왜 자본주의는 절대로 사회주의화되지 않는지를 잘 몰랐기 때문이었다. 이 모든 것들이 '25조'의 기본 관점이었는데, 그가 여기에 의문을 제기하였으니, "백 번 죽어도 마땅한 일이었던" 것이다. 왕쉐타이의 관찰과 분석에 따르면, 소위 '반동학생'은 대략 다음의 다섯 가지 정황에 속해 있었다고 한다. "당시의 주류정치에 도전하면서 당당히 자기 견해를 피력한 경우는 극소수이고", 대다수는 어려움에 부딪혔을 때 두세

---

41) 教育部黨組,『關於複查高等學校劃爲反動學生問題的請示報告』, 1979년 10월 27일.

명의 친구에게 현실에 대한 불평을 토로한 경우고, 또 "책벌레들, 특히 사회과학·인문과학을 공부하는 학생들이 맑스·레닌주의 원작을 접하고는 더욱 진지해져서 당시의 여론을 받아들이지 않은 경우"가 훨씬 많았으며, "또 농촌에서 온 학생들이 농촌의 비참한 상황을 목도하고는 '대단히 좋아진 형세'라는 대대적인 선전에 부응할 수 없어서 비공식적으로 진상을 말한 경우"도 있었다. 또 많은 사람들의 '죄행'이란 것은 실로 죄행이라고 하는 것 자체가 상식을 벗어난 수준의 것이었다. "관공關公을 숭배하는 사람이 맑스·레닌주의는 옥수수 빵을 먹고 수정주의는 밀가루 빵을 먹는다"란 우스갯소리를 하였기 때문인 경우도 있었고, 심지어 결혼하려고 휴가를 신청했기 때문인 경우도 있었으며, 또 학과의 행정요원과 모순이 생겨서 반동학생으로 분류되었던 경우도 있었다. 그야말로 이것은 1957년 우파 구분의 정황을 재연한 것이라고 할 수 있었다. 학과 행정요원과 모순이 발생되어 반동학생으로 분류된 것은 반우파운동이 정해 둔 "기층지도자 및 열성분자에 반대하는 것은 곧 우파다"란 기준에서 나온 것으로, 보기에는 황당해도 당시에는 당연한 것이었다.

　왕쉐타이의 소개에 따르면, 그들 학교 중문과 네 개 반에서 모두 아홉 명이 '반동학생'으로 분류되었는데, 그는 전체학과 300여 명이 모인 졸업생 총회에서 공개적으로 선고된 경우였고, 다른 여덟 명은 내정된 경우였다. 이렇게 300여 명 중 아홉 명의 이름에 줄이 그어졌는데, 이것은 사실상 '사청'四清(정치, 사상, 조직, 경제 정화운동)이 규정하는 내용에는 거의 해당하지 않을 만큼 아주 사소한 것들로 인한 것이었다. 고등교육부가 문혁 이후 "정책을 실행할"落實政策 때에 한 말을 근거로 하자면, "각 성省과 시市 중에 베이징에서 적발된 반동학생이 가장 많았다고 한다. 왕쉐타이가 있던 베이징 남쪽의 제2농장에서는 64기 중에 반동학생이 28명, 63

기엔 20명, 65·66기엔 각각 13명이 있었고, 가장 많을 때는 53명까지 있었다고 한다. 반동학생은 베이징대학 학생이 가장 많아서 10명, 그다음이 중국과학기술대학 6~7명, 기타 학교 즉 베이징 사범대학, 베이징 단과사범대학, 베이징 영화대학, 베이징 지질대학, 베이징 강철대학, 베이징 항공대학, 베이징 농업대학, 중국런민대학, 중앙희극대학, 중앙민족대학, 중앙공업예술대학 등은 한 명에서 네 명 정도였다. 명문대학 가운데는 유독 칭화대학에만 반동학생이 없었는데, 일설에 의하면 본교에서 자체 처리하고 노동교육대에 보내지 않았다고 한다. 베이징대학도 교내에서 처리한 경우가 있다는 말이 있다. 베이징 외의 상황은 상세하지 않지만 고등교육부 부장 장난샹蔣南翔의 비서가 왕쉐타이에게 이따금씩 했던 말을 근거로 볼 때, 반동학생은 전국에 걸쳐 있었고 베이징보다 외지에서 훨씬 더 엄중하게 처리되기도 했다고 한다. 안후이安徽에서는 외국에서 온 화교 여학생이 반동학생으로 분류되어, 노동개조 중에 죽기도 하였다.[42]

앞에서 언급한 1979년 교육부 당조직의 재조사 지시 보고를 근거로 하자면, 1963~65년 동안, 전국 고등교육기관에서 처리한 '반동학생'은 500~600명이나 된다고 한다. 당시 저자는 구이저우의 작은 마을 안순安順에서 교편을 잡고 있었는데, 내가 아는 바로는, 안순 제2고등학교의 몇몇 학생들도 반동학생으로 분류되어 대학 진학의 권리가 박탈되었다. '반동학생' 안건은 변방마을의 고등학교에까지 파급되었으니, 그 영향력은 실로 대단하다고 할 수 있다. 그러나 왕쉐타이가 탄식한 것처럼 "지금

---

[42] 王學泰, 「鮮爲人知的"反動學生"案」, 『多夢樓手筆』, 學苑出版社, 1999, 386~389, 365, 369, 370, 371, 385쪽.

사람들은 당시의 피와 눈물을 모두 다 잊어버린 것만 같았다".[43] 수많은 '반동학생'들이 역사의 먼지 속에 묻혀 그들의 이름조차도 알려지지 않았다. 지금 우리는 "재난 뒤에 남긴 흔적"을 통해서만이 그들이 그 해 생명을 바쳐 써 내려갔던 역사를 부분적으로나마 다룰 수 있을 뿐이다.

이상의 서술 속에서 볼 수 있듯이, 그들의 '반동'은 일찌감치 반동으로 선포된, 5·4에 뿌리를 둔 '우파'의 사유를 잇고 있었다. 민주에 대한 갈망, 결사자유에 대한 요구, 인성에 대한 관심과 탐구, 개성 강조, 독립적 사고 견지, 주류관념에 대한 회의, 현실 폐단에 대한 불만과 비판…….

'반동학생'의 시대적 특징은 '삼면홍기'와 '반수정주의 투쟁'에 대한 회의라고 할 수 있는데, 이러한 특징은 최고 당국에 의해 '계급투쟁의 새로운 동향'으로서, 엄중 처벌되어야 할 것으로 간주되었다. 만약 그들이 반우파운동 이후에 조성된 극도로 엄밀하게 "여론을 통일시킨" 사상통제와 캠퍼스 내에서 "혁명계승자가 되기 위해 다투던" 혁명적 분위기를 고려했다면, 그들은 감히 다른 목소리를 낼 생각은 하지 못했을 것이다. 당국에서 보기에, 그들은 '혁명계승자'에 대항하는 '수정주의의 싹'으로서, 필히 '정리'되어야만 하는 것이었다.

그들에게서 반우파운동에 대한 두려움을 찾아내기란 그리 어려운 일이 아니다. 우파와 비교했을 때, 당시 그들은 속 시원히 말을 하지도 못했고, 근심도 가득했던 것으로 보인다. 천씨가 황씨와 교류하는 과정에서도 이 점을 강하게 느낄 수 있다. 일기에는 다음과 같은 불평이 씌어 있다. "그와 만나 사상문제를 언급하게 되면, 늘 횡설수설거리며 말을 하지 않으려 한다. 그는 과연 나와 마음을 터놓는 친구가 되고 싶은 걸까? 그

---

43) 王學泰, 「鮮爲人知的 "反動學生"案」, 『多夢樓手筆』, 385쪽.

는 왜 자기의 생각을 이야기하지 않는가?" 그 당시 우파의 자신감은 더 이상 존재하지 않는 듯하다. 천씨와 이야기할 때 황씨는 늘 자신감이 부족해 보였다. 논쟁 과정에서 천씨가 "맑스·레닌주의, 마오쩌둥 사상학습을 강화시키고, 사상개조에 힘써야 하며, 실제 생활 특히 노동자·농민들의 삶 속으로 들어가 자신을 단련시켜야 한다"로 문제를 귀결시킬 때마다 그는 항상 즉각적으로 동의하였고, 논쟁 또한 이로써 끝나 버리게 되었다. 이것은 반우파운동 이후 이데올로기 주입이란 것이 학생들에게 어떤 영향을 미치는지 보여 주는 것으로, 설사 '반동학생'이라 할지라도 이러한 영향은 피할 수 없는 것이었다. 그들은 단지 시대의 주류이데올로기 틀이라는 제한된 범위 내에서 독립적으로 사유했던 것에 불과했다. 때문에, 민주에 대한 그들의 요구는 "진실을 말하고", "반대 의견을" 들어주고, "인식·사상·정권문제의 한계"를 분명히 하는 것에 제한되어 있었다. 그들의 "결사의 자유"와 "개성발전"에 대한 요구도 자발성을 띠는 것이기는 했지만, 자각적 사상이나 정치적 요구라고 하기에는 어려운 것이었다.

그러나 이렇게 "무릎을 꿇은 형세의 반역"이라고 하더라도 반우파운동 이후 중국에서는 절대로 용납되지 않았다. 집권자는 어떠한 틈도 용납되지 않는 절대통일, 고도로 일치된 정치·사상·문화질서를 세우려고 하였고, 모든 피통치자들이 절대 "순종의 도구"가 되길 원했다. 비록 '반동학생'이 우파 선배들에 비해서 태도가 훨씬 더 부드럽긴 했지만, 통치의지를 위배한 것만으로도 그들은 여전히 새로운 세대의 '극우분자'로 간주되어, 독재정치 철권鐵拳의 고통을 받아야만 했다. 그러나 철통 같은 사상통치도 결국엔 도전을 받게 되었다. 아무리 미약하고 연약한 도전이었다 할지라도, 그 의의는 간과할 수 없는 것이다.

4) '청년 마오쩌둥주의자'의 탄생과 그 운명

천씨는 황씨와의 교류경험을 상세히 설명한 후에, 자기의 관점과 태도를 분명하게 밝히고 있다. "황씨는 국가와 민족의 운명에 대해서 또 애국에 관심을 가졌고, 사회주의와 공산주의를 원했으며, 몇 가지 문제들에 대해서도 사유하고 있었는데", 그의 문제는 "정치적 관점과 사회에 대한 인식의 문제지, 정치적 반동은 아니"라고 하면서, 황씨의 문제를 "적아敵我의 성질"로 정리할 경우, "그를 위해 기꺼이 변호할 것이다"라고 분명히 밝혔다. 1965년처럼 계급투쟁의 대폭풍이 다가오고 있었던 역사적 시기에는 용기가 필요했다. 천씨의 이러한 용기는 우리의 관심과 흥미를 불러오기에 충분한 것이다. 그는 1959년 베이징대학 물리학과에 입학해서, 1962년 중문과로 전과한 보통 학생이었다. 젊은 공산당원이자, 공산주의 청년단의 기층간부(그는 반지부 서기와 학과 총지부 학생간부를 맡은 적이 있다)로서, 그는 1963년에서 1965년을 전후로 공산당 중앙서기 후야오방胡耀邦, 고등교육부장 양슈펑楊秀峰 및 마오쩌둥에게 편지를 써서, 중국 교육·사상·문화 및 정치문제에 이르기까지 그의 견해를 피력하였지만, 문혁 초기에 오히려 '반혁명'으로 몰리게 되었다. 그의 편지와 문장 등은 제소[申訴] 자료로 보존되어 있어서, 60년대 초기 문혁 이전 대학사조를 토론하는 데 있어 귀한 연구 문헌이 되어 준다.

중소논전 중 '청년 마오쩌둥주의자'의 탄생

천씨의 말에 따르면, 1957년에 그는 고등학생이었음에도 불구하고 적극적으로 반우파운동에 가담했으며, '우파 경향'의 선생님을 고발하는 데 앞장섰고, 『런민일보』에 지속적으로 편지를 보내 "우파반당의 황당무계한 논리"를 반박하였는데 그 표현이 적극적이어서 1959년 고등학교를 졸업할 때 당의 부름을 받았다.[44] 같은 해 9월, 그는 또 국가민족의 흥성과 공산주의 사업을 위해 자신의 일생을 바치겠다는 원대한 뜻을 품고서, 베이징대학 물리학과에 입학하였다. 천씨는 입학 초기 자기의 사상을 이렇게 이야기하였다. "당에 대한 무한한 사랑으로 인해, 나는 당시 기층조직은 물론 기층지도자가 하는 일체의 것에 대해서도 절대적 믿음을 가졌다. 조직에서 하라고 하면 나는 뭐든지 하였다. 나의 견해와 몇몇 지도자들의 견해가 달랐음에도, 나는 진지하게 내 자신을 검토하고 비판하였다. 기층조직이 어떤 문제에서 오류를 범하였다는 생각이 스쳐갈 때도, 나는 곧바로 내 생각을 부인하였다. 내 마음속에서 당은 동요될 수 없는 개념이었기 때문이다."[45] 이 시기 천씨의 사상과 행위는 반우파운동 이후 만들어진 "기층 당조직과 기층지도자 개인이 곧 당을 대표한다"는 논리를 완전히 따르고 있었고, 바로 이 때문에 당 지도 체제의 인정과 신임을 얻고 있었다. 천씨의 말을 빌리자면 그는 1960년 5·4 때, 루핑陸平이 이끄는 베이징대학 당위원회 '우수단원'으로 평가되어, '표창판'光榮榜(모범노동자를 표창하는 게시판)에 이름이 올랐다.

그러나 1962, 63년에 천씨의 사상에는 변화가 일었다. 천씨의 회고에 따르면, 이후 공산주의 운동 내부모순의 공개화, 흐루시초프 수정주의 집단의 출현은 그를 매우 흥분시켰다고 한다. 세계 최초의 사회주의 국가가 차를 바꿔 탄 격이었다. 레닌·스탈린의 당이 수정주의자에 의해

---

44) 陳某, 『革命何罪?―給首都工人, 中國人民解放軍毛澤東思想宣傳隊的第二封信』(複寫手稿), 1968년 10월 20일.
45) 陳某, 「努力學習毛澤東, 和陸平黑幫不調和的鬪爭」(複寫手稿), 1966년 8월 1~12일.

좌지우지되었는데, 무엇 때문인가, 도대체 무엇 때문일까를 생각하고 또 생각해서 천씨가 결국 얻어 낸 결론은, 바로 사회주의 혁명은 사회주의 건설의 담보물로서, 사회주의 혁명을 떠난 사회주의 건설은 헛소리에 불과한 것으로, 공산주의를 실현하려면 반드시 사회주의 혁명을 끝까지 지속시켜야 한다는 것이었다.

이렇듯 계급투쟁과 사회주의 혁명의 관점에서 베이징대학을 관찰하게 되면서, 그는 1961년에서 1962년까지 자본계급의 '검은 바람'이 베이징대학에 불어오고 있었음을 감지하게 되었으며, 인간의 개조라는 것이 얼마나 어려운지, 모든 사람들이 공산당을 옹호하고 공산주의 사업을 위해 투쟁하길 원하는 것은 결코 아니라는 것을 깨닫게 되었다. 그로부터, "앞으로 그들의 주된 임무는 사회주의 건설이 될 것이다"란 생각은 철저하게 뒤엎어져, 인간의 문제가 해결되지 않으면 사회주의 건설은 보장할 수 없다고 생각하게 되었다.

그리하여, 천씨는 "한평생 정치활동을 해야겠다"는 결정적인 선택을 하게 된다.[46] 이것이 바로 그가 물리학과에서 중문과로 전과한 내재적 원인이었다. 그는 맑스·레닌·마오쩌둥 저작의 연구를 시작하였으며, 곧 "마오 주석의 사상은 맑스·레닌주의를 전반적으로 풍부하게 만들고 또 이를 발전시킨 것으로서, 철학·정치·경제·군사·문화적 측면에서 모두 당대 최고봉임을 인정하게 되었다."[47] 후에 그는 마오쩌둥에게 "나

---

46) 陳某, 「努力學習毛澤東, 和陸平黑幇不調和的鬪爭」(複寫手稿), 1966년 8월 1~12일.
47) 천씨의 이 말은 1963년 여름방학 천씨와 황씨가 마오쩌둥을 어떻게 평가해야 하는가를 토론할 때, 마오쩌둥에 대해 "맑스·레닌주의에 대한 발전은 주로 책략 면에서 이뤄졌지, 이론에 있어서는 부족하다"라고 한 황씨의 의견을 겨냥해서 제기한 것이다. 陳某, 『讓事實說話—和黃某的關係』(油印稿), 1965년 2월 25일.

는 일반 공산당원이지만, 내 모든 것을 아낌없이 공산주의 사업을 위해 바치는 그런 당원이 되리라"는 결심을 편지로 적어 보낸다. 또 그는 "우리의 국가, 민족, 계급, 사업에 당신 같은 위대한 지도자와 당신이 영도하는 공산당이 있다는 것을 생각할 때마다, 나 자신은 억제할 수 없는 깊은 감동 속으로 빠져들게 된다"라고 적었다.[48] 이것은 마음에서 우러나온 진심 어린 말이었다. 우리는 중소논전 중에 '청년 마오쩌둥주의자'가 탄생되었다고 가히 말할 수 있을 것이다.[49]

'정치두뇌를 가진 실천가', 실천 속에서 맑스주의를 발전시키는 '이론가'가 되기로 뜻을 세우다

20세기 60년대 초 중국 대학 캠퍼스에 출현한 천씨 같은 대학생은 '청년 마오쩌둥주의자'로 명명할 수 있다. 여기에는 그와 같은 시기에 출현한 '마오 주석 저작 학습 열성분자'와 구별할 수 있는 나름의 근거가 있다. 천씨가 1965년 2월 마오쩌둥에게 보낸 「당과 정부에 제기하는 몇 가지 견해」給黨和政府工作提的一點意見라는 글에서, 그는 다음과 같이 말했다.

> "많은 사람들이 진심으로 마오 주석을 숭배하고, 주석의 사상으로서 갖가지 문제를 해결하는 것이 아니라, 입으로만 주석 사상의 위대함을 외치고, 주석을 신비화·우상화하면서, 행동으로는 오히려 주석의 사상으

---

48) 陳某, 『給毛主席的一封信』(油印稿), 1965년 2월.
49) 중소논전이 60년대 중국 젊은 세대에게 미친 영향은 연구할 가치가 있는 매우 큰 문제다. 이 논전과 뒤이어 일어난 문화대혁명은, 중국 본토와 세계 속에 '마오쩌둥주의자'들을 배양해 내었다. 천씨는 황씨와의 이야기 속에서 "마오 주석의 영향은 전 세계적 범위까지 미쳤다"고 이야기하였다.

로부터 한참 동떨어져 있거나, 교조주의적으로 주석의 저작 속 몇 가지 구절만을 옮겨 와서는, 오히려 주석 사상의 영혼을 제거하는 것만 같다. 이 모든 것은 사실상 주석 사상의 위대한 뜻을 평가절하시키는 것이니, 반드시 계몽운동이 있어야 한다."

"전 단계에서, 마오 주석 저작 학습에 대한 지도가 너무 부족했기에, 학습에 있어 두 가지 편향이 생겨났다. 지식인 대다수가 교조주의적이고 단장취의적 방법을 취한다면, 대다수 노동자·농민은 경험주의적이고 단속적斷續的이다. 진정으로 주석의 입장, 관점, 방법을 학습한 사람은 극히 적다. 학습 과정에서 주석이 말하는 것이 무엇인가를 보아 낼 뿐 아니라, 왜 그렇게 말하였고, 어째서 그렇게 말할 수 있었는가를 생각하고, 또 주석의 말이 옳다는 것을 아는 데 그치지 않고, 어째서 그 말이 옳고 왜 그렇게 말하는 것이 옳은가를 이해하면서, 이로써 자신의 사상·언론과 행동을 비추는 사람은 극히 적다. 주석의 저작을 학습할 때는 반드시 '문제를 가지고 학습해야' 하지만, 그 '문제'란 것을 볼 수 있고, 만질 수 있는 '작은' 문제, '구체'적 문제, '실제' 문제로 너무 협애하게 이해해서는 안 된다. 그 속에는 보이지 않고, 만져지지 않는 '큰' 문제, '방법'의 문제, '이론'의 문제가 포함되어야 하고, 이 두 가지는 잘 결합되어야 한다. 그렇지 않으면, 사람들은 사물주의에 빠지게 되어 전체를 이해하지 못하게 되거나, 정치의 심각한 위험을 이해하지 못하게 된다. '작은' 문제는 모두 해결하면서, '큰' 문제는 해결하지 못하게 된다면, 국가에 문제가 생기지 않으리라는 장담을 어찌할 수 있겠는가."

"더 많은 사람들이 맑스·레닌주의의 기본원리와 사회발전 규율 및 프롤레타리아계급의 역사 사명을 이해하고, 그들이 일정한 역사의 고도에서서 문제를 관찰하고 분석할 수 있게 되면, 오늘을 볼 수 있을 뿐 아니라 내일을 보게 되고, 몇십 년, 몇백 년을 보아 낼 수 있을 것이다. 그렇게 되면, 그들이 임무를 이행하고 완성할 때, 이렇게 해야만 한다는 것을 알게 되고, 왜 이렇게 해야만 하는지를 분석할 수 있어서, 맹목성은 감소될 수 있고 자각성은 증가될 수 있다. 지금은 맹목적 실천가들은 너무 많은데, 정치두뇌를 가진 실천가는 너무나 적다."

천씨는 문장에서 "당대當代 혁명투쟁 문제를 조직적으로 연구하는 이론단체"에 관한 견해를 다음과 같이 제기하였다.

"맑스주의는 발전적인 학설이다. 그것은 인간의 인식과 객관세계를 개조하는 과정에서 발전되어야지, 그렇지 않으면 생명력이 없게 된다."
"맑스주의 역사는 사회에 커다란 변혁이 생길 때마다 공산주의 운동에도 커다란 변혁이 생기고, 공산주의 운동권에 커다란 논쟁이 생기게 되면 맑스주의에는 커다란 발전이 있게 된다는 사실을 우리에게 알려 준다. 우리나라건 세계건 간에 지금은 일찍이 없었던 위대한 역사 변혁의 고비에 처해 있다."
"맑스·레닌주의, 마오쩌둥 사상은 결코 진리를 단정 짓지 않는다. 오히려 실천 속에서 부단히 사람들에게 진리를 인식하도록 길을 열어 준다. 다시 말해서 이 사상은 인류를 대상으로 3대 혁명투쟁을 정확하게 진행시킴으로써 과학적 기초를 마련했다. 그렇다고 이 사상이 결코 절대불변의 교조라는 것은 아니다. 맑스·레닌주의와 마오쩌둥 사상은 진리로서, 비평을 두려워하지 않으며, 또 비평을 통해 뒤엎을 수 있는 것도 아니다. 다양한 비평은 그것을 풍부하게 만들고 발전을 촉진시킬 따름이다."
"사회주의 사업의 발전 과정에서 생겨나는 여러 문제에 대한 연구토론은 개별적으로 해낼 수 있는 것이 아니다. 왜냐하면 시국이 너무 급속하게 변화하고, 또 개별적으로는 전반적인 자료를 구하기도 어려워서 불가피하게 연구에 문제가 생기기 때문이다. 우리는 지금 사람들이 필요하다. 그들은 우선 개혁의 뜻이 있고, 공산주의 사업을 위해 몸 바칠 각오가 되어 있는 전사여야 하며, 또 맑스·레닌주의 기본원리를 이해하고, 사회투쟁과 인민대중 속에서 살아갈 각오가 되어 있어야 한다."

천씨 자신이야말로 바로 이렇게 '큰' 문제, '방식'의 문제, '이론'의 문제를 생각하는 데 뜻을 두고 있었고, "오늘을 보아 낼 뿐 아니라, 내일을 볼 수 있고, 수십 년에서 수백 년을 내다볼 수 있는", "정치두뇌를 가진 실천가"이자, "개혁의지가 있고 공산주의에 헌신할 각오가 된 전사"로서 "맑스·레닌주의의 기본원리를 이해하고", 또 "시종 사회투쟁과 인민대중 속에서 살아가면서", "당대 혁명투쟁문제를 연구하고", "실천 속에서 맑스주의를 발전시킬 이론가"라는 것이 분명해진다. 근본적인 면에서 천씨는 젊은 세대에 대한 마오쩌둥의 기대에 근접해 있었다. 게다가 그에게는 '청년 마오쩌둥'의 그림자도 어렴풋이나마 보이고 있다.

마오쩌둥의 사유와 시각으로서 중국과 세계를 관찰하고 사고하다

천씨가 이렇게 뜻을 세우고 이러한 선택을 하게 되었을 때, 그는 자신의 처지를 분명하게 인식했었다. 그는 고독했기에, 마오쩌둥에게 보내는 편지에서 이렇게 호소하였다.

"지금 청년세대 가운데 전진 속에서의 고난을 인식하며 진정으로 우리의 사업을 위해 생을 다하고자 결심하는 사람은, 지금의 행복한 생활과 개인의 비좁은 세계에 도취되어 있는 사람 수보다 훨씬 적습니다. 주석님, 우리 세대를 좀 힘껏 붙잡아 주십시오. 특히 대학생들을."⁵⁰⁾

그는 위험을 느끼기도 했다. 마오쩌둥에게 보낸 편지에서 그는 자신이 생각하고 있는 문제를 다른 사람과 함께 토론할 방법이 없어, 머릿속에서 어떤 체계를 만들어 내지 못하고 있다면서, 그 가운데 많은 문제가 정치문제인데, 자신이 알고 있는 상황도 한계가 있고, 또 그다지 큰 발언권도 없기에, 확신이 없다고 토로하였다. 심지어 어떤 학우는 "그의 안전을 위해서는 아무 말 하지 않는 편이 나을 것"이라는 충고도 아끼지 않았다고 하면서, "이러한 상황이 그에게 불길한 예감을 들게 한다"는 언급도 하였다. 자신은 좋은 마음으로 의견을 제시했는데, 조직에서 '성과부정' 혹은 '개인영웅주의'라고 여길까 봐 두렵고, 또 자신에게 정치반동의 모자가 씌워질까 봐 더욱 두렵다며 자신의 고뇌와 우려를 드러내었다. 그러나 이러한 망설임 속에서도 그에게 계시와 힘을 주었던 것은 바로 마오쩌둥의 단 두 마디였다.

"우리나라는 진심으로 인민을 위해 봉사하고, 진심으로 사회주의 사업을 위해 봉사하는, 개혁의 뜻을 가진 사람들이 많이 있어야 한다."

---

50) 陳某, 『給毛主席的一封信』(油印稿), 1965년 2월. 이 시기 마오쩌둥 역시 자신이 추구하는 바가 당내 이해와 지지를 받지 못해서 고독해 있었음을 천씨는 알지 못했다. 상황은 1956년 그가 제기한 쌍백방침 시기와 너무도 유사했다. 후에, 마오쩌둥은 과연 "이 세대의 젊은이들을" "단호하게 틀어쥐었다". 이렇게 해서 1966년 8월 "여러분들은 국가대사에 관심을 가져야 하고 프롤레타리아계급 문화대혁명을 끝까지 진행시켜야 합니다"라는 구호가 나오게 되었던 것이다. 이러한 상황 역시 1957년 지식인 '백화제방, 백가쟁명'과 매우 비슷하다.

"'몸을 던져, 황제를 말에서 끌어내려라.' 우리가 사회주의·공산주의를 위해서 투쟁할 때, 이러한 두려움 없는 정신이 생기게 될 것이다."

천씨는 자기가 쓴 몇 편의 글 속에 모두 마오쩌둥의 이 두 마디 어록을 인용하였다. 이 두 마디는 이미 그의 '좌우명'이 되었고, 그는 성심껏 그리고 진지하게 몸으로써 이를 실행하였다. 오늘날 사람들은 천씨가 인용한 이 두 마디의 말이 1957년 3월 12일 마오쩌둥의 「중국공산당 전국 선전공작회의에서의 강화」在中國共産黨全國宣傳工作會議上的講話에서 나온 말임을 어렵지 않게 알 수 있을 것이다.[51]

그 해 많은 지식인들과 청년학생들도 이러한 외침 속에서 '두려움 없이' 백화제방, 백가쟁명을 감행하였지만, 그들을 기다렸던 것은 반우파운동이었다. 마오쩌둥의 이 두 마디 말은 또다시 천씨 세대를 분기奮起시켰다. 또 어떠한 운명이 그들을 기다리고 있었던 것일까? 물론, 이 모든 것은 사후事後의 물음일 뿐이다. 1965년 역사적 시공간 속에 있던 천씨는 자신의 마음이 마오쩌둥과 너무나 잘 통한다고 느꼈다. 그는 마오쩌둥의 사유와 시각(즉 그가 말한 마오쩌둥의 '입장, 관점, 방법')으로 중국과 세계의 현실과 미래를 열심히 관찰하고 사고하였다.

---

51) 천씨는 1956, 57년 마오쩌둥의 저작, 특히 「인민 내부 모순 문제를 정확하게 처리하는 문제에 관해」(關於正確處理人民內部矛盾的問題)를 특히 중시하고 또 매우 높은 평가를 내렸다. 1963년 여름방학에 황씨와의 이야기 속에서도 특별히 다음의 내용을 지적하고 있다. "사회주의 혁명과 건설 중에, 맑스주의 발전에 대해서, 주석은 다른 것은 언급하지 않고, 「인민 내부 모순 문제를 정확하게 처리하는 문제에 관해」만을 가지고, 이론상 소련에서도 십수 년간 해결되지 않았던 시대의 획을 긋는 위대한 의의를 지니고 있는 문제를 해결하였다." 그의 많은 관점들은 사실상 모두 '두 가지 모순' 학설을 이론적 기초로 하고 있다.

'사회주의 민주'를 거듭 천명하다 : 기층조직의 절대권위에 의문을 던지다

그렇다면, 천씨는 어떤 문제에 주목하고 어떤 문제를 제기하였는가? 그가 먼저 제기한 것은 "사회주의 민주문제에 관한 것으로서" 그의 사고는 1957년 반우파운동에 대한 성찰에서 비롯된 것이었다. 그는 "반우파투쟁 이후 심각한 민주결핍 상황이 나타났다"고 날카롭게 지적하고는 "반우파투쟁이 위대한 현실적 의의와 역사적 의미"(이러한 긍정 또한 진지한 것으로, 아래에서 이를 분석할 것이다)를 갖는다는 것을 긍정한 후, 반우파운동과 이후 나타난 문제에 대해서 다음과 같이 분석하였다.

"반우파투쟁에는 많은 결함이 존재한다. 두 가지 모순의 한계에 대한 파악을 제대로 하지 못한 것, 단순화된 처리 방법, 과감하게 문제를 제기하고 구체적인 업무에 대해 불만을 갖고 기층지도자를 비평한 사람을 우파로 분류한 것, 정치투쟁 경험이 있는 진짜 우파는 누락시킨 것 등이 그러하다. 본래, 이렇게 위대한 운동을 진행시키다 보면, 경험이 없어서, 특히 인민 내부 모순을 정확하게 처리해 본 경험이 없어서 잘못을 범하기 마련이기에 이를 나무랄 수 없는 일이다. 그러나, 지도자는 제때 경험에서 얻은 교훈을 총괄해야 함이 옳다. 이러한 업무가 제때 이뤄지지 못하면, 두 가지 나쁜 결과를 초래하게 된다. 그 하나는 기층지도자는 반대 의견을 듣지 않게 된다는 것이고, 다른 하나는 대중들이 사실을 말하지 못하고 의견을 제시하지 못하는 것이 보편화되어, 커다란 위험을 미연에 방지하지 못하게 된다는 것이다.

그렇게 된 후엔, 당의 기층지도자에 대해 어느 누구도 비판할 수 없게 되니, 그들이 하는 어떠한 일도, 어떠한 말도 모두 옳은 것이 되어, 대다수 군중은 '당의 말을 들어야 한다는' 것을 기층 당조직의 말부터 시작해서 무슨 무슨 지도자의 말까지 모두 다 잘 들어야 하는 것이라 이해할 뿐이지, 무엇보다 먼저 주석과 중앙의 말을 듣고, 당의 노선·방침·정책을 들어야 한다는 것으로 이해하지는 않는다는 것이다(양자의 통일은 기층조직이 중앙정책을 철저히 실행하는 것이다). 만약 어떤 구체적 문제에 있어서, 어느 한 사람의 견해가 기층조직 또는 어느 당 지도자와 분기가 생기게 되면, 이것은 그 사람이 '문제가 있다', '당의 말을 듣지 않는다'고 비판할 것이 아니라, 사상을 검토해 봐야만 하는 것이다. 이로부터 거짓말이 생활화되고, 민주가 파괴되기 시작해서, 지도자들은 실제에서 벗어나고, 대중을 벗어나 주관주의·관료주의 풍조에 휩쓸릴 뿐 아니라 자만심도 점점 커져서, 중앙정책 또한 관철되기 어려워지게 된다.

요 몇 년 몇 가지 문제들이 점차 드러나게 되었지만, 우리의 많은 지도자들은 아무것도 느끼지 못하고 있다. 주석은 몇 차례 계급투쟁을 부르짖었지만, 많은 사람들은 여전히 인식하지 못한다. 몇몇 지도자들의 관료주의와 민정에 어둡고 또 민주적이지 않은 풍조는 이미 놀랄 정도에까지 이르렀다. 그들은 기층 속으로 깊이 파고들지도 않았고, 또 바른 말도 듣지 않았으며, 그들과 반대되는 의견을 듣게 되면 '잔학한 사람'으로 돌변하였다. 물론 우리 대부분의 간부는 시종 부지런하고 성실하게 당을 위해 일하고, 당에 대한 소박한 계급감정으로 충만하다. 그러나 아직까지도 많은 사람들이 맑스·레닌주의를 잘 이해하지 못하고 있고, 시야도 그다지 넓지 않아서, 형이상학적으로 문제를 본다. 그래서 종종 그들은 정신이 혼미해져서는 기층지도자가 하는 그 어떠한 지시도 건드릴 수 없는 법칙으로 여기게 되는 것이다. 그들은 일에 대한 타인의 비판을 듣지 않고, 업무 중의 결함을 보길 원치 않으며, 이전에 행했던 업무의 잘못된 점을 인정하지 않는다. 다른 사람이 비판하는 말을 들으면 기분 나빠하며, '성과부정'이라 여기고, '이단'이라 생각한다. 결과적으로 항상 문제가 보이지 않으니, 기층지도자가 잘못을 하게 되면, 모든 사람들도 따라서 잘못하게 되는 것이다. 또한 소수의 나쁜 사람들은 기회를 틈타서 좋은 사람들에게 타격을 입히기도 한다."

여기서의 성찰과 질의는 주로 반우파운동 이후 세워진 당조직에 관한 두 가지 논리, 즉 "당의 기층지도자를 비판하는 것은 반당이다", "당 업무의 착오를 비판하는 것은 성과부정이자, 당을 공격하는 것이다"에 집중되어 있다. 이것은 여전히 반우의 그림자가 드리워진 60년대 초기 중국에서는 매우 대담한 목소리였다. 그러나 천씨 자신에게 있어서는 사상의 해방이었다. 앞서 말했듯이, 이전에도 그는 이러한 반우파 논리에 단단히 속박되었던 적이 있었다.

여기에서 또 주목해야 할 것은 천씨가 한 말이 마오쩌둥 사상 범위를 결코 벗어나지 않았으며, 심지어 마오쩌둥에게서 끌어온 것이라고도 할 수 있다는 점이다. 마오쩌둥 자신은 1962년 「확대중앙공작회의에서의 강화」에서 "당 안팎으로 최대한 민주생활이 보장되어야 한다. 다시 말해서, 민주집중제를 진지하게 실행해야 한다는 것이다. 사실대로 문제를 공개하고, 대중이 발언토록 해야 한다. 설사 자기를 욕하는 말일지라도, 말하도록 해야 한다"는 것을 강조하였다. 마오쩌둥은 또 "지금 어떤 동지들은 대중이 토론을 벌이는 것을 두려워하고, 그들이 지도기관 혹은 지도자와는 다른 의견을 제기하는 것을 두려워해서, 토론이 벌어지자마자 대중의 적극성을 억누르고 다른 사람들이 말하는 것을 막아 버린다"고 비판하였다. 심지어 그는 늘 사용하는 격렬한 어조로 "말해서는 안 된다. 호랑이 엉덩이는 만져선 안 된다. 이런 태도를 취하는 자는 열이면 열 모두 실패한다. 호랑이 엉덩이는 진짜 만지면 안 되는 것인가? 기어코 만져 봐야 할 것이다!"[52]라고 하였다.

 1965년 중국의 정치 환경 속에서, 당기층 지도자 절대권위에 대한 천씨의 도전적 목소리는 오히려 마오쩌둥이 듣기를 원했고 희망하던 것이었다. 왜냐하면 이 시기 마오쩌둥은 아무도 자신의 말을 듣지 않는 상황에 처해 있었기 때문이다. 그는 자신의 의지가 층층이 있는 당조직과의 모순과 거리감 때문에 사회 기층으로까지 관철될 수 없음에 분노하고 있었다. 그는 매우 정확하게 보고 있었다. 앞서 말한 반우 논리는 사실상 이미 그가 증오하는 당 관료체제의 호신부護身符가 되어 있었다. 천씨가 기층 당조직의 말에 무조건적으로 복종하는 것을 반대하면서, 동시에 그가 강조했던 것은 바로 "우선적으로 주석·중앙의 말을 듣고, 노선·방침·정책에 대한 당의 말을 들어야 한다"는 것이었다. 사실상 이것은 바로 마오쩌둥과 그가 대표하는 당 중앙의 절대권위를 수립해야 한다는 것을 의미하는 것으로, 그는 고의든 아니든 간에 당시 중국 정치의 가장 민감한 문제를 건드렸던 것이다.

 그러나 그가 이렇게 단도직입적으로 그 지역 '민주 결핍' 문제와 반우파운동의 문제를 연결시킨 것은, 오히려 중국 정치의 금기를 범한 것이 되어 버렸다. 설사 마오쩌둥 본인이 극도로 날카롭게 "말하지 못하게 하는" 현상을 비판했다 하더라도, 그는 그러한 현상이 만들어진 원인에 대해서만은 회피했다. 1957년 반우파운동과 1959년 반우파경향은 모두 마오쩌둥 본인과 당 중앙의 중대 결정과 관련된 것으로, 이것은 절대로

---

[52] 毛澤東, 「在擴大的中央工作會議上的講話」(1962년 1월 30일), 『建國以來的毛澤東文稿』 제10冊, 中央文獻出版社, 1996, 18, 20, 24쪽. 문혁 중 마오쩌둥의 이 말은 폭넓게 인용되었다.

건드리거나 의문을 제기해서는 안 되는 것이었다. 천씨의 견해가 비록 마오쩌둥의 뜻에 우연히 일치했다곤 하더라도, 그는 여전히 '이단'으로 간주되어야 했고, 아래에서의 분석처럼, 또 '반마오쩌둥'의 죄명을 써야만 했다. 이 또한 내재적 논리에 부합한 것이었다.

'방'(放)의 방침 : 대중민주로 '강산은 영원히 변하지 않음'을 보증하다
민주 결핍이 조성한 당의 위기에 대해서 천씨가 제시한 대책은 훨씬 더 주목해야 할 것이다. 그는 "자신의 견해를 자유롭게 밝히도록 해"야 하느냐 마느냐의 문제를 제기하고, 이에 대해서 "자신의 견해를 자유롭게 밝히는" 것은 사실상 민주의 문제라고 지적하였다. 또 훨씬 더 큰 규모와 넓은 범위에서 "자신의 견해를 자유롭게 밝히도록 해야 한다"고 단호하게 주장하였다. 이는 본래 1956, 57년 마오쩌둥이 제기한 문제로서, 그 당시에 이미 당내에서 긍정적인 반응을 일으켰던 것이다. 그러나 반우파 운동 이후 "자신의 견해를 자유롭게 밝혀라"[放]는 방침은 사실상 중단됨으로써, 이미 '노출된 계략'이 되어 버린 것이었다. 지금 천씨가 다시 "자신의 견해를 자유롭게 밝힐 수 있도록 하자"고 문제를 제기하는 데에는 나름대로 이유가 있었다.

"대규모 군중들이 그들의 역사적 사명을 인식한다면, 진짜 주인노릇을 하게 되어, 국가 관리에도 참가할 수 있을 것이다."
"대규모 군중들이 진짜 주인노릇을 한다면, 그들의 역사적 주체성과 적극적 창조정신을 충분히 발휘할 수 있게 되어, 항거할 수 없는 물질적 힘을 만들어 낼 것이다. 또한 그들 가운데 능력 있는 지도자가 대거 나타나게 될 것이다. 이렇게 되면 설사 당권자가 몇몇 수정주의자를 내보낸다

해도, 그늘에겐 반대할 힘이 생기게 되는 것이다."

"우리는 민주의 발양과 거대한 인민대중을 동원하는 사회주의의 적극성을 프롤레타리아계급 전제정치[專政]를 공고히 하고, '평화의 변질'을 방지하는 중요한 수단으로 삼아야 한다."

"학생들이 '자신의 견해를 자유롭게 밝히도록' 고무시켜야 한다."

"젊은 세대(특히 청년지식인, 대학생) 하나하나가 국가·민족·계급사업의 운명에 관심을 갖도록 해야 한다. 그렇지 않으면, 우리의 미래는 그려질 수 없게 된다."

"청년들 가운데 '의문'을 제기하고, 무슨 일에든 '어째서'를 묻게 되는 자가 생겨나야만이, 맑스·레닌주의에 대한 젊은 세대들의 인식 수준이 비로소 진정으로 향상될 수 있을 것이다."

"특히 학생들이 여러 가지 의견을 발표하도록 고무시켜 줘야 한다. 청년들처럼 머리를 쓰고, 문제를 생각하고 질문하기 좋아하는 것은 참으로 좋은 일이다. 잘못이 생겼을 땐, 교육을 통해서 모두를 향상시킬 수 있다. 만약 모두가 잘못을 범하는 것을 두려워하여 적극적으로 문제를 생각하지 않고 질문도 하지 않게 된다면, 우리 청년세대 대부분은 전도[前途] 없는 평범한 사람이 될 것이고, 우리의 미래도 상상조차 하기 힘들게 될 것이다."

"잘못된 것은 밖으로 배출시키지 않으면, 절대로 자연 소멸되지 않는다. 그것은 형세의 변화에 따라서 존재 형태를 바꾼다. 이후 이때다 싶으면, 훨씬 더 큰 손해를 가져온다. 더구나 문제가 해결되지 않고 쌓여서 한꺼번에 모두 폭발하게 되면, 수습할 수 없게 될 것이다. 몇몇 사회주의 국가들의 교훈은 우리들에게 거울이 되어 준다. 우리나라는 역사적 전통에서 볼 때 민주가 비교적 결핍되어 있다. 이 문제는 우리에게 매우 중요한 것으로, 해결되어야만 하는 것이다."

"우리나라의 수많은 혁명선배들이 아직 살아 있을 때, 이 문제는 반드시 해결되어야 할 것이라고, 아니 기본적인 것만이라도 해결되어야 한다고 소리 높여 외쳐 본다."

"몇 대 이후를 보아야 한다. 우리 당은 영광스럽고, 위대하며, 올바른 맑스·레닌주의, 마오쩌둥 사상으로 무장한 정당이다. 우리 당은 비판을 두려워하지 않으며, 또 비판될 수도 없는 것이다. 그러나 군중이 지도자를 비판하지 못하는 것은 커다란 위험을 안고 있다. 왜인가? 오늘날, 우리 당의 핵심은 투쟁 속에서 이뤄 낸 것으로, 매우 견고하기 때문에 다음 세대까지는 별 문제가 생겨나지 않을 것이다. 그러나 제3세대, 제4세대는…… 현재로서는 보장하기 힘들다. 가령 50년 혹은 100년 후에 우리당 지도 핵심이 변했거나, 혹은 변하고 있거나 할 때, 지금의 상황에 맞추어, 군중들이 그것에 반대하거나, 혹은 비판 의견을 제기할 수 있을까? 제5세대, 제10세대까지를 보아야 한다. 잘 안 됐을 때를 가상해 보아야만 한다. 그래야만이 온갖 방법을 동원하여 갖가지 결함들을 메울 수 있을 것이고, 가장 좋은 가능성을 찾아낼 수 있을 것이다."

천씨 사고의 기본적 출발점과 귀결점은 공산당 영도하에서 중국이 "50년, 100년" 동안 "영원히 변질되지 않고", 그 지도권도 더욱 공고해지도록 보장하는 것으로서, 그 방법은 바로 군중의 민주를 발양시키는 것임을 알 수 있다.[53] 이것도 역시 마오쩌둥의 생각과 부합하는 것이었다. 일 년 후 문화대혁명을 발동시킬 때 그가 취했던 방식이 바로 수많은 군중들이 자유롭게 자신의 견해를 밝히도록 하는 것이었다.

계승문제 : 노간부와 그 자녀들 가운데 '신생 부르주아계급'이 생겨남을 경계하다

천씨가 제기한 두번째 문제는 '계승'의 문제로서, 이것은 아마도 1965년을 전후로 마오쩌둥이 가장 많이 생각했던 문제였을 것이다. 여기에 대해서, 천씨는 중요하고도 의미 있는 의견을 제기하였다.

먼저 그는 '구舊세대'에 대해서 이렇게 분석하였다.

"구세대 혁명 간부 가운데, 대다수는 구계급 속에서 분화되어 나온 혁명적 지식인이다. 그들은 새로운 이론, 새로운 사상으로 무장되어 있지만, 구계급의 꼬리를 완전히 잘라 내기는 어렵다. 혁명이 승리하고, 우리가 정권을 잡게 되자 혁명가는 쉽게 경계를 풀었지만, 적들은 오히려 우리에 대한 공격을 늦추지 않았다. 어떤 사람은 큰 '벼슬'을 얻어서 살기 좋아지게 되자, 개조의 필요성을 자각하지 않았고, 혁명 감정도 점차 엷어졌다. 사람이 변하게 된 것이다!"

"전쟁은 결코 사람들의 부르주아계급 사상을 깨끗하게 없앨 수 없으며, 투쟁의 시련을 겪은 사람이라 할지라도 부르주아계급의 꼬리가 없다고 확신할 수는 없다. …… 하물며 어떤 사람들은 민주혁명 시기에 사회주의 혁명을 근본적으로 생각해 본 적도 원한 적도 없었던 사람들이다."

"우리의 구세대 혁명 간부 가운데 대부분은 항전 승리 후에야 비로소 혁명대오에 참가했던 사람들이다. 게다가 지금의 공산당위원회 서기, 공

---

53) 천씨는 또 많은 구체적인 정책을 제기한다. 예컨대, 군중이 중앙을 비판하는 것을 용인하자는 것이다. "선현을 가벼이 여긴 자의 죄는 작지만, 선현의 뜻이 후대에 전해지지 못하게 한 자의 죄는 무겁다", "유익한 말과 해로운 말을 잘 구분해 내야 할 뿐 아니라, 해로운 말을 하는 사람을 잘 구별해 낼 수 있어야 한다", "정치적으로 문제가 있는 사람, 혹은 잘못된 견해를 가진 사람을 반동·반혁명으로 간주함은, 이러한 사람의 적극성에 해를 입히는 것이고, 또 많은 사람들이 정치 방면의 문제를 이야기하지 못하게 하는 것이다".

산주의 청년단 서기들은 민주해방 시기에야 비로소 혁명에 참가했던 사람들이다(기회주의자로, 살길을 찾던 사람도 많이 있다). 혁명사업 발전의 필요성으로 인해, 그들은 곧바로 요직을 차지하게 되었다. 그러나 그들 가운데 적합하지 않은 사람도 많았다. 단련이 부족하고, 맑스·레닌주의 이론도 부족한가 하면, 다른 한편으로는 사회주의 혁명 준비가 부족하고, 또 자각적 개조의 결의도 부족했다. 그들 가운데 일부 사람들의 '변질'은 정말 심각했다."

천씨는 또 '혁명간부 자제'들을 분석했는데, 그는 그들 가운데 "자질이 좋은 사람들은 소수고, 그다지 좋지 못한 자질을 가진 사람들이 훨씬 많다"고 여겼다. 그들은 "주관적으로 사상개조를 자각하지 못하고, 그들 자신이 '혁명으로부터 나왔다'고 생각하였다. 또한 객관적인 특수조건과 특수지위가 그들의 특권사상을 더욱더 부추겨서, 수많은 사람들의 머릿속엔 부르주아계급 사상이 가득했으며, 몇몇 사람들은 프롤레타리아계급 혁명전사 가정에서 배출된 '신생 부르주아계급'으로 점점 변해갔다".

천씨가 구세대 혁명가와 그들의 자녀들을 분석할 때, 비록 '특권'문제를 언급하고는 있지만, 핵심은 오히려 그들에게 보이는 '부르주아계급 사상의 범람'에 있음을 어렵지 않게 알 수 있다. '특권'은 '특권사상'을 이야기하는 것으로, 이것은 '부르주아계급 사상'의 한 부분으로서 '신생 부르주아계급'이 될 위험을 강조하는 것이었다. 이 점은 1957년 캠퍼스 내에서의 '우파'가 생산 물자 점유와 분배 측면에서 '특권계급'이 만들어 내는 위험을 토론한 것과는 크게 다른 것이었다. 그러나 이것은 또 마오쩌둥의 생각과는 일치하는 것이었다. 천씨가 이로써 제기한 '양위'讓位문

1. 1960년대 초 베이징 캠퍼스의 지하 신사조　695

제, 즉 "몇몇 구세대는 자리를 넘겨주지 않고, 기어이 새로운 힘의 성장을 짓눌러 버리고는, 손쉽게 관료기구를 만들었다"는 내용은 훨씬 더 주목할 만하다.

부르주아계급은 여전히 대학을 통치하고 후계자들을 양성한다

청년지식인과 대학교육 현상에 대한 천씨의 분석은 그의 사상의 급진성을 본격적으로 드러내 주고 있다. 이것은 1962, 63년 이래 날로 급진화되어 가는 사회사조(그 근원에는 날로 급진화되어 가는 마오쩌둥 사상이 있다)에 부응하는 것이었다.

그가 1963년에서 1965년까지 쓴 일련의 상서上書 속에는 줄곧 하나의 사상이 관철되어 있었다. "부르주아계급과 프롤레타리아계급이 서로 쟁탈하려는 주요 대상은 청년지식인, 특히 대학생이었다. 왜냐하면 한 계급의 정치사상을 대표하는 것은 종종 그 계급의 지식인이고, 또 청년지식인은 바로 미래의 국가 간부이기에, 만약 그들에게 문제가 생긴다면 국가가 변하게 되기 때문이다. 게다가 현재 지식인 대다수는 노동인민 출신이 아니기 때문에(실제로 처음엔 새로운 계급의 진보인물 대다수가 구진영에서 분화되어 나왔고, 그 과정이 사회주의 초기에도 변함없이 유지되었다), 자각적 혹은 반半자각적, 아니면 강제적으로 그들을 새로운 계급의 지식인으로 개조시켜야 하는데, 이는 쉬운 일이 아니다."[54] "문제는 심각했다. 어떤 지식인 세대를 양성하느냐는 국가의 운명과 관련된 중요한 문제이자, 후계자에 대한 핵심 문제다."[55]

---

54) 陳某, 『寫給許立群的一封信』(油印稿), 1964년 9월.
55) 陳某, 『給黨和政府工作提的一點意見』(油印稿), 1965년 2월.

또한 그는 반우파운동 이후 청년을 쟁탈하려는 부르주아계급의 방법이 바뀌었다는 관점에서 대학(우선 그가 있던 베이징대학이다)의 현황을 관찰하면서, 문제의 심각성을 느끼게 되었다. 그가 보기에, 반우파운동의 현실적 의의와 역사적 의의는 정치사상 전선에서 중국 부르주아계급이 벌인 공공연하고 대담한 공개적 진격을 타도했다는 것이었다. 반우파운동 이후, 부르주아계급의 진공은 그 수법을 바꿔서 공개적으로 진격을 가해 왔지만, 맑스주의의 외투를 두르고 있었다. 1965년 2월에 쓴「학교 학과 활동에 제기하는 몇 가지 견해」給校系工作提幾個意見란 글에서 천씨는 베이징대학의 현황에 대해서 다음과 같이 분석하였다. "부르주아계급 교수는 소수인들의 마음속에서는 여전히 흔들리지 않는 권위였지만, 대다수 군중에게는 이미 평판이 너무 나빴다. 그러나 그들의 명예로운 지위와 생활수준은 사라진 명성의 회복을 꿈꿀 만큼 여전히 강력했다." 훨씬 더 위험했던 것은 "'사상'이라는 간판을 내걸고, '기술'이라는 상품을 파는 '공산당 내부의 전문가'들"이었다. 그들은 "부르주아계급 교수와 무형의 '통일전선'을 형성하여, 부르주아계급 교수 이상의 악영향을 미치고 있었다". 또한 당의 사상정치활동, 사회주의 혁명정신은 "교학敎學 영역으로까지 깊숙이 침투하지 못했고", "봉건주의, 자본주의"적인 것들이 여전히 교학 "진지"를 점거하고 있었다. 교육 내용은 물론 교학 방법, 심사 방법에 이르기까지 모두 다 그러하였다. 이러한 교학체제하에서는, "현실과 동떨어진 이론과, 삼대三大 차별을 유지시키는 '정신귀족'(특히 문과文科)들만을 배양해 낼 수밖에 없었다". 학생들 사이에서도 자본주의의 '뿌리'는 상당히 깊숙이 박혀 있었다. 그것은 무형의 것으로서, 사회적으로도 두터운 기초를 가지고 있었고, 영향력 있는 관례적 세력들을 가지고 있었다. 그리하여, 사람들이 어떤 한 사람을 볼 때에는, 종종 프롤레타리아계급 계급기준이나 또 정치제일, 혁명제일로 평가하는 것이 아니라 다른 계급의 계급 표준인 인성론, 업무제일로 사람을 판단하였다. 그리고 학교가 수립한 소위 "사상적으로 건전하고 기술적으로 우수한 첨병"이라는 것은 정치적으로 "지도자의 말에 잘 복종하고", 전문적으로 "교학계획에 따라서 교조적으로 학습"하는 것에 불과한 것으로, 사실상 "정치 하수인과 책벌레의 결합"이었다. 이러한 학교 분위기 속에서 출신성분과 정치표현이 모두 좋지 않은 학생들이 업무능력만 뛰어나면 중용되었다. 그러나 출신이 좋고 이상과 포부가 있으며 "방향이 정확하고 혁명적 사고", 독립적 사고를 견지하는 학생들은 오히려 억압되었다.

그래서 천씨는 고등교육부 부장 양슈펑에게 보내는 편지에, "고등교육기관은 집중적으로 후계자를 배양하는 곳인데, 도대체 누구의 후계자를 배양하는가"[56]라는 문제를 제기하였다. 그의 결론은 이러했다. 베이징대학 같은 대학교는 기본적으로 당의 교육노선, 방침과 정책이 관철되지 않아서, "프롤레타리아계급 혁명사업 후계자들을 양성할 수 없다", "우세는 여전히 구세력 쪽에 있다", "현재 구식학교는 착취계급과 인류사회를 수천 년간 통치해 온 그들의 경험을 바탕으로 찾아낸 정신귀족 배양의 가장 좋은 길이다. 이것은 바로 실제에서 동떨어진 이론의 길이자, 삼대차별을 유지시키고 확대시키는 길로, 우리는 근본적으로 그것을 개조시켜야만 한다"는 것이었다.

이렇게 '근본개조'라는 목표에서 출발한 천씨는 일련의 급진적인 주장을 또다시 펼쳐 나갔다. 예컨대, 대학입시제도의 근본적 개혁이 그것이었다. "진정으로 계급노선을 관철시키려면, 정치사상을 제일선에 놓

---

56) 陳某, 『給楊秀峰的一封信』(油印稿), 1964년 겨울방학.

아야 한다, '정치에는 무관심하고 전문분야에만 우수한' 사람들은 적게 뽑거나, 아예 뽑지 말아야 한다(특히 대학문과)"[57]는 것이었다. 또한 졸업분배제도를 개혁하고, '업무제일' 관념을 타파하며, "정치적으로 우수한", "학생들 가운데 우리 당의 핵심 역량"을 고급연구기관에 배치시켜서, 과학적 영역에서 당의 지도를 책임지게 해야 한다[58]고도 하였다. 그 밖에도 대학 문과를 근본적으로 개조시켜서, "문과가 당 간부학교 성격의 항전대학[抗大][59]과 같은 학교로 만들어야 한다"[60]는 것 등을 주장하기도 하였다.

자각적으로 마오쩌둥 사상체계를 흡수하여 하위층의 호응을 얻어 내다

앞서 분석한 '사회주의 민주' 문제에서, 천씨의 견해가 반우反右가 건립한 당 기층조직과 지도자의 절대권위에 대해 모종의 충격파를 던진 것이라 한다면, 우리가 이미 분석했듯이 이것은 문혁을 발동시킬 준비를 하고 있던 마오쩌둥으로서는 필요한 것이었다. 또한 여기에서의 모든 급진적인 주장들은 반우 계급투쟁 논리를 고수하는 것이자, 또 이를 적극적으로 발전시킨 것으로서, 이 또한 마오쩌둥 사상의 발전 논리와도 부합하는 것이었다. 그의 이러한 주장들은 마오쩌둥이 발동시킨 문혁 속에서

---

57) 陳某, 『給胡耀邦的一封信』(油印稿), 1963년 겨울방학. 1964년 양슈평에게 보낸 편지 속에서, 그는 더 나아가 다음과 같은 의견을 제기하였다. "대학입시에서는 먼저 정치사상, 그다음엔 업무수준과 출신가정을 보고 뽑아야 한다. 정치사상이 좋지 않으면 업무수준이 아무리 높고, 출신가정이 아무리 좋아도, 뽑지 말아야 한다."
58) 陳某, 『給胡耀邦的一封信』(油印稿), 1963년 겨울방학.
59) 중국인민항일군사정치대학을 이르는 말로서, 중국공산당이 옌안 시기 군사정치간부 육성을 목적으로 공산당이 창립한, 가장 영향력 있는 군사학교이다.—옮긴이
60) 陳某, 『給校系工作提幾個意見』(油印稿), 1965년 2월.

훨씬 더 급진적인 형태(대학입시를 없애고, 문과 수업을 중단시켰다)로 실현되었는데, 이것은 결코 우연이 아니었다. 이 두 가지 측면은 천씨의 생각과 견해가 마오쩌둥 사상 체계를 흡수하여, 자각적으로 그것을 자기사상과 행동의 내재적 요구로서 변화시켰음을 설명해 준다. 바로 이러한 의의에서, 천씨를 '청년 마오쩌둥주의자'로 명명하는 것이다.

60년대 초기, 중국 대학 캠퍼스, 특히 베이징대학 캠퍼스에는 천씨 같은 청년 마오주의자들이 나타나기 시작했는데, 그 의미는 실로 컸다. 그것은 또 '하층'과 '상층' 간의 상호작용을 일으키기도 하였다. 천씨 같은 청년 마오쩌둥주의자의 출현은 반우 이후 마오쩌둥과 마오쩌둥 사상의 권위를 강화하고 주입시킨 결과임이 분명했다. 특히 이 시기 중소논전과 뒤이은 '혁명 후계자 양성', '평화의 변질'和平演變 방지 문제의 제기는 보다 더 적극적으로 그들 세대 사상의 '혁명화'를 촉진시켜, 그들이 날로 급진화되는 마오쩌둥 사상과 단번에 합일될 수 있도록 만들었다. 천씨처럼 시야가 넓고 심원한, 커다란 문제를 사고하기 좋아하며, 이론적 흥미를 농후하게 갖고 있는, 또 정치적인 면에서 적극적이고도 민감한 젊은이들은 예리하게 마오쩌둥 사상의 핵심과 정수를 파악할 수 있었으며, 자신들 위에 군림해 있는 마오쩌둥과 영혼의 만남을 가질 수 있었다.

그리고 당과 관료체제에 대한 충돌로 인하여 "높은 곳에서 추위를 견디기 힘들었던" 마오쩌둥에게 이렇게 하층으로부터 나온 영혼의 호응은, 물론 더없이 든든한 지지支持였다. 특히 그가 군중의 힘으로 당내 모순을 해결하려고 결심했을 때, 천씨 같은 청년학생들 중 마오쩌둥주의자는 당연히 그의 군중 기초가 되어 주었고, 그들의 민간적 사유 또한 마오쩌둥에게 사상기초를 제공해 주었다. 우리는 이후의 연구에서 문혁 중 '청년 마오쩌둥파'(그들은 '조반파'造反派의 핵심이다)의 문제를 제기하게 될 것이다. 문혁 전(1963~65년)에 나타난 천씨의 이러한 사유는 바로 '청년 마오쩌둥파'의 선례라 하겠다.

그러나 그는 기층 당조직 눈에는 가시 같은 '우파'였다

때문에 문혁 전과 문혁 중 천씨의 운명은 특히 주목할 만하다.

우리가 이미 언급했듯이 천씨는 일찍이 '우수단원'으로 평가받았고, 혁명 후계자로서 키워졌다. 그러나 일단 그가 기층 당조직과 지도자의 절대권위에 도전하는 길을 선택했을 때, 그는 이미 기층 당조직의 눈에 '이단'이 되어 있었고, 그로 인해 격렬한 충돌을 피할 수 없게 되었다.

1962년 3월 천씨는 「물리학과 공산당 청년단 활동에 대한 열 가지 견해」給物理學系黨團工作提十點意見라는 문장을 써서, "지도자를 존중하지 않는다", "부르주아계급 입장에서 문제를 본다"는 엄중한 비판을 받게 되었다. 1963년 이미 중문과로 전과해서 공부하기 시작한 천씨는 베이징대학의 현 상황에 대해 갈수록 불만이 많아졌고, 한 차례 토론회에서는 "당위원회 서기 루핑陸平이 베이징대학에서 마오쩌둥 사상을 관철시키지 않았다"라고 공개적으로 문제를 제기하였다. 그는 그만 '벌집'을 들쑤시고 말았으며, 이로 인해 그에게는 "교만방자", "성과부정", "조직부정"의 모자가 씌워졌다. 그의 유일한 친구도 베이징대학에서 퇴출되었다. 그가 학교를 떠나갈 때 "여기는 우리 같은 사람들이 있을 데가 아니다"란 탄식을 했다고 한다. 이후 천씨는 '자기의 길'을 가기로 결정하고는 교학규정에 따라 학습하는 대신, 독자적으로 맑스·레닌주의, 마오쩌둥 저작을 연구하였고, 자주 사람들과 다른 의견을 발표하여 학생들 사이에서도 점차 고립되었다. 1964년 여름방학, 천씨는 베이징대학 공산당 청년단 대회에 참석하여, 소그룹회의에서 "민주적 기풍이 있어야 한다, 모든 사람들이 의견을 제기하도록 해야 한다"라는 의견을 제기하였고, 이로 인해 또 조직의 비판을 받게 되었는데, 죄명은 "극단적 민주화 고취", "당과 민주를 다툰다", "당의 지도에서 벗어나려 한다", "당과 대립한다" 등이었다. 1964년 사회운동을 참관하러 농촌에 갔을 때도, 소그룹회의에서 그는 "'좌'의 태도로서 극단적 개인주의, 개인영웅주의, 개인야심을 드러내었다", "교육혁명부정", "기층조직을 회의하는 것은 당 중앙을 회의하는 것이다"라는 비판을 받았다.

이렇게 계속되는 비판은 그를 더욱더 열심히 사유하도록 만들었고, 결국 앞에서 인용했던 1965년 2월에 쓴 「마오 주석에게 보내는 편지」, 「당과 정부에 제기하는 몇 가지 견해」, 「학교 학과활동에 제기하는 몇 가지 견해」 등 일련의 글들을 쓰도록 만들었다.

천씨는 자신의 글을 직접 중난하이中南海로 보내어[61] 마오쩌둥의 지지를 얻길 바랐지만, 베이징대학 당위원회로 되돌아오고 말았다. 베이징대학 기층 당조직 입장에서는 천씨가 또다시 "중문과 당조직은 맑스·레닌주의적이지 않다", "기층조직은 마오쩌둥 사상에 따라 일을 처리하는 것이 아니어서 나는 말을 듣지 않겠다"라고 밝히고 있었고, 게다가 그에 대한 불만도 이미 가득했었기에, 이를 기회로 전면적이고 체계적인 비

---

61) 자료를 보낼 때, 천씨는 또 「나의 개인적 상황에 관하여」(關於我的一點情況)란 글을 첨부해서, 다음과 같은 의지를 드러냈다. "국가 각 부문, 특히 농촌은 성과가 있고 개혁의지가 있는 인재가 많이 필요하다. 지금 농촌에 새로운 문제들이 너무나 많이 나타났다. 그러나 농촌으로 깊이 들어가서 몇 년, 몇십 년 동안 사회주의 신농촌의 문제들을 연구하는 사람들은 너무 적다. 나는 결연히 그리고 정중하게 신청한다: 농촌으로 가겠다, 계급투쟁의 대풍랑 속으로 들어가겠다. 나는 농촌에서 사람들을 잘 단련시킬 수 있으리라 믿는다, 또 나의 사상개조를 가속화시키고, 또 진정으로 해결되어야 할 문제들을 해결할 수 있으리라 믿는다. 맑스주의는 서양식 건물에 있지 않다. 이러한 학교에서 몇 년 있어 봐야 인재를 죽게 만들 뿐이다." 여기에서 밝히고 있는 사상과 행동 추세는 문혁 속에서 구체화되었다.

판을 가했다. 그에게 "당과 대립적인 일련의 견해를 만들었다", "머릿속에 반항이 가득하다", "지도자와 대중을 대립시키고, 기층과 중앙을 대립시켰다", "기층에 대한 부정을 통하여 철저하게 사회주의 일체를 부정했다", "눈 속엔 오직 마오 주석만이 있다지만, 사실은 누구도 믿지 않는다", "정치적 착오를 체계적으로 폭로하였다" 등 질책을 가하였다.

이 모든 것은 거의 1957년 반우파운동의 재연과 다를 바 없었다. 논리를 비판하는 것에서부터 방법, 분위기까지 모두 그러하였다. 어떤 비판적인 사람은 "류사오탕劉紹棠(작가, 베이징대학 중문과 학생)이 어떻게 우파가 되었냐 하면, 기층조직을 부정하고, 당 중앙을 부정했기 때문이다. 이 교훈을 기억해야 할 것이다. 어떤 이는 1957년에, 이미 우파로 구분되었다"라고 하였다. 역사는 정말로 재연되는 것만 같다. 1965년에서 1966년 상반기까지, 중국의 정치 분위기는 갈수록 긴장되었고, 새로운 반우파운동의 수레바퀴는 점점 더 다가오고 있었다.

이러한 상황 속에서, 천씨의 '돌출된 행동'은 그를 마오쩌둥과 그가 대표하는 당 중앙에만 시선을 고정시키는 '신우파'적 성향의 '반동학생'으로 만들고야 말았다. 비판대회가 열리기 전에 천씨는 이미 여러 차례 "나는 당과 마오 주석이 나를 이해해 주리라 믿는다"고 말하였다. 비판을 받던 당일에 그는 또 일기에 "울고 싶지만 눈물이 나지 않는다. 소리치고 싶어도 소리가 나오지 않는다. 내 마음은 너무도 심란하다. 나는 정말 사회주의를 반대하는가? 그렇다면 반당이 되는 게 아닌가? 당 중앙과 마오 주석께, 나는 정말로 내 마음을 열어 보여 주지 못함이 한스럽다. 우리나라가 학교처럼 되어 간다면, 어떤 꼴이 되겠는가?"라고 썼다.[62]

---

62) 이 절의 자료는 陳某, 「努力學習毛澤東, 和陸平黑幇不調和的鬪爭」, 1966년 8월 1~12일이다.

문화대혁명도 그를 해방시키지 못하여 여전히 '반혁명'의 죄명을 벗기 어려웠다

이런 국면은 마오쩌둥도 보고 싶어 하지 않았던 것이다. 그가 보기에 이것은 오히려 그의 전략목표와 전략배치에 대한 훼방이었다. 마오쩌둥에게 1965, 66년 중국은 더 이상 1957년의 중국이 아니었다. 지금 그의 주된 맞수이자 주요 공격 대상은 더 이상 사회와 학교 속의 우파가 아니라, 지방에서 중앙에 이르기까지 당내에서 '자본주의 노선을 걷는 당권파'였다. 그래서 1966년 6월 1일 베이징대학 당위원회 서기 루핑 비판에 대한 녜위안쯔聶元梓 등의 대자보에 대해서 마오쩌둥은 공개적으로 지지하였던 것이다. 마침 후베이湖北 농촌에서 사회운동에 참가 중이던 천씨는 방송을 듣고, 눈물을 쏟았다. 그의 첫 반응은 이러했다. "베이징대학이 이번에야말로 큰 변화가 오겠구나", "마오 주석은 참으로 위대하다. 이러한 대자보를 붙인 것은 이후 그 누구도 우리나라에 자본주의를 부활시키는 것은 절대 있을 수 없는 일임을 예시하는 것"이라고 보았다. 이로부터 시작되는 문화대혁명은 바로 그가(그와 같은 마오쩌둥주의자들이) 기대하는 바였던 것이다.

그러나 역사는 그가 기대하는 것처럼 발전되지 않았다. 오히려 그 자신도 혁명의 대상이 되어 버렸다. 천씨는 "루핑이 이미 무너져 버린 상황에서, 루핑을 따르던 자들은 루핑을 비판하고 자기를 지킬 것이다. 그들은 온갖 방법으로 진정한 혁명파를 공격하고 억누를 것이다"라고 하면서 정신적 준비를 하고 있었다. 그러나 예상치 못하게도 그를 기다리고 있었던 것은 오히려 '현행 반혁명분자' 딱지와 '군중전제정치'의 고통이었다. 이것은 그가 문혁 전에 받았던 비판보다 크면 컸지 결코 작은 것은 아니었다. 마오쩌둥에게 쓴 「당과 정부 업무에 대한 견해」는 여전히 그의 주요한 죄증罪證이 되었고, 거기에다 또 "반당·반사회주의적 강령",

"당 중앙과 마오 주석을 겨누고, 프롤레타리아 독재를 겨눈 번쩍이는 독화살" 등의 새로운 명목이 덧붙여졌다.

천씨가 범한 죄는 예전 그대로 '반당'죄였다. 그러나 그 배후 이론의 근거는 더 이상 "당의 기층조직을 부정했다는 것, 즉 당에 반대한" 것과 같은 '반우논리'가 아니라, 새로운 '문혁의 논리'였다. 마오쩌둥과 그가 대표하는 당 중앙(문혁 중에는 '프롤레타리아계급 사령부'라 불렸다)이 건립하고자 하는 절대권위는 그 어떠한 회의와 동요, 다른 의견을 용납하지 않았다. 이러한 논리로, 천씨의 "당 중앙도 비판할 수 있다", "어떻게 혁명하는가, 어떤 문제를 해결해야 하는가? 누구도 경험이 없으니, 프롤레타리아계급 혁명정당과 대규모 군중에 기대어 삼대투쟁三大鬪爭 속에서 부단히 모색하고 부단히 총괄해 나가야 할 것이다", "수백 년간 지속된 맑스·레닌주의 생명력은 공산주의가 실현될 때까지 이어질 것이다. 그러나 많은 사람들이 맑스주의 발전이 이미 최고조에 이르렀다고 생각하는 것 같다" 등의 견해는 마오쩌둥과 당 중앙의 절대권위에 대한 도전으로서, "마오쩌둥을 반대하고, 당 중앙을 반대하는 것이었다". 우리가 앞에서 인용한 천씨의 비판들, 즉 마오쩌둥 저작 학습 과정에서 좋지 못한 경향에 대한 비판, 반우파운동과 반우파 경향 문제에 대한 비판, 민주 현상을 파괴하는 것들에 대한 비판이 "주석 저작의 탄력적인 적용을 공격하고", "반우파투쟁과 반우파 경향을 공격하며", "민주적이지 못한 사회주의를 공격한" "죄증"[63]으로서 간주되었으며, 이 역시 문혁의 논리에 부합한 것이었다. 게다가 마오쩌둥과 당 중앙의 절대권위는 마지막까지도 구체적인 기층 당조직의 권위를 (자기가 집행하는 것이 마오쩌둥과 당

---

63) 陳某, 「革命何罪?―給首都工人, 中國人民解放軍的第二封信」(複寫手稿), 1968년 10월 20일.

중앙의 노선, 방침과 정책임을 선포하기만 하면) 현실화시켜려 했다. 그것은 모두 당의 절대권위를 지키는 데 필요한 것들이었다. 어찌되었건 천씨가 '반당'의 죄명을 벗지 못한 원인은 바로 여기에 있었다.

이것은 천씨가 생각지 못한 것이었다. 앞서 말했듯이 문혁 전 천씨는 마오쩌둥주의자였다. 그러나 이것은 자신의 자각적 이성의 선택에 의한 것이었지, 맹종이 아니었다. 그래서 그는 마오쩌둥에 대한 자신의 '숭배'를 선언한 동시에, 또 마오쩌둥에 대한 '신화, 우상화'에는 반대 의견을 분명히 했다.[64] 이 두 가지 면은 그에게 있어서, 결코 모순되지 않았다. 그러나 그가 생각지 못했던 것은 바로 그가 기대한, 결국에는 도래한 '혁명'이 사실은 새로운 신 만들기 운동이었다는 것이었다. 마오쩌둥이 몸소 발동시키고 이끌어 간 운동 속에서 그와 같이 진정한 '마오쩌둥주의자', 진정으로 "혁명을 외치는 자"는 오히려 "마오쩌둥을 반대하는" '반혁명'이 되어 버렸다. 이렇게 모순적으로 보이는 역사의 황당무계함은 문혁에 내재된 모순과 본질들을 반영해 주는 것으로서, 이것은 천씨 같은 청년 마오쩌둥주의자에게나 마오쩌둥 본인에게도 모두 역사적 비극이라 하겠다.

지하 신사조와 우파사조, 문혁사조의 관계 : 연구할 과제

서술 범위가 이미 60년대 중반 이후의 문화대혁명까지로 확대되었다. 이 부분은 앞으로 내 연구계획에 포함되어 상세하게 토론하게 될 역사 단계로서, 많은 문제들이 훨씬 더 심도 있게 전개될 것이다. 따라서 이 글은 이쯤에서 마무리해야겠다. 마무리에 앞서 논제 가운데 '60년대 초기 베

---

[64] 陳某, 「給黨和政府工作提一點意見」(油印稿), 1965년 2월.

이징대학 캠퍼스에서 용솟음친 '지하 신사조'로 되돌아가 보자. 우리가 이 시기에 발생한 '태양종대', 'X그룹' 및 황씨, 천씨 등 '반동학생'의 사유를 '지하 신사조'라고 칭한 이유는 이 모두가 반우파운동 이후 강화된 또 고도로 통일된 독재 질서에 대한 회의이자 반역으로서, 이 시기 주류 이데올로기 형태에 대한 이단성을 분명히 보여 주었고, 이로 인해 부득이 '지하' 형태로서 출현하게 되었으며, 모두가 전제정치의 운명을 피할 수 없었기 때문이었다. 그것을 '회의懷疑주의적 지하 신사조'라고 부를 수도 있을 것이다. '지하 신사조'는 1957년 우파사조와 복잡한 연관관계를 가지면서도 또 새로운 특징을 나타냄으로써, 다음 시기 문혁사조와 마찬가지로 복잡한 관계를 발생시킨다.

그러나 토론하고 있는 이 몇 가지 개별 안건 간에는 분명히 차이가 있다. 가장 두드러진 점은 반역과 회의의 사상자원과 비판 입장이 다르다는 것이다. 크게 말하면 두 가지 경향으로 요약될 수 있다. 하나는 '5·4' 전통에서 온 것이거나, 서양 인문주의에서 직접 들어온 민주·자유·개성주의·인도주의 입장이고, 또 하나는 직접 맑스주의에서 온 것으로, 사회평등과 계급해방을 추구하는 마오쩌둥 사상의 급진주의 입장이다.

서로 다른 출발점을 갖는 두 부류 반역자들의 문혁 과정에서의 행동과 그들의 운명은 아마도 지금의 연구자들이 가장 흥미를 갖고 주목하는 부분일 텐데, 이것은 머지않아 곧 다루게 될 다음 과제이기도 하다.

발문을 대신하여_나의 '1957년학' 연구
—2003년 10월 18일 화동사범대학 강의록

내가 지금 연구 중에 있는 과제로 이제 막 쓰기 시작한 저서 『망각을 거부하라: 1957년학 연구 기록』에 대해 학생들과 이야기를 나눌 기회를 마련해 준 왕샤오밍王曉明 교수에게 감사드린다.

특별한 시기의 특별한 시작

나는 두 가지 문제를 이야기하고 싶다. 먼저 "왜 이런 책을 쓰는가?"이다. 여기에는 두 부분에서의 생각이 있는데, 우선 그 첫번째 동기를 말하고자 한다.

    이 책의 글쓰기는 5개월 전 갑작스런 충동에서 시작되었다. 나는 올해의 봄(2003년 봄)이 모든 중국 사람에게 평생 잊지 못할 기억을 남겨주었다고 생각한다. 우리는 생각지도 않은 전염병을 마주했고, 또 격리 상태에 처해졌다. 이로 인해 우리는 바쁘기 때문에든 혹은 나약해서든 그간 감히 직시하지 못했던 많은 문제들을 보기 시작했다. 이런 상황 속에서 나 역시 자연이 만들어 낸 전염병으로 인해 갑자기 어떤 사유가 일기 시작했다. 더 정확하게 말하자면, 1957년의 그 정치 전염병을 다시 느끼게 된 것이다. 나는 자연 전염병과 정치 전염병 사이에 모종의 내재적 연관이 있음을 직감했고, 그래서 하나의 환각이 생겨나게 되었다. 나중에「글쓰기에 들어가며」에서 나는 이렇게 썼었다. "이미 기억 속에서 희미하게 사라졌던 시대가 갑자기 겹겹의 격리와 단절을 깨고 창을 넘어오는 것 같았다. 정치돌림병이 횡행했던 그 시대의 갑작스런 재현은 내게 진정한 공포를 가져다주었다. 그러나 나는 이번에는 물러서지 않았다. 그것을 직시하면서 그동안 총총히 생겨났던 많은 생각의 갈피들을 하나씩 쓰기 시작했다. 이것이 나의 '1957년학 연구'의 시작이었다고 할 수 있다. 이 특별한 시기에 이러한 특별한 시작이 있었다는 것은 정말 특별한 일이다."(본문 44~45쪽)

두 가지 역사 은폐를 대면하여 : 망각을 거부하라

여기서 말한 '1957년학 연구' 과제는 사실 1998년, 즉 5년 전에 제기되었다. 이것은 베이징대학 1998년 100주년 '기념식 후의 성찰'에서 나온 것이다. 왜냐하면, 나는 1957년 반우파운동의 역사가 베이징대학의 역사 서술과 기억 속에서 이미 사라졌고, 마치 아무것도 발생하지 않은 것처럼 조금의 흔적도 남아 있지 않음을 발견했기 때문이다. 역사의 당사자로서(반우파운동 시기 난 베이징대학 중문과 신문전공 2학년으로 재학 중이었고, 반우파운동에 대해 다른 의견을 냈다가 '중우'中右로 구분되었다), 난 이런 역사에 대한 망각에 놀라웠다. 그래서, 도서관에서 그 해 '반동자료'로 보존되어 있던『우파언론 모음집』右派言論彙集을 찾아냈고, 자세히 읽으면서 더 놀라운 발견을 하게 되었다.

오늘날 우리는 1957년 학생들의 논의와 1980년 중국공산당 영도자의 역사경험에 대한 총결 사이에 다른 점이 있다는 것을 발견할 수 있다. 그렇지만 몇 가지 중요한 관점들, 예를 들어 사회주의 발전 과정 중에 나타난 문제는 '제도적 폐단'과 연관되어 있어서 반드시 제도개혁을 진행해야 한다는 것, 권력의 과도한 집중을 반대하고 특권을 반대하며 지도자와 대중 간의 불평등한 관계를 반대한다는 것, 사회주의 민주의 확대와 사회주의 법제를 강화해야 한다고 주장하는 것, 이런 인식들은 모두 일치하거나 유사하다. 하지만 이런 기본 관점은 1957년에 '반당·반사회주의' 언론으로 치부되어, 모든 저자들이 엄중한 처벌을 받았다. 그러나 80년대 이후 오히려 이것은 중국 개혁의 지도사상이 되었다.(30쪽)

우리는 반드시 이런 현실을 직시해야 한다. 비록 1980년대 이미 96명을 제외한 우파가 모두 '시정'是正되었다고는 하지만, 여전히 "반우파 운동은 정확한 것이자 필요한 것"으로서, 단지 '확대'되었을 뿐이라고 하는 그런 현실을 우리는 직시해야 한다. '시정'은 되었지만, '명예회복'은 시켜 주지 않았고, '시정'된 우파에게는 어떠한 경제적 보상도 주어지지 않았다. 이것은 어떠한 형태의 역사현상인 것인가?

선각자의 사상이 어느 단계에서 그의 비판자에게 수용되고, 비판자에 의해 일정 정도 실현되는 역사현상이 나타나게 된다. 물론 이는 비판자가 자신의 이익 여부를 보고 실행한 것으로 선각자와는 무관하다. 또 선각자의 역사적 오명이 이로 인해 씻겨졌다고도 할 수 없다. 그들에게 마땅히 해주어야 할 역사 지위의 회복과 인정認定은 말할 것도 없고, 그들을 계속해서 정풍하지 않는 것만으로도 충분히 인도적인 것이었다. 대다수 사람들의 눈에는, 심지어 후대 사람들의 인상 속에서 그들은 여전히 죄가 있는(적어도 일찍이 죄가 있었던) 사람들이다. 이런 결말은 선각자 자신들, 또 그때의 비판자, 나중의 유언 집행인 모두에게 잔혹하지만 어쩔 수 없는 것이었다.

이런 잔혹하지만 어쩔 수 없는 것에 대해서 우리가 할 수 있는 것은 사실事實과 역사의 연계성을 밝히는 것뿐이다. 1957년 '광장'의 사유와 외침은 바로 80년대 중국 사상해방운동의 서곡이었고, 세상이 주목한 중국 개혁사상의 주춧돌이었으며, 또 중국 민간의 젊은 선각자들이 비합법적인 형식으로 자신의 생명과 선혈을 바쳐 만든 것이었다. 그들 이후에도 또 새로운 희생이 있었다. 이 세기말의 축제와 공연 속에서, 적어도 몇 사람은 이런 뚜렷한 역사기억을 간직할 수 있기를 희망한다.(32쪽)

여기서 다시 또 제기되는 역사 기억은 중요한 사상문화현상을 언급한다. 소위 "망각을 강요한다"는 것이다. 중국은 역사적으로 역사 기록에 대해 "다시 고쳐 쓰기"를 해왔다. 사실상, 루쉰은 고서를 대량으로 삭제하고 정정하거나 없애고 추출하는 목적이 역사의 피비린내를 전부 삭제시키려는 의도라고 비판했었다. 그러나 지금의 방법은 더 깨끗하고 더 철저하다. 당사자의 회고는 물론 후대 사람들이 토론하는 것을 막았으며, 학술계가 연구하는 것도 막았고, 기록조차도 아예 못하게 하였으며, 역사적 서술을 허락하지 않았다. 나아가서는 역사 기억을 근본적으로 소멸시키려고 한다.

이렇게 해서, 역사 기억에 대한 두 가지 거대한 은폐가 이루어지는 것이다. 하나는 반우, 문혁과 같은 역사적 착오와 죄악, 그리고 역사의 피비린내가 은폐되었고 "전부 정의로워졌다"는 것이다. 또 하나는 역사의 정의로운 인물들, 루쉰에 의해 중국의 "근골과 중추"라고(반우파운동, 문혁에는 이런 '경골한'硬骨漢이 많았다) 불렸던 정의로운 사람들이 은폐되었고, "착한 백성"과 "순종하는 백성"만이 남겨졌다. 이런 두 가지 은폐는 필연적으로 두 가지 심각한 결과를 초래하게 된다.

역사 혈흔의 은폐는 반우, 문혁과 같은 역사착오 관념과 체제상의 폐단을 만들어 놓고도, 역사에 대한 진지한 성찰이나 정리 없이, 물론 실질적인 시정과 변혁이란 것은 더더욱 말할 것도 없이, 오히려 모종의 역사조건하에서 현재와 후대 사람들에 의해 계승·발전되고, 심지어는 역사의 죄업을 신명神明으로 삼아 다시금 받듦으로써, 또 다른 형식으로 20세기의 역사비극이 재연될 거라는 의미를 담고 있다.

사상적 선각자들에 대한 인위적 은폐와 삭제로, 그들의 사상적 성과를 후대 사람들이 알지 못하게 하는 것은 끊임없는 사상의 중단을 초래하고, 각 세대가 선인들의 사고가 이미 높은 수준에 도달했음에도 이를 이어 발전시킬 수 없도록 함으로써 처음부터 하나씩 하나씩 다시 시작하도록 만들 것이다. 이것은 중국 근현대사상이 시종일관 저급한 수준에서 중복되고 있는 중요한 원인이 되는 것이다. 이러한 정신적 전통의 단절은 루쉰이 말한 것처럼 전체 민족정신에 더 큰 손상을 가져왔다. "흔들림 없는 자의 멸망"은 타협과 위선의 기풍을 성행시켰고, 대충 살아가는 철학을 창궐하게 했으며, "동요하고 망설이는 자는 점점 더 타락하였다". 사실상 민족정신의 타락이었다. "만약 중국이 망하면 그건 이런 책략을 만든 사람들의 탓"[1]인 것이다.

이런 심각한 역사적 결과를 의식하게 되자 나의 마음은 상당히 무거

---

1) 魯迅,「書信. 330618 致曹聚仁」,『魯迅全集』12卷, 405~406쪽. [「차오쥐런에게」,『서신 2』]

웠다. 역사의 주요 책임자와 조직이 책임을 지지 않는 상황에서 보통 사람들의 책임을 지나치게 강조해서는 안 된다. 그러나 난 늘 지식인으로서, 특히 역사학자의 실직失職과 실책失責에 대해 부끄러움과 불안감을 갖는다. 그래서 난「망각해서는 안 되는 사상 유산」에서 다음과 같은 말을 하게 된다.

> 1957년에 대한 역사 서사는 이렇게 창백하고 얄팍해서 또 이렇게 오류투성이여서, (선각자가 희망했던) '미래의 젊은이'들은 이해할 길이 없었고 이해할 수도 없었다. 이것은 양심과 지각이 있는 경험자, 학자들의 부끄러움이다! 빚은 언제든 갚아야 한다. 우리는 용기를 갖고 이 역사의 피비린내를 직시해야 한다. 담력과 식견을 가지고 권세와 관습적으로 만들어진 갖가지 장애를 뚫고 과학적인 실사구시의 정신으로 1차자료를 새로이 수집하고 선각자의 사상 유산을 진지하게 연구 정리하여 역사경험을 총결하고, 현대정치사·사상문화사·지식인 영혼사……의 중요한 부분으로 삼아 '1957년학'을 세우고 지금 진행되고 있는 중국인과 중국 사회의 개조를 위해 사상 자원을 제공해야 한다. 이제 "때가 되었다"!

문장의 말미에서, 난 "모든 우파 형제자매들이여, 당신들은 어디에 있는가? 이 몇십 년 동안 당신들은 어떻게 살아왔는가?"라고 외쳤다.

요행히 살아남은 자의 글쓰기

하지만 난 이 외침이 이렇게 강렬한 반응을 이끌어 낼 줄은 생각지도 못했다. 많은 우파 형제자매들이 직접 방문하거나 편지를 부쳐왔다. 그들의 고통스런 토로는 여러 차례 눈물을 머금게 만들었다. 몇 해 동안 계속해서 손으로 쓴 많은 편지와 공개적으로 출판된 회고록들을 받았다. 이러한 자료들은 내 서재에 산더미처럼 쌓여, 더욱 내 마음을 억눌렀다. 루쉰이 말한 것처럼 "정말 불을 쥐고 있는 것처럼, 마음이 불안하게 느껴졌다."[2] 더 압력을 느낀 것은 많은 우파형제자매들이 "'1957년학 연구'를 제창하려면, 선생님부터 하세요"라고 한 말이었다. 이 말은 당연한 것이었다. 더욱 중요한 것은 내 마음으로부터의 요구, 즉 그 시대에서 "요행히 살아남은 자"로서, 죽어 간 생명에 대한 일종의 의무와 책임이 있으니, 필히 선혈 가득한 생명의 무게에 대해 책임을 져야 한다는 것이었다. 1957년의 수난자들 가운데 많은 사람들이, 재능 면에서 볼 때 나를 훨씬 능가했음에도 불구하고, 역사적 오류가 그들의 자유 발전의 권리를 박탈해 갔다는 것을 나는 알고 있다. 그들 중 많은 사람들은 지금도 여전히 "침묵하는 대다수"에 속하여, 어떤 발언권도 없는데, 학자이자 교수가 된 나는 우연히 말할 권리를 가지게 되었다. 나는 이런 권리가 선각자들의 생명의 대가라는 사실을 분명히 알고 있다. 내가 만약 나서서 말하지 않는다면, 나는 역사 제단 위의 희생자들을 마주할 수 없을 것이고, 나 자신의 양심을 마주할 수 없을 것이다.

그래서 내게 있어서 '1957년학 연구'는 "요행히 살아남은 자"의 글쓰기로, 나의 역사책임이자 내 생명의 절대적 명령인 것이다.

학술적 책임과 추구

내가 이 책을 학술서적으로 쓴 것은, 스스로 글쓰기를 재촉하기 위함이자, 또 학술적 책임과 학술적 사고思考, 학술적 추구를 촉구하기 위함이다.

---

2) 「白莽作〈孩兒塔〉序」, 『魯迅全集』 6卷, 511쪽. 「바이망의 작품 『아이탑』 서문」, 『차개정잡문 말편』.]

학자는 역사적 착오와 고난에 대해 의분이나 질책에 그쳐서는 안 되고, 진지한 사고와 과학적 연구를 통해 사상적 비약과 승화에 도달해야 한다. 역사적 착오의 원인을 찾아내고 교훈을 총괄하여, 경험한 사실을 초월한 보편적인 인식에 이르게 함으로써, "고난이 진정한 정신적 자원으로 전환되도록" 해야 한다.[3] 이것이 바로 지식인의 책임인 것이다.

최근 몇 년간 반우파운동 회고록이 다수 출판되었다. 어떤 것은 개인이나 네트워크 공간에서 돌아다녔다. 난 이것이 모두 앞에서 서술한 "망각을 강요하는" 것에 대한 자각적 반항이라고 본다. 그 의미는 상당히 큰 것이다. 이런 역사 당사자의 기억을 담은 1차자료는 학술 연구의 토대가 되는 것이다. 여기서 제기되는 문제는 바로 이런 사료의 토대 위에서 어떻게 더 나아가 역사를 정리하고 이론적 분석을 가하는가이다. 이것은 훨씬 더 어려운 일이다. 요 몇 년간 이미 어떤 학자가 이 부분에 대해 연구를 하기 시작했는데, 주정朱正의 『반우파투쟁의 전말』反右派鬪爭始末 같은 책은 한 권의 역작이라고 할 수 있다. 지금 '1957년학'을 세우자고 하는 것은 더 자각적이고 규모 있게 체계적인 연구를 진행하기를 기대하기 때문이고, 또 1957년이라는 이 역사의 중요성과 복잡성에 대해 학술적 판단을 내리기 위해서이다.

교내 민주운동 : 운동사의 중요한 한 페이지인 민간 사조

두 가지를 이야기하려고 한다. 먼저 사상사의 시각으로 볼 때, 1957년에는 사실상 두 가지 운동이 일어났었다. 하나는 마오쩌둥이 지도하고 발동한 위로부터 아래로의 정풍운동인데, 지배적인 효과를 일으켰으며, 주도적인 지위를 점했던 운동이라는 것에 대해서는 이미 많은 연구가 있다. 하지만 사람들은 베이징대학을 중심으로 한 중국의 수많은 대학 캠퍼스 내에서 발생했던 아래로부터 위로의 민간 사상, 정치운동에 대해서는 소홀하였다. 이 두 운동이 중국 사회의 각계각층과 당내 각종 세력으로부터 거대한 반향을 불러일으켰고, 복잡하게 교차되는 모순들은 결국에 반우파운동을 초래하게 되었다.[3]

민간사상운동에 대해 소홀했던 것에는 나름의 이유가 있을 것이다. 민간사상과 정치운동은 마오쩌둥의 정풍운동에 대한 호응에서 비롯된 것이기 때문에, 어느 의미에서는 마오쩌둥의 부름에 많은 학생들은 말려들어 간 것이기에, 그다지 큰 자각성이 있었던 것은 아니었다. 그러나 부정할 수 없는 사실은 운동의 발동자와 핵심 인원들은 매우 자각적이었고, 게다가 발전 과정에서 점점 그들의 목표와 요구가 명확해졌다는 것이다. 베이징대학 우파의 대진영이 되었던 『광장』의 「발간사」에서 그들은 분명하게 "이 운동은 당내 정풍운동의 범위를 이미 넘어섰고, 위대한 사회사상의식의 대변혁이라는 커다란 의미가 있으며", "사람과 사람 사이의 관계를 다시 조정하고, 과거엔 습관적으로 긍정 또는 부정했던 것을 다시 예측하고 평가하며 탐색해야 한다"고 했으며, 이것이 "사회주의 시대의 '5·4'신문화운동"이라고 했다.[4] 또 편집부가 쓴 다른 문장에서는 분명히 자신들에 관해 '베이징대학 민주운동'이라고 명명했고, 이것은 "대중이 사회주의를 옹호한다는 전제하에서, 아래로부터 위로의 사회주의 민주를 쟁취하는 정치운동이며, 청년들이 모든 속박에서 벗어나 사상 해방을 쟁취하는 계몽운동이자, 동방 문예부흥의 전조"라고 밝혔다.[5]

---

3) 錢理群, 「青春是可怕的」, 『壓在心上的墳』, 四川人民出版社, 1997, 5쪽.
4) 「〈廣場〉發刊詞」, 『原上草: 記憶中的反右派運動』, 19쪽.
5) 「北大民主運動紀事」, 『原上草: 記憶中的反右派運動』, 27쪽.

1957년 베이징대학 캠퍼스의 민간사상운동에는 두 가지 주의할 만한 특징이 있다.

만약에 1957년의 우파 지도 인물, 그 우파 정치가가 주목한 것이 주로 정치권력의 분배라고 한다면, 이것은 당연히 그들의 정치사상의 실현과 관계된 것으로, 절대 개인적 이익을 위한 것은 아니었다. 따라서 그 자체로서의 의미가 있는 것이고 따로 토론을 필요로 하는 것이다. 이 우파 학생들(우파 교사를 포함해)은 세상물정을 아는 청년들이 아닌, 서생 티가 나는 지식인들로, 탐색에 대한 그들의 열정은 순수한 진리 추구에서 온 것이었다. 때문에 그들의 사고는 현실정치·사회·경제문제 외에도 더 광범위하고 더 심층적인 사상·문화문제, 즉 정치학적·경제학적·법학적·윤리학적·철학적 문제 등을 포함하였고, 이론탐색을 중시한 장편의 논문과 「자유주의자 선언」自由主義者宣言, 「이기주의자 선언」利己主義者宣言과 같은 세계관과 기본입장에 관련된 선언서도 출현했다. 이러한 측면에서 볼 때, 그들은 1957년 파란만장했던 사상과 문화의 깊이, 그리고 의미를 진정으로 체현했다고, 이러한 것들이 그 당시 우파학생과 교사들의 사유였을 것이라고 말할 수 있겠다.

1957년 중국 대학생들은 그동안 받았던 교육으로 인해 대부분이 사회주의 신봉자들이었다. 그들이 자신들이 일으킨 민간운동을 '사회주의 민주운동'이라고 명명한 것은 책략적 고려에 의한 것이자, 그들의 신념을 표현한 것이었다. 1957년 민간사상운동의 본질을 가장 잘 나타낸 것은 이 운동의 대표 인물이었던 린시링林希翎이 베이징대학 강연 중에 제기한 "진정한 사회주의를 위해 투쟁해야 한다"는 유명한 구호였다. 강연 중에 린시링은 그녀가 이해한 '사회주의 민주'에 대해 이야기했는데,[6] 하나는 '사회주의 공유제'를 고수하는 것이고, 또 하나는 '사회주의 민주'를 고수하는 것이라고 했다. 이것은 캠퍼스 내 '우파'의 공통적인 인식을 나타낸 것이었다. 그들은, 당시 중국에 생산 수단의 점유와 분배 그리고 사람과 사람 관계에서 특권이 초래한 불평등이 나타났고, 새로운 특권계급이 형성될 것이며, 이로 인해 사회주의 공유제에 대한 위협이 가해질 것이라고 보았다.[7] 광범위하게 존재하는 민주·법제·인권의 위배 현상은 중국 사회주의가 "봉건을 토대로 만들어진 사회주의로, 비전형적인 사회주의"였음을 설명한다.[8] 그래서 그들은 "'사회주의 공업화'가 있어야 할 뿐 아니라, '사회주의 민주화'도 반드시 있어야 한다"[9]고 주장했고, "민주광장 자유연단 위에 출현한 것은 바로 지속적으로 형성되어 발전해 온 이러한 민주로서, 끼워 맞추기 식의 소련 형식도 아니고, 서구에서 사들여 온 형식은 더더욱 아닌, 오늘날 중국 사회주의 토양에서 자라난 민주제도이며, 우리는 그것을 공고히 하여 점차적으로 전국 규모로 확대해야 한다. 이것이 바로 우리의 요구이자 우리의 목적"이라고 선포하였다.[10]

1957년 중국 대학 캠퍼스 젊은이들의 이러한 사유와 활동은 현대사상사를 형성하였고, 1949년 이후의 사회주의 사상사·운동사에 있어서 특히 중요한 한 페이지를 장식하였다. 최근 몇 년간, 나는 '20세기 중국의 경험'을 진지하게 총괄해야 한다고 주장해 왔다. 그 속에는 중국 사회주의 경험과 교훈이 포함되어 있다. '중국 사회주의 경험'은 사회주의의 국

---

6) 林希翎, 「在北大的第一次發言」, 『原上草 : 記憶中的反右派運動』, 153쪽.
7) 참고한 周大覺, 「論 "階級" 發展」과 「再論 "階級" 的發展」, 沈迪克, 「談談無產階級社會中人的等級」, 錢如平, 「論階級的發展」은 모두 『原上草 : 記憶中的反右派運動』에 들어 있다.
8) 林希翎, 「在北大的第一次發言」, 『原上草 : 記憶中的反右派運動』, 153쪽.
9) 龍英華, 「世界向何處去, 中國向何處去, 北大向何處去」, 『原上草 : 記憶中的反右派運動』, 132쪽.
10) 陳愛文, 「關於社會主義制度」, 『原上草 : 記憶中的反右派運動』, 101쪽.

가 이론과 실천에만 국한해서는 안 되고, 1957년 베이징대학 학생이 일으킨 '사회주의 민주운동'이라는 민간 사회주의 사조와 실천이 포함되어야 한다.[11]

민간 사회주의 민주운동이 존재했던 시간은 아주 짧았다. 게다가 시종일관 억압 상태에 처해 있었다. 그래서 모든 사유와 언설(대자보 혹은 공개연설을 이용한 방식)은 "급히 마무리 짓는" 성향을 띠었다. 대학생들은 늘 학습 단계에 있었으며, 당시 중국은 전반적으로 세계와 단절되어 있었고, 젊은이들의 시야도 제한되어 있었다. 이런 것들이 그들의 사유를 조야하고 미숙하게 만들었지만, 이 또한 그 시대 사유의 수준을 보여 주는 것이었다.

나는 일찍이 다음과 같은 현상에 주목했다. 1949년 이후 국가가 실행한 지식인에 대한 "이용, 구속과 개조" 정책은, 지식인에 대해 행한 정풍으로서, 대륙 지식인 전체를 위축시켰다. 극히 개별적인 몇몇 사람 외에 대부분은 놀랄 정도로 "이론상의 침묵"을 보여 주었다. 물론 현행 권력정치를 위해 이론적 해석과 변호를 하는 사람도 있었고, 감히 말을 못하거나 남이 하는 말을 따라하거나 하면서 독립적인 사유와 창조를 완전히 포기하는 사람도 있었다. 독립적인 사유를 가지고 있었다 하더라도, 현실적이고 구체적인 사회·정치문제만을 주목했을 뿐 이론적 탐색은 드물었다. 이러한 정책은 늘 준비단계에 있는 청년학생(난 이들을 반만 큰 아이라고 부른다)에게 미성숙한 이론 습작을 강요했고, 이 시대의 이

---

11) 우리가 1957년 학생운동 중 '사회주의 민주운동'의 성격을 강조하는 것은 그 주요 골간의 성향과 그 주요 호소에서 온 것이다. 하지만 그들의 사상 영향과 정신 자원은 다원적이다. 맑스·엥겔스의 사상, 사회민주주의 사상 외에도, 서방 인문주의 사상, 자유, 민주 개념 등을 가지고 있다.

론 수준을 대표하도록 강제했다. 1957년에도 그랬고, 문화대혁명 기간에도 그랬다.[12] 이것은 사실 중국 사상이론계의 비애이자 중국 지식인의 실직이었다.

1957 : 중화인민공화국 역사의 결정적인 고리

물론, 1957년 역사는 사상사뿐 아니라 중화인민공화국 역사에서 하나의 중요한 부분이다. 때문에 역사 회고를 해보는 것도 무방하겠다.

중화인민공화국은 1949년 성립되었고, 신정권이 안정된 후 1953년부터 '대규모 경제건설 시기', 소위 '치국' 시기로 돌입하였는데, 이때는 치국노선 선택의 문제에 당면하게 된다. 1954년 「중화인민공화국 헌법」이 통과되었다. 먼저 "중화인민공화국의 모든 권력은 인민에게 귀속한다"는 내용을 확고히 하고, 또 공민에게 언론·출판·집회·결사·시위·거주와 이주 등의 광범위한 자유가 있음을 명확하게 규정하였으며, "인민의 민주를 더욱 발양시키고, 국가민주제도의 규모를 확대해야 한다"고 강조했다. 이것은 마치 중국이 법치국가의 길로 갈 것임을 예시하는 것 같았다.

그러나 그 이후에 발생한 일련의 사건들은 중국 역사에 새로운 전환을 가져왔다. 우선 당내에 '가오강高崗·라오수스饒漱石 반당연맹高饒聯盟' 사건이 발생했다. 마오쩌둥은 이 가오라오사건을 "중국 현 단계 격렬한 계급투쟁의 날카로운 표현"으로 보았고, 이로써 "갑자기 사태가 변하는 것에 대응하고, 반혁명 복벽에도 대응해야 하며, 가오라오사건의 재발에 대응하도록 준비해야 한다"고 경고했다. 마오쩌둥이 보기에, 중국공산

---

12) 錢理群,「民間思想的堅守」,『拒絶遺忘』, 汕頭大學出版社, 1999 참고.

당이 이끄는 홍색정권이 전복의 위험, 복벽의 위험에 당면하게 된 것은 세 가지 부분에서였다. 하나는 "우리들을 포위한 제국주의 세력"이고, 두 번째는 "국내 반혁명 잔여세력"이며, 세번째는 당내의 관료집단과 반대파 세력이었다.[13] 이것은 중국 장래의 발전과 관계된 중요한 판단으로서, 이후에도 줄곧 마오쩌둥은 바로 이런 통치 합법성이 의문시되어, 정권이 전복되면 어쩌나 하는 위기감에 휩싸여 있었음을 알 수 있다. 그리하여 '제국주의', '국내 반혁명'과 '당내 반대파'는 시종일관 3대 타격 대상이 되었다.

이로 인해 생긴 것이 바로 '계급투쟁 논리'였고, 그 핵심은 공민 속에서(당내에서도) '적과 아를 구분해야 한다'는 것이었다. '적'을 규정하는 것은 헌법과 법률에 근거한 것이 아니라, 계급투쟁 발동자의 주관적 의지와 필요에서 나온 것이었다. 심지어는 '적'의 숫자조차도 먼저 규정할 수 있었다. 일단 '적'으로 공표되면, 헌법과 법률의 제약을 받지 않는 군중전제정치가 실행되었다. 이렇게 '계급투쟁 논리'는 앞에서 서술한 '헌법(민주와 법제) 논리'와 분명하게 대립되는 것으로서, 이것은 완전히 서로 다른 두 종류의 치국 논리와 노선이었다.

1955년 5월(헌법을 공포한 지 1년이 채 안 되어서) 발동한 '후펑 반혁명 집단' 타격 투쟁, 그리고 바로 뒤에 실시한 '반혁명분자 숙청운동'은 의도적으로 계급투쟁 논리를 이용해 국가를 통치한 최초의 본보기였다고 봐야 한다. 마오쩌둥은 「'후펑 반혁명 집단 자료에 관해' 평어」에서, 대중에게 이끌려 나온 '적'에게 "고분고분하도록 하고, 함부로 말하고 행동하는 것은 불허하며", 그들에게 "일률적인 여론"을 실행하여, 그들에

---

13) 毛澤東,「在中國共產黨全國代表會議上的講話」,『毛澤東選集』5卷, 140, 153쪽.

게 "며느리처럼 늘 맞을까 두렵다"는 느낌을 갖도록 하고, "조그만 소리도 모두 녹음된다"고 공언하였다.[14] 이런 군중전제정치하에서 대량의 원죄冤罪·날조·오심사건들이 만들어졌고, 동시에 사회적인 공포분위기가 조성되었으며, 지식인은 날로 소심해져 자신의 안위만을 걱정했다.

그래서 1957년의 쌍백운동이 후펑사건과 반혁명분자 숙청운동에 의문을 제기하는 것에 집중하였던 것은 우연이 아니었던 것이다. 수많은 사람들이 "인권을 존중하지 않는" 계급투쟁 논리를 분명히 반대했고, "헌법이 규정한 인권을 인민에게 돌려주고, 6억 인민들에게는 자신들의 운명을 이끌어 갈 권리가 있어야" 한다고도 강조했으며, "공산당은 국가의 지도당이지, 공산당이 국가는 아니다", "당의 이익이 국가의 이익을 대신하고 심지어 초월한다는 견해, 당을 국가 위에 둔다는 생각을 바꿔야 한다"고 이론적으로 당과 국가의 관계를 설명하기도 하였다.[15] 이것은 분명 국가 헌법의 최고지위를 재건해 "헌법에 의거한 치국"의 길로 돌아가자는 자각적인 요구였다.

최고 권력을 장악한 마오쩌둥은 정풍운동을 전개하든, 아니면 반우파운동으로 나아가든, 그는 계속해서 자신의 계급투쟁 논리를 고수했고, 눈으론 그의 3대 '적'인 외국 제국주의, 국내 반혁명과 당내 관료집단·반대파를 주시하면서, 시종 전제정치체제 유지의 '마지노선'을 견지하면서, 매순간 "갑작스런 사태 변화에 대응하고, 반혁명 복벽에 대응하는" 준비를 하였다. 그는 국제 공산주의 운동이 일으킨 폴란드·헝가리 사건

---

14) 毛澤東, 「駁"輿論一律"」, 『毛澤東選集』 5卷, 158, 159쪽.
15) 劉地生, 「讓靑年學生純潔的頭腦自由成長」, 『原上草:記憶中的反右派運動』, 284쪽. 이 글의 저자 류디성은 난징대학 교수로 1957년 이 글로 인해 우파로 낙인찍혔다.

에서 제시한 바 있는 "두 종류의 모순을 정확하게 처리한다"는 학설로, 앞에서 서술한 인민 가운데 "적아 구분"을 핵심으로 하는 계급투쟁 논리를 이론화하였고, 그것은 그가 발동한 정풍운동과 반우파운동을 전후해서 일관적인 지도사상이 되었다. 그것의 구분은 단지 투쟁의 무게중심과 책략의 차이에 있었다. 정풍운동을 발동시킬 때, 그는 민주당파와 지식인을 이용해서 당내 관료집단과 그의 마음속에 있는 반대파를 공격하기로 하였다. 그러나 그는 민주당파와 지식인, 청년학생들이 서로 연합해서 그의 전제정치를 위협할 수도 있겠다는 생각이 들자, 역으로 당내 관료집단과 연합해 수백만의 인민을 우파로 몰아넣고는,[16] 그들이 "반혁명"이고, "제국주의의 대리인"이라고 선포했다. 반우파운동이 크게 승리한 이후 그는 또 잔여세력을 이용해서 반대로 이전에 "무모한 돌격을 반대한다"고 했던 당내 당권자들에게 경고하였고, 그들이 '우파'와 가깝다고 위협했으며, 이것으로 그들을 철저하게 복종시켰다.

이 시기의 마오쩌둥은 그의 계급투쟁 철학과 논리를 남김없이 발휘했다. "모든 적을 쓸어버렸"고 "모든 것 위에 군림하는 성인과 제왕"(맑스에다가 진시황을 결합하는 것이라고 했다)의 절대적인 통치지위를 세우기 시작했다.

---

[16] 1957년 얼마나 많이 우파들을 만들었는지는 지금까지도 의문이다. 바오이보(薄一波)는 「중대 결정과 사건에 관한 회고」(關於重大決策與事件回顧)에서 50만이라고 말한다. 홍콩의 『쟁명』(爭鳴) 2006년 1기에 발표한 「반우파운동의 기밀해제」(反右運動解密)에서는 "1958년 5월 3일 중앙정치국 확대회의에서는 전국의 우파분자는 3,178,470명이며 그 중에 중우 1,437,562명이 들어 있다고 공포했다"고 보도했다. 학자 딩수(丁抒)는 『반우파운동 중에 백팔십만 개의 '딱지'가』(反右運動中派發了一百八十萬頂'帽子')에서 "110만 명의 각종 우파, 60만 반사회주의분자, 10만의 '우파언론'이 이끌어 낸 각 '분자'는 1957~58년 사이에 180만 우파라고 모자를 씌운 것 속에는 '우파라고 확정하지 않았지만 처분을 받은' 사람들도 포함되어 있다"고 보았다.

마오쩌둥은 반우파운동 중 전체 인민을 '좌·중·우'로 구분했고, "각급 당조직 지도자와 당의 열성분자에게 의견을 제기하는 것은 반당이다"는 우파의 기준을 제시하였다. 혈통론과 출신론이 핵심이 되는 '계급노선' 및 이에 상응해 제정된 법률·법규·제도(예를 들면, '노동교육법', 대학졸업생의 정치변별제도) 등등 실제로 새로운 등급제도를 건립했고, 집중집권체제(각 단위와 지방권력은 제1인자에게 집중되었고, 전 당과 전국의 권력은 마오쩌둥 한 사람에게 집중되었다)를 극도로 강화시켰다.

마오쩌둥은 반우파운동을 통해 감독을 받지 않고 제한을 받지 않는 절대 권력을 획득한 이후, 방향을 바꾸어 인간과 자연의 관계를 처리하기 시작하면서, '대약진'을 발동시켰다. '대약진'은, 항상 적시에 "시대의 가장 강력한 소리"를 내었는데, "마오쩌둥 사상을 아주 잘 이해했던 대시인" 궈모뤄郭沫若의 시 제목으로 이를 표현하자면 "지구를 향해 전투를 벌인다"는 것이었다. 용어로만 보자면 사실상 전쟁의 사유와 논리, 즉 계급투쟁의 사유와 논리를 여전히 사용하는 것으로 볼 수 있지만 이번 대상은 대자연이었다. 이것은 마오쩌둥의 웅장한 이상과 포부를 나타내고 있었다. 그는 "인간과의 투쟁의 즐거움은 무궁하고, 하늘과의 투쟁의 즐거움도 무궁하다"는 인생철학을 신봉하였다. 그는 인간을 정복하려고 했을 뿐 아니라, 자연도 정복하고 싶어 했다. 만약에 이제 막 종결된 반우파운동에서 그가 인간을 정복함에 잠깐 동안 승리를 거뒀다고 한다면, 이번에 그는 자연을 정복하려 하였다. 잠깐 동안 허위적인 '승리'를 거두었지만, 대자연은 아주 빠르게 이에 보복하였다. 1년이 안 되어, 1959년부터 1961년까지 3년 동안 대기근이 출현한 것이다. 그러나 재난의 책임은 오히려 일반 인민이 져야 했다. 2005년 9월에 개최한 신문발표회에서 중국 민정국民政局 관리는 "3년 동안 자연재해" 숫자를 "파악하지 못했다"

고 발표했다. 그러나 많은 전문가들은 비록 확인할 수는 없지만, 1천만에서 4천만 정도, 어쨌거나 1천만 이상이라는 놀라운 숫자를 제시하였다.[17]

이것은 반우파운동이 만들어 낸 결과였다. 이 시기 내몰렸던 우파들은 이 3년 대기근의 직접적인 피해자였는데, 근래 사람들이 주목한 자볜거우夾邊溝 사건은 전형적인 사례라고 하겠다. 보다 더 중요한 것은 반우파운동으로 강화된 권력이 하나의 당, 한 사람에게 집중된 체제는 집권당과 그 지도자가 정책 결정에서 실수를 해도, 효과적인 감독과 제약 시스템이 없기 때문에 제때 바로잡을 수 없다는 것이다. 설령 전국의 다수 인민들이 그리고 당 대다수가 잘못을 발견했다 하더라도 아무런 힘이 없었기에, 극단으로 갈 수밖에 없었다. 오로지 집권당 또는 지도자 자신이 제기해야만 개정의 가능성이 있었다. 대기근은 갈수록 심해졌다. 기근 발생 초기 사람들(펑더화이와 같은 고급지도자를 포함해)은 '대약진'에 대해 의심하기 시작했다. 그러자 마오쩌둥은 자신의 계급투쟁 논리에 따라 오히려 1959년에 '반우파기회주의' 투쟁(마오쩌둥은 이것을 반우파운동의 연장이라고 하였다)을 발동시켜, '대약진'을 고수하였다. 때문에 대기근은 결국 수습할 수 없게 되어 버렸다.

반우파운동이 중국 대륙에서 사람과 사람의 관계를 극도로 악화시키더니, 대약진은 또 사람과 자연의 관계를 극도로 악화시켰다. 사실상 인성의 모든 악의 측면을 자연에 대한 대약탈을 통해 유감없이 발휘하였다고 할 수 있다. 이렇게 해서 초래된 대기근은 마치 한 차례의 전염병 같았으니, 그것과 정치돌림병의 내재적 연관성은 아주 분명해지게 된다.

그러나 마오쩌둥은 그의 계급투쟁 논리를 여전히 고수했다. 대약진

---

17) 王珍, 「三年大饑荒的數字之謎」, 『文彙讀書周報』, 2005년 11월 18일.

의 사실상의 실패로 약간 주춤해지기도 하였지만, 1962년에 그는 다시 "계급투쟁은 매년, 매월, 매일 해야 한다"고 하였고, 이러한 주장은 차츰 "프롤레타리아계급 전제정치 아래에서 혁명을 지속한다"는 이론으로 발전하였다. "나를 멸망시키려는 제국주의의 마음이 죽지 않았다"는 '평화 발전'에 대한 고도의 경계심은, 마오쩌둥에게 "우리 국가의 3분의 1의 권력은 우리에게 있지 않다"는 판단을 하게 했는데,[18] 이것은 반우파운동 이후 또 한 번 시국을 잘못 분석하여 '적정'敵情을 지나치게 과장한 것이었다. 마오쩌둥은 매번 중요한 시기에 '적정'을 과장하였고, 이런 잘못은 심각한 결과를 초래했다. 이 원인에 대해서는 연구할 가치가 있다.

반우파운동에서 전면적 승리를 거둔 마오쩌둥이 보기에, 60년대의 중국에서 그의 통치에 위협을 가할 수 있는 것은 더 이상 우파가 아니라 중앙부터 지방까지 실권을 장악한 당내 관료집단과 그가 생각하고 있는 반대파였다. 그는 이것을 '자본주의 노선을 걷는 당권파'(주자파)라고 불렀고, 사상문화 영역에서 여전히 큰 영향을 가지고 있던 지식인들을 '부르주아계급 반동학술권위'라고 하였다. 이들은 "프롤레타리아계급 전제정치하에서 혁명을 지속시키기" 위한 중요 대상이자, 그가 발동시킨 네 가지 정화운동[四淸]과 사상문화 영역의 비판운동, 그리고 마지막에 발동시킨 문화대혁명의 중요 대상이었다.

다른 한편, 반우파운동 후 "기층조직을 반대하는 것은 반당이라는 논리하에, 기층 당지도에 절대적인 권위를 세웠고", 정치태도에 따라 인민들을 좌·중·우로 구분하여 다층적 등급관계의 단위체제를 만들었으

---

18) 마오쩌둥의 1964년 6월 8일 중앙공작회의에서의 보고. 郭德宏·林小波,『四淸運動實錄』, 浙江人民出版社, 2005 재인용.

며, 각 기층조직은 당과 국가를 대표해 구성원들의 사상과 의식은 물론 행동에 이르기까지 전면적인 통제를 가하였다. 이런 통제로 억압받은 기층 인민과 각급 당조직 사이에서는 극도의 긴장감이 형성되었다. 출신 또는 출생 지역(농업인구, 비농업인구)에 따라 나눠진 등급 신분제도는 반우 이후 더욱 강화되어, 두 가지 큰 제도적 차별을 형성하였고, 이것은 사회적 관계에 극한 긴장을 초래했다. 이로 인해 마오쩌둥은 문화대혁명을 발동시켜, 비판의 창끝을 각급 당조직으로 향하게 하였고, 억압받던 군중들이 이에 호응하여 '조반'하였는데, 이것은 바로 이러한 사회모순에 대한 반응이었다.

류사오치劉少奇 등은 시작부터, 문화대혁명을 새로운 반우파운동으로 바꾸려고 하였다. 그들의 지도하에, 문혁 초기 전국 각 단위에서는 '우파'들을 잡아넣었다. 그러나 마오쩌둥은 더 이상 당내 관료집단과 손잡지 않았다. 그는 대중(주요하게 홍위병과 '조반파')의 힘을 빌려, "부르주아계급 반동노선을 비판하는" 조반운동과 탈권운동을 발동시켰고, 당내 관료집단을 모두 "권력의 자리에서 끌어내렸다."[19] 그러나 운동이 끝날 무렵, 그들 대부분은 다시 복귀되었지만, 명령을 듣지 않고 조반을 계속하려는 홍위병과 조반파는 진압되었다. 이 기간 동안 책략의 변화는 그때의 정풍, 반우파운동과 거의 비슷하였다. 이런 의미에서 문화대혁명은 반우파운동의 연속으로 볼 수 있다. 1957년의 우파가 종이호랑이가 되

---

19) 그 해의 우파들도 일부 '조반'에 참여했다. 1967년 여름을 전후해서, 그들은 전국 각지를 돌아다녔고 조직적으로 기존의 견해를 뒤집는 활동을 하였다. 그 중에 가장 영향을 끼쳤던 곳이 후난이었다. 이곳에서 『만산홍편』(萬山紅遍), 『적편전구』(赤遍全球), 『신호남보』(新潮南報) 등의 신문이 우파들에게 억울함을 호소하게 하였고, 거침없는 문장 「반우파운동 중의 류덩의 수정주의 노선을 평하며」(評反右運動中的劉鄧修正主義黑綫)를 발표하였다. 胡平, 『禪機: 1957苦難的祭壇』, 569, 604쪽 재인용.

어 더 이상 문화대혁명의 주요 대상이 아니었다고 하지만, 그들에 대한 전제정치는 오히려 훨씬 더 매섭고 주도면밀했다. 운동 시작부터 "모든 우귀악신牛鬼惡神을 쓸어 버리자"라는 구호가 제기되었고,「공안 6조」에서는 우파와 지주·부농·반혁명·나쁜 사람을 전제정치 대상에 넣었다. 사실상 우파는 문혁 중 가장 심하게 박해받는 무리가 되었고, 해방의 날은 요원해졌다. 우파를 '자본주의 노선을 걷는 당권파'(그들도 물론 고난을 겪은 바 있다)와 함께 논해서는 안 된다. 소위 '주자파' 중 많은 이들이 반우파운동의 주동자였기 때문에, 그들을 문혁 중 우파와 함께 "고난을 함께한 친구"라고 논하는 것은 역사에 대한 조롱이자 풍자였다. 당권파 가운데 어떤 이는 반우파운동을 반성하기도 하였는데, 이것은 이후 반우파운동에 대한 평가가 '정정'되는 중요한 계기가 되었다.

문화대혁명이 종결된 후, 역사문제를 처리함에 있어서 새로운 집권자는 두 가지 태도를 취했다. 문화대혁명은 전부 부정되었고, 반우파운동은 오직 '과장성'에 동의하며 그 '정당성'과 '필요성'이 여전히 고수되었다. '자본주의 노선을 걷는 당권파'는 완전히 명예회복이 되었고, 경제적인 보상이 이루어졌다. 그러나 '우파'에 대해서는 '시정'만 있었을 뿐, '명예회복'이나 경제적 보상이 이루어지지 않았다. 이것은 우연이 아니었다. 이는 집권자가 여전히 반우파운동의 두 가지 논리, 즉 "무력으로 정권을 잡은 자가 천자가 되는 일당전제정치"의 논리와, 시시각각 '복벽'을 경계해 인민들을 '적아'로 구분하는 계급투쟁의 내재적 논리를 견지하고 있음을 보여 준다. 설령 마오쩌둥 시대의 '계급투쟁 중심'을 '경제건설 중심'으로 변화한 것에 의미가 있다고는 하지만, 이를 철저히 하지는 않았다. 1989년의 '6·4'사건[톈안먼사건]의 처리 과정에서 사람들은 또다시 반우파운동의 그림자를 발견하게 되는데, 이것은 필연적인 것이었다. 청년학생과 대중의 '반부패, 반특권'(이것도 1957년 대학생들의 구호였다)의 목소리는 홍색정권을 전복하려는 '반혁명 반란'으로 보였고, 또 한 번의 과장과 주관은 '적의 상황'을 만들어 냈으며, 착오적 판단을 하게 하였다. 일당전제정치를 유지하기 위해, 헌법이 부여한 민주권리를 행사하는 인민에게 헌법과 법률의 제약을 받지 않는 '진압의 권력'을 행사하였다. 또 권력이 한 사람 손에 집중되어 있기 때문에 감독하고 제지할 체계가 갖춰지지 않아, 전체 인민과 당원들이 중요한 시기에 최고 지도자의 판단착오와 정책 결정을 저지할 힘이 없어서, 돌이킬 수 없는 손실을 가져왔는데, 이것은 오늘까지도 바로잡아지지 않았다. 이런 결과는 반우파운동의 결과와 놀랄 만큼 비슷했고, 새로운 발전까지 있었다. 똑같이 일당전제정치의 체제를 강화하였고, 정치민주 개혁과 건설은 경제 개혁과 발전에 심각한 침체를 가져왔으며, 부패 풍조와 양극화는 50년대 후기를 훨씬 넘어선 것이었다. 그리고 뒤이은 경제발전 중에, 대자연에 대한 전대미문의 약탈을 통한 개발은 심각한 오염과 생태계 파괴를 초래했다. 이는 마찬가지로 대자연의 '보복'이었다. 그 결과는 인성에 내재되었던 악을 불러내어, 인간과 인간의 관계, 인간과 자연의 관계를 악화시키고 긴장시켰다.

이상의 간단하고 대략적인 역사회고를 보면, 반우파운동은 20세기 후반기 내내 중국 역사의 흐름 속에서 중요한 연결고리였다는 것을 알 수 있다. 그것은 위로는 가오라오사건, 반후펑, 반혁명분자 숙청운동, 아래로는 3년 대기근, 문화대혁명, 나아가 '6·4'까지 모두 내재적 연계성을 가지고 있다. 반우파운동은 정치·사회·경제·법률·사상·문화·과학·기술·교육…… 각 영역에까지 파급될 정도로 그 영향은 심원하고 방대했다. 그렇기 때문에, 반우파운동과 3년 대기근, 문화대혁명, '6·4'는 모두 망각을 강요받는 4대 금기구역이 되었고, 역사의 매듭이 되었다. 바진 巴金 선생이 예전에 문혁박물관 건립을 제기했는데, 그는 정말로 역사 교훈을 받아들여 역사의 매듭을 풀려면 '4대 박물관'은 건립되어야 한다고 했다. 역사를 직시하는 대담한 과학적 태도로 4대 역사 연구를 해야 한다는 것이다. 나는 반우파운동이 바로 역사의 매듭과 단추를 푸는 중요한 부분이라고 본다. 역사는 거기서부터 시작되었기 때문이다. 1957년 역사에 대한 연구는 전체 중화인민공화국 역사 연구를 이끌어 나갈 것이고, 1957년 역사에 대한 고찰은 간학제적인 종합연구로, 관련된 학과의 연구를 촉진할 것이라고 본다. 이것이 바로 내가 '1957년학'이라는 개념을 제기하는 이유이다.

'1957년학' : 연구 난이도, 나의 연구방법, 한계와 가치

그러나 '1957년학 연구'에 실제로 착수하려 하자, 난 또 망설여졌다. 아마도 연구의 중대한 의미, 연구의 정확성과 난이도를 의식했기 때문일 것이다. 당시 난 두 가지 문제를 생각했다. 하나는 이 역사가 지금도 은폐되어 있고, 역사 파일은 아직 공개되지 않고 있으며, 거기다가 많은 사료가 이미 소실되거나 정리가 되지 않아 연구 자료가 부족하여, "아무리 재주 있는 부인이라도 쌀이 없으면 밥을 지을 수 없는" 곤혹스러움에 직면하게 되었다. 또 하나는 '1957년학'과 관련된 여러 학과에 대해서 내가 그다지 잘 알지 못한다는 것이다. 나 같은 문학 연구자가 이런 연구를 하는 것이 억지스러울 수 있다. 그러나 앞서 서술한 두 가지 내재된 충동이 어려움을 알지만 앞으로 나가야 한다고 했고, 해선 안 된다고 해도 해야 한다고 나를 부추겼다. 그래서 난 또 두 가지 대응 전략을 취하였다.

사료 부족 측면에서, 나는 사료 수집을 최대한 하는 것 외에도, 또

'산발적 연구' 방식을 선택했다. 즉 몇 가지 개별 안건을 잡아, 그것을 전형적인 현상으로 보고, 심도 깊은 분석을 가해, 그 속에 내재된 전형적인 의미를 파헤침으로써 어떤 부분의 문제를 드러내 보이는 것에 주의를 기울였다. 그렇기 때문에 문장이 너무 분산적이고, 단편적인 듯 보이지만, 그 안은 내재적 논리 구조와 총체성을 갖추고 있다.

이러한 문장을 '연구 필기'라고 부르고자 한다. 또 학술 문체의 서사학상의 구상이 있다. 즉 나는 역사적 사실(역사의 사소한 부분을 포함해)에 대한 묘사와 이론적 분석이 서로 유기적으로 결합하기를 희망한다. 감정적이기도 하고 사상적이기도 한 이중적 진동에 도달함으로써 역사 서술의 생동감, 형상성과 이론분석의 관통력, 설득력을 추구하고자 한다. 이런 '수필식 학술문체'가 내가 검증하고자 하는 대상과 비교적 적합하다고 본다. 역사적 사실과 세부적인 대목에 대한 생동적 묘사는 이러한 역사에 생경한 젊은이들에게 역사의 풍경 속으로 쉽게 들어갈 수 있도록 이끌어 줄 것이다. 그리고 서술 과정에서 보이는 간단명료한 의론과 분석은 또 그들이 이성적으로 사유할 수 있도록 해줄 것이다. 또 이렇게 서술과 분석이 서로 결합된 방식은 그 시기 역사를 경험했던 사람들에게 익숙하면서도 낯선 느낌을 갖게 해서, 역사에 대한 기억을 환기하는 동시에, 더 심도 있는 시각으로 새롭게 그 역사를 사고할 수 있게 할 것이다.

나는 내 지식구조의 불완전함과 간학제적 연구에 대한 객관적 요구 사이의 모순을 분명하게 인식하기에, 연구목표를 비교적 적절하고 실제적인 것으로 정했다. 그것은 바로 "미숙한 의견으로 다른 사람의 고견을 청하는" 방식의 간략한 연구이다. 이것의 임무는 문제를 제기하는 것뿐 아니라, 연구과제의 가치를 세우고, 연구를 위한 초보적인 사고와 방식을 제공하여, 후대 사람들이 더 깊이, 더 구체적으로 연구하도록 하는 것이다. 당시 역사에 대한 당사자들의 연구라는 측면에서 그 한계가 분명하기는 하지만, 원상태 역사에 대해 직접 체험한 생생한 느낌이나, 역사의 미묘한 부분에 대한 체험과 그에 대한 파악은 문헌에 의지해 그 시대 역사를 인식하는 후대 사람들로서는 다가가기 힘든 부분으로서, 그 무엇으로도 대신할 수 없는 독특한 가치를 가질 것이다.

연구에 대한 초보적 구상

물론 이 내용들은 연구하기 전에 이미 생각했던 것들이고, 구체적 연구는 이제 막 시작되었다. 이번에는 여러분에게 이야기할 수 없지만, 내년에 다시 와서 강연할 때는 개별 안건에 대해서 심도 깊은 토론이 진행되기를 바란다. 연구내용은 대략 크게 세 부분으로 나뉜다.

첫번째 부분은 사회배경에 대한 연구로서, '1956, 57년 중국의 농촌, 공장, 학교'에 대한 연구다. 이것은 중국의 근본적인 문제는 공장·농촌 등의 기층에 있다는 인식과 판단에서 나온 것이다. 표면적으로 보면, 1957년에 가장 활발한 활동을 한 사람들은 지식인·청년학생이었지만, 사실 이 시기 역사 발전에 지배적인 역할을 했고, 마오쩌둥의 주목을 받은 것은 인구의 절대 다수를 차지하고 있었던 노동자·농민의 동향이었다. 1957년 지식인이 보여 준 다양한 태도를 파악해 보려면, 50년대 중국 대학의 기층 상황과 역사 움직임에 대한 초보적 분석을 해야 한다.

두번째 부분은 내가 앞에서 말한 '베이징대학 중심의 민간사상, 정치운동'에 대한 역사적 고찰이다. 연구 내용은 두 부분으로 나뉘는데, 하나는 운동 주동자에 대한 연구이다. 세 가지 개별 안건을 선택할 예정인데, 이들은 각각 그 전형성과 연구의 중심무게를 가지고 있다. 2부 3장

「류사오치 : 목숨을 바쳐 법을 수호한 선각자」는 1957년 사변의 중국 내 정치배경인 1954년 헌법제정 ― 가오라오사건 ― 반후펑운동 ― 반혁명 분자 숙청운동을 중점적으로 토론할 것이다. 2부 2장 「린시링 : 영원한 반대파」는 1957년 사변의 국제적 배경인 소련공산당 20차 대표대회, 폴란드·헝가리 사건과 중국의 반향을 주로 토론하고, 학생들이 발동시킨 '사회주의 민주운동'의 주요 관념과 희망, 내가 특히 주목하고 있는 '우파 정신'을 토론하려 한다. 또한 캠퍼스 내 운동에 휘말려 들어간 학생들의 반응 연구로는 2부 1장 「베이징대학 캠퍼스 학생 간행물」, 2부 6장 「캠퍼스 통신」이 있는데, 여기에서는 1956, 57년 대학생의 정신 현황과 운동 과정에서의 분화를 중점적으로 고찰할 것이다. 이 두 부분에 대한 연구는 1957년 중국 '캠퍼스 풍경'의 풍부성과 복잡성을 드러냄으로써 '점'과 '면'의 결합에 도달할 수 있을 것이다.

세번째 부분은 반우파운동 이후, 1957~66년 사이의 우파의 운명과 중국 사회사조에 대한 연구이다. '우파의 운명'에 관해서는, 4개의 개별 안건을 다룬다. 3부 1장 「지옥에서의 노랫소리」에서는 간쑤성의 우파들과 허펑밍을 전형으로, 우파가 받은 박해, 배후 이념, 체제, 우파가 박해 반대 투쟁을 하면서 구현했던 정신전통을 토론할 것이다. 3부 2장 「한 사람의 운명과 그 배후의 사회체제」에서는 쓰촨 우파 장셴츠 안건으로, 반우파운동 이후 전제정치 관념의 강화, 각종 법률과 법규 제정을 통해 세워진 더 치밀한 군중전제정치의 '그물', 이런 '그물'의 효과와 한계를 토론할 것이다. [이 책에 수록되지 않은] 「또 다른 박해와 상처」는 서가오社高 등의 세 우파 당안을 개별 안건으로 해서 '우파개조'(지식분자개조)의 내재적 이념, 메커니즘과 본질을 토론한다. 「살아간다는 것 : 힘들지만 존엄을 갖고」는 쓰촨 우파 중차오웨鍾朝嶽를 안건으로, '작은 우파 인물'의 운명과 그 속에 깃든 강인한 정신을 토론하려고 한다.

'1957~66년 중국 사회사조 연구'에 관해서는 3개의 개별 안건을 다룰 것이다. 『'중국청년' 10년』이란 한 잡지를 개별 안건으로, 반우파 이후의 주류이데올로기, 이 시기 10년이 청소년들에게 미친 영향과 문혁 중 홍위병의 성장 배경을 토론할 것이다. 「역사의 반성」은 린자오林昭, 구준顧准, 장중샤오張中曉를 개별 안건으로 이 시기 이단사조를 연구할 것이다(본서의 4부). 「1964년 베이징대학 교정에서 세차게 일어난 지하 신사조」(5부 1장)는 X그룹, 태양종대 등을 안건으로 반우파운동 이후 캠퍼스 내의 사조 변화 및 문혁과의 관계를 토론할 것이다. 이 시기에 대한 부분적 연구는 어떤 의미에서 문화대혁명의 발생학 연구로도 볼 수 있다.

나는 이렇게 세심하게 선택하고 구상한 개별 안건 연구를 통해, '1957년학'을 위한 연구 시각과 연구 구조를 제공할 수 있길 바란다.

나의 기대

나는 학생들이 이런 구상을 듣고 나면 '1957년학' 연구가 수많은 재미있는 과젯거리를 만들어 내는, 또 개발할 것들이 많은 광활한 연구영역이라는 느낌을 받을 것이라고 생각한다. 이 역시 내가 오늘 여기서 강의를 하는 목적이다. 나는 정말 더 많은 젊은 대학생, 대학원생들이 1957년의 역사에 주목해 주길 바란다. 이것은 학생들의 성장과 학술 연구에도 매우 큰 의미를 가지는 것이다. 여러분께 감사한다.

2006년 2월 17~20일
정리, 보충하다

후기

2003년 5월부터 쓰기 시작해 지금에서야(2007년 6월 6일) 급히 마무리를 짓는다. 이 책에는 4년이라는 긴 시간이 얽혀져 있다. 이는 생명의 얽힘이다. 그것은 수많은 피의 생명과 관련되어 있고 내 자신의 삶도 그 안에 얽혀 들어가 있다. 앞의 '발문을 대신하여'에서 말한 것처럼 글을 쓰는 과정 속에서 나의 관조 대상들이 수시로 사라져 갔다. 점점 늙어 가는 1957년 우파 형제자매들과 함께 죽음을 직면하며, '죽어도 눈을 감지 못하는', '죽어도 여한이 없는' 고통과 즐거움을 느끼면서, 삶과 죽음의 의미를 생각한다. 여러 편의 글을 이제 막 부쳤는데, 이미 이 세상을 떠난 사람도 있었다. 어떤 의미에서 이 책은 우리 세대가 다음 세대에게 남겨주는 '유언'으로 볼 수 있다. 그러니 이 모든 것을 기억해 주기를 바란다. 이것은 우리가 현 중국에서 유일하게 할 수 있는 일인 듯하다.

책이 마침내 출판되어 나왔다. 글쓰기 과정을 돌아보니 만감이 교차한다. 1998년 나는 '1957년학'을 수립하자고 제기했었다. 그러나 관심을 갖는 학술계 사람들은 아무도 없었다. 최근에 와서 몇몇 젊은 소장 학자들이 흥미를 보여 주고 있다. 그러나 그 당시 우파였던 사람들에게는 커다란 반향을 일으켰다. 이런 반향들은 이 책을 쓰는 직접적인 동력이 되어 주었다. 문장의 부분부분을 신문과 인터넷에 발표한 이후, 지지와 격려를 담은 편지와 자료들이 보내져 왔다. 그들은 나와 함께 열띤 토론을 하였으며, 많은 계시를 주었다. 이런 자유롭고 솔직한 토론 속에서 일었던 수많은 사유들이 내 글쓰기 속으로 녹아들어 갔다. 역사 당사자들, 민간 사상가들과의 사유 교류를 통한 글쓰기는 전에 없었던 새로운 경험이었다. 이런 글쓰기는 힘과 계시를 주는 동시에 또 여러 가지 스트레스를 주기도 했다. 또 그 속에서 어떻게 정신적 양분을 흡수하고 자신의 사상과 연구의 독립성을 유지할 것인가 라는 문제를 대면하게 하였다.

책이 출판되어 나왔지만 이런 스트레스는 여전히 남아 있다. 먼저 사람들의 기대감인데, 이는 나의 학술적 한계로 만족시킬 수 없는 것이다. 예컨대 후난湖南의 80여 세의 황부핑黃步萍 선생은 내게 여러 차례 편지를 보내와 의견을 제시해 주었다. 그는 "'1957년'은 위로는 5천 년의 '가천하'家天下[제왕이 국가를 자기 일가의 재산으로 간주하며 대대로 물려주는 제도]와 연결되고, 아래로는 '군권전제'君權專制의 최후 종결까지 연계될 수 있으며", "역사라는 긴 쇠사슬의 중추"라고 하였다. 그래서 그는 '1957년'으로 '1957년'을 논해서는 안 된다고 일러 주었고, 비판적 사유를 전체 중국 역사로 확장하는 것이 중요하다고 하였다. 그의 견해와 기대는 의미가 있다. 그러나 내게는 그것을 완성할 힘이 없다. 황부핑 선생과 다른 사람들이 앞으로 계속 사유하고 탐색하도록 남겨 놓을 수밖에 없다. 동시에 이 책은 근본적으로 일개인의 학술저서이고, 어떤 의미에서는 개인의 독립적 사유이자 연구의 결정체라는 것을 이야기하고 싶다. 역사의 원래적인 면모에 다가가기 위해 나는 가능한 1차 텍스트와 역사 당안을 수집하였다. 이 책을 쓰기 위해서 역사자료에 대한 독립적인 준비가 있었고, 이 책을 쓰면서는 1차 역사자료의 기초 위에서 연구를 진행하고자 하였다. 이 책에는 나의 개인적인 분석과 독립적인 판단이 들어 있다. 이런 분석과 판단은 '한 개인의 관점'으로서 그 존재가치가 있는 것이며 또 토론할 만한 것이기도 하다. 나는 여러 방면에서 있을 수 있는 비평에 대해 이미 사상적인 준비가 충분히 되어 있다.

    이 책은 당사자의 기억이 아니라 연구저서이다. 내가 퇴직하고 나서 쓴 다른 저서들처럼 학술적 문체, 즉 앞에서 말한 '학술 서술학'에 있어 독립적인 탐구를 하고 있지만, "학술저서 같지 않다"라는 힐책을 가져올지도 모른다. 이에 대해서는 「나의 '1957년학' 연구」 강연에서 이미 설명한 적이 있으니 다시 거론하진 않겠다. 여기서 말하고 싶은 것은 이 책의 마지막 몇 편을 준비하면서 읽었던 장중샤오 선생의 한 마디 말이 내 심장을 울렸다는 것이다. 그는 "하나의 학술 저서의 진정한 가치는 평범한 서술 성분과 존엄적인 사변을 예술적으로 결합해서, 사람들에게 박학다식함을 주는 동시에 깊이 있고 진솔한 즐거움을 주는 데 있다"고 하였다. 이것이 바로 내가 추구하는 학술 풍격이자 경지이며, 도달할 수는 없지만 늘 갈망하는 것이다.

    하지만 이 책은 여전히 유감스럽다. 바로 위에서 말했던 것처럼 '급히 마무리했기' 때문이다. 세심한 독자들은 이 책의 '발문을 대신하여'의 「나의 '1957년학' 연구」로부터 「세 우파의 당안 연구」와 「'중국청년' 10년 연구」 등의 글을 써내지 못했다는 것을 발견할 것이다. 이는 오랫동안 준비한 중요한 문장이었고, 연구의 전체 구조 속에서 중요한 위치를 차지한다고 할 수 있다. 그렇기 때문에 넉넉한 시간과 마음가짐을 가지고 정성을 들여 글을 써야 했다. 그러나 이 책이 반우파운동 50주년이라는 마음의 기념을 위해 서둘러 출판해야 했기에, 재차 고민하다가 경솔하게 문자을 써내서는 안 된다고 생각하고는, 그냥 두었다가 보완해 내는 것으로 결정하였다. 이로 인해 이 책 내용과 구조가 불완전해진 것을 독자들이 양해해 주기를 바란다.

    사실 이 책은 나의 꿈이었다. 그리고 더 많은 사람들, 특히 젊은 학자들이 '1957년 중국사건' 연구에 관심을 갖고 '1957년학'을 수립하기를 바란다. 이것이 막연한 꿈이라는 것을 분명히 알지만 그래도 꿈은 꾸어야 한다. 우리 세대 사람들은 참으로 그 "본성을 바꾸기가 어렵다".

2007년 6월 6일

첸리췬

참고문헌

:: 1차문헌

『校內外右派言論彙集』, 北京大學經濟系政治經濟學教研室 編, 1957.
『浪淘沙』1期; 2期; 3期; 4期, 『粉碎〈廣場〉反動小集團』特刊, 1957.
『北京大學右派份子反動言論彙集』(內部參考), 北京大學社會主義思想敎育委員會 編印, 1957.
『原上草 : 記憶中的反右派運動』, 經濟日報出版社, 1998.
『中國靑年』1956~1966.
『紅樓』, 1957年 1期; 2期; 3期; 4期; 5期; 6期; "反右派鬪爭特刊" 1~4號, 1958年 1期.
北大餘敦康給張守正的四封信(打印稿).
武大張守正給餘敦康的信(打印稿).
顧准, 『顧准日記』, 中國靑年出版社, 2002.
＿＿＿, 『顧准自述』, 中國靑年出版社, 2002.
郭小川, 『郭小川1957年日記』, 河南人民出版社, 2000.
鄧小平, 『鄧小平文選』, 人民出版社, 1983.
杜高, 『一紙蒼涼 : 杜高檔案(原始文本)』, 中國文聯出版社, 2004.
毛澤東, 『毛澤東選集』五卷, 人民出版社, 1977.
＿＿＿, 『建國以來毛澤東文稿』五冊(1955年 1月-12月), 中央文獻出版社, 1991.
＿＿＿, 『建國以來毛澤東文稿』六冊(1956年 1月-1957年 12月), 中央文獻出版社, 1992.
＿＿＿, 『毛澤東文集』七卷, 人民出版社, 1999.
劉海軍, 『束星北檔案』, 作家出版社, 2005.
林昭, 『給〈人民日報〉編輯部的信』(手抄本複印件).
＿＿＿, 胡傑 編, 『林昭詩集』(打印稿).

邵燕祥, 『人生敗筆―個滅頂者的掙紮實錄』, 河南人民出版社, 1997.
____, 『找靈魂―邵燕祥私人卷宗: 1945-1976』, 廣西師範大學出版社, 2004.
宋雲彬, 『紅塵冷眼』, 山西人民出版社, 2002.
王若望 等, 『烏書啼: "鳴放"期間雜文, 小品文選』, 中國電影出版社, 1998.
張中曉, 『無夢樓隨筆』, 上海遠東出版社, 1996.
____, 『無夢樓全集』, 武漢出版社, 2006.
陳XX, 『給胡耀邦的信』(油印本), 1963年寒假.
____, 『給楊秀峰的信』(油印本), 1964年寒假.
____, 『給許立群的信』(油印本), 1964.
____, 『給毛主席的信』(油印本), 1965.
____, 『給黨和政府工作提的一點意見』(油印本), 1965.
____, 『給校系工作提幾點意見』(油印本), 1965.
____, 『關於我的一些情況』(油印本), 1965.
____, 『讓事實說話―和黃某的關系』(油印本), 1965.
____, 『努力學習毛澤東思想, 和陸平黑幫作不調和的鬥爭』(油印本), 1966.
____, 『革命何罪―給首都中國人民解放軍的第二封信』(油印本), 1968.
譚天榮, 『我所理解的馬克思主義』(電子文本).
賀雄飛 主編, 『邊緣紀錄: 〈天涯〉民間語文精品. 右派教師日記. 大學生致毛主席. 高校反右動
  員報告記錄』, 南海出版公司, 1999.
黃苗子, 「寄自北大荒的家書」, 『黃苗子自述』, 大象出版社, 2003.

:: 연구저작

納拉納拉揚・達斯, 『中國的反右運動』, 華嶽文藝出版社, 1989.
戴煌, 『胡耀邦與平反冤假錯案』, 中國工人出版社, 2004.
丁抒, 『陽謀―"反右"前後』(修訂本), '九十年代'出版社, 1993.
劉建軍, 『單位中國』, 天津人民出版社, 2000.
李洪林, 『中國思想運動史(1949-1989)』, 天地圖書有限公司, 1999.
王若水, 『新發現的毛澤東―仆人眼中的偉人』(上)(下), 明報出版社, 2002.
朱正, 『1957年的夏季: 從百家爭鳴到兩家爭鳴』, 河南人民出版社, 1998.
____, 『反右派鬥爭始末』(上)(下), 明報出版社, 2004.
逢先知・金沖及 主編, 『毛澤東傳』(上)(下), 中央文獻出版社, 2003.
弗裏曼・畢克偉・賽爾登, 『中國鄉村, 社會主義國家』, 社會科學文獻出版社, 2002.
胡平, 『禪機: 1957苦難的祭壇』(上)(下), 廣東旅遊出版社, 2004.

:: 회고록

高爾泰, 『尋找家園』, 花城出版社, 2004.
倪艮山, 『沉思集』, 天馬出版有限公司, 2005.
戴煌, 『九死一生：我的"右派"歷程』, 中央編譯出版社, 1998.
杜高, 『又見昨天』, 北京十月文藝出版社, 2004. (按：此書又以『我不再是"我"——一個右派份子精神死亡檔案』爲名, 於2004年在香港明報出版社出版.)
魯丹, 『70個日日夜夜：大學生眼睛裏的1957年之春』, 光明日報出版社, 1996.
綠石(陸清福), 『左右春秋』, 天馬出版有限公司, 2006.
劉賓雁, 『劉賓雁自傳』, 時報文化出版企業有限公司, 1989.
李泥, 『歷史的傷口——二十年尋訪右派實錄』, 自印本.
李慎之·章立凡·戴晴 等, 『六月雪：記憶中的反右派運動』, 經濟日報出版社, 1998.
李慎之·李新·韋君宜·夢波 等, 『我親歷過的政治運動』, 中央編譯出版社, 1998.
李蘊暉(鄒世敏), 『追尋』, 甘肅人民出版社, 2002.
李家驍, 『雷電頌』, 自印本, 2005.
李執民, 『一個小人物的苦澀記憶』, 自印本, 2006.
李才義, 『風蕭蕭路曼曼』, 海珠出版社, 2001.
林希翎, 『林希翎自選集』, 順景書局, 1985.
茆家升, 『卷地風來——右派小人物記事』, 遠方出版社, 2004.
薄一波, 『若幹重大決策與事件的回顧』(上)(下), 中共黨校出版社, 1991, 1993.
白石·馮以平, 『從囚徒到省委書記』, 作家出版社, 2005.
邵燕祥, 『沉船』, 上海遠東出版社, 1996.
沈澤宜, 『沈澤宜回憶錄』, 電傳稿, 2007.
謝冕·費振剛 等, 『開花和不開花的年代——北京大學中文系55級紀事』, 北京大學出版社, 2001.
許嶽林, 『一個醫生的風雨足跡』, 自印本, 2006.
許覺民 編, 『走近林昭』, 明報出版社, 2006.
邢同義, 『恍若隔世——回眸夾邊溝』, 蘭州大學出版社, 2004.
姚仁傑, 『與北大同行』, 打印稿, 2003.
楊顯惠, 『告別夾邊溝』, 上海文藝出版社, 2003.
王林書, 『詩鑒』, 澳門學人出版社, 2006.
王學泰, 「鮮爲人知的"反動學生"案」, 『多夢樓隨筆』, 學苑出版社, 1999.
____, 「舊體詩一束」, 『平人閑話』, 同心出版社, 2006.
汪作民, 『農場春秋』, 天馬出版有限公司, 2006.
王平, 『逆境中的戰鬪(趣事十二則)』, 打印本, 1990.

吳冷西,『憶毛主席―我親身經歷的若幹重大歷史事件片斷』,新華出版社, 1995.
吳永良,『雨雪霏霏―北大荒生活紀實』,中國戲劇出版社, 2002.
吳中傑,『復旦往事』,廣西師範大學出版社, 2005.
吳祖光·荒蕪·黃苗子 等,『荊棘路:記憶中的反右派運動』,經濟日報出版社, 1998.
俞安國·雷一寧 編,『不肯沉睡的記憶』,中國文史出版社, 2006.
趙旭,『風雪夾邊溝』,作家出版社, 2002.
張郎郎·牟敦白 等,『沉淪的聖殿』,新疆青少年出版社, 1999.
章立凡,『君子之交』,明報出版社, 2005.
張敏,『回憶錄:歲月的腳步,生命的痕跡』,打印本, 2004.
張先癡,『格拉古軼事』,溪流出版社, 2007.
張元勛,『北大一九五七』,明報出版社, 2004.
章詒和,『往事並非如煙』,人民文學出版社, 2004.
張劍輝,『憶西安――個小右派的十年生命歷程』,打印稿, 2005.
張成覺,『在那遙遠的地方―新疆回憶錄』,上海書局有限公司, 1999.
張輔緯,『往事』,自印本, 2006.
張華強,『煉獄人生』,中國三峽出版社, 2004.
周國平,『我的心靈自傳:歲月和性情』,長江文藝出版社, 2004.
中國人民大學新聞56級13班,『那時我們多年輕』(自印本)
中英傑 等,『記憶』3輯,中國工人出版社, 2002.
鍾朝嶽,『盡是塵寰警世詩―鍾朝嶽文鈔』,自印本, 2003.
曾伯炎,『右派民間檔案:幸存者手記』,自印本, 2006.
陳炳南,『赤子吟』,中國文學藝術出版社, 2004.
_____,『回聲集』,中國文學藝術出版社, 2005.
陳星,『風雪人生:淒風苦雨伴我行』,當代中國出版社, 2004.
陳奉孝,『二十二年勞改生涯記實』,打印稿,約1999.
陳奉孝·譚天榮 等,『沒有情節的故事』,北京十月文藝出版社, 2001.
程洪濤,『一個改正右派的晚年』,手稿, 2004.
從維熙,『走向混沌』,中國社會科學出版社, 1998.
闞芳如,『相思淚不盡,寄語天淵人(寫在志立2000年八十冥誕周年祭)』,手稿, 2000, 2005年轉抄.
柯林 等,『屈辱的歲月』,自印本, 2006.
鐵流,『屠場―四川省勞改局'415'勞教築路支隊片斷寫眞』,電傳稿, 2007.
龐瑞林·賈凡,『苦太陽』,中國戲劇出版社, 2002.
和鳳鳴,『經歷―我的1957年』,敦煌文藝出版社, 2003初版, 2006修訂版.
黃步萍,『右派面對歷史作證―起碼的權利』,打印本, 1998.
胡文經,『足跡與心路』,華泰出版社, 2005.

부록

해제
**'사회주의적 민주'를 향한 길과
민간 '이단사상'의 역사** (백승욱)

저자 소개의 글
루쉰과 첸리췬 (유세종)

찾아보기

해제_ '사회주의적 민주'를 향한 길과
　　　민간 '이단사상'의 역사

백승욱(중앙대 사회학과)

1. 첸리췬 '1957년학' 사상의 성찰적 기원

첸리췬 선생은 한국에 주로 루쉰 연구의 대가로 알려져 있다. 그렇지만 '마오 시대의 중국'을 대상으로 삼아 사유하는 중국의 현대 사상가로서의 그의 또 다른 측면이 중국을 전문적으로 연구하는 연구자들 사이에도 잘 알려져 있지는 않은 듯하다. 그의 사상적 면모를 볼 수 있는 글로 한국에 소개된 것은 「중국 국내문제의 냉전시대적 배경」(첸리췬 2011)과 「망각을 거부하라」(첸리췬 2006)처럼 아주 제한적이다. 그는 한 분야에서 일가를 이룬 대가이면서, 현재의 중국 정부와 당체제에 대해 매우 강한 논조의 비판을 서슴지 않는 이례적인 인물이며, 베이징대학에서의 그의 명강의는 자자한 소문을 남겼다 하고, 그의 영향력을 두려워한 당국이 매우 우회적인 압력을 행사해 결국 그가 조기에 퇴임하기에 이르렀다는 등 몇 가지 사실들을 통해서만 보더라도 그는 아주 특이할 수밖에 없는 인물이다. 그리고 그런 점들 때문에 그는 불가피하게 매우 '정치적' 인물이 되지 않을 수 없는데, 그가 루쉰 연구자로서뿐 아니라, 아니, 오히려 철저한 루쉰 연구자이기 때문에 더욱 그럴 수 있는지도 모른다. 이런 그가 자신의 '정치적' 입장을 드러내고 그것을 가지고 사회에 개입하기 위한 주요한 통로로 삼는 것이 바로 중국 사회주의 시기의 '민간 이단사상'에 대한 연구이다. 그는 이 작업을 통해 발언하고자 하며, 특히 퇴임을 전후한 시기부터 현재까지 그의 작업은 더욱더 이 부분에 집중되고 이 성과를 바탕으로 사회주의 시기 중국의 역사 전체를 재구성하는 작업으로까지 나아가고 있다.

    그의 독특한 '정치적' 입장 때문에 그에 대한 평가는 중국 내에서도 논쟁적이며 과연 그를 정치적으로 어떤 '입장'으로 정리할지 매우 난감하다. 루쉰 자신이 활동했던 시기 루쉰의 정치적 입장을 어떻게 정리할 수 있을지가 난감한 만큼이나 첸리췬의 입장에 대한 판단도 쉽지 않으며, 그 복잡성 자체가 첸리췬이라는 인물의 특징을 잘 보여 준다. 그 자신과 얽혀 있는 학술계의 동료와 후배들 사이에서, 자유주의자들은 그를 '신좌파'라고 비판하고, 반면 '신좌파'들은 그를 자유주의자라고 비판한다. 그도 그럴 것이 그는 시장의 환상에 굴종하고 대중들의 고난에 눈을 감는 자유주의자들에 대해 비판을 늦춘 적이 없으며, 반면 중국적 특색과 시대의 특성을 빌미로 중국의 이례성과 결합한 강한 국가주의에 투항한 '신좌파'에 대해서도 뼈아픈 질책을 아끼지 않았다. 앞에서 날아오는 화살뿐 아니라 동료들이 자신을 향해 쏘아 대는 화살에 쓰러지지 않기 위해서 루쉰이 '모로 서서' 싸우지 않을 수 없었다는 사실만큼이나 현 시기 첸리췬이 놓인 처지와 잘 비견될 수 있는 예는 없을 것이다.

    첸리췬의 '야심작'이라 할 이 책은 '민간 이단사상'의 출발점이자 그가 중국 사회주의 시기를 재평가할 때 가장 중요한 출발점으로 삼고 있는 '1957년'의 문제를 본격적으로 다루고 있다. 그 중요성을 부각시키기 위해 첸리췬은 '1957년학'이라는 명칭을 부여한다. 문제의 핵심은 '사회주의'와 '민주'의 결합, 그 정치적 아포리아이다. 현재도 그 문제에 대한 해결의 돌파구는 쉽게 찾아지지 않는데, 역사의 잿더미 속에 던져둘 수 없는 이 문제를 끄집어내어 다시 제기하기 위해서라도 문제의 출발점인 '1957년학', 즉 '백화제방, 백가쟁명'에 뒤이어 대대적인 '반우파'까지 이어진 착종된 시기로 돌아가지 않을 수 없다. 그리고 이 '1957년학'으로 되돌아가 보지 않고서 지금 이 시점에서 첸리췬의 발언을 이해하기는 어려울 것이다.

그렇지만 이 책이 첸리췬에게 아주 특별한 의미를 지니고 있다 하더라도, 국외자의 입장에서 이 책 하나만 놓고서 그가 왜 '1957년학'을 그토록 중시하는지 이해하기는 쉽지 않을 것이다. 기껏해야 이 책을 덮고 나서, 첸리췬 또한 사회주의 시기에 개인의 권리가 침해당했고 그 출발점이 반우파 캠페인에 있다고 주장하는 여러 자유주의자들의 생각을 공유한다는 정도의 결론을 얻으려 한다면 굳이 이 책을 읽을 필요는 없을지도 모른다. 그의 사유의 핵심을 이해하려면 최근 타이완에서 출판되었고 한국에서도 곧 번역본이 출간될 그의 대작 『마오쩌둥 시대와 포스트 마오쩌둥 시대(1949~2009): 또 하나의 역사 서사』를 보는 것이 도움이 되겠지만, 여기서는 거기까지 나아가지 않고, 그에 앞서 그가 중시하는 '1957년학'의 문제의식을 이해하기 위한 약간의 사전 정지작업을 해보려 한다. 그러려면 관심의 역사 방향을 과거에서 미래로 끌어가는 단선적 관점에 서는 것으로는 곤란하고, 과거와 현재 사이를 반복해 왕복하면서, 그 중간 시기 또한 계속 문제화하는 방식을 통해, 숨겨진 난점과 문제의식을 재발견해 보려는 다선적·복합적 추적 과정이 필요할 것이다.

그래야만 하는 이유는 '1957년학'의 쟁점이 현재적이지만 그 뿌리는 과거로 닿아 있기 때문이다. '포스트-사회주의적' 현 체제에서 중국이 보여 주는 독특한 '코포라티즘적' 구도는 한편에서 대중의 정치적 권리에 대한 철저한 배제를 특징으로 하지만, 다른 한편에서는 '대중들에 대한 공포'를 바탕에 깔고 나타나는 다양한 '예방적 조치들'의 형성이라는 특징 또한 지닌다. '할 수 있는 것도 없지만, 할 수 없는 것도 없는' 이런 독특한 상황은 과거로부터 유증된 역사적 유산들의 작용 때문인데, 정치개혁을 둘러싼 당내외의 논쟁과 파업권의 문제, '신좌파의 부침', 새로운 엘리트 집단의 신연합 형성, '홍색 가요' 부르기의 해프닝, 충칭 모델의 등장 등 많은 문제들은 과거의 유산과 이어진 일정한 고리들이 보여 주는 독특한 연관성에 대한 파악 없이 이해되기 힘들다.

그런데 바로 현재에 출현하는 쟁점들이 알고 보면 이미 '6·4'(1989년)의 쟁점이기도 했고, 또 더 거슬러 가면 1978~80년 '베이징의 봄'과 그에 앞선 '청명절'(1976년 천안문 시위)의 쟁점이었을 수도 있다. 역사는 거기서 더 과거로 소급해 갈 수 있는데, 그에 앞선 1974년 광저우의 민주벽이 발견될 것이고, 그로부터 더 이전으로 거슬러 가면 '문혁 이단사조'의 등장을 목격할 것이고, 그렇게 다시 더 거슬러 가서 우리는 결국 '1957년'에 이르게 된다. 모든 것이 서로 연관되어 있다는 일반론으로 관심을 여기서 중단하면 그만일 수도 있겠지만, 쟁점은 그 이상이다. 연결의 매우 특별한 고리가 있고, 지속되는 쟁점이 있으며, 그 쟁점에서 일정한 변환점이 발견된다. 중국의 현대 정치는 지속적으로 이 영향 아래 놓인다. 이 모든 문제를 가장 잘 이해할 수 있는 중간고리는 '문혁 이단사조'이고, 그 과정에서 우리의 관심에 부각되는 것은 '사회주의'와 '민주'의 결합이라는 난점이다. 문혁은 직접적·표면적으로는 이 문제를 제기하지 않은 것처럼 보일 수도 있으나, 결국 그 문제에서 난관에 봉착하여 좌절하였으며, 이렇게 재구성되고 재해석된 문혁의 모순에서 우리는 그 이전 시기로, 그리고 그 이후 시기로 이어지는 고리들을 발견하게 된다. 그 이전으로 이어진 끈은 '1957년으로' 나아가고, 그 이후로 이어진 끈은 1974년, 1976년, 1978~80년, 그리고 1989년으로 이어진다. 따라서 이 중간 시기인 '문혁'에서 출발하는 것이 첸리췬을 이해하는 유용한 방식일 수 있다.

우리의 이야기도 일단 거기서 시작해 보자. 이 시기에 우리는 타이완에 부친을 두고 있는 '출신성분이 좋지 않으며' 지방으로 하방된 매우 총명한 젊은 지식인과 그를 둘러싸고 형성된 일군의 '조반파' 집단을 구이저우의 한 외진 지역에서 발견할 수 있다. 이는 대중운동으로서의 문혁이 종료된 이후인 문혁의 '중기'라 할 수 있는 시기, 바로 1968년 7월 말 홍위병 해산 이후 시기로, 이때 전국 각지에 매우 광범하게 '독서회'나 '사상촌락'이라 부르는 모임들이 광범하게 등장했다. 첸리췬과 함께 베이징대학 교수 생활을 한 인훙뱌오의 말을 빌려서 첸리췬이 어떻게 무대에 등장하는지 살펴보기로 하자.

구이저우성 안순시 교외에 70년대에 활약했던 청년사상촌락이 있었다. 퇴근 후, 주말이나 휴일마다 뛰어난 30세의 청년 교사의 숙소에 늘 십여 명의 청년 노동자와 대리교사들이 모여들었다. 그들은 이론을 배우고 문학을 이야기하고, 자신들의 글을 주고받고, 천하를 논하였다. 그들 다수는 자신들의 신분·이론·경력과 걸맞지 않은 이론문제들에 대해 끝도 없이 격론을 벌였다. 이들 청년 집단은 외부의 주목을 받지는 않았고 외진 곳에 있었지만, 1978년까지 살아남아서 주요 성원들은 외지로 나아가 대학생이나 대학원생이 되었다.……

이 '사상촌락'의 성원은 두 종류로 나뉘었는데, 한편에 베이징대학 신문학과를 졸업한 30세의 뛰어난 교사 첸리췬이 있었고, 나머지는 중학교나 중등전문학교를 졸업한 20여 세의 젊은 청년들이었다. 첸리췬은 60년대 초 베이징대학에서 이 머나먼 곳의 중등전문학교 교사로 배속되었는데, 이는 그 가정출신(부친이 국민당 관원이었고 해외에 살고 있었다)과 반우파운동 중의 '사상문제' 때문이었다. 문혁 초에 그는 비판을 받은 적이 있었으나, 후에 복권되었고 조반파 조직에 가입하였다. …… [첸리췬과 친밀한 학생이던 란쯔의 회고] 그렇게 첸 선생의 "그 작은 집은 불가피하게 일군의 청년들이 늘 모여서 머리를 맞대는 곳이 되었고, 이런 외진 도시에서 가장 활발한 '민간 사상촌락'이 되었다." 란쯔는 "우리는 여기서 마르크스를 논하고, 파리코뮌을 논하고, 베껴 쓴 초고들을 논하였다. 당연히 문학도 논했고, 루쉰에 대해서도 논했다"고 회고했다.

이 청년들은 계획적으로 마르크스·레닌주의의 경전 저작들을 읽었다. …… 1976년 이들 청년들은 첸리췬 선생의 주도하에 『레닌전집』중 10월혁명 이후 발표된 모든 저술을 읽었는데, 레닌의 사상 중에서 중국 사회주의 발전의 출로를 찾고자 하였다. 이외에 그들은 기타 일련의 사회과학류의 서적도 읽었는데, 예를 들면 『중국통사』, 콘스탄티노프(소련)의 『역사유물론』, 플레하노프의 책 등이었고, 또 사회주의나 공산주의 운동 지도자와 이론가의 일련의 저작들도 구해다 읽었는데, 그 중 일부는 규제가 그리 심하지 않은 내부문건으로, 베른슈타인(독일), 로자 룩셈부르크(독일), 엔베르 호자Enver Hoxha(알바니아), 체 게바라(쿠바) 등의 저작이었다. 그들이 고급 내부문건을 볼 조건은 안 되었다. 이 청년들은 본래 문학 애호가여서 루쉰 저작 및 기타 문학저작도 그들이 읽고 토론하는 내용이었다.

란쯔의 회고에 따르면, 1975년과 그 전후의 일이 년이 대체로 민간사상이 매우 활발했던 시절이었는데, 그들 주변에 적지 않은 베껴 적은 초고들이 돌아다녔다. 1975년 설날 광저우에서 공부하는 친구 한 명이 「사회주의적 민주와 법제에 관하여―마오 주석과 4차 인민대표대회에 바쳐」라는 제목의 대자보[리이저李一哲 대자보를 말함―인용자] 필사본을 가지고 돌아왔는데, 이는 이들 청년들 사이에 적지 않은 사상적 충격을 가져왔고, 모두 이 문제만 놓고 토론을 벌였다. 오래지 않아 또 하나의 수고가 전해져 왔는데, 내용은 노예제도와 봉건사회 사이에 하나의 과도기가 필연적으로 존재함을 논증한 것이었다. 그 이후에는 또한 「공산주의 경제형태」라는 제목의 수고가 전해졌다.(印紅標 2009 : 250~251)

첸리췬과 그를 둘러싼 청년집단의 사상모색 시기의 경험에서 마치 우리나라의 80년대와 90년대를 거울에 비추어 본 듯한 느낌이 든다면, 그로부터 수십 년을 격해서 지금 와서 왜 첸리췬의 작업이 여전히 우리에게도 유의미성을 가지는지 어렴풋이 이해될 수 있을 것이다. 그의 경험과 성찰은 우리와 매우 '동시대적'이다.

첸리췬과 그를 둘러싼 청년들의 사상탐색의 출발점은 다른 문혁 '이단사조'와 마찬가지로 마오쩌둥의 '후기사상', 즉 '사회주의 하의 계속혁명' 이론이었다. 그리고 이 주장의 핵심은 문혁 개시 이전의 '17년'을 관료화의 엄중한 위협 하에 '관료주의자 계급'이 형성된 시기로 인식하는 것이었다(印紅標 2009 : 487~489). 이런 출발점에서 시작하면, '사회주의'와 '민주'의 결합이 결코 간단한 문제가 아님을 통감하게 되는데, '사회주의'도 '민주'도 자명하지 않으며 그렇기 때문에 그 '결합'은 더더욱 난해한 질문이 된다.

이 '문혁'이라는 '중간점'에서 출발해 첸리췬 사상의 '기원'을 살펴보면, 우리는 그가 왜 문혁 '이단사조'에 가담하게 되었는지, 왜 문혁에 앞선 17년에 대한 비판적 평가를 내리게 되었는지 궁금해지고, 그가 문혁을 거친 후 그에 대한 사색 속에서 어떤 변전을 다시 겪게 될 것인지 또한 궁금해진다. 여기서는 그 질문을 첸리췬에게 직접 던지기보다 그와 한 시대를 공유한 청년들, '민간 이단사상'의 주역들의 고민을 통해 간접적으로 그 대답을 들어 보려 한다.

우리는 문혁 시기의 회고적 반성을 따라서 그에 앞선 '17년' 시기로 돌아가 볼 필요가 있는데, 그 17년 시점의 가장 중요한 전환점은 '1957년'이 된다. 그 시기의 특정한 '실패'가 문혁의 '조반파'와 '이단사조'를 낳는 데 작용하기 때문에 양자는 긴밀하게 연관된다. 1957년과 현재의 중국을 잇기 위해서는 중간고리인 문혁의 독특한 경험에 대한 성찰이 필수적임을 염두에 두면서, 첸리췬의 사유반성의 출발점인 '1957년학'에 접근해 보도록 하자.[1]

2. '1957년 학(學)'

'사회주의적 민주'라는 쟁점은 '문혁 이단사상'이 부침을 겪은 이후, 1974~75년 시기 포스트-문혁의 분위기 속에서 중요한 쟁점으로 부각된다. 하지만 그 쟁점은 이미 1950년대 후반 제기되었고, 다소 복잡한 역사 과정 속에서 억압되어 수면 아래로 잠복한다. 이 연결고리의 의미를

---

[1] 이하의 주요 내용은 백승욱(2009)를 수정·요약한 것이다.

중시하기 때문에 첸리췬은 1957년 반우파 시기 베이징 학생운동 세력들의 논의를 복원하면서 여기에 '1957년학'이라는 큰 의미를 부여하는 것이다.[2] 첸리췬이 보기에, 1957년 반우파운동 시기에 비판의 대상이 되었던 비판적 지식인들의 주장은 중요한 전환점을 형성했다고 할 수 있는데, 이는 과거로는 1919년 5·4운동의 전통으로부터 이어지고, 그 이후로는 문화대혁명의 일련의 사건들과 1978~80년의 민주화운동, 그리고 1980년대 사상해방운동으로 이어지는 주요한 고리가 되기 때문이다(錢理群 2007 : 1~15 / 22~42쪽).

1957년은 내적으로는 사회주의적 개조가 완료되는 동시에 1차 5개년계획의 여러 가지 모순들이 본격적으로 드러나던 시점이고, 백가쟁명·백화제방의 방침에 따른 대대적인 사상해방의 분위기가 반우파투쟁으로 급반전되던 결정적 시점이었으며, 발전노선 상에서는 중국의 발전노선이 소련적 방식에서 중국 고유의 대약진적 방식으로 전환되는 결절점이었다. 그리고 외적으로는 소련공산당 20차 당대회에서의 흐루시초프의 '비밀보고'의 충격파에 이어 헝가리와 폴란드에서 동유럽 사회주의의 내적 모순이 분출되어 그 민감성이 중국에까지 심대한 영향을 미치던 시기였다.[3] 상황은 전혀 예측할 수 없는 방향으로 흘러갔는데, 특히 반우파투쟁은 상호작용하는 세력 사이의 모순이 점점 더 격화되고 동시

---

2) 첸리췬은 이들 운동을 '5·19 민주운동'으로 부르는데, 이는 1957년 5월 19일에 베이징대학의 일부 학생들이 자발적으로 민주를 요구하는 대자보를 붙인 데 기인한 것이다(錢理群 2007 : 5/ 본서 28쪽). '錢理群 2007'은 이 책의 원서이므로 본문 쪽수를 함께 기재했다.
3) 흐루시초프의 비밀보고는 발표 직후, 당시 당대회에 참석한 중국대표단을 통해 중국에 곧바로 전달되었고, 『뉴욕타임스』에 게재된 그 전문은 곧바로 번역되어 당고위층들에 배포되었고, 이 번역본은 이 시기 민주운동의 주도세력에게도 전파되어 강렬한 반응을 불러일으켰다(錢理群 2007).

에 국제적 맥락이 내부화한 결과였다.

반우파투쟁 시기보다 한 해 앞서 열린 사상해방의 공간인 '백화제방·백가쟁명'의 시기에는 사회주의와 민주주의의 관계에 대해서 현재까지도 영향을 미치는 중요한 주장들이 제기된 바 있고, 이 논점들은 '반우파' 시기까지 계속 이어졌다. 물론 당시의 주요 논자들의 입장이 모두 일치한 것은 아니고, 그 입장들은 매우 전형적인 사회민주주의적 주장(예를 들어 구준)에서부터 마르크스주의의 개조의 주장까지 다양한 스펙트럼에 걸쳐 있었다. 그리고 짧은 개방의 시기에 이어서 급속하게 반우파투쟁으로 반전되었기 때문에 그 논의들이 좀더 심도 있게 발전하지 못하고 개괄적 수준에서 멈춘 경우도 많았다. 그럼에도 주요한 논점을 살펴보면, 그 논점들이 그 이후 시기에까지 지속적 영향을 미치고 있음을 알 수 있다.

당시에 핵심적 문제는 '세 가지 해악'三害이라고 부를 수 있는 관료주의, 종파주의, 주관주의의 문제였으며, 그 중에서도 특히 관료주의가 중요했다. 그 문제의 심각성은 1956년에 두드러지게 증가한 노동자들의 파업과 학생들의 휴업에서 잘 반영되어 나타났다.

런민人民대학을 대표하는 당시의 대표적 '우파'이던 린시링林希翎은 '진정한 사회주의'를 사회주의적 공유제와 사회주의적 민주제가 결합된 것으로 규정하면서 출발하고 있다. 그런데 민주가 실현되지 않고 '세 가지 해악'이 출현한 이유로 첫째로 법률제도가 완비되지 않은 것, 둘째로 권력이 당에 과도하게 집중되어 있는 것을 든다. 이 때문에 구계급은 소멸했을지 몰라도 새로 '특권계급'이 형성되었다는 주장으로 나아간다(錢理群 2007 : 124~128 / 219~225쪽).

'5·19민주운동'의 가장 대표적인 이론가인 탄톈룽譚天榮의 논의는 여기서 더 나아가서 마르크스주의의 위기와 당의 문제까지를 거론하고 있다. 그는 엥겔스 사후 마르크스주의의 위기가 발생하였다고 보는데, "1895년 이후, 마르크스주의는 철의 필연성에 따라 자신의 반면[즉 부정]으로 전화되었으며, 이와 상응하여 국제 공산주의 운동 중에 수정주의와 교조주의가 형성되어 상호 침투하여, 62년간 절대 통치해 왔다"고 주장하면서 다시 "마르크스와 엥겔스로 복귀"(부정의 부정으로서)할 것을 주장하고 있다. 복귀는 3중적인데('세 가지 복귀'), 이는 "사유제에서 공유제로의 복귀, 교조주의에서 마르크스주의로의 복귀, 그리고 '세 가지 해악'에서 민주로의 복귀이다"(錢理群 2007 : 180, 190[본서 307, 320쪽]에서 인용). 여기서 더 나아가 탄톈룽은 '당의 무오류성 신화'를 공격하고, 이 신화는 그 반면으로서 '당과 당원에 대한 이견=낙후성=반당=반혁명'을 등치시키는 결과를 초래한다고 비판한다(錢理群 2007 : 177 / 301쪽). 탄톈룽이 보기에 근본으로 복귀한 마르크스주의가 이 문제에 대해 제기하는 해결책은 사상해방과 민주이며, 그런 점에서 이는 다시 '5·4'의 문제의식을 잇는 것이었다. 그가 주장한 민주는 아직 추상적인 것이었지만 이는 "계속 형성되어 발전하는 민주이며, 소련 형식을 단지 옮겨놓는 것은 아니며, 더욱이 서구 형식을 전파하는 것은 아니고, 오늘날 중국의 사회주의 토양에서 성장하는 민주제도"였다(錢理群 2007 : 191 / 301~302쪽).[4]

---

[4] 이에 비해 당시 학생은 아니고 경제이론가였던 구준은 훨씬 더 생산력주의적 함의에 기반하여 더욱 전형적인 사민주의적 시각을 전개하고 있다. 그는 경제발전 우위론을 내세워 이에 따라 고도로 발전한 경제에 적합한 사회로서 사회민주주의와 다당제를 주장하고 있다(錢理群 2007 : 337~355 / 542~571쪽). 이런 점에서 구준은 현재의 개혁개방 이데올로기에 더 직접적으로 친화성이 있으며 더 쉽게 더 많이 복권된다.

3. 문화대혁명의 이단파

1957년 당이 반우파투쟁을 주도하게 되자, 백가쟁명의 분위기 속에서 형성된 사회주의적 민주를 둘러싼 논의들은 다시 수면 아래로 가라앉았다. 논의와 대립의 장소는 대신 명시적으로 당 내부로 이동하였고, 사회주의 하의 계급의 존재를 둘러싼 두 가지 노선의 차이로 점차 분화되어 갔다.

사회 분위기가 이처럼 급격히 반우파투쟁으로 전환된 파장은 앞서의 '5·19민주운동'의 중심지인 베이징의 대학들에만 한정된 것은 아니었다. 반우파투쟁은 폭넓게 전개되었고, 사회 모든 곳에 영향을 끼치면서 그 그림자는 1960년대 중반까지 드리워졌고, 특히 공장에서 이는 1960년대 초 전개된 사회주의 교육운동(또는 사청운동)으로 이어졌다. 바로 여기서 반우파투쟁이 문화대혁명으로 이어지는 계기가 발견된다(천이난 2008; 백승욱 2007: 26~27). 문화대혁명 초기, 특히 위로부터 공작조 파견 형태로 진행된 캠페인으로서 문화대혁명의 '초기 50일'은 문화대혁명을 반우파투쟁의 연장선으로 해석함으로써 공장을 포함해 각종 사회조직들 내에서 모순을 심화시켰다. 이것이 이후 조반파의 대대적 반격과 파벌 간의 첨예한 갈등을 낳는 요인이 되었다.

문화대혁명은 1957년 시기에 등장한 사회주의와 민주라는 쟁점을 더 확대된 공간에서 더 많은 대중을 포괄하면서 더 '폭력적인' 방식으로 제기하였다. 굳이 1957년의 상황과 비교하자면, 문화대혁명 시기에 사회주의와 민주 사이의 관계라는 쟁점은 이전 시기에 비해 적어도 세 가지 차원에서 더욱 심화되고 확대되어 제기되었다. 첫째로, 그 범위가 한정된 지식인에서 전체 대중으로 확산되었다. 특히 1967년 문화대혁명이 공장으로 확산되고 공장 내에서 조반파 운동이 형성되고, 공장 관리방식의 변화와 '교육혁명'이 맞물리면서 이제 쟁점은 전 대중적인 것이 되었다.[5] 둘째로, 이와 맞물리는 것이지만, 이제 문제는 헌법의 준수라는 법치의 차원을 넘어서서 토대와 이데올로기 전 수준으로 확대되었다. 민주의 쟁점 또한 더 이상 법률의 준수와 법적인 권리 확보라는 차원에 한정되지 않고, 그것을 넘어서는 문제로 확대되었으며, 이를 설명하기 위해 '대민주'라는 쟁점이 등장하였다. 셋째, 이로부터 나오는 함의로서, 민주 문제의 해결이 단지 국가가 중심이 되는 제도 개선에 의존해서는 불가능하며, 아래로부터의 새로운 조직의 형성과 이를 통한 대중의 자기 전화를 수반하는 과정으로 제기되었다.

문화대혁명 시기에 조반파 조직들이 내부적으로 분파투쟁을 거치면서 온건파와 급진파로 나뉘고, 이로부터 문혁의 '이단파'라고 할 수 있는 세력들이 형성되는 과정에서 사회주의와 민주라는 쟁점은 다시 두드러졌다. 문혁 온건파와 급진파 사이에는 출신성분상, 계급노선상에서 차이가 있었고, 당에 대한 입장에서, 군대에 대한 입장에서, 관료들에 대한 평가에서, 그리고 더 나아가 당시의 사회성격에 대한 판단에서 차이가 드러나기 시작했다(徐友漁 1999 ; 백승욱 2007 : 69~70).

문혁 급진파의 형성은 문화대혁명이 당의 영향력을 벗어나 점차 당과 대립되는 과정에 접어들게 됨을 의미하는 것이었다. 이로부터 사후적으로 문화대혁명을 두 개의 서로 다른 과정이 결합된 것으로 보는 논리

---

[5] 첸리췬은 문화대혁명의 특징은 '전 인민 참여성'에 있으며, 문화대혁명의 의의는 "그것이 만들어 낸 역사적으로 특수한 형태 때문에, 정상적인 시기에는 역사에 절대 참여할 수 없던 '국외자'에게 역사에 참여하여 창조할 기회를 제공한 데 있다"고 강조한다(錢理群 2008 : 224).

가 출현하는데, 그것이 류궈카이 등이 주장하는 '두 개의 문혁론'이다. 문혁에는 권력투쟁의 논리에 따라 출현한 정풍운동의 일환으로서 위로부터의 문혁이 있고, 그와 반대로 특권 관료계급에 반대해 봉기한 아래로부터의 '인민문혁'이 있다는 것이 그 논지이다(劉國凱 2006).

이런 분화 과정을 잘 보여 주는 대표적인 조직이 후난성에서 조직된 '후난성 프롤레타리아계급 혁명파 대연합위원회'[省無聯]이며, 이 조직의 활동 강령을 이론화를 한 글이 양시광의 대표적 논설 「중국은 어디로 가는가」였다(楊曦光 1968). 양시광은 중국에서 관료계급이 형성되었으며, 홍색자본가계급의 대표자를 저우언라이 총리로 규정하고, 당이 주도하여 건립된 혁명위원회 대신 이에 대항해 파리코뮌 모델과 국가장치 파괴 테제에 입각해 '중화코뮌'을 건립하여야 한다고까지 주장하였다. 양시광의 주장을 좀더 들어보자.

> 프롤레타리아계급 문화대혁명을 불러일으킨 기본사회모순은 새로운 관료자본가계급의 통치와 인민대중 사이의 모순이며, 이 모순의 발전과 첨예화는 사회의 비교적 철저한 변동을 요청한다. 이는 바로 새로운 관료자본가계급을 전복하고, 낡은 국가기구를 철저하게 파괴하고, 사회혁명을 실현하며, 재산과 권력의 재분배를 실현하고, 새로운 사회인 '중화인민공사'(코뮌)를 건립하는 것이다. 이것이 제1차 문화대혁명의 근본 강령과 최종 목적이다.(楊曦光 1968 : 46)

문화대혁명의 '이단'과 '급진파' 세력이 형성되는 것에 맞물려 이들에 대한 억압과, 또한 이들이 공격의 대상으로 삼은 당관료제의 복구는 오히려 더욱 빨리 진행되어 갔다. 1968년 여름 홍위병이 해산되고 그 자리를 '공선대'工宣隊(노동자마오쩌둥사상선전대)가 대체하였고, 1969년 9차 당대회를 거치며 당기구가 복구되고, 문화대혁명의 방향이 당이 주도하는 정풍운동의 형태로 전환하면서 조반파, 특히 급진적 세력에 대해서는 대대적인 억압이 가해진다. 이는 특히 '계급대오 정돈'과 '5·16병단 색출' 등의 이름 아래 수년간 지속되었다. 문화대혁명은 '반당=반사회주의'라는 등치관계를 부정하고 스탈린주의식 정풍운동을 반대하고 그것을 지양하고자 출발했지만, 2년여 만에 다시 '반당=반혁명=반사회주의'의 등치관계를 복원시키고, 더 대대적인 스탈린주의적 (반)정치의 전국적 확산이라는 비극을 동반하면서 사실상 종료되었다(백승욱 2007 : 80~83; 백승욱 2012).

마오에 대한 지지에서 출발해 당관료제를 공격하면서 확산된 조반파 급진세력들은 당(그리고 마오조차)에 의해 자신들이 공격대상으로 지목되고, 문화대혁명의 성과가 미약함을 발견하게 되면서 점차 쟁점을 당문제와 민주의 방향으로 전환하게 된다. 그 전환점에서 가장 큰 영향을 끼친 사건은 1974년 광저우의 리이저 대자보 사건이었다(李一哲 1974; Chan 1985). 이 사건은 전국적으로 매우 큰 영향을 끼쳤다. 이는 개별분산되어 있던 문혁 급진파들의 문혁에 대한 자기비판적 평가를 전국적으로 연결시키는 고리가 되었다. 앞서 말했듯이 첸리췬이 머물고 있던 구이저우성 외진 곳에도 이 소식은 그 이듬해 전달되어 적지 않은 파장을 불러일으켰다. 이는 과거 문혁 급진파 출신, 특히 조반파 노동자들을 중심으로 아래로부터 제출된 '사회주의적 민주'의 요구였으며, 그에 앞선 문혁 '이단사상'의 흐름을 새로운 차원으로 발전시킨 것이라는 의미를 지녔다. 그 영향은 1978년의 시단西單 민주벽 운동의 참가자 대부분에서 나타나며, '베이징의 봄'의 지주가 되었다고 할 수 있다(錢理群 2008 : 239).

우리는 문혁 급진파의 형성으로부터 리이저 대자보로 나아가는 과정에서 '1957년'의 논점이 매우 중요하게 부활함을 볼 수 있다.

4. 1978~80년 '베이징의 봄'과 사회주의적 민주의 추구

1974~75년 시기에 분산적으로 흩어져 활동하면서 사회주의적 민주를 제창하던 '민주세력'들은 1976년 4월 5일 '1차 천안문사건'을 거쳐, 1978~80년 시기에 서로 결집하기 시작하고, 공동으로 간행물 발간 사업에 착수하게 되었다(錢理群 2008 : 237).

이 시기 토론은 주로 레닌의 후기사상 연구에서 시작되었는데, 그 쟁점은 첫째로 프롤레타리아 독재와 민주의 관계, 그리고 둘째로 사회주의 민주의 특징이었다. 이를 기반으로 문혁 급진파의 일부는 중국에서 집권정당이 '독재정당'으로 변질되었고, 프롤레타리아 독재가 당독재로 변질되었다는 결론을 내리기도 하였다(錢理群 2008 : 232~233). 1970년대 후반 민주운동의 두드러진 성과는 1978년 시단의 민주벽 운동과 대학교 내의 민주화운동을 결합시켜 진행한 것이었고, 당내의 '개혁파'와 잠정적 동맹을 통해 그 세력이 일정 정도 지속될 수 있었다. 이 시기 운동을 주도한 이들은 모두 노동자 출신 조반파라는 점에서 1980년까지 이어진 이 운동의 성격은 '청년 노동자 주체의 사회주의 민주운동'이라고 부를 수 있는 것이었다(錢理群 2008 : 253).

문혁 이후 민간 사상계가 분화하면서 당시의 흐름은 마르크스주의를 견지하면서 사회주의의 길에서 민주를 발양해야 한다는 다수세력(왕시저王希哲, 쉬원리徐文立 등이 대표자)과 다른 한편에서 마르크스주의를 버리고 인권을 중시하는 자유주의로 넘어가는 소수파로 나뉘기 시작했다.[6] 주요 논점들을 좀더 살펴보면, 사상의 자유를 중심으로 하는 민주의 요구와 당시 중국의 사회성격에 대한 논의가 동시에 부각되며, 그에 대한 구체적 입장들에서 상이한 분화가 나타남을 알 수 있다. 그러나 분화 속에서도 양자는 맞물려 있었기 때문에, 이 시기의 논의를 단지 자유주의로 쉽게 정리할 수 있는 것은 아니다. 이 시기의 논의는 당시 사회성격과 지배계급의 성격에 대한 논의에 의해 여전히 규정되고 있었다. 천얼진陳爾晉 같은 이는 1978년 민주운동에 앞선 시기 작성된 「프롤레타리아계급 민주혁명을 논한다」는 글에서 '특권자본화'의 문제를 제기했고, 그 해결책으로 "프롤레타리아 민주혁명을 진행하여, 상부구조를 변혁하고, 프롤레타리아 민주제도를 건립하고 완비해야 한다"고 했다. 1970년대 말 전국적으로 분산되어 존재한 민간사상가들은 이처럼 "제도의 변혁과 창신을 추구하고, 최종적으로는 민주정체로 나아가고자 했다(錢理群 2008: 237). 논의가 더 진전되면서 한편에서는 이들 민주운동의 세력 내부에서 조금씩 입장이 분화해 가기 시작했다. 사회민주주의적 색채가 좀더 부각되기 시작한 것과 『1844년 수고』의 독해를 통한 청년 마르크스의 인간주의적 해석의 도입이 그런 대표적인 예였다(錢理群 2008: 302).

5. 민간사상조류와 당조직의 교직(交織), 그 비극

앞서 말한 세 시기의 사회주의적 민주에 대한 추구는 (인적으로나 이론적으로) 지속적으로 이어진 것은 아니며, 단속적으로 새로운 계기 속에서 앞선 시기의 중단된 고리를 다시 찾아내는 방식으로 지속성을 이어 갔다. 이렇게 한편에서는 그 고리가 끊어지면서도 다른 한편에서 사라진 쟁점이 다시 등장하고 이 과정에서 독특한 뒤틀림 현상이 발생하게 된

데는 마오쩌둥이라는 혁명지도자의 독특한 위상이 매우 중요하게 작용하였다.

　마오는 한편에서 이단사상의 '지지자'이자 '흡수자'였다. 당내에서 마오의 위상이 늘 서로 다른 노선 간의 투쟁을 통해서 지탱되어 왔고, 특히 여기서 소련의 '교조'에 대한 이단적 비판이 늘 중요한 쟁점이었기 때문에, 마오의 새로운 사고의 혁신에 대한 지지자들 또는 동반자들은 당내보다는 당 외부에 더 포진되는 경우가 많았다. 그러나 다른 한편에서 마오는 궁극적으로 당의 주석이었고, 최종심급에서 이를 벗어나지 못하였다. 즉, 그는 항상 대중운동을 결국에는 당조직의 지도 하에 종속시키고자 하였다. 다만 그 당조직과 그 당의 이데올로기가 쇄신된다는 조건 하에서였다. 이 이중성 때문에 한편에서 마오는 이단사상을 흡수하여 중국적 토양에서 사회주의 하의 마르크스주의의 쟁점을 이론적·실천적으로 쇄신하고 다시 문제제기할 수 있던 반면, 다른 한편에서 그것을 가능하게 하던 대중운동의 기반은 오히려 그 이후 약화되거나 심지어 궤멸되는 결과가 발생하였다. 이 과정은 늘 반복되었으며, 특히 당-국가가 강화되는 시기에는 그런 역설이 더 두드러졌다. 마오는 대중운동의 이단적 사상을 흡수해 이론화하고 이를 당내의 논쟁구도로 끌어들여 당을 관통시키고 그로써 당의 '일괴암성'一塊岩性을 파괴하였지만, 이는 항상 대중의 절대적 이데올로기적 통일성을 대가로 하였다.[7]

　결국 '마오 효과'는 사회주의 하에서 마르크스주의 급진화의 이름이

---

6) 『民主中華 : 中國民運文選』, 香港: 遠東事務評論社, 1989, 165쪽.
7) 첸리췬은 1957년의 우파로 지명된 탄톈룽과 마오의 마르크스주의에 대한 사고가 매우 유사하게 '이단적'임을 발견하는데, 그럼에도 이단이 될 수 있는 권리는 지도자에게만 귀속됨을 강조한다(錢理群 2007 : 180 / 307쪽).

었던 동시에 역설적으로 당 외부에 있는 아래로부터의 마르크스주의 세력, 또는 첸리췬의 용어로 말하자면 '민간 마르크스주의 사상'의 형성을 억압하는 결과를 낳았다. 그 쟁점들이 마오식으로 흡수되고 그에 뒤이어 운동의 흐름 자체가 억압되었기 때문에 쟁점은 일정한 순환을 그리면서 계속 반복적으로 재등장하게 된다. 당 외부를 출발점으로 하는 마르크스주의의 쇄신의 논의는 궁극적으로 허용되지 않았으며, 이들 '민간 마르크스주의자'들은 우파, 이단사상, '5·16병단', 반당반사회주의 등의 이름으로 늘 진압되어 갔다.[8] 대중운동을 통한 사회주의 하의 모순의 표출, 그리고 그와 동시적으로 진행되는 일정한 이론화, 그리고 대중운동에 대한 억압이라는 순환의 반복은 그럼에도 문화대혁명 후기로 오면서 이론적으로나 실천적으로 사회주의와 민주주의 사이의 관계의 쟁점을 지속적으로 확대시키는 모순적 동학으로 작용할 수 있었다.

그런데 문혁이 다소 제도화 과정에 들어서고 대중운동이 침잠하는 시기에 들어서면(그리고 더욱 두드러지게는 마오의 사후에) 이런 독특한 정치와 이론의 관계는 더 이상 유지되지 못하거나 취약한 연결고리만 남기게 된다. 마오 사후에 마오라는 상징적 존재가 사라진 이후, 마오를 중심으로 한 동학에는 변화가 발생한다. 이것이 두드러진 것이 1978~80년의 상황인데, 마오와 대중운동의 모순적 관계를 대체해 등장한 새로운 관계는 실용적 관계였다. 앞서 마오 시기의 관계는 한 시기 대중운동이 억압당한 후라도 새로운 시기에는 전환된 형태로 그에 앞선 시기의 이론

---

8) "(1978~80년 시기) 당시 중국공산당이 적발한 크고 작은 수많은 '반혁명조직' 안건 중에는 '마르크스·엥겔스 소조'류의 이름으로 체포되어 투옥되고 심지어 총살당한 경우가 부지기수라고 할 수 있다."(錢理群 2008:234).

화가 부활·지속됨으로써 그 계기를 통해 인적으로가 아니라 쟁점 차원에서 앞선 시기의 문제들이 이어질 수 있었다. '사회주의'와 '마르크스주의'는 그 긴장을 지속하는 동력이자 고리였다.

반면 새로운 시기에 들어서면 아래로부터의 '이단적 사고'가 당내의 마르크스주의적 이론 혁신이라는 계기를 통해 논쟁을 끌어가는 구도는 점차 약화된다. 그 관계는 개혁개방 이론의 정당화로 동원되지만, 핵심적으로 마르크스주의적 긴장관계에서 탈마르크스주의적 '정책지향'으로 전환되어 간다. 아래로부터의 이단적 사고와 민주에 대한 해석은 세력관계에서 활용될 수 있는 조건으로서 중요했지만, 이를 통해 형성된 것은 일시적 세력연합이었다.

'범시파'汎是派에 대한 대결구도에 서 있던 덩샤오핑은 1978~80년 시기의 세력관계의 역전을 위해 아래로부터의 민주운동의 주장들과 실용주의적 동맹을 형성하였다. 이것이 '베이징의 봄'이 가능했던 시기적 맥락이었다(錢理群 2008 : 254~257). 그러나 범시파에 대해 우위에 선 이후 덩샤오핑이 주도하는 당내 이른바 '17년 기득권 이익집단'은 이들이 1957년 반우파투쟁을 통해 형성한 고도로 집권적인 당의 일원화 지도체제인 '57체제'를 재확립하고자 하였다(錢理群 2008 : 266~267). 이런 분위기 전환은 1979년 3월 30일 덩샤오핑이 당 이론공작회의에서 '네 항의 기본 원칙 견지' 강화를 발표하면서 촉발되었는데, 이는 한때 덩샤오핑을 지지한 바 있던 사회민주운동과 덩샤오핑 사이의 결별을 선포하는 것이었다. 이러한 상황 전환은 1978년 11기 3중전회에서 '범시파'에 대항하는 일정한 공동 전선을 형성한 세력들 사이에 민주주의의 문제를 둘러싼 대립이 증폭되는 것과 궤도를 같이해 진행되었으며, 덩샤오핑의 발언은 바로 1979년 1~4월에 열린 이 이론공작회의 내부의 대립에서 표명된 것이었다(안치영 2003 : 196~204).

그 해 10월에는 '베이징 봄'의 상징인물인 웨이징성魏京生에 중형이 선고되고, 웨이징성을 성원한 류칭劉青이 체포되었다. 1980년 들어 상황은 더욱 악화되어 '베이징의 봄'을 상징하던 잡지들이 잇달아 폐간되었고, 덩샤오핑은 점점 더 민주운동 세력과 거리를 두기 시작하였다. 마침내 1980년 12월 중앙공작회의에서 덩샤오핑은 진압명령을 하달하였다(錢理群 2008 : 321).

6. 1980년대의 짧은 '사상해방'과 그 이후 지식인의 포섭

1980년대는 '사상해방'의 시기로 일반적으로 지칭된다. 그런데 앞선 시기의 굴곡에서 출발해서 볼 때, 이 사상해방이 전개되는 토대가 생각보다 취약하다는 것을 알 수 있다. 왜 그런가 하면 이 시기에는 앞선 시기와 단절이 발생해, 두 가지 변화가 생기기 때문이다. 첫번째는 '민간 급진사상'의 흐름에 대한 최종적인 대대적인 억압이 1980년 전후로 이루어지면서, 문화대혁명에서 이 시기까지 이어져 온 아래로부터의 급진적 사상 흐름들의 인적·조직적 연계성이 중단된다. 두번째는 문화대혁명이 공식적으로 끝나고 고등교육제도가 복구되고 문화대혁명을 비판하는 '역사 결의'와 더불어 지식인의 사회적 지위가 상승하게 되고, 하나의 사회적 층으로서 지식인층의 독자적 역할이 부각되기 시작했다는 점이다.

그런데 이 양자는 서로 떨어진 것은 아니어서, 새롭게 형성되는 지식인층은 아래로부터의 급진적 사고의 민간사상운동과의 연결고리가 취약하거나 또는 그와의 일정한 단절에서 출현하였다. 앞선 시기(특히 문혁 후기에서 1980년까지) 민주운동의 주체가 스스로 자각한 청년노동자들이었다면, 이 시기 담론의 중심은 '지식인'으로 옮겨 가기 시작한다.

덩샤오핑은 개혁개방 초기 범시파에 대항해 아래로부터의 '민주운동'의 세력과 일정한 동맹관계를 맺었지만 1980년대 들어 그 동맹은 파기되었고, 이제는 이를 대체해 지식인을 새로운 동맹세력으로 견인하기 시작하였다. 1980년대를 거치면서 사회주의적 민주의 고리는 취약하게 유지되어, 1989년 천안문저항 때 민주라는 쟁점은 앞선 시기보다 더 추상적으로 나타나게 되었는데, 그 이유가 문화혁명의 트라우마 효과로 한정될 수는 없고, 아래로부터의 운동 세력들의 근절이 중요한 이유로 작용한 것으로 보인다. 1980년대의 논쟁을 주도한 '계몽논쟁'이 그에 앞선 시기의 사회주의적 민주의 논쟁들과 달리 당대 중국 사회성격에 대한 문제제기와 분리된 채(또는 당시 사회를 봉건적으로 규정함으로써 논의를 퇴행시키기도 하면서) 민주주의의 문제를 부분적으로 제기하였으며, 그 이후 두 쟁점이 서로 괴리된 방식으로 늘 문제가 된 것도 이런 배경 때문이었다고 볼 수 있다.

1980년대를 총괄한 1989년의 천안문사건이 보여 준 바는 이런 전환이 현실에 작용한 특정한 효과였는데, 그 중 중요한 효과들을 살펴보면, 첫째는 대중과 지식인의 동맹의 실패, 두번째는 신자유주의적 전환을 위한 길닦기, 셋째는 문화대혁명에 대한 대중적 트라우마의 심화를 발견할 수 있다.

천안문의 실패와 더불어 전개된 1990년대는 지식인계의 신속한 분화를 초래했다. 한편에서 학문을 위한 학문이 국가의 지원과 더불어 등장했다. 그리고 신자유주의적 전환과 더불어서 지식인의 사회적 위상은 하락하고 이는 인문학의 위기라는 이름 하에 토론되었다. 세번째로 중국에서의 경제 구조조정의 전개는 신자유주의 논쟁이라는 이름 하에, 어떤 자본주의가 가능한지, 세계경제와 중국 경제의 관련성은 어떤 것인지, 인민의 권리는 어떻게 설정될 수 있는지를 중심으로 논쟁구도를 만들어 냈다(왕후이 2003 ; 백승욱 2008).

1990년대 후반 들어 장쩌민/주룽지 하에서 주도적으로 진행된 중국식의 '신자유주의적 전환'은 사회적 갈등을 증폭시켰고, 특히 실업과 소득격차를 두드러진 사회문제로 만들어 냈다. 이런 문제에 대한 대응의 필요성 때문에 2천년대 후진타오/원자바오 중심의 새로운 지도부는 조화사회라는 이름 하에, 1990년대의 문제들을 일정 정도 제도 내에서 해소하기 위한 노력을 전개하기 시작하였다. 이는 지식인 대응의 급속한 분화를 낳게 되었다. 상당수의 비판적 지식인들은 점점 더 체제 내로 포섭되게 되는데, 이는 다시 열린 코포라티즘의 공간에서 국가의 이데올로기적 시도가 늘어나면서 정책 입안에서 지식인의 역할이 커진 데 기인한다.

문혁의 거대한 후과와 '사회주의'와 '민주'의 역사적 관계를 이해한다면, 문혁과 단절한 짧은 1980년대의 '사상해방' 그리고 그에 이어진 중국식의 '신자유주의화'를 거친 이후, 2천년대 들어 현재의 발전노선에 대한 많은 비판과 저항이 왜 그렇게 쉽게 무너지고 굴복하게 되었는지 이해해 볼 수 있을 것이다. '신좌파'라 이름 얻은 이들조차 이런 좌절에서 예외가 되지 못하였다(백승욱 2011 ; 錢理群 2011). 중국식 TINA("대안은 없다")의 논리가 득세하고 '사회주의와 민주의 결합'이 '공정과 효율의 결합' 정도로 대체되고, 어떤 종류의 '권리' 담론도 체계화되지 못하거나 오로지 위로부터의 정책 변화에 대한 기대만 살아남는 상황이 전개된다. 그런 상황에서 매우 이례적으로 첸리췬은 '포섭할 수 없고' '굴복하지 않는' 루쉰적 지식인으로 남아 있다.

문혁에 대한 공식적 비판, 그러나 문혁에 대한 심층적 조사연구의 제약, '1957년'에 대해 본격적으로 연구할 수 없는 상황, '1989년'을 거론할 수 없는 검열 등의 조건들이 한편에 있는 반면, 이런 상황과 대조적으로 다른 대극에서 '사회주의라는 간판'이 권위주의적-보수주의적 정치체제와 결합하고, 그것이 매우 '급진적인' 신자유주의적 경제사조와 결합하며, 이는 다시 '발전주의적 국가주의'에 결합하는 매우 착종된 구조가 만들어진다. 간판만 남은 '사회주의'는 결코 '민주'와 만나지 못하며, '자유 없는 자유주의'는 '사회주의'와도 '민주'와도 만나지 못한다. 이런 상황에서 '민간 이단사상'의 역사적 계보를 역으로 추적해 가면서 이를 통해 문화대혁명의 정치의 아포리아와 대면하고, 그로부터 다시 '1957'년의 잠복한 '사회주의적 민주'라는 쟁점으로 거슬러 올라가는 것은 결코 서지학적 취향이 아니며, 그것은 매우 동시대적 정치를 가능하게 하기 위한 우회로가 될 수 있다.

문제는 완결된 '사회주의'에 '민주'를 더하는 것이 아니었기 때문에, 그리고 그런 방식 자체가 불가능하기 때문에 훨씬 복잡해진다. 역사적 경험이 보여 준 바로는, '민주'가 없기 때문에 '사회주의'가 실패하거나, 더 나아가서 '사회주의'라는 문제가 자기 자신만의 공간 내에서는 문제를 해결할 수 없는 아포리아를 가지고 있고, 그것은 그 고유한 공간과는 다른 구조로 짜여진 공간에서 작동하는, '민주'라는 이름으로 작동하는 어떤 정치가 가능해야만 유의미해질 수 있었던 것으로 보인다.

첸리췬의 저작이 주는 교훈은 다음과 같은 것이다. 중국 사회주의 역사의 복잡성과 유효성을 읽어 내기 위해서 우리는 역사를 '하나의 줄기'로 환원하고 통일해 이해하려는 태도를 버려야 하며, 역사를 단순한 선과 악의 이분법으로 엮는 것에도 주의해야 하고, 끊임없이 현재에서 과거로, 과거에서 현재로 타원형 운동을 반복하면서, 잊혀진 쟁점들을 다시 발굴해 내고, 그 현실적·이론적·정치적 난점들을 되찾아낼 필요가 있음을 인식하는 것이다. 역사로부터 교훈을 얻는다는 것은 역사에 대해 재판관적 입장에 서거나 아니면 도덕론자적 입장에 서는 것이 아니라, 현재의 우리의 삶을 풍부하게 하고, 우리가 돌파해야 하고 돌파할 수 있는 장소를 발견하는 것이다. 그것은 가능성과 불가능성의 영역을 넘나드는 한계에 서는 것이며, 간난고투의 과정 속으로 들어가 돌파구를 찾는 것, 첸리췬의 사상의 근거인 루쉰의 태도처럼 '정자'掙扎의 삶을 사는 것이다. 지금 바로 이 순간에 모든 문제를 해결하기 위해서가 아니라, 우리가 이미 누군가를 딛고 넘어서 있기 때문에 그가 놓친 정세의 어긋남을 극복했듯이, 우리 이후에 오는 누군가가 우리가 풀지 못한 정세와 해답 사이의 어긋남을 딛고 넘어선 이후 그들 자신의 '비동시대적' 난점에 다시 부딪히도록 하기 위해서 우리는 지금 '정자'의 노력을 하는 것이다.

:: 참고문헌

백승욱. 2012. 『중국 문화대혁명과 정치의 아포리아: 중앙문혁소조장 천보다의 문혁』(근간)
_____. 2011. 「중국 지식인은 '중국굴기'를 어떻게 말하는가: 왕후이의 〈중국굴기의 경험과 도전〉에 부쳐」, 『황해문화』 2011년 가을호.
_____. 2009. 「중국에서 〈사회주의적 민주〉 논쟁을 통해서 본 아래로부터 비판적 사상 형성의 굴곡」, 『마르크스주의 연구』 6권 3호.
_____. 2008. 『세계화의 경계에 선 중국』, 창비.
_____. 2007. 『문화대혁명: 중국 현대사의 트라우마』, 살림.
안치영. 2005. 「중국 개혁개방 정치체제의 형성(1976-1981)」, 서울대학교대학원 정치학과 박사학위 논문.
왕후이. 2003. 『새로운 아시아를 상상한다』, 이욱연 외 옮김, 창비.
천이난. 2008. 장윤미 옮김, 『문화대혁명, 또 다른 기억—어느 조반파 노동자의 문혁 10년』, 그린비.
첸리췬. 2011. 「중국 국내문제의 냉전시대적 배경: 중화주의와 국가주의에 대한 성찰」, 『창작과 비평』 2011년 봄호.
_____. 2006. 「망각을 거부하라」, 왕차오화 편, 『고뇌하는 중국: 현대 중국 지식인의 담론과 중국 현실』.
李一哲. 1974. 「關於社會主義的民主與法制」, 『民主中華: 中國民運文選』, 香港: 遠東事務評論社, 1989.
徐友漁. 1999. 『形形色色的造反: 紅衛兵精神素質的形成與演變』, 香港: 中文大學出版社.
楊曦光. 1968. 『中國向何處去?』, 『民主中華: 中國民運文選』, 香港: 遠東事務評論社, 1989.
印紅標. 2009. 『失蹤者的足跡: 文化大革命時期的青年思潮』, 香港: 中文大學出版社.
錢理群. 2011. 「回顧2010年」(수고).
_____. 2008. 『我的精神自傳: 以北京大學爲背景』, 臺北: 臺灣社會研究雜誌出版.
_____. 2007. 『拒絶遺忘: "1957年學"研究筆記』, 香港: Oxford University Press.[이 책 『망각을 거부하라—1957년학 연구 기록』의 원서이며, 본문에 해당 페이지를 기록하였음.]
Chan, Anita(ed.). 1985. *On Socialist Democracy and the Chinese Legal System: Li Yizhe Debates*, M.E.Sharpe.

저자 소개의 글_
루쉰과 첸리췬

유세종(한신대 중국지역학과)

1.

이 책의 저자이자 전 베이징대학 교수인 첸리췬錢理群은 체제비판적인 학자이며 1980년대 이후 현 중국에서 가장 영향력 있는 인문학자 중 한 사람이다. 문화대혁명기를 포함한 18년간의 하방과 유랑의 경험을 통해 중국 사회 전반에 대한 비판적이고 실천적인 관점을 자기화했으며, 20세기라는 전 중국의 역사를 자기사유의 장으로 들여와 고민하고 연구하는 학자다. 20세기 중국 지식인의 정신사라는 맥락에서 역사 속에서 명멸해 간 루쉰 등의 수많은 지식인 연구를 진행했고, 퇴직 후에는 제도화된 공교육을 비판하며 초·중등학교의 문학교육에 열정을 쏟는 한편, 국가권력에 의해 금기시되고 있는 1950년대 반우파운동과 1960년대 문화대혁명의 복원에 주력하고 있다.[1]

---

[1] 중국에서는 아직까지 거론과 연구가 금기된 분야가 있다. 마오쩌둥의 역사적 공과문제, 문화대혁명 관련문제, 1989년 6·4사건의 역사적 평가 등이다.

첸 교수는 1980년대 루쉰 연구의 대가로 정년퇴임 전까지 베이징 대학에서 줄곧 루쉰 강좌를 이끌었다. 루쉰이 없는 첸리췬 교수를 상상할 수 없을 정도로 그와 루쉰의 관계는 '영혼의 결합'이라고까지 평가되고 있다. 첸 교수의 모든 글에는 루쉰의 정신과 힘이 역력하게 느껴진다. 그의 모든 논리 밑바탕에는 루쉰의 말과 루쉰의 목소리가 흐르고 있다. '루쉰이 이렇게 말했듯', '루쉰이 생각했던 것처럼'이 글 행간의 주요 뼈대다. 첸 교수는 루쉰과 같이 두 시대 교체기에 산 사람으로 일생 "안전한 삶을 잃어버렸으며 …… 구 정치질서와 구 도덕질서 …… 를 의심했지만 그렇다고 새로운 혼란을 주저 없이 끌어안을 수도 없었다. 전제정치는 그들의 증오 대상이었으나 그들이 직면한 …… '20세기'는 낯설고 곤혹스런 것이었다. …… 루쉰과 이 경건한 연구자는 그로 인해 근심걱정, 노심초사하였고 그러한 절망 속에서 자신들이 '돌아갈 집이 없다는 부조리'를 통찰했다". "루쉰의 고통은 그가 깨어난 후에도 부득불 전제질서 아래 살아가야만 한다는 데 있었고, 첸리췬의 곤혹 역시 모든 확실한 가치체계를 상실한 이 시대에 생존해야만 했던 데 있다. 토인비가 말한 바와 같이 그들은 '존재'할 뿐 어느 한 사회에 '속하지 못했고', 두 사회에 '존재'했으나 그 모두에 '속하지 못했다.'"(왕후이王暉, 「첸리췬과 그의 루쉰 영혼 탐색」錢理群與他對魯迅心靈的探尋) 루쉰은 19세기 말에서 20세기 전반기에, 첸리췬은 20세기 후반에서 21세기 초에, 두 시대가 가져다준 고통과 혼란 속에서 '절망에 반항하는 생존 형식'을 취할 수밖에 없었다. 회의, 반항, 탐색, 끝없는 이별과 유랑은 그들의 정신운명이 되었다.

2.
그의 루쉰 강의는 동아시아에 명성이 자자하다. 10대의 젊은이에서 60

대의 노인까지, 베이징대 학생은 물론 일반인, 퇴직교사, 방문학자, 외국 여행객에 이르기까지 그 신분 여하를 막론하고 복도와 창밖에까지 청강하는 학생들로 넘쳤다. 작디작은 키에 크고 둥근 머리, 높은 이마와 번뜩이는 눈빛, 온화한 미소의 첸 교수는 이 다양한 청강생을 비범한 열정과 특유의 재치로 사로잡았다. 루쉰의 사상과 가치는 그의 폐부에서 울려 나오는 목소리를 타고 당대 수많은 사람들의 가슴과 영혼을 적셨다. 전국에서 그의 강의를 들으러 몰려왔으니 그 강좌의 위력을 짐작할 수 있다. 첸 교수는 이를 계기로 전국 각지의 청년들과 연계를 갖게 되고 이를 통해 이후 학술을 조직하는 단계로 나아가기도 한다. 2008년 자택을 방문했을 때 그는 필자에게 "나는 전국 각지의 젊은이들과 연계를 갖고 있다. 타이완이나 시짱西藏[티베트]은 물론 모든 성에 나의 청년 친구들이 있고 그들과 연락을 주고받는다"고 말했다. 그는 편벽된 오지에 있는 친구들에게 더 많은 편지와 애정을 보내고 있다고 말하기도 했다. 이러한 그의 행동은 기본적으로 교사로서의 계몽자적 태도의 일관성 속에서 이해될 수 있다. 그의 제자이자 동료인 교수들은 첸 교수를 "학자나 교수가 안 될 수는 있었을지언정 절대 선생님이 되지 않을 수는 없었던" 사람이라 하고 있다. 선생님이 아닌 첸 교수는 첸리췬이 아니라는 것(베이징대학 천핑위안陳平原, 쿵칭둥孔慶東). 이는 첸 교수의 계몽주의 교사로서의 면모를 말해 주는 것이기도 하다. "루쉰과 첸리췬 같은 사람은 기본적으로 사상의 힘 외에 도움받을 다른 것[정치권력과 같은—인용자]이 없었기 때문에, 한편으론 계몽의 순수성을 유지할 수 있었으며 다른 한편으론 본인과 계몽 자체가 커다란 희생을" 치를 수밖에 없었다(쿵칭둥).

이 책 후기에서 그는 2003년 전 중국을 휩쓴 '사스' 전염병과 그로 인해 당할 수밖에 없었던 격리의 상태가 그에게는 1957년의 '정치 전염병'을 떠올리게 했다고 회상한다. 자연 전염병과 정치 전염병의 유사성. 희미해져 가던 그 시대의 기억이 고통스럽게 그에게 다시 찾아왔고 그는 그것을 회피할 수 없었으며 이를 기록하기로 결심했다 한다. 그것은 살아남은 자의 글쓰기 윤리와 같은 것이었다. 그 해 가을, 이에 대한 집필을 시작하여 그는 2년 여 뒤에 『1957년학』을 완성했고 2007년 출판하기에 이른다. 그는 '망각을 거부하라'와 '살아남은 자의 글쓰기'를 자신의 존재 윤리로 삼았다. '망각을 거부하라'는 첸 교수의 말이기 이전에 루쉰의 말이기도 하다. 망각하지 않는 민족이라야 아픈 역사를 되풀이하지 않으며 같은 독재자를 두 번 만들어 내지 않는다는 것이다.

3.

그는 1939년 1월 충칭重慶에서 출생했고 본적은 저장浙江성 항저우杭州다. 1950년부터 1956년까지 난징南京사범대학 부속 중고등학교에서 공부를 했다. 1949년 중화인민공화국 건립 초기 고양된 혁명의 시대분위기와 함께 이른바 '황금의 어린 시절'金色的童年을 보냈으며 소위 1950년대의 '이상주의 교육'을 받았다. 1956년 베이징대 중문과 신문전공에 합격하였고 1957년 베이징대학생 민주운동과 그에 수반하여 일어났던 반우파운동을 겪었다. 그는 '중도우파분자'中右份子로 분류되었다(정식처분을 받은 것이 아니라 내부통제용으로 사용되었던). 1958년에 대약진운동과 인민공사운동을 겪었으며, 이 시기 베이징 교외의 농촌과 산시山西성 타이위안太原시의 중형기계공장 등에서 노동을 하며 교육혁명을 했고, 1960년에 졸업했다.

1960년부터 1974년까지는 구이저우貴州성의 안순安順지구에 하방되어 위생학교에서 어문교사를 지냈다. 이 기간에 3년 대기근과 문화대혁명을 겪었다. 문화대혁명은 그에게 말할 수 없는 상처를 안겨 주었다. 국민당의 고관을 지내다 타이완으로 이주한 아버지로 인해 문혁 기간 내내 그에게는 출신성분이 나쁘다는 꼬리표가 붙었고 그의 모든 언행과 해명은 '반혁명'으로 왜곡되거나 해석되었다.[2] 자아비판은 물론 세 차례의 비판과 풀려남에 이어 다시 죽음 직전의 사지에 처해진 그는 밤을 도모해 구이저우에서 베이징까지 탈출했다가, 탈출한 형 집에서 형을 감시하고 있던 당국의 감시원에게 다시 체포되어 구이저우로 돌아가는 불행을 겪는다. 그는 공개비판을 받고 감옥에 처해진다(첸리췬, 「중국 변방의 한 하층지식인의 문혁 기억」一個中國邊遠地區底層知識分子的文革記憶). 그의 영혼은 피폐해졌다. 그의 회고에 의하면 어린 시절, 부모와 형제들이 함께 식사를 한 기억이 없다고 한다. 두 형은 해외에, 아버지는 타이완에, 한 형은 공산당원, 모친과 다른 형제들은 전국에 뿔뿔이 흩어져 있었다. 아버지는 이후에도 가족들과 만나지 못한 상태에서 타이완에서 영면했다. 그는 문혁의 발생이 크게는, "당시 사회모순과 당내 모순이 연동되어 발생한 것"이지만, 회피할 수 없는 명백한 사실은 "문혁은 전 인민이 다함께 참여한 운동이라는 것"을 인정해야 하고, "어떻게 그 모든 사람이, 수억의 사람들이 말려들어 간 것인지, 이에 대해 반드시 규명해야 할 필요가 있다"고 했다. 그가 보기에 문혁은 "각기 다른 사람들이 각기 다른 동기에 의해,

---

[2] 아버지에 대한 첸 교수의 기억과 그리움, 이국에 있는 큰형과 셋째형, 아버지를 위해 세 그릇의 밥과 수저를 놓아두던 어머니에 대한 기억, 1953년 14세 때 '신민주주의 청년단' 가입신청이 출신성분으로 인해 거절당한 일, '반혁명분자'인 아버지와 선을 그어야만 했던 일, 공산당원이었던 넷째 형과 철거된 아버지 사진에 대한 기억, 죽음 직전의 큰형이 들려준 아버지와 가족사에 대한 이야기는 그의 수필 「아! 당신은 나의 아버지」(哦, 你是我的父親),「표현할 길 없는 회한—셋째형의 영전에 바침」(無以表達的悔恨—奉獻于三哥的靈前) 등에 잘 나타나 있다. 이 수필들은 모두 『가슴에 눌러놓은 무덤』(壓在心上的墳, 四川人民出版社, 1997)에 들어 있다.

다른 목적으로, 다른 원인으로 문화대혁명에 참여했기 때문에 그 상황이 매우 복잡하며 이에 대해선 구체적인 연구와 구체적인 분석이 필요하다"는 것이다(첸리췬, 앞의 글).

이런 간고한 시절에도 그는 공부를 했다. 문혁 당시 소지할 수 있었던 서적의 종류가 많지 않았는데 마오전집과 루쉰전집의 소지는 가능했다고 한다. 그는 이때의 여가를 활용하여 루쉰 연구에 착수했고『루쉰 연구 메모』魯迅研究札記 등을 썼다. 1974년부터 1978년까지 같은 지역의 안순사범학교安順師範學校에 다시 어문교사로 복귀해 일을 했고 문혁이 종료된 직후에는 현지 지식청년 및 청년노동자 등과 함께 맑스와 레닌의 저작을 읽으며 문혁의 역사경험을 정리하고자 시도했다. 향후 '중국은 어디로 나갈 것인지, 세계는 어디로 향할 것인지'를 놓고 고민·토론했다. 그는 또 이때부터 청년들에게 자신의 연구를 바탕으로 한 루쉰 사상과 문학을 전하기 시작했다고 한다.

4.
문혁이 끝난 후 1978년 베이징대학 중문과로 돌아온 그는 마흔의 늦깎이로 왕야오王瑤, 옌자옌嚴家炎을 스승으로 한 중국 현대문학사를 공부하기 시작했다. 1981년 논문『루쉰과 저우쭤런 사상발전에 관한 시론』試論魯迅周作人思想發展道路으로 석사학위를 받고 베이징대학 교수가 되었다. 그는 1981년부터 2002년까지 베이징대학 중문과 교수로 재임했고 박사지도교수가 되었다. 중국에서의 박사지도교수는 국가가 인정해 부여하는 특수자격으로 1980년대 초에는 극소수의 학자만이 이 자격을 부여받았다. 1985년부터 17년간 그는 베이징대학에서 루쉰을 강의했다. 1986년 출판된『영혼의 탐색』心靈的探索은 본격적인 루쉰 전문연구서로서 이 책「후기」에서 그는 그가 어떻게 루쉰과 마오쩌둥에게서 영향을 받았는지 설명하고 루쉰 연구를 하게 된 자신의 인생역정을 중국혁명의 역사와 더불어 기술하고 있다. 1985년에는 동료인 황쯔핑黃子平, 천핑위안과 함께 '20세기 중국문학'二十世紀中國文學이란 개념을 내놓아 기존의 '현대문학', '당대문학', '신시기문학'이라는 시대구분의 문학 개념을 통괄하는 새로운 문학사관을 주창, 학술계에 큰 파장을 불러일으켰다. 같은 해에 우푸후이吳福輝, 원루민溫儒敏 교수와 합작으로『현대문학 30년』現代文學三十年을 저술하였다. 이 책 역시 중국 현대문학 강의에 새로운 방법론을 도입한 것으로 학계의 주목을 끌었다. 1989년은 주지하다시피 천안문 민주화운동[6·4사건]이 일어난 해다. 소련과 동유럽에서의 사회주의 몰락과 국내 정치변화에 민감하게 반응한 첸 교수는『풍부한 고통—돈키호테와 햄릿, 동으로 이동하다』豊富的痛苦—堂吉訶德和哈姆雷特的東移를 써 지식인과 공산주의운동의 관계에 대한 그 나름의 고민과 성찰을 세상에 내놓았다.

 그의 첫번째 루쉰 연구서인『영혼의 탐색』은 왕푸런王富仁의『중국반봉건사상혁명의 한 거울』中國反封建思想革命的一面鏡子과 더불어 1980년대 루쉰 연구의 새 장을 연 거작으로 그 이후에 나온 왕후이의『반항절망』反抗絶望, 왕샤오밍王曉明의『가시덤불 속의 탐색』刺叢里的求索 등와 더불어 20세기 루쉰 연구의 한 획을 그었다. 그는 한 글에서 중국 현대문학계의 계보를 거론하며 기존의 '리허린李河林 학파'설은 그보다 앞서 형성되었던 '루쉰 5·4학파'로 대체되어야 한다고 주장하고 베이징대학을 중심으로 했던 왕야오와 탕타오唐弢가 그 학파의 정신과 가치를 계승하고 있다고 주장했다.[3] 필자가 보기에 첸 교수야말로 왕야오와 탕타오, 리허린, 옌자

---

3) 錢理群,「高擧"魯迅'五·四'旗幟的學者"」,『中國現代文學史論』, 廣西師範大學出版社, 2010, 22쪽.

옌의 제자로 베이징대를 중심으로 한 루쉰과 '5·4'정신의 맥을 잇고 있는 학자이다. 루쉰정신과 '5·4'의 정신은 매우 복잡하여 한마디로 요약할 수 없지만 반봉건, 반전통과 근대정신의 중국적 토양에서의 실험, 낭만적 이상주의와 현실주의의 결합 및 그것의 혁명적 실천을 중심으로 한 중국민족의 근대 실험정신이라고 할 수 있다. 그러므로 그들의 학술은 국가와 사회, 역사와 민족, 혁명과 민족 운명과 불가분의 관계에 있을 수밖에 없었고 지금의 첸 교수 학술 역시 이러한 정신사의 맥락하에 놓여 있다. 한 평자는 이에 대해, 첸 교수가 지닌 학술 특성으로 거대담론의 '대사유방식'을 들고 있다(쿵칭둥, 첸리췬, 『나의 정신자전』我的精神自傳).

    필자는 그의 『영혼의 탐색』 「후기」를 읽다가 목이 메인 경험이 있다. 중국 민족이 왜 마오쩌둥과 함께 대약진운동을 일으켜야 했는지, 온 민족이 허기를 불사하고 어떻게 소련의 영향권으로부터 벗어나 세계사의 당당한 일원으로서 한 독립된 국가로 나아갈 것인지를 함께 부둥켜안고 고민했던 사회배경, 그것은 좌우에서 상하에 이르기까지 온 국민이 일치된 감정으로 부응한 민족 대장정과도 같은 서사시였다. 비록 그 귀결은 실패한 운동으로 끝이 났으나. 한 권의 학술서가 깊은 감동과 울림을 줄 수 있다는 것을 대학원 시절 도서관 한 귀퉁이에서 절감했다. 그후 필자가 발견한 것은, 첸 교수의 글은 언제나 객관적이고 이론적인 표면 밑에 조용하지만 강렬한 감정 같은 것이, 때로는 짙은 애증의 정서 같은 것이 흐르고 있다는 것을 발견했다. 그것은 그의 역사 경험이 그에게 가져다준 세계관과 학문의 불가분성, 학술사와 개인사의 미분리에서 오는 모종의 정서적 교융交融과 그에 바탕한 서술에서 오는 것이다. 개인 정서와 분리되지 못한 학술성은 치명적인 결함임에 분명하다. 그러나 첸 교수의 경우 그것은 사적 경험을 역사화시키고 객관화시키는 학술적 사유의 깊이와 이를 가능케 하는 냉정하고도 이성적인 자기객관화, 자료에 바탕한 논증에 힘입어 독특한 학술성을 획득하고 있다. 혹자는 이것을 이성과 감성의 결합, "자기 삶의 절절한 체험과 이러한 체험을 연구에 투사하는 것으로부터" 가능하다 분석했다. 첸 교수의 이러한 연구 특성 가운데 하나는 시대적인 이미지 장악력과 그것을 체계적으로 정리하여 시대사조를 일목요연하게 드러내는 데 있다. 1920~30년대의 "루쉰 몸에서는 '절망'과 '반항'을, 저우쭤런 몸에서는 '고통스런 생존'과 '취미취향'을", "1940년대 문학에서는 '유랑'과 '황야'를, 1948년의 문학에서는 '생존'과 '몸부림'을 읽어 내고" 있다. 이러한 시대 이미지의 선택은 모두 첸 교수 특유의 주객관의 결합에서 가능한 것이라 할 수 있다(쿵칭둥).

대학원 박사과정을 마친 직후 필자는 1993년 한 국제학술대회에서 처음 첸 교수를 만나게 되었다. 필자는 논문을 발표하기 전 모두발언에서, 『영혼의 탐색』「후기」를 읽었던 때의 감회를 토로하며 반가움을 표했고, 그 기나긴 고난의 혁명세월을 거쳐 왔음에도 불구하고 역사와 인간 보편에 대한 순수한 믿음과 신뢰를 잃지 않고 있는 선생의 온화한 모습에 존경을 표한다고 말했다. 당시 그는 무척 수줍은 표정과 미소로 사양의 겸사謙辭를 했다.

5.

그는 1994년부터 1년간 한국외국어대학교에 객원교수로 와 있었다. 당시 필자는 루쉰 연구로 학위를 받고 대학에서 시간강의를 하던 시절이었다. 시간만 나면 첸 교수와 함께 조용한 학교 앞 '다방'──당시는 다방이라고 했다──에서 낮은 목소리로, 마치 무슨 비밀 정보라도 나누는 듯, 중국 혁명사와 마오쩌둥에 대해 얘기를 나누었고 그들의 역사적 공과를 논했다. 개혁개방의 선두에 서서 자본주의적 경제개혁을 실험하고 있던 중국 개혁논자들에 대해 의심의 시선을 보내는 한편, 폭넓게 동아시아의 시사를 논했다. 그는 놀라울 정도로 기억력이 좋을 뿐만 아니라 엄청난 양의 기록을 생활화하고 있었다. 또한 그는 한국 사회와 한국 정치에 대해서도 무척 많은 관심을 가지고 있었다. 첸 교수를 안 이후, 우연히 학회에서 만나거나 둘만의 시간이 되면 첸 교수는 수많은 질문을 폭포처럼 쏟아 내며 한국 정치상황과 시대흐름을 알고자 했다. 첸 교수가 한국에 와 있을 당시 한국은 '가공'할 삼당합당에 의해 김영삼이 대통령이 되고 허울뿐인 문민정부의 간판 아래, 오랜 군부정치의 폐해가 하루가 멀다 않고 터지는 이른바 '사건공화국'이었다. 성수대교 붕괴사건, 삼풍백화점 붕괴 등의 대형사건들이 마치 오랜 세월 인권을 짓밟고 세워진 군사정부의 썩은 기둥들이 무너지는 듯 쉼 없이 '연출'되었다. 사회 전반의 부패와 무능의 결과가 이제 막 겨울을 보낸 어린 싹과 같은 한국의 민주정부를 흔들고 있었다. 덩샤오핑의 개혁개방정책이 성공을 거두는 듯했지만 1989년 6·4사태가 보여 준 잔인한 진압은 우리들로 하여금 '역사는 언제나 되돌아갈 수 있다'는 불길한 예감을 갖게 하였고 특히 첸 교수의 경우는 역사로부터 받은 불행했던 가족사의 상흔이 아직 아물지 않고 있는 시간이어서 더욱더 역사변화와 시대변화에 회의와 의심의 눈총을 거둘 수 없는 시점이었다. 그는 한국에서의 체류 1년간 마오쩌둥을 연구하겠다는 계획을 세웠고 마오쩌둥전집만 들고 입국하였다. 다시 마오사상이 재평가되고 재해석되어야 할 날이 올 것이라는 생각에서였고 이때부터 그의 본격적인 마오쩌둥 연구가 시작되었다. 그는 이 즈음을 전후해 지식인 정신사에 대한 왕성한 저작물도 내놓았다. 이때 나온 책들로는 『저우쭤런 전기』周作人傳, 『저우쭤런론』周作人論, 『큰 무대와 작은 무대 사이―차오위 희극신론』大小舞台之間―曹禺戲劇新論, 『1948년, 천지현황』1948：天地玄黃 등이 있다.

　　1997년부터 첸 교수는 규범화되고 제도화되어 가는 학교 교육제도를 비판하는 한편, 전통적인 어문교육에 대해 '문외한의 견해'라고 하며 새 방안을 내놓기 시작했다. 유창하고 유머러스한 언어로 사고력 향상과 즐거움을 동시에 얻을 수 있는 강의와 학습방안을 주장하고 전통적인 어문교육의 혁신을 주장했으며, 실제 그 자신이 문혁 때 하방되어 있던 구이저우에 내려가 교육실험을 하기도 했다. 이러한 그의 행동은 아카데미즘에 갇힌 '고상한' 학자와 교육자로서의 면모를 불식시키는 과감하고도 개방적인 교육활동으로, 일부에서 반감을 사기도 했지만, 청년들과 현지 교육자들에게 많은 반향과 감동을 불러일으켰다. 베이징대학 백주년 민간기념대회와 초등학교와 중고등학교 교육개혁 민간시험에도 여러 차례 참여했다. 그는 또 이 시기에 1957년의 반우파운동에 대한 민간 연구의 필요성을 주장하여 거대한 사회적 파장을 불러일으키기도 했다. 이로 인해 그는 중국공산당 당국의 요주의 인물로 지목되었으며 2000년에는 전국적인 비판을 받기도 했다. 그러나 동시에 베이징대학 학생들로부터는 폭넓은 지지를 받으며 '학생들이 가장 선호하는 교수'에 뽑히기도 했다. 그는 루쉰 연구를 계속하는 한편, 중국 현실에 대한 비판의 강도를 높여 나갔다. 『저우씨 형제를 말하다』話說周氏兄弟, 『당대로 걸어 들어온 루쉰』走進當代的魯迅, 『루쉰과 만나다』與魯迅相遇 등이 이즈음 출판되었다.

　　2002년 그는 '중고등학교 교과서 사건'으로 명예퇴직을 권고당했다. 그후 그는 제한된 활동조건하에서 베이징 근교의 한 아파트에 거주하며 대중적인 루쉰 문학과 루쉰 사상을 보급하는 데 힘을 쏟는 한편, 중화인민공화국의 민간사상 복원에 주력하고 있다. 루쉰사상 보급을 위해서 『초등학교 루쉰독본』魯迅小學生讀本, 『중고등학교 루쉰독본』魯迅中學生讀本을 펴냈고, 2004년과 2005년에는 난징과 베이징 중고등학교에 '루쉰 작품 선독' 과목을 개설했으며, 강의용 책자로『첸리췬의 중고등학교 루쉰 강의』錢理群中學講魯迅를 펴냈다. 대학생을 위해서는 『루쉰 작품 10강』魯迅作品十講을, 대학원생과 일반 사회의 문학청년을 위해서는 『루쉰 9강』魯迅九講을 펴냄으로써 초등학교에서부터 대학원까지의 루쉰강좌 교재를 계통적으로 정리했다.

민간사상 복원을 위한 연구의 중요한 결과물인 이 책『망각을 거부하라―1957년학 연구 기록』拒絕遺忘: "1957年學"硏究筆記은 2007년 홍콩 옥스퍼드 출판사에서 나왔으며 지금도 계속해서 이와 관련한 글인『문화대혁명 민간사상 연구필기』文革民間思想硏究筆記와 『80년대 민간사상 연구필기』八十年代民間思想硏究筆記를 집필 중에 있다. 이와 동시에 그는 '지식인의 정신사 연구'도 계속하여 2007년『나의 정신자전』을 출판했고 『1949-1966, 상전벽해의 세월』1949-1966: 歲月滄桑의 일부분인 「1949년 이후의 선충원」1949年以後的沈從文과 「시작에서 종결까지―후펑사건의 배후, 좌익지식인의 역사적 운명」從開端到結局: 胡風事件背後的左翼知識份子的歷史命運을 집필했다. 『나의 정신자전』은 첸 교수 개인의 역사경험과 상처, 연구를 통해 얻은 학술적 심득心得을 정리한 책이자 20세기 중국역사와 사회사조의 변천을 총결한 책으로서, 단순한 개인 전기를 넘어서고 있다고 평가받았다. 이 책은 "1980년대 이후의 중국사상사이자 학술사이며 지식인의 정신사에 관한 연구서다"(베이징대학 허구이메이賀桂梅의 글, 첸리췬『나의 정신 자전』).

2009년에는 타이완 칭화淸華대학에 '루쉰작품선독'을 개설하고 타이완 자오퉁交通대학 대학원에 '나와 마오쩌둥, 그리고 공화국 60년' 과정을 개설해 강의를 했다. 그는 이 강의안을 바탕으로 75만 자에 달하는 『마오쩌둥시대와 포스트 마오쩌둥시대: 또 하나의 역사서사』毛澤東時代和後毛澤東時代:歷史的另一種書寫를 탈고한 상태다. 이러한 학술 및 교육활동과 더불어 그는 몇 년 전부터 청년지원자운동에 적극 참여하고 있다. 농촌교육과 지방문화연구에 관심을 갖고 바링허우(80後)세대 및 90년대 이후의 청년들과 정신적인 연계하에서 학술공동체를 조직, 계속해서 글을 발표하고 있다. 『청년 친구에게』致青年朋友, 『몽화록』夢話錄 등의 강연집과 통신집을 냈으며, 초등학교와 중고등학교 교육 면에서 『어문교육 문외한 이야기』語文教育門外談, 『나의 교사 꿈—첸리췬 교육강연록』我的教師夢—錢理群教育演講錄, 『첸리췬 어문교육 신론』錢理群語文教育新論, 『어렵고도 좋은 교사노릇』做教師眞難眞好 등의 책이 나와 있다. 초등, 중고등학교의 정규교과 외 독서물을 위한 책으로 『신어문 독본』新語文讀本, 『지역문화 독본』地域文化讀本, 『시가 독본』詩歌讀本, 『초등생 문학명저 독본』小學生文學名著讀本 등도 편찬해 냈다. 그가 얼마나 후속 세대의 교육에 많은 시간을 할애하고 있는지를 보여 주는 결과물들이라 하겠다.

퇴직 후 그는 매년 정치사상에 대한 평론을 집필하고 있다. 이미 출판된 것으로 『지아자는 내가 걱정이 많다 말한다—10년간의 관찰과 생각(1999~2008)』知我者謂我心憂—十年觀察與思考(1999-2008)이 있고, 최근 쓴 문장으로는 「2009년 총결」2009年總結, 「2010년 회고」回顧2010年 등이 있다. 이러한 글들은 노동자 파업과 자살, 청소년 문제, 정치지도자의 발언과 신문보도의 성격 등, 1년 동안 중국 사회에서 이슈가 된 중요 사건을 망라하면서 그 사건의 전말과 예후, 사회적 파장의 의미, 그에 대한 첸 교수의 분석과 강도 높은 비판 등이 상세한 자료와 함께 기록되어 있다.[4] 최근 필자가 만난 한 젊은 중국 학자는 목하 중국에서 첸리췬 교수 외에 아무도 국가와 사회에 대해 직언을 하는 학자가 없다고 단정했다. 첸 교수는 관직이나 개인 명망에 관심이 없고 개인 이익을 추구하지 않는다. '다행히' 후손도 없다. 가장 지식인다운 지식인이다. 그 학자의 말이다.

첸 교수는 이 밖에도 개인사와 가족, 과거 회고의 글을 모은 『가슴에 눌러 놓은 무덤』壓在心上的墳, 『세기말의 깊은 생각』世紀末的深思, 『60년, 겁박의 세월』六十劫語 등 수필집이 있다.

이상과 같이 그를 소개하면서 너무 긍정일변도로 소개한 것이 아닌가 하는 생각이 없지 않다. 혹자는 그의 계몽주의자로서의 한계를 논하고, 혹자는 그가 그만의 독립된 사상을 세우지 못했다고 비판하며, 혹자는 그를 비롯한 루쉰 연구자들을 '루쉰 밥을 먹는 사람'吃魯迅飯的人이라고 혹독하게 비판한다. 이제는 루쉰을 읽어야 하는, 그런 시대는 지나갔다는 이야기다. 루쉰 연구 및 루쉰 연구자에 대한 비판은 1990년대에서 2000년대를 넘어가는 한 시기의 담론이 되었으며 지난해에는 중국의 모든 교과서에서 루쉰 글을 삭제한다는 보도가 나오기도 했다. 그러나 필자는 이러한 논의들이 중국 사회의 어떤 일과성 시대상을 반영하고 있을 뿐, 그 논의의 깊이에서 부박함을 면치 못하고 있다 생각한다. 루쉰의 글

---

4) 이러한 일년 연차 보고서와 같은 글들은 모두 제대로 발표할 수 없었다. 이를테면 「2010년 회고」의 경우, 2011년 『수필』 제1기에 발표되긴 하였으나 출판사에서 '고위층'이란 단어를 삭제한다거나, "사회위기의 대폭발이 우릴 향해 가까이 오고 있는 중이다"와 같은 문장들을 모두 삭제했다. 출판사는 저자의 동의를 구해 한 것이었고 첸 교수 역시 이에 대해 잡지사의 안전과 문장을 발표할 수 있기 위해 부득불 타협하지 않을 수 없었다고 한다. 인터넷상에 유포되고 있는 같은 제목의 글은 삭제되기 이전의 글로 지인들이 유포하고 있다고 했다. 「2009년 총결」도 마찬가지 경우이다. 이 글을 쓰면서 가장 많이 참고한 『나의 정신자전』 역시 중국 출판본(桂林 廣西師範大學出版社, 2007)보다 타이완 판본(臺灣社會研究雜誌出版, 2008)이 무삭제본으로 더 상세한 내용을 담고 있다.

은 이미 계속 읽히고 해석되어야 할 20세기의 고전이 되었다. 그가 그토록 바라던 진정한 의미에서의 개인의 자유와 독립, 사회적 평등과 자유는 아직도 요원하다. 물적 조건과 생활수준이 분명하게 향상되었고 제약 없는 정보 이용과 민주정치의 발전, 자유로운 사상의 개진과 다양한 이론의 발전 등등, 분명 우리는 비약적으로 달라진 세상에 도달해 있음을 실감한다. 그러나 이 사회는 그것에서 소외된 무수한 노동자들의 인권과 비정규직 확대에 따른 계층간 격차, 생존권이 보장되지 않는 극빈계층, 인권의 사각지대, 헤아릴 수 없이 더 많고도 더 복잡한 성격으로 진행되고 있는 전 지구적 불평등구조, 부자유와 비인간화가 상존하고 있다. 부의 불평등과 심화된 경쟁에 의한 승자독식과 인간심성의 황폐화는 이전 시대보다 훨씬 더 가속화되고 있다. 루쉰을 읽을 시대가 지나갔다고 말하는 사람은 중국식으로 말하면 자신이 이미 샤오캉小康(기본 의식주가 해결된 상태)에 도달하여 그곳에 안주하고 있거나 전 사회의 불평등구조에 눈을 감아 버린 사람일 것이다. 맑스와 막스 베버, 마오쩌둥과 루쉰이 다시 읽히고 연구되어야 할 가치는 여전히 상존하고 있다.

    첸 교수의 자기감시와 자기비판은 루쉰 못지 않다. 루쉰의 회의정신과 부정정신을 자기화하고 있어 수업시간에도 학생들로 하여금 모든 것을 의심할 줄 알아야 하며 루쉰도 의심하고 자신의 강의도 의심할 줄 알아야 한다고 말한다. 그래서 어떤 학생은 자신은 첸 교수도 의심한다고 반어적으로 말하고 있다. 그의 강의를 들었던 어떤 문학 지망생이 경제적 도움이 급하다고 전화하자 택시를 타고 약속장소로 나가 아무 말 없이 돈을 쥐어 주고 사라졌다는 일화는 사람에 대한 그의 순수한 태도의 일면을 보여 준다. 그는 자신을 점검하면서 이런 말을 한 적이 있다. 루쉰이 메이란팡梅蘭芳(전설적인 경극배우)을 거론하며 그가 민간 출신으로 처음 알려지기 시작했을 때는 보잘것없고 촌스러웠지만 생기발랄했었다. 그러나 그가 유명해지고 귀족들에게 천녀天女처럼 귀한 대접을 받기 시작하자 점점 귀족들의 장식품이 되어 버려 생기를 잃게 되었다고 했다. 메이란팡에 대한 루쉰의 이 평가에 대해 당시 사람들은 다소 편벽된 평가라고 주장했으나 첸 교수 자신은 이 글을 볼 때마다 모골이 송연해진다고 한다. 루쉰 연구가로서 세간의 인정을 받는다는 것, 교수와 학자로서 학생들의 사랑을 받는다는 것은 동시에 규범화되고 화석화될 운명에 처해진다는 사실을 그는 분명하게 인식하고 있다. 어떤 학술 권위를 갖는 순간, 자신도 모르는 사이 담론패권을 사용하여 또 다른 억압자로 변해 버린다는 사실을 그는 자각하고 있고 이를 경계하고 있는 것이다.

그는 자신의 자전自傳에서 공개적으로 이런 고백과 참회를 한 바 있다. 베이징대학 박사반 면접시험에 시험관으로 참석한 그는, 한 응시생이 아무런 근거나 설득력 있는 논리도 없이 이상한 답변을 제시하자 대노하여 자신의 지적 우위권을 이용, 그에게 네다섯 개의 질문을 연속으로 퍼부으며 엄하게 질책한 적이 있다고 한다. 그리고 그는 그 일을 뒤늦게 반성하고 있다. 자신의 그러한 행동이 "지식권력을 이용하여 학생을 억압한 것"이란 사실, 자신의 그러한 행동이 학생의 자신감에 커다란 상처를 주었을 것이란 점, 그의 미래에 어떤 영향을 주었을지도 모른다는 불안감이 뒤늦게 그를 옥죈 것이다. 이것이 바로 "루쉰이 말한 '정신학살'일 수 있다"는 것을 그는 공개적으로 회개하고 있다(『나의 정신자전』). 그는 자신에게 부여되는 학술권위를 경계하고 두려워하고 있다. 그는 어떤 자리에서 루쉰정신과 베이징대학의 정신을 몇 글자로 요약한 바 있다. "독립, 자유, 비판, 창조──독립된 인격, 자유로운 정신, 비판의식, 창조적 열정"이 그것이다. 필자가 보기에는 첸 교수야말로 이러한 정신을 제대로 계승하여 구현하고 있는 학자다.

첸 교수를 기억하면 떠오르는 가장 특징적인 것은 구속됨이 없는 활달한 성격과 웃음, 빠르고 민활한 말투, 개방적이고 진지한 태도, 과감한 실천—글쓰기—이라고 할 수 있다. 항상 소박한 옷차림에 자료가 가득 든 불룩한 헝겊가방을 들고 총총 걸음을 걷고 있는 올해 73세의 노교수 첸리췬은 이렇게 말한다. "내가 죽은 후 내 묘비 위에 '이 사람은 사랑스러웠던 사람'이라고 새겨질 수만 있다면 나는 만족한다."(앞의 책)

그는 분명 내가 만난 사람 가운데 가장 소박하고 순수한 사람 중 한 명이다.

* * *

첸리췬 교수에 대한 소개자로서 필자는 분명 적당한 사람이 아니다. 그럼에도 불구하고 오랫동안 첸 교수를 알아 온 인연으로 인해, 또한 저자와 역자들의 권유에 의해 부득이 이 글을 쓰게 되었다. 많이 부족하리라 생각한다. 그러나 앞으로 국내에 소개될 첸리췬 교수의 여러 저작들에 대한 국내 처음 소개란 의미에서 만족하고자 한다. 나름대로 상세하게 전달하고자 노력했다.[5] 역자들은 모두 첸리췬 교수 밑에서 박사학위를 받은 젊은 학자들이다. 2부 번역을 맡은 길정행 선생은 베이징대학 중문과에서 석사와 박사학위를, 서언과 1부, 3부, 「나의 '1957년학' 연구」 등의 부분을 맡은 신동순 선생도 베이징대학 중문과에서 석사와 박사학

---

[5] 첸 교수는 「지도로 본 오늘의 중국문학」(임춘성, 『중앙일보』, 2008. 2. 29)에 베이징을 대표하는 학자로 간략하게 소개된 바 있다.

위를, 4부와 5부, 후기 번역을 맡은 안영은 선생 역시 이 대학에서 박사학위를 받았다. 방대한 양의 자료를 번역, 교정, 대조해 온 끝에 완성한 역자들의 그간 노고가 이제 독자들의 평가를 기다릴 시간이다. 무엇보다 몇 년 전부터 첸리췬 교수의 문혁 연구에 관심을 갖고 이 책을 위해 새로운 논문을 써주신 백승욱 교수님에게 저자와 역자를 대신해서 감사 인사를 드린다. 출판사 그린비의 편집팀과 유재건 사장님의 헌신적인 인문학 명저 출판 지원에는 늘 빚을 지고 있는 기분이다. 깊은 감사 인사를 드린다.

아직 햇빛을 보지 못하고 자료와 기억 속에 묻혀 있는 중국 역사의 깊은 곳에 대한 한국 독자들의 폭넓은 관심이 일어나길 기대하며, 더불어 독자들의 자유롭고도 비판적인 독해, 날카로운 지적을 기대한다.

2012년 2월 1일

찾아보기

【ㄱ】

가오강(高崗) 201
가오라오(高饒)사건 11, 201, 204~205, 281~282, 286, 721
가오밍카이(高名凱) 189
가오샤오성(高曉聲) 166
간루린(甘露林) 638
거페이치(葛佩琦) 416~417
경융(耿庸) 591
경창쒀(耿長鎖) 57
계급분석 460
「'계급'의 발전을 논함」(論"階級"的發展) 109, 225
「고독한 사람의 노래」(孤獨者的歌) 157
고무우카(Gomułka, Władysław) 69, 205, 207
공유제 → 사회주의 공유제
『광장』(廣場) 24~25, 33, 129, 164~176, 266, 291, 311, 640~641
『교조주의 탄생의 역사적 필연성』(教條主義産生的歷史必然性) 304, 329

93학사 104~105
구원쉬안(顧文選) 176, 262
구준(顧準) 522, 526~571
 ~의 대기근에 관한 비판 553
 ~의 맑스(주의) 543, 548
 ~의 사회민주주의 547
 ~의 스탈린 비판 540
구청(顧城) 655
군중전제(정치) 36, 131, 285, 471~474, 517, 704, 722
궈루성(郭路生) 641
궈모뤄(郭末若) 236, 238, 574, 642, 660, 666, 725
궈스잉(郭世英) 642, 644~666
 ~의 문화대혁명 이해 665
 ~의 사상(발견) 662
『그라쿠스 일화』(格拉古軼事) 444~478

【ㄴ】

『나의 1957년』(我的1957年) 327
『낭도사』(浪淘沙) 187

『내가 이해하는 맑스주의』(我所理解的馬克思主義) 329, 335
내부 통제 468
네루다(Neruda, Pablo) 140
노동교육 463~464
「노동자가 말한다」(工人說話了) 129
노동자 시위(1957년) 76
농민고(農民苦) 108
농업합작사(農業合作社) 50, 66~67
농업합작화 60~61

【ㄷ】

다이황(戴煌) 49, 68, 84, 108
대기근 →3년 대기근
대약진(운동) 11, 414, 547, 557, 598, 668, 725~727
덩구이제(鄧貴介) 157
덩메이쉬안(鄧美萱) 138
덩샤오핑(鄧小平) 9, 70, 104, 113, 116, 198, 243~244, 253, 347
『덩샤오핑 문선』29
덩쯔후이(鄧子恢) 63, 562
덩퉈(鄧拓) 85, 236, 305~306
도스토예프스키(Dostoevsky, Fyodor Mikhailovich) 644~645
독초 문제 295~297
「동고동락」(同甘共苦) 139, 147
「동양강」(東陽江) 146
돤치루이(段祺瑞) 125
두원탕(杜文堂) 160, 375
두자친(杜家秦) 42, 160~162
둥시원(董希文) 640

딩사오광(丁紹光) 642
딩수(丁抒) 9
「때가 되었다」(是時候了) 153~155, 157, 159, 162, 164, 168, 170, 180, 270, 370, 394, 494

【ㄹ】

라브레뇨프(Lavrenyov, Boris) 139
라오서(老舍) 403
라오수스(饒漱石) 201
란치방(蘭其邦) 234
량수밍(梁漱溟) 61~62, 66, 68
량스후이(梁世輝) 326
런다슝(任大熊) 176, 209, 262
런옌팡(任彦芳) 143, 160, 179, 375
레닌(Lenin, Vladimir Ilich) 87, 173, 307, 311, 389, 531, 535~537, 551, 668
레르몬토프(Lermontov, Mikhail) 140
레마르크(Remarque, Erich M.) 645
레이펑(雷鋒) 652~653
레이하이쭝(雷海宗) 307~308
루딩이(陸定一) 100, 116
루빙(路屏) 366
루쉰(魯迅) 13, 22, 31, 36, 43, 165, 181, 212, 228, 251, 339, 346, 348~350, 354~355, 358~360, 400, 404, 418, 424, 429, 465, 475, 483, 507~509, 572~591, 610~611, 620~623, 626~629, 634, 712, 715
~의 (혁명적) 비판정신 576~577, 579
「루쉰은 여전히 살아 있다」(魯迅還活著) 574~575

『루이 보나파르트 정변기』 328, 331
루칸루(陸侃如) 105, 143
루푸웨이(陸拂爲) 144
루핑(陸平) 701, 704
룽잉화(龍英華) 29, 42, 110~111, 152, 176, 222, 230, 264
뤄란(羅蘭) 274~277, 284, 287~288
뤄루이칭(羅瑞卿) 241~242, 245, 284, 540~541
뤄룽지(羅隆基) 115, 323, 416
뤄빙(羅冰) 116
뤄이췬(羅翼群) 130
류다제(劉大傑) 143
류덩한(劉登翰) 144, 375
류런(劉仁) 364
류빈옌(劉賓雁) 70~84, 108, 251, 302
류사오치(劉少奇) 80, 113, 116, 122, 198, 232~233, 241, 278~280, 286, 728
류사오탕(劉紹棠) 703
류지린(劉季林) 141
류지성(劉績生) 313
류치디(劉奇弟) 40, 42, 157, 168, 175, 219, 261~288, 326, 394, 492
리궁푸(李公樸) 95
리런(李任) 142, 144, 186, 502
리루치(李汝祺) 342
리선즈(李愼之) 198, 208, 228~229
리신(李鑫) 138, 375
리썬커(李森科) 342
리야춘(李雅春) 109
리옌성(李燕生) 266
리웨이한(李維漢) 114~116
리이싼(李逸三) 258~260

리정다오(李政道) 96
리젠우(李健吾) 143
리지선(李濟深) 127
린겅(林庚) 135
린모한(林默涵) 274
린시링(林希翎) 7, 9, 194~260, 263, 287, 317, 322, 363, 394, 492, 529
  ~의 연설 216~217
  ~의 우파 정신 244, 251~252
  ~의 진정한 사회주의 216, 218~220
  고위층 정치와의 관련 241
  「덩샤오핑에게 보내는 서한」 235, 237, 240~241, 253
「린시링의 억울한 안건 내막」(林希翎寃案內幕) 233, 242~243
린자오(林昭, 런펑任鋒) 134, 143~144, 147~148, 151, 158~161, 171, 262, 367, 482~525

【ㅁ】

마쓰(馬嘶) 142, 144, 151
마야코프스키(Mayakovsky, Vladimir Vladimirovich) 155
마오쩌둥(毛澤東) 11, 28, 57, 60~68, 77~79, 84~87, 96, 100, 103, 112, 117~122, 126, 138, 182, 197~201, 204, 230, 281, 284~286, 295, 305, 331, 345, 457, 462, 516, 547, 580, 658, 672, 684, 686, 689~691, 704, 722~725
  ~의 계급분석법 66
  ~의 우파 개념 118~119
  ~의 정풍운동 6, 206, 717

『마오쩌둥전』(毛澤東傳) 76, 116~117, 121~122
마인추(馬寅初) 106, 137, 353, 488~489
맑스(Marx, Karl) 328, 331~332, 535, 543, 548
머우둔바이(牟敦白) 642, 644, 655, 657
「멀리 동해에 부침」(遙寄東海) 177, 184, 187, 366, 394
『무몽루문사잡초』(無夢樓文史雜抄) 572, 587, 589
「문예와 정치의 잘못된 길」(文藝與政治的岐途) 577~578
문화대혁명(文化大革命) 11, 28~29, 31, 328~330, 333~334, 347, 364, 453, 475, 511, 515~516, 615, 728~729
　~의 논리 705
『문회보』(文匯報) 182, 209~210
미코얀(Mikoyan, Anastas) 527
민맹(民盟) → 중국민주동맹
민주당파 5~9, 69, 104, 106, 110, 114~116, 120, 125, 194, 234~235, 322~323, 456, 724
민주의 벽(民主墻) 7, 105, 215, 363, 365, 501
민주 이어달리기(民主接力棒) 111, 365

【ㅂ】

바오이보(薄一波) 61, 197, 724
바이양(白楊) 144
반우경기회주의자 운동 11, 598, 726
반우파운동 8~10, 78, 100, 104, 114, 119, 124, 127, 178, 183~185, 189, 191, 194, 197, 217, 228, 284~285, 325, 347, 390, 501, 505~509, 598, 615, 674, 686~687, 723~725, 730
　~의 결과 351, 726, 730
　~의 국제적 배경 197
　~의 논리 423
　~의 목적 187
　~의 배경 206
　~의 본질 340
　~의 원인 365
　~이후 351, 677, 687, 691, 697
「반우파운동의 기밀해제」(反右運動的解密) 116~117
『반우파투쟁의 전말』(反右派鬪爭始末) 716
반혁명분자 숙청운동 11, 40, 115, 157, 212, 236, 275~277, 281, 283~284, 300, 341, 445~446, 460, 722~723, 730, 734
반후평(反胡風)운동(후평 사건) 11, 40, 166, 270, 281~283, 286~288, 572, 589, 598, 610, 614~615, 723
『백년 중국 문학경전』(百年中國文學經典) 147, 368
「백모녀의 호소」(白毛女申寃) 157
백화제방, 백가쟁명(百花齊放百家爭鳴; 쌍백방침) 6, 55, 80, 86, 100, 102, 104~105, 107, 110, 119, 136, 138, 180, 184, 194, 209, 254, 275, 283, 295, 388, 416, 686, 723
　~의 배경 202
백화학사(百花學社) 168, 209, 221, 262, 264~266, 395

베리야(Beria, Lavrentiy) 218
베벨(Bebel, August) 535~536
베이다오(北島) 655
『베이징대학 민주의 벽 선집』(北大民主墻選輯) 159, 171, 175
『베이징대학 시간』(北大詩刊) 142, 144
「베이징대학 정신」(北大之精神) 488
보들레르(Baudelaire, Charles) 645
비쉐(薜雪) 143

【ㅅ】

사청운동(四淸; 1964~5년) 11, 674, 757
사회주의 공유제 7~8, 28, 81, 219, 224, 322, 377
사회주의 민주운동 7, 12
사회주의 민주제(민주화) 7~8, 219, 222, 321
삼가촌(三家村) 236
3년 대기근 11, 425~427, 556, 725~726
삼반오반(三反五反)운동 88, 90, 459
상훙쿠이(商鴻逵) 85
「상황에 변화가 일고 있다」(事情正在起變化) 117, 295, 456~457, 459
『새로이 발견된 마오쩌둥』(新發現的毛澤東) 76
서후이(書會) 187
선디커(沈迪克) 224
선이광(沈以光) 314
선쩌이(沈澤宜) 129, 144, 153, 168, 171, 176, 180, 188, 370, 494, 501
세 가지 해악(三害) 26, 34, 105, 173, 184~185, 392

세 가지 해악 분자 325, 369, 377, 380, 392
셰몐(謝冕) 138, 143, 147, 160, 172, 177, 184, 187, 366~371, 373~374, 376, 381, 383~386, 388, 390, 394, 499
셰줴짜이(謝覺哉) 233
셰즈밍(謝之命) 234
셸리(Shelley, Percy Bysshe) 326
소련공산당 20차 대표대회 5~6, 197, 527
소련 숭배 342
『소화성』(小火星) 138, 141
숄로호프(Sholokhov, Mikhail) 139
수구주의자 논단(衛道者論壇) 160~161, 178, 501
쉬커쉐(徐克學) 29, 42
쉬팅난(許亭南) 152
스탈린(Stalin, Iosif) 28, 69, 200~201, 212, 307, 328~330, 342, 528, 531
스트롱(Strong, Anna Louise) 209~210, 382
『습황집』(拾荒集) 572, 589
『신박안경기』(新拍案驚奇) 185, 187
「십대관계를 논함」(論十大關係) 202, 533~534
십이구운동(一二九運動) 151
쌍백방침 → 백화제방, 백가쟁명
쑨다오린(孫道臨) 144
쑨다위(孫大雨) 130
쑨사오전(孫紹振) 139~140, 144, 172
쑨위스(孫玉石) 138, 140, 144, 147
쑨징우(孫經武) 654~657
쑨커헝(孫克恒) 142

【ㅇ】

아르치바셰프(Artsybashev, Mikhail) 645
아오나이쑹(敖乃松) 262
아오노 쓰에키치(青野季吉) 143
아이칭(艾青) 140
안드레예프(Andreev, Leonid) 645
야오런졔(姚仁傑) 42, 209, 213, 337~362
양가쟁명(兩家爭鳴) 391
양루(楊路) 144, 152, 168, 221, 264, 361
양상쿤(楊尚昆) 100, 198, 232
양셴후이(楊顯惠) 431, 438, 441
양수안(楊書案) 144
양슈펑(楊秀峰) 678, 698~699
양전닝(楊振寧) 96
X그룹(X小組) 642, 650, 654~658, 671, 707
엥겔스(Engels, Friedrich) 87, 304~308, 319~320, 535, 550~552, 667
「영혼을 구하라」(救救心靈) 309~311, 351
예렌부르크(Ehrenburg, Ilya) 645
예룽칭(葉蓉青) 654, 657
예위성(葉於泩) 99~100, 168, 173, 176, 221
예젠잉(葉劍英) 232
예즈청(葉至誠) 166
예치쑨(葉企孫) 85
「옌안문예좌담회에서의 강화」(在延安文藝座談會上的講話) 580
옌전(嚴陣) 368
옌중창(嚴仲强) 299, 326
5·4(신문화)운동 7, 34, 38, 150, 170, 215, 311
5·7체제 10
5·19민주운동 7, 27, 38, 105, 121, 169, 175, 215, 222, 291, 320, 326, 343, 357, 363~364, 386~387, 492~493, 505~506
~의 국내적 배경 261
~의 국제적 배경 194
~의 사상적 배경 289
~의 사상적 특징 319
~의 의미 315
마오쩌둥의 반응 121, 125~126
오스트로프스키(Ostrovsky, Nikolai) 143
왕궈샹(王國鄉) 111, 168, 173, 176, 264, 314, 344~345
왕레이(王磊) 141, 160, 375
왕뤄수이(王若水) 76, 305
왕밍(王明) 199
왕수야오(王書瑤) 42
왕쉐타이(王學泰) 671, 673~675
왕시청(汪淅成) 144~145
왕야난(王亞南) 103
왕야오(王瑤) 85
왕원(王文) 232, 238, 241
왕위안화(王元化) 581, 590~592, 604
왕자샹(王稼祥) 198
왕징차오(王景超) 401
왕캉녠(王康年) 323
왕커우(王克武) 143~144

「용사에게」(致勇士) 162
우더(吳德) 242
우렁시(吳冷西) 197~198, 201
「우리들의 노래」(我們的歌) 155~162, 180, 371, 494
우웨이(吳畏) 179
우위장(吳玉章) 210, 233, 249
우주광(吳祖光) 143
우즈푸(吳芝圃) 555
우징차오(吳景超) 124
우쭈샹(吳組緗) 167
「우파분자를 구분하는 기준」(劃分右派份子的標準) 275, 457~458, 461
『우파언론 모음집』 23, 29, 39, 270
원샤오쥐에(溫小珏) 139
원이둬(聞一多) 95
웨예(嶽野) 139
위둔캉(餘敦康) 292, 366~369, 371~374, 376, 381, 386, 388, 391~393
위안윈성(袁運生) 642
『유림내사』(儒林內史) 185, 187~188
유펑웨이(尤鳳偉) 327
6·4대살육(1989년 톈안먼사건) 11, 729
6인 교수회의 124
융다(永大) 방직공장 80~83
「이것은 무슨 노래인가」(這是什麼歌) 158, 494
「이것은 무엇 때문인가」(這是爲什麼) 104, 126, 174, 183, 387, 501
「이러한 전사」(這樣的戰士) 579
『인간의 운명』(Sudba Cheloveka) 139
인민공사운동 11, 547, 555, 557, 559, 562, 598, 775

「인민 내부 모순 문제를 정확하게 처리하는 문제에 관해」(關於正確處理人民內部矛盾的問題) 99, 112
임레(Imre, Nagy) 565

【ㅈ】

『자벤거우를 떠나며』(告別夾邊溝) 431, 435
자벤거우(夾邊溝) 사건 426, 726
자오단(趙丹) 144
자오수광(趙曙光) 142
자오수판(趙樹範) 115
자이쿠이쩡(翟奎曾) 144
장나이치(章乃器) 323
장난샹(蔣南翔) 106, 114~115
장둥쑨(張東蓀) 644
장랑랑(張朗朗) 638~641
장룽지(江隆基) 177, 339, 367
장뤄연맹(章羅聯盟; 뤄장연맹) 124, 416
장리췬(張黎群) 80, 236
장링(張玲) 143
장바이성(張百生) 130, 274, 287
장보쥔(章伯鈞) 105, 115, 124~126, 323, 416
장서우정(張守正) 292, 366
장셴츠(張先癡) 444~478
장스루(張時魯) 139
장스옌(張士彥) 642
장시쿤(張錫琨) 176, 262, 268, 277
장싱런(蔣興仁) 42
장원(江文) 42, 173, 182
장원톈(張聞天) 198, 229

장위안쉰(張元勛, 바이웨이白薇) 129, 142~144, 150, 153, 160, 167~168, 170~171, 174, 180, 186, 188, 364, 370, 375, 501~502, 640
장제스(蔣介石) 61, 408
장중(張炯) 144, 160, 177, 184, 187, 293, 366, 369~371, 373~374, 376, 381, 383~386, 388, 390, 394
장중샤오(張中曉) 572~635
  ~의 맑스주의에 대한 견해 594
장즈화(張志華) 144~145, 176
장징중(張景中) 29, 40, 42, 152, 168, 176, 264
장칭(江靑) 232
장팅(張汀) 640
장펑(江楓) 144, 155, 160, 375
장펑윈(張鳳雲) 238
장허츠(張鶴慈) 644, 654~655, 657
저우궈핑(周國平) 645~665
저우다줴(周大覺) 29, 109, 225~226
저우양(周揚) 85, 202, 215, 584
저우언라이(周恩來) 86, 90, 113, 116, 198, 241, 640
저우쭤런(周作人) 165, 296, 310
저우페이위안(周培源) 85, 137
정루이차오(鄭瑞超) 266
정신계 전사 251, 317, 585, 629, 634
정쥔(鄭鈞) 527
정풍운동 24, 26, 78, 104~105, 112~113, 121, 180~185, 195~197, 206, 229~231, 323, 363, 724
「정풍운동에 관한 지시」(關於整風運動的指示) 104

젠보짠(翦伯贊) 85
주더(朱德) 116, 198, 208
주정(朱正) 130, 716
주칭치(朱慶圻) 42
『중국 농촌, 사회주의국가』 56, 60
중국민주동맹(민맹民盟) 104, 106, 124
  ~의 6인 교수회의 124
『중국 혁명과 스탈린 시대의 종결』(中國革命和斯大林時代的終結) 328~329
지셴린(季羨林) 85
지스린(吉士林) 234
「지식계급에 관하여」(關於知識階級) 251, 578
지하 신사조 638, 707
진웨린(金嶽霖) 85
집단화 이후의 농촌문제 56~70

【ㅊ】

차오녠밍(曹念明) 160, 375
차오위(曹禺) 403
차오즈슝(曹志雄) 234
차이건린(蔡根林) 144, 146
1954년 헌법 277
『1957년 여름: 백가쟁명에서 양가쟁명(兩家爭鳴)까지』 130
「1957년 하계 형세」(1957年夏季的形勢) 241
1957년학 39, 45, 195, 290
천두슈(陳獨秀) 165
천보다(陳伯達) 85
천보훙(陳伯鴻) 80~81
천스우(陳適五) 198

천아이원(陳愛文) 29, 42, 277
천윈(陳雲) 113, 116
천차오난(岑超南) 29, 42
천펑리(陳奉李) 129
천펑샤오(陳奉孝) 152, 167, 175, 180, 209, 262, 267~269, 274, 326, 363~364
　~의 류치디 회고 262
청자오룬(曾昭掄) 124
『체험』(經歷) 400~443
첸루핑(錢如平, 탄룬談論) 40, 42, 109, 229, 266
첸웨이장(錢偉長) 115, 124
첸중수(錢鍾書) 85
추스(求實) 187
추안핑(儲安平) 323
추이다오이(崔道詒) 142
추이더푸(崔德甫) 168, 176
추이슝쿤(崔雄昆) 367
츠바이크(Zweig, Stefan) 408, 414
치번위(戚本禹) 232, 236

【ㅋ】

카르델(Kardelj, Edvard) 69, 207
카우츠키(Kautsky, Karl) 307, 536
카타예프(Kataev, Valentin) 141
칸트(Kant, Immanuel) 590, 593, 599
캉성(康生) 116
캉스자오(康式昭) 144
캉줘(康濯) 143
커칭스(柯慶施) 83
케루악(Kerouac, Jack) 645
쿠마르(Kumar, Jainendra) 141

【ㅌ】

타오다융(陶大鏞) 106, 124
타오마오치(陶懋頎) 209
탄쓰퉁(譚嗣同) 268
탄톈룽(譚天榮) 40~42, 167, 189, 218, 230, 241, 264, 289~336, 344, 348, 351, 363, 370, 390, 394, 396, 492, 505, 529, 649
　~의 맑스주의 320, 330
　~의 반우파운동 이해 334
　~이 제기한 문제 329~334
탄티우(譚惕吾) 234~235
탕융퉁(湯用彤) 85
태양종대(太陽縱隊) 641, 671, 707
톈안먼(천안문)사건 11, 729
톈자잉(田家英) 232
톨리아티(Togliatti, Palmiro) 230~231
트로츠키(Trotsky, Leon) 539
티토(Tito, Josip Broz) 69, 199, 202, 207, 216, 230~231

【ㅍ】

팡줘헝(龐卓恒) 42
팡즈(方之) 166
펑더화이(彭德懷) 476, 726
펑우(奉吳) 234
펑전(彭眞) 113~114, 116, 198
펑즈(馮至) 190
페이샤오퉁(費孝通) 86~87, 90, 124
폴레보이(Polevoy, Boris) 141
표창시(獎章詩) 148

푸시킨(Pushkin, Alexander) 140
푸잉(傅鷹) 85, 87, 89~90, 118, 167
「프롤레타리아계급 독재정치의 역사적 경험을 다시 논함」(再論無産階級專政的歷史經驗) 200~204, 208, 210, 214, 303
프리드먼(Friedman, Edward) 56
플레하노프(Plekhanov, Georgi) 307

【ㅎ】

한웨췬(韓樂群) 144
합작사 57, 64~65, 71, 81, 127
허린(賀麟) 85
허융쩡(賀永增) 176, 262
허치팡(何其芳) 274, 660
허펑밍(和鳳鳴) 400~443
헝가리(/폴란드) 사건(1956년 반소련 민중운동) 5, 69, 78, 86, 112, 121~122, 125, 157, 202, 208, 213, 565, 724
　~의 발생 원인 204
헤겔(Hegel, G. W. F.) 297, 304, 329, 551, 590, 629
헤밍웨이(Hemingway, Ernest) 645
『협로집』(狹路集) 572, 589~590
『홍루』(紅樓) 134~163, 176~187, 191, 270, 394, 486, 492~494, 502
황량위안(黃良元) 225~226
황사오훙(黃紹竑) 234
황샹(黃翔) 451

황전뤼(黃振旅) 274, 287
황지중(黃繼忠) 341
황쭝시(黃宗羲) 262
황쭝잉(黃宗英) 144
후스(胡適) 165, 310
후야오방(胡耀邦) 210~211, 233, 243, 416, 678
후위즈(胡愈之) 124
후자타이(胡稼胎) 108
후쥔(胡君) 449
후지모리 세이키치(藤森成吉) 141
후차오무(胡喬木) 85, 198, 200
후펑(胡風) 165, 269~271, 395, 572, 574~575, 578, 580~581, 586, 589~591
후펑 반혁명 집단 263~264, 273, 284~285, 670, 722
후펑 사건 → 반후펑운동
「후펑은 절대 반혁명분자가 아니다」(胡風絶不是反革命) 264, 270
홍위펑(洪禹平) 235
홍쯔청(洪子成) 144
흐루시초프(흐루쇼프 Khrushchov, Nikita Sergeyevich) 69, 199~201, 230~231, 325, 555, 656
흐루시초프 비밀보고서 195~198, 208, 211, 216, 234, 303, 343, 527
　~에 대한 마오쩌둥의 반응 197
　린시링에 끼친 영향 212
히크메트(Hikmet, Nâzım) 140